雲南叢書續編書目提要·下

雲南省文史研究館 編

國家圖書館出版社

九 文學

（三）詩、詞

①總集

東陸詩選初集二卷二集四卷

袁嘉穀輯　民國十四年（一九二五）鉛印本　國家圖書館藏書

袁嘉穀簡介見前《卧雪詩話》。此書封面由趙藩署簽，鈐『趙』『藩』印章兩方。扉頁由陳榮昌題寫書名，鈐『陳榮昌印』，右下方蓋有『東陸大學圖書部圖記』章。次爲『乙丑孟冬印行』牌記。又次爲民國十二年（一九二三）袁嘉穀序，序中介紹了輯刻是書之緣起，又説『縱覽昆湖華山之勝、東西南迤之雄、八關三猛之邊、嶽峙淵停之蘊，豈區區者所能發泄其一二』，寄希望於是書能有椎輪大輅之功，此是袁公輯録是書之本。再爲初集目録。後爲初集正文。正文先列詩人姓名，次簡略介紹詩人履歷，後有《卧雪詩話》相關摘録，其後即該詩人詩文選録。初集共兩卷，自梅宗黃至馬壽英，凡十八人，收古近體詩一百六十二首。

二集共四卷，自梅宗黄至孫佩珊，凡四十九人，收古近體詩四百五十七首。二集目録參照初集體例，前有民國十三年（一九二四）袁嘉穀於東陸大學校室所撰之二集序，序中稱『今之二集敢遽謂進於古人，特以較初集工拙异矣』。目録後即爲正文。正文末有民國十四年（一九二五）袁嘉穀弟子江國柱跋，跋中贊『詩之體既宏，故其用彌廣』；後列『敦品』『匡時』『紀事』『達情』『觀人』『景物』，稱爲詩用之『六端』，説『泄兩間之奇秘，挫萬物於毫端，明治亂安危之機，究天人性命之理，皆詩人之特能，非他學之所逮也』，但又指出『詩之用誠美而其弊亦甚』；繼而又分析了『詩旨廢弛，古意蕩然』的幾點原因。該跋既是一篇精闢嚴密的詩論文章，又是一篇駢儷斐然的文賦。（白忠俊）

東陸詩選三集六卷

袁嘉穀輯　民國十八年（一九二九）鉛印本　雲南省圖書館藏書

袁嘉穀簡介見前《卧雪詩話》提要。此書封面落款署『琴禪』，并鈐有『琴禪』印章一方。扉頁由陳榮昌題寫書名，鈐『陳榮昌印』。次爲『己巳季夏印行』牌記。又次爲三集目録，目録參照初集、二集體例。再爲民國十七年（一九二八）袁嘉穀於東陸大學風節亭所撰三集序。序後即正文，共六卷，自林景泰至袁婉芝，凡八十八人，收古近體詩六百五十三首。正文後有兩篇跋

文，跋一由彭嘉肇撰寫，跋二署名『福州王世昭』。末爲《東陸詩選三集正誤表》，一頁。（白忠俊）

雲南大學詩選（東陸詩選四集）十卷

袁嘉穀輯　民國二十四年（一九三五）石印本　雲南省圖書館藏書

袁嘉穀簡介見前《卧雪詩話》提要。該書又名《東陸詩選四集》，共十卷，前九卷爲詩，卷十主要爲詞，亦附部分詩作。扉頁左側題『龍門彙稿』，下署『嘉穀書』。次爲民國二十四年（一九三五）袁嘉穀於雲南大學風節亭所撰序，序稱『一、二、三集，曩昔付梓，兹選四集，有新得也，而未可謂深知也』，可知是書前有《東陸詩選》初集、二集、三集出版，今輯《東陸詩選四集》即名之曰

《雲南大學詩選》。序中點明是書宗旨，『特其新，仍出於故，亦足徵講學之微旨焉』。卷首無總目，但各卷前有分卷目録。其中，卷一選宋恩溥、周均等二十五人二百六十首詩作；卷二選高克敏、謝祖培等六十四人二百五十四首詩作；卷三缺目録，僅存陳少銘、段紹科等三十四人一百一十八首詩作；卷四缺目録至第六葉，僅存何嘉賓、楊名時等三十六人九十四首詩作；卷五選廖彬、孫家祥等二十五人一百一十七首詩作；卷六缺目録和第十葉，僅存孫樂、于乃仁等十八人一百零九首詩作；卷七選梅宗黄、張連楙等十四人一百一十首詩作，後附《萬竹園唱和集》三十餘首詩歌；

卷八缺目録，選覃瑞華、庾靖華等二十四人一百一十首詩作；卷九缺目録，選楊瑞芬、張桂英等十位女性詩人三十首詩作；卷十缺目録，末或有缺頁，存畢希德、廖彬等十四人六十餘首詩詞。十卷共收録古近體詩及詞近一千三百首，大量涉及雲南尤其是昆明等地的詩詞，如較多的《翠湖柳枝詞》；另外還有很多涉及雲南大學的詩歌，如覃瑞華的《雲南大學歌》等。是書各卷正文前標注詩人姓名，姓名下用雙行小字標明詩人表字、籍貫及所收詩選數量，少數詩人未載表字、籍貫及詩選數量，少數詩人非滇籍，個别詩歌後附《卧雪詩話》的相關摘録。（白忠俊）

丙子螺峰登高詩集

張維翰輯　民國二十五年（一九三六）鉛印本　雲南省圖書館藏書

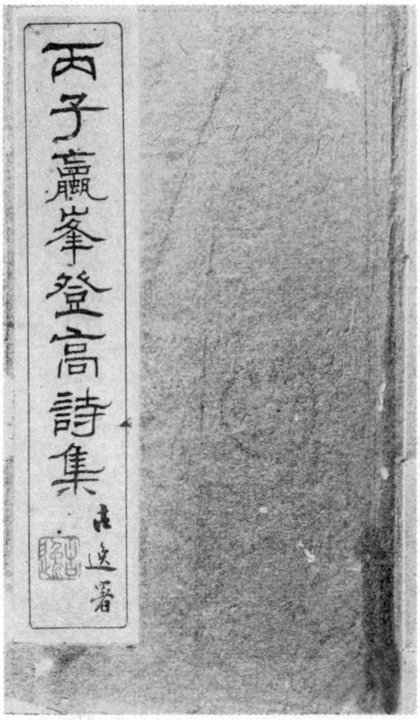

張維翰（一八八六—一九七九），字季勛，號蒓漚，雲南大關人。畢業於雲南法政學堂，曾入日本東京帝國大學及東京市政研究會選修憲法、市政等科。民國元年（一九一二）加入國民黨，歷任雲南都督府秘書、雲南省行政公署總務科科長、鹽興知縣、箇舊知縣、護國軍督軍公署秘書長、昆明市政督辦、雲南省政府委員兼外交部駐滇特派員、雲南省民政廳廳長、雲貴區監察使等職。後輾轉到臺灣，一九七九年九月一日病逝於臺北，年九十四。著有《環游集》《蒓漚類稿》等。

此書封面由陳古逸（原名陳度）題寫書名，并鈐『古逸』印章一方。扉頁由陳衍題寫書名，署『衍』字并鈐『石遺室』印章一方；右下方加蓋『公曆一九五三年貳月壹日　何筱泉先生捐獻圖書』，則是書原係何筱泉私藏之書。次爲《丙子重九螺峰登高圖》兩幅，二圖并列一頁。又次爲民國二十五年（一九三六）九月九日由雲龍撰《螺峰登高記》一篇，文中記叙了古代詩人登高飲酒之習俗及是日集滇耆舊登昆明螺峰山并賦詩之緣起，所撰詩文亦有效仿昔日柳宗元《永州八記》與酈道元《水經注》品題山水勝景以獲稱道於世之意。當日，諸人以杜牧七律《九日齊山登高》詩分韻賦詩，凡六十二人，共作古近體詩六十四首、詞五首。（白忠俊）

丙戌螺峰登高詩集

張維翰輯　民國三十五年（一九四六）鉛印本　雲南省圖書館藏書

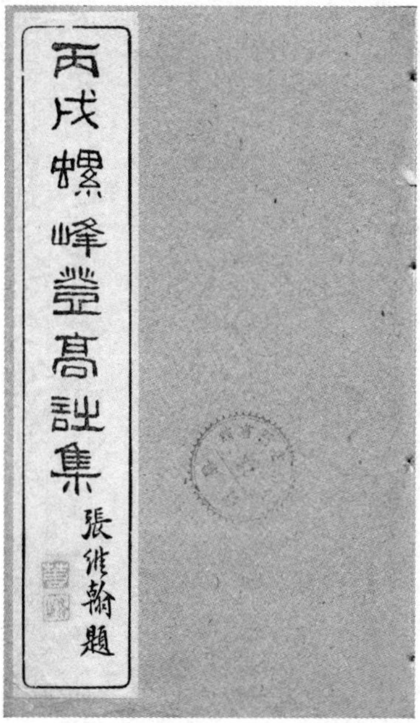

張維翰簡介見前《丙子螺峰登高詩集》提要。本書由張維翰題寫封面和扉頁書名，扉頁加蓋『張維翰印』。次爲民國三十五年（一九四六）九月九日由雲龍於十二印齋撰《丙戌螺翠山莊登高詩序》，序中稱張維翰於抗戰勝利後調任雲貴監察使，於昆明螺翠山莊招飲在昆詩人，復爲十年前登高之會。序中還提到此次集會賦詩欲達到『爲創繼蓮湖南雅之後陶情適性，即藉以考古知今』的目的，以及揭示『人生行樂，各適其時，中外原同，古今不异』的哲理意義。當日，諸人以李白及王勃《九日》詩依年齡分韵賦詩，凡七十三人，共作古近體詩八十三首、詞五首、曲一首。（白忠俊）

唐宋金元詞鈎沈

周泳先校編　民國二十六年（一九三七）商務印書館鉛印本　國家圖書館藏書

周泳先（一九一一—一九八七），原名周增永，字泳先，雲南大理人。一九二八年考入上海國立暨南大學中國語文學系，師從龍榆生治詞學，一九三二年畢業後留校擔任助教。一九三四年任教於上海中學、濱海中學。一九三五年任教於杭州中山中學并在之江大學兼課。一九三六年被鄭振鐸聘回暨南大學擔任講師，又受陸費逵之聘爲中華書局編輯。一九三八年由滬返滇，先後任雲南大學中文系研究助教、專任講師、副教授。一九四一年任大姚中學校長兼大姚師範學校校長。一九五〇年經馬曜介紹入雲南省圖書館，先後任典藏部、善本部主任。一九五六年大理北湯天村董氏宗祠中發現大量南詔大理國古本經卷後，主持經卷的整理及鑒定工作。編著有《唐宋金元詞鈎沈》《雲南省圖書館善本書目》等。

此書封面後爲民國二十五年（一九三六）龍榆生所撰序言。序稱是書體例遵循近人趙萬里《校輯宋金元人詞》一書，『而其所輯録，又皆爲趙書所未及，且得嚮未爲人所知之詞集近二十家』，補諸家叢刻，此是其價值所在。次爲例言，例言中提及是書『更旁求選本、筆記、類書、譜録，又輯得宋金元人佚逸詞集若干家』；又言是書材料『有録自四庫珍本叢書影印文淵閣本者，有録自文瀾閣本者，有取兩本互校者』。又次爲引用書目，所引凡一百二十二種，每種書目標書名及卷數，下用單行小字注出編撰者及所用版本。再爲總目，總目中先録詞集書名及卷數，下用單行小字注出輯録者及版本；後或爲輯録詞牌，詞牌下超過一闋者用小字標出詞作數量，或先標注選録詞人及選詞數量，隨後輯録出詞牌，詞牌下超過一闋者仍用小字標出詞作數量；又後爲該詞集總録詞數；末多有編者周泳先輯録小記。總目後即爲正文，正文先録書名，次行下欄書編撰者朝代、姓名、表字，後録詞選正文。（白忠俊）

滇南近代詩鈔二十卷

方樹梅輯　稿本　雲南省圖書館藏書

方樹梅簡介見前《學山樓文集十卷》提要。該書用『學山樓稿紙』抄寫而成，朱絲欄，方格。雖無序跋可確證其輯著時間，但是，所選詩作者馬驄、丁中立、章斐然、孫樂、吴從周等人，皆記爲『雲南省文史館館員』，可見《詩鈔》成稿於中華人民共和國成立之後。該書是輯者繼《歷代滇游詩鈔》之後所輯録的又一種大型滇詩合集。全稿之詩作者，起自清道光年間，共一百五十四人。其中女作者計有王藻湄（趙藩妻）、孫佩珊（東陸大學女生）等四人；宗教人士有釋静圓一人。

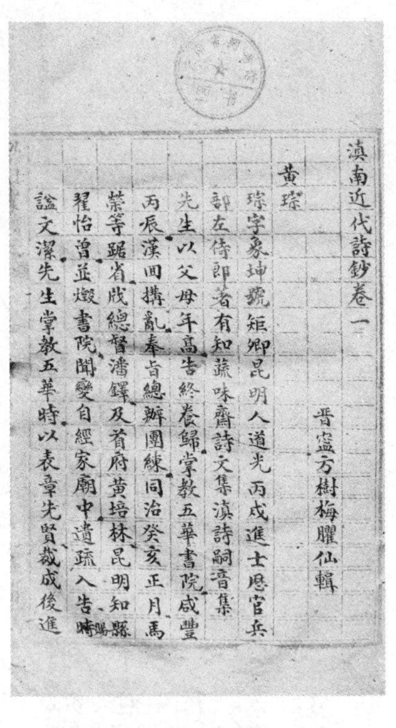
滇南近代詩鈔卷一
晋寧方樹梅臞仙輯
黄琮
琮字象坤號矩卿昆明人道光丙戌進士歷官兵部左侍郎著有知蔬味齋詩文集滇詩嗣音集先生以父母年高告終養歸掌教五華書院咸豐丙辰漢回構亂奉旨總辦團練同治癸亥正月馬榮等踞省戕總督潘鐸及首府黄培林昆明知縣瞿怡曾並燬書院聞變自經家廟中遺疏入告賜謚文潔先生掌教五華時以表章先賢裁成後進

作品較多、影響較大者如趙藩、陳榮昌、袁嘉穀、周鍾嶽、繆爾紓，各占一至三卷。詩作或選自作者原有詩文別集，或輯自地方志等多種文獻，題材廣泛，體裁多樣。作者遍及全滇不同階層、不同行業，有晚清至民國的社會名流、大中學師生、醫師、職員、普通百姓，代表性强。該稿未見前人整理、徵引，具有不可低估的雲南地方文學和文獻學價值。

本書所選名人詩作徵諸其傳世詩文集者，不足爲奇，而輯自罕見或亡佚文獻之零散詩作就特別值得關注了。如，上述雲南省文史研究館早期館員丁中立、章斐然等先生之詩；十四歲中舉、後爲李根源先生友人之王禎之詩；清末秀才、雲南早期音樂教師李爕熙先生之詩；民初著名封疆大吏楊增新之詩；民國著名監察官張華瀾先生之詩；抗戰時期以凛然正氣書斥日寇的張問德先生之詩；關心國事兼擅詩賦的醫士周天民、曾潤章先生之詩。此外，孫光庭、顧視高、趙鶴清、王人文、吴熙、錢用中、蕭瑞麟、秦光玉、由雲龍、吴良桐、華世堯、劉楚湘、王用予、張維翰等，雖未必以詩名世，但他們都是雲南近代史上頗有影響的人物，其詩作雖吉光片羽，也是值得珍視的。如，丁中立《新樂府》六首，揭露軍閥拉夫、綁票、徵糧等罪惡情形；陳潛《石屏竹枝詞》五首、孫樂《玉溪即事》四首和李爕熙《大理繞三靈會竹枝詞》五首，皆記咏其故鄉奇特的風土人情和宗教民俗；楊增新《六十初度與僚屬登迪化邊樓》和張問德《重九盞達登高感懷》，觸景生情，表達了消除外患、安靖邊疆的情懷。這些都是鮮見前人徵引的好詩。（朱端强）

②別集

劍虹詩稿

李燮義撰　民國十四年（一九二五）鈔本　雲南省圖書館藏書

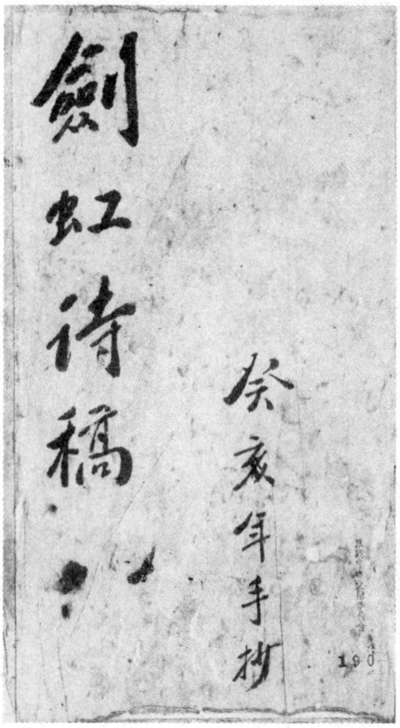

李燮義（一八七五—一九二六），原名如桂，字月卿，又字開一，號劍虹，雲南大理人。受父親李樹池影響，自幼酷愛音樂、詩文。清光緒十六年（一八九〇）加入蒼麓詩社。光緒三十年（一九〇四）留日研修音樂，光緒三十三年（一九〇七）加入同盟會，始以筆名『劍虹』發表革命文章。次年歸國，任教於昆明。宣統三年（一九一一），參加重九起義，任雲南軍政府參議員。民國四年（一九一五），參加護國運動，在四川都督署中任軍法處處長。民國六年（一九一七），在川軍攻破瀘州時負傷，次年辭職回鄉養病。民國十五年（一九二六）病逝於大理，年五十有二。著有《樂典》《劍虹詩稿》等。

此書封面題『癸亥年手抄』，癸亥年即民國十二年（一九二三），然卷中有數首詩係民國十四年（一九二五）作，則是書當爲民國十四年或以後鈔本。該書無扉頁、目録及序跋，收古近體詩一百九十餘首。正如卷首《自題詩稿七律二首》其一所言，其詩多是『性情流露自成歌，不爲深雕不細磨』之作，其中關於甲午海戰、護國運動等事件的詩作都蘊含了他深刻的個人感受，抒情沉着有力、真率自然。其他數首《竹枝詞》也頗有土風，《乙丑年夏曆二月大理大地震歌》以六百餘字篇幅把當時大理震後慘況一一寫出，讀來催人肝膽。卷尾抄録其文兩篇。（白忠俊）

柏香詩鈔初集四卷

和讓撰　民國十三年（一九二四）鈔本　國家圖書館藏書

柏香詩鈔續集三卷

和讓撰　民國十三年（一九二四）鈔本　國家圖書館藏書

和柏香（一八七一—一九二四），原名和讓，納西族，雲南麗江人。清宣統元年（一九〇九）特科拔貢，曾在四川新津等縣任職。民國元年（一九一二），回鄉自設教館授課，爲著名歷史學家方國瑜的私塾老師。著有《柏香詩鈔》，分爲兩集，存詩共一千五百餘首。

柏香詩鈔 初集 卷壹

初集共四卷，每卷封面標明卷次。卷一前有作者作於民國十三年（一九二四）之自序。卷一自《伯牙琴次唐傑生韵》至於《客况》，凡一百八十餘首，其中《買得新地示子禽》詩後插入一篇《柏香詩集弁言》，弁言署名『東園唐傑生』；卷二自《重到中甸》至於《紅梅》，凡二百六十餘首；卷三自《慶雲寺折梅》至於《賀人落成》，凡二百一十餘首；卷四自《贈李奉之》至於《携幼子橘同宿傑生林下》，凡二百二十餘首。四卷合計古近體詩近八百八十首，與唐傑生唱和詩較多。其中，《大風感》《祈雨感》《喜雨》等古風感情豐沛，哀樂溢於言表；《讀離騷》《讀李太白詩》《讀杜工部詩》《杜工部草堂》等論詩詩闡述了作者對歷代作家及其作品的藝術風格等的見解；《咏史六首》《咏史十一首》《讀史有感》等咏史詩藴含了詩人對一些歷史人物和歷史問題的思考。

續集共三卷，卷一前有作者作於民國十三年（一九二四）之自序，自序稱『自壬戌春以至今歲凡閲六百餘日耳，又得詩若干首』，可知續集詩稿編年當起自民國十一年（一九二二）春。卷一自《聽琴》至於《歸自東林課兒書》，凡二百三十餘首；卷二自《荒年》至於《中秋夜有懷中靈》，凡二百二十餘首；卷三自《秋晨過黄山下》至於《老拙》，凡一百九十餘首。三卷古近體詩共六百五十餘首。初集、續集詩歌總數逾一千五百首。其中，有多首涉及東林寺的詩歌，如《初到東林寺講學》《東林寺獨步》《東林雜咏二首》《東林偶成》《東林寺有懷三弟》等，皆很有特色；另有一首《地震》詩寫民國十四年（一九二五）二、三月間發生在大理等屬的七級地震，具有一定的史料價值。（白忠俊）

臥雪堂詩集十二卷

袁嘉穀撰　民國十六年（一九二七）開智公司鉛印本　國家圖書館藏書

袁嘉穀簡介見前《臥雪詩話》提要。該書卷前有陳榮昌、張學智、高步瀛、孫樹禮所撰序言各一篇。陳榮昌序言稱：『予於詩與樹五有同癖。』張學智序言稱：『憶同學時，樹五治詩獨勤，日手一經，章解而句釋之，博考旁參，精思獨詣，而積中發外，見之咏歌，詩名早已大著。通籍後，余荒於學，樹五從政之餘，不廢吟咏。今將老矣，樹五著作等身，出《臥雪堂詩集》十二卷，屬余序，余讀之，皆醞釀深醇，根抵於性情學問，去三百篇之旨不遠。樹五雖不僅以詩傳，而詩亦足以傳樹五矣。』

全書收録袁嘉穀自清光緒十二年（一八八六）至民國十四年（一九二五）之詩作，凡六百餘首，十二卷，每卷卷端有題記。其中，卷一《幼學集》，樹五題記稱：『就昔存者輯存之，聊驗少日之刻苦云爾。』卷二《幼學餘集》，是對上卷詩作的再補充，『顧此九年中詩佚何限，搜而彙之，擇而存之』。卷三《九龍池集》，是『游學九龍池書院，凡有吟咏、課作者』。卷四《公車集》，記『丁酉（一八九七）冬計偕北上』，清廷『給滇人沿路公車，風塵之勞稍稍免矣』。卷五《敝帚集》，題名取自『里語云「家有敝帚，享之千金」』。卷六《安車集》，作者離滇赴試、赴日考察，『驛程萬里，茫然歎然，悉寄於詩』。卷七《東游記》，『東鄰日本自古通舟，今尤易，一年往還，不得無詩』，乃作者東游日本時所作之合集。卷八《京華集》，記録『戊戌（一八九八）、癸卯（一九〇三）兩入京，旋復出游』之事。卷九《輶軒集》，在浙江任職兩年間『無暇爲詩，詩不及百，而省親、還鄉之作居泰半焉』。卷十《敝帚後集》，『自壬子（一九一二）至丁巳（一九一七）詩編一卷，仍爲敝帚而已』。卷十一《移山集》，太夫人弃養，持服無詩，『庚申（一九二〇）服闋，始復爲之，蓋心血已枯矣』。卷十二《澍園集》，樹五住在翠湖北『東鄰馬氏讓予小園垣』，園中景致『狀若石屏金鐘山，吾先人所藏也。久違先塋，登此寄慨，吟百字詩』。卷末有高步瀛後序和彭嘉霖、鄭鶴春、鄭鶴聲、徐敏、張連楙跋。（陳妍晶）

松影山房詩初集二卷附松影山房聯話

段居撰　民國十八年（一九二九）稿本　雲南省圖書館藏書

段居簡介見前《松月樓雜作》提要。此書封面題『松影山房詩初集』，并書『劍川段大令居詩册上、下，代存圖書館，選佳者入詩叢，丙子冬屏山識』，則是書係民國二十五年（一九三六）由袁嘉穀輯録。扉頁卷端書『丙辰至己巳凡二百六十七首』，『七』墨筆改爲『四』，又次書名後書『附聯話三十八則』。次爲民國十八年（一九二九）作者撰於大理寄廬之自序。又次爲目録。目録後即正文，分上、下兩卷，按成詩年月編次。上卷收民國五年（一九一六）至十五年（一九二六）間創作的古近體詩一百六十一首，下卷收民國十六年（一九二七）至十八年（一九二九）間創作的古近體詩一百零三首，兩卷凡二百六十四首。其中山水詩較多，如《蕩山歌》《西山紀游十首》等，另如《秋七月携大兒僖及其友張庚年偕邱景山楊明甫游鷄足山詩以記之》一組便含二十九首之多，詩風平易自然、清新活潑。正文後附録《松影山房聯話》，按成聯年月編次，凡三十八則。末爲民國二十年（一九三一）袁嘉穀自題《讀後》一篇，并鈐『袁嘉穀印』一方。（白忠俊）

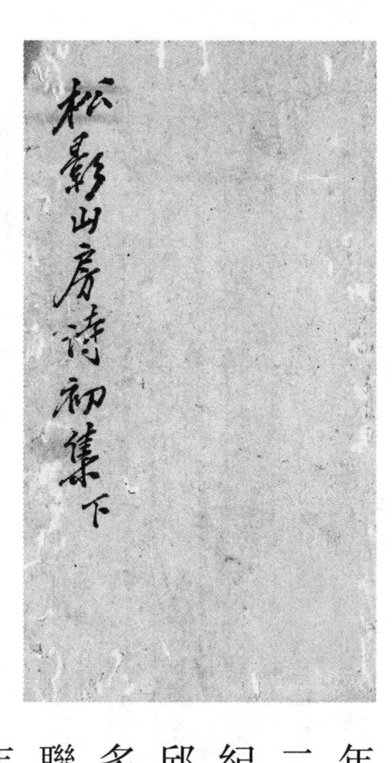

羅生山館詩文集（詩集部分）五卷

李學詩撰　民國二十年（一九三一）曲石精廬刻本　雲南省圖書館藏書

李學詩（一八七四—一九三〇），字希白，别號羅生山人，雲南騰衝人。諸生，三赴鄉試均落第。經楊振鴻介紹加入同盟會，就學於雲南陸軍講武堂。辛亥年與張文光光復騰越，任第二路統領。民國元年（一九一二），以維西協副將率軍援藏，攻克鹽井、巴塘、理塘，兵抵察雅。後任察勘滇緬界務專員，喬裝易服，深入中緬邊境野人山一帶調查。感染時疫，雖幸免於難，但雙耳自此失聰。晚年寄居李根源蘇州寓所。有《治平吟草》四卷、《天南隨筆》四卷等行世。

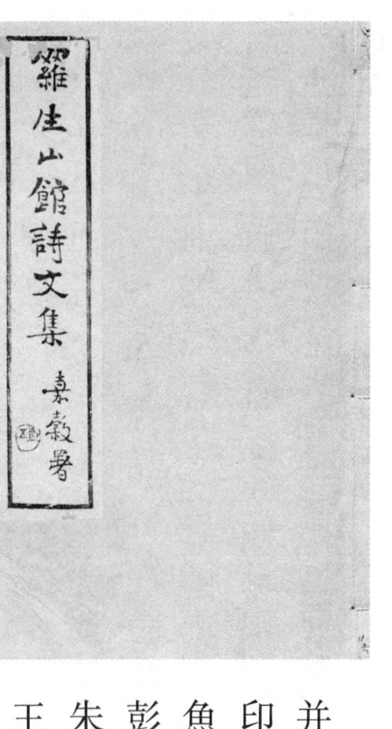

該書爲『曲石叢書』之一種。封面由袁嘉穀題署書名，并鈐印一方。扉頁由顧視高别署『羅生山館詩集』，并鈐印二方。書牌題『版藏葑門十全街曲石精廬』。黑口，單魚尾，版心鎸『騰衝李氏刻』。卷首刊周麟書、亢惟恭、彭穀孫、李曰垓序文各一篇，費樹蔚、王燦、費善慶、朱錫梁、沈昌眉、鈕家魯、王源翰、楊天麟、江暹、金震、王謇、周鍾嶽、趙式銘題詩若干首。金天羽《李希白傳》和章炳麟《李希白墓志銘》，介紹傳主事迹，表彰其早年有功於國家的事迹，記其晚年虔誠禮佛、詩文自娱的生活。

該書共五卷，有紀人、紀事、紀游和狀物之作，也有酬應唱和之作，題材豐富。如《悲左孝臣》紀念一九〇〇年片馬事件中率衆英勇抗擊英軍而壯烈捐軀的少數民族英雄左孝臣，揭露英國殖民者巧取豪奪我國西南邊疆國土的侵略行徑，痛斥清政府昏聵無能，洋溢着愛國主義熱忱。又如《寶峰寺》，寫明代旅行家徐霞客到訪過的騰越縣城西郊古刹：『城西十里寶峰寺，水木清嘉古道場。日暖打鷹飛獵火，天晴來鳳挹嵐光。短衣芒屐徐霞客，月小山高胡侍郎。最是山僧無個事，滚鐘溪畔立斜陽。』再如《鷄葼》，寫騰越出産的山珍美味鷄葼菌。還有許多詩篇懷念鄉賢、友人，描寫雲南名勝古迹、關隘、河流、險要，記載滇西辛亥革命史事。綜觀本書所收詩篇，多關雲南掌故，保存了豐富的雲南地方文獻。（許新民）

天地一庵詩鈔二卷

李曰垓撰　民國稿本　騰衝市和順圖書館藏書

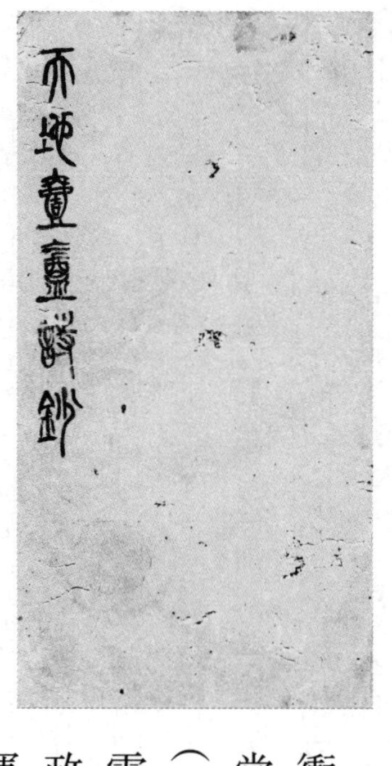

李曰垓（一八八一——一九四四），字子晉，雲南騰衝人。清光緒二十九年（一九〇三）考入雲南高等學堂，後被選送至京師大學堂文學系深造。清宣統元年（一九〇九）畢業，加入同盟會。辛亥革命中參加并領導雲南臨安起義，光復滇南。雲南軍政府成立後，歷任軍政部次長、西藏宣慰使、雲南第一殖邊督辦等職。護國運動中，出任護國第一軍秘書長，起草《討袁檄文》，章太炎因之稱其爲『天南一支筆』。著有《滇緬界務説略并圖》《漫汗録》《文牘篇》《天地一庵詩鈔》等。

此書封面題『父親大人手録天地一庵詩抄原稿』，後書『男生莊珍藏甲申孟夏敬題』。扉頁左欄作者手書『天地一庵詩鈔』。次爲民國二十年（一九三一）作者自述小引，又次爲正文。是書未分卷，實則兩卷，前卷録自民國十八年（一九二九）二月迄民國二十二年（一九三三）二月間古近體詩一百七十餘首，與王鐵珊唱和詩較多；另一卷自民國二十二年（一九三三）三月起，凡古近體詩一百餘首，與劉伯膏唱和詩較多。無目録，無序跋，卷末鈐『李生莊』印章六方、『生莊』印章三方、『禾書』印章一方、『周禾書』印章一方。（白忠俊）

榴花館詩存十卷

蕭瑞麟著　民國二十五年（一九三六）鉛印本　國家圖書館藏書

榴花館詩存 卷壹 卷二

蕭瑞麟（一八六八—一九三九），字石齋，雲南恩安（今昭通市）人。晚清舉人。曾任鳳池書院山長、玉筍書院山長。光緒三十年（一九〇四）赴日本肄習師範，歸國後創設昭通五屬師範傳習所。之後調入省垣爲兩級師範講師，考入北京大學攻讀經史科。民國初年當選衆議院議員，後曾任四川彰明縣知事、雲南順寧縣知事、普洱道尹兼思茅管監督、普防警備司令。另著有《榴花館詩稿》《榴花館詩話》《左微》《乙未南歸記》《蠻疆偶記》《參觀日本學校筆記》《昭通學堂創始記》《南游記》《度越記》《公車北上記》《滇蜀間之鹽政》《烏蒙紀年》《烏蒙遺事》《土司志》等。

該書卷端有袁嘉穀、周鍾嶽、由雲龍所撰序。序後有夏震武、陳伯陶、袁嘉穀、楊瓊、楊咽冰、趙式銘題詩。版心鎸有『香港天倉公司承印』字樣。該書所收録的詩文按創作時間排序，除清光緒二十七年（一九〇一）到光緒三十年（一九〇四）適逢摯親離世持服停止創作外，收録了自光緒丙戌（一八八六）至民國乙亥（一九三五），作者十八歲到六十七歲，半個世紀裏所創作的詩文兩千三百多篇，每卷一百四十至二百餘篇。袁嘉穀在其序中稱蕭瑞麟詩作『卷輒數百詩，兼聖俞、放翁之長，體物、體人妙造自然，無一詩不得其性情之真』。

蕭瑞麟詩風平易近人，字裏行間洋溢着沉鬱的愛國愛民之情。按袁嘉穀序中評價：『家庭諸作，樂叙天倫；時事諸作，撥亂反正；山水諸作，縋幽鑿險；師友之作，直諒多聞；飲食諸作，味美於回；咏史諸作，無窮清新；佛化諸作，則物我兩忘也；咏物諸作，則物我同春也。』該書既是蕭瑞麟的人生記録，亦爲時代風雲的記録。袁嘉穀序稱：『讀其詩者泊與淡，相遭覺其家庭秩秩，友朋藹藹，湖山戀戀，引人入勝。』（陳妍晶）

偶得詩集（吕天民詩集）五卷

吕志伊撰　民國三十二年（一九四三）鉛印本　國家圖書館藏書

吕志伊（一八八一—一九四〇），字天民，雲南思茅人。清末舉人，日本早稻田大學留學生。辛亥革命先驅之一，曾任中國同盟會評議部評議、雲南分會主盟人，南京臨時政府司法次長，孫中山大元帥府大理院院長，國民政府立法委員。同時，他又是中國近代文學團體南社、新南社的資深成員、著名詩人。二十世紀二十年代，其詩作在上海、江蘇、廣東及雲南曾廣爲流傳，并選入一九三六年出版的《近代名人詩選》，頗具影響。

本書封面署『吕天民詩集』，李根源題簽。全書分爲五卷，收録詩作兩百餘首，較爲集中地反映了作者立志救國救民、投身民主革命的歷程；也反映了他愛國愛鄉、與親朋故友之深厚情誼等。詩集按時間順序編排，甲午（一八九四）至丙午（一九〇六）所作，編爲一卷；自丁未（一九〇七）至辛亥（一九一一）所作，編爲一卷；民國元年（一九一二）至八年（一九一九）所作，編爲一卷；民國九年（一九二〇）至十七年（一九二八）所作，編爲一卷；民國十八年（一九二九）至二十八年（一九三九）所作，編爲一卷。卷首有李根源所作《偶得詩集序》《立法院立法委員思茅吕君天民墓志銘》及作者《偶得詩集自叙》。卷末有作者後叙。

對吕志伊的詩作，于右任、柳亞子、葉楚傖、邵力子等都予以高度評價。尤其是于右任曾寫《題吕天民〈偶得詩集〉四首》，其詩曰：『范宋徐陳悲復悲，天饕人虐兩無遺。春江夜雨三茅閣，猶憶當年草檄時。』『凄凉同社惟君在，老有詩篇詔後生。我愛游仙讀莊子，人間無地著新聲。』『緬甸難揮挽日戈，滇邊畫界事如何？當年佳句争傳誦，上國疆分紅蚌河。』『黄花崗上草萋萋，開國人豪姓半迷。我讀君詩如讀史，殘山剩水有餘凄。』吕志伊詩作的歷史意義和思想文化價值，由此亦可見一斑。（葉祖蔭）

鐵峰集（詩詞類）

魯道源撰　民國三十二年（一九四三）鉛印本　國家圖書館、雲南省圖書館藏書

魯道源（一八九八—一九八五），雲南昌寧人。抗日名將。一九一一年隨兄赴昆明求學，就讀於成德中學。一九一九年畢業於雲南陸軍講武堂步兵科。全面抗戰期間，歷任國民革命軍第五十八軍新編第十一師師長、第五十八軍副軍長及軍長，先後參加兩次長沙會戰，收復常德等地，戰功卓著。抗戰勝利，代表中國在南昌接受日軍投降。一九五二年赴臺灣，一九八五年病逝。將軍治軍之餘，讀書習畫，堪稱文武雙全。

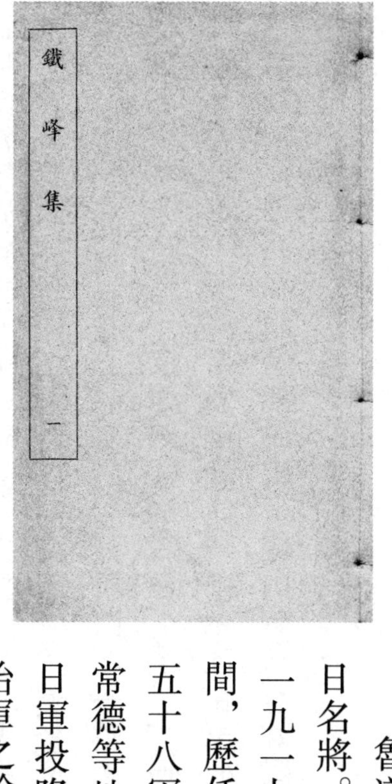

本書首爲自序，署『民國卅一年（一九四二）冬月昌寧魯道源撰於（江西）分宜軍次』。自釋其作品集名『鐵峰』，一則自幼常游於昆明北郊巍峨之鐵峰山麓，感其『巍峨雄峻，壁堅如鐵』，二則作者自領軍以來，力主『鐵血救國之旨，……如鐵峰巍峨雄峻之不阿、堅壁峭石之不變。任敵之殘暴兇猛，而我當之仍屹然矗立而不動』。次序署名『分宜歐陽紹祁』。考歐陽紹祁，江西名士，分宜縣人。歐陽紹祁稱讀其詩作『覺其拔劍砍地之豪氣，椎胸噴血之熱忱，洋溢於字裏行間』。

詩作雖未嚴格按時間編次，但大體順序爲全面抗戰伊始作者率軍從昆明出發，經貴州奔赴前綫，至一九四五年作者奉命在南昌接受日軍投降。詩作較爲全面、系統地記咏了作者所經歷

的重大戰事及其感觸。詩題下多有小序，内容真實，情感充沛，音節鏗鏘有力，洋溢着抗敵救國的英雄氣概。

如《出發日》題下小序曰：『余所部之師，奉命於八月二日由昆明出發。秋高氣爽，士飽馬肥。倭奴之處心積慮，欲乘隙以亡我。無如我全國萬衆一心，敵愾同仇，共張天討，終使倭奴徒心勞日拙也。』表現出作者對打敗日寇充滿必勝之心。其詩曰：

師干總領出坰郊，秋水腰横殺氣豪。
嘗膽卧薪雪國耻，島夷蠢爾漫狂驕！
倭寇逞兵何爲乎？爰申正義張天誅。
東瀛痛飲黄龍酒，解甲歸農復我初。

又如《受降》題下小序曰：『余率軍由吉安追擊敵人至樟樹後，會日本投降。奉命入南昌主持全戰區受降事宜，敵方代表爲日軍第十一軍團中將軍團長笠原幸雄』。作者深感八年浴血奮戰，終於等來昔日不可一世的敵酋乖乖呈上降表和佩劍，勝利之豪情溢於言表。其詩曰：

八年黷武何瘋狂，决策行兵兩自戕。
九月洪都十四日，笠原向我遞降章！

據此書第一册總目，除此册詩詞外，還有文稿、書札、雜著和日記四部分，有待進一步訪尋。

（朱端强）

曲石詩録十卷（卷一至卷十）

李根源撰　民國三十二年（一九四三）鉛印本　雲南省圖書館藏書

曲石詩録二卷（卷十一至卷十二）

李根源撰　民國三十六年（一九四七）鳳翙園石印本　雲南省圖書館藏書

曲石詩録　右任

李根源簡介見前《重印雲南陸軍講武堂同人録》提要。本書爲作者一九四九年前的詩作，先後於民國三十二年（一九四三）八月在重慶和民國三十六年（一九四七）閏二月在騰衝鳳翙園印行。封面皆由于右任題寫書名。作品大體按時序和主題編爲十二卷，每册首尾多有名人序跋題詞。限於篇幅，僅擇要言之。

卷一《劍影集》，録《元旦》至《懷鄉》等四十三首。

卷二《險難吟》，録《和羅卓英軍長戰地中秋元韵》至《病中》（作於迪化省立醫院）等五十二首。

卷三《螳川集》，録《西安飛昆明》至《慢作》等八十二首。卷四《還鄉吟》，録《宿鎮南縣》至《騰衝四將》等一百二十首。卷五《霜鏡草》，録《去騰衝四首》至《惺庵長兄奉命還滇慰問灾黎賦詩見示依韵奉答》等五十一首。卷六《湖上閑吟》，録組詩《湖齋無事得小詩二百章尚非徒作隨感成吟故不詮次也》等二百一十八首（按：此卷民國二十九年十月曾在昆明《朝報》館單獨刊印）。卷七《荷戈吟》，録《西行口占》至《哭門人申雲天》等五十二首。卷八《入川雜咏》，本卷無詩題，由每詩之尾注和夾注紀事，起作於民國三十二年（一九四三）二月從大理出發，終於是年八月左右，共一百零八首。卷九《江上集》，録《江上三首》至《龍陵克復三首》等一百九十九首。卷十專題詩集《勝温集》，録《大理國張勝温梵畫長卷》等三十五首，卷首有詩序稱，民國三十三年（一九四四）一月，重慶中央圖書館展出故宫博物院所藏《張勝温梵畫長卷》，全長十丈，人物六百二十八，有諸多名家題識，作者亦爲此吟詩。詩後附李爲衡、馬衡、羅庸、方國瑜等有關該長卷的題跋。以上十卷之後有《曲石詩録題辭補》，録章士釗、劉成禺、張問德等人的題辭。卷十一《騰衝戰役紀念詩》，録民國三十四年（一九四五）一月之後詩作《登來鳳山觀敵壘》《高黎貢山贈霍總司令》等一百五十首。卷十二《鳳里集》，録《日本投降電請解職》《鳳翅園（三首）》等二百首。（朱端强）

曲石詩録續編四卷（卷十三至卷十六）

李根源撰　一九六一年鈔本　雲南省圖書館藏書

李根源簡介見前《重印雲南陸軍講武堂同人録》提要。本書爲作者手訂一九四九年以後詩作。

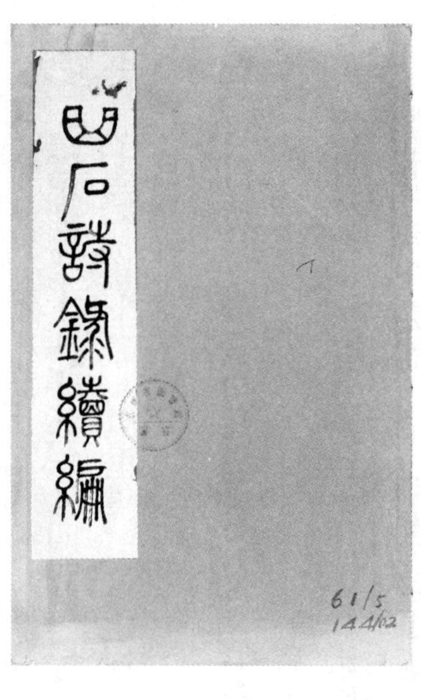

扉頁有一粘條曰：『《曲石詩録續編》一本，敬贈雲南省圖書館。李根源（印）。』又題『第十三、十四、十五、十六卷，辛丑春，根源。』考『辛丑』即一九六一年。首序爲一九五二年陳祖基撰。其稱早年與根源先生相識，一九五一年秋又邂逅於北京，『乃出其所爲最後《詩録》，命我點定』。次序爲一九六二年靳志撰，稱一九四四年與根源先生同在重慶，曾爲其修訂詩稿，『今聞其續作此詩，遵囑爲序，并附詩四章』。卷目後爲一九六一年四月作者作於北京之跋，作者時年八十三歲。文稱此四卷連同前十二卷共十六卷，『總得詩一千九百四十四首』。

此本卷十三《和順鄉集》，即作者一九四九年『避居和順鄉鼇峰寺』時所作《感舊詩》二十三首與《鄉居吟》六十首合成，録爲組詩《和順居吟》，咏騰衝地方風物、大姓來源等，詩後附親友唱和之作。卷十四《疊水河集》，卷内又題爲《槃阿雜咏》，亦記咏騰衝地方歷史人物、古迹、自然風光等。卷末有劉文典先生所撰之跋文。卷十五《安寧温泉過年詩》，作者一九四九年至一九五〇年『在安寧縣龍山别業度歲，新年景物，本地風光，隨口吟唱，得絶句八十餘首。……有關一時一方之掌故，尚可存也。』本集最後一首詩題爲《閲報載進軍西藏喜成三絶句》。此後另附詞作五首。卷十六《雲游集》，録一九五〇年四月詩作《離昆明飛重慶入北京得絶句二十五首》以及此後四年之詩作，如《歡迎中國志願軍歸國代表得五絶句》等。詩後彙集王燦、方樹梅、鄧之誠、由雲龍等師友題贈詩文若干。卷末附作者發言稿及序文二篇：《中國人民政治協商會議第一屆全國委員會第二次會議特邀列席紳耆李根源發言》（艾思奇筆録）和《雲南雜志選輯序》。

（朱端强）

仲叟詩存

嚴天駿著，王燦、李鴻祥輯　民國三十六年（一九四七）昆明市玉溪同鄉會鉛印本　雲南省圖書館藏書

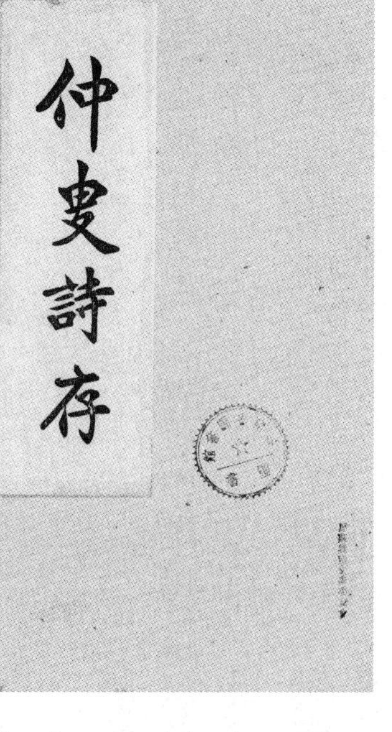

嚴天駿（一八六八—一九二七），字仲良，號仲叟，雲南玉溪人。清光緒辛卯（一八九一）中舉。光緒三十年（一九〇四）赴日本留學，就讀師範，畢業返鄉後創設教育會，興辦學堂，傳播新學，革舊創新，爲地方教育事業作出貢獻。宣統二年（一九一〇）被任命爲湖北省長陽縣知縣。民國二年（一九一三）被選爲衆議院議員。後因國會解散，無力還鄉，定居北京十四年直至逝世。

王燦簡介見前《法學通論》提要。

李鴻祥（一八七九—一九六三），字儀廷，雲南玉溪人。一九〇四年就讀於日本振武學校，一九〇八年，日本陸軍士官學校第六期畢業。留日期間，受孫中山影響加入同盟會。一九〇九年，奉召回滇參與籌建雲南陸軍講武堂，并擔任教官。在辛亥革命重九起義之際，率隊斬關入昆明城，被軍政府任命爲城防衛戍司令。後相繼擔任廣東討袁第一軍軍長，雲南省臨時參議會議長、民政長。中華人民共和國成立後，先後任雲南省軍政委員會委員、雲南省人民委員會委員等職。

該書係《玉溪文徵》抽印本，嚴天駿去世後，由其友王燦、李鴻祥編輯付梓。卷前有王燦、羅庸所撰序言及作者自序。王燦序云：『君卒於京邸，儀廷將軍至其家，搜得詩存，擬爲刊印。曾寄石屏袁樹五，選數十首入《滇詩叢録》，并令余爲之審訂。余讀之，知爲將殁前手自編輯。』卷末李鴻祥跋稱：『其所作詩隨得隨弃，至乙丑（一九二五）後乃始存稿，至丁卯（一九二七）病卒時僅一百五十首。皆清峭雅煉，自具爐錘。年來肆力搜輯，又得二百七十四首，并友和十四首，共四百三十九首，厘爲一卷付印。余與君交逾四十年，以論詩始，以印詩終。』

全書收録作者乙丑（一九二五）至丙寅（一九二六）間客居京師之作。作者在北京十餘年間，『始則黨争，繼而兵争，攘奪變亂無寧歲。政亂於上，而内訌繼起，藩鎮之禍作。命革於下，而外患迭乘，陸沉之機兆。丁亘古未有之巨變，與詩人從來未遭之境遇』。他的詩作，多爲和朋友的互訪交談、書信往還唱和、飲宴、祝壽、吊唁之作，或記録場景，或感懷實事。羅庸序言：『君以詩人敦厚之衷，當群盗憑陵之會，恫邦國之殄瘁，哀民生之多艱，遠識孤懷，隱憂莫訴，則一一皆寄之於詩。其爵勃微婉，感喟蒼凉，蓋毗於風雅遺音，非徒志一時朋游之迹而已。』

作者客居京師，雖有同鄉、友人相伴，難免仍有思鄉之情。如《贈角湛澄》回憶：『兒時步踏獅山頂，梵鐘出寺暮烟暝。朝來院裏看茶花，千朵萬朵烘朱霞。』他借此詩問朋友：『君家家住獅山下，何時仗劍榮歸馬？』詩後注：『湛澄名顯卿，禄勸人，衆議員。』

該書文風古雅，情感細膩，一粥一飯、一景一物皆可成詩，看似信手拈來，實則韵味悠長。

（陳妍晶）

杯湖吟草

李鴻祥著，王燦輯　民國三十五年（一九四六）鉛印本　國家圖書館藏書

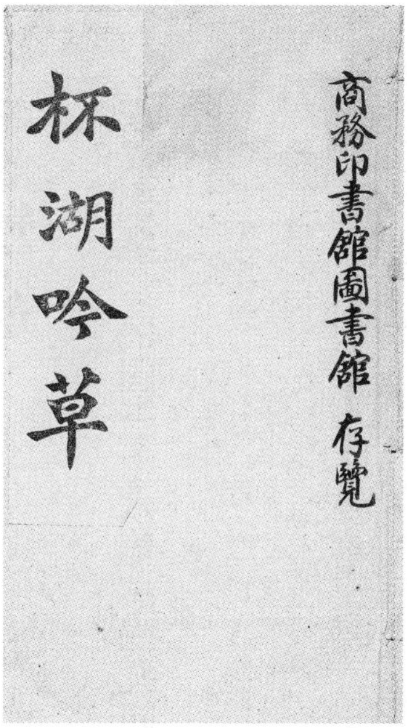

李鴻祥簡介見前《仲叟詩存》提要。王燦簡介見前《法學通論》提要。此書收入《玉溪文徵》卷三。封面右側題『商務印書館圖書館存覽』。次爲扉頁，又次爲目録。目録後有序言三篇，分别是陳古逸序、民國三十一年（一九四二）王用予序、民國三十五年（一九四六）作者自序。陳、王二序記叙了詩人生平經歷，序中皆稱是書爲李鴻祥生平紀事、紀游之作。王序稱其『能於馳騁之餘復歸於平淡，其發而爲詩也，皆耐人尋味者也』。李鴻祥自序中提到是書取名意義——『杯湖者，余所生長之地，以之名草，用志不忘云爾』。後爲王燦、趙鶴清、周傳性、由雲龍、孫樂、王九齡、李沛七人題詞。題詞後即爲正文，共收古近體詩二百七十餘首。其中，《辛亥重九之役紀事》《汪精衛投敵求榮書憤三絶》《冬日本襲珍珠港新加坡南洋緬甸皆陷》《太平洋大戰》《滇軍入越南》《光復臺灣》等詩都涉及重大歷史題材，具有現代詩史意義。另外一些挽詩如《哭六弟緯廷五言三十韵》《除夕傷逝三絶》等，也寫得誠摯動人。正文末附録《題北京趙忠愍公祠》等對聯三十七對、《杯湖亭記》等文十二篇。附録後有跋文兩篇，跋一爲民國三十四年（一九四五）王楨所撰，跋二爲民國三十五年（一九四六）李鴻祥侄李光溪撰。王跋贊其詩『清雅絶俗，風雲寄其感慨，山川助其嘯吟』，李跋稱其詩『流露性真，愛國愛鄉之情往往於言外曲致』。末爲勘誤表。（白忠俊）

落落軒詩選

宋嘉俊撰　民國三十六年（一九四七）鉛印本　國家圖書館藏書

宋嘉俊（一八六四—一九四四），字鏡澄，又作蓋臣，雲南晋寧人。清光緒戊戌（一八九八）進士，官刑部主事，後改任四川江津知縣等職，爲官清貧。晚年回鄉修《晋寧縣志》，年八十一歲。著有《賦梅館詩集》《落落軒詩鈔》等。與陳古逸、袁嘉穀、張學智并稱『四皓』。曾參加蓮湖吟社，《蓮湖吟社稿》收其詩十二首，稱其『詩骨清雅，筆力軒軒，而能按聲調諧音節，殊不易得。惜終歲設帳，暇日絶少，社期多以事不至，詩甚寥寥』。方樹梅《近代滇人著述書目提要》評其詩：『吐囑清雅，近體優於古體，近體五律尤擅長，逼近浣花。』

此書不分卷，封面由孫樂題寫書名。次爲民國三十六年（一九四七）孫樂所撰序言。據孫序可知，是書由劉文典、張學智選録，并由張芷江斥資在作者死後刊刻。又次爲正文。正文首欄有『北京圖書館藏』印章兩方，正文末左欄題『受業元江孫仁校字』，則是書由其弟子孫仁校訂完稿。無扉頁及目録，存古近體詩一百餘首。其中，《阿襤曲》《錢南園臨米元章書天馬賦歌》《曲靖兩爨碑歌》等歌行體寫得開合有度、情真意摯。《登五華山放歌》《九日登螺峰頂望滇池放歌》等一系列書寫家鄉山水的詩歌氣勢豪邁、情思跌宕。（白忠俊）

九天一草廬詩稿

魯元著，陳懿真纂編，張德真續編　民國三十七年（一九四八）鉛印本　國家圖書館藏書

魯元（一九〇七—二〇〇〇），字子真，雲南劍川人。十九歲在昆明遇時任雲南省圖書館館長趙藩，從趙藩工作并受教經史、方略。後在蘇州圖書館工作，拜國學大師章太炎爲師，入國學研究所肄業。時值國勢動蕩，外辱國殤，魯元赴南京，考入中央陸軍軍官學校從軍報國，官至國民革命軍第五十八軍軍長。一九七六年後，任雲南省政協文史委委員、雲南省人民政府參事室參事。另著有《中國抗日戰爭結合第二次大戰史》《新釋中國十大家兵書》《爲將之道》《五十八軍在江西作戰及華中受降》等。

該書封面題『九天一草廬詩稿』，于右任題署，鈐『于任』方印；右二行爲『重慶女子師範學院留存　魯元』墨筆手書，鈐『魯元之印』；中間蓋『國立女子師範學院』章。扉頁有兩頁，第一頁爲于右任書名題簽，右上方有『此中有真意』鈐印一枚，左上方蓋『國立女子師範學院』章；第二頁爲民國三十年（一九四一）冬李根源書名題簽。其後爲牌記『民國三十七年三月九版』。牌記後爲民國三十三年（一九四四）仲春張昭麟撰《九天一草廬詩序》，稱『子真將家子，年少氣鋭，英才蓋世』，『大戰爆發，子真則實行其所學，鐵馬金戈，馳驅於東西各戰場，出生入死，以與倭寇争一夕之命者。又既有年，時以其餘力，發爲長短歌行，以寄其忠孝之思』，盛贊魯元詩作『然其得句也，往往在機鳴血濺、炮震肉飛之際。於世之所謂格律聲調、宗派家法者，時不暇計及，且亦不屑及，故子真之詩，要爲真性情之流露』。

序後爲正文。正文首行書名下署『子真魯元著，月梅陳懿真纂編，希梅張德真續編』。正文按年代排序，收録魯元自民國十三年（一九二四）《侍家大人於退樂園秉訓感賦》至民國三十三年（一九四四）《希梅自入吾門潛心處處私淑月梅欣然成感》詩四百餘首，其中有與其妻月梅、續室希梅及友人張昭麟、李屏蒼、何心穀、黄聲遠等和韵百餘首。正文後附《自得之軒詞草》，録其詞《長相思》《喜春來》《醉落魄》《南浦月》等十餘首。

魯元借其詩《題九天一草廬》之『九天一草廬，朝耕夕讀書。葆真長抱樸，渾然太元初』，道出詩集題名緣起。詩作内容多涉及魯元軍中生涯，如《二二八之役驅寇吟》之『列國由來自有疆，倭夷逞暴何兇狂？提刀借爾頭顱血，爲我河山祭一觴』，寫盡軍人的鐵血豪情。該書卷首題『月梅陳懿真纂編』，月梅係魯元妻陳懿真之字。婚後十年間，她伴夫戎馬疆場，東征西戰，不離左右，夫妻間常以詩詞唱酬。月梅不幸於民國三十一年（一九四二）卒於軍中。該書中多有涉及夫妻伉儷之樂及魯元悼念亡妻之作，如《與月梅夜談而贈》《月梅戎服相偕由鄂北上偶成》《壽月梅二十六周歲生辰》《清明憶妻三十三絕》等，可謂情真意切。（陳妍晶）

學山樓詩集十卷

方樹梅撰　民國三十七年（一九四八）鉛印本　國家圖書館藏書

方樹梅簡介見前《學山樓文集》提要。此書封面及扉頁由周鍾嶽、李根源題寫書名。首爲作者六十八歲時照片一幀。次爲繆爾紓（季安）、王燦所撰之序言，皆署『民國三十三年甲申』，但作者自序則署『民國三十七年戊子』，知此書初編於一九四四年，先索題、問序於師友，後來又增補内容，一九四八年印行。自序謙稱『學詩未專』，主要致力於雲南地方文獻的搜集研究，但四十年來『出處交游，師友骨肉之間，觸於目、感於心者，情不自禁，發而爲韵語，得古今體詩千三百餘首。兒懷民以余年將七十，請裒刊以示子孫。遂力加删汰，過存七百餘十首，余生平性情藉此可略見』。

全書詩作按時序編次。作爲雲南著名地方文獻研究大家，其詩作具有較强的紀實特色，除反映作者經歷、交游和思想感情之外，亦可從中讀到清末迄民國末年有關雲南的諸多重要歷史事件和風土人情。卷一爲甲辰（一九〇四）之後詩作，録其早期詩作如《詩廬懷夢亭公》《萬梅草堂》等。卷二爲壬戌（一九二二）之後詩作。其中《永曆帝璽》記咏南明永曆皇帝『敕命之寶』在昆明出土的情况。卷三爲丙寅（一九二六）之後詩作。其中《高師學校雙塔歌》，記咏作者當時在雲南高等師範學校講授詩學之事，該校地在『祖遍山大德寺』（今有誤稱在五華山者）。卷四爲丁卯（一九二七）之後詩作。其中《偕趙㺒父式銘同門謁永曆帝陵》詩序曰：『陵在省城北門外偏西一里，即俗呼陳圓圓之梳妝臺也。明季遺老當清平滇後，懼官平毁，乃托名焉。』夾注又云：『與孫清愍公墓相距約百數武』。卷五爲甲戌（一九三四）之後詩作，多爲作者奉命出滇訪尋雲南地方文獻、觀摩省外滇賢遺迹之一路詩作，其部分詩作亦散見作者《北游搜訪滇南文獻日記》中。卷六爲丙子（一九三六）以前詩作，有《運書》《題曲石詩録》等。卷七至卷十爲己卯（一九三九）至癸未（一九四三）全面抗戰爆發以後的詩作，内容涉及日機轟炸昆明、日本投降以及作者與戰時遷滇的文化名流釋太虛、顧頡剛、袁同禮、萬斯年等人的學術活動等。（朱端强）

茈湖精舍詩初集

馬曜撰　民國三十八年（一九四九）鉛印本　雲南省圖書館藏書

馬曜（一九一一—二〇〇六），字幼初，白族，雲南洱源人。十四歲學詩，民國二十年（一九三一）考入上海光華大學經濟系，同年加入中國共産黨。中華人民共和國成立後，就職於中共雲南省委邊疆民族工作委員會，後歷任雲南大學教授，《思想戰綫》主編，雲南民族學院院長、名譽院長等職。一九八五年離休後，繼續從事學術研究和社會活動。二〇〇六年二月六日逝世，年九十六。主編有《雲南古代各族史略》《白族簡史》《雲南簡史》等。詩集名爲『茈湖精舍詩初集』，以其家鄉洱源有茈碧湖者也。

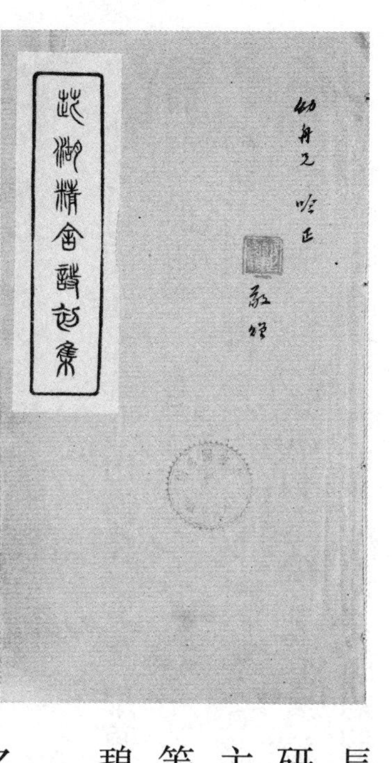

封面由作者自題書名，小篆。扉頁由熊慶來題寫書名，并鈐『熊慶來印』，右側題『國立雲南大學文藝叢書』。次爲序文六篇，分別爲羅庸、王燦、錢基博、徐嘉瑞、劉文典、閻毅所撰，其中，羅序稱其詩『刻峭幽深，尤近昌穀；沈綿密麗，多類樊南。工力之深，同輩中所未有也』。序端右欄外蓋『公曆一九五二年十二月廿六日　李埏同志捐獻圖書』章；另是書扉頁題有『幼舟兄吟正』字，則是書係作者贈予李埏（字子沂，號幼舟）之書，後由李埏捐贈給雲南省圖書館。又次爲王燦、白之瀚、馬驄、王學富、周均、張天如、王頌陶七人題詞。又次爲正文，無目録。正文按成詩年月編次，收古近體詩二百五十首。其中，收民國十六年（一九二七）至十八年（一九二九）間少作十三首，民國二十四年（一九三五）至二十五年（一九三六）間詩五十六首，民國二十六年（一九三七）詩三十六首，民國二十七年（一九三八）至三十四年（一九四五）間詩六十八首，民國三十五年（一九四六）至三十七年（一九四八）間詩七十七首。其早年詩中與閻毅（字任之）酬唱較多，其中不乏長篇。詩采衆家之長，較優者如《聽雨》七首、《無題》十二首、《中甸紀行》十首等。末爲民國三十七年（一九四八）作者後記，後記中稱其詩稿賴其父馬秉升（字東初）得以留存，彌

留之際仍不忘是編。（白忠俊）

北山詩集

袁丕鈞撰　民國油印本　國家圖書館藏書

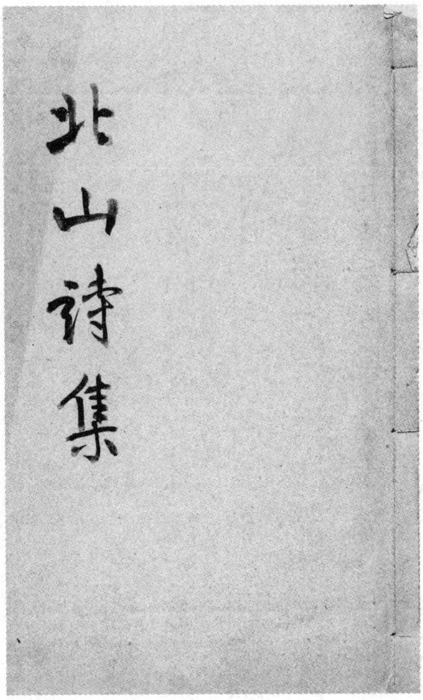

袁丕鈞（一八九二—一九二二），字百舉，一作伯舉，雲南石屏人，袁嘉穀三哥袁嘉猷之子。清光緒三十一年（一九〇五），入雲南高等學堂。民國二年（一九一三），入北京大學學習，後從黃侃、章太炎等游學。民國五年（一九一六），以本科甲等第二畢業，回滇任教。民國十年（一九二一）八月初四病逝於家，年僅三十，袁嘉穀爲之撰《墓表》。著有《北山詩集》《北山樓詩話》《滇南文化論》等。

此書封面題名『北山詩集』，無扉頁，無目録，無序跋。次爲章太炎先生題辭，贊其『五言古詩遒邈似康樂，七言律絶亦清然』。又次爲民國元年（一九一二）陳榮昌《與袁丕鈞書》，文後有一段袁丕鈞所撰小記，説明將此文置此之原因。其後即正文，收古近體詩八十九首。其詩情思深摯、古直蒼凉，《送五叔還滇二首》《滬上與外舅相别賦詩一首》《送太炎先生詩》《寄懷笙陔兄牟定》等酬贈詩抒發着作者感傷之餘的個人抱負，有風雲氣。（白忠俊）

養浩然齋詩存四卷存三卷（卷二至卷四）

席聘臣撰　民國稿本　雲南省圖書館藏書

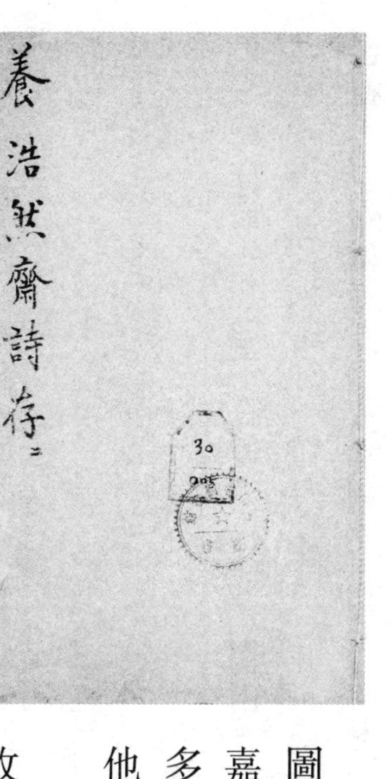

席聘臣簡介見前《中國道德思想史》提要。雲南省圖書館藏《養浩然齋詩存》缺卷一。第四卷之卷末有袁嘉穀草書識，贊席聘臣『學通中外』，稱其詩作『詩乃録多，而規模極宏，心思極鋭』，『七古才力富健』，『尤爲他人所不及』。

該書收録席聘臣古體詩一百五十餘首，没有明顯的收録時限。其中五律極少，五絶未見。懷古七律存四十首。卷二收録有多篇懷古詩，可謂借古事抒今情。他在《擬陳元孝懷古詩五首》之《金陵懷古》中慨嘆『河山破碎金蓮步，風雨摧殘壓梅顔』。面對時事之艱，借七律《感時》題『書生憂國等憂天，話到時艱涕泗漣』。同卷中亦不乏讀書有感之作，如《讀項羽本紀》題『失人必敗得人成，論古千秋有定衡』；《讀李太白詩集書後》評價太白詩作『能救汾陽安社稷』。卷三《五十自叙》被袁嘉穀評價道：『《五十自叙》廿四章，何減於潘黄門、庾開府之賦筆哉！』他回首五十年人生路，束發讀詩書的時光歷歷在目，如『讀書尤記九龍池（余十八歲入經正書院），明道伊川是我師（得陳小圃先生教益不少）』。卷四收録的咏史五十首，自漢代開國皇帝漢高帝起，至明末抗清將領史可法止，選取漢高祖等帝王、張良等政治家、司馬相如等文學家、韓信等將領，以其人名或稱謂

爲題，以其生平作主綫，展開歷史畫面，覽史感懷，以詩紀史，藴意貫通。（陳妍晶）

知希堂詩鈔二十卷續鈔一卷

王燦撰　民國鉛印本　國家圖書館藏書

王燦簡介見前《法學通論》提要。該書卷前有趙藩、陳榮昌、蹇先榘等題詞。其後爲陳懋咸、由雲龍所撰序。在題詞中，趙藩稱王燦詩『珠光劍氣』；蹇先榘評價其詩風『胎息出宋唐，風骨追漢魏，筆勢如神龍』。由雲龍序中稱：『《知希堂詩鈔》十九卷，余得盡讀之。其高者氣息，雅近杜韓，出以蘇黄，矯健之筆次亦不失大方家數，於是乎始有以見吾惕山之真也。』卷末有王寒川跋，稱『其

知希堂詩鈔
張一麐署

作根於性情，無語不真要，自成爲惕山之詩』。

該書合刊《詩鈔》《詩續鈔》，共收録詩作九百餘首。其中有大量題、記、贈、和的詩篇，内容嚴肅，韵味悠長。其次寫人記事，懷古嘆今；評詩論畫，言志感懷，多爲憂時傷世之作。所題謁詩，不少涉及錢灃。王燦仰慕這位詩文書畫四絶的鄉賢，欣賞其剛腸和膽識。王燦攻法政，視錢灃爲同類，以錢灃爲自己的楷模。王燦以詩爲評，所評既有前輩，亦多有交往的同時代人，還不時援引和獎掖後進。

王燦詩作對雲南地方藝術涉及甚廣，對研究雲南的文化和藝術有一定參考價值。如贊昭通孟孝琚碑書法『堅蒼』，『斷是漢碑滇第一，千年文化重南荒』；贊葉璋伯彈琴『微妙傳聲』；贊李廷松彈琵琶『珠圓玉潤』；贊張善子抗日之時，因『中原正氣久銷亡，國政翻新國不强』，而畫《正氣歌像傳》『以爲世諷』；在《題善子畫虎》中，談畫家『嘆無虎旅』，何時『驅逐胡羯出寰中，還我河山復我土』。

該書中有許多描繪雲南秀美風光的詩篇，其嘆殘山剩水，感人傷懷，正如由雲龍在其序中所稱『名山勝水，舊迹新情』。詩中景致藴含愛國、戀鄉、憂民、感時的情志，不僅表現對自然、山水的感受，還表達個人憂樂、煩勞、閑適之情，更涉及人生、社會、現實等問題，例如題昆明古幢公園『忠魂倘戀衣冠墓，古塔從知割據年』。王燦詩作呈現大方家手筆，出入杜韓蘇黄四家，他博通經史，學大家而能自立門户。

雲南省圖書館另藏《知希堂詩鈔》不分卷之稿本一册，録詩二百餘首，全書八十六葉，約三萬字。（陳妍晶）

惺庵詩稿四卷（卷一、卷二、卷五、卷六）

周鍾嶽著　民國稿本　雲南省圖書館藏書

惺庵詩稿八卷（卷一至卷八）

周鍾嶽著　民國稿本　雲南省圖書館藏書

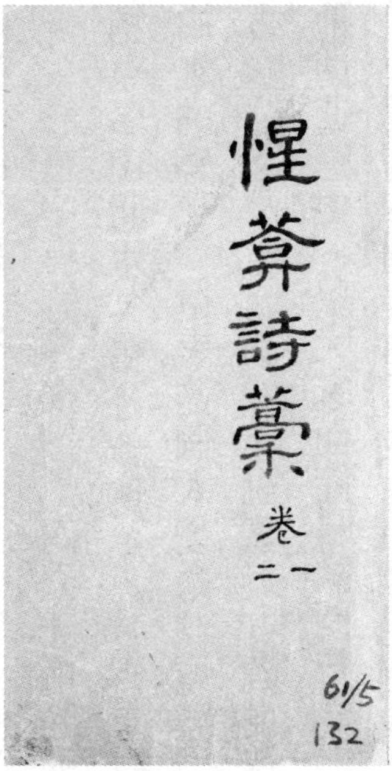

周鍾嶽簡介見前《公務人員應有之修養》提要。《惺庵詩稿》四卷、《惺庵詩稿》八卷兩種，皆爲周鍾嶽親筆抄録。四卷本多有『淳菁閣』標記，八卷本則多有『經德堂藏』標記，『淳菁閣』『經德堂』皆爲周鍾嶽藏書室名。四卷本前有金天羽作於『戊辰（一九二八）春日』序、趙式銘『辛未（一九三一）殘臘』撰寫之《讀惺庵詩稿書後》。八卷本前有袁嘉穀作於『甲戌（一九三四）夏六月』序（殘缺不全）、金天羽作於『戊辰（一九二八）春日』序、趙式銘『辛未（一九三一）殘臘』撰寫之《讀惺庵詩稿書後》。又，四卷本中多有圈畫塗抹的修改痕迹，部分詩作有目無詩，部分詩作旁標有『删』字。八卷本修改塗抹痕迹甚少，謄録清楚，且删去四卷本中有目無詩與標有『删』字之作。故可知四卷本年代在前，爲初稿底本，八卷本年代在後，爲謄録本。

四卷本雖爲初稿底本，但仍有其價值，如通過觀察作者對某些詩作的反復推敲、輾轉修改，可以瞭解其構思與用心，及對詩作之精益求精；其中雖抄録却標明删去之詩，可能或因人或因事而避諱，或内容、形式表達爲作者所不滿意，但此類作品對於瞭解作者的時代、處境、心理、思想變化、寫作仍有明顯意義；其中有目無詩之作，原因何在，研究者亦可追蹤考索，或有所發現。

八卷本每卷起始有卷名，有年代，如『惺庵詩稿卷一』，『少作集，自壬辰迄庚子』；『惺庵詩稿卷二』，『蜀游草，自庚子迄癸卯』。眉批則多録趙式銘之評點，三言兩語，扼要精當，便於理解詩意與寫作特點。八卷本每卷後又題有『箋注』，如『惺庵詩稿箋注卷一，男錫年、媳轉芝同纂輯』，但僅卷一、卷二有箋注，其餘并無箋注，僅在每卷後留有某卷箋注標目，似未完成。八卷本亦有編排不當之處，如：卷三後有陳榮昌作於『甲戌（一九三四）秋七月』之序，應置全書之前，與袁、金、趙三序同置一處；又有四卷本部分詩作竄入八卷本中，卷二、卷四、卷五皆有四卷本詩作竄入。

《惺庵詩稿》除四卷本、八卷本之外，另有刻印本十卷一種，有周鍾嶽『詩稿付刊贅言』云：『積數十年僅得七百餘首。』此大致亦爲八卷本所收之數，四卷本因録有後來删汰之作，故所録稍多。四卷本、八卷本所録詩作起訖時間基本相當，即起於壬辰（一八九二），迄於甲戌（一九三四），作者數十年間經歷事迹歷歷可見於詩作之中。袁嘉穀序曰《惺庵詩稿》『五光十色，不名一體。首卷少作，如太阿出匣，光芒四射；中年游歷中外，窮山水奥，得性情真；近則里居日多，清言彌旨。古體原本於韓，近體逼杜，詠奇之趣，工巧之對，妙造之格，蘇爲近之。今天下詩人難作之詩，與天下詩人當作之詩，一一薈萃於筆端』，認爲周鍾嶽乃明清至民國雲南詩人中『綜諸家而集大成』

者。（段炳昌）

瘦香館咏史録

羅養儒著　民國稿本　雲南省圖書館藏書

羅養儒，字兆熙，號問廬、古粤龍平畸士等，原籍廣西昭平（今屬賀州市）。其父清末先後官雲南安平縣（今屬馬關縣）同知、宜良縣令。外祖父清咸同年間長期爲雲貴總督府文吏。羅養儒約生於清光緒四年（一八七八），清末秀才，先後就讀於雲南中法學校、法政學校講習班。曾任滇越鐵路某公司譯員，是近代雲南較早通曉外語的人才之一。民國年間，曾在多家報社工作，又在多所中學任教。中華人民共和國成立後，爲雲南省文史研究館首批館員之一。二十世紀七十年代，以古稀高齡病卒於昆明市洪化橋咸陽巷寓所。另著有《南窗隨筆》《紀我所知集》《咸同滇亂紀實》等。

卷首有『平樂張一氣』題序，曰：『羅養儒先生，昭平名士也。年來由滇旋梓，民國戊午（按：一九一八）秋間，就吾邑中學任教，余因與之識。先生課餘恒喜過我閑談，於是煮酒烹茶，藉以言詩，……先生於行篋中出《咏史録》一帙以示余，卷中計百有餘律，云爲十年前伏案之作。開卷展讀，誠珠璣琳琅，燦然於目。』

全稿用毛筆直書，行楷，一絲不苟。内容選取先秦迄明代重要歷史事件和人物，分題咏之。起自《赫胥氏》，終於《銅雀臺》。詩題下多有小序。題目如《秦始皇》《嚴子陵釣魚臺》等略有重複。詩總共一百多首。前部分編有序號，至第一百二十八首即止，後再無編號。由是可知，該稿非一時之作。詩律多爲七言，亦間有四言、五言等。詩句清新自然，平白曉暢。

如《止盜安用重法》，記咏唐太宗與群臣討論弭盜之法，不在重刑鎮壓，而在發展經濟、安定民生和道德教育，詩云：

治世日蒸蒸，何須重法興？
慢藏誠誨盜，安生應如僧。
都會絶强暴，山栖弗戰競。
太平原有象，德化豈無憑。

再如《府兵》，歌頌唐初寓兵於農的府兵軍制，詩云：

兵名府衛寓於農，馬政精良紀太宗。
十道何妨民是卒，千人可使梃交鋒。
更番遠近差彌月，教戰征行指季冬。
令肅都中嚴節度，安能將傲與軍慵。

據詩題小序得知，其題材皆據官修正史、《資治通鑑》、政書等文獻所載，有根有據。但其評論之語和詩意并不蹈襲前人，多自出胸臆獨斷。全稿反映出作者文史皆優和廣博嚴謹的治學特點。（朱端强）

琴硯齋賦稿

華世堯撰　民國稿本　雲南省圖書館藏書

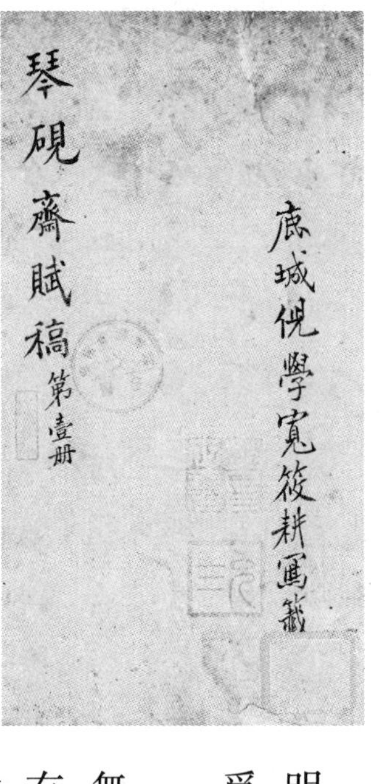

華世堯，生卒年不詳，字文安，一字允三，雲南昆明人。師從朱庭珍、趙藩。任輯刻《雲南叢書》處采訪員，爲滇雲文獻整理作出貢獻。

該書是作者用『大吉祥樓藏』紅格稿紙寫就的稿本，無序跋，封面有墨筆題識『鹿城倪學寬筱耕寫簽』。書内有『華世堯印』『允三』兩枚鈐印，全書有墨筆圈點。共收録華世堯七十六篇賦。其賦之創作，或以古詩詞爲題，且以命名其賦作的古詩詞爲韵，如《滿城風雨近重陽賦》，名下即題『以題爲韵』；或在賦名下小字著録，用一句古語、古詩詞爲韵進行創作，如《焦尾琴賦》名下題『以士逢知己，有如此琴爲韵』，《酒旗賦》名下題『以酒旗風影落春流爲韵』。作品内容有觀景抒情者，如《定香亭賦》題：『謝公水月，杜老乾坤，抗心古哲，怡志名園。』有讀史慨嘆者，如《朝漢臺賦》曰：『尋蹤迹於頹垣，吊盛衰於炎漢。即當年歌風慷慨，陳迹都非。况此地落日蒼茫，刼灰幾換，興亡一夢。問誰知長樂之臺，勛業千秋，令我思表忠之觀。』有感懷時政者，如《七洲洋賦》序言云：『誠於此時肅將天威，破狂虜之膽，申積年之憤，則七洲洋豈非蕩寇之戰場、决勝之樞紐哉！書生談兵，何裨大局？然不能自默，述勢嗚憤，作是賦云。』

賦後多題有佚名點評，簡潔精湛地總結賦作。如《定香亭賦》後有評語『句烹字煉，其秀在骨』；《七洲洋賦》後品題『作者痛心外侮之乘，故於歐洲形勢洞若觀火，復馭以博大之氣、魁琦之思，厚集其力成此巨觀。洵足工追班馬，俯視徐庾』。華世堯賦稿可謂古調今情，匠心獨運，律嚴詞潔，古秀襲人。（陳妍晶）

海夜歌聲

柯仲平作　民國十六年（一九二七）光華書局鉛印本　國家圖書館藏書

柯仲平（一九〇二—一九六四），雲南寶寧（今廣南）人。詩人。北京法政大學肄業。一九二六年到上海，在創造社出版部、狂飆社出版部工作，并在建設大學任教。一九三〇年加入中國共産黨。後任上海工人糾察隊總部秘書、聯合會糾察部秘書。一九三七年到延安，參與倡導街頭詩。曾任陝甘寧邊區民衆劇團團長，陝甘寧邊區文化協會副主任、主任。中華人民共和國成立後，歷任西北軍政委員會文教委員會副主任兼西北藝術學院院長、中國作家協會副主席，是第一、二届全國人大代表，第一届全國政協委員。

該書爲現代新詩集，寫於一九二四年，是柯仲平創作的第一部長篇抒情詩集。長詩采用自由體和對話體，約一千八百行，共分四部分：《冠在海夜歌聲之前》《寄我兒海夜歌聲》《海夜歌聲》《這空漠的心》。詩集的主體是抒情長詩《海夜歌聲》，《冠在海夜歌聲之前》和《寄我兒海夜歌聲》可視爲序，《這空漠的心》爲跋。長詩主人公是一位飽經風霜的母親，她親切地呼唤『海夜歌聲』爲我的兒。她在黑夜的海上，有感於民族命運的危急，高唱『赴敵的歌聲』，呼喚『兒郎們』奮起，争取光明的前途，抒發了對黑暗統治的痛恨之情。長詩側重於抒情，意象帶有象徵色彩，風格傾向浪漫主義。

作者對於自己的第一部詩集十分珍視，親昵地稱其爲『我的兒』，在《冠在海夜歌聲之前》，他寫道『我將這個孤兒托把你』；在《寄我兒海夜歌聲》中，作者寫道『兒呀！不生你，娘的情懷向誰叙』。創作《海夜歌聲》時，作者僅二十三歲，他感受到時代變化的錯綜複雜，却又無力把握。這種矛盾交織的思想感情反映在長詩中，詩人時而欣喜、時而疑惑；有獻身的勇氣，又有孤獨的沉默。他在詩歌中痛駡『宇宙是一座大墳墓』『世界哪一處不是鬼窟』；一會兒又贊美『地球，養育我的母親』，『樹蔭下面好乘凉呢』。時代在發展變化，尤其是面對黑暗的社會，詩人也在摸索尋求出路，但是仍看不清方嚮。這也反映了同時代許多進步青年的苦悶，表達了他們在探索前進過程中的内心獨白。

詩人馮至對這部詩的評價是：『平心而論，《海夜歌聲》是一個詩人「千里之行始於足下」的處女作。它抒寫了作者對黑暗社會的痛恨與不屈不撓的反抗精神，還摻雜着一些孤獨之感與力不

從心的嘆息。』（劉聰）

邊區自衛軍

柯仲平作　民國二十七年（一九三八）戰時知識社鉛印本　國家圖書館藏書

柯仲平簡介見前《海夜歌聲》提要。本書爲叙事詩集。收長篇叙事詩《邊區自衛軍》和短詩《游擊隊像猫頭鷹》。書有『前記』。長詩《邊區自衛軍》副題爲『李排長與韓娃』，寫成於一九三八年四月，初載於延安《解放》周刊一九三八年六月第四十一、四十二期上。戰時知識出版社一九三八年十月初版，上海讀書出版社一九三九年一月再版。北京三聯書店一九五〇年八月出版，一九五一年一月再版。人民文學出版社一九五四年四月將其改爲《邊區自衛軍——平漢路工人破壞大隊》出版。

《邊區自衛軍》是柯仲平進行大衆化詩歌創作的第一部叙事長詩。全詩共九百餘行，分爲四章。作品叙述久經戰鬥鍛煉的李排長和機智勇敢的戰士韓娃，在深夜捕獲陰謀進行破壞活動的漢奸匪徒的故事，熱情歌頌爲保衛邊區、抗日除奸立下功勛的邊區自衛軍。長詩采用民間流行的唱本俗曲的形式，封面上題『大衆朗誦詩』。『前記』中寫這首長詩『在工人中、農民中、知識分子群中……

在這些大大小小的集會裏，我朗誦過三四十次了』。該詩在詩歌朗誦會上得到毛澤東的稱贊，他拿去詩稿，作了重要批示：『此詩很好，趕快發表。』中共中央理論刊物《解放》周刊便破例連載《邊區自衛軍》，在當時的延安文藝界引起了巨大的轟動。詩歌在形式上吸收民間歌謠、群衆語言和日常用語的長處，節奏明快整齊，朗朗上口，有一種内在的音樂美，如『三月裏／杏花開／三月川冰還未解／三分春暖七分寒／人在冰上走／水在冰下流／川流不願回頭／戰士哪甘落後』。《游擊隊像猫頭鷹》是首短詩，七十餘行，描寫一支神出鬼没、英勇善戰的游擊隊機智勇敢打擊日本侵略者的故事，情節生動。這首詩吸收了俗曲等民間説唱形式，帶有濃郁的民歌風味，起興、叠詞叠句、對比等手法運用得自由而純熟，如：『游擊隊，游擊隊，白天隱，夜裏行，白天隱，夜裏行，游擊隊像猫頭鷹，像猫頭鷹。游擊隊，猫頭鷹，盯着鬼子們走，追着鬼子們行，乘鬼子們不備，打擊鬼子們！打擊鬼子們！』

馮雪峰認爲，柯仲平的《邊區自衛軍》，體現出新詩在向民歌學習方面找到發展的『唯一出路』。（劉聰）

平漢路工人破壞大隊的産生

柯仲平作　民國二十九年（一九四〇）讀書生活出版社鉛印本　國家圖書館藏書

柯仲平簡介見前《海夜歌聲》提要。該書是柯仲平以平漢路工人破壞大隊的真實事迹爲素材寫成的長詩，是作者到延安後創作的第二部長篇叙事詩。由讀書生活出版社一九四〇年六月出版，

爲『大衆藝術叢書』之一。

書前有自序。作者在『前記』中説：『現在衹寫了第一章——破壞大隊的産生。以後還想寫四章，可是因爲詩長了，不易在刊物上發表，我就先發表第一章。將來可以另出單行本。』後來作者帶民衆劇團下鄉演出，也没有繼續寫剩餘的四章。這部長詩在一九三九年二月創刊的《文藝戰綫》第一卷第一、二期上發表（再版時更名爲《平漢路工人破壞大隊》）。

全詩包括『鄭州車站』『等老劉』『小黑炭放哨』『老劉催名册』『團結起來』『破壞隊産生』六個部分。其取材於平漢路工人破壞大隊在抗日戰爭中的事迹，雖然衹寫了第一章，但較爲生動地展示了具有二七革命傳統的鄭州工人階級，爲了挽救國家和民族危亡，在黨的領導下團結起來，組織武裝抵抗敵人的艱難奮鬥過程，這在全國詩歌史上是前所未有的。

書中塑造了衆多英雄人物形象，例如勇敢的工人領袖李阿根、風趣幽默的鐵路工人『小黑炭』、粗狂耿直的工人『麻子』，還有脱黨又重新投入黨的懷抱的『老劉』等，都是生動鮮活且有代表性的人物。該書最大的特點是讓工人成爲詩歌的主人，歌頌他們的英雄事迹。

作者追求詩歌大衆化，將群衆口語、俗語入詩，表現手法上借鑒民間文藝形式。該诗是中國現代文學史上第一部以詩的形式正面反映工人階級鬥爭的長篇叙事作品。（劉聰）

低訴

陸晶清著　民國十九年（一九三〇）春潮書局鉛印本　國家圖書館藏書

陸晶清女士著
低訴
上海春潮書局印行

陸晶清（一九〇七—一九九三），原名陸秀珍，筆名小鹿、娜君、梅影，雲南昆明人。一九二二年，入北京女子高等師範學校文科班學習，開始了寫作生涯，所寫詩文發表在《晨報副刊》《文學旬刊》《語絲》等刊物上，還參與主編《薔薇周刊》。一九二七年，南下任武漢國民政府婦女部幹事。一九三三年流亡倫敦。一九三八年八月回國，當選爲中華全國文藝界抗敵協會理事，參與主編《掃蕩報》副刊。一九四五年夏，以特派記者身份赴歐洲采訪，寫了一些反映英國人生活與風俗的散文和短篇小説。一九四七年底回國後定居上海，先後在暨南大學、上海財經學院（今上海財經大學）任教。一九六五年退休。著有詩集《低訴》、散文集《流浪集》《素箋》、文學史稿《唐代女詩人》、短篇小説《河邊公寓》《未完成的故事》《白蒂之死》等。

本書爲詩歌合集，收録作者一九二六年至一九二九年間創作的二十六首詩歌。扉頁自書舊作詩句『滿肚辛酸，在人前，化作了輕淺的微笑』作爲序，署筆名『小鹿』。全書分爲前、後兩集，前集收入《低訴》《招魂》《風雨黄昏》等十六首，後集收入《淺淺的傷痕》《出征》《祭辭》等十首，大多數詩作形式整齊，詩句押韵，爲接近新格律詩的詩歌。《哀怨的心曲》《心似殘碑蝕古苔》《哀禱》《我悄立在冷月西風下》等作品滲透出作者或濃或淡的感傷情緒，表現了生命的孤獨無助和生活的縹緲虚幻。《謝謝你一杯濃醴》《最後的囑告》《出征》《招魂》等詩作訴盡與摯友石評梅的情誼。一九二七年南下投奔革命後，作者在很大程度上擺脱了『五四』時期詩歌中以自我叙述爲中心的傷感情調，寫下《風雨黄昏》《祭辭》等充滿豪情壯志的戰鬥詩篇。

該書是作者唯一的詩歌集，記録了她從低訴『滿肚辛酸』到投身革命後『一揮鞭萬里馳驅不計路長短』的心路歷程，展現了其與石評梅的深厚友誼。正如有的學者分析：『石評梅的友誼之於陸晶清的意義遠遠超越了情感的層面，它已經上升爲支持她理想和人生追求的精神力量。』一九三二年，該詩集由神州國光社再版。（梁明青）

坍塌的古城

馬子華著　民國二十三年（一九三四）春蠶社鉛印本　國家圖書館藏書

馬子華（一九一二—一九九六），原名馬鍾漢，白族，雲南洱源人。一九三七年六月畢業於上海光華大學國文系。一九三三年加入左翼作家聯盟，一九三八年在武漢加入中華全國文藝界抗敵協會，一九四三年出任雲南省政府禁烟委員會委員。中華人民共和國成立後，先後在雲南省軍政委員會、西南軍政委員會、國務院機關事務管理局任秘書，曾被選爲雲南省第一届人大代表。一九八〇年，受聘爲雲南省文史研究館館員。著有《軌迹》《顛沛》《叢莽中》《他的子民們》《路綫》《筆伐集》《驪山之夜》《飛鷹旗》《滇南散記》《雲南民間傳説集》《雨林游蹤》《一個幕僚眼中的雲南王》等。

扉頁書『謹獻給梅紹農兄』。《序詩》説：『這兒是座坍塌的古城，曾被它包圍着靡靡的心聲。在裏面可以見到，那無聊的醜惡的血痕。』可見，『坍塌的古城』是指詩的思想内容有如古城中所埋的舊物，缺乏時代氣息。『外面有廣大的宇宙給你歌吟』，自己决心『從這兒可以找到一個軌迹，我是如何地從它裏面新生』。

本書收四十九首詩歌。這些詩歌皆是作者早期創作的，受到創造社浪漫主義思想的影響，如《憂傷》《洱海上》《嫉妒的利刃》《烽火》《緑酒！紅燈！》等。作者注重用抑揚頓挫、和諧的音調和排列整齊的句式來表現激蕩的思想感情，如『仿佛似翠湖裏的夏初，仿佛似華山麓的春後。這些那些我并不回頭，唯是我仍這般勞頓苦愁』。作者同時也受舊詩詞的某些影響，如《初冬雨後》：『老樹，水亭，是池面亘古不滅的倒影。殘荷，魚群，是池内永遠不死的生靈。』

本書用筆簡練，在藝術表現上受當時的環境影響較大，還没有形成自己的特點，但思想上的進步和覺醒，使得這部作品生命長青。在其個人文學創作道路上，是爲轉折點。（梁明青）

驪山之夜

馬子華著　民國每月詩歌社鉛印本　上海圖書館藏書

馬子華簡介見前《坍塌的古城》提要。《驪山之夜》長詩寫陳勝、吴廣發動起義的經過和失敗的過程。扉頁引白居易詩『野火燒不盡，春風吹又生』，以此表明農民的起義鬥争是撲不滅的。

全書分爲兩部，第一部爲『戍卒』，包括《陽城的田間》《遠征的戍卒》《連綿的夏雨》《反叛的武裝》《前路的開展》五篇。開篇以『往事衹是一掬辛酸，辛酸，永遠地，圍裏在凄凉的心上。在困苦裏，在寧静中間，細細地回溯，就像遺失了生命一樣』，描繪出往事的凄凉。繼而將視野集中到陳勝的家鄉河南，那個『流浪兒飄蕩在田莊』的地方，從陳勝埋首耕耘講起，一直講到陳勝帶領農民軍隊進攻咸陽城，人物形象塑造鮮明，感情突出，語言表達儘管稚嫩，但對於大衆讀者來説，很容易接受。第二部爲『陵工』，包括《似水的流年》《監吏的皮鞭》《例外的旨意》《自覺的倒戈》《寶貴的犧牲》五篇。開篇描述遠處驪山上的燈火輝煌，『黑的山影，紅的燈。偉壯的氣象威脅着人。山影就像是蜷伏着一隻黑豹，紅燈就像赤練蛇的眼睛。他們，在遠方就像要把你一口鯨吞』。接着描述千萬勞苦的工匠的悲慘，『山上的工匠們度過了流水的年華，在昏沉陰暗中不知道春夏。他們被埋在叢林間，眼前衹是些石塊和泥沙。……屍體的享受還要如此的奢靡，活着的人却要不顧性命，流着血滴』。繼而描述監吏的嚴酷。這部詩集在當時的社會環境下具有先進性和普及性，主旨意義明確，革命是『野火燒不盡，春風吹又生』的。簡練質樸的文字、激蕩的思想感情，以新詩的形式表達，方便學生、民衆閱讀和理解，是通過通俗化、大衆化的文藝發動群衆參加抗戰的代表之作。（梁明青）

廢墟詩詞三卷

劉治雍撰　民國二十八年（一九三九）鉛印本　國家圖書館藏書

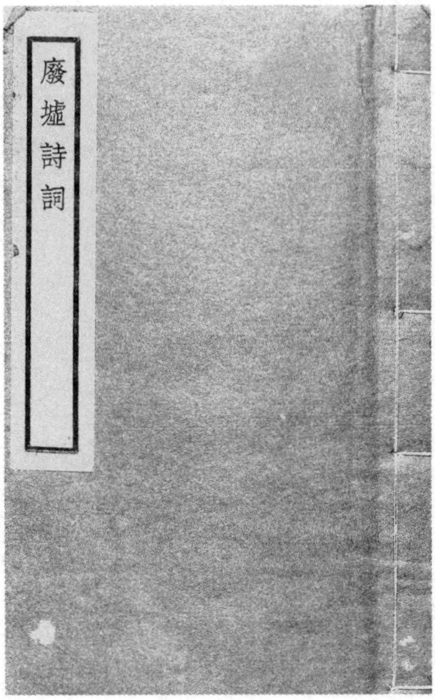

劉治雍即劉堯民，簡介見前《詞與音樂》提要。作者在自序中說：『結集年來所爲詩詞，都爲一册，取第一篇詩名，名曰《廢墟》。其中新詩七篇，爲十八、九年所作；舊詩與詞之大部分，皆爲三年前病神經衰弱時所作。病中涉筆，有同夢寐。』

是書分上、中、下三卷，上卷收新詩七首，中卷收古近體詩一百四十三首，下卷收詞一百零四調，主要内容可概括爲鄉情、親情、愛情、友情等方面。其中，新詩如《廢墟》《春的夜禱》《太華寺魔王頌贊》《海神的祈願》《新都夕陽曲》《故宮夜光曲》等；舊詩如《落葉謡》《有憶家鄉山水》《病中雜詩》《初春游圓通山》等，詞用浣溪沙、菩薩蠻、虞美人、滿庭芳等四十餘種詞牌。

以古近體詩爲例，作者在《夜坐三首》中袒露自己的情懷，説年輕時自視甚高，『大兒叔本華，莊騷弟畜之』，而『中歲攖百憂』，『勞瘁傷心肝』，於是便『忽萌絶塵念，長此歸田園』。他在寫抗日戰争的《哀江河》中説：『嗚呼！四千餘年西來史，生死東流江河水。有人南國立蒼茫，北顧江河淚不止。』憂國憂民之情躍然紙上。《寄芷谷》四首、《贈芷谷》十一首，表達了與李曰基（字芷谷）的友情。（梁明青）

瀾滄江畔的歌聲

彭桂萼著　民國三十一年（一九四二）救亡詩歌社鉛印本　國家圖書館藏書

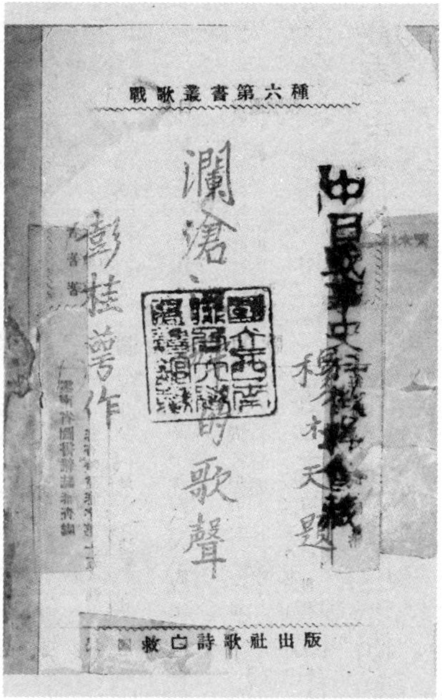

彭桂萼（一九〇八—一九五二），字小圃，筆名震聲、丁屹等，雲南臨滄人。一九三一年畢業於東陸大學，任臨滄初級中學教員。一九三六年任教於雙江縣省立簡易師範學校。一九四〇年簡易師範學校移至臨滄，升格爲緬雲師範學校，彭桂萼任該校校長。一九四六年十一月當選國大代表，出席中華民國國民代表大會。他不僅是邊疆教育實踐家，也是杰出的雲南民族歷史文化研究者和著名的抗戰詩人。著有邊疆論著《雙江》《西南邊城緬寧》《邊地之邊地》《收回雙江猛猛教堂運動》《天南邊塞耿滄瀾》五種，語文論著《怎樣研究國文》《怎樣閲讀讀物》，新詩集《震聲》《邊寨的軍笳》《瀾滄江畔的歌聲》等；編輯的書刊有《緬寧旅省學生會會刊》《雙江校刊》《警鐘》以及『警鐘叢書』『雙江簡師叢書』等。

該書係『戰歌叢書』第六種。穆木天題簽，并作序詩《贈瀾滄江畔的歌者》，高度稱贊彭桂萼是瀾滄江畔的歌者。該書爲作者早期詩歌集，完成於一九三八年，由於種種原因，一九四二年纔公開出版。收録《流亡之群》《送郎出征》《咆哮起來吧故鄉》《雲南持久抗戰的營盤》等十首新詩。作者認爲，這些詩一方面『給詩歌朗誦運動，擔當過實踐的任務，得到了相當的效果』，另一方面，這些詩也是他學習詩歌的橋梁。彭桂萼的詩，緊貼時代脉搏，調子激越高昂，如《雲南持久抗戰的營盤》：『雲南！抗戰建國的大後方！復興民族的根據地！後方的鐵壁銅墻！在你的鐵壁銅墻裏，藴藏着白的鹽，白的米，發亮的銅錫，發亮的銀鐵，豐肥的大豆和高粱！』他的詩朗朗上口，藝術化又大衆化，是很好的朗誦詩，如《送郎出征》：『去吧，英勇地去吧！我親愛的，親愛的郎，親愛的郎！我不是鐵石心肝，鐵石心肝，不知道兒女情長。』他的詩，既高歌大衆，也高歌魯迅，他把魯迅比作『東方的高爾基』，説『你擠出新鮮的血和奶，向中華兒女，廣播着反抗的革命種子』，『你的血液已成了全民族的血液，全民族已頑强地，堅韌地，爆出彈簧樣的戰鬥力，誓把這神聖的戰爭鏖到底！』

作者長期在邊疆工作，致力於歌頌邊疆各族人民的新覺醒，其詩作具有鮮明的藝術特色。（梁明青）

火之歌

羅鐵鷹著　民國三十二年（一九四三）救亡詩歌社鉛印本　國家圖書館藏書

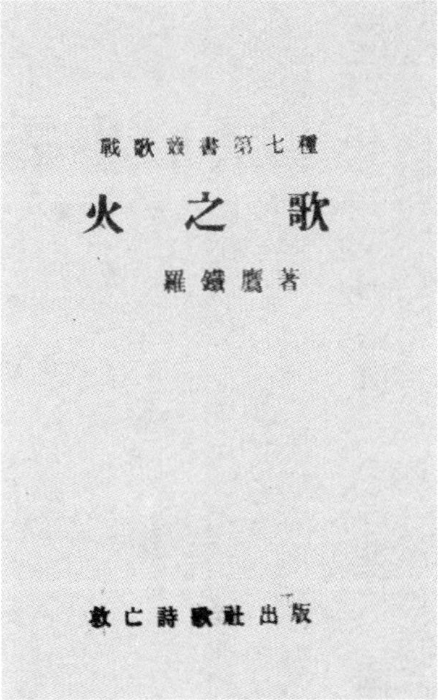

羅鐵鷹簡介見前《詩論集》提要。該書係『戰歌叢書』第七種，寫作時間爲一九三九年至一九四〇年間，作者緊跟時代步伐，用詩文筆伐侵略者，宣傳抗戰思想。詩集除自序、後記外，共分四輯，收録《我們這一代》《致沉默的女性》《我們要自由地活着》《他埋下一粒種子》等二十一首作品。作者在自序中説：『詩中的「我」，并不是與時代游離了的「我」，而是與時代統一起來的「我」；同時主觀與客觀也是統一起來的。』後記記述了這本詩集出版的曲折過程。詩集中不乏較優秀之作，如《他埋下一粒種子》寫對侵略者的深仇大恨，『他』把被敵機炸死的獨子親手埋在亂葬崗上，然後『長嘯一聲/舉起粗大的拳頭/對着青天發誓』。《我懷念你，昆明》記述了昆明在侵略者的飛機轟炸下的慘狀：『那吞去我底年華的/會澤院……已崩去了一角屋頂/錢局街/我曾熟識每一塊路石的/不平的道路/定爲彈片轟得寸步難行。』《菜油燈》中，這『燈』代表着『中國可愛的農民/我有着熾燃的心燈/如你用黃色的菜油/我用自己的血液/燃燒着我的心』。

該詩集反映了作者面對現實不是消極悲觀，而是積極進取、奮起新生的態度。它對研究雲南

抗戰時期的詩歌具有重要價值。（梁明青）

原形畢露

駱駝英著　民國三十五年（一九四六）真理出版社鉛印本　雲南大學圖書館藏書

駱駝英即羅鐵鷹，簡介見前《詩論集》提要。該書爲諷刺詩集，創作於一九四五年十月至十一月間。全書共四部分。第一部分『統治思想枉費心』，包括《統治思想的針水》《魯迅的思想『不正』》《五四是『無意識的暴動』》等八首詩，表現了當時國民黨反動派對民衆思想控制之嚴酷。如《統治思想的針水》：『懸賞科學家發明特種針水，注射了的就變成沒有思想的人，下令十歲以上的人都要注射，反叛的思想就能絶根。』再如《魯迅的思想『不正』》中寫道：『魯迅是一個不講「道德」的人，千古的「聖賢」他也「亂加批評」。他罵人又是刻毒萬分，有背曾文正公的世訓。他攻擊奴隸總管，他攻擊賣國求榮的偉人。』諷刺國民黨反動派對民主戰士魯迅的仇視和污衊。第二部分『朝廷敵僞講和平』，包括《不准批評汪精衛》《中日合作》《檢查》等十首詩，直接揭露了國民黨政府所謂的『和平』統治。如《檢查》，『國軍真會愛護人民，他們開去受降日軍，檢查工作當晚就要進行。七八年來受盡了敵僞的蹂躪，老百姓的心裏高興萬分，確信着國軍替他們雪洗仇恨』，可最終檢查『箱子裏有着東西，説是來路不正，應該没收了以作最輕的處分』。第三部分『解決雲南叫剿匪』，包括《雲南不是中國的雲南》《將軍的杰作》《諸葛亮真笨》等八首詩。在《雲南不是中國的雲南》裏，作者很直白地把國民黨抹殺雲南在抗日中的貢獻告訴民衆，讓民衆覺醒，不要上當受騙。第四部分『屠殺學生賴他人』，包括《效忠黨國必升官》《共黨學生都瘋了》《槍炮嚇不倒人民》等八首詩。『這些學生絲毫不懂聖賢之道，他們祇喊反對内戰，他們祇喊實施民主，他們祇喊政府漠視人權』，這是描寫昆明學生的反内戰、要民主行動。這些行動激怒了國民黨反動派，最終爆發了震驚中外的『一二·一』運動。

該詩集在雲南民主運動中發揮了積極的戰鬥作用，其中一些詩作曾在雲南大學廣場和游擊隊中朗誦并被譜爲歌曲。（梁明青）

前進！中國兵

雷濺波著　民國三十四年（一九四五）華南書店鉛印本　雲南省圖書館藏書

雷濺波（一九〇九—一九九九），又名雷同、雷必興，祖籍雲南普洱，長於昆明。一九三五年赴日本求學，一九三七年底回國，一九三八年從杭州回到雲南。從一九三八年起，他和徐嘉瑞、羅鐵鷹等合編《戰歌》詩刊。一九三九年，編輯雲南留日同學歸國戰地服務團出版的《殲倭》半月刊。抗戰勝利後，任《新雲南周刊》社副社長。一九四九年後，出任思（茅）六（順）兩縣軍政民聯主席、六順縣縣長、普洱專員公署副主任秘書兼民政科科長等職。參與一九五〇年普洱專區第一届兄弟民族代表會議的籌備及會務工作，并撰擬民族團結誓詞，在誓詞上簽名，爲穩定邊疆、促進民族團結積極工作。一九五一年，任雲南省文化館館長。著有《夜哨》《熔合》《戰火》《新流之歌》《群衆的隊伍》《冬天的鄉巴佬》《前進！中國兵》等，晚年所著《老樹落英》《鶴髮丹青》未出版。

該詩集扉頁上題『獻給爲祖國的獨立和自由而戰鬥的前進！中國兵』。該書收録作者在一九四四年間所創作的詩歌，共二十二首，分爲三篇。一是『喇叭』篇，包括《前進！中國兵》《怒江》《給戰鬥者們》等八首，着力歌頌戰鬥在一綫的中國軍人，鼓舞士氣，唤醒民衆。如《給戰鬥者們》用鏗鏘激揚的詩句，熱情贊頌無私的、有擔當的軍人。二是『彼岸』篇，包括《百鳥之歌》《迎接》《向春天開放》等五首，歌頌彼岸的光明、幸福。如《向春天開放》一詩對新天地表現出歡欣鼓舞之情。三是『鄉村』篇，包括《秋天的鄉村》《放牛的孩子和牛》《竊賊》等八首，用美麗的語言歌頌鄉村改天换地後的熱鬧景象。如《秋天的鄉村》所描繪的復蘇景象，讓土地上的人十分欣慰。

在詩集裏，作者廣泛地使用『白白拉拉』『一窩孽畜』『黑更夜晚』『老昏東』等生動鮮活的鄉土語言，增强了詩歌的生活氣息。書中所收詩作的共同主題是歌頌爲祖國的獨立和自由而戰鬥的士兵，嚮往彼岸的光明，贊美鄉親以及鄉土風情，對於研究抗戰勝利前夕的中國軍人、勞苦大衆，具有重要的文學與史料價值。（梁明青）

（四）戲劇文學

滇戲曲譜

笑我生編輯　民國十六年（一九二七）務本堂書局鉛印本　國家圖書館藏書

民國十六年五月出版

滇戲叢刊每本實價弍角五仙

不許翻印

編輯者　笑我生

校訂者　憨僧

特約寄售處　務本堂書局（總店昆明市西牌坊　支店分設大理臨安）

代印處　雲南開智印刷公司（昆明市南城硯腳）

滇戲是雲南特有的地方劇種，是清代中期在雲南融匯當時國内各主要劇種特長，以雲南方言爲基礎，與明代以來形成的本地聲腔、民族曲調融匯而成的一種地方戲曲。辛亥革命以後，滇戲經過不斷改良逐漸成熟，并走向鼎盛。這一時期，滇戲票友梁星舟、葉少辛等組成了滇戲研究社，對傳統曲目進行搜集整理後刊印發行，有民國十二年（一九二三）出版之《滇戲》近三十册，民國十七年（一九二八）出版之《最新滇劇》十餘册，民國十七年（一九二八）出版之《滇戲》三十二册等。『笑我生』應是當時滇戲票友的筆名。本書含以下四齣折子戲：

《江油曲》改編自川劇名曲《江油關》，説的是三國末年，江油守將馬邈抱印降魏，其妻李氏携女盡節的故事，生動地塑造了馬邈貪生怕死、李夫人深明大義的舞臺形象。

《荆軻墓》是左伯桃與羊角哀戲曲故事中的一齣折子戲。燕國儒生左伯桃風雪夜求宿羊角哀，二人惺惺相惜結爲兄弟，相約一同到楚國求官。荆軻刺秦死後葬於梁王山，其魂魄在陰間聚妖兵數萬，但苦於帳中無參謀。適逢左伯桃與羊角哀路過墓旁，荆軻欲將二人收入帳下，遂呼風唤雪將二人攔下。風雪中，二人又冷又餓，左伯桃將衣服脱給羊角哀，自己凍死以成全羊角哀。該劇目中，左伯桃、羊角哀、荆軻三個人物先後出場，爲後來羊角哀爲救左伯桃捨命成魂、與荆軻大戰埋下伏筆。

《醉騙幽州》唱的是木車玉醉騙幽州的故事。木車玉與女將陸瑞英大戰於幽州，木車玉敗下陣來。他飲酒三杯壯膽再次上陣，陸瑞英惜他英雄少年，有意托付終身。木車玉借酒躺倒在陣前，終騙回幽州。該曲目詼諧幽默，令人捧腹。

《紅溝岸》又名《鴻雁代書》《鴻雁傳書》，講的是王寶釧托鴻雁帶書給丈夫薛平貴的故事。我國戲曲中，有許多關於王寶釧與薛平貴故事的曲目，如京劇、豫劇、川劇《紅鬃烈馬》，秦腔《五典坡》等。《鴻雁傳書》各劇種多有表現，此爲滇劇。（辛玲）

滇戲

滇戲研究社編纂　民國十八年（一九二九）務本堂書局鉛印本　雲南省圖書館藏書

《滇戲》應該至少有三個版本。最早的是民國十二年（一九二三）版，此版本四齣戲爲一册，出版近三十册，收録一百多齣折子戲。此外還有民國十七年（一九二八）版，該版本效仿民國十二年版，出版了三十二册，目前衹能查找到九册（見楊軍主編：《民國滇戲珍本輯選》，雲南大學出版社，二〇一六年）。此《滇戲》爲民國十八年（一九二九）務本堂鉛印版，是爲第三個版本，該版本尚不清楚有多少册。

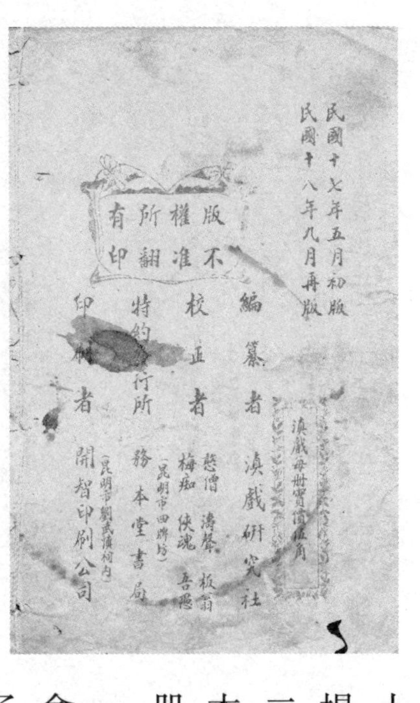

本書收録《馬房失火》《斷橋會》《三訪普邱》《酒樓會》《困曹府》《賣胭脂》六齣折子戲。這些折子戲體現了滇戲拙樸的一面。如《馬房失火》中，白儉與父親白槐相見一幕，當白儉告知白槐自己中了狀元時，白槐大喜，唱道：『哈哈哈，我想我生下白儉，幼年送去讀書，先生言道，此子聰明俊秀，後日必然成名，今日果應先生之言。哈哈哈，我兒雖然高中，怎奈我是一個皂班頭，太得下賤了。嗳，説什麽下賤，明日寫一辭稟，將皂班頭辭去，我的老封翁還在。哈哈哈，我那老婆子，生得太醜，人又矮小，怎樣受得官誥。嗳，説什麽受不着官誥，她養下這個兒子，真是有福氣。哈哈哈，我的兒子高中歸來，親朋必要牽羊擔酒前來慶賀。我父子也少不了要去祭祖，那時將祭禮擺開，三跪九叩，真是連土都香的了。』幾個『哈哈哈』，將白槐的喜悦之情表現得淋漓盡致。

滇劇名曲大多表現俠膽忠義、男女情深。《斷橋會》裏既有白娘子與許仙的夫妻情深，也有白蛇與青蛇的主僕忠義之情；《三訪普邱》則表現了包拯與恩師王彦林的師徒情誼。

《困曹府》係傳統劇目，多劇種均有此劇。它説的是趙匡胤浪蕩江湖，惹下禍事遭官府緝拿。

他躲入曹家，曹家嫂嫂因誤叫趙匡胤夫主，羞愧自殺而亡。又，趙匡胤身有大瘤子，易於辨認。他夜宿曹家連做二夢，一夢華佗割去肉瘤，二夢曹家嫂嫂成仙爲茶花山茶花聖母。此『茶花聖母』與京劇《困曹府》中的『華山老母』不同，當是滇劇本地化的一個表現。

《酒會樓》説的是酒樓周姓店家邀請陳大郎與羅德二人在酒樓飲酒，羅德發現自家祖傳的珍珠衫穿在陳大郎身上，一番打探，方知陳大郎與妻子王三巧有私情。該劇細緻地描寫了你來我往的打探過程，言語間表現了作爲丈夫的羅德不敢相信又不得不信的心理過程。（辛玲）

風火山

柯仲平作　民國十九年（一九三〇）新興書店鉛印本　國家圖書館藏書

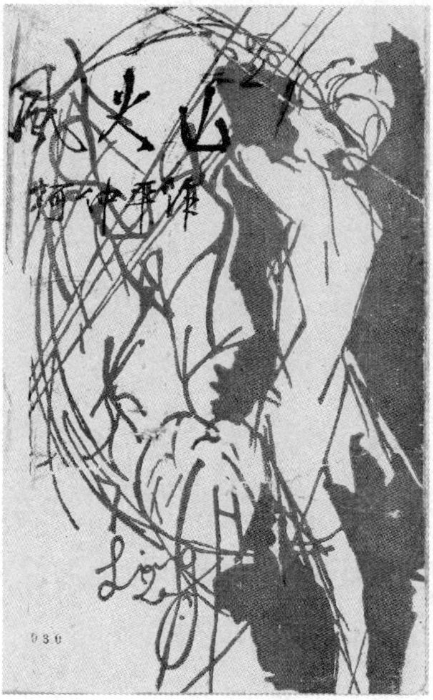

柯仲平簡介見前《海夜歌聲》提要。該書爲詩劇，寫於一九二九年初，上海新興書店一九三〇年初版。其以歌詩爲主，插有道白，采用自由體。全詩長達九千七百餘行，除《風火山宣誓》《寄給好友們》外，分五幕，依次是《打麥場》《冒火綫》《生與死交戰》《人吃人》《風火山》。這部詩劇以大革命時期爲背景，以剛剛蓬勃發展起來的中國工農武裝鬥爭爲綫索，描寫一支革命軍隊被敵人圍困在城市裏，最後突圍轉移到風火山，重新整頓隊伍，聯合農民群衆，以農村爲根據地，開展革命武裝鬥争的故事。

中國現代詩劇是伴隨着中國新詩的出現和西方話劇的傳入而誕生的一種新形式，是對舊傳統的繼承、創新和反叛。《風火山》被認爲是中國現代詩劇發展過程中的代表性作品。從長篇抒情詩《海夜歌聲》，到大型詩劇《風火山》，柯仲平對詩歌的形式作了大量的探索和努力。

全書塑造了工人、農民等勞動者及士兵的群像，又刻畫了哲學家、藝術家等革命知識分子形象，還有善良勤勞的母親、妻子、小商販等各種形象。以流浪人爲代表的勞苦大衆，不再是任人宰割的奴隸，他們離開父母妻小，拿起武器，開始進行有組織的反抗鬥争。

從《海夜歌聲》中主人公注重『吶喊』，到《風火山》裏主人公在『行動』，説明詩人的思想發生了重要轉變，詩人的思想隨着時代的步伐邁入了更高的境界。正是因對黑暗勢力的反抗、對革命理想的追求，《風火山》出版問世僅三個月，即遭到國民政府當局的封禁，柯仲平也被投入監獄。（劉聰）

無敵民兵

柯仲平著　一九四九年新華書店鉛印本　國家圖書館藏書

柯仲平簡介見前《海夜歌聲》提要。本書爲現代歌劇劇本，由柯仲平編劇，岳松、彦軍、陳川敬、劉峰等作曲。書後有曲譜三十二。一九四三年冬作於陝甘寧邊區的隴東分區，原名爲《馬渠游擊小組》。一九四五年底，在保衛延安時，作者對劇本作了較大的藝術加工，去掉了真名真姓，

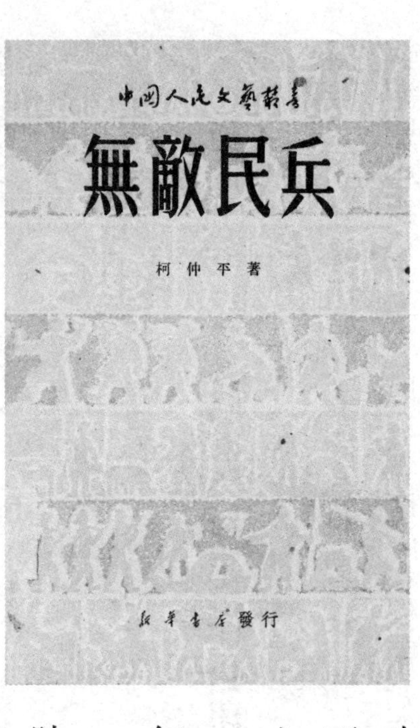

改劇名爲《無敵民兵》，初載於一九四六年十月二十四日至十一月十九日延安《解放日報》。中華人民共和國成立後，《無敵民兵》多次再版和演出，産生了重要影響，一九四九年被收入『中國人民文藝叢書』，二十世紀八十年代中期被編選進『延安文藝叢書』。

書前有作者前記。全劇共十五場，描寫一九四六年陝甘寧邊區邊境上的複雜鬥争。由民衆組成的游擊小組在組長王登高帶領下，保持警惕，發現敵情後，馬上跟蹤追擊。但敵軍仍乘隙騷擾，村民張大發的新婚妻子被殺死，游擊小組組長王登高家中遭襲擊。地主何國昌也伺機反撲，他僞裝進步，混入自衛軍中，乘值班之際搞破壞活動，暗中與敵軍通信。爲了保護人民生命和財産安全，八路軍發起進攻，游擊小組與自衛軍緊密配合，并肩作戰。在戰鬥中，八路軍和自衛軍機智勇敢地爬上懸崖，擊潰敵人，活捉頑固隊長和地主何國昌。劇作曾在陝甘寧邊區廣泛演出，受到軍民的歡迎。

《無敵民兵》經西北文藝工作團重新編排後在延安公演，毛澤東和其他領導到場觀看，并在演出中爲游擊小組衝向百草梁站起來鼓掌。據説，在整個解放戰争期間，西北文藝工作團隨着部隊演出，仗打到哪裏，《無敵民兵》就演到哪裏，從延安到關中、隴東、綏德……一直演到西安，發揮了很好的鼓舞士氣的作用。一九四六年《解放日報》發表評論説：『《無敵民兵》可以説是一個規模比較宏大的、值得重視的、爲戰争服務的創作，它受到贊譽和批評，都是非常自然的。』（劉聰）

化錢爐吹洋烟頑格全本

滇新文化書店編校　民國二十七年（一九三八）鑫文書局石印本　國家圖書館藏書

「頑格」同「玩格」，是西南地區的方言，有玩物喪志、「窮講究」之意，在本書中指沉溺於吸食鴉片不能自拔。

該書是大字體禁烟唱本，全文朗朗上口，通俗易懂。全書共十四頁，書口印有「吃烟通弊全本」字樣。書前有明崇禎帝像、禁吸鴉片圖。内文包括四個部分。第一部分爲「吃烟通弊」，説的是吸食鴉片的歷史。「崇禎時普天下才興吃烟，不幾年又興起西洋鴉片，……紅毛國來進寶帶進中原，到今時雲南省粟殼開遍。」唱詞對「鴉片」二字作了形象的拆解：「這個鳥生獠牙吃人無厭，看片字披一塊上下不全，烟字旁有火功燒人肝膽，萬畝田千丘土盡化灰塵。」第二部分爲「頑格過分」，説的是吸烟的奢靡。第三部分爲「尤物傾家」，説的是吸食鴉片墮落風氣。第四部分爲「縱悔也遲」，説的是吸食鴉片不僅導致人的身體每況愈下，還終將落得家財散盡、妻離子散的結局。全書意在用「吃烟的前後綱鑒」，規勸吸烟人自憤自勉，早早戒烟，以保福壽。

書後附録昆明鑫文書局批發新出各種大字唱書名單，列有《鸚哥記》《普勸善言》等七十種書的書名，由此可見當時社會風氣之一斑。（辛玲）

重訂雪耻先聲

尹家顗編　民國三十五年（一九四六）石印本　騰衝橋頭民間唱書皮影戲文藝隊藏書

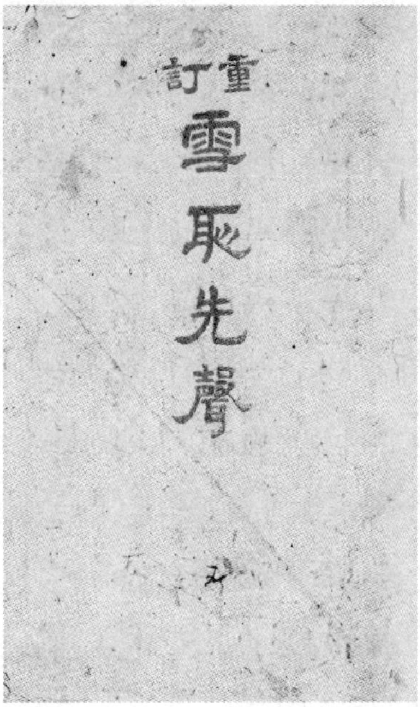

一九四二年五月，侵華日軍占領騰衝。一九四四年五月，中國遠征軍第二十集團軍發起反攻戰，九月十四日騰衝光復，此爲騰衝戰役。一九四六年，騰衝縣飛鳳山（來鳳山）六十歲老人尹家顗爲紀念騰衝戰役編寫此唱本。

唱本以若干條標語開篇，如『霍總司令官是我騰衝之萬家生佛』『五三四軍軍長是衛國保民之武緯文經』『一九八師是我騰衝救民於水火之大救星』『軍法官張老縣長是清正廉明之慈心父母』『印泉李總長是擁護民族之老元勛』等等，表達對抗敵將士和愛國士紳的頌揚。接下來描寫從三皇五帝至民國，國家由禮儀之邦到仁義道德盡弃，致使積貧積弱，東洋倭奴占我江山。唱到騰衝被倭寇占領兩年以來，『其中苦楚千萬條，第一難民是城保，扶老携幼往外逃，高房瓦屋都抛了，來在鄉間住蓬茅』。唱本重現了高黎貢山、馬面頭、飛鳳山（來鳳山）、盟軍空戰等系列戰鬥情形，謳歌了軍民團結、衆志成城、英勇抗敵的不屈精神，『地方人民憤極了，同仇敵愾請效勞，慰勞傷兵捐鈔票，踴躍争先心一條』。它同時還揭露了漢奸鍾鏡秋、李子盛等人，『鏡秋僞縣把任到，維持治安遭籠牢，……以下漢奸難盡表，不標姓名也明瞭，……維持會長子盛老，一念之差不明瞭，良民證書起執照，四方百姓都動摇』。

該書從普通老百姓的視角描寫了這場震驚世界的戰役，語言平實，情感真摯，從中能深切地感受到山河破碎帶給人民的苦難，感受到面對外敵入侵時中國人同仇敵愾的樸實情感。該唱詞還附戒烟詞一首、戒烟方數帖。（辛玲）

（五）小説

没有仇恨和虚僞的國度

高素著　民國二十一年（一九三二）人文書店鉛印本　國家圖書館藏書

高素即楚圖南，簡介見前《刁斗集》提要。本書收録了七篇作品：

在《同一條最小最美最毒的蛇做情人》裏，作者對埃及女王克留巴脱拉與凱撒、安妥尼的愛情故事作了改編，他將女王『唯一的情人』『那條又小、又美、又最毒的赤練蛇』，比喻爲一把『復仇的劍』『殺敵的劍』，刺向『天國的破壞者』。女王願意與『赤練蛇』一道，爲了埃及『捨得死，

也捨得生』。

在《一雙馬鞋的故事》裏，作者描寫了獅子國國王穿上馬鞋，征服『太陽之國』的故事。在這裏，『馬鞋』象徵着『征服』和『殘暴的統治』。

在《没有仇恨和虚僞的國度》裏，作者通過夢境構建了一個在『慈愛』和『明智』指導下的新世界，這裏没有貧窮病弱，没有憂愁苦痛。他用詩一般的語言贊美這個新世界，對那個如『惡獸一般咬傷過我』『埋葬過我』的充滿『仇恨和虚僞』的舊世界進行了批判。

《鍾馗和他的妹妹》講述鍾馗捉鬼的故事，刻畫了鍾馗誓要『咬定人間的愛和恨、悲哀和争鬥』，『填補精衛所没有填平的海，彌合女媧所没有補好的缺陷的天』的形象。

此外，在《生命的奇迹》裏，作者描寫『在忘却了的年代的被忘却了的日子』，人們祈求耶穌和鳩摩羅什顯個神迹，但耶穌離人們而去，鳩摩羅什吞下鋼針，永遠不能説出一個字；教堂裏的牧師用自己的死，告訴人們愛與饒恕的意義；一個黑臉的漢子在火焰中用刀刺向自己的肚子，用流着的一滴血昭告圍觀的人們。作者將之稱爲『生命的奇迹』來警醒世人。在《歌聲》裏，作者通過『歌聲』來唤醒圍觀的『椎魯愚鈍的』世人，『撫慰也是鼓舞着，時代和命運所踐踏和摧傷了的悲苦的生命』。在作者筆下，這樣的『如饑餓的醒獅的叫吼，如未爆發的火山的突怒悲鳴』般的『歌聲』，與其説是『歌聲』，不如説是戰鬥的號角。在《提琴》裏，作者贊美『音樂的聲音最美，音樂的情愛最真』，希望擁有一樣樂器，『最好是提琴』，他『要敲響所有人的心靈之門，要使熟睡的人警醒』。在這三篇作品中，作者表達了相同的思想，即通過『生命的奇迹』『歌聲』和『提琴』，去喚醒沉睡的世人。

作者的這些作品，表達了對舊世界的批判和喚醒世人與舊世界作戰的思想主旨，體現了作者的革命性。（辛玲）

南行記

艾蕪作　民國二十四年（一九三五）文化生活出版社鉛印本　國家圖書館藏書

艾蕪（一九〇四—一九九二），原名湯道耕，四川新繁人。艾蕪是筆名，因受胡適『人要愛大我（社會）也要愛小我（自己）』的主張的影響，遂取名『愛吾』，後慢慢衍變爲『艾蕪』。主要作品有短篇小説集《南行記》，長篇小説《山野》《百煉成鋼》等。

該書是現代短篇小説集，收短篇小説八篇：《人生哲學的一課》《山峽中》《松嶺上》《在茅草地》《洋官與鷄》《我詛咒你那麽一笑》《我們的友人》《我的愛人》。《南行記》是艾蕪的代表作，在海内外頗有影響。收入本集中的作品，是作家以在滇緬路上的經歷爲素材，用第一人稱寫法，描繪的西南邊境上的鄉土人情和生活風貌。首篇《人生哲學的一課》，描寫知識分子『我』流落昆明，身無分文，忍饑挨餓，求業無門，眼看被逐出客棧，夜裏仍在到處尋找一塊躲避秋風秋雨的栖身之處。即使這樣，他還執拗地表示：『就是這個社會不容我立足的時候，我也要鋼鐵一般頑强地生存！』這篇作品在某種程度上具有自傳的性質，這種蔑視困難、勇敢地向生活挑戰的堅强不屈的精神，貫穿在艾蕪的許多作品中，成爲他創作的一個顯著特色。在《洋官與鷄》《我詛咒你那麽一笑》中，他揭露了帝國主義統治者和國民黨基層政權如何在這貧瘠的土地上，對困苦的人們進行無耻的敲詐勒索，同時，也寫到了那些在底層社會爲生活所迫鋌而走險的人，如偷馬賊、鴉片走私者、小偷集團等。

該書熔鑄了作家强烈的感情，作家深厚的生活基礎、豐富的生活閱歷、同下層勞苦者同呼吸共命運的經歷，使他的作品親切而真實。這些作品不僅有濃郁的异域風光，還具有强烈的藝術感染力。郭沫若曾在隨筆《癰》中指出：『我讀過艾蕪的《南行記》，這是一部滿有將來的書。』

（劉聰）

鐵輪

天虚著　民國二十五年（一九三六）東京文藝刊行社鉛印本　國家圖書館藏書

張天虚（一九一一—一九四一），原名張鶴，字有松，又名劍平，雲南呈貢縣（今昆明市呈貢區）人。先後就讀於雲南省立第一中學、東陸大學預科班。在中學時，他參加進步團體『雲南青年努力會』；在預科班學習時，他開始了最早的文學創作，并參加中國共産黨的秘密外圍組織『濟難會』，積極參加『七一一』火藥爆炸慘案的救災工作和演出活動。在救災活動中，他認識了聶耳，二人成爲終生不渝的好朋友。一九四〇年，張天虛輾轉來到緬甸仰光，參加當地華僑報紙《中國新報》的編輯工作，大力宣傳中國共産黨的統一戰綫政策。一九四一年一月因病回國，八月十日病逝。

鐵輪

天壷著

1930

作者在二十多歲便創作了這部近五十萬字的長篇小説。書首有郭沫若的序、作者給郭沫若的信《關於〈鐵輪〉》以及《〈鐵輪〉外話》和《第二次付排贅語》。本書以二十世紀三十年代西南某農村和上海爲背景，刻畫了主人公阿祥（潘祥生）從一個農民的兒子成長爲工農紅軍戰士的人生歷程，揭露了國統區社會的黑暗和反動軍隊屠殺革命人民的罪惡。全書分四部。第一部《動蕩的土地》，包括一到九章，寫主人公阿祥在鄉下受到土豪劣紳的剥削，不堪壓迫後奮起反抗，却遭到鎮壓和追捕，被迫離開故土。第二部《顫栗的都會》，包括十到十五章，寫主人公來到大都會上海，進入工廠，被工頭利誘，破壞工人運動，經過一番波折，纔逐漸覺悟起來。第三部《智識層》，包括十六到二十六章，寫上海、北平文化知識界的情況。第四部《向着太陽底進軍》，包括二十七到三十章，寫主人公參加了抗日的十九路軍，却從淞滬前綫調往江西『剿匪』。他被紅軍俘虜後，認識到祇有紅軍纔能解救人民，遂加入了紅軍。在蘇維埃革命的新天地裏，阿祥開始了新生。書中通過塑造王振武、朱素華、高個連長、李敬揚、唐瑞、陶劍雄、萬龍章、鄒敬、老尢等多個人物形象，揭示了『時代的鐵輪是急劇地向前奔流，若不做推輪者，就當心被軋死，你若遲了一步，也會被擲在後頭』這一歷史發展的客觀規律。

該書是左翼文學的重要作品之一，對中國現代文學的貢獻是不可磨滅的。一九四三年三月，郭沫若爲張天虛寫了一篇長達五百多字的墓志銘，鐫刻在張天虛圓柱形墓碑上。文末附詩云：『西南二士，聶耳天虛，金碧增輝，滇洱不孤。《義軍》有曲，《鐵輪》有書，弦歌百代，永示壯圖。』（劉聰）

他的子民們

馬子華著　民國二十四年（一九三五）春光書店鉛印本　國家圖書館藏書

馬子華簡介見前《坍塌的古城》提要。本書爲現代中篇小説，附跋一篇。小説描寫二十世紀二三十年代中國西南少數民族地區的『子民』們，在封建土司的壓迫和剥削下的痛苦生活以及他們的反抗鬥争。主人公阿權和父親租種着莎土司的地，一年的勞作所獲，都抵不了地租和債務。爲了求生，阿權告别雙親，跟表哥去打野物，但是打獵所得還不够供應土司官。他又遇見藍眼睛、胸前掛着十字架的人們，他們搶掠玀人們的玀物，對玀人進行野蠻的槍殺。没有出路的阿權到金沙江畔淘金，但那裏也是土司的天地。阿權和淘金漢們終於忍受不了土司的壓榨，聯合起來反抗。阿權的父親爲了阻止兒子參加造反，以死相勸，但阿權還是走上了反抗的道路。經過三天戰鬥，不屈的子民們留下了幾百具屍體，受了傷的起義首領阿權祇得亡命他鄉。小説的最後，阿權説『總有一天我們會從莎土司手裏拿回自己的生命的』，表達了子民們不屈的鬥争精神和反抗到底的決心。

本書是對中國西南封建制度下特有的土地生産關係的真實描寫，具有鮮明的民族特色，再現了這塊特殊的邊遠土地上少數民族人民的生活和命運，以及他們爲改變奴隸地位的掙扎和反抗。茅盾在《關於鄉土文學》中曾指出：『描寫邊遠地方的人生的作品，近來漸漸多起來了，《他的子民們》在這一方面的作品中，無疑的是一部佳作。』（劉聰）

路綫

馬子華著　民國二十五年（一九三六）新鐘書局鉛印本　國家圖書館藏書

馬子華簡介見前《坍塌的古城》提要。本書爲短篇小説集，係『新鐘創作叢刊』第一輯第十六册，收《沉重的脚》《路綫》《陷落》《火燒天》《月琴》《街鄰》《緑玉酒杯》《螳螂山的火焰》《『藝術商』的告别》《勾結》《酵》《你跟他去了吧！》十二篇小説。其中，《路綫》《沉重的脚》《火燒天》《螳螂山的火焰》寫公路養路工、鹽脚夫和農民對工頭、鹽老闘、縣官的反抗鬥争，《陷落》《月琴》《勾結》等篇着重寫封建勢力的黑暗，《『藝術商』的告别》則是對帝國主義文化侵略的揭露。全書題材、風格多様。作者創作這些小説是『忠實於現實的』，態度是『很嚴肅的』。

書後附録《茅盾先生的信》，是茅盾對這些小説的點評。他認爲這些小説可分爲三種不同的題材和風格。第一類是《沉重的脚》《路綫》《陷落》和《螳螂山的火焰》，這四篇作品大致和作者的中篇小説《他的子民們》意境相仿。其中最成功的一篇是《沉重的脚》，『内容和形式上確是集中最好的一篇』，其次比較好的是《路綫》。第二類是《火燒天》《月琴》《街鄰》《緑玉酒杯》，采用的方式多爲描寫，也有優美的詩樣作品《月琴》。第三類是《酵》和《你跟他去了吧！》，是描寫都市生活的，衹不過因缺少生活體驗，寫得有些浮光掠影。

（劉聰）

筆伐集

馬子華作　民國二十六年（一九三七）北新書局鉛印本　國家圖書館藏書

馬子華簡介見前《坍塌的古城》提要。本書爲短篇小説集，列入『創作新刊』。除『前記』外，

收《毒瓦斯針》《南溪河檢查長》《老八爺》《狹路》等八篇短篇小説。其中《毒瓦斯針》描寫日本人强買天津裕泰紗廠，遭工人楊大任等反抗，後楊被日本浪人用毒針殺死的故事；《南溪河檢查長》描寫中越交界處的南溪河檢查長楊南春爲了從法國占領者手中獲取更多的錢，竟將逃到中國境内的越南革命者引渡回國的故事；《老八爺》描寫平日仗義疏財的老八爺崔友松窮困後，過去曾得到他的許多好處的人不但不幫助他反而落井下石的故事；《狹路》描寫農民曹安將奸污自己女兒的日軍軍官殺死的故事。另外四篇是《南澳襲來的暗潮》《浮屍》《五六二號》和《卡瓦地之夜》。（劉聰）

飛鷹旗

馬子華著　民國二十八年（一九三九）讀書生活出版社鉛印本　國家圖書館藏書

馬子華簡介見前《坍塌的古城》提要。本書爲短篇小説集，收《飛鷹旗》《風》《福地》《布鞋》《邊荒》《朝天釘！鑾匪！》等作品。其中《飛鷹旗》一文含『栗園村道』『兄弟』『香杏姑娘』『秋收』四題，都是有關徵兵、抗日的故事。『飛鷹旗』是昆明市政府向出征軍人家屬所發的榮譽標志，呈尖角形，『藍色的布上飛着一隻白色的大鷹，鷹的嘴裏含着圓圓

的地球』。除此篇作品外，該書所收的小説，比較重要的是《福地》《布鞋》《朝天釘！蠻匪！》。

該小説集多寫抗戰題材，却因作者缺乏生活體驗而有局限性。作者在後記中説：『返梓經年，百無聊賴，遥念在他鄉與文藝界諸先進同游時，不禁愧然黯然。蓋遁居後方，論文論行皆不敢爲諸文藝界友人告。』

（劉聰）

叢莽中

馬子華著　民國三十三年（一九四四）華僑書店鉛印本　雲南省圖書館藏書

馬子華簡介見前《坍塌的古城》提要。本書爲短篇小説集，收入《叢莽中》《江干行》《施郎》《公毋渡河》《碎璽》《紫色的邂逅》《二十八元》《R17》《真迹》《蠱》十篇小説。這是作者自重慶歸來，到一九四四年進入西雙版納采風之前所寫的一些反映抗戰時期雲南昆明和邊境人民生活的小説。小説描述了在日本帝國主義侵略下雲南社會各階層的生活狀況及態度，以激勵人們的生活熱情與鬥争精神。這些主人公中有奮起反抗、走上革命道路的礦工柏天錫；有渴望『太平』生活，而又捨小家爲大家的殘廢軍人、教養院工作人員關視高；有由傲慢固執、厭惡中國人到清楚地認識到『幫助中國便是反抗一切殘忍的侵略者』，而積極參與修復滇越鐵路的法國工程師施郎；有不怕犧

牲與日軍周旋而受政府表彰的在怒江上做擺渡營生的明順昌和大鼻子父子。另外，《碎璽》講述永曆皇帝逃亡緬甸的系列故事，以説明中華民族衹有堅持抗戰到底纔是唯一的出路；《二十八元》講述『我』被派到順康工作途中，順康自衛大隊隊員同土匪戰鬥的故事；《R17》描寫受飛虎隊隊員約克犧牲精神的鼓舞，小其壽成爲擊落三架敵機的英雄的故事，等等。

作者在『前記』中言：『由重慶回到昆明，五年多被掩埋在一種污濁的泥沙裏，我感到從也沒有受過的窒息，缺乏方嚮和目的的生活，摧毀了我在寫作上僅有的一點基礎。……本不想印的這幾篇小説，也讓它印出來鼓勵一下自己倦怠的心情罷，讓它作爲我重理舊業的紀念罷。』（梁明青）

顛沛

陳因佛著　民國二十八年（一九三九）新安書局鉛印本　國家圖書館藏書

陳因佛即馬子華，簡介見前《坍塌的古城》提要。本書是馬子華的第一部中篇小説，作品通過幾個失業青年顛沛、坎坷的生活經歷及對人生道路的探討過程，反映大革命失敗後中國社會的黑暗、腐敗。小説中的吴堅、鍾敬之、徐楚、張振武都是出身貧寒的知識青年，爲求學和尋找工作，從各地來到南京，黑暗腐敗的社會使他們看透了現實的殘酷，嘗盡了人生的辛酸。但是，由於思想和性格的差异，他們最終走上了完全不同的人生道路。吴堅是一個熱情和有正義感的青年，不滿黑暗現實，渴望追求光明，但性格的懦弱和個人主義的奮鬥方式，使他在强大的惡勢力面前感到個體的渺小和理想的破滅，從而演出了跳海自殺的悲劇。吴堅的悲劇是他無力改變現實而又不願對此屈服的必然結果。張振武是作者肯定的人物，他不僅有思想、有抱負，而且通過自己不斷的努力和進取，潛心尋找改造社會的途徑，探求人生的正確道路。張振武最後被敵人殺害，犧牲在南京雨花臺，但他以自己堅定的信念和無畏的氣概，爲在人生道路上彷徨的青年提供了指引。（劉聰）

雲嶺牧歌

宣伯超著　民國三十三年（一九四四）黎明社鉛印本　國家圖書館藏書

宣伯超（一九一二—一九八九），雲南鶴慶人。大學畢業後，在各地的中小學任職，參加過《雲南日報·南風》的編輯工作。他的創作，在全面抗戰前有《比干的心》《條報》等。盧溝橋事變後，

主要作品都收在《雲嶺牧歌》中。一九八三年，受聘爲雲南省文史研究館館員。

本書爲小説集，收《雲嶺牧歌》《割麥的早晨》《示衆》《碧羅山下》《雪原故事》五篇。其中，《雲嶺牧歌》寫金沙江邊格魯灣的劉梅春（小梅）和汪增福兩人青梅竹馬，并訂了婚，但和老太爺想爲兒子天賜討小梅爲妾續香火，小梅的父母也逼迫她嫁給天賜。小梅和汪增福兩人約好私奔，但是被和老太爺捉住，爲了反抗這段婚姻，小梅投河自盡。小説着力表現小梅的剛强和潑辣。在舊中國農村，父母包辦婚姻而兒女不從，致女方殉情的悲劇比比皆是。在本書中，作者將地方特點融入那個時代的普遍性，使悲劇性更强烈。《雲嶺牧歌》之『牧歌』，其實并非一幅田園圖畫，作者特稱『牧歌』，也許有反諷之意——本來是美好的田園風景，却因爲時代的局限，而使整個村莊籠罩着悲劇的色彩。《示衆》寫春鳳嫂饑餓難耐、借貸無門，在人家收割過後的田裏拾到一點穀子就被田主没收，拿了一束穀秆就被抓去示衆，最後在皮鞭亂抽的威嚇下，她在鄉親們面前説『做人莫學我偷穀子』的慘象。《雪原故事》寫孩子農補疪里擔心牦牛虜虜被拉去抵租，便帶着它出去躲租，却被高原的暴風雪所吞没的人世慘景。這些小説反映了生産關係的尖鋭衝突，是當時中國農村最真實的寫照。（劉聰）

失去的星

周輅著　民國三十五年（一九四六）龍門出版社鉛印本　雲南大學圖書館藏書

周輅（一九一四—？），號乘之，雲南峨山人。一九三八年畢業於雲南省藝術師範學校。曾任《文藝季刊》副主編，并先後主編過《商友周刊》、《中興日報》副刊、《龍門周刊》、《朝報》副刊。著有小説集《失去的星》《金頂山》和雜文集《千針萬綫草》等。

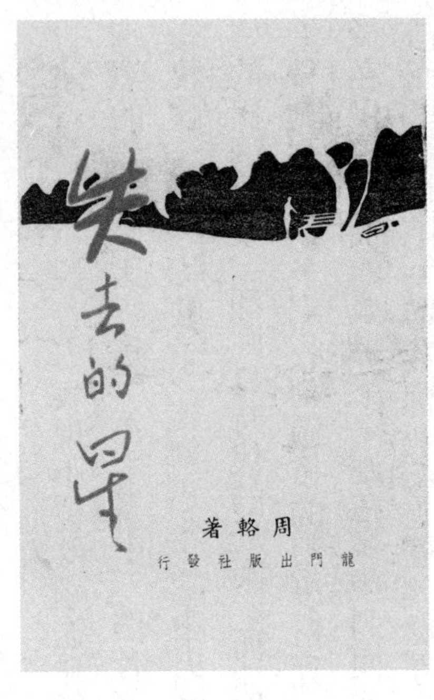

本書係昆明龍門出版社『龍門叢書』第一輯，爲小説集，内分兩輯，第一輯『失去的星』，收中篇小説《失去的星》；第二輯『石碑山的火』，收《耳朵》《走烟山》《石碑山的火》《羅黑山中》《江邊小景》《古寺之夜》《玉泉村》七篇短篇小説。

『龍門叢書』的取材標準『是以真美善爲鵠的來調和人生的矛盾，來化除人與人之間的隔膜』，這一點也體現在《失去的星》上。小説描寫在昆明讀書的青年學生陸季雲與陳玉雯的友情、愛戀、失望别離，以及陸季雲與李英在婚姻中的背叛的故事，最後，失魂落魄的陸季雲獨自在翠湖尋找着夜空中那顆失去的星。再如《玉泉村》，講述麗江玉泉村裏貧窮且無親無故的青年桂生與富裕人家的姑娘微姑，爲愛情而反抗父母之命雙雙逃離村子的故事。

本書的一大特點是有着濃重的鄉土色彩，它描寫雲南邊地勞苦人民的生存生活狀況，在一個個故事中，有真情有反抗，從苦難的生活中透出些許人間的温暖和希望。《耳朵》創作於一九三七年，講述『我』爲了掙錢養家，長時間同馬幫奔波在雲南南部地區，後來中了瘴氣，病倒寄留在一個祇有父子倆的彝族人家。『我』爲救這家人的兒子，被土司家兵砍掉了一隻耳朵，臉上也留下了刀痕。《走烟山》創作於一九三八年，講述『我』隨烟幫在滇南地區的大山裏，目睹了危險的『大黑山』，看到了當地少數民族生活的景象，以及劫匪搶劫烟幫的場景。《石碑山的火》創作於一九三九年，講述土司壓迫當地民衆，民衆的反抗無濟於事，主人公兩兄弟爲報仇走上了死路的故事。《儸黑山中》講述了『我』與馬幫穿行在恐怖的滇南羅黑山中，隨馬鍋頭借宿於黄草寨老友家，目睹了當地佤族祭祀青苗神的場景。《江邊小景》創作於一九三九年，描寫傣族人家無憂無慮的生活。《古寺之夜》創作於一九三五年，講述『我』從北方城市失業後回鄉途中，投宿於破爛不堪的古寺，看着豆油燈下的飛蛾屍身，嘆息自己數年來的生活『流亡顛沛天天在與窮苦病愁作戰』，期盼着黑夜過後就是光明。（梁明青）

（六）報告文學

行進在西綫：從太原到臨汾

天虛著　民國二十七年（一九三八）大衆出版社鉛印本　國家圖書館藏書

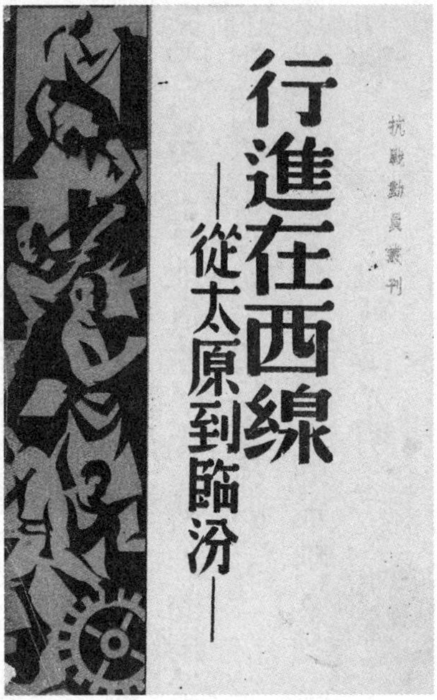

張天虛簡介見前《鐵輪》提要。該書爲『抗戰動員叢刊』之一，共收録作品十四篇，是報告文學《征途上》的續篇，忠實地記録了作者在西北戰地服務團第二個時期的生活和工作。書中反映了西北戰地服務團一九三七年九月二十二日從延安出發，徒步在西戰場行進四個多月，經延長縣，東渡黃河，進入閻錫山統治的山西，途經臨汾、太原等地的情況。卷末作者所撰『後記』稱，『踏過二三千里路程，過了幾十個大城小鎮，直接接觸了一二十萬各種不同的人們』。一路上，他們用群衆喜聞樂見的文藝形式，積極發動群衆、宣傳抗日。卷端開篇《在太原》即呈現出太原城當日的狀況：『太原抖索在恐怖中。每天早晨，太陽還被不曾退盡的陰暗所阻壓，勉力掙扎着散發些微曙光的時候，凄厲的警報，就把人們由僅有的夢的幸福中擲出來，驅趕着直往土洞裏竄去。上燈的時候，街上纔有行人，店鋪纔開。』西北戰地服務團在西進動員民衆抗日的途中，沿途慰問抗日軍隊，《慰勞傷兵》中記録：『當我們進行了幾個小節目，講了些話，人却愈聚愈多了，把我們層層密密地圍鎖着。在講話的當中，他們熱烈地叫口號：傷好到前綫去！不打退敵人不休息！』服務團帶給軍民的精神力量可見一斑。在艱辛的跋涉中，團員間的緊密合作、相互支持，也給行程增添了温暖和慰藉。《我的隊伍》中，作者叙述道：『像昨天一樣，我們先到路中去等。沿着濁漳河進行。行進中，這個叫一聲天虛，那個叫一聲老天，親熱而甜蜜，有的同志給我開玩笑，提到愛人的問題，我指着我們的大隊説：瞧，這些都不是我的愛人嗎？真的，哪兒找得到像這樣的一些愛人呢？我想，在此境中，無論誰都會滿足了。』該書根據作者的親身經歷和見聞，以熱情粗獷的文筆，真切反映了軍民抗戰的英雄事迹。（陳妍晶）

兩個俘虜

天虛著　民國二十七年（一九三八）上海雜志公司鉛印本　國家圖書館藏書

張天虛簡介見前《鐵輪》提要。該書爲報告文學，係『戰地生活叢刊』第二種，作於一九三七年十一月，完稿於一九三八年二月五日，共收《和總部匯合了》《總部帶來的寶貝》《我想起了嚴重的問題》《敵人的政治資本》等二十九篇文章。

一九三六年西安事變後，黨組織派張天虛赴延安參加抗戰。一九三七年八月，八路軍西北戰地服務團在延安成立，丁玲爲主任，張天虛任通訊股股長。服務團作爲『擔負着戰地文化政治工作的抗戰别動支隊』，跟隨八路軍進入山西，宣傳黨的全面抗戰路綫，推動山西人民奮起抗戰。

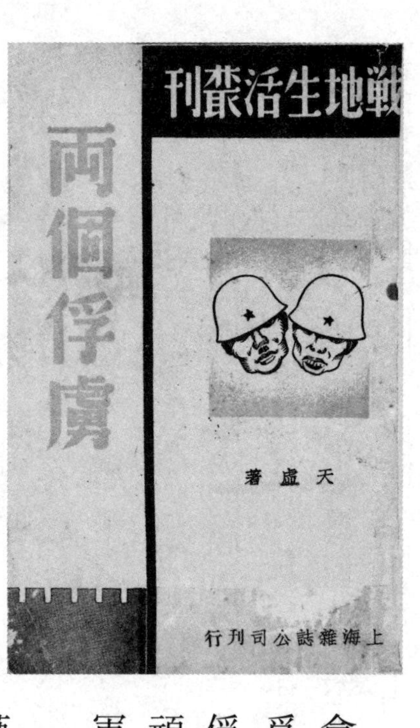

作者在山西和順縣的驛城鎮，與第八路軍總司令部會合，見到了兩個日本戰俘XX四郎和左柏二郎，該書即爲這段經歷的記録。書中描寫了這兩個在廣陽戰鬥中被俘的日本士兵，在中國政工人員的教育和感召之下，從頑固堅持反動立場到思想徹底轉變的過程，反映了八路軍政治工作的强大威力和反侵略戰爭的必勝信念。

作品發表後，受到評論界的高度評價。茅盾在《文藝陣地》第一卷第八期上發表評論，認爲『《兩個俘虜》是第一次把一個值得我們用力鑽研的問題提出來了』。他説：『天虛這本書展開了敵軍士兵的心理，指出了他們曾經怎麽被欺騙、被麻醉，但也指出了欺騙和麻醉終於經不起真理的照射。』他還指出，抗戰已經一年，但是我們的『對敵的研究工作』做得實在太少。『在這裏，就有我們長期抗戰必能獲得最後勝利的正確理論之事實上的明證——兩個頑固的俘虜終於感悟而掉轉槍口了！』茅盾的這些話，集中反映了當時中國文壇對這類作品的要求，頗能代表中國抗日文壇對日本侵華士兵的基本看法，那就是日本士兵是受日本軍閥欺騙纔來中國作戰的，他們在侵華戰場上喪失人性的行爲是受日本軍國主義毒害的結果，因此，這些士兵衹要經過一定的教育和感化就可以恢復人性，甚至可以走上反戰之路。

該書文筆細膩，邏輯清晰，可讀性極强。而其除文學價值之外，行文中保留下來的真實歷史人物的形象，也可作爲相關史料的補充，是抗戰史中珍貴的文獻資料。（王亞君）

征途上

張天虚著　民國二十七年（一九三八）上海雜志公司鉛印本　上海圖書館藏書

張天虚簡介見前《鐵輪》提要。該書爲報告文學，係『戰地生活叢刊』第五種，共收録作品十三篇，是作者在西北戰地服務團第一個時期的生活和工作紀實。一如作者在該書卷端『前記』中所叙述，『有些特殊而實際却極平淡的一個抗戰工作單位底生活和工作的紀録。但正因爲是平淡的，我覺得它會爲更多的人所需要』。在作者看來，『《征途上》所寫的祇是到太原爲止的一個段落，還没有擔負起「戰地」任務以前的歷程』。作者借此書以明志，『如敵人的飛機大炮放過我，則將不斷地把此後自己所參加的戰鬥連續寫出，因此，我開始就用的是第一人稱』。

該書的内容，有的記録中國共産黨蘇區政治、經濟、行政組織、教育發展等情況，如《邊區和蘇區》一文，通過記叙與蘇區年輕農民的交談，瞭解到『關於蘇區行政是根據工農民主集中的原則，各縣各鄉有蘇維埃政府，由各縣各鄉代表大會選舉出來，有主席，下設秘書、組織、建設、軍事等部門。過去因爲是軍事時期，主要的工作是放在軍事部門，一切的設施和動員，都是爲着保障戰爭的勝利。從去年西安事變後，内戰停止，我們的一切準備轉向到主要的是對付日本，鞏固和擴大統一戰綫，教育和建設也同時注重起來』。有的記述戰地服務團在行進途中開展統一戰綫宣傳、發動民衆團結抗日的實況，如《山野間的歌咏大會》提及，『開始的時候，除了我們用請帖請來的幾個機關團體單位外，民衆很少，但在進行中，許多民衆竟自動轉回去約了他們的家人和鄰里來，在節目進行到一半多時，人愈聚愈多，禮堂滿了，不住地往前壓擠』。作者所撰文章，真實記録了中華兒女爲民族獨立而戰鬥的壯麗史詩，更爲後世保留下了珍貴的抗戰史文獻資料。（陳妍晶）

運河的血流

張天虛著　民國二十八年（一九三九）讀書生活出版社鉛印本　國家圖書館藏書

張天虛簡介見前《鐵輪》提要。該書爲報告文學，完成於一九三八年八月，收《赴前綫去》《平漢到隴海》《找隊伍》《台兒莊巡禮》《禹王山上》《狂風暴雨中的夜襲》等十八篇文章。

一九三八年四月，由滇軍改編而成的國民革命軍第六十軍奉命開赴抗日前綫，其一八四師師長張冲、政訓部主任張永和（中共秘密黨員）多次與周恩來、葉劍英、羅炳輝秘密會晤，請中共方面選派雲南籍政工人員到一八四師工作，擴大共産黨在其部隊的影響。八路軍武漢辦事處與延安聯繫後，抽調張天虚等人赴一八四師。臨行前，朱德親自與幾位同志見面，教他們如何工作、如何團結抗日力量，并與他們合影留念。朱德還送給張天虚一部留聲機，好讓他開展工作。之後，一八四師政訓部創辦了當時中國軍隊唯一的由軍人辦的油印報紙《抗日軍人》，由張天虚負責組稿、撰寫、編輯工作。

該書即爲張天虚根據親身經歷及所見所聞記録下的禹王山争奪戰的情况。書中記述了一八四師的勇士們不怕犧牲、奮勇向前的戰鬥精神。他們與日軍展開肉搏戰，終於奪回禹王山，英雄的鮮血染紅了禹王山山脚下的運河水。

在威震中外的台兒莊戰役中，一八四師負責駐守台兒莊城寨，并在禹王山一綫設立陣地，阻擊向徐州進犯的日軍。一九三八年五月十八日，六十軍奉命撤離禹王山，掩護主力部隊轉移。一八四師堅守禹王山二十七個日日夜夜，挫敗日寇的多次進攻，打出了滇軍的威風，大長了中國人民的志氣。據當時的報紙記載，『滇軍血戰，大展神威』。日本報紙也承認，『自九一八與華軍開戰以來，遇到滇軍猛烈衝鋒，實爲罕見』。六十軍投入戰鬥者三萬五千一百二十三人，傷亡一萬八千八百四十四人，超過了投入戰鬥人數的一半。禹王山戰鬥，使張冲獲得了『抗日名將』的稱號。

在戰鬥中，張天虚和戰士們一起衝鋒陷陣，輪流值勤、巡邏，防止敵特的潛入破壞，同時作好宣傳發動工作。他才思敏捷，下筆成章，經常深入前沿陣地采訪。在禹王山阻擊戰期間，張天虚寫下了大量的戰地通訊，如《台兒莊通信》《記張冲師長》《血肉築成的長城》《指揮所裏》等，除發表在《抗日軍人》上外，還分别發表在《雲南日報》和茅盾主編的《文藝陣地》上。張冲很喜歡張天虚，他曾説：『天虚雖是撚筆桿子的，但打起仗來比我還英勇膽大。』張永和也説：『天虚無論行軍還是駐防，抑或戰鬥間隙都堅持記筆記。禹王山戰鬥中，他是最勇敢的。』

該書語言生動，内容緊凑，人物對話中常出現雲南方言。有學者在談起張天虚全面抗戰爆發前後的報告文學創作時指出：『在中國報告文學的歷史長廊中，應該銘記天虚的勞績。』

（王亞君）

驛運

白平階作　民國三十二年（一九四三）文化生活出版社鉛印本　國家圖書館藏書

文學叢刊
驛運
白平階
文化生活出版社

白平階（一九一五—？），民國時期雲南著名的回族作家。抗戰時期，他以修築滇緬公路爲背景，發表了一系列反映雲南百姓日常生活的短篇文章，在當時引起巨大反響。沈從文稱其爲『西南作家最值得注意者』，并將其作品集結成册，編爲《驛運》。巴金也將《驛運》編入其主編的『文學叢刊』第七集出版。

該書收録了五篇作品，其中，《驛運——高原故事》《跨過横斷山脉——修築滇緬路的人們》《金壇子——她們怎麽築滇緬路》《風箱》等四篇以修築滇緬公路爲背景，講述了一群參與修路的雲南普通百姓的故事，謳歌了他們在國家危亡時刻的樸實情懷和所做出的壯舉。這些作品生動地刻畫了在築路救國這一歷史事件下真實而感人的藝術群像，如在台兒莊戰役中斷了一條腿的鄭有、趕馬幫的『二鍋頭』和王三、築路隊裏的勞工胡三爹和『鴨子』、被勞工們稱爲『大官』的工程師等。其對女性角色的塑造也很有特色，如《金鑴子》裏的六嫂睜着桃子大的眼睛喊：『喂，男人做不了我們做好，我們就做！這是雲南人面子，中國人面子，我們要做給人看，我們不要説是來爲老闆爲兒子哥哥替工，我們自己做自己的，帶上他們我們要做兩份。走呀！怕進金鑴子的是老婊子，我們用石頭砸死她，拋進地窟窿裏去。』生動描寫出一個潑辣、能幹的女子的形象。小説保留了許多雲南方言，如『一根腸子通屁股的直道人』『要説話猪殺下，要開口牛牽走』『寫横字説横話』『款閑』『看什麽，祖公就在這裏』，語言粗礪、直接，頗能反映雲南樸實的民風。

第五篇小説《神女》，通過少婦殺死親夫案，描寫了大時代下婦女的悲慘命運。當國家危難與個人境遇相連，作者提出一個疑問：『中國是被侵略的，被迫害的，整個民族問題没有解决。怎麽尋得到個人的出路？』他對『怎麽活』是無力的，『一隻蜜蜂撲撞在玻璃上，要想飛出窗外去，一次跌落，一次又飛起』。作者以細膩的筆觸，表達了對國家和個人命運的深切關懷。（辛玲）

克復騰衝

張黎著　民國三十四年（一九四五）國民圖書出版社鉛印本　國家圖書館藏書

張黎生平事迹不詳。一九四一年十二月，太平洋戰爭爆發。一九四二年初，日軍進攻緬甸。

五月，畹町失守。五月十日，日軍占領騰衝城，滇緬公路被日軍切斷。爲奪回滇緬公路的控制權，中國駐印度遠征軍和英、印軍隊於一九四三年十月發起對緬北日軍的反攻。一九四四年四月，中國遠征軍作出强渡怒江、反攻騰衝的計劃。五月十一日，中國遠征軍第二十集團軍第五十四軍强渡怒江，拉開了騰衝保衛戰的序幕。

本書由『强渡怒江』『大塘子争奪戰』『勢如破竹』『城郊血戰』『占領半個騰衝城』『最後殲敵』六個部分組成，詳細記述了這次戰役的全過程，書中諸多細節描寫，真實還原了整個戰事。以城郊血戰的描寫爲例，『至二十六日天氣放晴，……晨間霍總司令下令總攻，并親臨前綫指揮。祇等飛機助戰，即開始攻擊。晌午，我方通訊機四架飛到，繼又有運輸機多架在陣地後方投送槍彈。約半小時後，我P38式機十架臨頭，向來鳳山及城垣盤旋，我炮兵亦即指示目標，發射白烟，飛機乃俯衝向敵陣投彈。接着十二時三十分，六架又九架中型轟炸機飛來，向城垣猛炸，濃烟四起。我步兵緊跟着衝鋒。葉師攻拐角樓，趙、李兩師分攻城東南及城西南角，顧師冒死攻來鳳山，……激戰至黄昏，我各路軍均已兵臨城下。……來鳳山自西北而東西四個山頭，第一是營盤坡，第二是文華塔，即五三〇〇高地，第三是文華坡，俗叫二臺坡，第四是象鼻子。每個山頭的堡壘群都异常堅固，山腰間有三道鐵網，樹木被敵人砍伐净盡，我軍進攻，目標全露。……於下午一時開始攻擊，前赴後繼，冒彈争先，……二時即突入敵陣，實行陣内戰，……四時即首先被我軍占領。經白刃血戰，在六時三十分，五三〇〇高地，亦被我攻克』。

該書當時是作爲國民常識通俗讀本出版的，其對於我們今天研究這段歷史仍然具有重要的史料價值。（辛玲）

（七）散文

流浪集

陸晶清著　民國二十二年（一九三三）神州國光社鉛印本　國家圖書館藏書

陸晶清簡介見前《低訴》提要。該書是作者的第二部散文集（第一部爲《素箋》），集結了作者從參加北京學生運動至從日本回國後編輯《讀書雜志》這七八年以來的散文。書首有其丈夫王禮錫作的序。全書分『流浪』『懷梅』『而今』三集。第一部分『流浪集』，收録《整裝之夜》《噩夢》《從劉和珍説到女子學院》《寒夜》《猝遇之後》《『緑屋』》《『緑屋』舊話》《江上——寄評梅》《西湖莼菜》九篇作品，記録了作者在一九二五年女師大風潮中，積極參加反對楊蔭榆的鬥争，受留校察看處分，被逐出校舍『紅樓』，棲身於破敗的『緑屋』中；在參加『三一八』反對『八國通牒』的游行中，爲救護戰友負了傷；爲痛斥反動軍閥屠戮學生的罪行，在《京報》發表《從劉和珍説到女子學院》。一九二七年初，陸晶清決意中止學業，到南方參加革命。她在孤獨漂泊的旅途中，有對親人、朋友、同事的思念；在殘酷的現實中，有對如何擺脱黑暗社會造成的不公命運的深思，展示了一位不屈服於命運努力奮鬥的戰鬥女性形象。

第二部分『懷梅集』，收《海上日記》《我哭你喚你都不應》《殘缺日記》三篇作品，是作者紀念摯友石評梅之作。作者與石評梅兩人曾在白色恐怖中通力合作編輯《京報·婦女周刊》和《世界日報·薔薇周刊》，成爲『五四』時期新文學運動的雙星女作家。她在奔喪途中寫下的《海上日記》，回憶女高師歲月中，與梅姐『共用着歡笑，共伴着悲哀，共度着詩的生活』；回憶自己『四年在外唯一的友伴就是評梅，她是好像母親般愛護我，又像姐姐般地安慰我，我的眼淚總是流在她的面前，我的心内衹有她纔懂得』；現在『她已先捨我而去』，這是何等的悲痛。後兩篇作品，表達了作者在整理梅姐遺物時和在葬禮上對梅姐的深情想念與哀思。

第三部分『而今集』，收作者結婚後所寫的《東瀛雜碎》《喘息在炮聲彈雨中》《我與詩——〈市聲草〉序》三篇作品。她説：『雖然僅是短短的一年半，但我們在這個期間，闖進了异國的新奇的環境，又度過了反帝戰的火綫邊的生活，爲了教讀的忙碌，没有充分的暇豫來抓住一切美的緊張的生活注入於散文，所以寫來也不很多，不過在格調上已經有很顯然的變化，可以代表另一個時期。』這些作品記録了作者在日本以及回到上海的艱苦生活；回憶了自幼受其父影響，酷愛讀詩、寫詩的成長歷程；叙述了丈夫《風懷集》《市聲草》的内容與形成過程。

是書取名《流浪集》，有着『個人生活的痛創，及時代的狂潮過去所卷來的渣滓——悲哀』，同時『裏面有醇醴亦有白乾，有痛創亦有歡樂。不但這些散文的内質與外形的變遷，乃至於時代的推移，都可以在裏面看出多少痕迹的』。『她是没有爲了任何目的而寫作的，……僅僅是表現時代車輪所輾軋下的一個倔强的女性的掙扎而已！』正如她給其弟的信中所言：『命運作虐，……不是我們的懦弱無能，是命運的權力太大了！……請看着吧，我親愛的弟弟！你的姐姐是一隻手按住了心頭的創傷，一隻手還要執着火把去狂奔，我寧願我全身的鮮血由創口流出一滴滴灑在我走過的道上，我不願意像一個怯弱的戰士偃卧在沙場上静待着自己的血液來將自己浸死。』（鄭志惠）

雀蓑記

李廣田著　民國二十八年（一九三九）文化生活出版社鉛印本　上海圖書館藏書

李廣田簡介見前《文學枝葉》提要。該書爲『文季叢書』之四，共收録散文十七篇，其創作始於民國二十五年（一九三六）四月，迄至民國二十六年（一九三七）六月。該書命名爲『雀蓑記』，源於作者認爲『雀蓑的名字與形狀都給我一種「瑣雜」的感覺，而恰巧我這本小書裏的文章也非

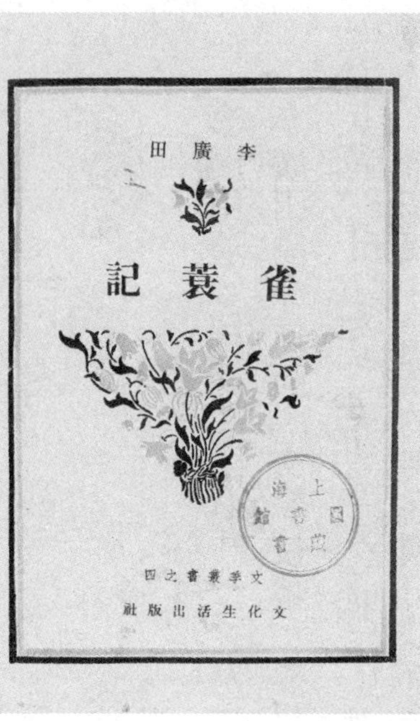

常瑣雜』。

書中散文或回憶童年故鄉生活，如《雀蓑記》：『一等到父親看不見我，我便自己跑到另一個僻靜地方玩去了。仰視着藍天痴想，呆望着白雲的飄動，到大樹蔭下尋野草野花，看飛蠓成陣，螞蟻搬家，常常忘記自己是身在何處。』或描寫備受折磨、無路可走的人物，如《謝落》：『她現在已經是一個無家可歸的老怪物了。她已經活過了她的九十歲，她曾經以六十年的辛苦來創造一個家庭，來維繫一個家庭，并使一個家庭能日向繁榮，而結果是使他的兒子們都能分得一份豐裕的家私，然而她自己呢，她自己却没有一個家了。』或抒發對黑暗現實的不滿和對光明前途的追求，如《馬蹄》：『我知道我這次夜騎的目的了，我是爲了發現這奇迹而來的。我看見馬蹄的火花，我有無上的快樂。』作者的散文創作文風樸實、自然、真摯，字裏行間充溢着恬淡静美的氣息。（陳妍晶）

圈外

李廣田著　民國三十一年（一九四二）國民圖書出版社鉛印本　國家圖書館藏書

李廣田簡介見前《文學枝葉》提要。該書爲現代散文集，『文藝叢書』之一。本書收録

一九三八年十二月至一九四〇年四月之間的紀行文字十九篇，主要記述作者帶領學生逃難，從湖北鄖陽徒步入川的情形和沿途的見聞。

一九三七年七月，抗日戰爭全面爆發，此後濟南淪陷。濟南一中的幾百名師生隨校南遷，輾轉逃亡，至泰山脚下，又從河南進入湖北，在漢水邊的鄖陽城住了半年，又徒步兩個月到四川。這本散文集所寫的，是當時任濟南一中國文教員的李廣田，帶着一群十五六歲的學生千里流亡旅程中最艱難的一段，即由湖北鄖陽到四川羅江沿途的情形。作者説：『這一段完全是走在窮山荒水之中，貧窮，貧窮，也許「貧窮」二字可以代表一切吧。而毒害，匪患，以及政治、教育、一般文化之不合理現象，每走一步都有令人踏入「圈外」之感。』這便是《圈外》題名的來由。

全書包括《從黑暗中走開》《警備》《路》《黃龍灘》《古廟之夜》《陰森森的》《威尼斯》《母與子》《冷水河》等十九篇散文。作者如實寫出了全面抗戰初期内地偏僻鄉村的貧窮、愚昧、閉塞和落後，描寫了勾結土匪的保長、靠吸食鴉片維持力氣的挑夫、花枝招展的『太太團』等光怪陸離的現象，盡顯大後方的黑暗。作者痛心於社會的黑暗和人民的愚昧，却并非『立志專寫黑暗』，而是『在努力從黑暗中尋取那一綫光明，并時常想怎樣纔可以把光明來代替黑暗』。因此，他在揭露黑暗面的同時，注意揭示内地民衆淳樸善良的品質，思索民衆教育與抗戰建國的關係，認爲『「人的改造」應當是長期抗戰中的一大收穫，假定根本没有這一收穫，則抗戰勝利恐無希望，即僥幸勝利，

也保持不住』(《西行草》)。作者把暴露黑暗面和改造國民性聯繫起來，使這部寫實作品具有較爲深刻的思想意義。(劉聰)

回聲

李廣田著　民國三十二年(一九四三)春潮社鉛印本　國家圖書館藏書

李廣田簡介見前《文學枝葉》提要。該書爲現代散文集，列入春潮社『文學叢書』之一。它是一九三九年春至一九四一年冬，作者結束一年半的流亡旅途，在大後方居住下來後所寫的散文。全書包括《禮物》《兩種念頭》《悔》《空殼》《到橘子林去》《根》《一個畫家》《少年果戈理》《力量》等十六篇散文，其中有由日記改編者，有上課的講稿，還有給學生的回信等。

經歷了遠離故土的流亡生涯的磨煉，作者的思想和創作正在醞釀着新的變化和進展。他在序中説：『自抗戰開始，至一九三八年終，這一年有半的時間，我幾乎都花在跑路上，而和我共同跑路的就是一大幫孩子，我眼看着這些孩子受苦，也眼看着這些孩子成長，我在這些孩子身上看見了將來的希望。』他觀察到流亡生活對孩子的改變。在《兩種念頭》中，他提出『想做得好一點的念頭和想生活得好一點的念頭』，『在現存的生活的烏烟瘴氣裏，要調和這兩種傾嚮是不可能的』。因此，在《一個畫家》裏，他提出『不但要在這暴風雨中工作，還應當爲了這暴風雨而工作，爲這時代留一些痕迹，爲這時代盡一些力』的人生宗旨和創作主張。《空殼》歌頌『新人的站起』，抨擊『空殼』似的『完人』。四篇《回聲》是給少年果戈理的回信，作者與青年學生相互勉勵，一同戰鬥。《力量》《民族的頷首》《新人的站起》是寫流亡旅途的散文，與《圈外》相比，没有了低沉抑鬱的情緒，更多的是有力量的吶喊和昂揚的戰鬥精神。這一時期的散文，有作者彷徨、迷茫的情緒，但對於抗戰，他還是持樂觀積極的態度，堅信我們能迎來最後的勝利。（劉聰）

灌木集

李廣田著　民國三十三年（一九四四）開明書店鉛印本　國家圖書館藏書

李廣田簡介見前《文學枝葉》提要。該書爲『開明文學新刊』之一，收散文三十六篇。作者序云：『這是我的散文選集。這些文章是從已經出版的幾個集子裏選出來的。這幾個集子的名字是：《畫廊集》（一九三六），《銀狐集》（一九三六），《雀蓑記》（一九三九），《圈外》（一九四三），和《回聲》（一九四三）。』又説：『我已經有將近十年的習作過程，爲了要把這一個段落作小小結束，我編成這個選集。』作者還説，該書不僅删除了『太不成器的東西』，對入選作品也進行了『裁汰』，改正的地方不少。相較那些高大而堅實的喬木，這些小文章衹是些叢雜的灌木，可供小鳥棲息、昆蟲築巢，因之名爲『灌木集』。作者二十世紀三十年代出版的《畫廊集》《銀狐集》和《雀蓑記》，主要抒寫個人心境，回憶童年生活，反映農村生活面貌等，文風樸實、自然、真摯，呈現出恬淡静美的氣氛。到了四十年代，抗戰已進入戰略相持階段，他不得不面對殘酷的現實。作者自言：『漸漸地由主觀抒寫變向客觀的描寫一方面。』《圈外》記述他帶領學生流亡到後方的情況，也描寫了内地落後閉塞的情景。《回聲》則表現了作者的思想衝突。一九四三年八月，作者由於興趣的轉移，總結了自己十年的創作，編了這本散文選集。後來散文便寫得不多了，作者將主要精力放在了小説創作和文學教育、文學理論方面。作者在抗日戰爭勝利前夕自選了這本集子，使讀者便於把握其散文創作的概貌。（劉聰）

悲劇及其他

高寒著　民國二十九年（一九四〇）詩與散文社鉛印本　國家圖書館藏書

高寒即楚圖南，簡介見前《刁斗集》提要。該書是作者的隨想録。全書分爲四個部分，共收二十一篇散文。

第一部分『悲劇及其他』，收《悲劇》《天堂，地獄，和人》《詩歌》《鋼叉與紅唇》《泥土與聖靈》《犧牲》《英雄》《兩頭蛇》《釋迦》《天才》十篇文章。作者在《悲劇》裏認爲，悲劇是必然的、永恒的、

崇高的，是終極的存在形式，『是生中之死，是死中之生。是永久的希望和幻滅，是永久的來復或循環』。他在《天堂，地獄，和人》裏説，人是天使與魔鬼的結合體，人既創造了天堂也創造了地獄，『所以單是做一個魔鬼我不願意，單是做一個天使我不甘心，我要做兩者，因爲我便是兩者』。在《釋迦》裏説，人要擺脱生老病死、貪嗔疑戀的束縛，要獲得生命的自由，首先就要『自己支配自己』。在《泥土與聖靈》裏，他鼓勵人們掙脱束縛，以獲得靈魂的自由。這些文章表達了這樣一個主題：『人祇有自己做自己的主人，纔能擺脱悲劇的宿命。』

第二部分『流矢之歌』，收《太陽與月亮》《人間的兒子》兩篇文章。作者贊美愛與至善、正義、真理，認爲人類應該像太陽追逐月亮一樣，追求愛與至善、正義、真理。

第三部分『鐵塔之什』，收《鐵塔》《黄河》《雁》《龍亭》《灰土》《水打藍橋》六篇文章。作者對以君主專制統治爲代表的古代文明持批判的態度，將開封龍亭視作『君主專制的醜陋的遺迹』，應該忘記和蔑視它。同時，作者歌頌了中華民族的堅韌，他説中華民族從『灰土』中來，『灰土』裏孕育着民族的希望。西方民族將他們的希望『描寫在美麗的海上的天空，……讓他們的神都有着美麗的雙翅』，而我們則『永遠如同土蠶一樣地在農田裏工作』，没有誰可以因此而奴役我們。

第四部分『三禮贊』，收《太陽禮贊》《青春禮贊》《大盗禮贊》三篇文章。作者通過歌唱太陽，對生命進行禮贊。他認爲太陽創造了一切，生命的意義就像太陽一樣在於創造，每個生命都可以因創造而不同，且沒有高低貴賤之分。作者將自由視作『太陽』和『青春』，將禁錮人性的專制統治視作『死滅的墳墓』『「歷史」和「過去」的古廟』，人類的自由終將隨着『青春』而到來，『歷史和悠久的權威，就要以青春的來到而失墜，也將粉碎了過去的尊嚴』。他相信人們終將覺醒，成爲砸碎『權威統治』的舊世界的『大盜』。

作者不僅是詩人、作家，同時還是那個時代反帝反封建的進步民主人士。這些作品深刻反映了他追求民主、自由的政治思想，他通過這些作品吹響了摧毀舊世界的戰鬥號角。（辛玲）

旅塵餘記

高寒著　民國三十七年（一九四八）文通書局鉛印本　國家圖書館藏書

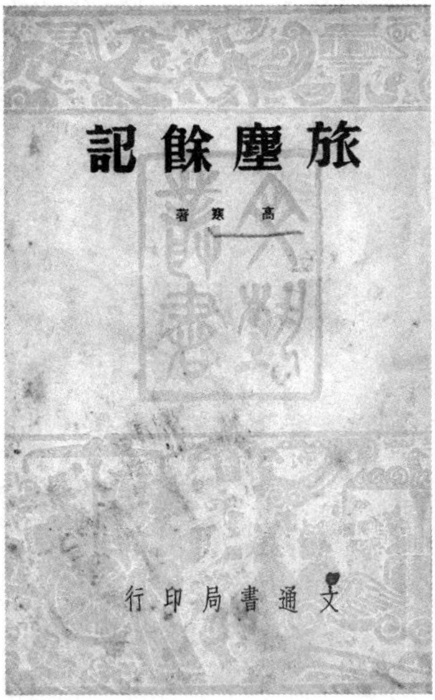

高寒即楚圖南，簡介見前《刁斗集》提要。該書爲『文藝叢書』之一，共收録散文二十八篇，分別爲『碧鷄關的故事』五篇、『記棕樹營』九篇、『路南夷區雜記』八篇，以及附録『開封隨筆』六篇。作者在卷前『題記』中稱：『抗戰發生，回到雲南，當初以避轟炸，移住鄉下，後來，也以省親，偶爾亦到外縣，也斷斷續續地寫下了一些東西。隨興而寫，隨興而止。這在當時是一種工餘或課餘的消遣，在現在看來，雖是一種生活的陳迹，但也究竟可以看見我行走在天空或夢幻中的步履，已漸漸地踏在人間，踏在人間的泥土裏了。對於泥脚上的滋泥也似的這些淩亂殘缺的文字，也就不能無所偏愛和眷戀，所以略略編排，且將它們出版，命之曰《旅塵餘記》。』

該書分别記述作者一九三五年、一九三九年、一九四一年和一九四五年在雲南省内外漫游的所見所聞及心路歷程，其中有對當地民風民俗的記録，如《趕街子》描述了碧鷄村村民趕集的場景：『這時，灼熱的太陽，已漸漸地升在天頂。强烈的陽光，照着汗流浹背、喘息熙攘的人們。街中心的攤子上，不單是陳列了各色的貨品，且有的已經支上臨時的布棚子或蘆席了。最後，則是山背後賣柴炭、賣米麥雜糧的農人或夷族的男婦，背着、馱着他們一年辛苦的收穫，如潮水一樣地涌來。』有親歷戰争的見證，如《死在路邊的戰士》描述：『步兵、炮兵、工兵都有，也有時還有騎兵。肥壯的大馬踐踏着山上的石道，發出剛健而諧美的聲音，衹是没有噪雜的人聲。馬上的戰士都一律地嚴肅，一律地沉默，好像都知道怎樣去完成他們的莊嚴的使命，怎樣去走完了他們的迢遥的戰争的前途！』有作爲教育家，對未來的期許以及對下一代的擔憂，如《救救孩子》中的憤慨吶喊：『這是中國教育工作者的耻辱，也是中國教育工作者的痛苦。爲减輕了這種耻辱和這種痛苦，所以我願意再叫喊一聲這魯迅先生曾經在聾聵而麻木的社會一再叫喊了的——「救救孩子！」』該散文集文風平實却思想深邃，字裏行間描繪出磅礴的社會圖景，且考證與見證結合，相得益彰。（陳妍晶）

鷄足朝山記

費孝通著　民國三十二年（一九四三）生活導報社鉛印本　國家圖書館藏書

費孝通簡介見前《禄村農田》提要。該書爲『生活導報文叢』之一，後被收入《費孝通全集》第三卷。屬立目式專題游記。大體按其大理、賓川之行，依次分爲『洱海船底的黄昏』『「入山迷路」』『金頂香火』『靈鷲花底』『捨身前的一餐』『長命鷄』『桃園小劫』七目。内容并不重在地方見聞和歷史考據，而以優美、輕鬆乃至幽默的筆調，書寫自己考察鷄山佛寺的真實感覺和睿智思考。

例如《捨身前的一餐》，面對華首門、捨身崖，作者從人類學和經濟學角度，對鷄足山古老的民間傳説進行了全新的點評。傳説釋迦牟尼的大弟子伽葉謹遵師命，在此等待真誠完人，使其乘釋迦牟尼所傳袈裟升天。一日，有兩個歷盡千辛萬苦且衹剩一丁點糧食的和尚來到此地，準備飯後繼續『入山覓渡西天』。這時又來了一個更加飢餓、垂死挣扎的老人，請求他倆以慈悲爲懷，給一點吃的，以利他『覓渡西天』。面對老人的請求，兩個和尚先是『不作聲』，後來又拒絶了老人絶望的請求，兩人『相對地摇了摇頭。比雪還冷，比冰還堅的心腸，使他們能堅定地守着經濟打算中最合理的結論』。殊不知老人正是伽葉大師的化身，他點開了升天的石門，『向這兩個驚住了的和尚點了點頭，退入石門，門又閉上』。兩個悔恨絶望的和尚衹好縱身跳下了百丈深淵。作者告訴我們，好高騖遠的凡人是很難逾越『經濟打算中最合理的結論』的，所以，釋迦牟尼留給伽葉渡人升天的袈裟，也許會永遠『無用地閑着』。

再如《長命鷄》，作者記石鐘山附近一位老媪將一隻雄鷄在山巔上放生，『這是鄉下人許下的願』，所以叫作長命鷄。作者認爲，這隻鷄雖然『從此不必再仰人鼻息，待人宰割了』，但鷄足山上，『并没有看見有着長命鷄在野草裏傲然獨步，……遠處傳來的衹是狼嚎』。作者指出，既然鷄的命運注定是『喂人或喂狼』，那麽，所謂『放生』小動物，不過是一種虚僞無用的宗教儀式。『既做了鷄，即使有慈悲想送你回原野，也不會長命的罷？』作者又發人深省地寫道：

> 長命鷄，長命鷄！人家儘管給你這樣的美名，你自己該明白，名目改變不了你殘酷的定命。我很想可憐你，你付了這樣大的代價來維持你被宰割前的一段生命。可是我轉念，我該可憐的豈衹是你呢？

全面抗戰時期，不少教育界、文化界名人避寇來滇，這對於雲南和他們都是一種難得的機緣。一方面，原本落後的雲南，意外得到衆多一流學人的『耳提面命』，其影響自不可低估；另一方面，雲南人民不但爲中國呵護了珍貴的文化火種，而且，還以其獨特的自然環境和人文歷史，爲來滇的學者拓開了不少新奇的研究領域，使之取得了不少新的科研成就。因此，我們應格外重視這些著作，因爲它們對於研究避寇來滇的學人的學術活動以及雲南歷史文化，皆具有獨特的參考價值。

（朱端强）

滇南散記

馬子華著　民國三十五年（一九四六）新雲南叢書社鉛印本　國家圖書館藏書

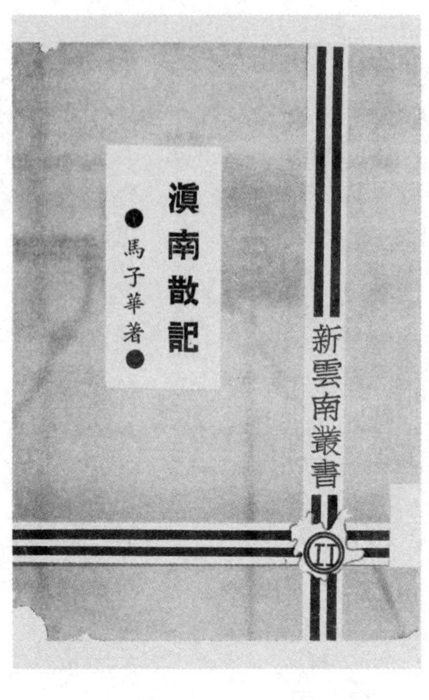

馬子華簡介見前《坍塌的古城》提要。一九四三年，馬子華以『政務督導員』身份，沿滇南、滇西南考察，經過箇舊、元江、墨江、思茅、瀾滄、滄源、耿馬、西盟等地，歷時八個月。回到昆明後，他陸續發表紀實散文二十篇，涉及漢族、哈尼族、彝族、拉祜族、佤族、『棚子客』（據説是吉卜賽人的後裔），集成《滇南散記》。

該書爲『新雲南叢書』之二。書前有李培天《新雲南叢書序》、侯曙蒼《新雲南叢書緣起》。作者在一九四六年夏寫的『前記』中説：『這些篇什并不是虚構的小説，因爲它幾乎是耳聞目睹的事實。』這些事實就是當時雲南邊地的現實。《三道紅》寫了當背貨苦力（被稱爲『高脚騾子』）的健美彝族少女的受辱、被殺，《花酒》寫了純情的拉祜族弃婦的無助，《委員！委員！》刻畫了貪官污吏的濊憨、卑鄙，《鬻歌者》描寫天灾人禍逼迫下四處流浪的『河外人』（棚子客）挣扎在死亡綫上的情景，《血手》揭露了土司殘殺佤族莊户的血淋淋的事實。作者在哀憫人民受壓迫、剥削、侮辱的同時，在《廠哥》中也寫了砂丁的自發反抗。

由於作者有較深入的生活體驗，對邊地民生問題有深刻的理解，有較正確的指導思想，也由於本書『是用形象的、生動的語言寫的「史料」』，『有能够引起讀者欣賞趣味的散文的詩意』，所以它成爲馬子華創作的另一座高峰。雲南人民出版社一九八三年、二〇〇二年、二〇一五年曾多次再版過該書。（王國祥）

（八）楹聯

介庵楹句正續合鈔二卷

趙藩撰，陳迪光、周鍾嶽、趙式銘輯録　民國十四年（一九二五）鉛印本　雲南省圖書館藏書

趙藩（一八五一—一九二七），字樾村，一字介庵，别號蟠仙，晚號石禪老人，白族，雲南劍川人。清舉人。歷任雲南易門縣學訓導、四川酉陽知州、四川署鹽茶道兼綜理通省厘金、四川永寧道尹等職。辛亥革命時在大理，被推爲迤西自治機關總部總理，旋調任騰永巡按使兼迤西道尹，與李根源一同安定迤西各地，後被選爲衆議院議員。一九一六年，參加護國運動，任雲南全省團保局總辦。護法運動時期，任廣州軍政府交通部部長。一九二〇年回滇，任雲南省圖書館館長，

創議輯刻《雲南叢書》，任總理。工詩文，善書法，著有《向湖村舍詩文集》《小鷗波館詞鈔》《麗郡詩文徵》《雲南咸同兵事記》《岑襄勤公年譜》《劍川縣志》等。

陳迪光，四川酉陽（今屬重慶市）人，是趙藩在四川爲官時的弟子。據趙静莊先生《趙藩年譜》載，『光緒二十九年（一九〇三），趙藩弟子陳迪光注意抄存趙藩聯語，與周鍾嶽等合編爲《介庵楹句正續合鈔》』。其餘生平事迹不詳。

周鍾嶽簡介見前《公務人員應有之修養》提要。趙式銘簡介見前《雲南方言總考》提要。

本書扉頁由著名書法家鄧爾疋題寫書名，次爲蔡守、鄧爾雅題詞。趙藩所撰書成都武侯祠對聯聞名天下。其楹聯之作甚多，除自編《向湖村舍雜著·楹句》之外，其弟子酉陽陳迪光先於清光緒二十一年（一八九五）左右輯成《介庵楹句輯鈔》，稱此年之前的作品『不概見』。光緒二十九年，又加入趙藩同鄉弟子周鍾嶽所輯光緒二十一年之前的作品，初印行於江陽（今屬四川瀘州市）。民國九年（一九二〇）左右，趙藩同鄉弟子趙式銘又輯成《介庵楹句續鈔》，主要録其師『退居林下之作』。民國十四年（一九二五），陳迪光、周鍾嶽和趙式銘三位弟子，再將其正、續二種合爲此本，是爲趙藩楹聯作品最全之書。

首序爲陳迪光於光緒二十九年（一九〇三）所作，記述其光緒二十一年在四川師從趙藩，并先後收存、初印其楹聯情況。次序爲趙式銘所作，署『庚申（一九二〇）仲夏門人劍川趙式銘跋甫謹序於軍政府交通部之綜核司』。論其師之楹聯曰：『深者極奥衍，淺者極軒豁，高者極典重，雅者極千眠。聲不一調，體不一格，惟意所適，無施不可。平生足迹所經，……欲得一言爲山林生色；……投贈之作，别後哀挽之詞，慷慨激越，一時傳誦人口。而洛陽名園，錦城甲第，其主人不惜千金上壽，舉酒屬題者，又未易一二數。』

全書起自『劍川向湖村趙氏宗祠』楹聯，終於『丁巳冬畢節軍次集韓昌黎句』，包括名勝古迹、寺觀會館、書院室齋之楹聯，以及挽聯、壽聯、用於參考的集聯語等。如，劍川金華書院聯曰：『金玉其躬，得門而入；華藻之筆，載道乃尊。』酉陽直隸州署聯之一曰：『焚香告天，苟妄索案中一錢陰譴重矣；設身處地，敢不爲堂下百姓平情理之。』楊林蘭芷庵先生祠聯曰：『樂志審行藏，所學原自聖賢中出；遺書誤依托，其人當於文字外求。』又如，挽蔡鍔聯曰：『身備經險阻艱難，秉鉞功成，人格争回大中國；志不在勢位富厚，蓋棺定論，衆心崇拜古英雄。』挽李坤聯曰：『邈矣通眉長爪人，春酒開筵袛兩回浮白；甚於斷臂掏胸痛，《叢書》堆案將何日殺青？』（朱端强）

卧雪堂聯語

袁嘉穀著，孫樂編　民國三十二年（一九四三）鉛印本　雲南省圖書館藏書

袁嘉穀簡介見前《卧雪詩話》提要。孫樂（一九〇五—一九七一），字樂齋，號佛海居士，雲南元江人。年幼即入私塾，飽讀經史，年輕時師從袁嘉穀、陳度，畢業於東陸大學。晚年遁入佛門。中華人民共和國成立後，曾任中國佛教協會理事、雲南省佛教協會副會長、雲南省政協委員、雲南省文史研究館館員等職，爲雲南的文史事業和佛教事業做了諸多有益的工作。主要著述有《佛海集》《佛海續集》《南詔佛教考略》《滇釋詩鈔》等。其詩作曾與袁嘉穀、陳度的作品一起被合編爲《湖月集》《湖月續集》。

該書封面由袁嘉穀之子袁丕佑題寫書名，卷前有袁嘉穀自序，卷末載孫樂跋。書中每葉均有雲南省圖書館前身雲南省立志舟圖書館藏印。袁嘉穀在自序中闡述了集結聯語的初衷和創作過程，稱：『戊秋，小病，卧枕温書，昏昏如舊矣。憶良朋弢老言：「聯語雖小道，我輩亦嘔心夥矣，盍存諸。」夫我輩礪文六十年，雖小道未必成，成未必傳，雖然，傳不傳勿論，存之。存之有天地萬物之助我，而我權自若者，舒我筆，伸我指，獲一粗紙册，且憶且録。鮮于樞云「下筆神速如風雨」，今我卧書，乃上筆也。殆尤奇歟，特速而不神爾。一二時中畢數十葉，家人侍帳外頗疑怪，無呻吟必有窸窣聲，昏昏乎，明明乎。書既成，病亦遂已。』

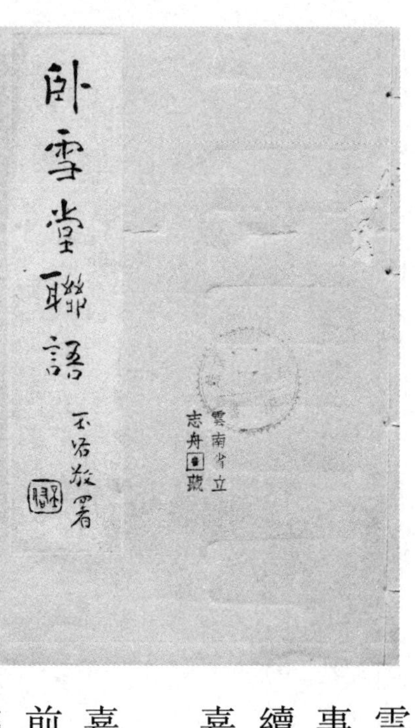

全書收録袁嘉穀聯語凡一百四十八則，内容有爲雲南、北京、浙江的亭臺樓舍所撰聯語，如《曇華寺》云：『三竺我歸來，片石猶留山外寺；六塵人悟否，夕陽空映水中花。』有親友間來往唱酬，如《贈臞仙》題：『戀母甘於宦途遠，愛鄉喜與古人親。』有爲親朋故舊賀壽、賀喬遷聯，如《壽孫蹋庵九十》曰：『百年曰期頤天錫純嘏，一國之善士人無閑言。』有挽聯，如《挽陳虚齋師》：『文苑進儒林，經史之餘，飛白亦堪爲世範；叢書付吾黨，天日在上，殺青期以慰師心。』

另有經史考究類聯語，諸如《集蘭亭》《集老子》《集滇中金石文》等。

孫樂在跋中盛贊：『吾師屏山先生性情真摯，學問淵邃，融漢宋，鑄經史，發爲文，咏爲詩，能以性情感人。』他陳述此書是袁嘉穀去世後，爲紀念老師而編印，『所撰聯語記於甲戌（一九三四），去師歸道山於今六載。原稿手訂憶録，病中復爲編次，略有增輯。聯語雖小道，顧六十年嘔心之作，文辭工雅，意味雋永』。此書可謂『握經籍役萬物，題贈往復，卓見性情，真上筆也』。（陳妍晶）

師齋楹聯

方樹梅輯　民國稿本　雲南省圖書館藏書

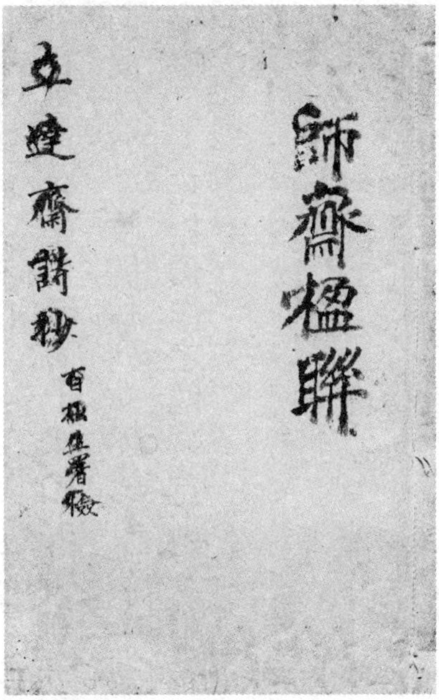

方樹梅簡介見前《學山樓文集》提要。本書用『一本萬利』朱絲欄稿紙手書，收録輯者及其友人如宋嘉俊、王燦、錢平階等所撰楹聯，大多用於方氏故居及晉寧縣文化單位等處所，亦有少數挽聯等。如方樹梅自撰住宅大門聯曰：『懶閉荆扉俗客少，愛藏書畫遺民多。』方氏祠堂聯曰：『梅花萬樹栽三徑，學士七峰擁一樓。』方樹梅撰晉寧文獻委員會聯曰：『晉乘又新修，筆則筆，削則削；鄉賢彌景仰，步亦步，趨亦趨。』又如宋嘉俊贈方氏『學山樓』聯曰：『爲學如爲山，面對七峰獨能閉户潛修，無虧一簣；藏書若藏寶，胸羅萬卷早有等身名著，留播千秋。』再如方樹梅挽陳榮昌聯曰：『問西山蕨薇，經滄海桑田幾人去采？纂南滇碑傳，收儒林列女拯集有光。』卷末附抄《劉焕雲像贊》和《王母周孺人像贊》及張愚若和宋鏡澄二人互相預作之挽聯若干，説明此稿屬於未加修訂之草本也。（朱端强）

滇聯叢録四卷

方樹梅輯　一九五一年油印本　國家圖書館藏書

方樹梅簡介見前《學山樓文集》提要。本書自序作於一九五一年，當時輯者在省政府文物保管委員會工作。自序稱過去編輯《雲南叢書》時未將楹聯收入，今就資料輯得雲南楹聯三百多副，按作者分爲『滇賢』『滇宦』和『佚名』三種情况選編，時間起自明代，終於近代，是現存内容最豐富、作者最多的雲南楹聯類著作，且絶大多數爲懸掛於名勝古迹、寺廟樓宇、會館書齋等處的對聯以及挽聯，而非輯自古體詩的『聯句』。兩者的區别在於，前者具有很强的針對性和文物價值，往往獨具哲理和情趣；而後者是從某詩中剥離出來，不過用其對仗而已，并不具有文物價值。

全書録明代王元翰、許鎡、陶珽、釋普荷等，清代王思訓、劉大紳、師範等，近代趙藩、李根源、劉文典、周鍾嶽、由雲龍等所撰聯語。其中大多屬於名勝古迹、寺廟樓宇、會館書齋等處的對聯，且今天已不得再見原聯了。如，所録釋普荷爲鷄足山各寺撰聯甚多，格調高遠，雋永瀟灑。禪門聯曰：『雙眼難瞞，到處花開花落；一絲不亂，任他雲去雲來。』録張漢撰書室聯：『書不讀古人糟粕，志在掃濁世秕糠。』又廳堂聯：『無富色，無貴色，無文章色，方成士品；有書聲，有機聲，有小兒聲，纔是人家。』録師範題望江青林寺彌勒殿聯：『一肚皮不合時宜，問尊者如何消納？滿面孔無非和氣，請衆生各去思量。』録周鍾嶽題省政府客廳聯：『廣益集思，願諸君其勤攻吾闕；奉公潔白，無一事不可對人言。』録王燦題西山華亭寺聯：『收起閑愁，且聽大海潮音與竹韵松聲互答；涵來妙相，試看中天日影映山光水色皆空。』這些名聯不僅具有獨特的文學價值，而且對於雲南名勝古迹遺址的重建也有一定的實用價值。

（朱端强）

（九）民間文學

阿細的先鷄：雲南夷族長詩

光未然寫定　民國三十四年（一九四五）北門出版社鉛印本　國家圖書館藏書

阿細的先鷄
雲南夷族長詩
光未然寫定

光未然（一九一三—二〇〇二），原名張光年，湖北老河口人。一九二九年加入中國共産黨，一九三一年入武昌中華大學中文系，一九三三年任秋聲劇社社長。全面抗戰時期，積極從事抗日活動。抗戰勝利後，到北平編輯《民主周報》北平版。一九四九年以後，主編《劇本》月刊。一九七九年以後，任《人民文學》主編、中國作協副主席。

《阿細的先鷄》是光未然一九四三年到一九四四年整理的彝族長篇叙事史詩。據書前『提要』介紹，阿細是雲南彝族的一個支系，散居在路南、彌勒、陸良一帶的高山峻嶺中。『先鷄』（也作『先基』）是阿細語的音譯，意即歌曲，當地漢人譯爲『先鷄』。《阿細的先鷄》是千百年來流傳在阿細部落中的一部瑰麗的長詩，是對阿細部落的神話傳説、男女戀情以及他們的社會生活、民族風俗的忠實而準確的記録。經過該書作者長期的研究和整理，這一部在祖國的荒山邊野中埋藏了千百年的寶藏，纔第一次有了漢文的寫本。

該書是中國少數民族民間文學的經典代表作。全詩分兩部分：第一部分包括『序詩』『創世紀』『開荒記』『洪水記』，叙述天地萬物的起源和人類早期的生活習俗；第二部分含『談情記』『成家記』，記叙阿細人獨特的婚姻和風俗習慣。先鷄的材料很多，不同的地方、不同的歌手唱的，都有一定差异。用先鷄調唱的傳統詩歌，内容基本上是固定的、系統的，它構成了一部完整的叙事長詩，反映了阿細人民的幻想與希望、歡樂與痛苦。此外，阿細人民還運用先鷄調唱出了許多歌頌革命鬥争和社會主義建設的詩歌。一九五八年，雲南民族民間文學紅河調查隊對該詩做了全面系統的調查搜集和翻譯整理，一九五九年出版時更名爲《阿細的先基》。目前能全面掌握《阿細的先基》演唱的人寥寥無幾，且年事已高，傳承後繼無人，亟待保護。（劉聰）

西南采風録

劉兆吉編　民國三十五年（一九四六）商務印書館鉛印本　國家圖書館藏書

劉兆吉（一九一三—二〇〇一），山東青州人。一九三九年西南聯大畢業，心理學家。曾任重慶大學、西南師範學院（今西南大學）副教授、教授等職。

該書爲二十世紀三十年代末編者在西南地區所采集的歌謡，最早於一九四六年十二月由上海商務印書館出版，此後多次在國内外再版。

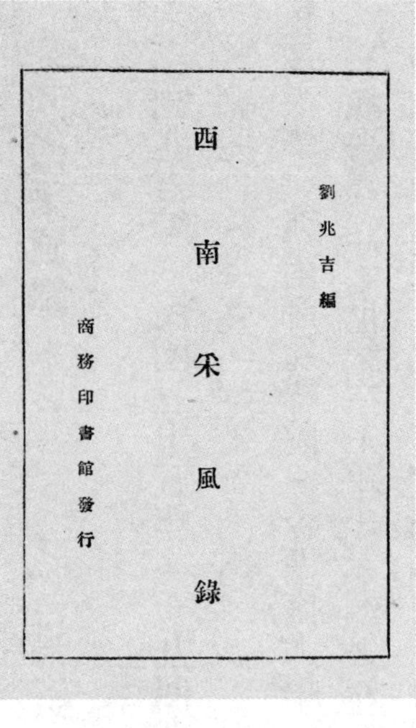

一九三八年全面抗戰爆發初期，作者參加西南聯大湘黔滇旅行團，在從長沙步行到昆明的三千五百里行程中，沿途深入少數民族地區各村寨收集各類山歌兩千多首，後在整理選擇的基礎上編成該書。該書由朱自清、黄鈺生、聞一多分别作序，予以高度評價；并有編者寫的弁言和《西南采風的經過》，介紹説明西南采風的緣起和過程；還有編者所著《歌謡區域的方音與國音之比較》，從語音上指出民歌中表現的各地方音聲母、韵母與國語讀音的差异，以便讀者更好地欣賞和理解民歌的内容和韵律。書末有總結和附録《苗歌》。該書正文收湖南、貴州、雲南各地民間歌謡七百七十一首，分六部分，情歌六百四十首、童謡三十五首、抗日歌謡二十首、采茶歌四首、民怨十三首、雜類五十九首，每部分開頭都有簡要的内容解釋和理論闡述，每首歌謡都標有采集地點，有些歌謡附有説明或小注，反映了二十世紀三十年代中國西南地區社會的歷史面貌和風土人情。其中，抗日歌謡表現了西南各族人民强烈的抗日情緒和愛國熱忱；民怨部分抨擊和控訴了敲詐壓迫現象；雜類内容較爲廣泛駁雜，其中夾雜一些宗教性的歌謡。

朱自清序言中强調該書『是一本有意義的民俗的記録』。黄鈺生序言中也指出該書『是一宗有用的文獻。語言學者，可以研究方音；社會學者，可以研究文化；文學家可以研究民歌的格局和情調』。可以説，該書爲社會學、民俗學、語言學等多方面的學術研究提供了不少材料。（田青）

僰民唱詞集

張鏡秋譯注　民國三十五年（一九四六）國立雲南大學西南文化研究室鉛印本　國家圖書館藏書

西南研究叢書之七
張鏡秋譯註
僰民唱詞集
國立雲南大學西南文化研究室印行

張鏡秋（一九〇三—一九九八），字炯鑒，雲南昆明人。世界語學者和翻譯家。昆明縣立師範學校畢業，考入東陸大學（雲南大學前身）第一班文史哲學系。曾任昆明省立三中教員。一九三八年爲中華全國文藝界抗敵協會通俗文藝運動委員會主席。一九四〇年歲杪赴佛海（今勐海），任督學、縣府秘書、簡易師範學校教員。一九四三年回到昆明。曾爲昆明中醫師公會秘書、雲南中醫門診所醫師。在昆明創辦《雲南世界語運動周刊》，從事世界語的推廣運動。他除翻譯世界語文學作品外，還翻譯有傣族詩歌《天王松帕敏奇遇》《土司小姐戀愛史詞譯》，著有《邊荒》《滇西南邊政建設三議》《令聞館邊疆論叢》《自修適用僰語文津梁》，其中《邊荒》由正中書局出版，其餘均未刊印。一九八二年，受聘爲雲南省文史研究館館員。

張鏡秋在佛海四年，苦學傣仂文，所翻譯的傣族民間詩歌收於《僰民唱詞集》，作爲『西南研究叢書』之七，由雲南大學西南文化研究室印行。內收唱詞四種，計有：長篇敘事詩《天王松帕敏奇遇唱詞譯》、抒情詩《香赧（寶石）小姐的戀歌》、風俗詩《伊臘訶歌》《打洛土司小賧前夕夜宴歡唱三首》，別附《打洛土司小賧緬寺觀禮記》《貝葉梵文佛典（七星經）（小鷄星）譯》《葩宮山頭采風録》。徐嘉瑞在序中説：『鏡秋貧甚，易衣而出，并日而食。學習梵文，足藺荒山采訪民間歌謠，……得之亦非易也。』該書之可貴處，不僅裒集了别開生面的傣族詩歌，而且寫了大量的注釋。注釋非限於詞語，還介紹了有關的民俗、宗教、民族、歷史知識，探討了傣族詩歌的特點、作品來源、傣族文學與漢文學的比較等。應當説，這些已經是評論和研究了。該書是傣仂詩歌的第一部漢文譯本，爲雲南民間文藝史的重要資料，至今對於研究傣族文學仍有參考價值。

（王國祥）

康藏滇邊歌謠集

劉家駒編譯　民國三十七年（一九四八）知止山房鉛印本　國家圖書館藏書

劉家駒（一九〇〇—一九七七），藏名格桑群覺。藏族文化名人。長期擔任九世班禪高級隨員和翻譯，曾任南京國民政府西陲宣化署秘書長、中央大學邊政系講師。中華人民共和國成立後，在西康省藏族自治區人民政府任翻譯工作，參加了第一届全國人民代表大會第一次會議和第一部憲法的翻譯工作，曾任四川省政協委員、四川省民族事務委員會參事。劉家駒一生致力於藏族文化的宣傳和研究工作，先後著有《西藏政教史略》《藏事紀要》《西藏外交獨立的失敗》《松贊干布與西藏法律之源流》《清末以來帝國主義在四川、康藏各地的經濟、文化侵略》等論著，并整理編

著、編譯了《班禪大師全集》《西藏情歌》《康藏滇邊歌謠集》《康藏童謠集》《西藏民歌研究》《再談西藏民歌的研究》等作品，其對藏族民歌的研究在世界藏族文化研究中享有盛譽。

該書是編譯者繼《西藏情歌》後的又一民歌專著。封面由顧頡剛題簽。張征東序云，該書與同類書刊所不同的地方有兩點：一爲『譯述真實』，二爲『內容豐富』。該書在編譯時務求真實，翻譯成漢語後，又將藏語歌詞用漢語注音附後，保留了康藏歌謠的原始韵律；內容上不加任何烘托，最大程度地保留了歌謠的原有風韵。

全書分爲六編，收録山歌三十首、鍋莊十二首、弦子一百六十首、雜曲五首、滇邊山歌數百首、歌譜十二首。這些民歌『情而不淫，哀而不傷，莊諧備至，雅俗共賞』，質樸地反映了康藏邊民的風俗、生活和情感。其中有表達親情的，如『我弟弟是山頭的牧童，見白羊想起了弟弟』，『衣襟總被山頭壓，不是石頭是娘親』；有歌頌大自然的，如『狂濤！請止着你的怒吼，讓我聽聽她的嬌聲。高峰！請散去你的濃霧，讓我看看她的麗容』；有表現富饒物産的，如『雜隅滿康結塘三，雜隅地方出産好，白羊五千五百頭，織成毛布穿不愁。滿康地方出産好，奶牛五千五百頭，奶子酥油吃不愁。中甸地方出産好，馬兒五千五百頭，賽走賽跑賽不愁』；有體現民族風情的，如『我雖不是拉薩人，梭牙，拉薩裝飾我知道，拉薩裝飾要我講，梭牙，巴珠珍冠頭上罩』，『我雖不是巴塘人，梭牙，巴塘裝飾我知道，巴塘裝飾要我講，梭牙，銀絲纏髮額前飄』，『我雖不是鹽井人，梭牙，鹽井裝飾我知道，鹽井裝飾要我講，梭牙，頭包風帕腰懸刀』。

編譯者不僅把各種歌謡進行了分類編輯翻譯，還通過作注的方式對相關風俗文化進行了介紹、解釋和考證。如對『大路上熙來攘往的客人，滿羡岩頭的曲魯』，編譯者注：『曲魯，草名，生於岩間，葉厚而圓，味甚酸，可入藥。』對『我雖不是巴塘人，梭牙，巴塘裝飾我知道，巴塘裝飾要我講，梭牙，銀絲纏髮額前飄』，編譯者注：『今西康巴安縣，婦女辮端各繫銀絲所纏藍色絲鬚一對，長約一尺，連辮挽於頭上，銀鬚必置額端。』對『中甸地方出産好，馬兒五千五百頭，賽走賽跑賽不愁』，編譯者注：『查此地目下産馬有限。』這些對於我們瞭解和研究康藏滇民俗有很高的參考價值。（辛玲）

玉龍舊話

趙銀棠編著　民國三十七年（一九四八）鉛印本　國家圖書館藏書

趙銀棠（一九〇四—一九九三），字玉生，納西族，雲南麗江人。幼受其母庭訓，熟讀詩文。一九二〇年畢業於麗江縣女子研習班，一九二九年入昆華女子高等師範班學習，同年秋考入東陸大學文史系，爲納西族第一位女大學生、中國作協雲南分會第一批會員。曾任麗江中學、鶴慶中學教員，麗江婦女會理事長。自二十世紀三十年代開始，她搜集、整理、翻譯了大量納西族東巴經文獻，是發掘和翻譯納西東巴經文獻的開創者。著有《納西族青年的殉情悲劇及其時代背景》《石

玉龍舊話

趙銀棠著

牌坊的故事》《九十年歷程》《納西族詩選》等作品，并在報刊上發表詩歌、散文、札記和評論多篇。

全書分十四個部分，對納西族的歷史淵源、神話傳説、文學藝術和麗江地區的風物名勝等進行了介紹。『「摩挲」民族』對納西族在歷史文獻中的記載進行了梳理；『多巴神話』『「摩挲」民歌』收録整理了許多經典的東巴故事和納西族民歌；『古代的麗江「摩挲」與土酋』『麗江木氏極盛時代』『改流前後的宰官及其教化』『對麗江納西族的歷史發展軌迹進行了闡述；『興學後初期的玉龍山文獻』『清末到現在的麗江文化』『有貢獻於本地教育的過去師資』『麗江古文化表解』『前人題咏選』收録了麗江有代表性的地方文獻和文化名人事迹；『麗江名勝及邊關』『麗江喇嘛寺』對麗江地區的風景名勝進行了介紹；『附録』則收録了作者自己的一些詩詞，并記載了此書出版的經過。

是書構思於一九四二年，一九四八年完成，趙銀棠在親友資助下自費刊行千餘册。該書問世後即受到了當時雲南文學界、史學界的普遍關注，被稱爲『邊地文學璀璨的奇葩』。在當時的動亂歲月，作者衝破世俗羈縻，風餐露宿行走於邊地，博采風情，考察文化，得到了世人的欽佩。《玉龍舊話》也爲民族文化的發揚光大作出了重大貢獻，成爲納西族女作家的豐碑。（錢秉毅）

滇諺（附歌謠、謎語）

秦光玉輯　民國稿本　雲南省圖書館藏書

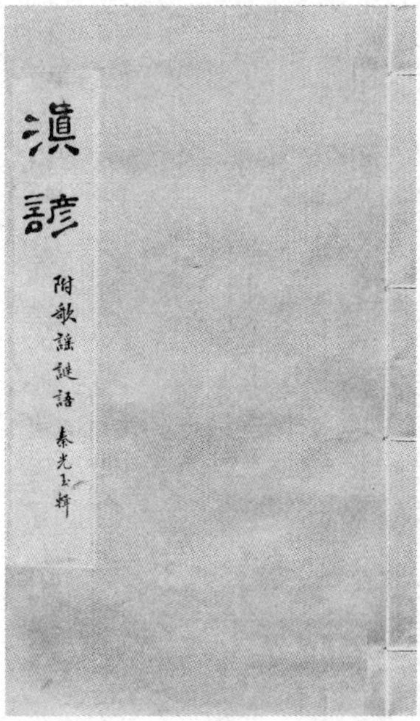

秦光玉簡介見前《明體達用》提要。本書用朱絲欄稿紙以墨筆寫成，輯録以昆明地區爲主的雲南民間諺語、俗語、格言、童謠、歇後語、謎語等。天頭另用鉛筆分注每條之分類意嚮，如『世故』『家常』『童謠』『勸學』『衛生』『修德』『交友』等，亦有注『刪』字者。内容尚有重複，且有的諺俗之語也并不僅聞於雲南，應屬初輯、修訂之稿。

全稿分條陳列，間附注釋之語。如『若要小兒安，常帶三分饑和寒』條，下注曰：『饑思食，寒思衣，人之常情也。然衣過暖，則易感冒；食過飽，則難消化，又人所最易犯者。此條謂「常帶三分饑和寒」，蓋防病於未然者也。不惟小兒如此，成人亦當如此。』再如『少吃多滋味，多吃打瞌睡』條，下注曰：『此即《論語·鄉黨》篇孔子不多食之意。蓋多食過飽，則悶而思卧矣。傷身害德，廢時荒業，切宜戒之！』同屬此類保健性質的滇諺還有『越吃越饞，越閑越懶』；『好吃不過茶泡飯，好看不過素打扮』；『吃藥不忌嘴，跑斷太醫腿』，等等。又如『肥不過雨，大不過理』條，下注曰：『人之所以能超然於萬物者，理而已矣。蓋人爲有理性的動物，故無論對於一己，對於家族，對於社會，對於國家，對於世界，皆以公理爲標準。「大不過理」，誠有味乎，其言之也！』同屬此類具有普適價值的滇諺還有『行行出狀元，行行出化元（乞丐）』；『膠多不粘，話多不甜』；『吃人嘴短，接人手短』；『父母養我小，我養父母老』；『好狗不咬鷄，好漢不打妻』；『吃不窮，穿不窮，不會打算一生窮』；等等。

地方諺俗之語，有助於瞭解和研究該地之生活狀態、民俗風情和語言特點等，且作爲人類深層文化結構之一，其變化較慢。因此，《滇諺》一稿的諸多内容，對於研究雲南方言、習俗具有一定的學術價值，在當下仍具有積極的教育意義。（朱端强）

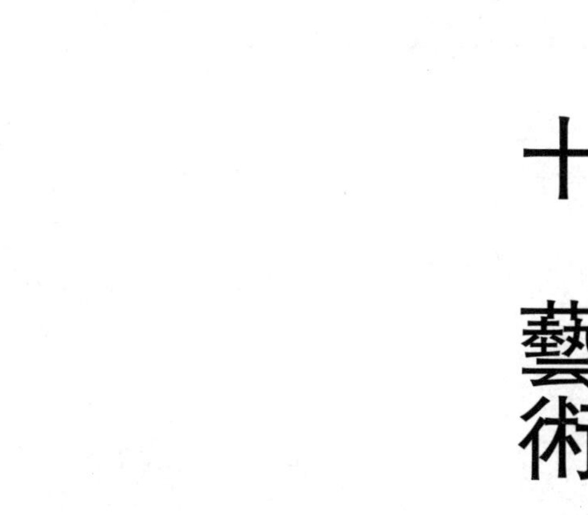

十 藝術

（一）總録

革命與藝術

柯仲平著　民國十八年（一九二九）狂飆出版部鉛印本　國家圖書館藏書

革命與藝術

柯仲平著

柯仲平簡介見前《海夜歌聲》提要。該書是作者受西安學聯的邀請，在暑期講習會上的講演稿，這是他最早的一部文藝論著。全書共分八講，依次爲《人類的生活》《革命》《藝術》《革命與藝術果有密切的關係否？》《立在革命觀點上批評藝術與立在革命以外的觀點上批評藝術》《藝術與革命宣傳》《怎樣纔能實現革命藝術？》《人類追求着的至高生活》。該書記録了作者的文藝觀點、對革命與藝術關係的理解，以及他對自己創作的批評和思考。他提出『藝術不能離開作者所生活的那個時代，藝術家要抓住那個時代的生命而表現』的觀點，也是他一生都在踐行的文藝觀。他在書裏説：『當經濟發展到某種程度，這時候的社會特別現出不安與混亂，就是説這時候的社會組織，已經不適於此種經濟的發展了，於是要有一種力量生出來，破壞這時候的社會組織，而使經濟又得到從新的發展，這一種行動就叫做革命底的行動，總言之：就叫做革命。』從這一觀點出發，他看到工農勞苦大衆的偉大力量，他説：『越受經濟壓迫，血汗越被别人榨取的，他們的革命力就越大，他們本身是革命的主力軍。能够覺悟起來，團結起來作戰，那最後勝利總是他們的。』

該書中能够生動地概括作者演講思想的，是作者的一個著名比喻，他把革命與藝術的關係形象地比喻爲牛郎和織女，要『在人間爲他們造一座美麗的花橋』，建立革命和藝術的密切聯繫。這一形象的比喻成爲作者畢生追求的奮鬥目標，即革命時代的藝術『在不斷地表彰着革命的偉大，歌頌革命民衆，歌頌犧牲的、忠實的、毫不自私的革命領袖』，作者也用他的一生踐行了這個文藝理論。

書中不少觀點和提法，在當時的中國文壇都是罕見的，如『藝術能使革命力向更深更偉大的去處猛進』，『革命與藝術相互地反映，相互地批評，相互地突進，相互地完成』等等。這些對當今社會仍有着重要的啓示和意義。（劉聰）

解放前夕雲南藝術輯略

何小泉撰　鈔本　國家圖書館藏書

何小泉（一八八六—一九六四），原名何秉智，字筱泉，一作小泉，後以字行，雲南昆明人。京師大學堂（後更名爲北京大學）畢業，歷任雲南省立圖書館館員、通志館編輯員，輯刻《雲南叢書》處編審員、省政府秘書、内政部主任秘書等職。著有《滇事拾遺》《解放前夕雲南藝術輯略》

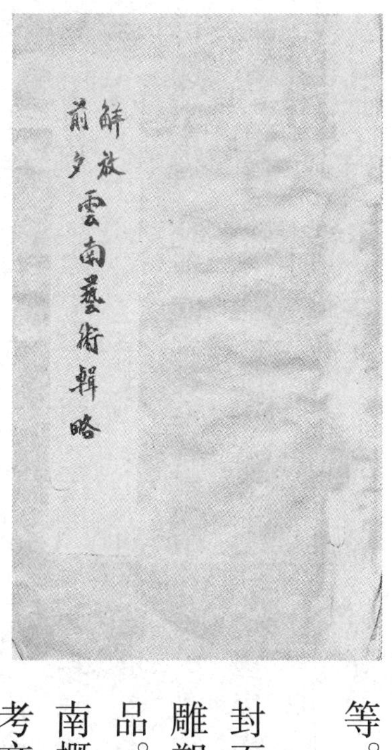

等。一九五四年，受聘爲雲南省文史研究館館員。

此書爲鈔本，行楷，抄録時間、地點不詳，一卷。封面後即爲正文，正文分作九類，分别爲書畫、音樂、雕塑、建築、刺繡、技擊、弈棋、算術及各地特色工藝品。據卷端注釋，可知是書最初的部分書稿曾刊載於《雲南概覽》，之後隨時整理，增補删改，勉成此篇。末録參考文獻三十餘種，可供後人索驥研究。（白忠俊）

（二）書畫、篆刻

滇南名勝圖

趙鶴清著　民國四年（一九一五）雲南圖書館石印本　國家圖書館藏書

趙鶴清（一八六五—一九五四），字松泉，雲南姚安人。著名畫家。早年曾隨父宦游國内外，清光緒二十三年（一八九七）中舉，後因科舉廢除，被檢派到北京八旗高等學堂任美術教員。辛

亥革命後回滇，先後任他郎廳（今墨江縣）長官、瀾滄縣縣長等職。他自幼熱愛書畫藝術，一生不停繪事，畫作兼具中西技法。一九一五年，其美術作品和工藝品曾榮獲巴拿馬萬國博覽會一等獎和金質獎章。

此書共六册，總書名由唐繼堯題寫，每册之書名又分由袁嘉穀、李坤等題寫。卷首依次爲由雲龍、覃寶珩等所撰序文，并有袁嘉穀等題詞。所有序文、題詞皆分由各位作者手書，堪稱精美，足證該《圖》深得學界推重。例言稱：『是書作者足迹遍三迤，風景多所親歷，廬山面目未必全非，惟取景之地點不同。』又説：『圖中取景各有不同。有用具體的而取全景者，有用抽象的而取一部分者，有數景互見一物者，有一景分作數圖者。并非體例不嚴，實命意別有所在，參觀説明自然瞭解。』又特別言及中西畫法和該書之技法曰：『中國畫法有筆有墨，尤注重布景，惟理法則古多忽略，故遠人大於近屋，遠水高於近山，其弊恒有。泰西畫法則陰陽异色，遠近异形，每一披閲，如置身其中。惟無筆墨之可尋與局勢之布置，故賞鑒家不無缺憾。兹《圖》以中國之筆墨，參泰西之法理，取長弃短，庶幾雅俗共賞焉。』該書用毛筆繪寫雲南著名自然山水、歷史遺迹、寺觀廟宇、名人墓碣、古本植物等，共計一百七十八圖。在直觀寫生的基礎上，再重新創作，或濃縮其全景，或突出其細部，每圖之後，立説明簡介所繪者之特色、歷史沿革等。第一册至第三册爲昆明及滇中地區名勝，第四册爲大理、楚雄、保山、騰衝等地區名勝，第五册爲臨滄、麗江、中甸等地區名勝，第六册爲廣南、思茅、瀾滄、墨江、元江等地區名勝。

由於作者繪寫於民國初年，其親見諸多名勝古迹，如昆明大南城樓、陳圓圓梳妝臺、錢南園祠等今已不存，故該書兼具藝術和史料價值。（朱端强）

滇南書畫集：明安寧楊文襄公與鎮江太守滕危言五札墨迹册子

雲南圖書博物館編輯　民國十三年（一九二四）雲南圖書博物館影印本　國家圖書館藏書

明安寧楊文襄公與鎮江太守滕危言五札墨蹟册子　石禪老人題檢

本書由陳榮昌題寫總書名。此《集》（册）首爲趙藩撰書其序，文稱『《滇南書畫集》二十卷，凡集書十四卷、畫六卷，皆滇人墨迹。其人自明迄清，不及生存人，各立小傳。用泰西撮影法印行。是集之編原於癸亥（一九二三）九月，圖書館開書畫展覽會，爰選館儲及徵集之佳者……綜其事者石屏袁君嘉穀，晋寧方君樹梅，昆明何君秉智、華君世堯、張君澍。余亦間襄其役。……自元置行省，明清繼之，文物聲名閲六百餘年。其間滇人書畫製作當盛。而元無片楮，明亦寥寥。嗟乎，滄桑兵燹，烟墨縑素化爲煨燼者，固幸存無幾矣。及今不録，後生何述焉？亟知耳目所限，遺佚必多，然而保此已見者，敬梓抱殘，餉貽四遠，斯同人區區愚忱所爲托也！』次序袁嘉穀撰書於民國十三年（一九二四）秋，亦稱自己參加了《滇南書畫集》的選編，從民國十二年（一九二三）冬開始，歷時一年完成二十册，『三迤之大，詎限此編？同人與余盡心焉耳。聲價品評，公之海内。若云續集，俟之异日』。

此册内别題爲『明安寧楊文襄公與鎮江太守滕危言五札墨迹册子』（一行），『石禪老人題檢』（一行），後爲趙藩序言。文稱此册原藏於友人董毅生，『今輯印滇人書畫真迹集，斷自明代，以公冠首。公書流傳最鮮，此册致可寶貴』。趙藩序言之後爲楊一清小傳，鉛印直排，注明據《明史》楊一清本傳和《滇繫》《滇詩略》等節略而成。此後爲楊一清書法，墨筆，草書，影印爲十八頁。内容記明武宗光臨楊第事及楊一清之孫蔭官留居鎮江等事。考滕危言其人，山東人，曾與楊一清等人同游招隱寺、金山，互有詩文唱和，二人同爲當時之清廉官吏。

五札墨迹之後，附『東萊翟雲升』所撰跋文，行草，署『道光六年（一八二六）』。按趙藩序言，此册當爲《滇南書畫集》之首集（册）。然除書名相符外，此册亦并未標明卷册序數。再按上引趙、袁二序，皆稱民國十三年（一九二四）業已編成《滇南書畫集》二十卷（册），因今雲南省圖書館、國家圖書館皆已不見其全集，則有關此書之編印、體例、分卷（册）、存佚情况等，尚待進一步研究。（朱端强）

滇南書畫集：錢南園通副撰書業師王素懷先生暨配張孺人墓志册子

雲南圖書博物館編輯　民國十三年（一九二四）雲南圖書博物館影印本　國家圖書館藏書

此《集》（册）爲《滇南書畫集》之另一種，仍由陳榮昌題寫總書名。次頁由趙藩題寫此《集》（册）書名，并書『唐會澤家藏』五字，知此册原爲唐繼堯所藏。再次爲編印者據《清史列傳》《昆

> 錢南園通副撰書業師王素懷先生暨配張孺人墓志冊子
> 唐會澤家藏　石禪題

明縣志》等節略錢南園（澧）事狀一通，鉛印直排。正文爲大字楷書，每頁四行，每行七字，共二十九頁，中有小字批改或圈畫，且未書撰寫時間。文末亦鈐有『蓂賡』（唐繼堯號）篆文印一方，可見此冊雖屬唐氏所藏錢南園真迹，但并非最後上石之文。内容是錢南園爲其恩師昆明王瑾夫婦所撰書之墓文，此文後來也收入《錢南園遺集》第五卷（《雲南叢書》第二十五冊，中華書局，二〇〇九年）。

據朱桂昌《錢南園傳》等載，王瑾字素懷，一字獻之（據此《墓志冊》增補），本是南園父親好友、昆明著名塾師。清乾隆二十二年（一七五七），南園十八歲師從王瑾，學問道德深受其影響。此後，他們也一直互有詩文來往。據此《墓志冊》載，王瑾生於『康熙辛卯（一七一一）五月二十一日午時，卒於乾隆甲辰（一七八四）年五月二十六日申時』；張孺人，作者小字批注：『前吾師三年（卒）。』王瑾去世後五年，應其子之請，南園在服父母之喪期，又『含淚寫下此通墓文』。則撰文時間或在乾隆五十四年（一七八九）左右。全文追述了王瑾的家世、生平以及對錢南園的教育和影響。

正文之後爲跋文。依次爲趙藩、袁嘉穀跋。袁嘉穀跋稱此文爲『南園五十歲書』。趙藩跋稱此文與《南園先生遺集》所載『字句小有异同』，贊其書法『端嚴剛勁，無一筆苟』。審是。其後爲辛酉（咸豐十一年，一八六一）署『浙西後學吳仰賢』跋，文稱『錢南園先生書法追魯公（顔真卿），所作真楷尤謹嚴如端人正士』。考吴仰賢，字魯儒，號牧騶，浙江嘉興人。清咸豐二年（一八五二）進士。曾宦滇長達七年。他特别關注錢南園，宦滇期間，曾訪尋和私下照顧過錢南園的後人。趙藩注稱『此（吴牧騶）宦滇時所跋也』。最後是光緒七年（一八八一）蔡茂秋跋，文稱『先生以直節震海内，文筆雄厚，書法追顔平原（顔真卿），剛勁之氣溢於毫端，皆如其爲人』。趙藩注稱，蔡茂秋，號蓮裳，爲其『文字之友，卒久矣』。其餘生平事迹待考。（朱端强）

唐會澤遺墨

唐繼堯作　民國十七年（一九二八）彩印本　雲南省圖書館藏書

唐繼堯簡介見前《東大陸主人言志録》提要。本書爲唐繼堯書畫集，無序跋和出版者。扉頁爲民國十七年（一九二八）五月章太炎題寫書名。次署『海城』等先後題書『一柱擎天』『萬古存』，不過溢美之詞。再次爲唐繼堯照片一幀。其内容先爲中國畫，共十八幅，彩色與黑白皆有。題材多爲竹子，共十五幅，餘下三幅爲蘭草。次爲書法作品，共四十五幅，中有重複書寫之頁，皆行草，墨筆。

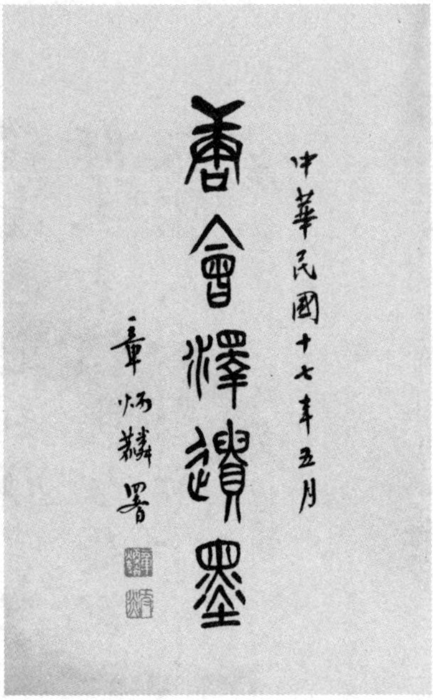

書法作品内容以自作詩歌、聯語爲主，如《少時所作》：『百卉争春太不平，梨花濃重柳花

輕。大公最是寒天雪，點綴乾坤一樣清。』又如《西江舟次》：『十載浮名誤赤松，無端平地起英雄。大江流月波翻白，老樹凌霜葉更紅。放眼以觀塵世小，開襟一笑海天空。滄桑棋局知多少，又看旌旗在眼中。』又如，『漫滌心田別樣新，百年依舊此天真。蒼茫塵海應無我，澎湃風濤且渡人。蕉葉池塘波捲緑，櫻花陌路樹藏春。達觀一覺紅塵夢，流水飛雲證夙因。』（原無詩題）又如，『萬樹桃榔一曲過，斜陽濕處渡紅河。江山錦繡蒼生苦，不出斯人奈爾何？』（原無詩題）其次爲抄録前人詩詞警句，如録西漢劉邦《大風歌》、唐劉禹錫《陋室銘》、唐朱慶餘《近試上張水部》等。尾款或手書『東大陸主人』『繼堯』，加一印鑒；或僅鈐『蓂賡』『東大陸主人』印一方，篆章，陰、陽文皆有。

書畫作品多不署寫作時空，或爲草創未定之手稿。但亦間有一二可考者。如署『甲寅春日畫於西山』『甲寅春三月書於華亭寺』，則其創作時間當爲民國三年（一九一四）；又，『甲子七月』，則當爲民國十三年（一九二四）；又，『乙丑四月』，則當爲民國十四年（一九二五）；又，『丙寅春』，則當爲民國十五年（一九二六）。其中以『甲寅』即民國三年（一九一四）在昆明西山華亭寺之作品最多。（朱端强）

趙文懿公遺墨

趙藩作　民國稿本　雲南省圖書館藏書

趙藩簡介見前《介庵楹句正續合鈔》提要。本書無序跋，張其崟題封。張其崟生平事迹不詳。

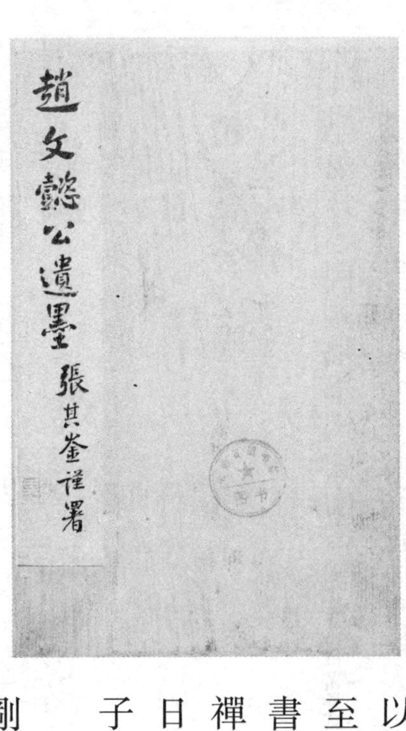

以趙藩原用淺黃色稿箋裱裝而成。每頁六行，每行十一至十四字不等。墨筆，楷書。内容爲詩作、抄録前人之書法感言、名言警句、信札等片段。正文之後多鈐有『石禪』印章，間書時空，如『七星關升庵詩』『新曆正月二日燈下』『石禪老人行營燈下書』『石禪老人書於畢節』『庚子文山』『丁巳冬夜軍次書』等等。

書中所録曾國藩之書法感言最多，如『作字之道，剛健婀娜，缺一不可。余奉渤海、北海、山谷爲剛健之宗；又當參以褚河南、董思白婀娜之致，庶幾爲成體之書』；又『辦公事外，尚習字一張，從間架上用心，而筆意筆力與之俱進。十年以前，胸中之字，今竟能達之腕下，可見思與學不可偏廢』；又『作書之法，劉石庵善用偃筆，鄭板橋善用蹲筆，王夢樓善用縮筆。惟努筆近人無善用者，古人唯米元章最擅勝場，吾當於此自極其思耳』。詩作如《唐督軍招游靈峰寺》云：『近寺諸峰曲抱環，當門雙檜鬱參天。勝游地溯林晟句，重建碑詳萬曆年。疆埸未銷兵劫運，靈山聊會佛因緣。浮圖怕縱憑高目，霧淞霜飆暮黯然。』其他還有如養生警句曰：『許季仁太守《碧聲吟館談屑》記養生要語曰：飲食有節，脾土不泄；調息寡言，肺金自全；動静以敬，心火自定；寵辱不驚，肝木斯寧；澹然無欲，腎水自足。』（朱端强）

同人翰札十七卷

趙藩輯　稿本　雲南省圖書館藏書

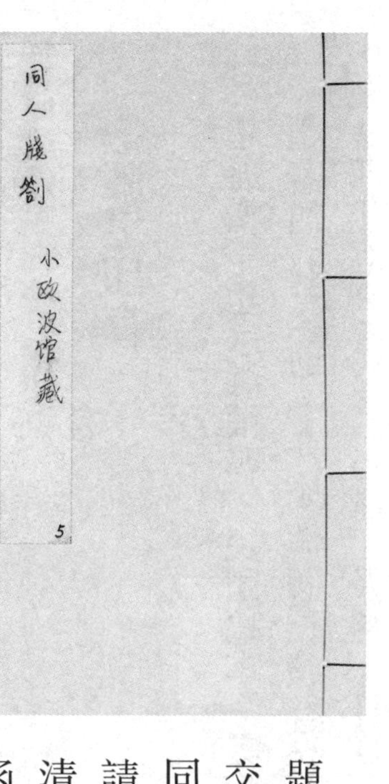

趙藩簡介見前《介庵楹句正續合鈔》提要。該書原題『劍川趙氏小鷗波館藏』，一九五三年由昆明市農會移交雲南省圖書館。本書内容爲趙藩不同時期的親朋好友、同僚、學生等致其書信函札，主要涉及言事通告、工作請示、學術討論、禮節問候、私門請托等等。時間雖以清末爲主，但大多衹書月、日，不書年，亦不附趙氏回函或批注等語。各同人書函少則一通，多則十多通。其多見者如陳迪光、鄧元鏸、岑春煊、岑春蓂、許印芳、陳榮昌、周鍾嶽、袁嘉穀、李坤、羅瑞圖、馬維騏、謝崇基、蕭晋麟、丁振鐸、錫良、沈秉堃、劉春霖、曹鴻勛、張建勛、何維棣、羅度、胡開雲、段鵬瑞、解秉和、蕭善選等。這些信札不獨書法多姿多彩，且其内容對於研究趙藩個人行迹、交游情况，以及清末以來雲南諸多歷史人物的社會和文化活動亦多有參考價值。如李坤等的書信，希望在四川當官的趙藩號召滇商積極爲『滇蜀、滇緬鐵路』集股投資；許印芳、陳榮昌、袁嘉穀的書信，言及如何學習日本開辦雲南圖書館、許著《滇詩重光集》的刊刻、《雲南叢書》的動議等等；清末宦滇狀元曹鴻勛和張建勛的書信，言及趙藩治理四川鹽茶的功績；等等。

書中許多書信内容還未被研究。如周鍾嶽書信中反映出他與趙藩關係最爲親近（自稱『侄周鍾嶽』)，趙藩一直關懷他的成長。從周鍾嶽中舉到留學日本，他們多有書信來往，該書第七册存周鍾嶽從日本致趙藩一信，信中兩人論及中日關係的發展。當時日俄戰争剛剛結束，『日本之士大夫多謂與中國同種同文，脣齒相依。以保全東亞和平，嘗自詡爲其義務』，但趙、周共同認爲，『其意不過爲此甘言以籠絡吾國人心，欲擴張其勢力範圍也！』同册，還存周鍾嶽托趙藩轉呈劍川『父老親舊先生長者』之公開信。該信從國際國内形勢言及日益加深之中國邊疆危機，特别提出『吾劍川更其劣弱，即無外人窺伺，恐吾邑亦歸於天然淘汰之勢而已！』希望故鄉民衆奮起改革。具體建議是『辦學校，籌生計（指開發實業），興商業，改陋習（包括學習漢語、破除迷信活動等），尚武勇（包括加强體育運動與衛生工作等），講公德（包括禁烟禁賭、發展公益事業等）』。（朱端强）

抱膝堪印存

趙藩輯，趙宗瀚補輯　民國稿本　雲南省圖書館藏書

趙藩簡介見前《介庵楹句正續合鈔》提要。趙宗瀚，字澄甫，雲南劍川人。趙藩之子。一九一四年應高等文官考試，及格，任四川江北縣知事。一九一八年，任廣東軍政府交通部秘書、路政司司長。一九二三年回滇，歷任省議會議員、省政府主任秘書、全省禁烟局會辦、省單行法規編審委員會委員長、省通志館編審、滇黔綏靖公署秘書長、昆明行營秘書長。著有《還讀書堂叢稿》《澹静齋詩文鈔》《石寶山小志》《滇南掌記集》等。

本書爲趙藩父子印譜。封面趙藩書『己未端一日石禪書』，己未即民國八年（一九一九）。每頁八九方印，多爲篆書，朱文、白文兼有。每印旁以行楷小字注出内容或治印者姓名、字號。前半部爲趙藩之印。治印者多注爲『鄧爾疋作』『胡鐵庵作』『周蝶仙作』『唐小舫作』『李俞農作』『盛雲石作』『文三橋鎸』以及『石禪自作』等。内容亦主要是趙氏父子名字、别號、軒室、職任以及詩句格言等閑章。如『受孔子戒』『滇男子』『峨眉山行脚』『冷官不禁看梅花』『勞我以生，佚我以老』『我生無田食破硯』『不愛花人莫與看』『精力以無事敗，忠孝自有情生』等等。趙藩於印末親筆書其印章之存佚曰：『此册之外，比年轉遷，失去刻印尚卅餘方。其間劇不能忘者：趙玉峰少宰水晶白文名姓方印一；張鶴君鎸田白大方印二，一朱文曰「滇山老蝯」，一白文曰「趙藩私印」；盛雲石鎸芙蓉崖石大方印二，一朱文曰「典領蜀學，搜輯滇詩」，一白文曰「歷任四川提刑鹽茶分巡使者」；周蝶仙刻鷄血田石方印，朱文曰「不爲無益之事，何以遣有涯之生」。皆石美刻精。記之以冀珠還否？亦俾得者知所珍惜也。』時間署『辛酉五月廿九日』，辛酉即民國十年（一九二一）。後半部爲趙宗瀚印章，體例同上。治印者多注『南滇作』『承武作』『洋人作』『信南作』『月色夫人作』等等。文末亦手書其印章之存佚曰：『余之印章先後都百餘紐。成都丁巳（一九一七）之亂，倉卒出走，被掠卅餘紐，皆赴京試時名手所刻，石質亦佳，致爲可惜！又，辛酉（一九二一）家居被胠篋，損失六十餘紐，中多蜀友陳璧人作品，石美刻工，每念不

忘。兹存尚五十餘紐，亦可謂有印癖矣。』時間署『癸酉十月朔二日』，癸酉即民國二十二年（一九三三）。（朱端强）

木刻漫畫選

雲南日報社編　民國二十六年（一九三七）鉛印本　雲南省圖書館藏書

木刻漫畫選
雲南日報叢編第一集
1937
本報二週年紀念出版

此書係爲紀念《雲南日報》創刊兩周年而出版，雲南省財政廳印刷局代印，編入『雲南日報叢編』第一集。卷端編者序，談到原始木刻畫能活躍於當時文化界的原因，一是製作簡單、價格低廉，二是木刻較適宜表現現代生活和印象；又説『雲南有木刻畫，不過近兩年的事，現在彙編起來的這本小册子，是由三四百幅中慎選出來』。次爲目録。又次爲正文，共選刊九十餘幅畫作，創作者多爲王行、張心聰等雲南本土畫家，内容以雲南抗戰題材居多。有的畫作如《流亡》《救命》等再現了戰時人民遭遇的苦難，有的如《前進》《衝鋒》《出發》等發揮了鼓舞民衆士氣的作用，有的如《自慰》《兩耳不聞窗外事》等則帶着批判現實的色彩，它們在啓蒙、宣傳和教育方面極大地影響了普通民衆的日常生活及其思想觀念。（白忠俊）

（三）音樂

聶耳紀念集

東京聶耳紀念會編輯　民國二十四年（一九三五）鉛印本　雲南省文史研究館藏書

聶耳（一九一二—一九三五），原名聶守信，又名紫藝，曾用筆名黑天使、噪森、浣玉等，雲南玉溪人。民國十六年（一九二七），考入雲南省立第一師範學校。民國十九年（一九三〇），至上海申莊從事雜役工作。次年申莊倒閉後，破格考入明月歌劇社。民國二十一年（一九三二），經田漢介紹加入左翼劇聯。同年退出明月社，輾轉北平後返滬，入聯華影業公司。次年加入中國共産黨。民國二十四年（一九三五），爲《義勇軍進行曲》（今中華人民共和國國歌）作曲。同年赴日，於神奈川縣藤澤市鵠沼海岸游泳時不慎溺水身亡，時年僅二十三歲。

此書爲日本堀川印刷所印製。封面後有聶耳遺像二幀、追悼聶耳先生大會留影一張、聶耳手迹兩種（含日記一頁、作曲兩首）、聶耳遺作之一（歌曲代表作三支）。次爲目録，目録後選録聶耳遺作之二——日記《留東之部》，日記前有編者張天虛所撰小記一則。日記後附録聶耳遺作一瞥。

又次即正文，正文分『傳記』『評論』『紀念文』『詩』四編，共收承箕、濱田實弘所撰傳記兩篇，天虛、皮雨等人所撰評論四篇，杜宣、伊文等人所撰紀念文十三篇，郭沫若、黄風等人所作挽詩十四首。正文後有一九三五年十一月三日張天虛所撰『編後』和『聶耳紀念會捐款友人名録』，『編後』中解釋了是書少登聶耳遺作的原因，對聶耳之死表示極大惋惜，認爲『他遺給了我們以寶貴的教訓——他没有空過了一刻時光，二十四年的生命他緊緊把握住』，觀其日記可得一窺，他『隨時不忘的是讀書、拉琴』。（白忠俊）

聶耳全集

音樂書店編校　民國三十八年（一九四九）上海音樂書店鉛印本　雲南省文史研究館藏書

此書爲『大衆歌曲集叢』之一，由上海音樂書店印行。封面後爲扉頁，次爲版權頁，又次爲目録。目録後收聶耳遺像一張，遺像背面頁上書『七·一七人民音樂節』（聶耳逝世於一九三五年七月十七日）。其後即正文，大致按作曲年月編次，共收三十九首作品，其中三首《饑寒交迫之歌》《静夜》《雪》未曾見其發表。正文後爲附録，收孫師毅作詞、呂驥作曲的《聶耳挽歌》一首，編者所撰紀念文（代序）一篇，麥新（原名孫默心或孫培元）

所撰評論文一篇及曉龍的回憶文一篇。聶耳汲取人民的旋律與節奏，將音樂和國家興亡結合起來，所作歌曲采用『現實主義的創作方法』，從『民族化、大衆化的創作方嚮』，創造了一種『健康的、富於民族色彩的曲子』。觀《賣報歌》《畢業歌》《大路歌》《鐵蹄下的歌女》等曲，得知郭沫若稱其爲『人民音樂家』亦是平允。（白忠俊）

十一　歷史

（一）總論

社會進化簡史

張伯簡編輯　民國十五年（一九二六）國光書店鉛印本　國家圖書館藏書

中華民國十五年三月再版

社會進化簡史

定價一角五分

張伯簡（一八九八—一九二六），字稚青，小名庚喜，别名紅鴻、洪鴻，白族，雲南劍川人。中國共産黨早期革命活動家。民國六年（一九一七）從雲南大理省立第二中學畢業後回鄉教書。民國八年（一九一九）赴廣州謀生，曾任駐粵滇軍醫院軍需官。同年冬辭去軍需官職務，赴法國勤工儉學，後赴德、奥等國考察學習。民國十年（一九二一）下半年在德國加入中國共産黨，民國十一年（一九二二）參與組織『旅歐中國少年共産黨』，被選爲組織部部長。同年底被派赴蘇聯入莫斯科東方大學學習。民國十三年（一九二四）回國後，擔任上海大學政治經濟學教授，在上海和京漢鐵路從事革命活動，并任中共中央出版部書記，中共廣東區執行委員會委員、軍委書記。民國十四年（一九二五）任中共中央罷工委員會書記，領導過省港大罷工，旋因積勞成疾而病逝。編纂有《南越游記——稚青日記》《各時代經濟結構元素表》《社會進化簡史》。

該書係闡述人類社會發展史的理論著作。封面有手寫體『社會進化簡史』，并印有該書出版時間、售價，封底印有國光書店經售書目和售價。全書共有八章，探討人類社會的發展動力、發展階段以及每個發展階段的經濟、政治、文化特點。第一章分析原始共産社會經濟、住所、生産組織、協作、分工、消費、政治、文化特點及原始社會發展的動力；第二章分析由原始共産社會過渡到族長的血族公社的動力，以及族長的血族公社的經濟、農業、畜牧、分工與協作、分配、剥削、私産、交易、政治、文化特點；第三章分析封建社會的經濟、小手工業者的發生、商人的發生、家庭的發生、諸侯的發生、分配、政治、文化特點；第四至第八章分别分析奴隸制度與農奴制度、城市手工業制度、商業資本社會、工業資本社會、共産社會的經濟、政治、文化特點。書後附録的《各時代社會經濟結構元素表》，有『原始共産社會』『族長宗法社會』『封建社會』『奴隸及農奴國家』『城市手工業制度』『手工工廠的制度』『資本主義社會』『末期的資本主義財政資本帝國主義』『過渡時代』『社會主義社會』『共産主義社會』十一個部分。

本書用歷史唯物主義原理闡述了人類社會的發展史，對早期馬克思主義在中國的傳播起了重要推動作用。民國十五年（一九二六）毛澤東在廣州舉辦農民運動講習所時，曾將這本書列爲學生的課外讀物。抗日戰争時期，毛澤東還將此書作爲學習唯物史觀和社會發展史的書目予以推薦。此外，該書還是研究二十世紀早期馬克思主義史學的重要參考著作。（康春華）

太平天國的政治思想

李群傑著　民國二十六年（一九三七）真理出版社鉛印本　國家圖書館藏書

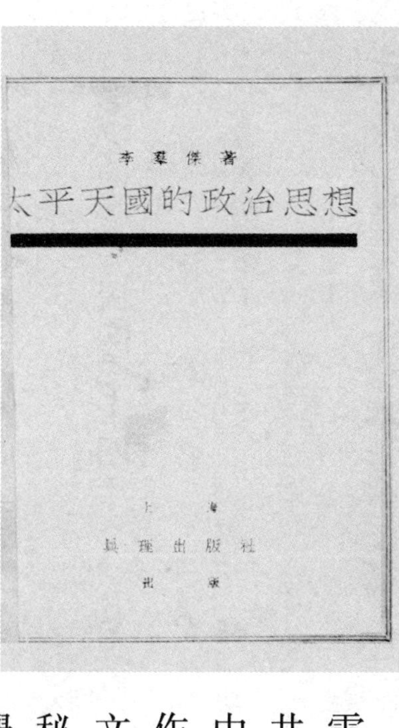

李群傑（一九一二—二〇〇八），字傑夫，納西族，雲南麗江人。中山大學畢業。一九三七年五月加入中國共產黨，是納西族早期中國共產黨黨員之一。同年，受中共南方工作委員會委派，由香港回雲南從事地下工作。中華人民共和國成立後，歷任雲南臨時軍政委員會文教處處長、省文教廳副廳長、省民委副主任、省政協秘書長等職。一九八七年，被聘爲雲南省文史研究館名譽館長。

該書成稿於作者潛心研究馬列著作并分析中西社會以求真理、探求挽救中華民族良方的青年時期，爲章節體史評類著作。全書共列五章，依次爲『引論』『社會主義』『民族主義』『民治主義』和『結論』。作者從中國社會實際出發，評述太平天國是『創立了吻合當時勞苦群衆之需要的國際共產主義政治思想』，有其特殊的歷史價值。而中國祇有在推翻清政府統治及驅除帝國主義侵略之後，纔有能力來講民治。這樣的觀點不僅符合當時中國社會的實際，也與新民主主義革命時期的歷史任務相契合。雖然作者在書中盛贊了太平天國在中國歷史上的積極影響，但也辯證地提出了『楊韋構難的慘變，就是太平天國内部幾個不同階級的矛盾而衝突大爆裂的結果，同時也是天國開始宣告放弃革命工作，自掘墳墓的一齣悲劇之開頭』的論斷。

該書尤爲可貴之處在於，作者并非以史論史，而是在前人研究的基礎上着眼於現實，提出了研究之目的在於啓迪當下。同時，文中出現了諸如『没有無内容的形式，亦没有無形式的内容』『理論指導實踐，而實踐又反影響反作用於理論』等辯證唯物主義思想。這是在白色恐怖彌漫的時代裏，雲南人將馬克思主義普遍真理同中國歷史、社會相結合的一次有益探索。二〇〇一年，該書收入余嘉華先生主編的《李群傑文集》，由雲南民族出版社出版。（楊勇）

元代雲南史地叢考

夏光南著　民國二十四年（一九三五）中華書局鉛印本　國家圖書館藏書

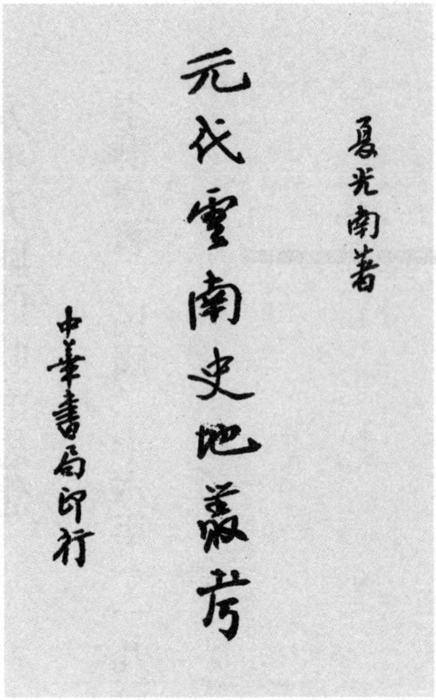

夏光南（一八九二—？），字嗣堯，雲南會澤人。畢業於北京大學，長期致力於雲南中學歷史教育，在省立第一中學等學校任教多年。精研史地之學，勤於考索雲南地方文獻，貢獻頗大。主持編纂《新纂雲南通志·地理考》中的『疆域』篇，著《雲南文化史》《中印緬道交通史》等。一九五四年，受聘爲雲南省文史研究館館員。

該書爲史地學論文集。作者在自序中謙虛地説：『是篇爲余兩年來考證元代雲南史地之叢録。……（元代）

雲南地位，益趨重要。然其民族分合，政治因革，都邑建置之迹，禮俗通塞之由，於廣漠蕪雜之《元史》中求之，乃晦僿紛萠，莫得其要，識者憾焉。不佞……摭拾鈔撮，亦行其所好而已。』金兆梓序高度評價該書的學術價值道：『網羅中外典籍，……取其人其地之名實紛歧者，一一參互而訂正之；取典章文物之易滋疑誤者，一一爬梳而厘析之。使此久沉晦僿澀之重要史料，一旦而昭若發蒙。治元史者於此非特更得一新槖籥，即元前、元後之雲南史乘，亦藉以由斷續而始末貫穿，「疏通知遠」。』張維翰在夏氏另著《中印緬道交通史》所撰序言中，披露夏光南治學、著述有經世致用的取嚮，撰述是書寓含服務抗戰的意旨。

該書收録作者論文十篇和讀書札記《元代滇事蠡測談》一種，論文依次編排爲：《哈剌章與察罕章》《元雲南省之地理》《昆明縣與善闡城》《蒙族回族之移滇》《元代滇政之統系》《元史滇官之列傳》《兀良合台傳繹名》《元代滇之寸白軍》《段氏之十一總管》《元代滇宗教之盛》。書中附《世祖平雲南碑》《元雲南行省全圖》《元刻梵文石塔》等十四幅插圖。《元雲南省之地理》一文認爲元代雲南行省開啓近世雲南地理沿革的權輿，疆域之廣闊前所未有。《元史滇官之列傳》一文統計《元史·列傳》中涉及仕宦雲南者共計七十九篇一百人，占列傳總人數的七分之一，由此反映出元朝統治者重視西南、大力開拓經營的戰略意圖。《蒙族回族之移滇》指出，元代蒙古人移居雲南者，以仕宦者爲最多，其次是服兵役者，并將元代回族入滇過程分爲四期。

該書是研究元代雲南歷史、地理的必讀之作，曾多次出版，其他版本還有一九六八年臺灣中華書局本、一九八〇年臺灣新文豐出版公司『零玉碎金集刊』本、二〇一四年山西人民出版社《近代名家散佚學術著作叢刊》本，均據原版影印，篇幅文字無改動。（許新民）

雲南方志考五卷

童振藻輯　民國二十五年（一九三六）稿本　杭州圖書館藏書

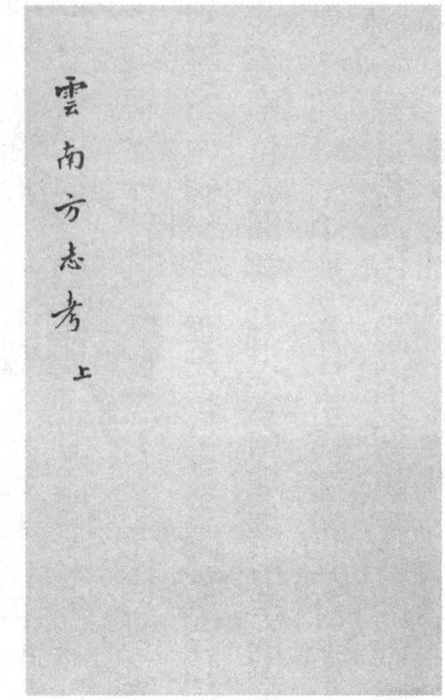

童振藻簡介見前《鴉片與衛生》提要。本書之『自叙』撰於民國二十五年（一九三六）十二月『武林寓廬』，則該書當爲作者離滇返里之後所作。文稱：『余旅滇從事教育逾廿年，栽遍滇疆桃李。凡逢年假，生徒言旋，必托購方志，以廣搜羅。益以奉滇省府命主纂《雲南地志》，在滇垣訪購，并向各藏書家鈔補儲備，參稽所得，亦屬寥寥。……迨余假旋，於民國十八九年、二十三四年前後，赴京滬浙粤各大學及各圖書館參觀，如有所藏，必徵録其目，即日本内閣文庫圖書目録、東洋文庫地方志目録，亦設法購覓檢討。而各方面以滇志向無總目流傳，恒難按圖而索，多向余詢厥端緒。緣就見聞所及、篋笥所藏、公私各家目録、《唐書》《明史》《清史》《雲南通志》各《藝文志》所載者，參互考訂，闕者補之，誤者正之，其有體例較异者，均詳叙之。勒爲《雲南方志考》五卷，藉答所問。』并將民國八年（一九一九）至民國十五年（一九二六）作者主持雲南學會時所徵集的雲南各地一百一十七屬地方志目録，以及作者認爲有關雲南『故實之圖書』的目録彙入其中。是成稿最早、著録雲南地方志最多的文獻目録著作。

此稿卷一爲省志，考叙唐袁滋撰、明王謨輯《雲南記》至日本東亞同文會編纂《支那省别全志・雲南省》共十六種；卷二（上）府廳州縣市志，考叙清張毓碧修、謝儼等纂《雲南府志》至清黄元治等修、李孔惠等纂《大理府志》等八十八種；卷二（下）府廳州縣市志，考叙民國周宗麟、楊楷等纂修《大理縣志稿》至明吴宗堯輯《騰越州志》等一百一十三種；卷三各縣鄉土志，考叙清魯大宗編《禄勸縣鄉土志》至佚名《蒙化鄉土志》等九種；卷四各屬地志，考叙民國陳詒恭編輯《昆明縣地志》至民國阮有信編輯《猛丁行政區地志》等共一百一十一種；卷五補助方志之圖書，考叙清王崧纂輯《雲南備徵志》至清廖廷玉繪《中甸廳山水塘汛村寨地輿全圖》等共一百一十二種。每目簡要考叙其時代、作者、卷目及内容特點等。據作者所言，他當時已將上述地方志和有關圖籍移交雲南通志館收存，自己衹是『存目紀念』。但今天諸多方志，尤其是諸多珍貴的圖籍，如清繪《雲南省會街道圖》、民國雲南陸軍測量局繪《昆明市街全圖》等，未見於相關圖書館之館藏目録。（朱端强）

滇繹四卷

袁嘉穀撰　民國十二年（一九二三）鉛印本　國家圖書館藏書

袁嘉穀簡介見前《卧雪詩話》提要。該書爲『東陸大學叢書』之一種，是地方性筆記著作，共四卷。卷首爲孫樹禮、王燦、趙式銘所作序言及題辭。卷末有孫樹禮、夏光南、王家亮的三篇跋文（詩）。作者究心滇事，時有所動，隨時記録，彙而成書。以事立目，端緒分明，援引有據，資料翔實。如記述滇中山水，采摭口碑，證之文獻，實地踏勘，然後論定。援引文獻，駁正某些誤解，如針對一些記述中把滇與『六詔』等而視之，作者認爲『今人稱滇爲六詔，甚誤』。他指出：『六詔僅在今大理、麗江、蒙化及建昌西偏，而於滇全無關也。』該書記述了雲南經濟之命脉、生民之利病、民族之狀况及對歷史之貢獻。書中介紹古代文獻四十餘部，記載評騭雲南歷史人物，讓史實『説話』，不帶個人感情色彩，不妄加評論。（胡曉梅）

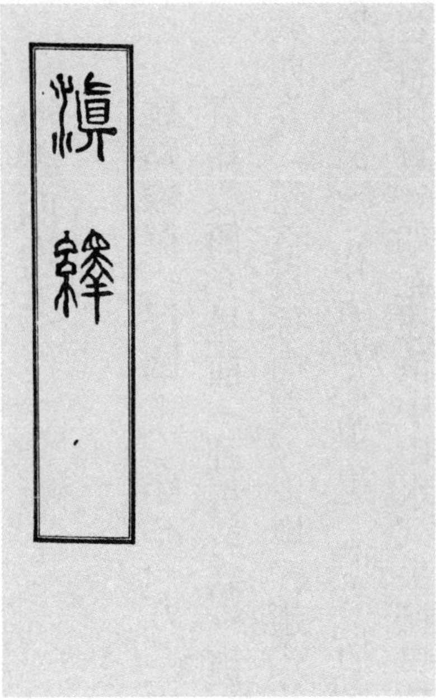

滇南文化論

袁丕鈞著　民國十三年（一九二四）鉛印本　雲南省圖書館藏書

袁丕鈞簡介見前《北山詩集》提要。是書無序跋，不分章節，内容爲概論雲南歷史文化之形成、演變和重要代表人物。首論『滇』之得名，引古人釋『滇』二説：一説因滇池『上流深廣，下流淺狹』，猶如水之倒（顛）流，故以『顛』釋『滇』；一説『顛』者『高』也，謂雲南地勢突高。作者同意第二種説法，稱金沙江、南盤江等北來江水，因雲南地高，不能直接『南注入滇中』，不得不轉入川、桂出海，即是一證。次論『滇之爲國始於戰國，滇之文化則自西漢而始著』。論稱自四川文翁開教化，因交通之便，商業漸繁，巴蜀文化首先傳入雲南。此後，漢武開滇設郡、諸葛亮南征、吴以雍闓守永昌，至兩晋南北朝，雲南『其民好學』。如，二爨碑『雅有江左之風，

滇南文化論

而書法之美，尤爲近世所推挹』。南詔以相州（今河南省安陽市）鄭回爲『清平官』，王命諸子從其學，其所撰《德化碑》『泱泱有大國之風』。大理國『遣使求經籍得六十九家』，加强與中原文化的交流與聯繫。作者指出南詔與大理（國）文化各有側重，『南詔崇儒術，而大理尚佛教』。元以賽典赤主政雲南，『改置郡縣，……創建孔子廟、明倫堂，講經史，授學田，由是文風稍興』。

論稱至明清兩朝，雲南人才輩出，文化直追中原。如明代，因『士大夫來往仕宦之衆，以至遷客逐臣之謫居於此者，往往主持風雅，誘掖人才』等故，使『吾滇人才之盛，遂超宋元而軼漢唐』。舉證嵩明蘭茂兄弟，昆明郭文，安寧楊一清，大理李元陽、楊士雲等。作者認爲清代滇人之政績、詩文，以『永昌（今保山）王宏祚、陽河（今澂江）趙士麟爲最顯』，影響最大；次則昆明王思訓、石屏張漢，各有千秋，『頗負時名』。作者特别指出，儘管清代中原學術有所謂朱、陸之争，漢、宋之辯，今、古文之議，但雲南却很少受其影響，『其可紀者獨有文章之士耳』。舉證保山袁文典、袁文揆兄弟，昆明黄琮，先後彙集雲南詩文，傳播天下；個人則『詩以石屏朱籆、昆明錢灃爲精，文以寧州（今華寧）劉大紳、趙州（今彌渡）師範爲最』。史志之著，首推師範之《滇繫》和王崧之《雲南備徵志》等。（郭勁）

大理古代文化史

徐嘉瑞著　民國三十八年（一九四九）國立雲南大學西南文化研究室鉛印本　國家圖書館藏書

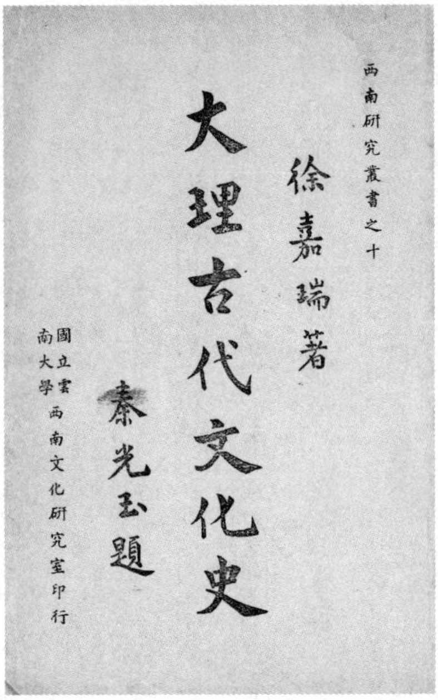

徐嘉瑞簡介見前《中古文學概論（上册）》提要。該書爲『西南研究叢書』之十，章節體文化史專著，由秦光玉題寫書名。卷首有一九四九年羅庸、方國瑜所撰兩篇序言。羅序不僅高度評價此書，還爲其增補了佛教密宗經西藏傳入大理之説。『自序』署時一九四八年，論稱『中國古代文化，一支起於西北高原，包括青海、甘肅、新疆和西康、雲南、西藏』，它們在地理、氏族、語言、習俗等方面有着相同或相通之處。故此書雖稱『大理文化史』，實則廣泛涉及這一地區的歷史文化。

第一章『史前期』，據考古資料論述雲南史前居民、考古遺址等。第二章『邃古期』，論『大理文化』之來源以及西漢至唐玄宗時期的『大理文化』。第三章『南詔期』，遍引古今中外史料及不同學者的觀點，論南詔蒙氏族源、南詔文化特質以及神話、詩歌、散文、駢文、音樂、美術、宗教等，爲全書重點。第四章『段氏期』，即大理國時期，論段氏族源、姓氏特點及大理國之散文、碑碣、美術、白文及白文學等。全書還插有少量手繪考古圖像。該書是研究唐宋以前雲南民族史、文化史的早期力作，資料豐富，論從史出，不乏獨到之見。如據中原顓頊與大禹之傳説、莊蹻入滇之路綫、雲南九隆神話與屈原《天問》之關係、《南中志》之『巫畫』與大理『巫畫』等，考稱大理文化與西北和荆楚文化有關，其重要標志之一是九隆神話與龍的共同主題。據《白狼歌》證川康文化與蒼洱文化之關係，爨文與白狼文、倮倮文、漢文乃至西夏文之關係，證明大理文化具有多源結構的特點。又如，論稱『爨』本安邑（今屬山西運城）漢人，入滇後稱『南中大姓』，所謂『烏蠻』『白蠻』乃族類名，分由『東爨人』和『西爨人』統治。其中，『烏蠻』是來自西北的古羌族。『六詔皆烏蠻』，故其語言、姓氏（父子連名）、葬俗（火葬）多與古羌人相同。所謂『民家』則屬隨莊蹻進入葉榆之『大姓』，亦爲古代『貴族』，故又稱『名家』。他們統治滇西『白蠻』，但其本身或并非『白蠻』，很可能在唐朝之前就進入雲南了。

卷末附作者論文《南詔中興國史畫》題記六條及跋文兩篇。雲南大學繆鸞和所撰之跋文記此書撰著過程，李爲衡跋則稱此書新見不少，不僅可『供研究邊疆民族史或西南古代地理者之參考，即執政者，亦大可借鑒也』。（朱端强）

昆明近世社會變遷志略四卷

陳度撰　民國稿本　雲南省圖書館藏書

陳度簡介見前《過來人語》提要。此書無序跋，故無法可考其撰著時空。全稿爲行草書，間有楷書，唯卷三第一葉至第十五葉字體异於他卷，配抄痕迹明顯。内容廣泛記説晚清至抗戰時期

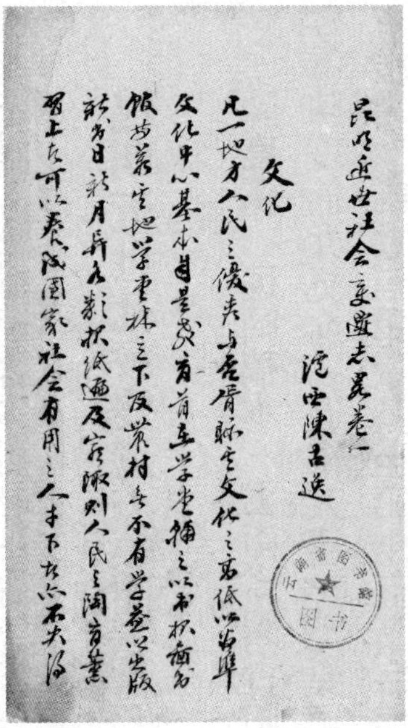

昆明文化、教育、社會、經濟、物價和民風習俗等。分類并不規範，其中卷二與卷四尤爲突出，雜亂互重，在在有之。全書主要内容如下：

卷一『文化』，記昆明之書院、算學館、國學專修館、私塾、新舊學堂（高等學堂、師範學堂、法政學堂、女學堂等）、圖書館、書店、明倫學社等民間學會、清末科第、昆明名人著作等等。其中，尤詳於全面抗戰以來遷滇之大學（西南聯大、中正醫科大學、中法大學等）、昆明中等學校、小學、幼稚（兒）園、文化團體、各鄉村小學等。

卷二『食貨』，記昆明之米（附《米荒篇》）、鹽、柴炭、（食用）油、煤油、肉、土布、棉、房租等。

卷三『禮俗』，記昆明婚喪之禮制尤詳。此外，記宗教、歲時、廟會、屋宇、衣飾、厭勝（按：一種暗中賭咒他人的迷信風俗）、戲劇、電影、瞽者説書、鬥鷄、小兒玩具、洞經會、賭博、求雨、革命思想、食檳榔、食葛根、方言等等。

卷四『經濟』，記昆明金融、紙幣、銀幣、鎳幣、銅幣、生銀、制錢、越幣、匯兑、存放、協餉、剪銷店（加工金銀首飾）、賨會（按：民間借貸組織，賨，俗稱『上賨』）、銀行（富滇銀行、大清銀行、中國銀行、殖邊銀行、中央銀行、匯理銀行等）等等。

本書資料多摘自地方文獻和當時的報紙雜志，亦不乏作者親歷親聞之記載，故多爲後來研究昆明社會歷史者稱引。如，卷一之『算學館』條，記清光緒年間，雲南當局創立算學館於翠湖水月軒内，延聘貴州人王仲猷爲館長，『額設算學生十六人，專課算學。由督撫考選送入肄業，月給膏火銀五兩。每月……輪流命題考試一次，試以算學題二、論文一篇，優者有奬。學生日有札記，館長批判。……未久即停，後之學堂數學教員亦多出堂中』。又如同卷『圖書館』條，昆華圖書館當時藏書爲十一萬册左右，清宣統元年（一九〇九）每月來館讀書者一千八百三十四人次，民國二十四年（一九三五）則增至十萬三千四百七十七人次。

再如，卷三之『冠服衣飾』條，記清末至民國初年，昆明人穿着普遍儉樸，作者親見『邵陽蔡公（蔡鍔）督滇，亦極儉樸，盛夏惟白紵衫一襲，袖染墨痕，襟有穿孔，無更易者。軍服亦不華麗』。又如同卷『方言』條，記昆明方言詞語有：『「湖泊」曰「海子」，……「老叟」曰「老官」，「小兒」曰「娃娃」，……「不和」曰「翻臉」，……「相罵」曰「吵嘴」，……各種名詞亦多用雙字形容詞以加厚之，如「紅」曰「紅通通」，「緑」曰「緑英英」，……「黄」曰「黄生生」，「黑」曰「黑漆漆」，……「藍」曰「藍蔭蔭」，……「小」曰「小的的」，「大」曰「大得得」。』應當注意的是，該稿多存空白待補之文，實屬作者未定之稿。（朱端强）

普思沿邊志略四卷

柯樹勳編輯　民國鈔本　國家圖書館藏書

柯樹勳（一八五七—一九二五），字績臣，廣西柳州人。清宣統二年（一九一〇），奉調率軍

普思沿邊志略叙
余既巡閱普防歸之翌年柳州柯君績丞以其所輯普思沿邊志略一書見示自元歷明清以迄民國搜羅宏富纖悉靡遺固褒然思普沿邊一輶軒錄也余以甲辰奉檄南巡步履所經耳目所及亦常欲周諮博訪凡關於防務內務以及實業教育彌

平定西雙版納猛遮土司兵亂。民國元年（一九一二）任思茅廳同知，擬具《治邊十二條陳》，主張保留土司制度，爲當局采納，遂設普思沿邊行政總局，柯樹勳任總局長，後改稱普思殖邊總辦，歷十餘年。在職期間，籠絡邊地宣慰使和各猛土司，統一政令，衛護邊防，加强邊疆與內地聯繫，政績顯著。另有遺著《龍江詩集》。

本書係編者在普思沿邊（今雲南普洱、思茅一帶）任職時，見內地各縣皆有縣志，唯普思沿邊地區因遠離中原而暫無縣志，爲使本縣之事迹既可記録，又可備查考，故而決意纂修縣志。編者『搜尋遺編，考查時務，有條不紊，記載明晰』，彙成是書。該書按編年記事，記述上起元大德元年（一二九七）征討八百媳婦國，迄於民國四年（一九一五）柯樹勳接管普思沿邊時，今思茅、鎮沅、普洱等市縣和西雙版納州諸地區的重大地方或民族事件，包括各民族人民之反抗與被鎮壓、各土官土司之叛亂與被平定、改土歸流、乾隆征緬、車里宣慰司刀氏各世系內亂及地方政務變遷等各種史實，并提出該地區的規劃、政策、管理等治邊方略，即《治邊十二條陳》。書首載庾恩暘、秦光第、李學詩、柳家驤、周國華、李譚等人之序和柯樹勳自叙。書後附《普思行政區域及沿邊各猛土司户口一覽表》，列出行政總局第一區至第八區的轄境、地形氣候、沿革説明、土司姓名、民族種類和人口數量等。還附録《龍江竹枝詞》十首。本書爲研究普洱及思茅地區的民族、歷史提供了參考資料。（田青）

（二）近代史著與史料

①辛亥革命

光復滇省事略

謝汝翼撰　民國元年（一九一二）稿本　雲南省圖書館藏書

光復滇省事略　幼臣自署

謝汝翼（一八七九—一九一四），字幼臣，雲南玉溪人。曾留學日本，入日本陸軍士官學校。一九〇九年畢業後回滇，任滇軍炮隊第十三標教練官、第十九標第三營管帶。參與一九一一年十月三十日辛亥昆明重九起義，立有戰功。雲南軍都督府建立後，派滇軍援川，謝汝翼被任命爲滇軍援川第一梯團梯團長。一九一二年五月，援川軍回滇後，謝汝翼先後任雲南陸軍講武學堂校長、雲南軍都督府參謀廳廳長、雲南陸軍第二師師長、迤西鎮守使。一九一四年五月，謝汝翼奉調進京，乘滇越鐵路取道昆明赴京，途中遇刺身亡，年僅三十五歲。

稿中所述，是謝汝翼親自參與辛亥昆明重九起義的經過，其中謝汝翼親率炮隊戰鬥的經歷較爲詳細。稿本一氣呵成，因不足一萬字，下未再別列標題。辛亥重九起義前的幾次秘密會議，與他種記載在時間、地點、次數等問題上不盡相同，內容上也互有詳略，有一定價值，作爲資料可供研究參考。

原書爲手稿，後收入謝本書等編《雲南辛亥革命資料》（雲南人民出版社，一九八一年）一書中。（謝本書）

駐蒙陸軍憲兵隊歷史

周興仁撰　民國元年（一九一二）稿本　雲南省圖書館藏書

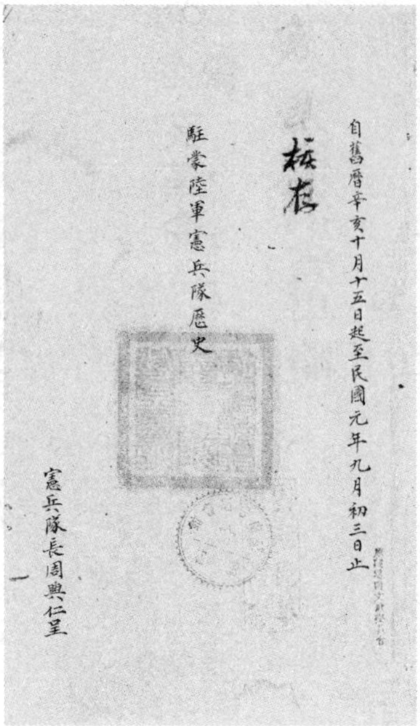

周興仁生平事迹待考。辛亥年臨安起義中，起義軍攻占臨安後，在蒙自發生搶劫軍械局、國庫和商店波及外商洋行的兵變事件。雲南軍都督府立即派羅佩金前往處置，同時派出陸軍憲兵隊進駐蒙自。該書即憲兵隊進駐蒙自後，憲兵隊隊長周興仁一九一二年九月的呈文。

書用『銘雅軒』稿紙抄寫，分爲『緒言』『實録』兩部分。『緒言』明確著述旨趣『貴詳確而忌虛渺』，詳細記載『辛亥十月中，蒙（即蒙自）城遭李匪（李鎮邦）

之亂』，憲兵隊『奉派駐蒙，從事彈壓』，『歷事諸務』，『以供批評而受指示』。

『實録』以時間爲序，如實記載自辛亥年（一九一一）十月十五日起至民國元年（一九一二）九月初三日止，憲兵隊在蒙自城社會基層管理中的政績，主要有三方面内容。一是懲治匪患，誅肇亂匪首李鎮邦，抓獲搶掠大寶紙幣的匪首杜焕臣、龍雲仙等。二是以較大篇幅記録對蒙自城内民衆的管理。如城内『賭場林立，人叢之中，刀槍橫豎，在賭者無一不帶一二兵器、兇器』，憲兵隊雖多次進行整治，但未能根治；對私售洋貨與私藏槍支、兵器、大寶銀錠的民衆進行懲處；對日本人在蒙自城開鋪經營與軍民時有衝突之事，因顧慮『惹動外交』，祇得『事先防範』；在文化方面，『前往城隍廟監毁塑神』。三是對軍職人員進行約束與獎勵。憲兵隊擬定《糾正拘捕軍人條規》十則，以規範軍人言行舉止；對逃兵『送縣罰苦工六月』；對軍職人員宿妓館、吸食大烟的整治亦有具體處置條例。爲提高士兵維護蒙自縣城社會治安的自覺性，周興仁還對若干嘉獎條例進行了請示。

該書與其説是駐蒙陸軍憲兵隊的歷史，不如説是該隊在蒙城内協助治理基層社會的日常政績的記載，可作爲研究清末民初雲南社會，尤其是蒙自社會的基本史料，同時也可作爲研究辛亥革命時期滇南地區社會變遷的參考資料。但是該呈文不可避免有美譽自身的傾嚮，在運用時要加以注意。（謝太芳）

惺庵電光集

周鍾嶽撰　民國元年（一九一二）稿本　雲南省圖書館藏書

周鍾嶽簡介見前《公務人員應有之修養》提要。該書又名《天南電光集》，主要收録辛亥雲南起義後，雲南軍都督府來往交涉事宜之電文。由雲南發出的電文，大多爲周鍾嶽所擬，其中不僅涉及都督府的施政方針，還涉及援川、援黔、援藏以及滇西、滇南事務，是研究辛亥革命後雲南軍都督府的重要資料。全書收入二百多通電文，約十萬字。

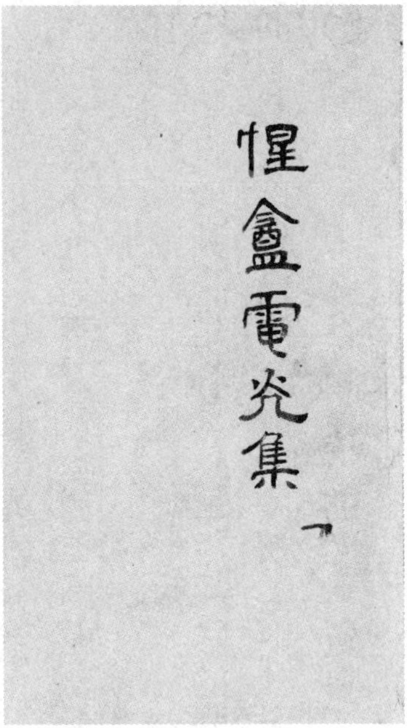

周鍾嶽在其《惺庵回顧續録》中指出，在他擔任雲南軍都督府秘書長期間，爲都督所擬電文皆蔡鍔命意，後『擇其稍重要者，彙爲一編』。因此，『《天南電光集》，雲南光復以後之事，借此可略窺一斑矣』。所收電文從一九一一年十二月二十五日起到一九一二年十月二十七日止（少數電文無日期），資料是十分珍貴的。

電文經校勘、標點整理，并從《雲南政治公報》（旬刊）等中補充了部分電文作爲附録，收入謝本書等編《雲南辛亥革命資料》（雲南人民出版社，一九八一年）中，又收入《辛亥革命資料類編》（中國社會科學出版社，一九八二年）一書中。（謝本書）

西事彙略十一卷

滇西陸防各軍總司令部編輯　民國元年（一九一二）鉛印本　國家圖書館藏書

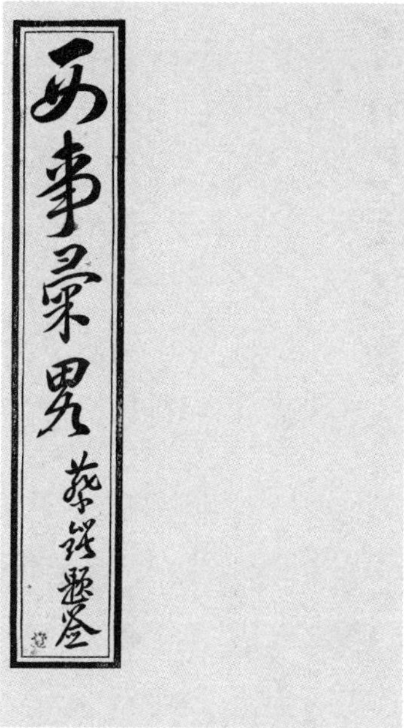

本書封面由蔡鍔題寫書名。『序例』署『民國元年秋七月』，文稱『南中初定，厥有西事，粤自視師亦迄解職，曾不逾年，定難安人。治軍、出治、籌邊、備亂十數大事皆萃是時。今郡縣已成，……乃搜卷牘，集成一編，備考紀焉』。卷一『西事之平』、卷二『永昌之變』、卷三『永康之亂』、卷四『榆軍退伍』，彙集一九一一年滇西起義時期李根源、張文光、張定甲、張文遠、蔡鍔、趙藩、李學詩、由雲龍等人之間的來往電文、信函等，而以李根源署名之文件爲主。卷五『軍政』，録李根源、雲南軍都督府等之間有關陸軍、國民軍、餉械、獎恤等方面的函件。卷六、卷七『政務』，録李根源、騰衝府知府黄謙、永昌府知府由雲龍等與省城學務司等機關之間，有關滇西學校教育、鹽政、外交、幣制等方面的函件。卷八『邊備』，録李根源、西防國民軍十四營管帶李槐、麗（江）維（西）統領孫紹騫等與省城軍都督府之間的來往函件，涉及西藏、防務等問題。卷九『殖邊』，録李根源、騰衝自治公所、雲南陸軍第二師師長李周謨、麗江府知府姚春魁與省城軍都督府、滇西芒市土司、遮放土司、猛板土司等之間的來往信函、布告等，涉及雲南少數民族與邊境問題等。卷十『雜録』，録李根源等致省城軍都督府、雲南同盟會支部、蔡鍔等人之短小電文等。卷十一『解職』，録李根源請求解除滇西職務，蔡鍔挽留、友人同僚勸留之電文，以及解職後部分電文等。

總之，該書主要彙集雲南辛亥革命後，李根源等處理滇西之軍務和政務活動的諸多原始文件。此書收入謝本書先生等所編《雲南辛亥革命資料》（雲南人民出版社，一九八一年），但内容如『序例』等，多有删節。（朱端强）

雲南光復紀要

周鍾嶽等輯　民國鈔稿本　雲南省圖書館藏書

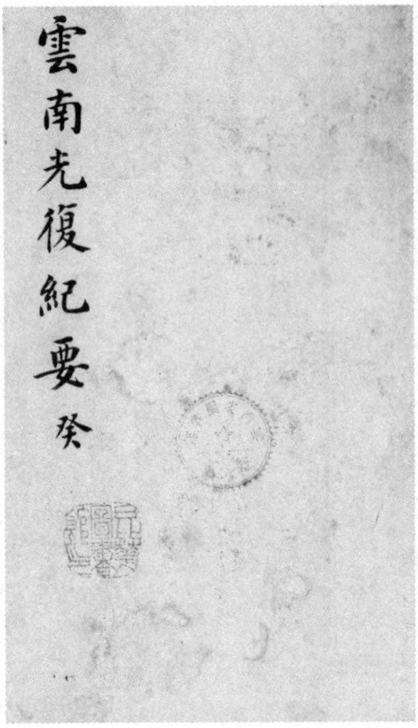

周鍾嶽簡介見前《公務人員之修養》提要。一九一二年，雲南設置光復史編纂局，編修雲南光復史事，周鍾嶽任總纂，趙式銘、郭燮熙、張肇興任分纂，全稿經蔡鍔審改訂正。是書旨在『備將來纂修國史者之參考』，歷時八月，書稿完成，後移存雲南軍都督府，今部分遺失。

是書稿本六册，内多有塗改痕迹，各册書籍間没有明確的排列順序，一爲『光復起源篇』，一爲『分纂雲南光復紀要小引』『迤南篇第四』『援黔篇第六』『建設篇』，一爲『援蜀篇』，一爲『建設篇第七』，一爲『建設篇第十』，一爲『照抄來電（渝行營立）』。

『光復起源篇』，將南宋亡於元、清滅明視爲兩次『失國』，以『排滿興漢』爲革命的政治口號和思想基礎，以英法侵占緬甸、越南造成的邊疆危機和留日學生、革命志士倡導反清的革命行動作爲雲南光復的起源。『迤南篇』，記録臨安、蒙自、箇舊、開化回應省垣重九起義、舉事平亂之經過。『援蜀篇』記事起自辛亥（一九一一）九月中旬四川獨立後，雲南等革命軍政權準備出兵支援，迄於一九一二年五月五日滇軍援蜀凱旋。『援黔篇』主要記載唐繼堯督黔的歷史，記事起自一九一二年一月二十七日，滇都督蔡鍔暨北伐司令官唐繼堯誓師承華圃，至五月十日，袁世凱正式委任唐繼堯爲黔都督，『迄平陳開釗、席正銘各處積匪之亂』。三篇『建設篇』，記述了雲南軍都督府的組織、官制改革等，以及滇省財政、教育、實業、交通等具體事務，且闡明雲南軍都督府的政治立場、建設思想，并載『建議中央關係國家大計者』。『照抄來電渝行營立』，内收雲南、成都、隆昌、本部、熊行營、新津、萬縣等往來電文。

該書是雲南光復期間時人的記載，資料豐富，内容詳細，尤其是作者對滇軍援蜀動機的分析與時賢對滇軍援黔的議論——『滇垣光復甫二旬餘，西南兩路尚未大定，地又偏於一隅，兵强而財不足，且介乎英、法兩大間，雖反正，獨立難，不能不聯合鄰省，致力中原，以謀輔車之依』；『然滇軍府初以北伐爲重，迨南北議和成，乃援黔以敉定西南大局，當世訊評，非所計矣』，指出雲南援蜀、援黔是當時的必然選擇，肯定了其在鞏固雲南乃至全國新生政權方面所作出的貢獻。文中所表現出的『排滿』革命和狹隘的民族主義思想，反映了時代的局限。

本書爲六册稿本，雖雲南省圖書館總其名爲《雲南光復紀要》，著録爲『雲南光復紀要：十篇，周鍾嶽等纂輯，民國二年（一九一三）』，實除『小引』外，有文八篇。與郭燮熙一九二九年《分纂雲南光復紀要小引》載『制題十篇：曰光復起源篇、光復上篇、光復下篇、軍事紀要篇、建設篇、迤西篇、迤南篇、援川篇、援黔篇、西征篇（指西藏）』對照，現存八篇篇名中，改『援川篇』爲『援蜀篇』，缺『光復上篇』『光復下篇』『軍事紀要篇』『迤西篇』『西征篇』五篇，新增『建設篇』兩篇與『照抄來電渝行營立』。又，一九九一年雲南省文史研究館和雲南省社會科學院文獻研究室整理《雲南光復紀要》（下簡稱『整理本』），其篇名和内容與六册八篇本亦有出入。六册本可考作者名僅張肇興纂『援蜀篇』，郭燮熙纂『分纂雲南光復紀要小引』及『迤南篇第四』『援黔篇第六』『建設篇』，餘無作者記録；據整理本可補作者有：趙式銘纂『起源篇』『建設篇第七』，周鍾嶽纂『建設篇第十』。關於缺失篇目，整理本認爲今雲南省圖書館藏《雲南光復始末記》與張肇興撰《迤西光復篇》應爲『光復上篇』與『迤西篇』；『西征篇』則『原爲張肇興編纂，原稿已失，後有趙式銘稿本，篇首題有「趙式銘編纂，蔡鍔訂正」字樣』，爲趙式銘孫趙衍蓀家藏本。故『小引』所言『十篇』，至今未獲者爲『光復下篇』『軍事紀要篇』兩篇。至於『照抄來電渝行營立』，筆者認爲是雲南省圖書館誤將之收入其中，因其文電有關軍費問題稱民國『六年分十一、十二兩月尾餉補請，僅前七年二月份一個月』等（第一一册第八十九頁），且尊稱有『唐聯帥、熊總司令、顧軍長』等，時間應爲雲南護國起義時。（謝太芳）

滇省光復始末記

蔡鍔撰　民國稿本　雲南省圖書館藏書

蔡鍔（一八八二—一九一六），字松坡，湖南邵陽人。清末秀才。兩度留學日本，先後學

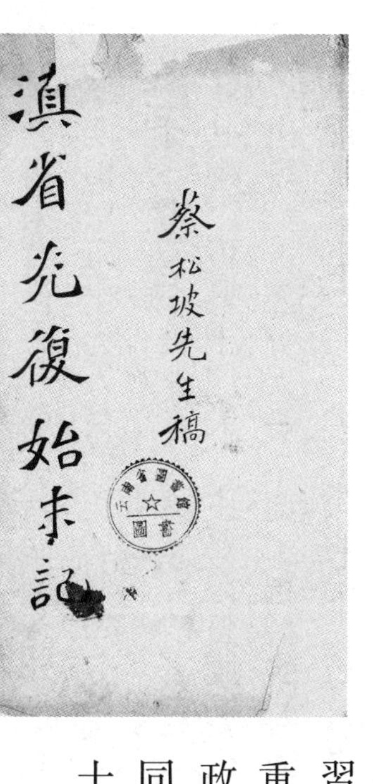

習商科和軍事。一九一一年受聘爲雲南新軍軍官，領導重九起義，任雲南都督。一九一三年調北京任參議院參政等職。一九一五年潛返雲南，與唐繼堯、李烈鈞等共同領導護國討袁運動，任四川督軍兼省長。一九一六年十一月病逝。著述收入《蔡松坡先生遺集》。

本書封面題『雲南光復史料』，扉頁則題『滇省光復始末記』（一行），『蔡松坡先生稿』（一行）；正文書『光復篇第二』（一行），『蔡鍔』（一行）。全稿字迹混亂，且多有塗改之處，故未能遽斷爲蔡鍔之手稿。開篇曰：『清廷腐敗，秕政雜出（按：中删塗一段），爲國計民生，不能不將滿清傾覆，另行組織，俾得與世界各國謀真實之和平，圖人民之幸福。』此後，依次立『滇省舉義之近因』（按：此目改動太多）、『滇省舉義時之概況』、『整理軍隊嚴修戰備』。記事及相關文獻以『陰曆九月十六（日）』爲界，劃分爲前後兩部分。其前記有『致電全省各文武官衙照常供職維持地方治安』『電飭大理、臨安兩步隊速即反正』『設軍政府於五華山之師範學堂』『派定軍政府臨時職員分擔職任』『致電各省宣告本省反正情形』『組織軍政府派定各部、司長官』『分編軍隊派定各軍將領』，以及派羅總統、謝支隊、張開儒支隊等出征雲南各地，策應大理、臨安、開化等地反正等大小十六項工作。其後記有『派援川軍第一梯團赴川』『改巡防隊爲國民軍，更正裝服禮節』『規定省城防禦計畫』『核定文官各衙門章程』『更換重要各地方行政官』『頒布各項重要政令』『派全權委員赴南京提議政綱』『清理全省財政』『恢復省城警察』『賞恤在事出力各人員』等大小十六項工作。

正文最後總結説：『滇省此次反正，純由陸軍主動，故勢力雄厚，不旬日而全滇底定。其主要人員每有政治知識與經驗，故一切善後布置，俱能井井有條，秩序上之整嚴，實爲南北各省之冠。軍府現正籌畫振興實業，并注意整理交通事業。』又説：『滇省政界重要人物，都督爲蔡鍔，軍政部長爲羅佩金，參謀部長爲殷承瓛，軍務部長爲沈汪度，第一師長爲韓建鐸，第二師長爲李根源。反正時最出力者尚有將校謝汝翼、李鴻祥、唐繼堯、黄毓英、雷飆（按：雷飆之後原有「張子貞」，被點去）諸人。謝、李現均任旅長，唐已赴貴州任該省都督云。』

雲南省文史研究館整理重印的《雲南光復紀要》一書包括此稿，二〇一一年由雲南人民出版社出版，但内容文字稍异。（朱端强）

各員弁清摺

民國稿本　雲南省博物館藏書

該書未署作者，形成時間不詳。據其内容，應爲雲南光復期間，在滇西騰衝、永昌、龍陵、順寧四地舉事出力人員的花名册。分甲、乙、丙、丁四班，分别介紹各班人員名字、籍貫、出身、職務和具體事迹。

其中，甲班十四人，主要來自騰衝、保山、楚雄、彌渡、麗江、昆明、臨安等地，爲商、學、軍界出身。大部分人員參與了楊振鴻等人率領的攻打騰越廳的戰役。起義之後，軍界出身者，多充任國民軍第二、三、五、六、七、十營管帶、統帶等職，保衛順寧、永昌、永平、龍陵等地方；學、商界出身者，或於民政處任職，或任縣知事等職。乙班三十八人，來自嶍峨、永昌、華坪、太和、順寧、新興、大姚、楚雄、保山、雲龍、曲靖、騰衝、騰越等雲南各縣，及河南、四川、湖南、湖北、貴州各省。人員有軍、學、商界出身，其中商界人員在攻打騰越廳戰役中多出資，學界人員則多出謀劃策，維持秩序；內亦有投誠人員。光復後，以上人員或辦理騰衝厘務，或委充倉務兼稽印核牘等事，或分任洱源、維西、景東等縣知事，或任鹽達彈壓委員、關税副辦、巡檢、財政副辦等，或任管帶、幫帶、參謀等軍隊職。丙班有四十人，來自省內的永昌、太和、保山、大姚、龍陵、順寧、鶴慶、曲靖、巧家等地，以騰衝縣爲多，及四川、貴州、廣東三省。其出身，除軍、學、商界外，尚有廩貢出身及宦游在騰越的清朝官員。滇軍政府授職多以管帶記名，職責爲保衛永平、干崖、古勇一帶。以上三班人員的職位，分騰越戰事期間、光復後滇軍政府委派的前後變化，并對部分人員進行評價。丁班人員共五十五人，是起義中的在事出力人員，記載簡略，正文祇列籍貫和出身，認爲可任國民軍哨管及各地方文職，但具體任職需要量才録用，并肯定其在保衛治安方面的作用。丁班人員名録之後是參加起義陣亡的人員名録，羅列舉義中在合江、順寧、雲州等地陣亡士兵六十八人的姓名，其籍貫、出身、事迹詳略不一，意在請政府核實并加以賞恤。

此書雖是給政府的呈文，但對每位將士的履歷記載簡明清晰，或受雲南光復以後社會興起對參加革命人士作傳風氣之影響而作，保存了雲南光復起義，尤其是基層將士的重要資料。其職責中有部分涉及邊防，可作研究民國初年邊防建設之參考。（謝太芳）

簽呈光復臨安紀略

張紹楷著　清宣統三年（一九一一）稿本　雲南省圖書館藏書

臨安起義始末

張紹楷著　民國稿本　雲南省圖書館藏書

張紹楷，生卒年不詳。清宣統三年（一九一一），雲南陸軍講武堂特別班畢業，分發駐臨安（今建水縣）新軍第七十五標，任副官。雲南臨安起義主要籌劃和領導者之一。起義後任雲南軍都督府參謀廳二等副官。

《臨安起義始末》即記宣統三年十一月一日臨安起義之前後經過。起自臨安巡官徐維新與朱朝瑛密議反正起義，至起義後朱朝瑛、羅佩金等平定蒙自李鎮邦、龔義和叛亂止。稿末雖署『參謀廳二等副官張紹楷簽據』，但未必張氏一人所著。又記關於此次起義，先有朱朝瑛編呈的《光復臨安紀略》，『内叙講武生頗爲得力，惜忘其名，俟查』，故以親領其事的張紹楷副官所論此稿再作補充。

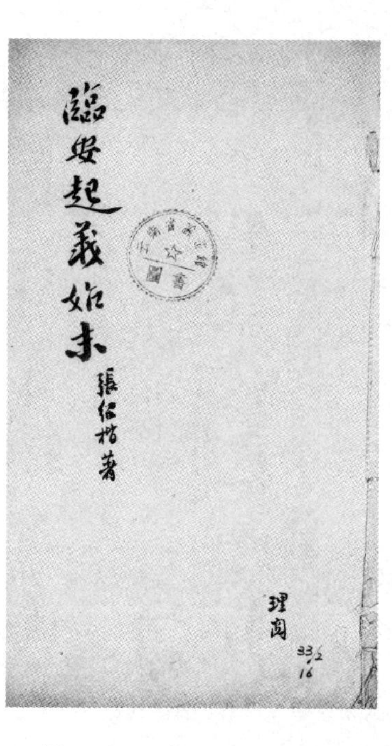

其所記這次起義之大體經過曰：『清宣統三年八月，（張紹楷）分由講武堂特班畢業，時值武昌起義，知我滇時機已熟，因與特班學生周志仁、楊體震、甘澍等十八人冒雨赴臨（安）標見習。密與趙教練官鳳喈計畫一切。因聯絡朱朝瑛及第一、二營軍官何海清、葉青山、吴巇鸞、李鏡明等，并鼓吹各營目兵，議定九月十五（日）夜舉義。因風潮太緊，羅標統接清督電即於十一日早下令各營目兵退伍。（張紹楷）副官等判定省中起義情形已露，因分定任務：見習員認攻營本部，軍官等認集合目兵。即於十一日夜間十點鐘舉義。當將第一、二營管帶及督隊官擊斃。同時，羅標統聞風潛逃，（張紹楷）副官等率隊攻入臨（安）城，……至破杩口鏖戰，將孔防兵擊敗，乘夜追擊，至普雄將孔繁琴殲滅。前清關道龔心湛因之潛逃。於十六日整軍入蒙自，蒙民極表歡迎。』此稿中多有夾紙批注，則當屬未經最後董理之稿也。

《簽呈光復臨安紀略》原爲散頁夾在張紹楷《臨安起義始末》中，内容與該書略同，疑爲該書之別稿。（朱端强）

②護國、護法運動

民意徵實録

雲南政報發行所編　民國五年（一九一六）雲南政報發行所鉛印本　國家圖書館藏書

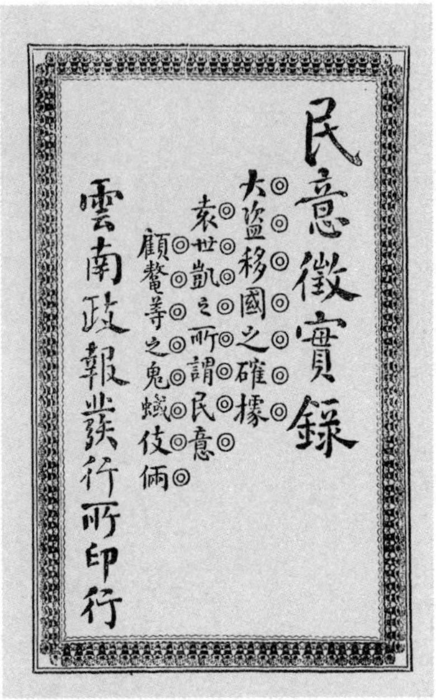

該書爲雲南政報發行所搜集的袁世凱帝制自爲的相關文件彙集而成。雲南都督府副官處關於《印發〈民意徵實録〉的通知》説：『奉都督諭：袁氏違法背誓，帝制自爲，尤復捏造民意，矯飾欺人，鬼蜮伎倆，天人共憤；凡關於國民選舉秘密文電，要皆陰詭計謀，均著集成一帙，名曰《民意徵實録》。公布全國，俾衆咸知。』這就是該書編輯、發行的緣起和目的。

《民意徵實録》計收入袁氏帝制自爲、假托民意之文件六十二件，如《朱啓鈐等致各省請於推戴書中照叙四十五字并囑秘密電》《北京致各省密飭各初選監督將被選舉人詳加考查、選舉人隱加强制電》《北京致各省選舉票勿庸公開形式上仍力求美備電》《北京致各省應將選舉票面標題君主立憲四字電》《朱啓鈐等稱投票全數贊成君主希廣行曉諭電》《國民代表大會推戴電》等。全書約四萬字。

全書一九一六年由雲南政報發行所免費贈閲、散發。這些文電的編輯、發行，對於揭露袁世凱假托民意、帝制自爲的罪行具有重要史料價值。二十世紀八十年代，雲南、貴州兩省社會科學院歷史研究所聯合編輯《護國文獻》一書，首次將《民意徵實録》全文收入，由貴州人民出版社一九八五年出版。（謝本書）

雲南首義擁護共和始末記

庾恩暘著　民國六年（一九一七）雲南圖書館鉛印本　國家圖書館藏書

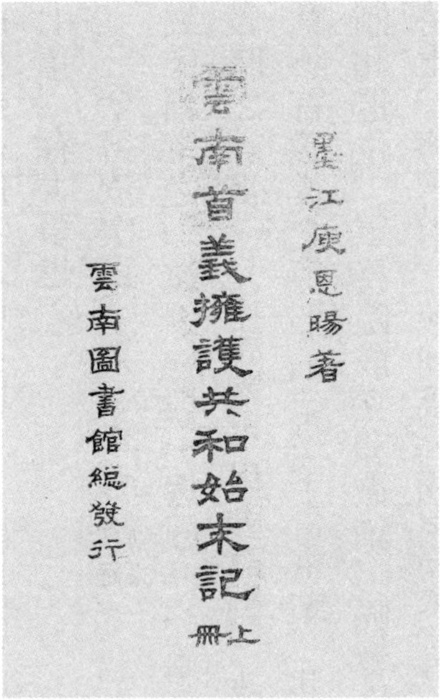

庾恩暘（一八八四—一九一八），字澤普，號楓漁，雲南墨江人。早年留學日本陸軍士官學校，參加同盟會。一九〇九年，與李根源、唐繼堯等奉調回國，在滇軍中任職，一九一一年，參加雲南重九起義。歷任雲南軍政府參謀部第四部部長、總統府諮議、雲南陸軍講武堂校長、雲南都督府軍政廳廳長兼憲兵司令等職，授陸軍中將銜。民國七年（一九一八）在貴州畢節遇刺身亡，年僅三十四歲。

該書爲章節體護國運動史著作。有平裝和精裝不同版本，而以收入『中國西南文獻叢書』者内容最爲完善。該書署『唐蓂賡先生鑒定』。卷首依次有黎元洪、唐繼堯、章太炎、趙藩、李根源及作者所撰序言，插配黎元洪及護國軍各指揮官、梯團長、都督府佽飛軍、軍樂隊、各機關、各兵種、兵工廠、營房、戰馬等的照片，護國軍在北校場、乾海子和巫家壩等地操練，昆明主要名勝等照片。諸序多不言蔡鍔主導護國戰爭。如唐序曰：『今日幸復還共和，皆由於外交之敏活，文字之鼓吹，將士之效命，左右之臂助，父老之竭誠盡力。各得其心之所同然，各竭其力之所當然。而繼堯曾何功之可言耶？』而章序則曰：『雲南諸將既爲《唐督軍事略》，又推次戰功，爲《始末記》七章，存大事也。』

全書依次爲：第一章『緒論』；第二章『袁氏稱帝之原因』（節目從略，下同），内容爲分析袁氏稱帝之『遠因』與『近因』；第三章『首義前之準備』，分述帝制前後之準備；第四章『首義時之計畫』，述護國軍出師計劃、改組軍政府、内外交涉、籌備餉械、擴充軍隊等内容；第五章『首義後之情形』，爲全書重點，共十五節，述護國軍在川、粤、黔、湘之軍情，袁氏取消帝制和退位、軍務院成立和撤銷、國會恢復之經過等；第六章『軍事之結束』，述籌辦善後、恤賞將士、將雲南首義列爲『國家紀念日』等内容；第七章『結論』。附録雲南首義擁護共和周年紀念大會盛況，以及當時雲南各機關單位所贈頌詞、對聯等。此書是記載護國運動内容較爲豐富的著作。（朱端强）

會澤首義文牘

前雲南都督府秘書廳編輯　民國六年（一九一七）雲南圖書館鉛印本　國家圖書館藏書

該書輯録護國運動前後唐繼堯簽發的官方文牘。卷首爲雲南督軍署秘書廳所撰序辭，充分肯

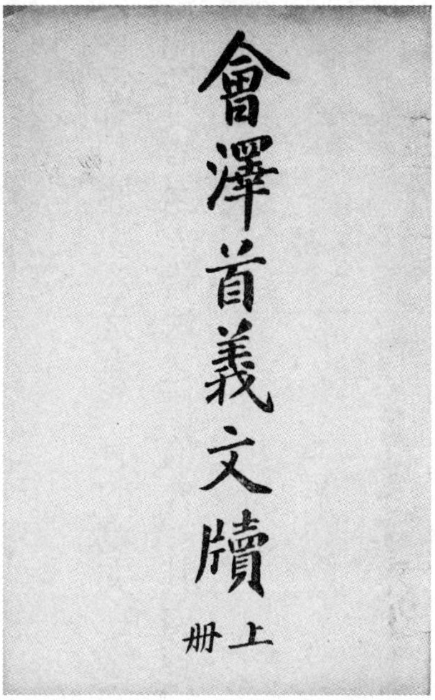

定和美化了唐氏反袁護國的態度。文稱當時有人問唐，如果反袁一旦失敗將如何是好？唐曰：『余計之已熟，他省不響應，當以一省抗之；一省不能敵，當以一隅抗之。究其極，余犧牲一家，犧牲一身已耳！』又稱之所以要選編此書，意在使天下之人看到『會澤之智，亦會澤之愚，會澤之功，抑亦會澤之罪也。讀《會澤文牘》者可以憬然矣！』次爲唐氏戎裝小照一幀。再次爲會澤小傳。

全書第一部分爲電報，録《致各省請聯電勸告取消帝制擁護共和電》《致蘇徐贛桂四省請力與提挈共定危局電》《致駐各國公使維持義舉電》《致華僑請籌餉助義電》《賀黎大總統正式就任電》等一百零五通。第二部分爲文告，録《討袁逆檄》《通牒各國文》《諭蜀中人民文》《就撫軍長職曉諭軍民文》等二十八篇。第三部分爲書牘，録《致北京各師旅團營》《致南洋各埠華僑》《致梁任公》《致李印泉》《致李協和》《復國會議員》等七十九篇。第四部分爲雜文，録《誓師文》《誓告全國同胞文》《慰勞護國第一、二、三軍及挺進軍文》《祭蔡松坡先生文》《祭黃克强先生文》《祭擁護共和陣亡各官兵文》《賀大總統壽文》《滇省首義周年紀念祝詞》等二十一篇。通計各類文牘共二百三十三篇。

二〇〇五年，雲南人民出版社出版杜奎昌輯注的《唐繼堯護國討袁文稿》一書，從該書中選取八十八篇，不到全書一半。檢對杜著，亦鮮見本文所舉篇章。（朱端强）

松坡軍中遺墨

蔡鍔著　民國十五年（一九二六）松坡學會石印本　雲南省圖書館藏書

蔡鍔簡介見前《滇省光復始末記》提要。該書爲蔡鍔在軍中工作時之書法彙編，民國七年（一九一八）曾由中華書局印行，《雲南叢書續編》所收爲松坡學會民國十五年（一九二六）重印本。封面、扉頁均由梁啓超題寫書名。卷首有梁啓超序、蔡鍔及蔡鍔墓照片、蔡鍔略傳。該書收録蔡鍔草擬的電文稿、信函等原件。如《致梁新會函》《致唐都督等廿四電稿》《致范少階元電稿》等，共計一百零六通。其中，致唐繼堯等雲南方面的電稿或函件最多。或因爲草就於行軍作戰之中，故字迹潦草，且多有刊改塗乙之處。有的電文在字旁譯注有電碼數字，或屬已經發出之電文，有的則無。故該書除具有名人書法之價值外，其内容對於研究蔡鍔及有關歷史事件和人物，也具有重要的佐證價值。（朱端强）

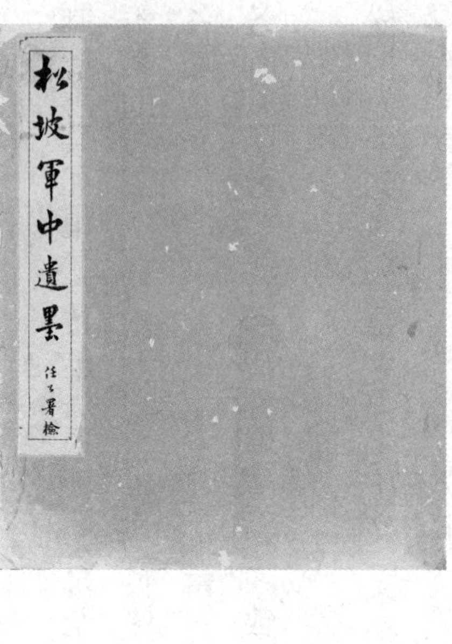

征夫雜録

古直撰　民國鉛印本　雲南省圖書館藏書

征夫又録

古直撰　民國六年（一九一七）鉛印本　雲南省圖書館藏書

古直（一八八五—一九五九），字公愚，號層冰，廣東梅縣人。早年投身辛亥革命、護國和護法運動等。創辦梅州中學、高要初級師範學校等。先後任封川縣和高要縣縣長，多有惠政。後辭官隱居廬山，專心著述。被聘爲國立廣東大學（今中山大學）教授、中文系主任。中華人民共和國成立後，任廣東省政協委員、省文史研究館館員。著有《層冰草堂叢書》等。

兩書同爲立目式筆記。據《征夫雜録》載，民國五年（一九一六）正月初，爲支持討袁護國軍需，唐繼堯、李烈鈞委派龔振鵬、古直等人爲『南洋籌款委員』，專程赴南洋各國聯絡愛國華僑、募捐義款等。該書彙録這次公幹之文稿、筆記和旅途詩作等。封面及正文前配有『雲南禮賢館與華僑招待所』『護國軍神唐繼堯』『護國軍神李烈鈞』『飛將軍林虎』和『唐都督慰問華僑書』圖片五幅，録《唐都督慰問華僑書》全文。書中《南征記》記作者一行於民國五年（一九一六）正月十二日先至香港，經海防、西貢等地抵達星州（今新加坡），次年（一九一七）二月二十日，又從星州一路返回雲南。所到之處皆得到華僑的大力資助。《書温生才軼事》《書三梁事》《書張耀軒

事》三文記南洋著名愛國華僑梁應權等人事迹。

《征夫又録》記民國六年（一九一七）秋，唐繼堯和雲南政府爲感謝愛國華僑的義舉，又特派作者和徐進二人爲『專使』，分赴上述諸國慰問和答謝華僑，同時向華僑介紹護國戰爭的進展情況，希望廣大華僑繼續支持國内革命，來滇投資、開礦辦工廠等。如《泗水惠潮嘉歡迎會演説詞》，作者介紹『護國軍興』後雲南的情況説：『一曰上下一心；……二曰軍容肅穆；……三曰民德淳厚』。他特别提到，當時雲南陸軍講武堂畢業的學生已成爲護國軍的中堅力量。他們率領滇軍『東西轉戰，延及萬里，以少擊衆，以弱敵强，軍行所過，吏民安堵。雖極顛沛流離、飢寒交迫，寧頓踣道途、飄溺江川，終不侵犯人民一草一木也！』同時，也如實講到當時護國將士的困難。『僑情一斑』，記説其所訪之地的華僑情況，如《泗水泗濱日報紀事七則》《吧城華鐸報紀事一則》等，記説當時媒體對此次慰問活動的報道和評論。『簪筆録』著録作者代唐繼堯和雲南政府所擬的相關電文等。兩書對於研究南洋華僑與護國運動等歷史頗具史料價值。（朱端强）

滇中各界勸告唐氏函電録

民國十一年（一九二二）鉛印本　雲南省圖書館藏書

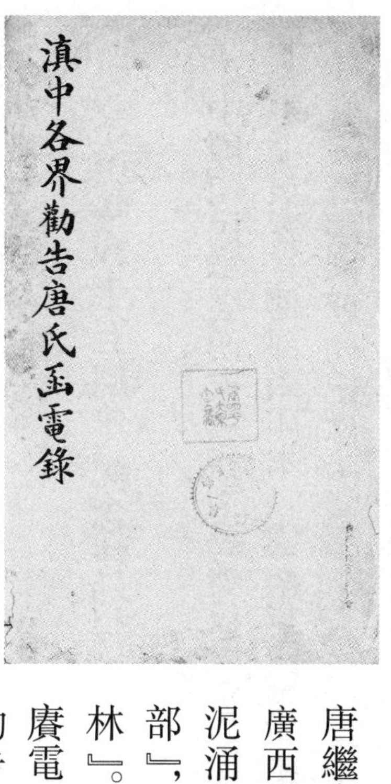

本書收録民國十年至十一年（一九二一至一九二二），唐繼堯離滇之後，又欲返滇，雲南各界致唐氏及其部下、廣西軍隊和孫中山的電函等。致唐氏之電多署『香港黄泥涌道八號』『香港堅道梁輝台三號』『柳州滇軍總司令部』，是爲唐氏離滇之後的居所。致孫中山之電則署『桂林』。電函依次爲《軍界勸告唐蓂賡電》《政界勸告唐蓂賡電》《警界勸告唐蓂賡電》《紳界勸告唐蓂賡電》《報界勸告唐蓂賡先生電》《金總司令（漢鼎）勸告唐蓂賡函》《顧總司令（品珍）致唐蓂賡電》《照抄唐蓂賡來電》《照抄（唐）覆電》《致唐部龍雲胡若愚各將領等勸其改計勿來擾滇電》《再致田樹五促其返省電》《致（孫）大總統報告唐氏軍到西林請示對待電》，共十二通。

這些電函一致譴責唐繼堯背叛『北伐』大業，擾亂滇政，反對他再次回滇争權奪利。電文末均列出真實姓名。如《政界勸告唐蓂賡電》語有『唐氏禍滇，人神共憤。前日去境，武等不宣布罪狀，已屬格外寬容。近反一面揑造各界歡迎言論，煽動前方將士拔隊回滇；一面派員運動土匪吴學顯，希圖擾亂滇省内部。不仁之罪，罄竹難書！』下署劉祖武、秦光玉、童振藻、秦光第、袁嘉穀、李曰垓、顧視高、王燦、李華等數十人。《軍界勸告唐蓂賡電》下署羅佩金、李鴻祥、張開儒、楊蓁、鄧泰中、范石生、朱德、高蔭槐、寸性奇等數十人，《警界勸告唐蓂賡電》下署『雲南警務處長兼警察廳長項銑率領警界全體』，《紳界勸告唐蓂賡電》下署『雲南省議會、三迤總會、教育會、總商會、農會暨軍政警學報各界同』，《報界勸告唐蓂賡電》下署『雲南報界公會』。最後《致（孫）大總統報告唐氏軍到西林請示對待電》署『代理滇軍總司令官金漢鼎』，稱唐軍前部已來到廣西西林，請示孫中山先生將如何對付。語有『唐蓂賡不惜破壞大局，爲禍宗邦，陽樹北伐之旗幟，陰圖南歸之私怨，……鈞命召赴桂林而獨趨柳慶，尊意在奠定民國而彼偏破壞西南，甚至假靖國之廢名阻北伐之大計！』（朱端强）

雲南起義十五周年紀念特刊

中國國民黨雲南省黨務指導委員會宣傳部編　民國十九年（一九三〇）中國國民黨雲南省黨務指導委員會宣傳部鉛印本　雲南省圖書館藏書

本書爲護國運動紀念論文集。封二有孫中山先生遺像及《總理遺囑》一段。全書録文九篇：中國國民黨雲南省黨務指導委員會宣傳部撰《雲南起義十五周年紀念日告民衆書》《雲南起義十五周年紀念宣傳大綱》、龍雲撰《擁護共和與完成革命》、張維翰撰《雲南起義與國民革命》、陳玉科撰《雲南起義的面面觀》、何作楫撰《護國紀念之認識》、羅舉之撰《護國的革命史觀》、王秀斌撰《雲南擁護共和十五周年紀念祝詞》、畢近斗撰《慶祝雲南擁護共和十五周年紀念應有的認

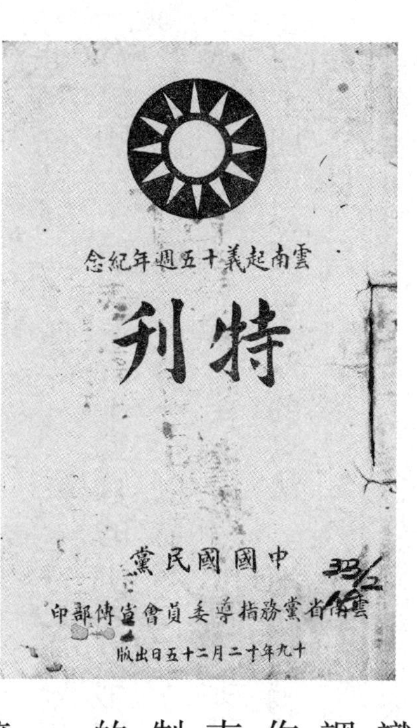

識和努力》。前兩文淡化了個人在護國運動中的作用，强調孫中山及國民黨人（主要指同盟會員）的感召和引領作用，以及護國運動的革命意義。所擬宣傳口號有『雲南起義是爲全國争人格的奮鬥！』『雲南起義是覆滅君權制度的最後決戰！』『紀念雲南起義要努力三民主義整個的發展！』等等。所論紀念護國起義應有的努力主要有：一、掃蕩一切殘餘封建勢力（指北洋軍閥餘種）；二、培植民主勢力；三、砥礪氣節；四、嚴密黨的組織；五、努力建設；六、實施編遣（軍隊），減輕人民負擔。

書中多數文章都特別强調雲南人民對護國戰爭付出了巨大的犧牲。如《雲南起義十五周年紀念宣傳大綱》一文，語有『雲南不惟原有積蓄一掃而空，……又停辦中等以上學校，移學款以作軍費。不足，又向各縣人民捐餉，大縣一萬五千以上，中縣萬元以上，小縣五千元以上。不足，又發行「護國公債」；……至於社會秩序的紛亂與壯丁的傷亡，影響雲南經濟的厲害，更計算不清了』。龍雲的文章亦鮮言個人作用，也着重强調滇人的勇氣和爲之付出的犧牲，語有『以一省之力，提數旅之師，爲共和求存續，爲國民争人格，這不能説不是雲南人震古爍今、揚眉吐氣的一件快事！』（朱端强）

護國軍紀實

鄧之誠著　民國二十四年（一九三五）燕京大學歷史學會鉛印本　國家圖書館藏書

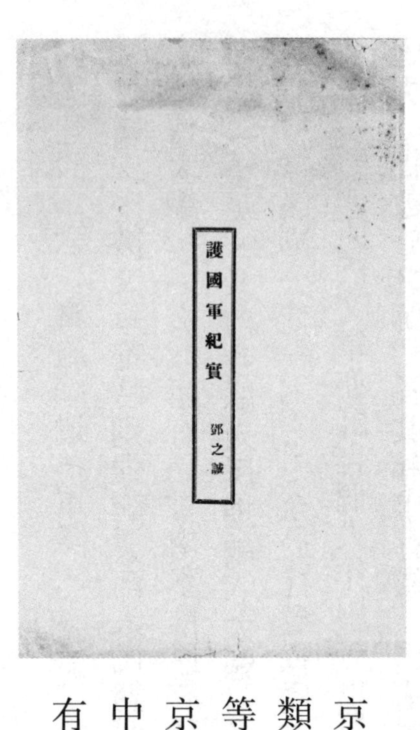

鄧之誠（一八八七—一九六〇），字文如，祖籍南京，清末隨家來滇。考入雲南兩級師範學堂，選科史地類。畢業後曾任《滇報》編輯、昆明第一中學史地教師等，前後寓滇幾近二十年。離開雲南後，先後受聘在北京大學、國史館、北平《新晨報》等教育和文化單位供職。中華人民共和國成立後，任北京大學歷史系教授。所著有《中華二千年史》《骨董瑣記》《清詩紀事初編》等。

本書爲紀事本末體護國運動史著作，爲燕京大學歷史學會民國二十四年（一九三五）《史學年報》第二卷第二期抽印本。卷首無序言，卷末有作者作於民國二十四年七月十五日的小識，稱『予之紀此，蓋丁巳（一九一七）出蜀後，居金昌故人李君寓樓中，偶憶而書之，以備遺忘。……然足迹遍滇蜀，蜀難身膺之，蜀戰親見之，當事諸人亦嘗與之周旋，大抵得其實爲多，猶有所諱者，則曲紀之，亦以爲箴勸，非有意抑揚也』。又稱學習王闓運《湘軍志》的寫法，『不在表戰功，而在叙治亂得失之由』，使史事不致湮没、不致失實。全書之目次爲：『紀蔡鍔督滇始末第一』『紀護國軍起義始末第二』『紀蜀湘滇粵間之戰第三』『紀蔡鍔督蜀始末第四』『紀羅佩金督蜀始末第五』『紀羅戴之争第六』『紀羅劉之哄第七』『紀戴戡督蜀始末第八』『紀戴劉之哄第九』『紀滇蜀兵爭第十』『雜紀第十一』。該書出自史學名家之手，體例嚴謹，論述公允。

雲南省圖書館藏有該書民國二十八年（一九三九）本。該本卷首粘有《雲南護國軍部分梯團長》《雲南護國軍軍以上將領》《雲南護國軍部分支隊長》照片三幅；扉頁由著名史學家洪業題寫書名，次爲友人題寫詩詞二首，一九三五年作者所作小識在題詞後，作爲作者序。（朱端强）

雲南首義紀念感言

馬伯安述　民國三十四年（一九四五）鉛印本　雲南省圖書館藏書

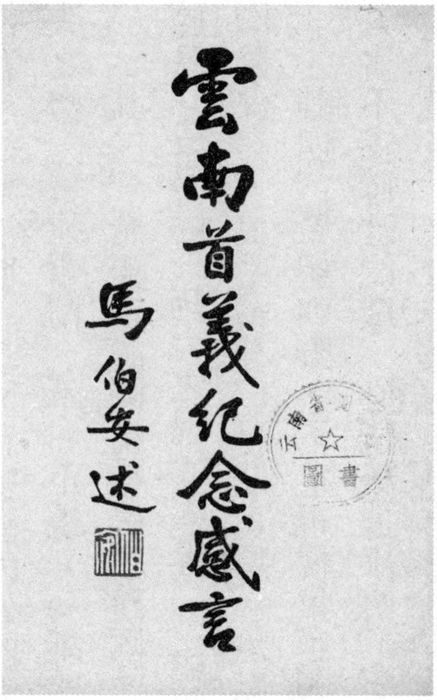

馬伯安即馬驄，簡介見前《雪泥鴻爪》提要。作者對護國運動及其歷史意義提出了自己的看法。

其一，唐繼堯爲護國之主動者。文稱：『會澤唐氏繼堯……以袁氏叛國，激於大義，竟能不動聲色，當機立斷，毅然決然，投袂而起，建此非常偉業，……論者不察，謂爲被動，未免抹煞事實，別有用心。抑知唐氏，當時既爲軍事首長，實權在握。勿論無人能於劫持，藉曰能之，設其不爲所動，或利以邀功，則裂土分封，位躋王侯，固意中事，而唐氏不屑爲也。』

其二，肯定蔡、李襄助之功。文稱：『自來舉大事故非一手一足之烈所能爲功。當日躬與其役者，如蔡松坡、李協和暨國内外四方同志賢豪，或參與大計，或躬歷行間，以孤弱之力，當方張之勢，誓死奮鬥，不屈不撓，功績所表，要皆各有千秋。』

其三，希望以護國精神民主建國。文稱：八年抗戰，最後勝利，『制止内戰，還軍於國，還政於民，造成民主統一之現代國家，已成普遍一致之要求。順之則昌，逆之則亡。……今幸河山無恙，國脉保存，民主精神，可期實現，足以告慰護國救國諸先烈在天之靈』。

其四，希望朝野上下重視搜集護國史料，訂僞存真。『將來編纂成史，必能正其謬誤，類如教科書不正確之記載，必能根據事實，予以修正，以正視聽，而資觀感。』

最後，作者認爲，在衆多護國史書中，庾恩暘所著《雲南首義擁護共和始末記》一書『叙述已詳，事屬正確，足備參考』。（朱端强）

雲南起義信史

李宗黄著　民國三十五年（一九四六）中國地方自治學會鉛印本　國家圖書館藏書

李宗黄（一八八七—一九七八），字伯英，雲南鶴慶人。保定軍官學校畢業，同盟會會員。參加雲南重九起義。護國戰争期間，任護國軍駐上海代表。此後，歷任雲南市政督辦、廣東軍政府交通部次長等。一九二三年，隨孫中山討伐陳炯明，授陸軍中將銜。一九二四年，任國民黨一大代表、候補中央執行委員。此後亦歷任國民政府之黨務、監察、國防方面之高官。一九四五年

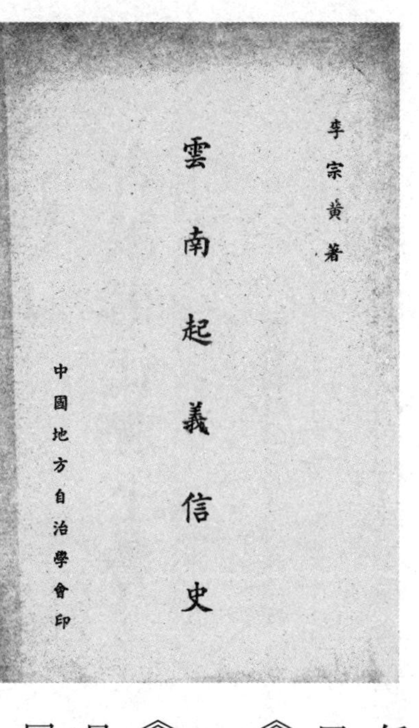

任雲南民政廳廳長、代理省政府主席，鎮壓『一二・一』民主運動。一九四九年去臺灣。還著有《雲南護國紀實》《中國地方自治總論》《李宗黄回憶録》等。

該書封面署『中國地方自治學會印』，封二刊作者著《新縣制之理論與實際》《憲政與地方自治》《地方自治人員手册》等六種與地方自治相關著作的廣告，則此書或屬中國地方自治學會所編叢書之一。

該書爲紀念雲南護國起義三十周年而作，且與作者前作《雲南護國紀實》之部分内容及觀點略有雷同。主要節目爲：『緒論』『雲南起義之真相』『雲南起義與全國軍民』『雲南起義與中國國民黨』『雲南起義與各黨派』『雲南起義與民主精神』『雲南起義之中心人物』『結論』。關於護國起義的領導者，作者觀點較前略有修正，主唐、蔡、李等人精誠合作所致，云：『雲南起義之中心人物，實爲唐繼堯、蔡鍔，次則李烈鈞，羅佩金、黄毓成、趙又新、顧品珍等亦與有力焉。蔡鍔智勇出衆、機警過人，與李烈鈞之才氣縱横、不可一世相伯仲，故能逃出虎穴，再到雲南。其與唐繼堯也，有同學（日本士官）、同事（前清十九鎮）、同官（滇黔都督）之誼，精神深相契合。蔡離滇之前，特薦唐以自代，更有相知之雅，故能不避艱險，慷慨赴義。……唐、蔡公忠體國，雍容揖讓，實爲近代軍人之楷模。』其所反對和駁斥的衹是梁啓超等貪天之功爲己有，公然聲稱命其『學生蔡鍔』到雲南發動起義云云。

關於護國起義之政治訴求，作者歸納總結爲以下四點：一是勠力擁護共和政體，恪遵成憲；二是劃定中央和地方權限，以圖各省自由民力之發展；三是建立名實相符之立憲政體，以適應世界大勢；四是以誠意鞏固邦交，增進國際團體上之國格。（朱端强）

③抗日戰争

龍司令長官告誡出征將士書

龍雲講　民國二十六年（一九三七）滇黔綏靖公署政治訓練處鉛印本　國家圖書館藏書

民國二十六年九月

龍司令長官

告誡出征將士書

滇黔綏靖公署政治訓練處印

龍雲（一八八四—一九六二），原名登雲，字志舟，彝名納吉烏梯，彝族，雲南省昭通人。曾任國民革命軍第三十八軍軍長、雲南省政府主席、國民政府軍事委員會軍事參議院院長等要職。一九四四年秘密加入中國民主同盟，一九四九年在香港與黄紹竑等四十四人發表《我們對於現階段中國革命的認識與主張》，表明與國民黨徹底決裂，擁護中國共産黨。中華人民共和國成立後，歷任中央人民政府委員、人民革命軍事委員會委員、西南軍政委員會副主席、西南行政委員會副主席、民革中央副主席等職。

滇黔綏靖公署全稱『國民黨滇黔綏靖公署』，由討逆軍第十路總指揮部於一九三五年改建，管理滇黔兩省軍政，龍雲、薛岳分别任正、副主任。一九三六年下設政治訓練處。

一九三七年全面抗戰爆發，龍雲被任命爲第三預備軍司令長官，他主張雲南出軍二十萬參加抗戰，最終組織第六十軍、第五十八軍等北上參與全國抗戰。本書是龍雲奉中央命令，對即將遠赴抗日前綫的雲南將士發出『全力誓死抗戰到底』的動員令。

本書正文前分别是總理遺像和遺囑、蔣委員長像、『不抗戰則死，抗戰則生！』的標語、龍司令長官像和他的六條訓示。正文共六部分，首爲『日本侵略我國的痛史』，追溯歷史上明朝以來日本人侵我國的罪惡歷史，痛斥這五六十年來樁樁件件令人義憤填膺、發指眦裂的侵略罪行。次爲『雲南的光榮和現狀』，闡述雲南爲了共和，在護法靖國中『祇知道有國家，不知有其他』，『以一省之力，獨當全國重任』，獲得了『全國人士對雲南的贊揚』和『滇軍的聲譽』，以及由此帶來『雲南後來所受的痛苦』和『經濟的犧牲』，并闡述了政府爲走出困境所做的努力，等等。呼籲士兵貫徹雲南當局『擁護中央，服從領袖，準備實力，捍衛國家』的主張，尤其到了最後的關頭，要報國救國，再展『雲南的光榮』，『以對四萬萬五千萬白熱的同胞』，『以慰千三百萬雲南人民之望！』第三爲『中日戰争關係國家民族存亡』，分析了戰争的範圍和性質，認爲它是關乎國家的最後命運的戰争，要『萬衆一心，艱苦不計』，争取抗戰勝利。第四爲『記着本司令長官平昔的訓示』，重申平時要求軍隊長官要明大體、重氣節、有犧牲、愛惜公物如生命、認識國家領袖信任本省長官、不輕聽謡言等六條訓示的作用與意義，强調『在此國勢危急、千鈞一髮之時，大家更要身體力行』。五爲『出征官兵的自身問題』，表明從國家到地方各級政府對出征官兵傷亡與陣亡者及其子女、家庭的優恤辦法，并要求士兵愛惜滇軍名譽，發揮護法運動以來的光榮傳統。六爲『最後的話』，肯定士兵出征的重大貢獻，是『爲國殺敵，爲民族爭生存，爲人民謀解放』，并再次對將士抗日殺敵精神提出五條具體訓示，要求士兵『努力殺敵，不能成功，就是成仁』，表明抗戰到底的決心。文末『附録』，從武器裝備與雲南社會經濟的關係出發，論述此次戰爭『雲南以整個物力貢獻於國家民族爲生存而奮鬥的使命』。此書可作爲研究抗戰史、雲南社會史的重要資料。（謝太芳）

六十軍在抗戰裏（第一集）

必勝出版社編輯　民國二十七年（一九三八）必勝出版社鉛印本　國家圖書館藏書

主要編著者生平待考。其他作者或爲隨軍記者，或爲六十軍文職官佐。可考者如刀進德，雲南元江傣族世襲土司之後，黃埔軍校第五分校畢業，曾任六十軍少校營長；施公猛，曾任第一集團軍總司令部少將秘書長，第一集團軍的前身即是第六十軍。

本書爲專題類立目式筆記。彭舜吾撰『卷頭語』稱：『誰也知道六十軍是雲南出來的隊伍。這隊伍被國人們關切着，也爲雲南父老們關切着，并且付給了最大的期許和希望：以護國靖國的革命精神充分地應用和發揚在抗戰裹。因此，在初度參加了魯南大會戰後，應該向國人們及雲南父老們報道它的經歷，雖則它的經歷纔剛剛開始。』强調此書的内容一是記載事實，不加粉飾，通俗易懂；二是讓人們進一步瞭解六十軍『怎樣兢兢業業地走向爲國家民族争解放的道路，并不敢有負國人們的厚望』。并解釋編爲『第一集』的緣由，是因爲『抗戰不是短期結束的事』，所以還有第二、第三乃至若干集。

全書收録王鳳章《踏上了征程》《到了抗敵的戰場》、羅樹清《魯南會戰中的六十軍》（文末署：廿七年六月廿四日）、錦琳《血戰李莊》、周正坤《血戰辛莊》、刀進德《李家圩及房莊》、施公猛《徐州突圍記——從台兒莊到武漢》、洪明《突過鐵佛寺》（文末署：二十七年六月二十日寫於湖北黄陂軍次）、華斯特《六十軍的一片斷》（文末署：一九三八年六月十一日於湖北黄陂軍次）。雲南省圖書館藏本的扉頁還附新書預告：《六十軍在抗戰裹》第二集、《六十軍抗戰照片集》，但不知後來是否出版，有待進一步訪尋。

全書以作者自己的親身經歷，用短文筆札的形式，記叙六十軍參加抗戰的情形。如王鳳章的《踏上了征程》，記六十軍從昆明出發，自滇黔到湖南，一路受到民衆支持的情形。又如華斯特《六十軍的一片斷》中『紀律甚好，秋毫無犯』『拿給公家去買子彈』『背着哥哥的屍灰再去殺敵』等條，從不同角度，記叙了六十軍嚴密的軍紀、血戰台兒莊英勇殺敵的壯烈場面和奮不顧身的犧牲精神等。該書是報道六十軍抗戰事迹最早、最直接的文獻之一，彌足珍貴。（朱端强）

追悼六十軍抗敵陣亡將士特刊

滇黔綏靖公署政治訓練處編輯　民國二十七年（一九三八）雲南各界追悼六十軍陣亡將士大會鉛印本　國家圖書館藏書

以雲南將士爲主體的第六十軍赴魯南台兒莊參加抗戰之後，雲南各界在昆明隆重召開『追悼六十軍抗戰陣亡將士大會』，該書即爲大會之文獻彙編。扉頁爲時任雲南省主席龍雲題書『正氣長存』四字。此外，書中還插有雲南政要名流如李根源、周鍾嶽、胡瑛、丁兆冠、張邦翰、盧濬泉等人以及滇黔綏靖公署軍訓處、雲南陸軍醫院、雲南省各教育機構、各級學校、社會民衆團體等單位所獻悼詞、挽聯、詩歌，插有六十軍在台兒莊繳獲戰利品的照片等。

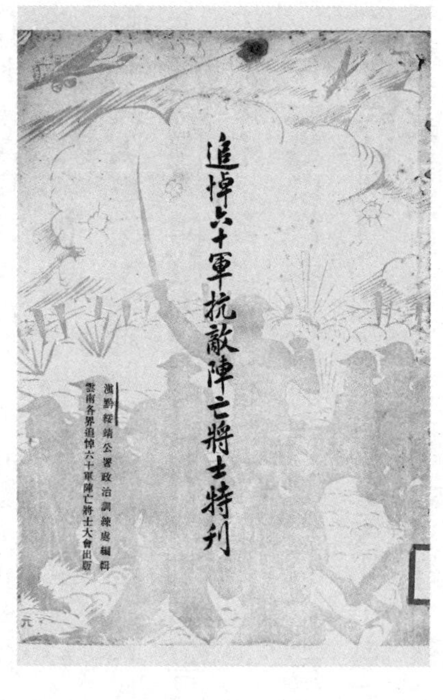

卷首刊出《爲追悼六十軍陣亡將士告雲南民衆書》，文章高度贊揚了六十軍將士英勇抗擊日本侵略軍的犧牲精神，號召大家永遠銘記陣亡將士的業績，以實際行動弘揚其精神，共赴國難，抗戰到底。同時介紹了當時雲南省政府對陣亡將士的撫恤政策：『籌定遺族（按：指陣亡將士家屬）恤金，製發「表忠牌」「飛鷹旗」，發給恤賞，遺族子女免費入學，捐税勞役一概豁免』，規定將『表忠牌用於懸掛在烈士家大門之右方易見之處』等。《陸軍第六十軍魯南陣亡官佐名職表》列示六十軍一八二師、一八三師犧牲之將士姓名、隊號、職級、籍貫，總計一百七十八名。王紹猷輯述《第六十軍魯南抗敵陣亡將士節略》，介紹陳鍾書旅長，嚴家訓、龍雲階三位團長，尹國華、何起龍二位營長，黄人欽連長之生平及英勇犧牲事迹，并附有照片。許良安撰《關於我所知道的幾個烈士》，介紹了雲縣董文英、保山陳寶祥、安寧魏開泰等十四位陣亡將士的簡歷和個性。此外還刊發錦琳撰《血戰李莊——尹營長壯烈犧牲經過》、盧濬泉撰《六十軍陣亡烈士歌》、馬子華撰《血染的軍旗》、徐茂先撰《以行動追悼六十軍陣亡將士》等作品。

第六十軍遠征魯南，血戰台兒莊，沉重地打擊了日寇，提振了全國人民的抗敵勇氣。它是抗日戰争中的重要戰役，是雲南軍民的驕傲。本書表達了民衆對陣亡將士的崇敬之情。正如龍雲之挽聯所云：『五千年戰史空前，國運復興，諸君不死；一萬里征程邁進，忠魂永壯，此日其歸。』（朱端强）

騰衝敵情報告書

李嘉祜編　民國三十三年（一九四四）稿本　雲南省檔案館藏書

李嘉祜，别號壽臣，雲南騰衝人。民國時先後任小學校長、中學教員、梁河設治局佐理、雲南省黨部幹事、騰衝縣建設局局長、騰衝縣民政科科長、雲南省賑濟會主任委員等職務。

一九四二年日軍入侵滇西，騰衝淪陷，身爲騰衝縣民政科科長的李嘉祜在縣長邱天培逃跑的情况下，仍留敵後『聯絡士紳，號召鄉鎮，發動民力，策應國軍』。新騰衝縣長張問德上任後，

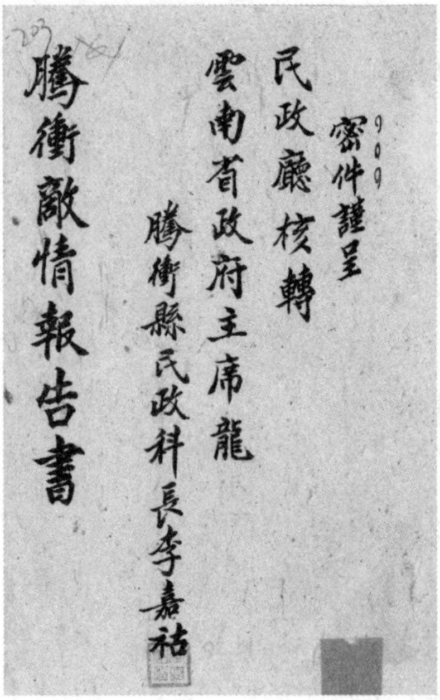

李嘉祜在騰北游擊區搜集情報，輔助新縣長，協助國軍抗戰。一九四四年四月，李嘉祜到保山，將兩年來搜集的敵僞之軍事、政治、暴行等各種情報整理成册上報雲南省政府。

本書封面有編者手書『騰衝敵情報告書』『密件謹呈民政廳核轉雲南省政府主席龍（龍雲）』『騰衝縣民政科長李嘉祜』等字樣，并鈐『李嘉祜印』。篇首爲概論，簡述騰衝歷史文化和日軍占領騰衝的情形。之後爲凡例、目録和正文。正文分上、下兩册，計四篇三十六章，後爲結論。上册共兩篇，第一篇『敵人之軍事方面』，從軍事、防禦、工事、行動、掩護、兵種、軍官、糧秣、囤積、交通、夫馬、運輸、傷亡、企圖等方面分十五章進行詳述；第二篇『敵人之政治方面』，從敵人統治政策、僞政府機構設立、經濟等方面分六章詳述。下册分兩篇，第一篇『敵軍之殘暴行爲』，從暴行、慘殺、劫掠、焚燒、毀壞、奸淫、酷刑、徵派等方面分九章詳述；第二篇『騰衝民衆方面』，從民衆、鄉保、士紳、漢奸等方面分六章詳述。編者在後記中寫道：『所述情形，皆編者在騰衝戰區從事政治工作兩年以來目睹眼見、耳聞、據報所及而爲。是書所言雖卑之無甚高异，俱皆實際情形，詳閱是書，與身莅淪區、實地考察無异。』該書内容翔實，是研究日寇鐵蹄蹂躪下的滇西地區的重要史料。（李艷）

第十一集團軍滇西龍芒地區作戰經過報告

宋希濂著　民國三十三年（一九四四）陸軍大學校鉛印本　國家圖書館藏書

中華民國三十三年

第十一集團軍滇西龍芒地區作戰經過報告

陸軍大學校印

宋希濂（一九〇七—一九九三），字蔭國，湖南湘鄉人。抗日名將。黄埔軍校第一期學生，曾赴日本陸軍步兵學校學習，參加過北伐戰争。抗戰期間，歷任國民革命軍第七十一軍軍長、第十一集團軍總司令兼昆明防守司令。一九四四年五月滇西反攻戰役時期，率部進圍龍陵，先後攻取被日軍盤踞兩年之久的平戛、龍陵、芒市。著有《鷹犬將軍——宋希濂自述》。

作者時任第十一集團軍總司令，本書爲其所撰戰報，屬原始檔案文獻，共五十六頁，分四部分：一、滇西兵要地理概述；二、開戰前敵我態勢；三、作戰經過；四、經驗教訓。該書對滇西山川河流、道路網、氣候、居民分布、物産狀況等軍事地理要素條分縷析，詳細比較戰前敵我態勢，介紹參戰的我第十一集團軍、第二十集團軍兵力配備與部署，及對盤踞滇西日軍兵力的偵察情況。該書記載從一九四四年五月十一日中國軍隊强渡怒江吹響反攻號角開始，至九月二十二日作者職務由副總司令黄杰代理爲止，歷時四期的作戰經過。渡江時第十一集團軍擔任防守任務，渡江後改爲左翼軍，擔負攻擊龍陵、芒市之作戰任務，在龍陵與日軍反復較量，至作者卸任之日仍未實現收復龍陵的作戰目標。

作者最後總結了十點教訓，在戰鬥力比較方面說：『此次滇西戰場，我軍因得美方新式武器之裝備，火力實較敵軍爲優，就數量上言，我亦超過敵軍數倍。但敵以劣勢兵力在四五百公里之廣，正面與我周旋數月，實由於敵軍戰鬥意志之堅强、戰鬥技術之嫻習，爲我軍所不及。當我軍攻一據點，敵雖剩一兵一卒，猶死守不退，非將其徹底消滅，則此據點尚不能確實占領。』作者特别强調了雨季攻擊作戰對我軍極端不利：『此次遠征軍反攻適值雨季，數月以來無日不在淫雨陰霾之中與頑强之敵周旋奮鬥，前綫官兵因受風雨之侵蝕，疾病叢生，而道路泥濘，人馬之倒斃於途者比比皆是，於軍隊戰力及後方補給之影響極大。且因天候之惡劣，飛機之活動亦大受限制，故逆天行動，實非所宜也。』該書是研究中國遠征軍滇西反攻戰役的第一手資料。（許新民）

緬甸遠征記

李航著　民國三十三年（一九四四）文獻出版社鉛印本　國家圖書館藏書

李航（一九一一—二〇一三），原名李育中，筆名李航、韋陀，祖籍廣東新會，出生於澳門（一説香港）。中國民主同盟會成員。少時就讀於港澳等地學校，學習英、葡、俄文。一九二九年開始發表作品，二十世紀三十年代初較早譯介海明威、馬雅可夫斯基、薩特等人的作品進入國内。全面抗戰初期在廣州等地參加文化界抗敵活動，一九四〇年春任教於廣西桂林逸仙中學。一九四二年初受邀任國民革命軍第五軍英文秘書并隨中國遠征軍入緬甸作戰，以親身經歷著成是書。戰後在廣州藝術類學校任教。一九五三年任華南師範大學中文系教授。著有詩集《凱旋的拱門》、劇本《伴父生涯》及合作專著《嶺南現代文學史》等。

本書封面、扉頁有『報告文學』字樣。首有署名『莫千』的序詩《大軍南征》一首，內容爲出國抗日遠征戰士向母親表達獲勝的決心和信心。正文分爲上輯、下輯和附輯三部分。上輯列有『不被人注意的土地』等二十八目，分別敘述緬甸概況，中英緬印關係，日軍侵入緬甸及英軍敗退，中國遠征軍協助盟軍入緬作戰及在國際、國內獲得的良好反響，同古、仁安羌等戰役，遠征軍在臘戍、瓦城（曼德勒）、葉達西、斯瓦河、平蠻、棠吉以及泰國、緬甸邊境等地的作戰情況，日軍進攻緬北、滇西，我軍退入國內及印度，第二〇〇師師長戴安瀾將軍殉國，作者對入緬作戰得失的檢討等。下輯列有『飛虎之群』等十二目，分別敘述美國航空志願隊（飛虎隊）的組成及業績，滇緬公路在戰時的重要作用及盟軍爲保衛這一交通綫所做的努力，中緬之間自漢代以後的關係和緬甸發展史，清末民初滇緬界務，緬甸以及越南等東南亞國家的華僑祖籍、職業、教育等情況，英屬印度、緬甸分治（一九三七年四月）後緬甸的政治、軍事、國防、政黨派別，戰時日軍對緬甸親日勢力的拉攏和後者的活動，入緬遠征軍的政治、宣傳工作。後面附有部分緬語與漢語對照表、緬甸民間故事、戰時國內報刊中有關緬甸戰事的評論、國內給遠征軍將士的慰問信和作者的跋文。附輯收録有十篇文章，爲當時各界人士關於德意日軸心國、南洋各國及印度的戰略地位和資源、南洋華僑的經濟活動、日軍對南洋的侵略行徑等內容的評論或研究。

作者以親身經歷叙述了第一期中國遠征軍在緬甸與日軍作戰的幾次重要戰役，有背景展示、戰事過程、官兵視角、得失檢討，是有參考價值的一手資料。關於飛虎隊、滇緬公路的由來和作用，關於緬甸歷史及其與中國、英國、印度的關係等，作者通過較全面的時局觀察，并在廣泛利用相關資料的基礎上進行了分析，對後世研究具有重要的啓發意義。（牛鴻斌）

烽火滇西話征程

王璧岑著　民國三十四年（一九四五）大觀出版社鉛印本　國家圖書館藏書

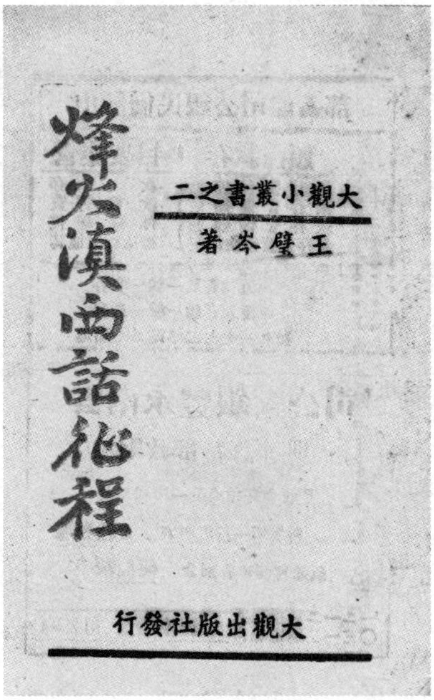

王璧岑，生卒年和籍貫不詳。全面抗戰初期遷居雲南，從事新聞工作，先後擔任《益世報》駐昆明特派記者、《巴城新報》特派員、《民國日報》主筆。一九四〇年日機轟炸滇越鐵路期間，曾以記者身份沿鐵路到越南進行采訪報道。作者自稱主編『昆明歷史最悠久的小型刊物』《大觀樓旬刊》。另著有《物價問題總檢討》《通貨膨脹論》。

此書爲『大觀小叢書』之二，屬於旅行札記。一九四四年中國遠征軍發動怒江反攻後，昆明新聞界組織滇西慰勞團赴保山前綫勞軍，成員十多人，分别來自中央通訊社昆明分社及《中央日報》《正義報》《民國日報》等新聞媒體。作者受邀參加，於七月十一日出發，到保山前綫拜見中國遠征軍司令長官衛立煌，爲遠征軍將士舉行隆重的慰勞大會，行程前後歷時二十六天。全書主要篇章有《祇有雲南人纔能完成的公路》《被遺弃的孤兒——滇緬鐵路》《火把照耀下的城市——楚雄夜景》《從『殲滅戰』到『總退却』——祥雲之夜》《小昆明——下關》《三塔寺三塔兩斜》《鐵鏈橋工程够偉大》《最險的一段公路——永保之間》《遠征軍『五月渡瀘』》《會見衛長官》《慰勞大會》《『不到保山不知雲南之富』》等。作者記録沿途見聞，所經城鎮如楚雄、一平浪、祥雲、下關、大理、保山的風土人情，與各界人士的接洽，滇緬公路、廢修的滇緬鐵路、永平鐵鏈橋等均有着墨。書中記載，滇緬公路從昆明到畹町全長共九百六十公里，沿途所經過的是『中國地形上最複雜的横斷山脉』，它穿越蒼山、怒山、高黎貢山三大山脉，跨過瀾滄江、怒江兩條大河。修築這條公路没有使用機器，全憑雲南人民的人力完成。凡是親身走過這條公路的中外各界人士，都驚嘆這條公路的偉大以及雲南人民對抗戰的貢獻。時任美國駐華大使詹森先生説：『滇緬公路的工程和巴拿馬運河同樣艱險。』倫敦《泰晤士報》的旅行記者感慨地説：『滇緬公路的工程祇有中國人纔能完成。』

作者到達此行的目的地保山時，中美盟軍正聯合發動松山戰役，與負隅頑抗的日寇激戰。保山城居民疏散一空，街頭都是清一色的軍人面孔，跑着軍用吉普車。他們在保山停留十天，其間，就聽到了六七次空襲警報，看到城市被炸的痕迹，親身感受到滇西抗戰前綫緊張的戰爭氣氛。慰勞大會於七月二十三日下午四時在保山城外的光尊寺舉行，司令長官衛立煌、應邀前來的美軍各級將領、遠征軍將士四五百人出席，與會將士精神振奮，對取得滇西抗戰勝利充滿信心。該書是一部稀見的滇緬抗戰文獻，其記載的中國民衆勞軍活動豐富了中國抗戰史研究的

史料。（許新民）

國軍滇緬殲敵記

軍事委員會政治部第三廳編輯　民國三十四年（一九四五）軍事委員會政治部鉛印本　國家圖書館藏書

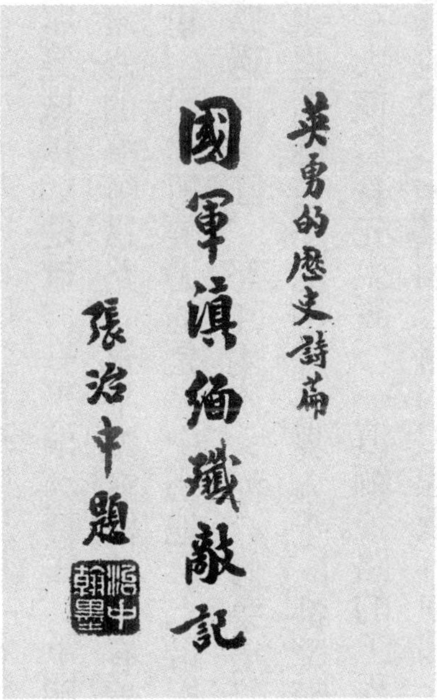

是書爲記録當時參戰官兵的戰地紀實以及隨軍記者的署名報道的合集。作者有霍揆彰、黄仁宇、彭河清、范伍思、黄印文、張仁仲、吕德潤等人。霍揆彰（一九〇一—一九五三），湖南酃縣人，畢業於黄埔軍校第一期，國民革命軍陸軍中將。一九四三年四月任第二期中國遠征軍之第二十集團軍司令，一九四四年五月率所部强渡怒江，攻克騰衝、龍陵等地，全部收復滇西失地。著有《第二十集團軍騰衝會戰概要》等。黄仁宇（一九一八—二〇〇〇），湖南長沙人。著名史學家。一九四三年加入中國駐印軍，參與緬北反攻作戰。後赴美學習，獲密歇根大學歷史學博士學位，著有《緬北之戰》《萬曆十五年》《中國大歷史》《汴京殘夢》等多種。彭河清、范伍思、黄印文、張仁仲、吕德潤等人，多爲當時中央社、美聯社及《大公報》等新聞媒體的記者。

本書爲『青年軍叢書』第二種。封面有張治中題『英勇的歷史詩篇　國軍滇緬殲敵記』。目次後有《滇西緬北戰場地圖》一幅。正文分爲三個專題。第一專題『滇西戰場』，收録八篇文章：《强渡怒江前後》（范伍思）、《松山堡壘之戰》（黄印文）、《攻克騰衝一頁偉大詩篇》（彭河清）、《騰衝之捷》（彭河清）、《龍陵前綫視察記》（曹效時）、《龍陵戰場》（周毅杭）、《戰士們千辛萬苦這樣的奪回了龍陵》（黄印文）和《滇西反攻勝利的三大因素》（宋希濂）。第二專題『緬北戰場』，下分三個部分，第一部分『孟拱的攻克』，收録十篇文章：《緬北前綫的戰鬥》（永炎）、《孟陽河戰役詳記》（蕭亮）、《進入印緬火綫》（永炎）、《隨軍出擊記》（黄仁宇）、《戰車英雄殲敵》（張仁仲）、《孟拱河谷叢林戰》（永炎）、《孟拱河谷觀戰記》（永炎）、《孟拱外圍的戰鬥》（永炎）、《向孟拱城進軍》（張仁仲）和《反攻緬甸的戰鬥經驗》（《時事新報》記者）；第二部分『密支那的閃擊』，收録八篇文章：《閃擊密支那》（吕德潤）、《密支那的攻城戰》（永炎）、《密支那像個罐頭》（黄仁宇）、《國軍攻克密支那經過》（鄧蜀生）、《密支那克復記》（張仁仲）、《在密支那戰場》（陳洪鋼）、《在密支那》（王熙績）和《密支那已成盟軍大基地》（《掃蕩報》）；第三部分『八莫的進軍』，收録五篇文章：《進入八莫火綫》（莫安夏）、《進軍八莫》（王建時）、《進入八莫戰場》（永炎）、《八莫之戰》（吕德潤）和《我所知道的八莫攻城戰》（黄仁宇）。第三專題『戰地小記』，收録八篇文章：《開麥拉眼中的緬北戰場》（蕭保）、《這一件戰利品》（張仁仲）、《遠征史上的壯烈事迹》（《掃蕩報》記者）、《我們不把敵人瞧在眼裏》（吕德潤）、《遠征軍甕中捉鱉》（《光半月刊》）、《緬北的中美弟兄們》（吕德潤）、《遠征軍的將星群》（吕德潤）和《緬北前綫的學生》（金勺）。

滇西緬北對日作戰是盟軍在中緬印戰區的重要軍事行動，也是中國抗日戰爭正面戰場最早的

反攻戰。是書作爲親歷者當時之記録，全景式地反映出第二期中國遠征軍在滇西緬北的戰鬥經過，具有重要價值。（牛鴻斌）

滇緬路

宋自節等譯著　民國三十四年（一九四五）今日新聞社出版部鉛印本　國家圖書館藏書

全書分四部分：

一、《滇緬路略圖》，署『漾兮繪』。

二、《滇緬路》，署『P.Fitzgerald 著，宋自節譯』。查理斯·帕德里克·P·Fitzgerald（一九〇二—？），譯作菲茨杰拉德·查理斯·帕德里克，中文名費子智，英國學者。二十世紀二十年代來昆明經商，不久弃商從文，研究中國文化史，曾任北京英國文化協會主任。中華人民共和國成立後，多次來華訪問。著有《中國文化簡史》《唐太宗傳》《毛澤東與中國》等書。宋自節生平事迹待考。版本來源不詳。正文簡述滇緬公路修築前後，昆明、楚雄、大理、保山及騰衝等地的地形、交通、民族、社會情况。

三、《滇緬鐵路》，署 Davies H.R. 著、張履鑒譯。原作者、譯者及版本來源等信息均不詳。原作者在文中自述曾於一八九八年參與英國殖民勢力在雲南的探路活動，『調查一連接緬甸邊境之滚弄與揚子江上流可通航行路綫』，以期『獲得由印度到達四川及中國東部之經過綫』。正文分爲『由滾弄至揚子江岸之全綫』『法人之競争綫』『滇緬鐵路第一段——滾弄至雲州』『八莫至騰越之計劃綫』『結論——精明之工程師與誠實之理財家』等五部分，有滾弄至四川叙府（今宜賓）各段鐵路路綫勘測情況、中經點及里程、貿易前景分析、與修築中的滇越鐵路之比較等。

四、《記滇緬路》，作者爲黄鍾秀，生平不詳。其下有『收復緬甸前的準備』『昆明城』『滇緬路的價值』『滇緬道上的風景綫』『滇緬路沿綫社會相』『滇緬路工程概況』『滇緬路運輸概況』『滇緬路上運輸檢討』『滇緬路與今後國際運輸』等九個細目，介紹滇緬公路沿綫人文風物、修築工程、運輸概況，分析其戰時價值與作用。

是書列入『今日叢刊』第一集，是研究滇緬公路的重要歷史資料。近代以來，英法均覬覦雲南交通綫特别是鐵路的修築，對此，除進行關於侵略背景的歷史批判外，其當時勘測的路綫及所形成的資料著述，我們也應認真進行檢視。（牛鴻斌）

龍陵會戰

陸軍大學編　民國三十四年（一九四五）陸軍大學鉛印本　國家圖書館藏書

陸軍大學是國民政府的最高軍事學府。一九一三年在北京由北洋政府正式命名設立，直屬於北洋政府參謀本部。一九二八年由蔣介石任校長。一九三一年遷往南京，全面抗戰時期遷往長沙、重慶，戰後回遷至南京，一九四九年遷往臺灣。作者鍾彬（一九〇〇—一九四九），字中兵，别

號中興，廣東興寧人。先後畢業於黃埔軍校和陸軍大學。一九四四年二月，任第二期中國遠征軍第十一集團軍第七十一軍軍長，親自參與指揮龍陵作戰。

是書首有鍾彬所撰前言。正文分三編：第一編『關於龍陵會戰各種因素之説明』，下有『龍陵會戰前之我敵態勢』『瀾怒龍三江流域地形』『道路網』『天候』『民情』『士氣』『給養』『運輸補給』『裝備』『情報』『連絡警戒』『敵據點構成』等十二章。第二編『龍陵會戰經過』，下有『龍陵反攻序幕戰』『龍陵會戰第一期』『龍陵會戰第二期』『龍陵會戰第三期（轉移攻勢及粉碎敵之攻勢）』『龍陵會戰第四期』『經驗與教訓』等六章。第三編『附録』，有《敵五十六師團重要命令集》《第七十一軍現況》《滇西敵軍一瞥》《龍陵會戰敵軍傷亡概數判斷表》《龍陵會戰俘獲敵官兵姓名表》《龍陵會戰虜獲敵戰利品統計表》《敵寇研究我軍慣用之圓筒陣戰法》《龍陵城區附近地形要圖》等。

龍陵會戰及攻克騰衝均爲中國遠征軍對日反攻戰的重要戰鬥，戰役獲勝爲中國抗戰及世界反法西斯戰爭的最終勝利作出了貢獻，也是雲南近代史上光榮的一頁。是書除較爲詳細地叙述龍陵戰役過程之外，還附有大量圖表數據，爲研究者和讀者提供了重要的第一手資料。（牛鴻斌）

怒江戰役述要

美國新聞處編譯　民國三十四年（一九四五）美國新聞處鉛印本　國家圖書館藏書

該書封底注明『非賣品』。據内容判斷，應爲怒江戰役結束後即時編輯出版的抗戰宣傳品。

該書爲紀事本末體著作。無目録，卷首配《滇西戰役圖解》一幅，揭示中國遠征軍第十一、二十集團軍强渡怒江反擊作戰的進攻路綫。正文分『開路的戰争』『怒江戰場的地形』『參戰的部隊』『戰鬥要旨』『戰鬥的經過』『結論』六篇，全景展現了波瀾壯闊的滇西反攻戰。書中介紹怒江戰役的戰略目標是打通中國陸上國際通道——滇緬公路，作戰計劃爲分南北兩綫渡過怒江，以滇緬路爲界，分路進攻，掃蕩滇西日軍據點，直下騰衝、龍陵，然後會師，合攻畹町。一九四四年五月十日夜，衛立煌將軍指揮中國遠征軍四萬名士兵分路大舉强渡怒江，揭開了滇西反攻的序幕。遠征軍克服群山險阻、雨季作戰、短衣缺食等不利條件，與中國駐印軍密切配合，主動出擊日軍。中國軍隊兩綫夾攻日軍，經過浴血奮戰，陸續攻占騰衝、松山，最終於一九四五年一月二十日收復中緬邊界重鎮畹町，實現勝利會師，將日軍驅逐出滇西，并打通了全長一千零七十四英里的史迪威公路，粉碎了日軍對華的陸上封鎖。該書詳細記載了中國遠征軍的兵力布局、進攻路綫、戰況、戰果和傷亡情況，以及騰衝攻城戰、松山争奪戰、龍陵芒市作戰三場重要戰鬥。整場戰役日軍死亡一萬五千餘人，中國軍隊陣亡一萬七千餘人、病死兩千餘人、傷兩萬一千餘人，是一場付出了重大犧牲纔取得的偉大勝利。該書還介紹了美軍參謀團協助中國軍隊訓練、提供裝備和供應軍需的情況，以及美國航空隊的軍事協助。結論部分總結了怒江戰役的勝利對世界反法西斯戰爭的重大影響。（許新民）

戰怒江

潘世徵著　民國三十四年（一九四五）文江圖書文具公司鉛印本　國家圖書館藏書

潘世徵，生卒年和籍貫不詳，西南聯大學生。一九四三年冬，杜聿明、邱清泉創辦昆明《掃蕩報》，潘世徵進入報社工作。一九四四年任采訪副主任，作爲戰地記者隨中國遠征軍出征。本書即爲作者冒着槍林彈雨所寫的戰地通訊集。

本書正文前有作者自題：『記者隨遠征軍於怒江西綫，目擊着每一方黑土上重照青天白日的過程，以及每一個勇士成功成仁的事迹，淌着熱淚寫報導。』掃蕩報社李誠毅在序言中稱贊該書：『描寫戰鬥經過之詳情，陣地之工事，構築之概況，戰略戰術之運用，戰鬥將士斬將搴旗之英勇，敵僞荼毒地方、麻醉民衆之罪惡，無不繪影繪聲，愈妙愈肖。』費孝通在序言中説，潘世徵的戰地報告振作了自己的抗戰信念。

該書分四輯，計入附録共十五章，一百七十頁，書前繪製《滇西戰役圖解》。開篇從『滇緬公路進行曲』（五月二十六日）寫起，末章於一九四五年一月二十一日在芒市完成。作者隻身赴險，趕赴抗戰前綫，抵達第二十集團軍長官部駐地保山馬王屯，拜會了總司令霍揆彰，并跨越高黎貢山，在騰衝戰地采訪縣長張問德。『隨衛長官怒江觀戰記』寫拜會中國遠征軍司令長官衛立煌事，并目睹了圍攻松山的戰鬥，記録下了鮮活真實的戰鬥場面。該書對收復騰衝戰役的過程着墨最多，不僅記叙淪陷期間的騰衝及騰衝愛國軍民組織游擊戰，而且還在『火綫圈中吊騰衝』『血戰來鳳山』『鐵城頑寇就殲記』三章中寫其親歷騰衝圍攻戰殲滅日寇、光復國土的史實。『敵隨軍營妓調查』向世人首次揭露騰衝日軍强征朝鮮籍隨軍慰安婦的事實，以及戰敗後一次性殘忍地殺害十三名慰安婦的滔天罪行。作者對幸存的慰安婦作了采訪調查，爲我們留下了一份珍貴的歷史文獻。（許新民）

滇西作戰實録

吴致皋編著　民國三十四年（一九四五）鉛印本　國家圖書館藏書

吴致皋，字士明，湖南人。黄埔軍校第六期步兵第一中隊學員，曾任陸軍大學教官，隨軍到滇西觀戰，因著此書。其餘生平事迹待考。

此書爲章節體中國遠征軍滇西抗戰史著作，由遠征軍司令長官衛立煌題寫書名，并書『抗戰史料』四字。卷首刊遠征軍長官衛立煌、遠征軍第十一集團軍前任總司令宋希濂和後任總司令黄

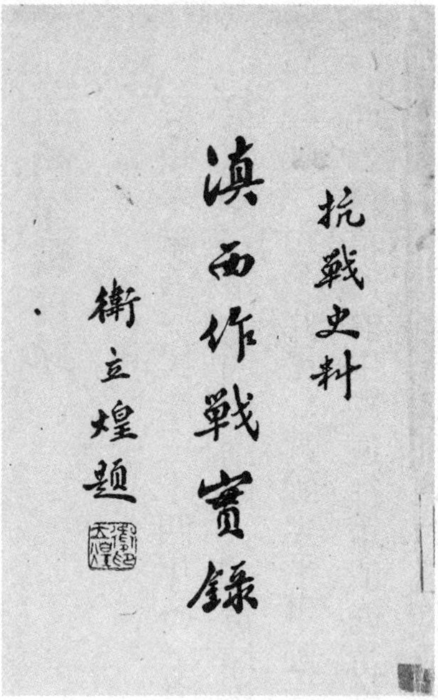

杰等高級將領照片，以及遠征軍攻克龍陵後的照片若干。黄杰撰序，稱作者『觀戰滇西，凡所身歷目睹者，輒詳記之，近日輯爲《滇西作戰實録》一書，於克敵制勝之大要，能擷其肯綮，餘如地形、戰況、天時、人事，亦復暢叙始末，纖細靡遺，彌足珍貴。……其精湛獨到處，以爲《兵略》一書之續可也。余知异日國防軍事學家必多取材於是』。

全書主要章節依次爲『總論』『作戰地之狀態』『敵人防禦設施之概要』『怒江東岸之防守』『龍陵之戰』『遮芒之戰』『畹町之戰』『戰役中之檢討』『結論』。記事起自民國三十三年（一九四四）四月二十一日，遠征軍第二十集團軍搶渡怒江打擊日軍，迄民國三十四年（一九四五）一月二十七日，遠征軍與駐印度盟軍會師芒友（Mongyu），前後歷時九個多月。主要涉及第十一集團軍主導的紅木樹、平戞牽制戰，松山圍攻戰，龍陵、芒市和畹町之戰等。據該書統計，全役敵人死傷一萬七千二百二十九人，我軍犧牲和受傷四萬八千五百九十八人。正文之後附録《敵工事構築之一例》《第十一集團軍滇西怒江東岸配備要圖》《新第三十九師加强團紅木樹之進出戰鬥經過要圖》《第十一集團軍畹町之戰戰鬥經過要圖》以及《第十一集團軍滇西龍芒遮畹作戰上校以上參戰人員表》《敵第五十六師團之編制系統表》《滇西龍芒遮畹作戰敵軍番號代字指揮官姓名及兵力判斷表》等圖表若干。該書出自軍事專家之手，内容翔實，多爲研究遠征軍和滇西抗戰史者所稱引。（朱端强）

陸軍第八軍松山圍攻戰鬥經過概要報告書

陸軍大學編　民國三十四年（一九四五）陸軍大學鉛印本　國家圖書館藏書

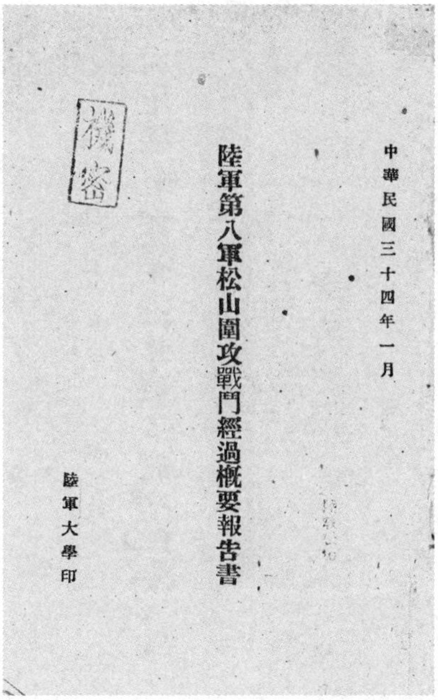

陸軍大學簡介見前《龍陵會戰》提要。本書所論之國民革命軍陸軍第八軍於一九四四年三月編入第二期中國遠征軍序列，軍長爲何紹周。

是書未列撰稿者信息。正文有十六目，分别爲：『戰鬥前本軍之行動及敵我態勢』『戰場之地勢地形』『戰鬥前所獲之情報』『天候及氣象』『第一次攻略』『第二次攻略』『第三次攻略』『第四次攻略』『第五次攻略』『第六次攻略』『第七次攻略』『第八次攻略』『第九次攻略』『敵我兵力及消耗』『敵陣地之狀態』『結論』。另有附件十篇，分别爲：《松山大垭口敵堡壘之攻擊資料》《新二十八師於七月二日移交之敵我態勢要圖》《新二十八師於七月三日對敵兵力工事位置判斷要圖》《軍對松山頂爆破計劃及經過》《軍圍攻松山戰鬥經過要圖》《軍圍攻松山參戰人員傷亡統計表》《軍武器彈藥消耗統計表》《松山敵軍兵力調查表》《松山敵軍傷亡統計表》《軍俘獲統計表》。附録爲『敵松山陣地之狀態』。

松山戰役是中國遠征軍對日反攻强渡怒江後的第一個攻堅戰，這場戰役的獲勝爲遠征軍將日軍逐出滇西打開了通道，爲中國抗戰及世界反法西斯戰爭的最終勝利作出了貢獻。是書除較爲詳

細地叙述松山攻堅戰的全過程，還附有大量插圖及表格數據，爲研究者和讀者提供了重要的第一手資料。（牛鴻斌）

中國駐印軍緬北戰役戰鬥紀要（上册）

中國駐印軍副總指揮辦公室編輯　民國三十四年（一九四五）鉛印本　國家圖書館藏書

本書封面由鄭洞國題簽。書前有中國駐印軍副總指揮鄭洞國、新一軍軍長孫立人和新六軍軍長廖耀湘的正面戎裝照片。據鄭洞國序，是書當爲鄭洞國根據當時作戰之『戰鬥詳報』縮寫而成。

中國駐印軍係一九四二年八月，以從緬北退入印度的第一期中國遠征軍中第五軍之新編第二十二師和第六十六軍之新編第三十八師等部，在印度比哈爾邦蘭姆伽改編組成，由美軍史迪威將軍任總指揮，羅卓英、鄭洞國先後任副總指揮。又由國内空運補充兵員，編爲新一軍（軍長鄭洞國、孫立人）和新六軍（軍長廖耀湘）以及炮團等。鄭洞國（一九〇三—一九九一），字桂庭，湖南石門人。黄埔軍校第一期畢業，國民革命軍陸軍中將，曾參加北伐戰爭、長城抗戰、徐州會戰、長沙會戰等。一九三八年底任第五軍副軍長，一九四三年春任新一軍軍長，旋升任中國駐印軍副總指揮。

本書正文首爲短文《中印公路之興築及其價值》，簡述了中印公路（即史迪威公路）的籌建背景、中美工程部隊在中國駐印軍先導擊敵協同下由印度阿薩姆邦列多（雷多）開始的築路過程、中印公路與滇緬公路溝通的戰略意義等。以下分爲三部分：第一部分『胡康河谷戰役』，列有七目：『戰鬥前敵我形勢之概要』『作戰地域之氣象及地形概要』『敵我兵力及交戰敵軍部隊號主將姓名編制裝備素質戰法等』『各時期之戰鬥經過』『後勤諸設施』『戰鬥之成果』『戰鬥之經驗與教訓』，附録《新一軍戰鬥傷亡表》等。第二部分『猛拱（孟拱）河谷戰役』，亦列七目：『影響戰鬥之氣候與地形』『戰鬥前敵我形勢概要』『交戰敵兵之部隊號主將姓名編制裝備素質戰法等』『各時期戰鬥經過』『戰鬥後敵我之態勢』『戰鬥之經驗與教訓』『戰鬥之成果』，有附録。第三部分『密支那戰役』，列有四目：『影響於戰鬥之天候地形及居民狀況』『密支那戰役經過』『戰鬥後之成果』『總檢討』，有附録。

是書以新一軍戰場指揮官的視角，較爲系統詳細地介紹了中國駐印軍從一九四三年十月到一九四四年八月間，自印度雷多出發，跨越野人山，經過胡康河谷、孟拱河谷諸戰役，攻克緬北重鎮密支那，在向日軍反攻的同時修通中印公路這一國際交通綫的完整過程。書内附有大量地圖、插圖及表格數據。該書是研究中國抗戰史、二戰史乃至雲南與周邊區域交流史的第一手重要參考資料。（牛鴻斌）

滇西作戰回憶録

黄杰撰　民國鉛印本　國家圖書館藏書

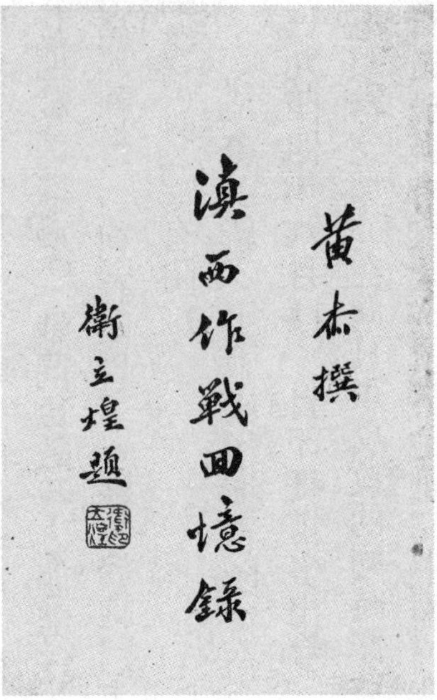

黄杰（一九〇三—一九九六），字憑家，湖南長沙人。國民革命軍陸軍一級上將。黄埔軍校第一期畢業。參加過北伐戰爭、中原大戰、長城抗戰等。一九三七年八月任第八軍軍長，參加淞滬會戰。一九四四年二月任第二期中國遠征軍第十一集團軍副總司令兼第六軍軍長，一九四五年一月繼宋希濂任第十一集團軍總司令。

本書封面由衛立煌題簽。扉頁印有黄杰題『本文爲遠征軍第十一集團軍自民國卅三年五月十一日起至民國卅四年一月二十七日止於滇緬反攻之役中之作戰經過。謹以此文紀念爲國捐軀之諸將士』。後有照片十幅。分别爲遠征軍司令長官衛立煌、第十一集團軍前任總司令宋希濂、第十一集團軍後任總司令黄杰戎裝照，黄杰與周福成等四位軍長合照，遠征軍攻克龍陵後的照片多幅。正文列『作戰地之概況』『反攻之起因』『怒江東岸之防守及加强團之戰鬥』『松山及龍陵之戰』『芒遮之戰』『畹町之戰』『木遮及芒友之會師』等七目。附有各次戰鬥經過要圖。

作者以簡練的文字記録了第二期中國遠征軍强渡怒江後的幾次重要戰鬥，側重於在芒市、遮放、畹町的戰鬥，以及中國遠征軍與駐印軍在芒友會師的過程，是這一段光輝歷史的真實寫照。（牛鴻斌）

滇聲

鄭崇賢著　民國三十五年（一九四六）鉛印本　國家圖書館藏書

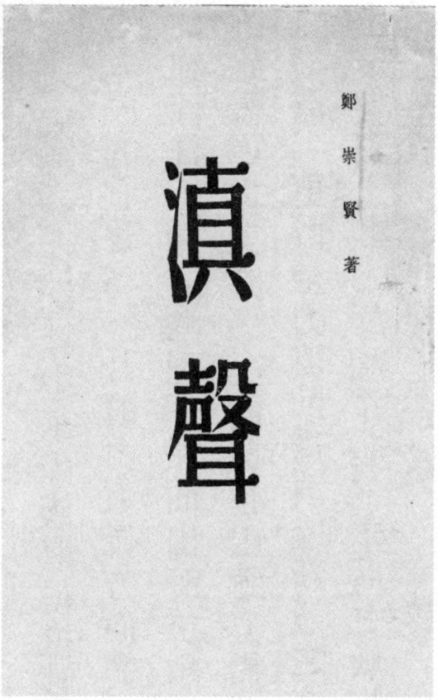

鄭崇賢簡介見前《雲南省縣市村議會議員選舉章程詳解》提要。本書由易忠孝作序。易稱抗戰八年來，雲南『竭盡人力、財力、物力以報效國家』，然而有人將『「勝利碩果」中所含數百萬滇民所流之汗，數十萬滇軍所流之血，一筆抹煞！』故作者寫作此書的目的在於闡述雲南對於抗戰之重大貢獻與慘重犧牲，駁斥抗戰期間雲南『安處後方』『政治經濟落伍』『割據自雄』等謬論。

該書前有『緒論』，後分三個部分。第一部分『抗戰前之準備』及第二部分『抗戰時之應付』以翔實的資料，從修築滇緬公路、加緊增填積穀、爲國充實軍備、軍隊之出動與補充、駐軍之供應及貼補、徵實之重負、徵工之浩大、運輸之繁重、器材之徵發、美軍之供應、空襲之緊張等方面，叙述雲南人民在抗戰中流血流汗、輸財輸糧以急國難的事實和遭受的空前浩劫。如在日軍侵占越南、國際交通完全斷絕的情况下，滇緬公路成爲『中國惟一之國際交通綫』，擔負着運送抗戰物資的重任。美國駐華大使詹森視察後，『驚爲世界之奇迹』，認爲『較之美國修築巴拿馬運河工程，更爲艱巨』。雲南還先後自籌裝備，派遣六十軍、五十八軍、新三軍，奔赴前綫作戰、布防，修築中印公路、中印油管，修闢飛機場，架設軍用電報、電話杆綫，修建傷病兵醫院等。雲南徵工之浩大難以計數，『男子窮於應付，繼以婦女；少壯散之四方，繼以老弱』。此外，雲南抗戰期間曾遭受三千五百餘架次敵機的空襲，騰龍邊區淪陷，人力、財力上損失慘重。第三部分『結論』，作者以雲南協助國家建設兵工廠、鋼鐵廠、電氣廠，救濟傷病官兵，保護難民僑胞，興修農田水利，創辦紡紗工廠，軍隊國家化，奉行中央政令等事實，有力地回擊了種種關於雲南的不良批評。最後，作者引用龍雲將軍民國三十五年（一九四六）五月十七日接受重慶《大公報》記者敏之采訪的談話作爲結語。龍雲强調：『抗戰開始後，雲南出糧出力，於國家可告無愧，雲南軍隊的裝備，是雲南人用自己力量辦的。……近幾年來，大軍駐防滇境，供應大軍的一草一木，雲南人民都盡了大力。』

《滇聲》在記録中華民族取得抗戰勝利全國同胞『對國家皆有其貢獻』的同時，也發出了雲南人民的心聲：『吾滇由大後方而變爲國防最前綫，更演進而爲反攻致勝之惟一基地，八年來流血流汗，輸財輸糧，一面出師抗敵，殲頑寇於華北；一面鞏固邊圉，從事我近百萬大軍及十萬餘盟軍之支應；一面援救由緬方撤退之僑胞；一面自救滇西淪陷區及全滇各處所遭暴力轟炸之損傷；更以全力協助遷滇或新設之文化、經濟、政治各機關，勞師轉餉，悉索敝賦，救死扶傷，生聚教訓之事，萬弩并進，亦爲史無前例者，對抗戰建國之功勞，豈稍遜於他省耶。』（吴寶璋、牛波）

八年抗戰小史

方誠編著　民國三十六年（一九四七）新軍研究社鉛印本　國家圖書館藏書

方誠上校
八年抗戰小史
楊寶穀題

方誠，國民革命軍整編第九師第二預備旅第六團團長。生平事迹待考。該書封面由楊寶穀題寫書名，封二印有『追悼抗戰陣亡軍民，擁護中華民國憲法』字樣。卷首爲李根源、陳誠、盧漢、何紹周、王凌雲、任同堂等人題詞。次爲尹光宇爲該書再版所作之序、聶克雷之《讀〈八年抗戰小史〉後》、江逢僧之《〈八年抗戰小史〉批評》。再次爲此書民國三十五年（一九四六）初版時楊寶穀、顧葆裕、彭勵所作之三篇序言。

從作者代自序《我的十七年從軍生活》可知，作者於一九三三年畢業於中央軍校第八期，先後供職於第九十五師、預二師、整編第九師，擔任連長、團長等職，在收復騰衝來鳳山、畹町等著名戰鬥中立下功勛。正文分爲『前奏』『平漢綫之戰及太行山之游擊戰』『台兒莊會戰』『武漢外圍會戰』『桂南之戰』『雲南騰北游擊與怒江守備』『收復滇西之役』『結語』『經驗教訓』九章。在『收復滇西之役』中，分述越過瘴癘之怒江、天險之高黎貢山、橋頭街之攻占、騰城外圍據點昆盧寺龍光台之攻擊、來鳳山之據點攻擊、騰城之圍攻與巷戰、騰北山地追繳與圍殲、芒市大灣東山之夜間攻擊、猛戛白羊山之山地攻擊、遮放蠻蚌間之追擊及虎尾山之争奪戰、國門（黑山門）

之攻占及追擊等戰事情况，且每篇之後均附有戰略圖，左圖右史，真實可案。卷末有吴伯介民國三十五年（一九四六）所撰跋文，并附録三篇文章，分别爲《紀念騰衝重光節》《國門血戰史》《美軍聯絡組之狀况》。該書是作者個人抗戰親身經歷的記録，得到時人高度評價，陳誠爲之題詞『惠我袍澤』，李根源爲之題詩一首云：『八年浴血抗天驕，殺氣如雲萬丈高。寫就一篇新戰紀，留將百世告同袍。騰衝克復首殲戎，想見艱難苦戰功。我亦將詩來紀事，意緣傳言與君同。』該書是研究滇西抗戰的第一手資料，也是十分難得的抗戰前綫中級指揮官的回憶録，但鮮見研究者稱引。

（李艷）

第一方面軍抗戰暨在越北受降交防紀實

楊家傑編　民國三十六年（一九四七）稿本　雲南省圖書館藏書

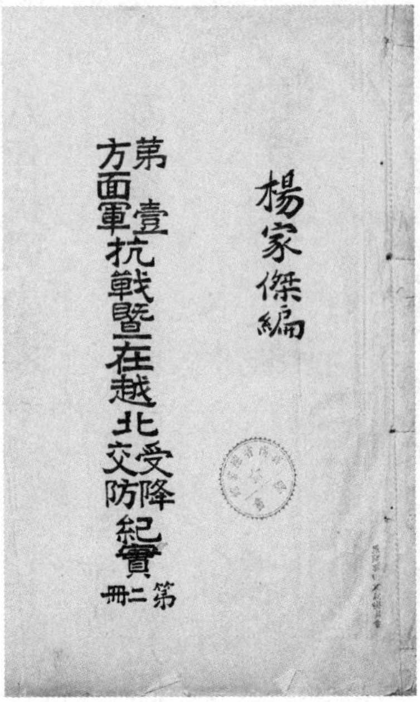

楊家傑，一九四一年陸軍大學畢業後到滇軍，後任第一集團軍總司令參謀處第一課（作戰）課長。一九四五年參與滇軍入越接受日軍投降。一九四九年十二月，以雲南綏靖公署高參身份參加盧漢起義。其餘生平事迹待考。據該稿弁言得知，楊家傑時任第一方面軍第三處處長，負責承辦『作戰與部隊調動、區分各部隊接收任務、解除日軍武裝』等事。他在入越受降完成撤軍九個月後開始纂寫此稿，將其作爲軍事文件上報，經國防部核實後發回。第一方面軍總司令官盧漢認爲，此乃『吾滇一千三百萬人民之人力、財力及三迤健兒萬里遠征、保衛國土所表現之光榮史績』，特致書雲南通志續編委員會，希望將其載入史册。雲南通志續編委員會遂將該稿之主要内容編入《續雲南通志長編》，原稿則藏在雲南省圖書館。

此稿按章節體寫就，資料由方面軍政治部、軍法處、衛生處等單位提供。全稿附存當時繪製的《第一方面軍駐防越北地區配置要圖》《日軍投降前在越南兵力部署概況要圖》《第一方面軍入越受降戰鬥序列及各單位編成系統主官姓名表》等圖表，以及《受降典禮撮影》《日軍投降代表在受降典禮中撮影》《受降典禮中來賓撮影》《參加受降典禮中美軍官合影》等珍貴照片。從第一章『受降前敵我狀況』，到第二十章『自我軍防守滇南迄受降交防之總檢討』，全書完整、詳盡地記述了整個受降的過程、意義和經驗教訓等。

據載，民國二十九年（一九四〇）日寇占領滇西，『似有進犯昆明、截斷我國際聯絡綫之企圖。我最高統帥部爲鞏固西南邊防』，令第六十軍（俗稱滇軍）調赴滇南，組成集團軍總司令部，指揮第一、二兩路軍等防備越北之敵，并不斷主動出擊日寇，有力地打擊和阻止了敵人北犯雲南的陰謀。一九四五年，第一方面軍奉命入越受降。九月二十八日十時，受降典禮在河内中國軍部大禮堂隆重舉行。中、美、法、越軍事長官和華僑代表、新聞記者五百多人與會。

典禮開始，越北日軍投降代表、第三十八軍司令官土橋勇逸中將等三人，被帶到主席臺前站立，向端坐臺上的第一方面軍總司令官盧漢將軍、馬鍈參謀長、尹繼勛副參謀長鞠躬行禮。盧漢將軍向其下達漢字第一號訓令，再由翻譯用英、日語當衆宣讀。宣讀完畢，土橋勇逸在受領證上簽字，領受投降，然後被帶出大廳。此後，作者詳細記載了接收日軍軍械，逮捕戰犯和漢奸，教育和遣返日軍、日僑，中法軍隊换防等事。作者指出，滇軍入越受降『乃爲我國軍隊到外國受降之唯一區域，亦爲歷史上首次創舉！』（朱端强）

壯志千秋

黄聲遠著　民國三十七年（一九四八）漢文正楷印書局鉛印本　國家圖書館藏書

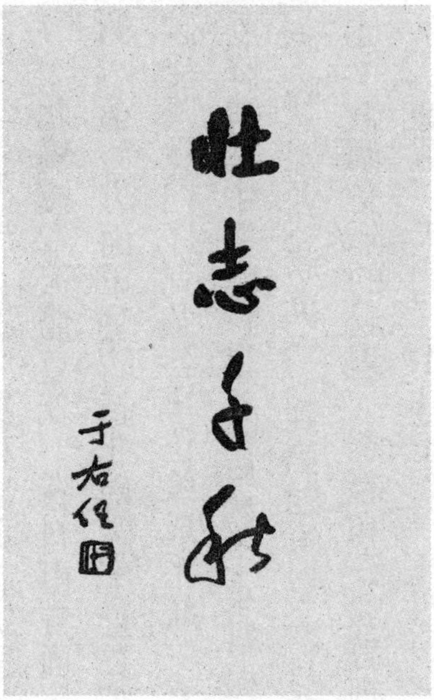

黄聲遠，安徽黟縣人。抗戰時曾任《前方日報》戰地記者。一九三九年左右，在江西結識雲南魯道源將軍，後加入第五十八軍，曾任魯道源將軍秘書。其餘生平事迹待考。

本書封面由于右任題寫書名，扉頁又特注『陸軍第五十八軍抗日戰史』。全書附多張戰鬥要圖，蔣介石、孫渡、魯道源、薛岳、羅卓英、余程萬、方先覺等有關人物照片，五十八軍出征行軍、戰地形勢、作戰、生活、戰利品，以及日本戰俘、投降儀式等衆多照片。文字簡潔，結構靈巧，是一部圖文并茂、通俗易懂的抗戰史書。

作者撰『卷首語』稱：『五十八軍，這一支堅强抗日的隊伍奮鬥的歷史，是足以顯示民族解放戰爭的過程的。從這一支軍隊作戰的英勇，犧牲的慘烈，意志的堅韌，可以窺知中國抗戰精神的全豹。』全書記第五十八軍自民國二十七年（一九三八）八月一日從昆明出發抗戰，到民國三十四年（一九四五）九月十四日在南昌光榮接受日軍投降爲止。其主要目次有：『烽烟起盧溝』『廬山決國策』『浩浩蕩蕩出雲南』『武漢外圍戰崇陽』『風光旖旎説醴陵』『贛北轉戰』『反攻南昌的四月攻勢』『長沙會戰』『一面訓練一面作戰』『錦江戰鬥』『敵後交通破壞戰』『錦江春季攻勢』『雲南健兒在贛北』『從贛北到湘北』『九嶺反掃蕩戰』『幕阜山下』『二次長沙會戰』『湘北前綫』『三次長沙會戰』『民間英烈故事』『贛東會戰』『介溪與樟樹』『常德會戰』『長衡會戰』『大會戰的小故事』『湘贛粤邊區會戰』『贛江追擊戰』『光榮的最後勝利』『南昌受降』『青山埋忠骨』『國殤録』『北上整編』『人物志』『參戰人員』。

正文之後附許嘯天所撰讀後感和褚問鵑所撰跋文。本書通過描寫先後由孫渡和魯道源將軍統帥的第五十八軍艱苦卓絕的抗戰歷程，生動地再現了雲南軍民抗擊日寇侵略的悲壯歷史。（朱端强）

日本在中國的賭博

（英）阿特麗著，羅稷南譯　民國二十七年（一九三八）美商遠東畫報社鉛印本　國家圖書館藏書

弗利達·阿特麗（Freda Utley），生卒年不詳，英國女記者，作家。除本書（*Japan's Gamble*

in China）外，還著有《日本的泥脚》《揚子前綫》等。她出生於英國倫敦，其俄籍丈夫爲蘇聯駐日本商務處處長，故隨其在日本生活多年，對遠東的局勢比較瞭解。一九三六年，其丈夫被蘇聯秘密警察逮捕後，她成爲英國《新聞紀事報》記者。一九三八年七月，她經過漫長的旅途來到中國。此時，中國人民正在進行艱苦的抗日戰爭，而美國對日本侵華采取了觀望態度，英國則沿襲綏靖政策，對日本在東亞的侵略一再退讓。阿特麗曾先

後到香港、廣州、武漢、長沙、南昌等地考察，采訪過蔣介石、周恩來、沈鈞儒等國共兩黨軍政要員，深刻瞭解到中華民族抗戰到底的決心，發出了豐富的戰地報道。正是通過阿特麗這些外國記者的報道，中國大地上的民族抗爭，纔得以在更大範圍内得到西方的密切關注。三個多月的訪問中，阿特麗在各地參加了許多歡迎會、座談會，并在集會和電臺作了數十次演説，她認爲：『在這次抗戰中，我十分相信中國會爲世界保存這最高的文化而勝利。』

羅稷南（一八九八—一九七一），原名陳强華，號小航，雲南順寧（今鳳慶）人。北京大學畢業，後從軍，任十九路軍總指揮部秘書。一九三三年參加福建人民革命政府，赴江西蘇區簽訂『抗日反蔣協定』。中華人民共和國成立後，任西南軍政委員會委員、中國作家協會上海分會理事、書記處書記等職。譯著有德國梅林的《馬克思傳》、托爾斯泰的《安娜·卡列尼娜》、塞萬提斯的《唐·吉訶德》等二十餘部。

該書卷首有作者的弁言和拉斯基的序。全書共七章：『緒論：中日戰爭的緣由』『日本在華北』『戰争前夜的中國』『作爲日本侵略藉口的人口過剩』『日本内部的衝突：她是一個法西斯國家嗎？』『英國·日本·中國和德國的遠東政策』『中日戰爭的前瞻』。附録有『一九三八年五月日本内閣的改組』『備考』『參考書目』。作者在書中分析了抗日戰爭爆發的原因，論述了中國國内的形勢和日本的政治經濟的發展情況，指出日本發動侵略戰爭的實質是爲了轉移國内的矛盾，認爲日本并非像外界所想象的那麽强大，中國的抗日戰爭必然會取得勝利。

此書又有商務印書館於一九三九年九月出版的吴道存、毛起森譯本，書名爲《日本在華的賭博》。（劉景毛）

④昆明一二·一學生愛國運動

昆明一二·一學生愛國運動

陪都各界反對内戰聯合會編　民國三十四年（一九四五）陪都各界反對内戰聯合會鉛印本

國家圖書館藏書

抗戰勝利後，蔣介石在美國的支持下，企圖發動全面内戰。在這種形勢下，民盟中央領導人張瀾、沈鈞儒、黄炎培、梁漱溟、陶行知等於一九四五年十一月十九日在重慶發起并成立『陪都各界反對内戰聯合會』。該會是重慶各民主黨派和人民團體的反内戰聯合組織，以『停止内戰、和平建國』爲宗旨，反對美國的干涉，倡議全國各地成立各界人士參加的反内戰聯合會，推動了全國各地反内戰運動的發展。

本書爲紀念昆明『一二・一』慘案及哀悼死難烈士所作。卷首配有記録『一二・一』實況的照片若干。正文篇目及主要内容依次爲：一、『歷史的大轉變』，此爲郭沫若所作的代序，表達了對『一二・一』慘案中死難的四位烈士和受傷的幾十位朋友的深切悲痛之感，號召

人們反對内戰，在歷史的大轉折中力争成爲民族的英雄；二、『運動始末』，叙述了『一二・一』事件從反内戰大會被鎮壓，到抗議與被壓制，再到四烈士入殮典禮及萬人憑吊的全過程，贊揚了學生勇於犧牲的愛國精神；三、『各項文件』，收入罷委會、教授會、民盟及各報刊等致社會各界的反内戰宣言及書信；四、『昆明烈士傳略』，記録了殉難的于再、潘琰、李魯連、張華昌四位烈士的生平事迹；五、『慰唁函電』，共十九條，來自陪都各界反對内戰聯合會、三民主義同志聯合會、東北文化協會、延安大學同學會等團體，以及黄炎培、郭沫若、臧克家、翦伯贊等個人；六、『各地追悼情形』，記録了重慶、成都、遵義、上海、延安等地的追悼情形；七、『哀悼文字』，分祭文、詩、文章、挽聯四類；八、『輿論選輯』，録有《刺刀乎？民主乎？》《援助昆明學生慘案》《昆明學生流血慘案》《善導今日之學生運動》《昆明慘案》五篇，分别載《新民報》《華西晚報》《新華日報》《商務日報》《解放日報》；九、『附録』，録《陪都各界追悼昆明死難師生大會公祭捐款

總報告》一文。該書内容豐富、翔實，是研究昆明『一二·一』學生運動的寶貴資料。（和少英、劉曉敏）

李聞案調查報告書

梁漱溟、周新民著　民國三十五年（一九四六）中國民主同盟總部鉛印本　國家圖書館藏書

李聞案調查報告書
中國民主同盟總部印行
三十五年九月三十日

梁漱溟（一八九三—一九八八），原名煥鼎，字壽銘，廣西桂林人。中國著名教育家、哲學家、愛國民主人士。一生致力於人生和社會問題之研究，爲現代新儒家的早期代表人物之一。著作宏富，著有《中國文化要義》《東西文化及其哲學》《唯識述義》《中國人》《讀書與做人》《人心與人生》等。梁漱溟一生爲民族獨立、國家富强積極探索，携手其他愛國民主人士，爲國家做了不少有益的工作。

周新民（一八九七—一九七九），原名周駿，別名振飛，安徽廬江人。中國共産黨黨員、中國民盟的組織者和開拓者、政治活動家。青年时期，周新民勤奮求學，積極接受新思想，參加了『五四』學生愛國運動，在鬥争中逐漸成長爲具有馬克思主義堅定信仰的革命戰士。窮其一生，先後在促進和維護革命統一戰綫、號召和投入抗日民族統一戰綫、建設和推進人民民主統一戰綫上

作出了貢獻。

一九四六年七月，在昆明發生了由國民黨政府指使特務機關殺害著名愛國民主人士李公樸（民盟中央執委）、聞一多的『李聞慘案』。事件發生後，在社會各界（尤其是民盟）反復催促和强烈要求查明真相的情况下，國民黨當局不得不同意調查此事。於是，中國民主同盟總部隨即派遣時任民盟秘書長的梁漱溟携周新民赴昆明調查此案。經過查訪、取證，最終完成該案的調查，撰就反映事件真相之《李聞慘案調查報告書》。

全文共分五部分：一、赴昆明調查之經過；二、李聞案發生之背景；三、李、聞兩先生被刺前後的情形；四、政府對本案之處理；五、調查本案後的論斷。附録《李案發生時在場所見》《兩案内幕知情人所説》兩種。縱覽整個報告，作者詳細介紹了中國民主同盟派代表赴昆明調查的經過，分析了李、聞案發生的背景，對事件調查作了總結，指出：『兇手是誰的問題，我們可以肯定地説，這就是雲南警備總司令部這個機關。』『是誰主使的問題，我們肯定地説，這還是雲南警備總司令部這個機關』。《報告書》最後指出：『現在可以明白，即在這案情，原非一二私人的事，而是大局政治的事。對方，大而言之，是一個黨；小而言之，是一個機關。其動作儘管掩掩藏藏，無奈事情既非一日，規模尤不會小，前後積纍、左右彙合，則形迹自顯，其勢無可逃責。』

由於該書是民盟内部印行的圖書，故其受衆面并不廣，在社會中的影響力有限。然而，《報告書》及時、全面地記述了李聞慘案的經過，揭露了事件的真相，因此具有十分重要的史料價值。

（楊勇）

『一二·一』慘案死難四烈士榮哀録（增訂本）

昆明學生聯合會編　民國昆明學生會聯合會鉛印本　雲南大學圖書館藏書

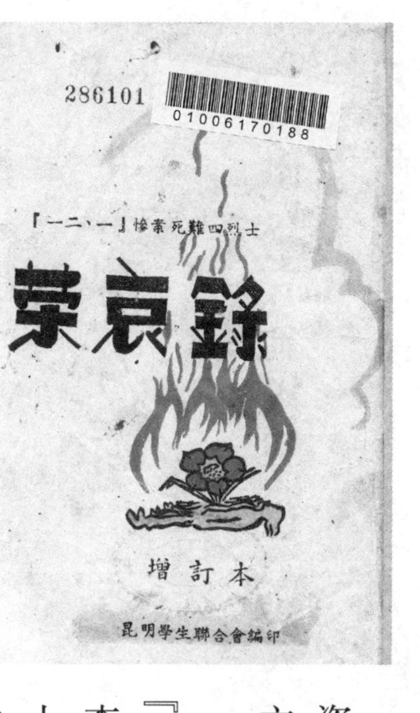

此書爲一九四五年『一二·一』慘案發生後最早的資料彙編。但由於條件艱苦和時間倉促，故紙張、圖片、文字皆顯粗放，訛誤較多，但却是當時最真實的記録。

卷首爲《一二·一慘案實録》，概略地記叙了『一二·一』慘案發生的原因、經過等。次爲《潘琰、于再、李魯連、張華昌死難四烈士入殮典禮記》，記一九四五年十二月一日下午三至五時，在國立西南聯大圖書館舉行的四烈士入殮儀式。文章開頭寫道：『「一二·一」，這五四以來最偉大的紀念日，是南菁中學老師于再先生、昆華工校張華昌同學，及聯大潘琰同學、李魯連同學與昆（明）市各學校受傷同學的鮮紅的血所書寫出來的。』次爲《『一二·一』死難四烈士挽歌》，詞曲并哀，催人淚下。次爲『烈士小傳』。次爲『詩文類』，録郭沫若《進步贊》、馮至《招魂》、田間《你們安息吧！》、卞之琳《血説了話》以及各大中小學、社會團體所獻之詩文；又列『祭文』部分，録《陪都追悼大會哀詞》《陪都各界反對内戰聯合會公祭昆明死難師生祭文》，茅盾《爲『一二·一』慘案作》，杜國庠《我抗議》，聯大冬青社、劇藝社、陽光美術社等聯合所獻之《祭于再、張華昌、潘琰、李魯連四烈士》，以及社會各界所獻祭文等。次爲『挽聯類』，也是該書分量最重的部分。

據載，當時在聯大圖書館設立烈士靈堂，校内及社會各界每天前來敬獻挽聯的人絡繹不絶，成百上千。人們悼念烈士，并紛紛以此控訴國民黨反動派屠殺愛國師生的卑劣行徑，掀起陣陣反内戰、反獨裁、争民主、争自由的革命浪潮。挽聯飽含激情，形式多樣，悲憤笑駡，膾炙人口，應視爲中國對聯的珍檔。最後爲增訂内容，依然按詩作、祭文、挽聯等體例編入。『烈士小傳』與『詩文類』之間，選刊有三組照片，反映四烈士入殮典禮、公祭活動等情形。（朱端强）

（三）世界史與外交史、中外交通史

越南古史及其民族文化之研究

陳修和著　民國三十二年（一九四三）鉛印本　國家圖書館藏書

陳修和（一八九七—一九九八），四川樂至人。陳毅元帥堂兄。一九二五年考入黄埔軍校第五期，一九三六年畢業於法國高等兵工學校，任國民政府軍政部兵工署少將專員，駐越南、香港、昆明辦事處處長。一九四五年八月，作爲滇緬聯軍的全權代表，赴越南參加侵越日軍的受降儀式。

越南古史及其民族文化之研究

陳修和著

一九五〇年，主政西南的鄧小平主持制定修建成渝鐵路的計劃，在鄧小平的要求下，陳修和推薦了幾十位工程師，其中有多位留歐留美人員，爲中華人民共和國第一條鐵路的建設作出了貢獻。曾任全國政協第一届特邀代表、中央財經委員會技術管理局副局長、國務院參事。

該書爲國立雲南大學西南文化研究室『西南研究叢書』之一。卷首附《周秦漢三代中越形勢略圖》《中南半島形勢略圖》以及《越南重要地名中法文對照表》。正文共三編，卷末有結論三條。作者自序云：一九三七年盧溝橋事變之翌日，『余以調查國際交通綫』進入越南，『經諒山、高平，見其人民之面貌服飾，文字宗教，與夫村落耕地之形態』，莫不與其故鄉『所習見者類似，深爲驚异』。後游螺城（古螺，Cổ Loa，位於今越南河内市東北十八公里的東英縣古螺鄉境内），『訪蜀王子故宫，瞻仰其遺像』，認爲越南與中國的關係由來遠矣，『而漢字之流傳，在法人統治五十餘年後，猶觸目皆是。由此觀之，越南土地雖已淪爲法國殖民區，而其民族文化，則仍吾中華之同體也』。

作者認爲，根據中國典籍記載的越南史實，『不難判斷古代越人之來源』。先秦至五代末期，一千餘年，中原王朝在越南均設郡縣。宋代之後，開『越南土豪割據之惡例』。『南宋時，修《大越史記》之越南儒家，則穿鑿附會』，將『雒王』改爲『雄王』等等，就連阮簡宗建福元年（一八八四）越南阮朝官方刊布的《欽定越史通鑑綱目》也『斥之爲誣』。一八五八年，中法簽訂《天津條約》，承認法國對越南的『宗主權』。法國殖民者廢除漢字，欲使越南人『數典忘祖』。爲『離間中越人民之感情』，法國史學家歪曲史實，『如比徵側爲法國之貞德女杰、越人不幸爲漢人所吸收等誹語』。而在日本入侵後，越南國情發展得更爲嚴峻。作者爲向世人介紹越南真實的歷史和現狀，纂述了此書。

作者利用在越南工作的機會，考察當地風土習俗，搜集當地史料，結合中國史料，撰寫了這部專業性很强的史學著作。《越南古史及其民族文化之研究》是當代最早研究越南古代史及中越民族關係的專著之一，越南陶維英所著《越南古代史》（劉統文、子鉞譯，商務印書館，一九七六年）也引用了本書的觀點。法國殖民統治東南亞時，將其勢力範圍劃分爲東京（越人稱『北圻』）、安南（越人稱『中圻』）、交趾支那（越人稱『南圻』）、柬埔寨（越人稱『高蠻』或『高棉』）、老撾（越人稱『哀牢』）等五個區域，本書在記述這個階段的政治、經濟、文化時往往是連帶記録，因此也保留了一些老撾、柬埔寨的資料。本書所附的《周秦漢三代中越形勢略圖》《中南半島形勢略圖》《越南重要地名中法文對照表》也十分珍貴。（劉景毛）

緬史略

尹梓鑑著　民國三十二年（一九四三）昆明大中廠鉛印《芸草合編》本　雲南大學圖書館藏書

尹梓鑑（一八七四—一九五五），原名子建，字立周，號晦光主人，雲南騰衝人。出生於旅緬華僑世家，幼隨父居緬甸，稍長返鄉讀書，考取秀才。成年後留學日本，復至緬甸講學、經商，通曉緬、傣、景頗語及英文。旅緬三十餘載，『凡通都大邑，游屐將遍』。留心當地歷史掌故、風土人情，每有見聞及心得，均及時記録之，故熟悉緬甸歷史及旅緬僑史僑情。二十世紀四十年代初回國，曾參與《永昌府文徵》編校，著有《老困游記》、《〈雲南初勘緬界記〉注釋考證》（注釋清末勘界專使姚文棟所著之《雲南初勘緬界記》）、《實物要録》等。

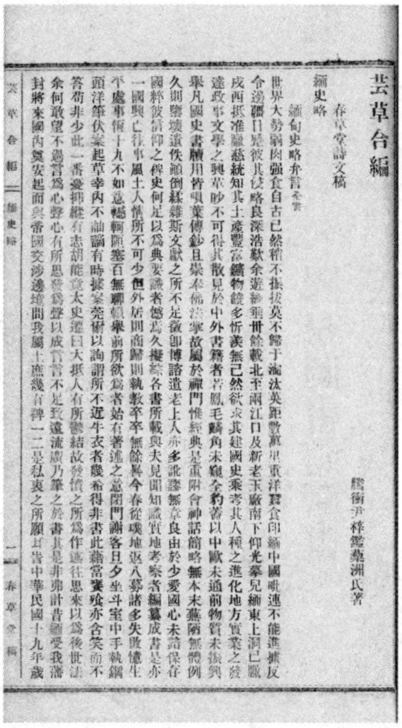
芸草合編
春草堂詩文稿
緬史略　騰衝尹梓鑑蘗洲氏著
緬甸史略弁言
世界大勢弱肉强食自古已然稍不振拔莫不歸于淘汰英距數萬里重洋蠶食印緬中國毗連不能進據反
命邊疆日蹙彼其侵略良深浩歎余遊緬垂卅餘載北至兩江口及新老玉廠南下仰光摹兒緬東上洞已臘
戍西抵准龍慈統知其土產豐富鑛物饒多忻羨無已然欲求其建國史乘考其人種之進化地方實業之發
達政事文學之興革眇不可得其散見於中外書籍者若鳳毛麟角未窺全豹蓋以中歐未通前物質未振興
舉凡國史書牘用皆唄葉傳鈔且崇奉佛法掌故屬於禪門惟經典是重附會神話簡略無本末蕪陋無體例
久則縻壞遺佚顛倒糅雜斯文獻之所不足徵即博諮遺老上人亦多訛謬無章良由於少愛國心未諳保存
國粹彼信仰之碑史何足以爲典要識者憾焉久擬綜各書所載與夫見聞知識實地考察者編纂成書是亦
一國興亡往事風土人情所不可少但外居則商歸則執教卒卒無餘暇今春從峡地返八募諸多失敗憶生
平處事恒十九不如意鬯輒阨塞百無聊賴舉前所欲爲者姑有著述之意閉門謝客旦夕坐斗室中手執鐵
頭洋筆伏案起草幸內不詘謟有時據案莞爾以詢謂所不逆牛衣者幾希得非書此藉當饔飧亦含笑而不
答苟非少此一番憂抑縱有志胡能竟太史遷曰大抵人有所鬱結故發憤之所爲作述往思來以爲後世法
余何敢望不過言爲心聲心有所思發爲聲以成言言不足致遠流澹乃筆之於書其是非弗計昔緬受我藩
封將來國內奠安起而與帝國交涉邊境問我屬土庶幾有裨一二是私衷之所願耳時中華民國十九年歲
芸草合編　緬史略　一　春草堂稿

本書封面有李根源題書名『芸草合編』，書口上端有『芸草合編』、下端有『春草堂稿』各四字，似爲其《芸草合編》所收書之一種，《永昌府文徵·記載》也收此書，名《緬甸史略》。此書弁言爲作者一九三〇年作於『錫薄司屬之弄奔草寓』，正文完稿於民國二十二年（一九三三），『補述界務重起之交涉』一節，似應完稿於一九三七年中緬南段邊界勘界達成初步協議之時。當時，英國『蠶食印緬』，令中國『邊疆日蹙』。面對唇亡齒寒的局面，作者『良深浩嘆』，欲尋求緬甸國史，却渺不可得。他認爲『昔緬受我藩封，將來國内奠安，起而與（英）帝國交涉邊境，問我屬土庶幾？有裨一二，是私衷之所願耳』。故『博咨緬文士遍徵耆老，其確有根據者録之』，又據耳聞目見及實地考察，參考中外書籍，如廿四史、《大清一統志》《滇繫》《萬國近代史》《各國條約綱要》《英緬歷史關係概略》《緬甸史志》及英政府教科書 *The Outline of Burmese History* 等數十種，纂成此書。本書凡例云：『是書訂爲三卷，分上、中、下，上、中卷先論其始原，次由宋以迄清紀年記事，下卷則述及時令、地利、物産各種，分類言之。』然查原文，却未標卷次，考其内容，應以書口之二十四葉『緬甸聯合種及其位置』條以後爲下卷。

是書名《緬史略》，説明本書記事有詳略。然尹梓鑑在緬見聞之記録，爲當時人記當時事，尤爲難得。如『物産』記載野人山産橡膠：『橡膠樹産於野人山，滇商呼爲黄果漿，以其葉大漿粘，似夷地之黄果樹。然當日未發明栽植，駐漾貢英商争出價向滇商采購，凡大資本家皆派專員駐扎岡板收買。』又，『述錫卜王被流幽之慘』，記騰越人寸建柱拜謁緬甸國王的過程。寸建柱在緬甸國王幼年時，曾爲國王内饔（主管國王膳食的官員），視遇甚厚，國王被英人擄去十六年之後的一八九九年，寸建柱辦好護照，『乘三日夜輪船，横渡印度洋，登海岸戛而戛打碼頭，復乘二日夜汽車，一晝夜海船』，始抵遮打波兒（似應爲印度的勒德納吉里）拜謁緬甸國王。書中還有不少記載跨境民族和『走夷方』的騰越僑民的史料，均屬難得。本書一些的章節後，有『晦光季子曰』，爲尹梓鑑對史實的評論。又，《永昌府文徵·詩録》卷五十八，録尹梓鑑詩二十餘首，如《游緬王故宫》七絶三首和《貝葉》《緬錫薄幼王》《瑞波城懷古》《哀干崖》等，亦是他羈旅緬甸之作，可與本書相關内容參看。（劉景毛）

緬甸史綱

（英）G. E. Harvey 著，李田意等譯　民國三十三年（一九四四）國立雲南大學西南文化研究室鉛印本　國家圖書館藏書

哈威（一八八九—？），英國人。緬甸史學家，畢業於倫敦大學和牛津大學。一九一二年到

西南研究叢書之五
英國 G. E. Harvey 原著
李田意 葉檉 曹鴻昭 合譯
緬甸史綱
國立雲南大學 西南文化研究室印行

緬甸任幫辦，至一九三四年十二月辭職回國，旅居緬甸達二十二年。他長期居住在緬甸，利用有利條件，搜集了大量有關緬甸歷史方面的資料，包括英方『緬甸考古調查局』掌握的資料、緬甸學者提供的緬文古籍史料、中國古籍和阿拉伯人游記中翻譯爲英文的緬甸史料，以及泰國暹羅圖書館、印度事務部（India Office）保存的與緬甸有關的資料，爲他撰寫緬甸史提供了非常豐富的素材。

本書譯者爲李田意、葉檉、曹鴻昭。李田意（一九〇五—？），河南伊陽（今河南汝陽縣）人。南開大學畢業，後赴美留學，獲耶魯大學博士學位。曾任耶魯大學、香港中文大學、臺灣東海大學等校教授。葉檉，西南聯大外文系助教。曹鴻昭（一九〇八—？），河南新野人。南開大學畢業。曾執教於南開大學、西南聯大，一九四六年獲美國哥倫比亞大學文學碩士學位，一九四七年至一九六九年任聯合國中文翻譯處高級翻譯員。

哈威所撰的緬甸史，在第二次世界大戰前出版的有兩種：一種爲《緬甸史，從早期到一八二四年三月十日英國征服開始止》（*History of Burma, From the Earliest Times to 10 March 1824 the Beginning of the English Conquest*，中譯本名爲《緬甸史》，姚梓良譯，商務印書館，一九四八年初），敘事從古代到一八二四年三月十日英國開始征服緬甸爲止，稱廣本，一九二五年由倫敦浪曼士公司出版；另一種即本書《緬甸史綱》，敘事至第三次英緬戰爭結束英國并吞緬甸爲止，稱簡本。兩者的區别在於廣本叙事内容豐富，材料引證較全，并且加了許多附注；簡本删略了廣本的附注，增加了中古時期的緬甸政治，把叙事的時間下限從一八二四年第一次英緬戰争延續至一八八五年整個緬甸淪爲英國的殖民地爲止。因此，這兩種版本各有所長。

該書爲國立雲南大學『西南研究叢書』之五。共有九章。第一章包含『一〇四四年以前之緬甸』『得楞英雄孔阿薩之故事』『泰倫女英雄巴椎德偉（塔賴道）的故事』三目；第二章爲『蒲甘王朝或寺廟建築時期（一〇四四——一二八七）』；第三章包含『撣族領域（一二八七——一五三一）』『阿瓦王國（一二八七——一五五五）』『庇古王國（一二八七——一五三九）』『洞吾王國（一二八〇——一五三一）』四目；第四章爲『一五〇〇年前之一般狀况』；第五章爲『海外大發現』；第六章爲『阿拉干王國』；第七章爲『洞吾王朝（一五三一——一七五二）』；第八章爲『阿郎帕亞王朝（一七五二——一八八五）』；第九章爲『緬甸的行政』。後附『緬甸大事記』。

陳炎在《緬甸史》（載劉明翰主編：《外國史學名著評介》第二卷，山東教育出版社，一九九三年）一文中評價哈威的緬甸歷史觀：一是爲英國侵略緬甸辯護，二是抹殺階級鬥争和人民是歷史的創造者，三是貶低中緬兩國的友好關係。現在看來，此書在體系、觀點、内容等方面顯得陳舊，讀此書應注意辨析。七十多年前雲南大學出版此書，反映出當時學界對東南亞的歷史、文化、民族之研究已經十分關注，這一特點一直延續至今，概由中國西南地區與東南亞在地緣、政治、經濟、民族等方面的密切關係所决定。（劉景毛）

回教諸國文化史

納忠著　民國三十七年（一九四八）納忠鉛印本　雲南省圖書館藏書

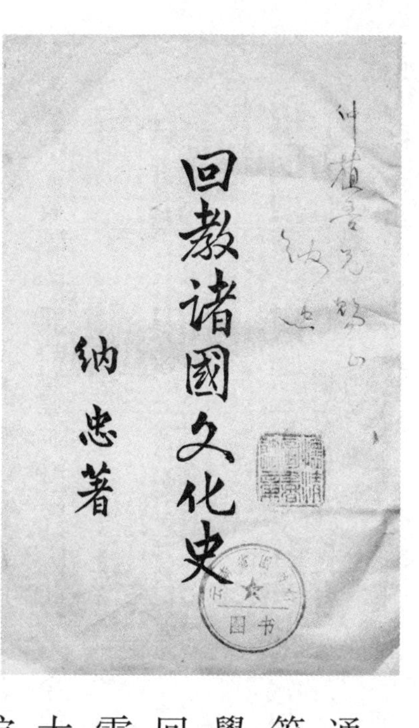

納忠（一九〇九—一九九八），字子嘉，回族，雲南通海人。阿拉伯史學家。一九二八年肄業於昆明中阿高等學校，一九三一年被保送至埃及愛資哈爾大學，在校學習九年，取得了阿拉伯『學者』的稱號。一九四〇年回國，歷任明德中學中學部主任，中央大學（位於重慶）、雲南大學、外交學院、北京外國語學院（今北京外國語大學）教授，第六屆全國政協委員，一九九一年被國務院授予『對中國高等教育事業有突出貢獻的專家』稱號。著有《阿拉伯通史》《傳承與交融：阿拉伯文化》，譯有《回教與阿拉伯文明》《黎明時期回教學術思想史》《阿拉伯—伊斯蘭文化史》，編著《阿拉伯語法》《阿拉伯語》等多種教材。

《回教諸國文化史》分八篇，篇下有章，章下有節。作者在自序中説，本書是在中央大學授課的講稿，自一九四三年起，講過三輪，一九四七年脱稿。全書三十九章，五十餘萬言。因爲印刷困難及成本太高的緣故，臨時删去九章。又因爲排印外文不便，删去注釋及人名、地名中的外文原文。共計删去十餘萬字，全書僅留四十萬字。作者寫作此書的初衷，首先是有感於一些西方學者對伊斯蘭文化缺乏公正的觀點；其次是當時論述伊斯蘭文化的著作，或不全，或材料與見解陳舊，或缺乏系統性。因此，作者決心自己編一部《回教文化史》。這是我國第一部較全面地論述阿拉伯歷史、文化的著作，是一次難能可貴的創新。本書具有教材的特點，條理清晰，布局全面，將哲理性很强的事理用簡明易懂的語言表達出來。作者認爲本書『僅算一本草稿』，應該進一步完善。他『在國外，十年的節衣縮食，購了二千餘種書籍，搜羅了不少絶版珍本』，但由於時局動蕩，『到今日，存在身邊的僅五六十種而已』，因此覺得參考材料還不够豐富。又如『二十五章、二十六章，述歷史學，因爲個人的興趣所趨，特別詳細，而其他有少數的章節，又嫌太過於簡短』，希望『有時間詳細修正』。這是作者出於自謙與對學術的重視。一九九九年作者九十歲高齡時，還計劃重寫一部《阿拉伯—伊斯蘭文化史》，并擬出了寫作提綱與計劃，可惜未能如願。時至今日，本書仍不失爲一部對瞭解世界伊斯蘭文化有重要參考價值的著作。（劉景毛）

中國法律在東亞諸國之影響

楊鴻烈著　民國二十六年（一九三七）商務印書館鉛印本　國家圖書館藏書

楊鴻烈簡介見前《中國詩學大綱》提要。本書共六章，除正文論述之外，還附了『中國文化影響朝鮮之圖表』『中國與朝鮮諸國存立年對照表』『琉球法制史年代對照表』等幾十幅圖表，有綱有目，頗利於讀者檢閱。作者在《導言》中，認同日本法學家穗積陳重關於法系的觀點：世界上的法律制度分爲印度法族、中國法族、回回法族、英國法族和羅馬法族五種。而『「中國法系」者，蓋指數千年來支配全人類最大多數，與道德相混，自成一獨立系統，且

楊鴻烈著

中國法律在東亞諸國之影響

許世英書

其影響於其他東亞諸國者，亦如其在本部之法律制度之謂也』。因此歷史上東亞地區屬於中華文化圈的國家和地區，皆不可避免地受到中國法律的影響。作者認爲，中國雖自秦、漢南北之風俗即相懸殊，然中國法律自殷、周以迄宋、明，皆漢族一系相傳，循序進展，中間雖有五胡、遼、金、元、清之侵入，但皆被同化，而於編纂法典，傳播法律知識尤極度努力，且影響東至朝鮮、日本、琉球，南至安南、緬甸，西至西域，北至契丹、蒙古。因此，中國法系『在世界法系中有其不可磨滅的價值』，『足與其他四大法系分庭抗禮』。

何勤華認爲，該書具有如下幾個特點：一是立意較高，這是第一部論述中國法律對周邊國家影響的作品，在中國近代法史學發展史上具有里程碑的意義；二是内容比較系統全面，對中國法律對日本、琉球、朝鮮、安南的影響作了比較系統的梳理，水準超越當時的日本學者；三是在中國法史學研究中，學者大多進行時間上的縱嚮比較（如薛允升的《唐明律合編》將唐代的法律與明代的法律相比較），而楊鴻烈在闡述中國法律對朝鮮、琉球、日本和安南之影響時，對其异同之處作了細緻的橫嚮比較，從而開創了真正意義上的比較法制史研究領域；四是資料的豐富和論證的細密。楊鴻烈精通英語、法語、德語和日語等多國語言，可以充分吸收國外學者在本領域中的研究成果，加上他長期留學日本，可以最大限度地利用日本各大圖書館的藏書。因此，該書的

史料基礎十分厚實。（劉景毛）

外交史

陳復光著　民國二十八年（一九三九）青年書店鉛印本　國家圖書館藏書

陳復光（一八九九—一九六〇），字勛仲，雲南大理人。我國權威的國際關係史學專家。早年游學歐美，曾任教於清華大學、燕京大學、黄埔軍校，二十世紀三十年代先後被聘爲東陸大學教授和陸軍大學教官，出任過中國駐蘇聯大使館一等秘書。編著有《陸軍大學校外交史講義》《中蘇軸心與世界和平》《有清一代之中俄關係》《中俄外交秘史之一幕》等書。

該書分『列强近代之外交政策』和『中國列强之外交關係』兩編，共十四講。闡述了英、法、德、意、蘇、美、日等各個國家的外交政策和中國自清代以來與西方及日本等國的外交關係歷史，其中『中法之外交關係』一講，簡單提及法國入侵雲南、礦山開采、滇越鐵路等事項。書末附載四篇文章：一是王芸生撰《二百餘年之中國外交病》；二是陳復光譯自美國駐華公使芮恩斯所著《一個駐華之美國外交家》裏的第二章第十二節『廿一條談判之内幕』；三是《遠東局勢之動嚮》，論述九一八事變後日、英、美、蘇在遠東之關係，

歐洲局勢對遠東之影響等；四是陳復光在雲南省教育會、昆明分校演講的《第二次世界大戰與中國之命運》。（田青）

各國外交政策及外交史（一）

楊杰等講，中央訓練團黨政高級訓練班編　民國三十二年（一九四三）中央訓練團黨政高級訓練班鉛印本　國家圖書館藏書

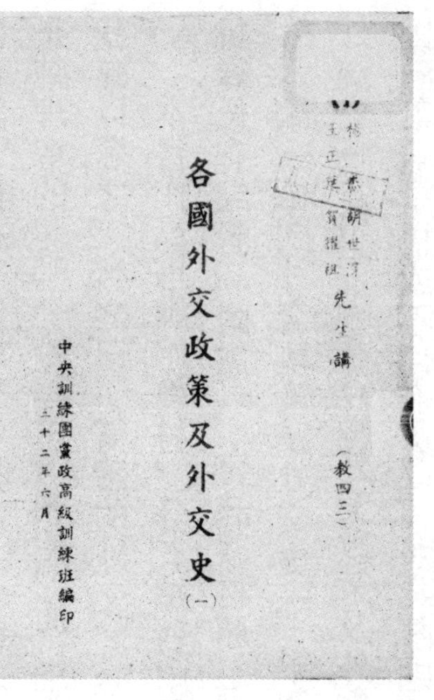

國民黨中央訓練團於一九三八年成立，一九三九年三月遷重慶，由國民黨中央黨部訓練委員會領導，蔣介石任團長。其以開辦黨務訓練班爲主要任務，培訓國民黨黨、政、軍中級以上人員，每期一個月至半年，是國民黨培養『骨幹核心分子』的大本營。

楊杰簡介見前《革新政治芻議》提要。王正廷（一八八二—一九六一），浙江奉化人，民國時期著名的政治家、外交家、社會活動家。曾任職於湖北軍政府、廣州軍政府、北洋政府、南京國民政府的外交部門。胡世澤（一八九四—一九七二），浙江吳興人。民國時期著名外交家，國民政府外交部次長。一九五五年任聯合國副秘書長，直至一九七一年中華人民共和國恢復在聯合國的合法席位時離職。賀耀祖（一八八九—一九六一），湖南寧鄉人。一九〇九年公派日本留學，後參加討袁、護法、北伐諸役。一九三五年出任駐土耳其公使，一九三九年出任駐蘇聯特使。一九四九年後，任中南軍政委員會委員、交通部部長等職，是第一、二届全國人大代表，第二、三届全國政協委員。

以上四位作者皆從事過外交工作，其著述基本體現了國民政府的外交觀點和政策。如楊杰《蘇聯外交政策》較爲客觀地叙述了蘇芬戰争的起因及過程、《蘇德互不侵犯條約》與《蘇日中立條約》的簽訂。他在『結論』中指出：『總之，蘇聯的外交政策是現實主義的，是蘇聯國防最忠的奴僕，是純理智的，絶不爲感情所驅使，而以利害爲轉移。什麽傳統思想，什麽道德觀念，都拘束不了它。我無以名之，名之曰：辯證的外交。』

本書作爲培訓用教材，分五編對中國、美國、法國、近東各國和蘇聯的外交政策進行了評介。目録後有編者『附志』，言該教材原定編輯十編，但其中負責第二編『英國外交政策及外交史』、第六編『德國外交政策及外交史』、第七編『意國外交政策及外交史』、第八編『日本外交政策及外交史』、第十編『各國外交政策及外交情報』的撰稿人王世杰、王芃生、劉文島、程天放四人，因『無暇撰稿或不便發表』，蔣廷黻則用已經出版的《中國外交史料輯要》一書代替交稿，故本書講述各國的外交狀況的具體内容有所缺失。

該書據以影印的底本，由於全面抗戰時期物資緊缺，印刷品質低劣，致使書中有許多字迹不清之處。雲南大學出版社、雲南人民出版社二〇一八年出版的《楊杰文集》（三），收録了楊杰的《中國的外交政策》《蘇聯外交政策》兩文，與本書相校，文字互有出入，可參看。

（劉景毛）

中印緬道交通史

夏光南編著　民國三十七年（一九四八）中華書局鉛印本　國家圖書館藏書

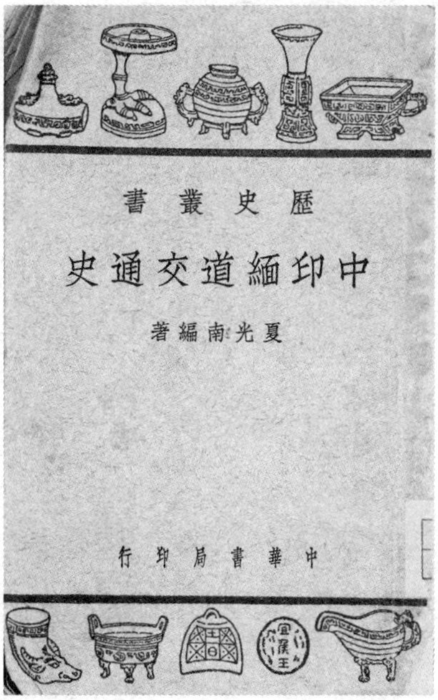

夏光南簡介見前《元代雲南史地叢考》提要。該書爲『歷史叢書』之一。卷首爲繆嘉銘、張維翰、金龍章三人所撰序言，次爲目録及巴羅氏繪《中印公路開通》圖，圖下題詞以寥寥數語，充分表達了作者對爲中印緬道作出巨大貢獻的史迪威將軍和『許多爲完成這不朽功業而犧牲生命的中外人士』的崇敬之情；再次爲『緒論』，文稱：『……然中印之交通，僅限於中亞之陸路，及交廣之海道兩綫，而西南滇緬交通印度之路，亦未著也。』有鑒於此，作者編著了此書，體現了其服務現實、經世致用的治學理念，無怪乎張維翰在序中稱其書爲『足資政治及學術之參考也』。

是書爲章節體，以中國歷史朝代順序爲主綫叙事，集中論述秦漢以來中國與印度、緬甸之間開闢交通路綫的概況，及該條路綫對中印及東南亞歷代文化交流的影響。全書共分三十節，另附《中印緬道交通大事年表》於書尾。第一節至第十六節，爲秦至清初的中印緬交通史。作者認爲，貿易互通，旅人往來，政治、科技、宗教和藝術之探求『即賴滇緬爲一橋梁而溝通焉』。第十七節至第二十二節，爲民國初年至全面抗戰前的交通史。此間西方列强爲獲取利益，侵擾滇邊，『滇緬交通之事，遂趨於極盛矣』。同時，作者認爲，正是這一時期中印交通之基礎初步奠定。最後八節，主要講述了該交通綫在中國抗戰及整個第二次世界大戰中所起的作用，『抗戰軍興以來，因同盟國間物資之供應、運輸頻繁，雲南形成後方重鎮，……西南各省所産之茶、絲、桐油、皮毛之屬，均由緬甸出口，國内所需軍用物品，由此源源輸入，中印交通，遂於此奠定一新興偉大之基礎矣』。

作者充分肯定了中印緬交通綫的歷史和現實意義，表達了對雲南光明前途之美好期盼。故作者言：『戰後建國大業開始，雲南氣候温和，物産豐厚，而地下藴藏之礦産，及各流域所能發生之電力，取之不盡，用之不竭，在國防上必爲重工業之中心，而滇緬鐵路勢當於短期間，迅速鋪築完成，以爲我國西南最安全、簡便之國際交通綫。印度與揚子江流域之鐵路，相接於雲南，則吾國與歐美經濟之合作，將愈密切，而雲南之經濟地位，將如英之「約克西亞」「蘭卡西亞」，工商之盛，甲於全國，吾述中印緬交通至此，不禁歡欣鼓舞以迎之！』

（楊勇）

有清一代之中俄關係

陳復光著　民國三十六年（一九四七）國立雲南大學文法學院鉛印本　國家圖書館藏書

陳復光簡介見前《外交史》提要。本書爲『國立雲南大學文法學院叢書』乙類第一種。卷首有姜亮夫『叢書序』、楊杰序，作者自序及弁言、凡例。全書分六章，每章後有參考書目。書末

有清一代之中俄關係　陳復光著

有姜亮夫一九四七年所作跋及《中俄界務沿革一覽表》（目録作『中俄界圖附説明表』）。

袁嘉剛認爲此書是我國學者研究中俄關係史最重要、最權威、最有分量的拓荒性著作，這部專著奠定了中俄關係研究的基礎。本書的特點：一是資料充實、内容豐富，『網羅事實，凡有關各國的外交檔册、官書、當局者之行傳、奏議、回憶録、日記、談話及有關之外交史名著及譯述，觀覽所及咸有甄采』；二是觀點穩妥，比較客觀，能經受住時代之檢驗；三是全書結構合理，爲中俄關係史的研究提出了頗有價值的見解。作者建立的研究結構、研究體系及其側重叙述的問題，對研究中俄關係史的後來者有相當的影響。二十世紀七八十年代，北京、上海等地出版的幾種中俄關係史著作，事實上都是以陳復光的著作爲藍本完成的。姜亮夫在本書的跋文中稱陳復光此著爲『奇書也』，絶非溢美。上海書店一九九〇年出版的《民國叢書》第二編第二十八册收録此書。（劉景毛）

（四）民族史志

①總論

古滇土人圖志（第一、二册）

董一道編輯、繪畫　民國三年（一九一四）崇文石印書館石印本　國家圖書館藏書

董一道（約一八八一——一九三一），字貫之，號墨醫，雲南峨山人。清末民初雲南著名畫家。歷任雲南高等學堂、師範學校、省農業學校等校圖畫專任教師，爲滇畫的發展作出了重要貢獻。

該書是清末民初雲南少數民族風俗和服飾的圖譜，每册圖譜的前半部分描繪當時少數民族的生産、生活及風尚、習俗活動，後半部分描繪雲南各民族的形象及服飾。整部作品共計圖八十幅，其中風俗畫三十幅，人物服飾畫五十幅。每圖均附有文字説明，民族及其名稱多源自前代的《滇志》，涉及雲南傣、納西、傈僳、苦聰、苗、白、怒、壯、哈尼、拉祜、布朗等少數民族的風土人情。

爲完成這部作品，編繪者不辭艱辛赴滇東、滇西、滇南各少數民族聚

居區，實地考察各地風土人情，搜集大量素材，并參閲各種地方歷史文獻，耗費大量心血，歷時三年創作而成。該書用鋼筆繪製而成，是雲南最早的鋼筆畫精品，每幅畫的容貌服飾無不逼真，綫條疏密均有法度，十分清晰美觀，展現出二十世紀初雲南民族地區的真實風貌。這兩册圖志受到雲貴總督李經羲、雲南提學使葉爾愷等各方的好評與支持，成爲雲南很有影響的一部美術作品。（田青）

夷經

王德三著　民國十九年（一九三〇）油印本　雲南省文山州檔案館藏書

王德三（一八九八—一九三〇），原名王懋廷，又名王正麟，雲南祥雲人。將馬克思學説與中國革命相結合的積極踐行者，雲南農民運動組織、領導者，陝北地區共産黨組織的創建者和重要領導人之一。一九二一年考入北京大學，加入李大釗組織的馬克思學説研究會。一九二二年經鄧中夏介紹加入中國共産黨，一九二三至一九二五年夏到陝西華縣咸林中學、綏德省立第四師範學校任教，領導創建陝北地區最早的黨、團組織——青年團綏德特别支部、中共綏德支部，任書記。一九二五年夏返回北京大學哲學系學習，發起組織雲南革新社。一九二六年春赴廣州黄埔軍校任第三期政治教官，同年冬兼任國民革命軍第三軍留守處政治訓練班主任。一九二七年二月回昆明，主持成立中共雲南省臨時工作委員會，任書記。一九二八年七月到莫斯科參加黨的第六次全國代表大會。同年秋回到昆明，主持召開中共雲南省黨員大會，正式成立中共雲南省黨委，當選省委書記。會後，他深入馬關、文山等地發動領導農民武裝起義。一九三〇年七月領導陸良舊州、三岔河等地武裝起義，十二月英勇就義。

《夷經》又被稱作《苗夷三字經》，是中國共産黨歷史上的首部民族工作文獻。封面署名『齊人』。書首有文山州檔案館一九八三年十二月發現《苗夷三字經》的情況說明，介紹了《夷經》的形成及在文山東村小塘子傳

001

夷經

夷族本源

齐人作

众苗亲，众夷亲，仔细听，从头一二记在心。由盘古，到如今，苗亲夷亲苦

播的經過。書末有『一九三〇，五，一五』落款。全書分六章。第一章『夷族本源』，叙說少數民族的來源，指出『從盤古，到如今，夷親苦處數不清。天生人來一樣齊，夷親不比漢人低』，『漢族人，仗官勢，苗親夷親受壓制』，揭示了階級矛盾與民族矛盾的根源。第二章『漢人壓制夷親情形』，指出『漢族人，在中國，有錢有勢了不得。霸官場，做皇帝，拿着夷親來出氣』，揭示了民族矛盾的客觀事實。第三章『漢人壓夷親變成田主壓小家』，叙説少數民族群衆受苦受難的緣由。第四章『苗親夷親怎個纔有好日子過』，指出第一是『佃反主，夷親大家争田土』，『各種各吃不上租』，『第二不受漢人欺，夷漢平等一樣齊。公事官場大家管，人不壓人事好辦。第三夷親得讀書，讀書做事把頭出』，號召大家『自己靠自己，大家靠大家。齊心聯合挣天下。事業大，人數多，團結鬥争怕什麽』，『工農兵，不分夷漢一條心，一條心，仇敵朋友要認清』，聯合起來，共同對敵鬥争。第五章『做些哪樣』，就是要『工農兵，一條心，土地革命世界新。推翻軍閥，消滅田

主，夷漢平等同辦工農兵政府』。成立『工農兵，代表會，又將田地來分配』，就能做到夷漢平等，中國統一，『天下太平人心平』。第六章『怎個做法』，就是要進行革命鬥争。『革命原要大家做，過橋過河自已過。黨上領路跟着走，想望成功要争鬥』，衹有各族人民聯合起來，進行革命鬥争，推翻舊的統治，纔能『世道從此得太平』。

《夷經》以通俗易懂的語言，説出了少數民族的心裏話，講清了少數民族反對壓迫剥削、起來革命的道理，對宣傳黨的民族政策，發動和組織少數民族群衆進行土地革命，有着十分重要的指導意義。

收入《雲南叢書續編》的《夷經》，其底本影印件是一九六四年文山州檔案館徵集到的一九三〇年刻印的原件殘本，缺第一至六葉A面、第二十六葉B面，末葉殘破厲害。後人對該書已作過整理研究，詳可參看昆明市志編纂委員會編印的《昆明現代史資料彙輯》和中共文山州委黨史資料徵集委員會編印的《文山壯族苗族自治州黨史資料·第一輯》。（鄭志惠）

雲南民族調查報告

楊成志著　民國十九年（一九三〇）國立中山大學語言歷史學研究所鉛印本　國家圖書館藏書

楊成志（一九〇二—一九九一），廣東海豐人。一九二七年畢業於嶺南大學歷史系，入中山大學工作。一九三二年留學法國，獲巴黎大學文學博士學位。一九三五年冬回國，復入職於中

國立中山大學
語言歷史學研究所

雲南民族調查報告

楊成志著

中華民國
十九年七月出版
（1930）

山大學。中華人民共和國成立後，先後在中央民族事務委員會、中央民族學院（今中央民族大學）從事民族研究工作。曾主編《民俗》季刊和《民族學刊》，發表論著二百餘種，尤以二十世紀三四十年代發表的有關雲南羅羅、粵北乳源瑶山、海南島苗黎、廣西苗瑶侗壯的調查報告等專著和譯著爲代表，在國内有相當影響。在中山大學任教期間，他培養了我國最早的一批人類學、民族學方面的學術大家，如戴裔煊、江應樑等，堪稱中國人類學一代宗師。

本書被稱爲『我國西南民族調查的先導杰作』。全書約十萬字，分十二章。第一章『緒言』，簡述作者受中山大學和中央研究院委派，於一九二八年七月十二日至一九三〇年三月二十三日，到『滇南迤東、川滇交界的巴布凉山、昆明、河口和安南』地，對獨立羅羅、花苗、青苗等各個民族的調查概況。第二、三、四章是對凉山彝族的調查，對獨立羅羅的名稱，分布的地理概況和歷史背景，凉山的部落制度、奴隸制度、男女的地位及其裝束、家庭和房屋、信仰、農業和手工業、婚姻與喪葬等作了真實的記録，爲我們提供了一個瞭解真實凉山彝族的藍本。第五章『關於花苗的語言和慣俗一般』，考釋了苗族名稱繁多之緣由，略論了巧家縣五甲地方羅羅土司統轄下的三十一家花苗的特性、裝束、信仰、婚姻、喪葬等風俗習慣及語言。第六章『關於青苗的語言和慣俗一般』，介紹了青苗在貴州、廣東、雲南的稱謂，辨析了仲家不同於羅羅、花苗語言的語法組織特點。第七章『昆明各民族的分析和比較』，對昆明各鄉人口、民族分布區域進行了統計與語言比較。第八至十二章，介紹搜集的雲南民族志、雲南民間文藝集、安南民俗等資料的情況，及對河口瑶人的調查情況，并對此次搜羅的各民族民俗品作了詳細登記。

此次調查獲得了豐富的第一手資料，收集『民俗品大小數百件』，其中以『獨立羅羅、花苗、青苗、夷人、散民、子君、羅羅、安南土字各種書籍爲最寶貴』。其拍攝的數百張土人和景物的照片，成爲今天民族研究頗有價值的資料。第二章中『獨立羅羅預稿的内容』、第三章中『記録資料的綱目』、第八章所列『西南民族調查略表』等内容，爲如何開展人類學田野調查、編寫民族志、構建民族語言研究體系等提供了範式，爲運用多學科理論綜合研究、構建西南民族研究的科學體系奠定了基礎。（鄭志惠）

雲南民族之地理分布

凌純聲著　民國二十五年（一九三六）中國地理學會鉛印本　國家圖書館藏書

凌純聲（一九〇二—一九八一），字民復，號潤生，江蘇武進（今常州）人。民族學、人類學家。早年就學於中央大學，後留學法國巴黎大學，攻讀人類學和民族學，獲博士學位。歸國後，歷任中央研究院歷史語言研究所研究員，教育部邊疆教育司司長，中央大學教授、系主任等。移居臺灣後任臺灣大學教授，『中央研究院』民族學研究所所長、評議員、院士等。他在民族學實地調查和比較研究、邊政建設方面都作出了貢獻。著有《中國邊政制度》《中國邊疆民族與環太平洋文

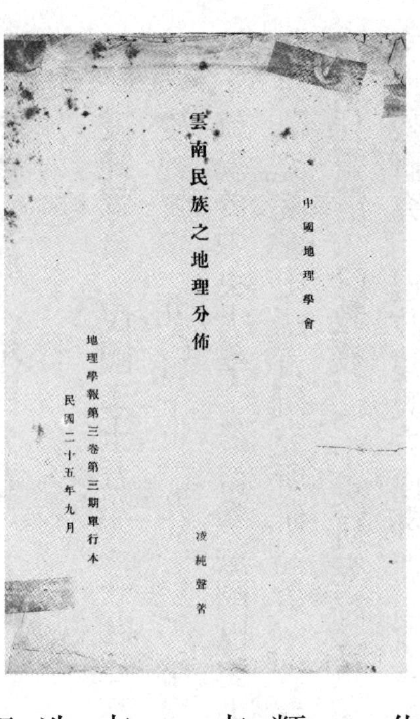

化》等。

本書是一部關於雲南地形、氣候，與雲南民族的分類、區域分布、垂直分布特點的研究之作。書後附有《雲南地形圖》《雲南民族之垂直分布圖》和英文説明。

作者以獨特的視角分析了雲南民族複雜的原因。雲南崇山大川、叢林深谷的複雜地形，影響了雲南的氣候，造成『在同一緯度的地帶，同一季候高山與深谷的氣候相差懸殊』，形成了適宜耕牧或農業等不同生息方式的不同民族，并呈現出垂直分布的特色。『如羅羅的不敢居住深谷，擺夷的不能居高山』，『大概言之，八百公尺以下的深谷爲擺人帶；八百公尺以上至一千五百公尺爲蒲人帶；一千五百公尺至二千公尺的小平原爲漢人帶；一千五百公尺至二千五百公尺的山地爲藏緬帶。旅行雲南時，降入深谷見有榕樹之地，常爲擺夷所居，或有少數的蒲人。上山至有松樹之處，即發見羅羅或漢人的村寨。有松林之地即爲無烟瘴之證，故有松地帶爲雲南民族垂直分布最明確的界綫』。作者將雲南民族區域分布置於海拔框架裏叙述，收簡明直觀之功。

對雲南邊地民族根據語言作科學分類，始於英國人戴維斯一九〇九年在英國出版《雲南：聯結印度和揚子江的鏈環》一書，其把雲南邊民分爲三大類九小群：蒙吉蔑語系，包括苗—猺群、民家群、瓦—崩龍群；禪語系，包括禪或臺；藏緬語系，包括西藏群、西番群、羅羅群、緬甸群、克欽群。一九三五年，國内學者丁文江將雲南民族劃分爲禪人、藏緬、苗猺、交趾（包括蒲人）

四類，把民家列入禪人類。凌氏利用其一九三四至一九三六年在雲南實地對民家（今白族）、苗、傜、蒲蠻、卡瓦（今佤族）、卡拉、崩龍（今德昂族）的考察，『同時觀察其體質與文化』等，對戴、丁二氏的分類進行修訂，將雲南民族分爲蒲人、藏緬、撣人三類。按今天的劃分標準看，凌氏的分類仍有待考之處。如蒲人類延續了戴氏之説，將屬於漢藏語系的僰子、民家、苗子、傜人與屬於南亞語系的蒲蠻、卡拉、卡瓦、崩龍混爲一類；禪人屬今漢藏語系壯侗語族壯傣語支，不應作類目名。但總的來説，以上對各種民族分類的探尋，都爲今天的民族學研究奠定了基礎。（鄭志惠）

雲南邊民録

龔家驊編著　民國三十二年（一九四三）正中書局鉛印本　國家圖書館藏書

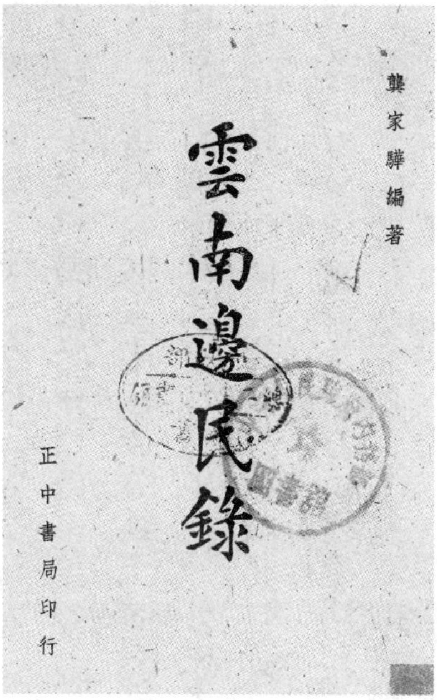

龔家驊，生平事迹不詳。二〇一五年北京知識産權出版社出版沈劍英總主編的《民國因明文獻研究叢刊》，第十五輯收録有沈海波撰《龔家驊〈邏輯與因明〉略述》，知其著有《法界緣起略述》《邏輯與因明》《印度哲學綱要》《滇南异物名産志》及本書。

是書雖名《雲南邊民録》，實際是一部除漢族以外的雲南民族志。全書分八十八條，大抵記録了一百三十四種民族的來源、分布、居住環境、服飾、髮式、頭飾、婚姻、喪葬、生産方式、飲食、語言、節日等内容，反映了雲南各民族的社會生活習俗、宗教信仰、語言文化、經濟狀况等。

作者開篇將雲南民族分爲土著與外來兩大類，其中土著居民分白蠻、烏蠻兩種，其下『風俗稍別，名號遂殊』，各分數十種。外來者，東北有苗、僚、甘、孟、仲家、沙兔，東南有徭、交、沙、儂、昔岔、喇傒、龍人等，西北有怒、俅、古宗、西番，西南有縹緬、莽、遮些等。儘管這樣的劃分還有值得商榷的地方，但體現了雲南民族的多元性。文中所記録的雲南邊民的情况，爲今天人類學、民族學研究保存了豐富的資料。如居住環境及房屋，有擺夷『構竹樓臨水而居，樓下畜牛馬』；寧洱哈尼『上樓下房，人居樓上，牲養其下』的掌子房；傈傈『崖居穴處』。再如服飾，有『官民皆冠箬葉，纍金玉珠寶爲高頂，上懸小金鈴，遍插翠花、翎毛，後垂紅纓』的車里僰夷；有『男子以布二幅，縫合掛身，無襟袂、領緣，婦人織紅黑布，搭於右肩，結於左脅，以蔽其胸，另以布一幅蔽腰』的瀾滄江蒲人；有男子束髮裹頭、披布單的峨昌；有男子穿麻布短衣褲，髮留中、左、右的三撮毛；有『男子束髮裹頭，插鷄羽，着青布衣，披羊皮，跣足』的濮喇；『婦女辮髮百股，用五寸横木插頂，挽而束之』的古宗，等等。關於婚姻習俗，有『男女相悦始婚媾』的元江僰夷的自由婚姻，亦有『婿直入（待嫁新娘）松屋中，挾婦乘馬疾驅去』的東川羅羅搶婚習俗，鎮雄苗族的『扎山』等。喪葬方面，除有土葬、火葬外，還有那馬、窩泥等先火化再葬其骨的火土結合葬，更有普馬的洗骨葬。宗教信仰、語言文字方面，有『信佛崇喇嘛』的古宗；有刻木記事的蒲人、西番等；有『習緬字』的騰越僰夷；有『字專象形，人則畫人，物則畫物，以爲書契。無姓氏，以祖名末一字、父名末一字，加一字爲名，遞承而下，以志親疏』的麽些；有『有夷經，皆爨字』的羅羅，『習爨字，師阿閉，信鷄卦』的大羅羅；亦有『書契數目字，及六十甲子，皆如漢制』的苗人等。經濟生活上，有『爲滇莊佃民』的阿迷州僰夷；有『耕山種木棉，取禽鳥爲生』，『常負瓜蔬，入市貿易』的撲喇、土僚；有『能讀書力田，紡織貿易』的聶素；有『交易皆與婦人議』，婦人『持數珠會計極捷』的古宗；亦有『山居種地，織麻爲衣，不知貿易』的阿度，『茹毛飲血，宛如太古』的俅人；等等。

是書資料多源於清道光《雲南通志·種人》，少有增補。在編纂體例與分類立目上稍有改進，首先將該《志》平列一百四十一種民族名稱適當合并爲八十八種，如白人并入僰夷；其次，改該《志》資料彙編形式爲叙事形式。通過上兩項改進，在紛繁複雜的雲南民族歷史中勾勒出一個相對簡要清晰的脉絡，這是值得肯定的。但本書編纂中删除了『白人』一目，將白族史料編入『僰夷』條目中，并將新增個别苗人的史料雜糅進『僰夷』條目中，造成白族與傣族史料的混亂，讀者需辨識使用。（鄭志惠）

雲南古代民族之史的分析

范義田著　民國三十三年（一九四四）商務印書館鉛印本　國家圖書館藏書

范義田簡介見前《雲南邊地民族教育要覽》提要。全書凡七章，二十三節。第一章『緒論』，第二章『西南夷之名類』，第三章『雲南兩大族「爨」與「僰」之發展及其與夏族之關係』，第四章『「叟」「昆明」「明家」「滇」「詔」諸種之淵源及其名稱之解説』，第五章『明家族之源流』，

第六章『白語、白文及白國傳説歷史』，第七章『南詔與明家之關係及對緬泰之開發』。正如『緒論』所云：『本書乃從歷史方面，以分析研究西南夷——尤其是雲南古代土著各族之大系。西南夷之族，實具有中國民族之三大系，三大系者：（一）高原系，指分布於自秦隴高原、青康高原，以至雲貴高原之族而言；（二）盆地系，指分布於漢中、四川及湖湘間盆地之族而言；（三）海洋系，指分布於雲南南部連於印度支那半島及粵閩之族而言。』

范義田著
雲南古代民族之史的分析
商務印書館印行

在文中，作者運用辯證唯物主義和歷史唯物主義的觀點和方法，把研究對象納入到整個中華民族及中南半島民族活動的大背景中，把中國古代民族分成三大系統，即高原系、盆地系與海洋系，雲南民族以高原系爲主。他明確指出雲南的歷史，即『雲南古代各宗族之混合、變遷、發展及其漢化過程之歷史』。作者以明家（白族）爲重點，對中國西南諸民族的形成、發展作了多方面的探討。作者通過解讀研究白族歷史，尤其是以南詔大理歷史文化爲突破口，得出了『雲南民族史是雲南古代史之中心部分，亦同樣爲中國民族史之一環』的精闢論述，首倡了『中華民族整體觀』的學術思想。（郭勁）

雲南全省邊民分布册

楊履中編輯　民國三十五年（一九四六）雲南省民政廳邊疆行政設計委員會鉛印本　國家圖書館藏書

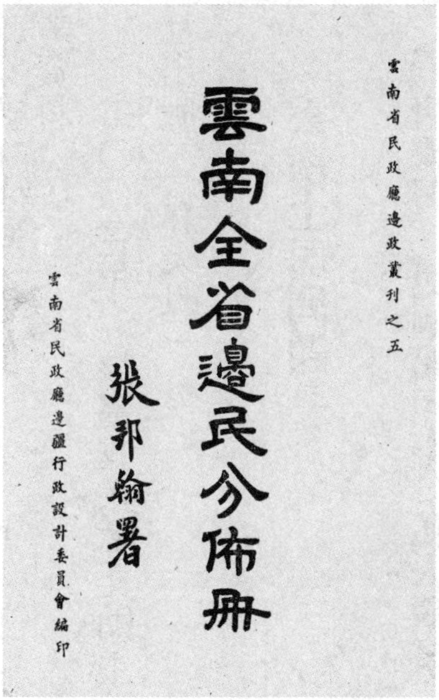

楊履中（約一九一〇—？），雲南賓川人。一九三六年在上海求學期間，曾任雲南旅滬同鄉創辦的《滇聲》（原名《雲南旅滬學會會刊》）雜志主編。一九四一年在雲南省民政廳任職，一九四四年任邊政委員會秘書。其他生平事迹待考。

根據一九三八年《西南邊區民族調查表》的統計，雲南民族的名稱達一百五十多種。雲南省民政廳邊疆行政設計委員會彙集各方調查表和報告，進行整理和統計，輯爲本書，并分上、下兩編，『上編以縣局地方爲綱，以宗族爲目，各該縣局地方有若干種邊民，何者最多，何者最少，依次臚列，人數及分布鄉鎮村落暨所占縣局地方人口之百分比，逐一記載明確。下編以宗族爲綱，在全省中何者最多，何者最少，仍依次臚列，各宗族名稱及人口數之下，列以分布縣局地方名稱及人口數目，使全省每一宗族人口總數，在全省人口百分比中占若干，何縣最多，何縣最少，均得一覽無遺』。

根據一九四〇年十月國民政府行政院陽壹字二〇九八五號訓令公布的國民黨中央社會部會同

教育部及中央研究院擬定的《改正西南少數民族命名表》規定，『本册所列各民族之命名，其見於此項命名表者，即從其規定，并於備考欄内注明，其未見諸此表者，亦本中央改正命名之原意加以改正，以示平等』。故《雲南全省邊民分布册》所載雲南少數民族的名稱，不使用帶有歧視性的民族名稱，不再有『蟲』『獸』『鳥』及『犬』旁等字樣，全部改爲『亻』旁，并對雲南少數民族進行了初步的識别，將原來的一百五十餘種識别爲八十五種。

這本册子不僅『可供行政之參考，且可作研究民族學者之重要資料』。該書是民國時期雲南省民族構成和民族分布的『唯一依據』，也是二十世紀五十年代雲南民族識别不可或缺的重要參考資料。

二〇一三年，該書收入林文勛主編的《民國時期雲南邊疆開發方案彙編》，由雲南人民出版社出版。（郭大烈）

雲南土司問題

唐璆著　民國鉛印本　私人藏書

唐璆（一八七三—一九二八），字金山，又字鍊心，湖南洞口人。幼年聰敏勤學，二十三歲考取秀才，深受康有爲、梁啓超影響，主張維新變法。三十歲畢業於兩湖書院，三十二歲畢業於南京武備學堂。辛亥革命後，受雲南都督蔡鍔之邀，到滇出掌騰越廳事，後任都督府參議等，又兼《滇南日報》主筆。一九一三年返回湖南，晚年研究佛學。

唐璆在雲南任職約兩年，深入邊疆土司地區調查研究後，寫成《雲南土司問題》。全書約兩萬字，不僅資料珍貴，而且對雲南土司的來龍去脉、歷史現狀叙述清晰，尤其是對雲南土司的現狀、存在問題的叙述和分析，以及治理的對策建議很有啓發意義，所以深得蔡鍔的好評，表示『依策而行，收效甚大』。

雲南土司問題　湖南武岡唐璆

雲南之有土司。猶我國之有蒙藏也。土司之關係於雲南。猶蒙藏之關係於我國也。蒙藏不改省。則我國行政不能統一。行政不統一。則國防不能鞏固。土司不改流。則雲南行政不能統一。行政不統一。則邊防不能鞏固。就法理而談。此固不易之論也。然按之時勢。徵之事實。改土歸流之舉。有不能貿然從事者。按雲南土司。肇自前明。洪武册命。至今保存。以形式觀之。實屬野蠻之部落。以經制論之。儼然封建之遺規。根深蒂固。有自來矣。就滇迤西各府廳言之。若永昌、順甯、鎮邊、普洱。所轄土司大小五十餘處。地多烟瘴。人異種族。言語不通。情形隔閡。且强鄰逼處。常懷異心。若驟然改設流官。則幅員遼闊。兼顧不遑。彼此猜疑。互相牽動。不惟邊境騷動。人民擾亂。且爲淵敺魚。爲叢敺爵。其禍有不可測者。軍政府知其然也。於是取漸進主義。以振興學校。收回法權。清理財政。平治道途。獎勵開墾。試辦警察。提倡實業。爲入手辦法。使之潛移默化。以爲不改之改。此爲計誠得矣。記者因膺邊鹽務。居土司境者二年。籌辦沿邊緝私團。短衣

雲南土司問題　一

此書以文言寫成，豎排，加圈注，大段落，無標點。一九一二年在雲南印刷。本書原來僅有存目。二〇〇八年，唐璆的後人唐晉湘先生給筆者寄來原書影印本一份。後唐晉源、唐晉湘兄弟二人整理出版《唐璆文集》（當代中國出版社，二〇一〇年），將《雲南土司問題》整理、標點後，收入其中。（謝本書）

②彝族

雲南羅羅族的巫師及其經典

楊成志著　民國二十年（一九三一）國立中山大學文史研究所鉛印本　國家圖書館藏書

楊成志簡介見前《雲南民族調查報告》提要。全書分爲『導言』『羅羅經典與巫師的關係』『羅羅經典的內容』『羅羅經典的兩實例』『羅羅經典的分類』『一百三十部羅羅經典的原名』六部分，

主要論述了羅羅經典與巫師的關係，對羅羅經典進行了分類及内容上的介紹，是國内最早的研究彝族經典的專著。作者從形式和内容兩部分來介紹羅羅經典。『一、經典的形式。羅羅經典係神秘的寶物，不能任意褻瀆，故獨立羅羅的「畢摩」以羊皮製成的書包裝藏之；昆明的「覡爸」則以布來裹。關於經典的裝訂，獨立羅羅以一幼竹縫聯經的左緣，用黑布爲經皮，由左而右可卷成一捆，竹的上端繫一綫，當經卷成捆時作結束之。』『二、經典的實質。羅羅經的語句，多係五言，意義簡樸，音韵自然，且其段落分明，毫無錯亂。雖其中有長短句，要之，諷誦起來，也極合着節奏，純是一種古詩詞的上品。關於請神的經典，其中神名也一個一個地列舉出來，沒有倒置或紛歧之弊；關於咒語和符籙的，能加以注釋和舉例；關於插圖的，也能使人物均稱和表出經中的深意。至其書的古勁和秀麗，更可做我國文字學家的參考品。』

（劉聰）

西南夷族考察記

曲木藏堯著　民國二十二年（一九三三）中國國民黨四川省黨務特派員辦事處鉛印本

曲木藏堯（一九〇五—一九四〇），又名王治國，彝族，四川越西人。民國時期四川涼山彝

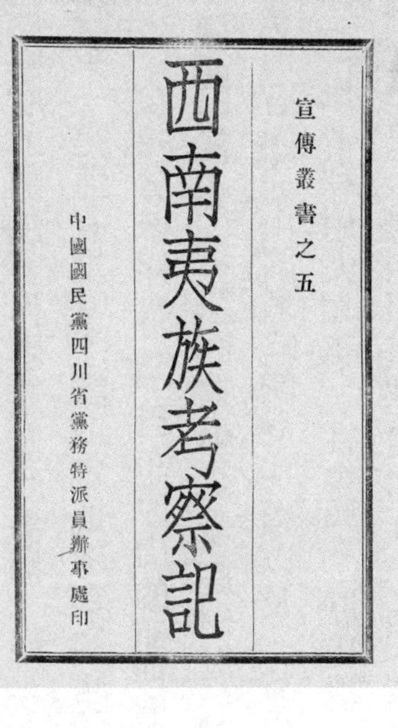

族的杰出人物。畢業於中央政治學校蒙藏華僑班。曾任夷族黨務宣傳員、西昌行轅上校副官。抗戰期間，在修通連接滇緬公路的樂西、西祥公路時，他任築路三支隊隊長，動員了許多彝族人民參與修路工作。著有《西南夷族考察記》《平津歸來》等。

是書爲『宣傳叢書』之五。卷首曾擴情序云，作者於『民國二十年，既卒業於中央政治學校，奉中央命派爲夷族黨務宣傳員，返川康邊境，從事工作。一年以來，舉凡開通風氣，創辦學校，介紹漢夷通婚，泯除種族界限諸事，曲木同志既致全力以赴，卓有成績』，并撰成《西南夷族考察記》，『將夷族情形，詳細介紹於國内，俾留心邊疆者，得有一正確認識，不致擿埴索塗，其事尤爲可佩』。是書分『倮夷民族』『倮夷民族之生活』『倮夷民族的風俗』『倮夷民族的社會組織』『倮夷民族的文化』『倮夷民族的出産』『其他事項』七部分，真實地展現了當時彝族的社會生活狀况，極具價值。此書是第一部由彝族學者撰寫的調查報告。作者利用搜集所得之豐富的第一手資料，以平實的語言描述了當時彝族生活環境的惡劣、物資的貧乏，比較完整地呈現了當時彝族社會的生活面貌，爲我們研究民國時期的雲南邊疆民族和治邊政策提供了寶貴的歷史資料。

雲南省圖書館藏有南京拔提書店民國二十三年（一九三四）本，較民國二十二年（一九三三）本書首多石青陽、公孫長子、曲木藏堯的三篇序。（郭勁）

涼山夷族的奴隸制度

江應樑著　民國三十七年（一九四八）珠海大學編輯委員會鉛印本　國家圖書館藏書

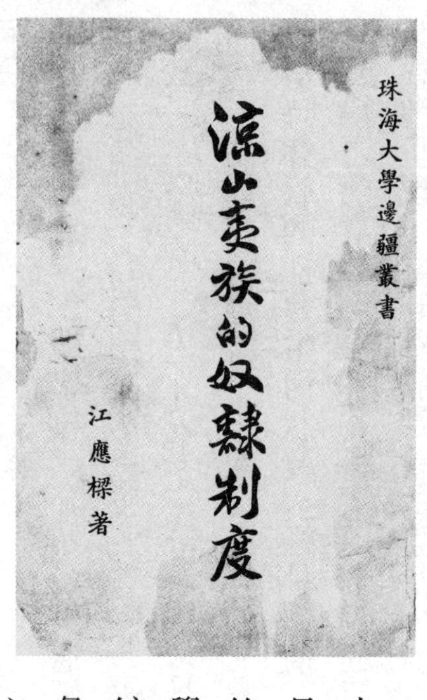

江應樑簡介見前《抗戰中的西南民族問題》提要。

本書是第一部系統調查研究涼山社會制度的專著。涼山是四川、雲南、西康三省接壤的一個千餘年來與外界隔絕的原始而神秘的區域。一九四〇年，作者受中央政治學校委派，由中國邊疆建設協會協助，并得到四川博物館的部分資助，『無伴侶，無僕從』，隻身一人進入涼山彝族地區考察，歷時一百一十餘日。該書於一九四一年六月完成初稿，因戰亂導致六年後纔得到國際人士與國民政府的關注，作者遂修改舊稿，於一九四八年刊出。時任清華大學社會學系教授的李景漢稱贊作者『是兼有豐富學識與實地考察經驗的學者』，『本書爲有價值的第一手材料』。

全書分『序言』『巴布涼山的地理環境』『涼山夷人的來歷』『奴隸社會的形成』『部落支派』『親戚與冤家』『家庭組織』『家庭財産』『生活文化』『結論』十個部分，介紹了涼山夷族人的狀況。書前有《涼山區域略圖》一幅以及《涼山黑夷少女》等照片四幅。

作者利用人類學、社會學、歷史學、語言學的研究方法，分析論述了涼山夷族奴隸社會等級制度是以血緣關係爲基礎而存在的，認爲黑夷占有生産資料，也占有生産工作者；以黑夷家庭爲基本單位，『由一家或一族黑夷統率着數百以至千家白夷，據有山中一個區域，即自成爲一個部落，各部落各自獨立，互不統屬』。作者分析這種典型奴隸制社會至今存在的原因有三：『一是沿襲其原有的部落制度』，『今日凉山的羅夷即古代的羌人』，在流徙的征戰與嚴格的通婚制度中，黑夷成爲『保有較純粹的羌人血統』的統治者，白夷『可以説是原始羌人部落中的奴隸的子孫，千餘年來不斷擄掠漢人及其他邊民入山後繁殖的後代』；『二是與外界關係之絶對隔絶』，『內地的政治制度、社會形態，始終未曾影響到山中的原始社會組織』；三是『黑夷世代保持其統治系統，而可以血族的關係聯成一個大集團，白夷則永久衹是雜亂而分離的人家』，以及『黑夷對待奴隸之恩威并重，物質生活上没有多大的差别』，這使得白夷在心理上『不再會發生反抗主子的意念了』。一九五八年作者發表在《雲南大學學報（人文科學）》第一期上的《凉山彝族社會的歷史發展》一文，對本書中的奴隸制觀點進行了修正。『我們説凉山彝族社會中，是具有一些奴隸所有制的成分的』，同時補充論述了凉山彝族經濟關係的基礎主體是封建制的問題。

作者將調查所得的大量數據以圖表的形式呈現出來，如各部落黑夷、白夷户數、家娃子人數表，黑夷家支分系表，夷人貧富等級表，家族擁有槍支、子彈數表，黑夷家庭財富估值表，奴隸常年生活費用表，凉山夷語單語字表，爨文十二支名表等，不僅爲今人研究保存了極其珍貴的第一手資料，同時以表説事，以數字論證問題，表文互補，相得益彰，不失爲學術研究的好方法。（鄭志惠）

③傣族

芒市邊民的擺

田汝康著　民國三十五年（一九四六）商務印書館鉛印本　國家圖書館藏書

社會學叢刊
吳文藻主編
乙集　第四種
芒市邊民的擺
田汝康
國立雲南大學
雲南省經濟委員會　合作社會學研究報告
私立燕京大學
商務印書館印行

田汝康（一九一六—二〇〇六），雲南昆明人。著名華僑史、東南亞史研究專家，社會學家。英國倫敦大學人類學博士。一九四〇年西南聯大畢業後，加入費孝通組建的『魁閣』工作站，從事社會實地調查。中華人民共和國成立後，歷任復旦大學歷史系教授、社會學系主任，中國社會學學會副會長、華僑歷史學會副會長等。

該書原名爲《擺夷的擺——芒市那木寨的宗教活動》，是作者利用其一九四〇年八月至翌年四月首次到雲南芒市開展傣族社會宗教調查研究所得資料整理而成的著作。一九四二年，作者再次到芒市進行調查。一九四六年，該書修訂并更名爲《芒市邊民的擺》，由商務印書館印行。費孝通在卷首序言中稱：『汝康分析了他在芒市那木寨所實地觀察的宗教活動，寫成這一本《芒市邊民的擺》，社區生活中最不易研究的也許就是宗教活動。』他稱寫此序的目的在於『說明宗教研究發展的經過』和『藉此機會把我個人對於宗教研究的意見附帶一說』。費氏用十四頁的篇幅，敘述了宗教的科學研究、知識社會學、巫術和宗教的功能、超自然的觀念、宗教研究的擴大等學術問題。序末署『雲南呈貢古城魁閣，民國三十年十一月九日』。該書正文分『大擺』『公擺』『其他有關超自然信仰的團體活動』『分析和比較』『宗教和巫術』『消耗和工作』『社齡結構』『人格和社會的完整』八章，對傣族的『做擺』活動進行了全面、準確、細膩的描述，提出傣族『社齡結構』概念，是研究傣族社會活動的重要資料，也是中國最經典的社會學、人類學著作之一。

雲南省檔案館藏一九四一年《擺夷的擺——芒市那木寨的宗教活動》油印本，由費孝通作序并親手刻蠟版印製而成。封面下角有『國立雲南大學社會學系研究室印贈』及『本研究室經費係受中國農民銀行所資助，特此致謝』等字樣。扉頁注明『本研究室同仁所著研究論文均列入吴文藻先生編社會學書刊乙集，由商務印書館出版』。正文前有『常用夷語名詞注釋』。此應是該書之初稿本，保存完好，字迹清晰，有益於研究該書内容及文字的前後改動等。（李艷）

車里宣慰世系考訂

李拂一著　民國三十六年（一九四七）國立雲南大學西南文化研究室鉛印本　國家圖書館藏書

李拂一（一九〇一—二〇一〇），原名承陽，字復一，筆名拂一，原籍廣西桂林，一九〇一年生於雲南普洱。一九一五年考入普洱道立中學，在電報局半工半讀至畢業。一九二三年，任普思沿邊行政總局科員、科長，積極開展建設邊地工作。一九二五年一月後，先後任昆明富滇銀行車

西南研究叢書之九

李拂一著

車里宣慰世系考訂

徐嘉瑞敬題

國立雲南大學西南文化研究室印行

里分行經理，南嶠、佛海兩縣教育局局長，省立佛海簡易師範學校校長，雲南抗敵後援會佛海分會會長，雲南省教育廳西南督學區國教視導員，佛海縣國民大會代表，車里縣縣長，雲南省政府秘書、參議等職。一九四九年十月赴臺灣定居。李拂一是我國著名傣學專家和邊地建設者、思普茶葉實業家，他倡導成立佛海茶業聯合貿易公司，規劃街道，開闢公路，設立電燈公司、圖書館、佛海測候所、佛海醫院；從事傣學研究，先後譯著了《泐史》《車里宣慰世系考訂》《車里》《孟艮土司》《暹羅紀程》《十二版納志》《車里宣慰世系簡史》《鎮越縣新志稿》《南荒內外》等著作，還發表有《佛海茶業概況》《佛海茶業與邊貿》等有關普洱茶業的文章。

該書是第一部用漢文翻譯整理研究西雙版納傣族王室家譜的著作，分《車里宣慰世系考訂》《歹仂文車里宣慰世系（附漢文對照）》兩部分。考訂自叭真入主車里（傣曆五四二年，公元一一八〇年），至刀棟樑（一九二七年任宣慰使，一九四三年去世）統治西雙版納七百餘年的歷史，其間共二十八世三十五位宣慰使。民國期間，作者曾兩次翻譯該書，一九八三年又出版臺灣復仁書屋修訂本，增補至第二十九世刀世勛，共三十九位宣慰使，并更新世系表。一九三三年，作者首次用漢文翻譯歹仂文車里宣慰世系，略加按語，在《民衆生活》上發表。『然殊不敢自信，時復思多集善本，并搜羅老撾、孟艮、孟璉等附近各土邦原文文獻，詳加勘訂，期能與我國史籍融通互證，獲一真實邊疆史料。』之後十年來作者生活流動不定，『原據繕本（《車里宣慰世系考訂》中稱「甲本」）又輾轉散失』。直到一九四三年冬得車里抄録本（《車里宣慰世系考訂》中稱『乙本』），纔再參酌一九三三年譯文，與『原文《泐史》《泐緯》等書，并漢文史乘，加以考訂，名曰《車里宣慰世系考訂初稿》』。一九四七年出版時，由徐嘉瑞題寫書名『車里宣慰世系考訂』，并列爲雲南大學西南文化研究室『西南研究叢書』之九。

譜牒之作多有不實不盡之弊，歹仂文車里宣慰世系無作者名氏，亦無作書年代，以傳抄形式流傳，『難求定本』，且『錯誤百出，其中有壽逾百齡者，有子年大於父年者，有將其他土邦事迹竄入者，尤其是年代之錯亂，考訂上最感困難』。作者因此彙集各種不同史料，對各世傣王姓名、在位時間、領地名稱、配偶名稱、子女名稱及食邑、承襲諸項，以夾注的形式加以注釋；對『原文世系』與他書記載有异者，或原書内容有脱漏、錯誤等問題進行分析研究，以按語的形式進行論述，予以訂正，用小字號注於各世系考訂文末，從而梳理出一個相對系統的車里宣慰使世系，爲相關研究提供了綫索，有極高的參考價值。但考訂本亦有個别問題有待進一步研究。首先是翻譯使用的底本問題。《車里宣慰世系考訂·序》説本書最早翻譯發表時間是一九三三年，而《泐史·自序》云得到《泐史》底本的時間分别爲一九二三年得勐海傣文中、下卷抄本，一九四〇年得孟艮上卷抄本。一九四三年，作者深感戰亂中保存文獻不易，『乃亟爲譯出』《泐史》，『并據以考訂車里宣慰世系之誤，成《車里宣慰世系考訂》一册』。從内容看，《泐史》分上、中、下三卷，上、中卷爲宣慰使世系，下卷『雜記疆域、關隘、嫁女贈地、割地等資料』，《車里宣慰世系考訂》應是壓縮《泐史》上、中卷内容的簡本。那麽，一九三三年發表在《民衆生活》周刊上的車里宣慰世系中自始祖至第十三世宣慰世系資料來自何本？其次，《車里宣慰世系考訂》按語所稱的『原文世系』是指『甲本』還是『乙本』，還是甲乙二本，還是别有他本？再從内容考訂看，車里宣慰世系之誤多在考訂中得到糾正，但挂一漏萬，仍有可深入發掘研究之處。如方國瑜先生看到的譯本除李本外，還有一九五四年民族歷史調查組翻譯之複寫本，有關一世祖叭真的記載就與李本不同（《泐史·方國瑜序》，《雲南史料叢刊》第五卷，雲南大學出版社，一九九八年）。另有朱德普《泐史研究》一書，對《泐史》與宣慰使世系有極深研究，可供傣族史研究參考。（鄭志惠）

泐史

李拂一編譯　民國三十六年（一九四七）國立雲南大學西南文化研究室鉛印本　國家圖書館藏書

西南研究叢書之八
泐史
李拂一著
孫嘉瑞敬題
國立雲南大學西南文化研究室印行

李拂一簡介見前《車里宣慰世系考訂》提要。該書爲雲南大學『西南研究叢書』之八，正文前有方國瑜序、李拂一題記及自序，書末附録《漢文、歹仂文、羅馬字對照表》。

該書係雲南西雙版納傣族編年體史書。原用傣仂文所寫，又稱《朗絲本勐泐》，一般直譯爲《勐泐古事書》，簡譯作《泐史》。李拂一據傣族原文文獻編譯而成。記述從一一八〇年（傣曆五四二年）一世帕雅莫（又名叭真）起，至一八六四年（傣曆一二二六年）三十二世刀正綜止，共六百八十四年的主要史實，内容涉及各世召片領姓名、生卒年、在位時間及其配偶、兒女與封地、俸禄等。對於制度、歷史大事、與周邊民族關係、與緬甸的關係等也有所記述。全書分上、中、下三卷，上卷記一一八〇—一五三〇年傣族首領叭真入主西雙版納建國稱王至第十六世召片領室利崧版的歷史；中卷記一五三〇—一八六四年第十七世召片領刀糯猛同時臣服明朝皇帝及緬王至第三十二世宣慰使刀正綜遇刺身亡之間的歷史；下卷記載疆域範圍、關隘守衛、嫁女贈地、税賦、割地等資料。該書是研究中國西南邊疆地方史和傣族社會歷史的重要史料。（田青）

水擺夷風土記

姚荷生著　民國三十七年（一九四八）大東書局鉛印本　國家圖書館藏書

姚荷生（一九一五—一九九八），江蘇丹徒人。教育家、作家。一九三八年畢業於清華大學生物系，奉派參加雲南省建設廳組織的邊疆實業考察團，赴西雙版納考察，至一九四〇年返回昆明。後在西南聯合大學任教，并創辦昆明五華中學、鎮江清華中學。中華人民共和國成立後，歷任鎮江文教局局長，江蘇醫學院（今南京醫科大學）教授、副院長，在國内首開皮紋學研究。所著文史作品有《再游西雙版納》《神州游蹤》《鎮江名勝古迹》《鎮江人物故事》等。

該書前有自序。正文分兩部：第一部『征程記』，十八篇，是自昆明至景洪的旅游隨筆；第二部『十二版納見聞録』，四十六篇，爲在傣地的所見、所聞、所思、所議，是詳細記述二十世紀四十年代西雙版納傣族風土人情的游記，筆觸自然而客觀，清新而灑脱，精描細繪出傣族充滿生活情趣的風情畫。融文學和學術於一爐，是本書的特點之一。書末附一百個傣語單字和五十個短句、夷文的字母、一本書的封面畫。本書共附圖五十五幅。

二十世紀五十年代以前，西雙版納被封閉在天南一隅，這裏的土地和人民鮮爲人知。全面抗戰爆發後，開發邊地的呼聲日隆，政府雖然派人來調查，但是來人因爲畏苦畏病，都没有長久詳細地調查過。姚荷生以科學家的求實精神，『常往來各地，投宿夷家，衣其服，甘其食，聽傳説於鄉老，問民俗於土酋』，精細考察了西雙版納的方方面面，歷史、社會、政治、經濟、民族、宗教、風俗習尚、文學藝術，無不涉及，連文字游戲也不放過。他的考察是比較全面系統的，對事物的觀察是頗爲深入的，因此本書作爲第一部西雙版納風物志，是頗爲豐贍多彩的。

尤爲可貴的是，姚荷生能够不存民族偏見，稱道『白夷（傣族）聰穎純樸，實優秀之同胞』，把自己看成傣族的朋友，客觀地描繪出二十世紀四十年代傣家人的生存狀態，爲後人提供了寶貴的資料，這應當是本書最大的價值所在。

在此書出版之前，談到傣族，多是浮光掠影，而且往往僅限於枯燥的敘述，而該書則以行雲流水般的筆調淋漓盡致地抒寫，通過鮮活的景物、人事，不但描繪了傣族別具一格、充滿詩情畫意的風土民情，還栩栩如生地揭示了傣族鮮明、獨特的性格特徵，有的還追本溯源，與別的民族比較，從學術角度探討所見所聞。所以，它不但具有民俗學、歷史學和社會學的學術價值，還具有審美價值。該書一九九〇年曾由上海文藝出版社影印出版，二〇〇三年又由雲南人民出版社以『舊版書系』之名改爲橫排重印出版（有改動）。（王國祥）

擺彝的生活文化

江應樑著　一九五〇年中華書局鉛印本　雲南大學圖書館藏書

江應樑簡介見前《抗戰中的西南民族問題》提要。

本書是全面研究、真實記録雲南思普、騰龍兩個沿邊聚居區擺彝（他書多作『擺夷』）生活文化的民族學、人類學著作。卷首有作者民國三十七年（一九四八）六月所作自序，叙述了撰寫是書之緣由與經過。作者自民國二十六年（一九三七）從事擺彝的考察研究，隻身一人『兩度的騰龍沿邊考察，一度到孟定耿馬，八個月住在車里』，『在蠻烟瘴雨中點滴積蓄』，三易其稿而成。初稿名『雲南西部擺彝研究』，二稿名『滇西擺彝的現實生活』。

本書内容分十章。前四章爲『雲南邊民與擺彝』『人口分布及地理環境』『擺彝的政治組織——

土司制度』『經濟生産與消費』，論述雲南境内之邊民，擺彝及其族屬、區域，擺彝與僰、百越等民族的關係，雲南邊民、擺彝的人口與分布，以及思普、騰龍兩個沿邊聚居區轄境内居民的人口、種屬、習俗、生活情況、地理特徵、物産等，探尋了擺彝土司制度的過去與現狀、土司的行政組織、土司職位的承襲、人民對土司的經濟負擔、個人的財富與消費等問題。第五章『生活習俗』、第六章『家庭與家族』，記述了擺彝生活習俗與家庭、家族的關係。『擺彝的家庭組織，也正如他的生活一般的簡單，從自由自主的婚姻制度下，建立起單純的小家庭制』，夫妻雙方在家庭中的地位平等。『擺彝民間大都是没有姓氏的，有姓氏的衹限於土司貴族和幾家漢化很深的人。』『擺彝没有宗族觀念，但却有親屬意識』，『且有嚴格的宗法制度』，在土司職位的傳襲上表現得尤爲突出。第七章『宗教與巫術』，記述了擺彝『全族共同一致地信仰着佛教』，除佛教外，找不到第二種宗教信仰，即使是擺彝最原始的圖騰——龍，衹能在『今日民間的許多巫術魔法』中看到些許遺痕。擺彝與佛教『不僅是單純的精神上信仰，而是在整個生活的任何方面，都發生了不可分離的關係』。第八章『語言及文字』，介紹了擺彝語的通行區域和擺彝文字的特徵、構造。第九章『教育』，記述了擺彝固有的、新式的教育情況，抗戰後期的邊區教育及對擺彝教育的展望。第十章『結論』，首先分析了造成十二版納、騰龍兩大邊區共約十六萬擺彝生活中保存下最具有原始意味而獨特的政治、經濟形態的原因：『由於土地的肥沃及農産的豐富，造成擺彝優裕的生活環境；由於土司制度長期的統治，養成擺彝服從守舊的習性；由於普遍而虔誠地信奉佛教，使擺彝的性質變爲極端的温柔與懦弱。由於這三種因素的錯綜交織，形成了今日擺彝生活的全面。』其次，作者反省了政府邊疆政策如何改進土司、漢人、官吏欺壓邊民的現狀。最後，在内憂外患的背景下，『爲維護國土的完整，爲促進民族的團結，作者願在本書結尾之頁，大聲呼籲國人重視這一個錦繡的邊區，救救這些良善的邊民』。是書材料『完全是直接從邊區中搜集得來，沒有因襲前人的書本記載，沒有抄録他人的轉手材料』，翔實豐富，是研究雲南傣族十分重要的參考書。（鄭志惠）

擺夷的經濟生活

江應樑著　一九五〇年嶺南大學西南社會經濟研究所鉛印本　上海圖書館藏書

擺夷的經濟生活
江應樑著
嶺南大學
西南社會經濟研究所印行

江應樑簡介見前《抗戰中的西南民族問題》提要。

本書爲嶺南大學西南社會經濟研究所專刊甲集第五種，是作者《擺彝的生活文化》的姊妹篇。書首作者自序云：『全書仍然是根據我個人歷次在邊區考察所得的實際資料而寫成。我個人所到過的擺夷區域，西部爲騰衝龍陵沿邊的芒市、遮放、猛卯、隴川、干崖、盞達、南甸、潞江諸土司地，考察的時期是一九三七和一九三八年冬季。一九四一年冬又沿滇緬鐵路綫到了孟定、耿馬一帶。一九四五至（一九）四六年，在車里住了整八個月，對車里、佛海、南嶠、六順境内的擺夷，看了一個大概。這幾次的考察資料，便是我寫作本書及其他關於擺夷論著的依據。』

本書分『導論』『決定擺夷農業經濟的因素』『土地公有及其分配』『生産技術與農産品』『互

助的生産與合作的消費』『最大的經濟消費——宗教支出』『政治上的經濟負擔』『結論』八章。作者從人類學與文獻學的角度，對『擺夷』與『僰夷』進行了解釋，概述了擺夷的種族來歷、人口及分布。在詳細記録擺夷的經濟形態、生産技術與農産品及農村副業，擺夷得天獨厚的土地、氣候、水利、物産，『安土重遷』的生活習慣，男女經濟平等中所表現出的富饒祥和的農業經濟社會的同時，也記録了擺夷社會中貴族與貧民兩大階級的經濟情形，以及影響擺夷經濟生活的宗教支出、政治上負擔的情况，得出結論：『今日的擺夷區，從經濟的生産本質上看，是一個富饒的寶庫，但從人民生産與消費的實况上看，又顯見出民間的貧窮景象。但是那種衣食無憂、安定太平、無盜刼、無乞丐、夜不閉户、行旅不齎糧的情形，又遠非内地任何農村所可比擬的了。』

作者利用豐富的調查資料，通過對兩個區域在保有原始土地公有制度的同時出現了私有的細微變化的深入研究，提出了很多獨到的見解。如在經濟制度方面，作者稱十二版納擺夷的原始土地公有制度向着『即非無條件的公有，而是村寨的共有』的趨勢在變動，通過村民討論同意，可將『其中有一部分土地，被分割出來成爲專門的用途』。騰龍沿邊的土地，原則上是公有，耕種人不能買賣，但在某種特殊情形下或具有某項條件時可以轉讓，這種轉讓權『并不是遵循村民公議』，『却是秉承土司命令而辦理的』，其發展趨勢是『人民公有的土地，由於酋長世襲的管理，權力日漸擴大，乃漸發生個人獨占的傾嚮』。（鄭志惠）

（五）人物傳記

①總傳

中華護國三杰傳

庾恩暘編著　民國六年（一九一七）雲南圖書館鉛印本　國家圖書館藏書

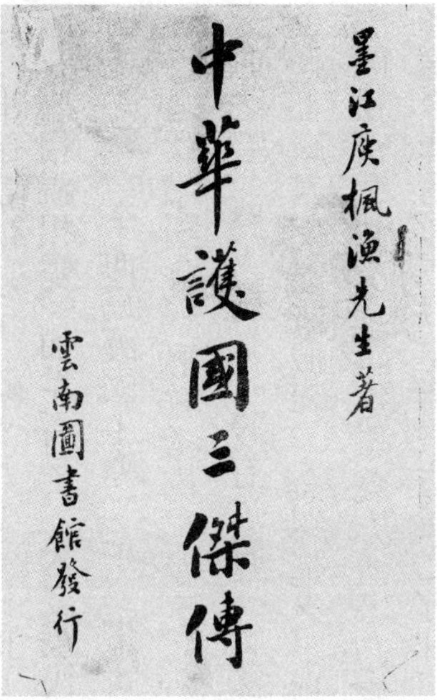

庾恩暘簡介見前《雲南首義擁護共和始末記》提要。

本書爲章節體的唐繼堯、蔡鍔、李烈鈞三人合傳。扉頁由張耀曾題寫書名。卷首依次插附唐、蔡、李照片各一幅。本書共十八章，主要爲『緒言』『三杰之家世及留學日本』『三杰之初任國事』『三杰之督滇黔贛』『三杰之於二次革命』『三杰二次革命失敗後之經營』『三杰對於帝制問題之發生』『唐會澤蔡邵陽李武寧以滇宣告獨立』『唐會澤坐鎮滇中蔡邵陽李武寧督師川粵』『唐會澤戡平龍亂』『三杰聯合獨立各省推戴黎黄陂繼任大總統』『軍務院成立唐會澤被選撫軍長』『三杰聯合獨立各省一致迫袁退位』『袁氏病歿三杰解決時局之主張』『唐會澤領銜撤銷軍務院』『蔡邵陽辭職就醫卒於日本李武寧遭讒構陷』『三杰籌辦善後』等。全書用淺顯的文言文寫成，通俗易懂。通過記述唐、蔡、李生平事迹，勾勒出整個護國運動的歷史，甚得史法。

作者認爲，『「三杰」反袁護國的思想完全一致。他們「少同學，壯同事，義俠英風，如出一轍。故相親相愛，如左右手。天之爲民國篤生此三杰，非偶然也」。在具體行動上，作者明確主張，唐氏先蔡、李而爲護國主導。主要事實是，蔡、李到滇之前，唐氏早已積極準備反袁了。語有：『方袁氏之蹂躪國會，解散議員，變更《約法》也，會澤慨然謂僚屬曰：「觀袁氏近日行爲，所謂司馬昭之心，路人皆知。設有違背《約法》，擅更國體，當與天下豪杰共除之！」……於是增編新軍，令兵工廠晝夜趕造械彈。命繆延之、趙直齋先後赴日本購軍用器。日夕孜孜，如臨大敵，……會澤開秘密會數次，議定舉義方法。乃密派劉曉嵐等往江蘇，趙直齋、吴擎天等往廣西，……調查各處軍隊情形，以定聯絡防備之方針，統籌全局。』（朱端强）

滇軍在粤死事録

駐粤滇軍總司令部督辦粤贛湘邊防軍務署參謀處編纂　民國八年（一九一九）鉛印本　國家圖書館藏書

本書由趙藩題寫書名。卷首插附駐粤滇軍總司令部大門，廣州二望岡滇軍墓地，駐粤滇軍南雄、討龍兩戰役陣亡將士追悼會等照片。時任護法軍政府交通部長趙藩爲本書撰寫序言，記此書編纂之緣由曰：『民國四年（一九一五），袁世凱叛國稱帝，粤督龍濟光助之。滇軍進討，袁死龍去，兵事得一結束。未幾而叛督（龍濟光）稱兵，解國會，驅總統，……兵哄又作。其時，北兵則侵陷南雄；龍氏起瓊崖而應之，叠陷高（州）、雷（州），粵疆岌岌。今駐粵滇軍總司令騰衝李君印泉方至粵，倉卒受事，即陳師而出，既破走龍氏，復南雄，粵乃安貼。然滇軍之死於粵事者先後幾盈千。既彙葬於廣州二望岡及韶州、南雄，乃葺其塋域，厘定祀事，復分疏戰事始末、死綏者姓名，詳爲紀述，而哀輯西南人士所爲挽辭附焉，爲書二卷，以勸死難而詔後來禮也。」

全書分爲甲、乙二卷。甲卷録《駐粵滇軍略史》《廣州二望岡滇軍墓碑》《護國之役負傷將士略歷》《呈軍政府請飭部議恤陣亡將士文》，護國之役滇軍陣亡官長、士兵姓名，討龍和南雄之役陣亡和負傷官長、士兵略歷等紀實性文獻。其中，《廣州二望岡滇軍墓碑》署岑春煊撰文、趙藩書丹、盧鑄篆額，《滇軍陣亡將士姓名刻石後記》爲李根源撰，二者時間皆署民國七年（一九一八）十一月。

據以上文獻記載，護國之役滇軍陣亡少校楊錫榮（大理）、趙濂（大理）兩人，上尉張鏞（昆陽）等九人，中尉李正邦（文山）等八人，少尉黃樂（廣東）等十三人，准尉吴少龍（楚雄）等十一人，總計四十三位軍官；陣亡上士蔣宗敏（鶴慶）等五人，中士韓少清（富民）等十九人，下士李燕金（沾益）等八十一人，上等兵雷呈祥（昆明）等九十七人，一等兵陳施（宜良）等一百四十人，二等兵施朝有（呈貢）等三百四十人，馬伙夫許太和（湖南）等十三人，總計六百九十五位士兵，其中不乏廣西、四川、湖南、廣東籍。

乙卷録紀念性作品，如《追悼南雄討龍兩役陣亡將士祭文》，録李烈鈞、李根源、吴景濂、方聲濤、張華瀾等社會名流以及有關軍隊、行政機關、學校、社團等所獻祭文、挽詞挽聯等，以軍隊作品爲最多。（朱端强）

滇南書畫録四卷

方樹梅輯　民國方氏南荔草堂刻本　雲南省圖書館藏書

方樹梅簡介見前《學山樓文集》提要。本書爲雲南書畫人物傳記。周鍾嶽、趙藩分别題寫封面和扉頁書名。首爲陳榮昌所撰序言，稱方氏爲『晋寧之儒生而余之門下士』，有書畫、滇學之癖，故輯爲此書。次爲作者自序。自序作於民國十五年（一九二六）仲秋，稱雲南自兩漢迄於明清，代有杰出之碑銘、書畫之作，但『中原著録家』往往祇録存楊一清、釋擔當、錢南園等少數幾家。又因爲雲南『邊遠道梗，又士風樸質，不悦標榜，致中原人士無由得見而著録之者尚不勝僂舉』。於是，輯者利用在昆明教書的二十多年時間，『涉獵典籍，凡紀滇賢之能書能畫者，見輒筆之篋中。今夏炎暑，偷閑出而編綴。合方外、閨秀、流寓，自明迄今，生存者不録外，共得三百人。旁參互證，壹以學行詣力爲準。彙成四卷，顏曰《滇南書畫録》。次爲趙式銘、郭燮熙題詞，可見此書爲學林推重。按其『例言』，該書以輯録明朝至晚清滇籍書畫家小傳爲主，兼録少數外籍宦滇寓滇書畫人物，不録金石碑銘作者，不録當時尚健在者。卷一爲明代人物，自沈政、楊一清，迄包璿、高奣映。卷二至卷三爲清代人物，自虞世瓔，迄胡裕培。卷四爲方外人物、女性人物和，寓滇人物。方外人物録釋大錯、釋通明等；女性人物，録那憲章、曾蘭芳等；寓滇人物，録楊慎、羅萬福等。每目簡要記其姓名、字號、籍貫及其書法或繪畫之特長所在。傳文多輯自史志、文集等，嚴格注明出處。晚近先賢如趙藩、李坤、楊應選等人（按：作者著書時已去世者）之小傳則由作者自撰而成。該書是一本簡明扼要的雲南書畫人物傳記著作。（朱端强）

歷代名人年里碑傳總表

姜亮夫撰　民國二十六年（一九三七）商務印書館鉛印本　私人藏書

姜亮夫簡介見前《文字樸識》提要。是書是民國時期收録歷代名人年里最多的工具書。首有『序例』『引用書目』，末有『名人姓氏四角號碼索引』『名人姓氏筆畫索引』，正文分爲《名人表》《帝王表》《高僧表》三部分。《名人表》收録從公元前五五一年出生的孔丘至公元一九三六年去世的潘復（馥）近萬人，《帝王表》收漢高祖至清德宗二百三十二人，《高僧表》收西域僧竺佛圖澄（魏明帝青龍元年，公元二三三年生）至蓮溪僧真然（清德宗光緒十年，一八八四年去世）五百九十六人。

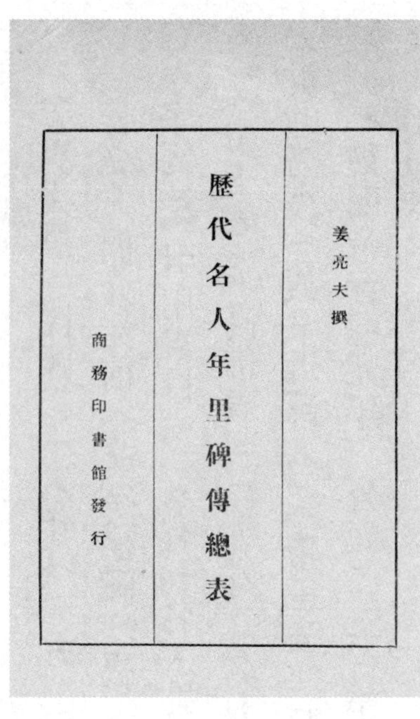

是書本錢大昕、吴修、錢椒、陸心源、張鳴珂、閔葆之六家考訂先哲文儒生卒要籍之《疑年録》之文，合作者『少歲讀諸家書』所輯補的《歷代碑傳集》與考校六家之書的《六續疑年録》，省六家及作者考訂之語，列之爲表編纂而成，是一部供『學者資爲工具之書』。

表以縱嚮著録的形式，列有姓名、字號、籍貫、歲數、生年、卒年、備考七項，在生卒年項下又分列國號、帝號、年號、年數、干支、公元、民元前七項。人物以生年排序，無生年者，以卒年排序。

本書資料來源豐富，引用之書多達三百五十九種，多采自漢唐以來正史、通鑑、各家文集中之碑傳及雜史金石筆記之屬。此外，『凡寒齋所藏歷代碑片爲諸金石書所未録者、碑傳之得自私家未刊稿者，其目不列，凡偶采一言一字者』，以及所采『清光緒以來諸賢，則多據《申報》《東方雜志》《國聞周報》諸書；而作者及見之賢達，知之不誤者，亦録之』，未列入『引用書目』的資料還有很多。本書收録文人學士八千餘人，超過諸家《疑年録》『幾倍半之』。在没有現代數字檢索手段以前，該書給學者提供的方便是不言而喻的。

本書是作者『在河南大學講文學史時，因工作上的需要』以及『一九三五年春忽有遠行之計』，來不及『悉心去核對』傳主生卒年齡，在多年輯録資料基礎上形成的『大混合的編制』。這不僅與作者的『初衷不相容，而且也是從根本上銷去了以碑爲主的專科性質的意義』。盧溝橋事變前幾日，作者回到北京，見到該書的印本，『發現了此書不少錯誤』，决定加以修改，訂正錯誤、補充脱略、删汰蕪雜。修訂本於一九五九年出版，改名爲《歷代人物年里碑傳綜録》（二〇〇二年雲南人民出版社出版的《姜亮夫全集》收録了本書）。

一九三七年出版的《歷代名人年里碑傳總表》除作爲普通商品書外，還是作者爲其父母祝壽之禮品書，書首印有『敬以此書爲吾雙親壽』字樣。筆者珍藏有一本，係雲南大學馬開梁教授生前所贈。（鄭志惠）

滇南碑傳集三十二卷末一卷

方樹梅輯　民國二十九年（一九四〇）開明書店鉛印本　雲南省圖書館藏書

方樹梅簡介見前《學山樓文集》提要。《滇南碑傳集》乃輯者仿嘉興錢儀吉、江陰繆荃孫、江都閔爾昌各《碑傳集》，竭十年之力而成之。該書取材博，定例嚴，審事核，厘體正。書依内官、外官等類，輯録明清至民國初年共四百零六個雲南人物的傳記、墓表、碑銘等五百餘篇，其中包含鄭和、李元陽、楊玉科等少數民族人物，一補《滇志》之所未備，二與《滇志》相輔相成，使滇鄉先達一生之歷史，始末畢具，對於論世知人，裨益匪淺。

萬斯年盛譽本書中有價值的史料大體可分五端：一、移民的史迹；二、社會制度的記述；三、姓氏的變更；四、習俗的記載；五、文獻的著録（《滇南碑傳集序——略論碑傳之史料價值》）。碑傳的撰著，雖重在表揚個人嘉言懿行，記述個人事迹，但鞭撻醜行，頌揚美好，傳承美德，是輯者編纂此書之深意。在該書所收各人物碑傳中，處處透出守正不阿、温厚和平、廉慈勤慎、功成不居的待人處世準則；『居官一日，當盡一日心力』『勤職愛民』『清勿刻，慎勿葸勤勿浮』的爲官原則；對父母『衣不解帶，服侍嘗藥，歷三年如一日』的孝心與恒心；『一曰勤，一曰勞，一曰儉』的持家之道，盡力彰顯中華傳統美德。而對於自欺、欺人、作僞之小人，也毫不留情地喻爲自是自大之小人、僞君子、鄙夫。正如作者自序所言，纂是書也，『不僅僅爲徵文考獻計，言坊行表，滇之人踵武而發揚光大之，是余之所仰望也夫』。該書現有雲南省社會科學院文獻研究所李春龍、劉景毛、江燕點校本，雲南民族出版社二〇〇三年出版。（江燕）

續滇南碑傳集九卷

方樹梅輯　一九六一年稿本　雲南省圖書館藏書

方樹梅簡介見前《學山樓文集》提要。是書係輯者《滇南碑傳集》之續集。《滇南碑傳集》，輯入明清兩代五百餘十年間，雲南各方面四百零六個著名人物的傳記、志表、碑傳。《續滇南碑傳集》，則以民國時期可傳之雲南著名人物爲主。是書乃未刊稿本，封面由李根源題簽，鈐『雲南省圖書館圖書』印。是集共九卷，分别爲：卷一政治、卷二政治、卷三軍事、卷四軍事、卷五教育、

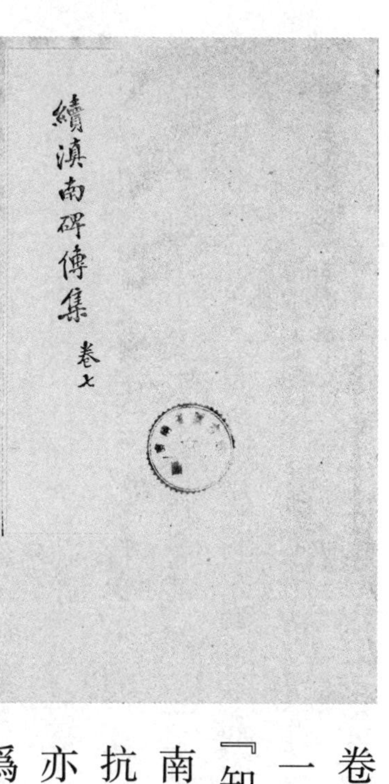

卷六文學、卷七藝術、卷八科學、卷九卓行，共輯碑傳一百二十七篇。纂輯之深意緣由，正如作者自序所言：『知其人，論其世，貽後賢以評騭，作信史之參稽，此《滇南碑傳集》不可不續也。』而以雲南重九光復、護國出師、抗日禦侮中樹有奇勛、見危授命者，爲作者最欣慕者，亦筆墨所重處。旁及教育、文化、科學等，凡德行可以爲法、其功績不可埋没者，亦儘量輯入。書中亦含趙藩、張耀曾、趙式銘等雲南少數民族人物傳記。現通行本爲雲南省社會科學院文獻研究所、雲南省地方志編纂委員會辦公室校補的《續滇南碑傳集校補》（雲南民族出版社，一九九三年），其在《續滇南碑傳集》稿本的基礎上，補輯人物傳記一百零二篇，附《滇南碑傳集》補遺七篇。（江燕）

滇諫官傳不分卷

秦光玉著　民國二十四年（一九三五）稿本　雲南省圖書館藏書

秦光玉簡介見前《明體達用》提要。此本用『雲南叢書用紙』朱絲欄稿紙抄成，無作者序跋可考其編纂情況，有刊改塗乙之處，當是未定之稿。卷首有袁嘉穀、周鍾嶽先後所作序言（周序手稿仍夾在此本中），皆署時『乙亥』，即民國二十四年（一九三五）。所謂『諫官』指古代各種言諫、監察、督責之官。明清兩朝雲南之諫官尤多，政績風紀也尤爲突出。故袁、周二序皆希望

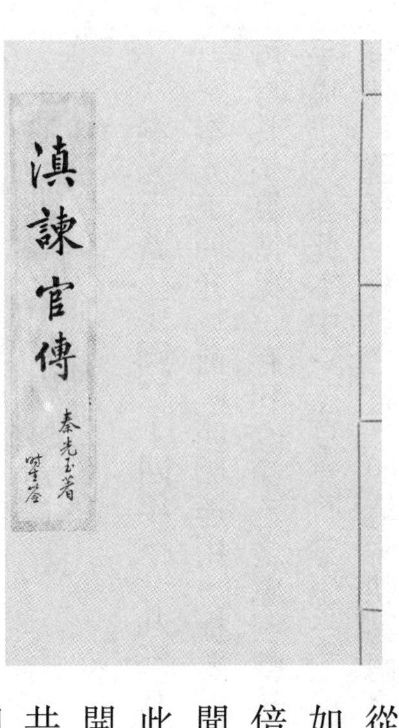

從政者以此書之諫官爲榜樣，敢於仗義執言，反腐倡廉。如周序有曰：『今國號共和，上下一體，時勢之艱又百倍往昔。而直言極諫之士寥寥無幾。下不陳其非，上不聞其過，竊爲國家耻之！滇居僻遠，諍臣之迹尚卓卓如此，秉國鈞者能取是編以備乙夜之覽，於以法前代之規，開直言之路，則是編之録，即爲諫鼓謗木可也！』全《傳》共六十四人，其中明朝列方矩、楊南金等四十二人；清朝列張漢、錢南園等二十二人。每人著録其姓名、字號、籍貫、宦迹和主要諫劾内容或爲官風範等。

卷末附録民國監察院監察委員張華瀾彈劾案三件。張華瀾，雲南石屏人，清末留日學習政法，民國時期爲國民政府監察院監察委員，頗具滇籍諫官風骨，敢於仗義執言。所録三案，一是彈劾典試委員柳詒徵、典試委員長王用賓案。該案指稱當時全國高等文官考試命題過於陳舊，囿於陳舊經史，非但不見於任何大學課本或講義，且故意誘導答案於柳著《中國文化史》一書；指斥『所命之題出國人之不意，攻教育之不備，使考試與教育自相矛盾』，致使拔取不公、輿論嘩然，提請政府對柳、王二人『移付懲戒』。二是彈劾四川剿匪軍總司令劉湘案。三是彈劾專閫大員劉峙案。此事發生在全面抗戰初期，劉峙不戰而兵敗琉璃河，張華瀾對此提出彈劾，語有『琉璃河之潰，兵非不多，器非不利，徒以主將劉峙恇怯畏死，未經激戰遽下令總退却，一潰遂至石家莊，致使全冀皆失，而豫、晋兩省交受其禍』，提請政府嚴懲劉峙，以儆效尤。（朱端强）

雲南光復諸人事略

劉潤疇等編纂　民國稿本　雲南省圖書館藏書

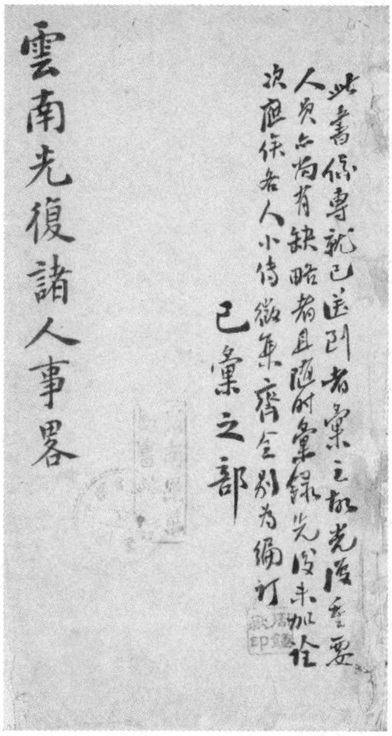

劉潤疇，字伯臯，雲南昆明人。近代雲南名宦、學者。清光緒二十六年（一九〇〇）、二十七年（一九〇一）并科副貢生。光緒三十三年（一九〇七）會試後，以小京官分往法部任職。辛亥革命之後，曾任雲南光復史編纂局編纂官、陸良縣縣長、黑井鹽場知事等。民國十四年（一九二五），任玉溪縣縣長，禦匪保境，民頌其德。此後，歷任大理分金庫長，騰衝、呈貢徵收局局長，不圖一毫私利。爲人至孝，交友至信。亦擅詩文、書法，著有《青藜書屋詩文集》等。

全稿無序跋。封面周鍾嶽記曰：『此書係專就已送到者彙之，故光復重要人員亦尚有缺略者，且隨時彙録，光復未加銓次。應俟各人小傳徵集齊全，别爲編訂。』下鈐周氏朱文印一方，又書『已彙之部』。首列《黃武毅公事略》，乃黃毓英小傳。次爲《楊忠毅傳》，乃楊振鴻小傳。題下署『劉潤疇編纂』，又書『張肇興』。再次爲《舉義陣亡偉人文壯烈傳》，記文鴻揆事迹，下署『劉潤疇編纂』。後次爲《謝汝翼事略》《劉存厚事略》《庾恩暘光復事略》《張子貞事略》《李君根源事略》《劉君祖武事略》《張君開儒事略》《劉君法坤事略》《禄君國藩事略》《鄧君泰中事略》《劉雲峰事略》。本書實屬未經整理的傳記初稿。該傳記文獻時代較早，當屬研究傳主及雲南辛亥革命之第一手資料。（朱端强）

②分傳

鄭和下西洋考

（法）伯希和（Paul Pelliot）著，馮承鈞譯述　民國二十四年（一九三五）商務印書館鉛印本　國家圖書館藏書

伯希和（Paul Pelliot，一八七八—一九四五），法國著名漢學家、探險家。曾往敦煌石窟探險，將大批文物帶回法國，藏於法國國家圖書館。馮承鈞（一八八七—一九四六），湖北武漢人。著名中外交通史家。早年留學比利時和法國，通曉多種外語，且精通中國史籍。歸國後，先後任北京大學、北京師範大學歷史系教授，著述等身。

鄭和下西洋考

伯希和著

馮承鈞譯

商務印書館發行

卷首馮序，簡要言及鄭和下西洋研究概況，稱一般史書『言新地之發現者，莫不盛稱（達）甘（伽）馬（Vasco da Gama）、哥倫布（Columbus）等的豐功偉業，就是我們中國人編的世界史，也是如此説法。……很少有人提起……中國航海家鄭和。這真是數典而忘祖了』。倒是西方自一八七四年麥耶爾思（W.E.Mayers）到一九三三年本書作者伯希和，一直有人關注鄭和。馮稱儘管對於鄭和下西洋，原先的漢學家『在地理名物方面，固然有不少發明，但是尋究史源、勘對版本的，衹有伯希和一人』。

此書原名《十五世紀初中國人的偉大海上旅行》，曾以書評形式發表。此著參酌中外記載，從版本流傳、史料真僞等方面分條考證、評説《瀛涯勝覽》《星槎勝覽》《西洋番國志》《西洋朝貢典録》四部專著有關鄭和下西洋之史實。尤詳於鄭和下西洋之年代、航海用語、所經之海域和地區等中外交通史問題。

如考釋爪哇之『革兒昔』(Geresik)，又記爲『新村』或『澀村』，『因中國人來此創居，遂名新村』。鄭和下西洋時所見該村有千餘家，『以二頭目爲主，多爲汀（州）、漳（州）人也』。又如，衆所周知明朝雲南曾普遍以『海肌』爲貨幣，這些『海肌』究竟從何而來？如何製造？明人馬歡所記：『海肌（cauries），彼人采積如山，罨爛，亦賣販他處，名曰海溜魚而賣之』；而張昇記曰：『海肌采而鬻於暹羅葛刺（按：榜葛刺，今孟加拉國），用與錢同。「鮫魚」鬻之鄰國，曰溜魚。』作者歷引衆多證據，指出馬歡和張昇并没有分清溜魚和鮫魚。雖然它們都同産於溜山（Maldivesyd，今馬爾代夫）一帶海域，但是，溜魚，亦名海溜魚，醃製後衹能作爲食品出售；而鮫魚，又稱馬鮫魚，實爲一種貨幣，『必指 bonite，乾死後可當錢用』。這也符合清人吴彌光所輯《勝朝遺事》所記：『海肌采積如山，俟其肉爛，轉賣暹羅等國，當錢使用。』説明海肌可能經東南亞傳入雲南。（朱端强）

鄭和家譜考釋

李士厚著　民國二十六年（一九三七）鉛印本　國家圖書館藏書

李士厚（一九〇九—一九八五），字如坤，號載庵，回族，雲南魯甸人。雲南東陸大學畢業，

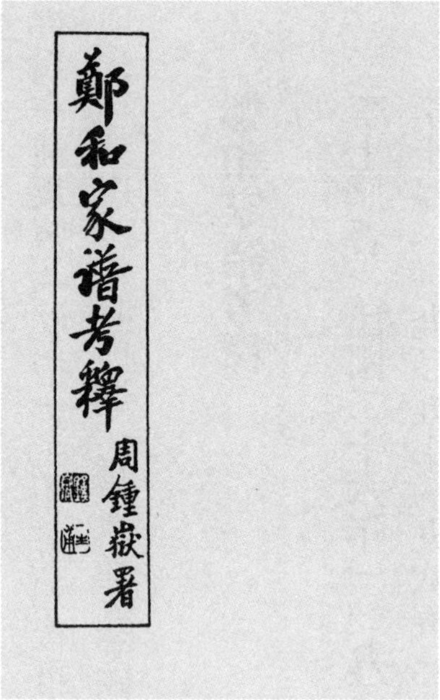

先後執教於省立一中、女子師範學校等，又曾任明德中學校長、民國《新纂雲南通志》助理編輯、《雲南日報》副刊編輯、省政府秘書、姚安和安寧等四縣縣長，多有惠政。中華人民共和國成立後，受聘爲雲南省文史研究館館員、省政府參事。李士厚爲鄭和研究之名家，著有《鄭和新傳》及諸多相關學術論文。

本書由周鍾嶽題寫封面書名。袁嘉穀撰序，稱『授學生十數輩，數十年，而李生士厚之《鄭和家譜考釋》最確而精』。卷首插附與鄭和有關的昆陽老城、馬哈只墓、《馬哈只墓志銘》拓片、《天妃靈應碑》、作者小照共五幅圖片。其書雖名爲『家譜考釋』，實則側重於鄭和下西洋史事疏證和補遺。其所據《鄭和家譜》乃其師袁嘉穀『得之玉溪李儀廷將軍』。全書廣引正史群籍、地方文獻、私家記聞，結合自己調查所得相關事實，逐條考釋鄭和之家世、下西洋之社會政治背景、所經國家、路徑、收穫及意義等。

正文之後爲附録。附録一爲袁嘉穀撰《昆陽馬哈只碑跋》，附録二爲《明史·鄭和傳》，附録三爲梁啓超撰《祖國航海大家鄭和傳》，附録四爲《西洋諸國回教彙覽》，列爪哇、啞魯、蘇門答剌、錫蘭、古里、阿丹和天方等國；附録五爲『集説』，摘録黄省曾撰《西洋朝貢典録》、伍崇曜撰《西洋朝貢典録跋》、師範撰《滇繫》中有關鄭和之文章。該書爲雲南鄭和研究的第一部標志性學術力作，其諸多史料和論點多爲後學稱引。（朱端强）

鄭和航海圖考

范文濤著　民國三十二年（一九四三）商務印書館鉛印本　國家圖書館藏書

范文濤，女，著名史學家。早年畢業於浙江大學。曾任重慶南洋研究所助理研究員。其餘生平事迹待考。另有譯著《馬來半島與歐洲的政治關係》等。

本書爲立目式專題筆記。卷首有張禮千所撰序言，對此書給予了高度評價：

近百年來，西人勢力深入中華以後，洋化之風，因而大盛，於是自尊之心日漸消失，道德觀念爲之丕變。揆其原因，厥由國人重視洋人航海之故耳。實則鄭和之西航，不但爲時更早於西人，且其豐功偉業，亦非哥倫布輩所能及也。凡和每至一地，或除暴安良，或宣揚德意。若西人到處圖霸，仇視土著，（鄭和）無有也。麥哲倫之死於非命，可深長思焉。……今觀文濤之文，不難恍然大悟，故此文之作，既可發揚民族精神，又可喚起自尊之念。其關係之巨，豈淺鮮哉？

作者考稱所謂《鄭和航海圖》原出明末茅元儀《武備志》一書。而茅元儀的祖父茅坤曾與胡宗憲等在沿海抗倭，且其離鄭和最後一次航海時間較近。他熟悉海洋地理，撰有《籌海圖編》一書。

故該圖未必即是鄭和原用航海之圖，也未必成於一時一人，乃至其藍本部分可能源自元朝。作者考稱此圖可能是茅、胡當時搜集的海圖資料之一。結合有關記載觀之，其可信程度最高。西方和日本學者對其雖早有研究，但尚有諸多地理問題有待進一步考釋。

作者根據英國學者喬治·菲力浦斯（George Phillips）、布萊頓（Blagden）等轉載的《鄭和航海圖》，結合中外有關史料，運用多種語言，對其第二圖，即『蘇門答剌至中國』一段之航綫、地名、港口等，再行詳考。這一段航程分爲三小段：第一段自古力由不洞（Butang Islands）至吉利門（Kerimun Islands），即由蘇門答剌進入馬六甲海峽；第二段自吉利門至白礁（Pedra Branca），即『船既抵吉利門，即轉入（新加坡）海峽』，在衆多島礁和風浪中航行；第三段自白礁至孫姑那（Singora，中國古籍稱『宋腒勝』『宋脚』『宋卡』），即『船過新嘉坡海峽，……轉北而折向馬來半島東岸』，再從孫姑那向北進入暹羅灣，再經曼谷、昆侖山（島）等地回到中國。

通過以上考證，作者得出幾點重要結論：其一，此圖雖簡單，然『不蔽其真』，其航綫及所經地名大多『歷歷可考』；其二，鄭和等最早『履險波、蹈洪浪』，航經新加坡海峽，比葡萄牙人早二百多年，當時西方航海家或者不知道此航路；或者知道，也因其非常危險而不敢前行；其三，當時『航行工具簡陋不備，鄭和之寶船可謂劃時代之開路先鋒，非但工程艱巨浩大，且留下永存之歷史價值』。卷末還插附作者手繪以上航海路綫的示意圖，可供參考。（朱端强）

鄭和

鄭鶴聲編著　民國三十四年（一九四五）勝利出版社鉛印本　國家圖書館藏書

鄭鶴聲（一九〇一—一九八九），字萼蓀，浙江諸暨人。著名歷史學家、文獻學家。南京高等師範學校畢業。民國十四年（一九二五），曾執教於雲南高等師範學校和東陸大學。民國十八年（一九二九）之後，任教育部編審處編審、國史館纂修兼史料處處長等。中華人民共和國成立後，先後任中國科學院近代史研究所研究員、山東大學歷史系教授等。在文獻學、中西交通史等方面多有著述。除此書外，還與其子鄭一鈞編有《鄭和下西洋資料彙編》《十四至十七世紀中國與海外諸國關係史料》等。

本書卷首插附《鄭和航行簡圖》。『緒言』列古今中外相關著述，并言本書編著過程曰：『民國二十三四年間，寓居南京。常至馬府街訪問鄭和故居；至三山街訪問鄭和所請建之禮拜堂；至下關天妃宫、静海寺等處訪問鄭和下西洋之故事遺迹；又至太倉與管勁丞君訪問劉家港天妃宫故迹；至長樂與王伯秋先生訪問十洋街太平港故迹，皆攝影以歸。又置身於南京龍蟠里圖書館、太倉圖書館與福建省立圖書館，搜集鄭和出使材料，得數十萬言，積稿盈帙。』作者還特别提到袁同禮所贈《昆陽馬哈只碑》拓本和李士厚所著《鄭和家譜考釋》等雲南地方文獻。

正文以章節體人物傳記形式展開，共六章，依次爲『鄭和之生平』『出使之因果』『使團之組織』『航行之概況』『出使之經過』『諸國之風物』。附録鄭和本傳、有關鄭和出使事迹之碑記和詩賦、對海外諸國地名的考釋。其中，關於鄭和家世、生平，主要參酌雲南學者李士厚之見。又據《西洋通俗演義》中劉伯温向永樂帝推薦鄭和的文學描寫，結合諸多相關史料，復原鄭和之相貌、才學等，符合科學邏輯，爲鄭和研究增色不少。關於鄭和之宗教信仰，作者認爲，鄭和及其家族子孫篤信伊斯蘭教不誤。但又據明人姚廣孝《題記佛説摩利支天經》等史料，證其曾皈依佛教，『取法名曰福善，受菩薩弟子戒』和『信仰（道教）天妃』。筆者認爲，這是鄭和作爲國家使節和航海需要所致。總之，作者『行萬里路，讀萬卷書』，故此書乃第一部體例完整、内容豐富的鄭和傳。

（朱端强）

鄭和遺事彙編

鄭鶴聲編　民國三十七年（一九四八）中華書局鉛印本　國家圖書館藏書

鄭鶴聲簡介見前《鄭和》提要。本書爲章節體鄭和研究專著。卷首自序及『編輯凡例』作於民國三十三年（一九四四），稱此書乃繼《鄭和》之後，應邀爲中華書局所作，『因就前稿所未備者，復爲此篇』，但二者體例取材互有不同。作者希望以此不忘鄭和以及中華民族愛好和平、反抗侵略的優秀品德，『以自力更生之信念，奠定人類之和平。緬懷鄭和出使之往事，當益知所自勉也矣』。此書不涉及『鄭和航海路綫及故迹影片』。『鄭和家世材料，承昆陽縣長李群傑及滇中耆

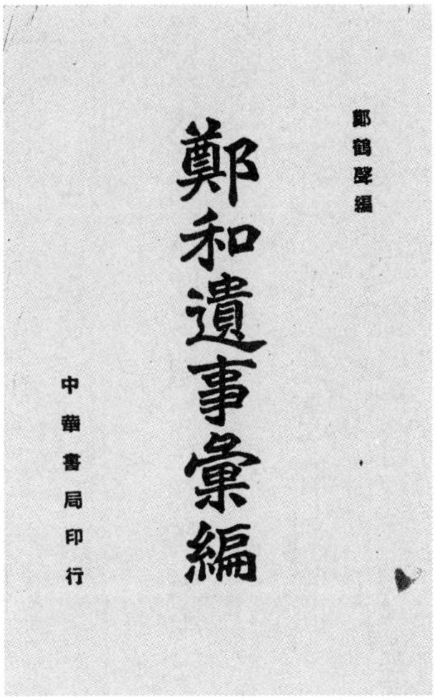

紳彭嘉霖先生抄示』。

全書正文共七章，依次爲『鄭和之世系與里邸』『鄭和之品性與時代』『鄭和之生卒與年表』『鄭和經歷之地方與港口』『鄭和出使之年歲與大事』『諸國朝貢之事略』『鄭和之軼聞』。正文之後，附録《諸書所載諸國之數目》和《諸國名稱之异同》。作者雖謙稱『遺事彙編』，但本書實則是一部内容豐富、考述翔實的鄭和研究力作。

如關於鄭和家世，作者較多采用了雲南地方文獻。其中關於鄭和祖先的考釋，作者運用李至剛撰《故馬哈只墓志銘》、李群傑《馬哈只墓碑跋》、彭嘉霖《馬哈只墓碑亭詩》，并結合古今中外有關史料，稱鄭和可能是元朝賽典赤之後裔，十歲左右在雲南被閹入宫。鄭和『法名「福善」，爲一回教徒而兼崇信釋典者也』，體貌偉岸，聲音洪亮。三十六歲左右第一次出使，六十五歲左右去世。再如關於鄭和所到之國家，作者整合《明史》與馬歡、梁啓超等的考證，認爲計有：（一）馬來半島以東計十五國，如占城（今屬越南）、真臘（今屬柬埔寨）等；（二）滿剌加地區計四國，如滿剌加國（今屬馬來西亞）等；（三）蘇門答臘地區計七國，如舊港（今屬印尼）等；（四）印度地區計六國，如榜葛剌（今屬孟加拉）、錫蘭等；（五）阿拉伯半島計五國，如忽魯謨斯（今屬伊朗）、天方（今屬沙特阿拉伯）等；（六）阿非利加沿岸計三國，如木骨都束、竹步（今皆屬索馬里）等；總四十國。又如，關於朝貢，作者考證自鄭和出使之後，新來中國朝貢之國計有渤泥國（今屬文萊）、滿剌加國和蘇禄、古麻剌朗國（後

兩者今皆屬菲律賓）。同時，和原來與中國互有外交關係的國家來往也更加頻繁友好。（朱端强）

錢南園先生年譜二卷

方樹梅編　民國二十五年（一九三六）方氏南荔草堂刻本　雲南省圖書館藏書

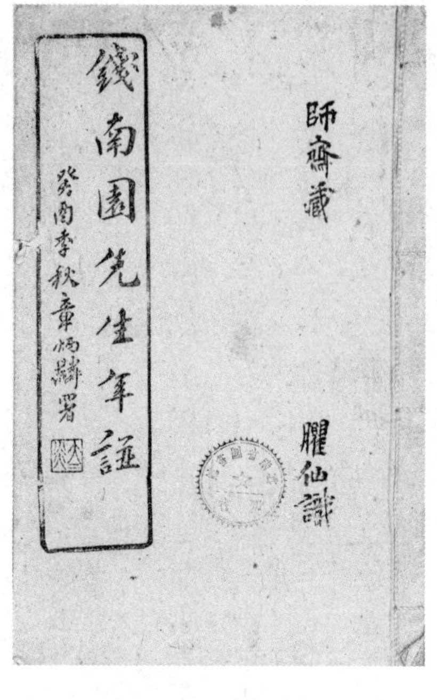

方樹梅簡介見前《學山樓文集》提要。本書由章太炎題寫封面及扉頁書名。卷首有陳榮昌所撰序言，署『戊辰十月』，『戊辰』即民國十七年（一九二八）。文稱儘管錢南園之大節遺事盡人皆知，但『其身自少而壯而老之經歷，能知其詳者鮮矣。臞仙乃周稽博考，爲《年譜》上下二卷。……是真能得我心也，是真能匡我所不逮也。……今吾所欲爲者而臞仙爲之，是之謂得我心；吾所不暇爲、不果爲者而臞仙爲之，卒底於成，是之謂匡我所不逮』。次爲錢南園畫像一幀，并記其來源曰：『南園先生四十七歲像，原列王鎮之中丞《九友圖》。番禺葉蘭臺憮入《清代學者像傳》，茲又重憮，刊入《年譜》。』署『民國丙子』，即民國二十五年（一九三六），或爲此書之刊刻時間。

此書主要介紹錢南園生平行年，以及有關錢南園紀念和研究的重大事項。時間起自清乾隆五年（一七四〇）庚申四月初一日錢南園誕生，迄於民國十七年（一九二八）戊辰七月十日方樹梅編《錢南園先生年譜》。『九月二十日脱稿，昆明陳虛齋先生爲之鑒定。』其中，有關錢南園遺著輯入《雲南叢書》的記載有四條：

一、民國三年（一九一四），『輯刻《雲南叢書》處收先生《遺集》入《雲南叢書》。』

二、民國五年（一九一六），『袁嘉穀輯先生《書存》《畫存》石印（本），仿南園《詩存》《文存》之例，擬合編爲《南園四存》』。

三、民國十四年（一九二五），《雲南叢書》處刻先生《錢氏言行紀略》，并劍川趙聯元所輯先生之《手札》及其子（趙）荃所輯先生之《楹聯》，共三卷成。

四、民國十五年（一九二六），『《雲南叢書》處刻劍川趙藩所輯先生之《守株圖題詞録》一卷成』。

通過檢索雲南省文史研究館整理重印的《雲南叢書》得，其收録《錢南園遺集》八卷《補遺》一卷、趙藩輯《錢南園先生守株圖題詞録》一卷，而未收《南園四存》《錢氏言行紀略》《手札》《楹聯》。同時，此《年譜》亦未收入《雲南叢書》，不無遺憾。（朱端强）

屏山學案

于乃仁、于乃義述　民國三十六年（一九四七）五華學院鉛印本　國家圖書館藏書

于乃仁（一九一三—一九七五），字伯安；于乃義（一九一五—一九八〇），字仲直。雲南昆明人。其父于懷清爲雲南著名醫師和藏書家，今雲南省圖書館多有其捐贈之圖書。于乃仁兄弟二

人，曾創辦五華文理學院，育才無數。于乃義爲著名文獻學家、圖書館學家、佛學家，先後參與《雲南叢書》《新纂雲南通志》《續雲南備徵志》等地方文獻的整理，還著有《圓覺經贊》，整理《滇南本草》等。

屏山即袁嘉穀，學案屬學術人物傳記。該書由秦光玉、李根源題寫書名。卷首有袁氏學生繆爾紓題辭。『導言』亦署『受業』于氏兄弟『敬述』。文中皆贊揚其師『文章道德堪爲後世師表，光耀雲南』，言此書爲『鈎玄（袁氏）遺書，參與平日耳受所及憶者，分疏論列，萃爲兹編』。全書分四篇：篇一『傳略』，記述案主之家世、修學、政教、個性、學要等内容；篇二『學術之貢獻』，記述其對經學與史學、文學、詩律與音韵、滇南文獻、佛法、書法之研究；篇三『思想之體系』，記述作者之『三尚』『六愛』；篇四『教育之精神』，從發凡起例、育才樹人兩方面闡述作者之教育事業之成就；最後爲『結語』。書後附『遺著簡明目録』。

此書重在歸納闡述案主之學術特點。如《經學與史學》，論袁氏服膺清儒章學誠『六經皆史』論，主張『打通經史』，關注『宇宙大因果』，不拘泥於繁瑣的考證；史學則側重滇南文獻之研究，成就最大。作者稱其研究『滇學』蓋有兩大原因：其一是『生滇愛滇，……不得不考古之滇以興起將來之滇』；其二是近代西人『籌我者數百計，人之謀我也何早，我之自謀也何遲。夫滇之安危，（即）中國之安危也，滇之成敗，亦即中國之成敗也』，是以保衛祖國之心研究雲南。此外，本書記案主學術活動、性格愛好等，也鮮見於他書。如記袁嘉穀曾受聘參與編修《清史稿》，負責分撰《選舉志》《文苑傳》《大臣傳》《地理志》之雲南部分的史稿。他還向史館提出諸如『以統計新法節紀傳之繁』『增立《明遺民傳》』等建議。此書是研究袁氏生平事迹、學術思想、交游佚事等最稱詳盡的著作。（朱端强）

擔當年譜二卷

方樹梅編　稿本　雲南大學圖書館藏書

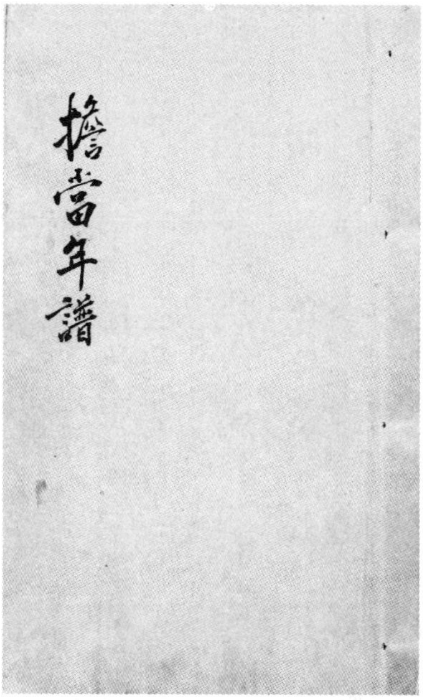

方樹梅簡介見前《學山樓文集》提要。譜主擔當（一五九三—一六七三），俗名唐泰，字大來，雲南晋寧人。明末清初著名藝術家、詩人。明代歲貢生，終生未仕，清順治四年（一六四七）在祥雲水目山剃髮爲僧，世稱其『詩、書、畫三絶於世』。本書作者之自序作於一九五二年於『（雲南）省人民政府文物管理委員會』，文中稱景仰譜主才藝和爲人，『夙昔搜其生平行實，薄有所得，壬辰（一九五二）季夏迄仲秋，就師卓卓可傳者譜之，以質國人』。全書卷上自明萬曆二十一年（一五九三）擔當出生，迄於清順治三年（一六四六）擔當五十四歲時止；卷下自順治四年（一六四七）擔當五十五歲，迄於清康熙十二年（一六七三）

擔當八十一歲在大理『班山感通寺』圓寂止。記其生平大事、交游行誼及相關歷史背景。史料來源於譜主及其師友詩文，輔以其他有關地方文獻等。對於深入研究擔當和明末清初滇黔社會、南明歷史等多有助益。

如，據作者考證，擔當始祖唐勝瑶，浙江淳安人，明洪武初年謫戍雲南晋寧州，『未行而卒』。按制，其長子唐環『奉母扶父櫬同抵戍所』，遂稱雲南唐氏『一世祖』。擔當祖、父皆明代舉人，父親曾官陝西臨洮同知，祖父則『絶意仕進，樂育人才』。擔當的成長，尤其是詩學多得其祖父『庭訓』。擔當天資過人，萬曆三十三年（一六〇五），十三歲時即『補博士弟子員』（秀才），已頗有詩名。明天啓五年（一六二五），三十三歲『入京應禮部試』，從董其昌學畫，却并未入仕，除雲游名山大川外，長期『居家養母』。雖然如此，擔當依然關注政治時事。據作者考證，他之所以出家，是因他原希望沙定洲『能代沐氏（天波）以扶明社，而不知沙非其人也』。後來李定國入滇，沙氏敗死，擔當『逃之鷄足山，逡巡數年，剃髮爲僧』。書中還多有記載擔當與僧俗名流交往之事。擔當與徐霞客的關係頗深，如，崇禎十一年（一六三八）徐霞客『入晋寧北門訪公，在晋寧二十日，逐日有記』，兩人多有詩作唱和。本書還記明清之際滇亂諸多史事，如沙定洲殺桂王東閣大學士王錫衮，李定國一怒屠晋寧、呈貢二城，永曆時在昆明進行『鄉試』，薛大觀率全家在黑龍潭『殉國』，吴三桂在金蟬寺絞殺永曆帝，等等。

卷末附一九五七年向達《寫在擔當年譜的後邊》一文，稱作者『孜孜不倦地從事鄉邦文獻之學』，并稱一九五五年作者將此年譜托人帶交向達先生，『替他看看』。一九五七年，向達因事來昆明，『謁見了朧仙先生，親自將《擔當年譜》稿本交還給他』。向達先生高度贊揚了作者：『愛

敬鄉土，就是愛敬國家，就是愛國主義的表現。』（朱端强）

楊文襄公年譜

方樹梅輯　稿本　雲南省圖書館藏書

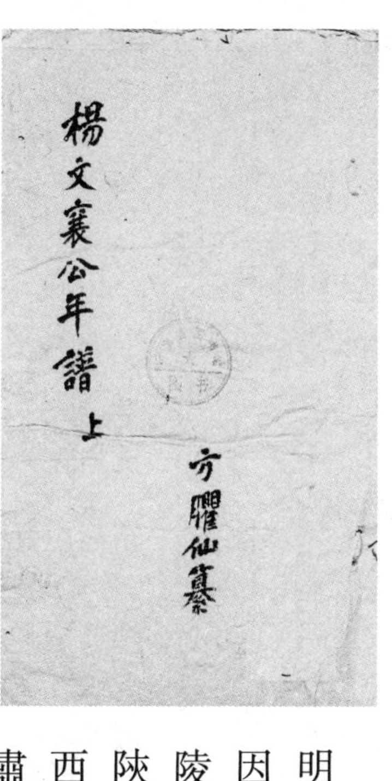

方樹梅簡介見前《學山樓文集》提要。譜主楊一清，明代名臣。字應寧，號邃庵、石淙，祖籍雲南安寧縣，因父親任職而生於廣東化州。此後，又隨家遷居湖南巴陵（今岳陽）、江蘇鎮江。成化朝進士，歷官中書舍人、陝西督學副使。弘治朝，任都察院左副都御史，督理陝西馬政等。正德初，遷右都御史，總督延綏、寧夏、甘肅三邊軍務。正德十年（一五一五），任吏部尚書兼武英殿大學士。嘉靖六年（一五二七），遷内閣首輔，後遭排擠而削籍。著有《關中奏議》《石淙類稿》等。

本書扉頁書名由李根源於乙未年（一九五五）題寫。次爲諸祖耿題詩（紀年不清）。次爲袁嘉穀甲戌年（一九三四）所作序言。次爲作者自序，署『一九五四年甲午十一月十二日古滇地方樹梅於文史研究館之「住住室」』。次爲譜主畫像一幀。從中可知此稿并非成於一時。袁序并作者自序皆稱此年譜之前，已有楊氏年譜、事略類著作，但多屬殘缺未竟之作。而作者民國二十四年

（一九三五）北游訪書，抄得《明實録》等書中有關譜主史料，輔以長期搜集之其他資料，纂成此年譜，實屬研究楊一清及其所歷明朝社會歷史最爲豐富的著作。《年譜》第一册起自明景泰五年（一四五四）譜主出生，迄於明正德十六年（一五二一）譜主六十八歲致仕居鎮江。第二册自明嘉靖元年（一五二二）譜主居鎮江，迄嘉靖九年（一五三〇）譜主去世，并附説其著作《邃庵集》。第三、四册爲附録、雜著，雜抄與楊一清有關但未能按年臚列於譜的詩文。民國十四年（一九二五）昆明楊文襄公祠落成，雲南名流周鍾嶽、李根源、王燦、由雲龍及作者本人等題詩紀念。

本年譜主要由三大部分構成。其一，楊一清的政治活動。如總制三邊，利用宫廷矛盾計除奸宦劉瑾等，這部分多屬明史大事，人所熟知。其二，楊一清回滇詩作及其涉滇論作。這部分前人往往研究不够，尤當重視。如，據此年譜載，明成化二十一年（一四八五），楊一清三十二歲，『年壯未有子，奉母命請於朝，歸雲南會宗族，立宗盟，以堂兄續次子紹芳爲家嗣』。到滇後有《謁咸陽王廟》《謁黔寧王廟》《謁王忠文祠》《登碧鷄山》《抵家離叙》《游安寧法化寺》等詩作。又如《條處雲南土司疏》，根據雲南土司『安銓作亂』之後的情况，上書中央提出『取信於夷民』、增加『雲南都司』指揮官人數、派官兵駐迤西動亂地區，保護『各民復業，仍驗其被傷輕重，量爲周濟』、對安氏族系不同土司應采取不同處理方法等政策建議。其三，後人，特别是後代滇人有關楊一清的論説、詩文等。這部分内容過多，約占全書體量的一半以上。筆者認爲作爲年譜，有失剪裁，但却意外輯録了不少重要的資料，如明清以來有關楊一清的諸多傳記、佚事等，惟内容多有重複；記民國十四年（一九二五）雲南爲楊一清在昆明修建『文襄祠』之經過，以及朝野名人之題詩，等等。（朱端强）

師荔扉先生年譜二卷

方樹梅纂　鈔本　雲南省圖書館藏書

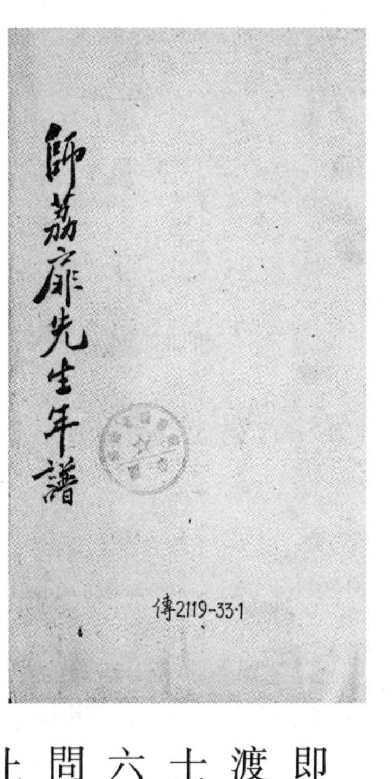

方樹梅簡介見前《學山樓文集》提要。譜主師荔扉，即師範，清代著名學者、廉吏。字端人，號荔扉，雲南彌渡人。不但著作等身（尤以《滇繫》影響最大），而且課士愛民，政聲卓著。卷首作者自序撰於庚寅年（一九五〇）六月初三日，稱其之所以纂著是譜，除景仰師範之『學問事功』外，尤在於師範一生『盡瘁鄉邦文獻，景行仰止之忱，激發不容自已也』。爲此，他曾親自前往師範任職之安徽望江縣訪其遺著。次爲由雲龍所撰《讀師荔扉先生年譜竟書所感》。該文作於一九五六年三月，亦贊揚師範之官德著作和作者編成此年譜之功力，并賦二詩以志所感。

全譜卷一自清乾隆十六年（一七五一）正月師範出生，迄於乾隆六十年（一七九五）師範四十五歲；卷二自清嘉慶元年（一七九六）師範四十六歲，迄於嘉慶十六年（一八一一）『春夏之際』師範六十一歲去世止。所據史料除譜主作品外，還有其師友論著、史志及調查材料。作者逐年如實記載師範生平大事，兼及錢南園、孫髯翁、檀萃、袁文揆、王文治等與其相關重要人物的相關事迹、師範故鄉雲南及其訪游所到之地的某些社會情況等。對於深入研究譜主以及雲南學術史有頗多參考價值。

如卷一考説師範先世本山西平陽府洪洞縣師曠里（今屬山西臨汾）人，明洪武十四年（一三八一）其先祖師毓秀隨明軍入滇。記乾隆三十九年（一七七四）師範考中雲南鄉試亞元（第二名）後，却於乾隆四十年（一七七五）、乾隆四十三年（一七七八）、乾隆四十五年（一七八〇）、乾隆四十六年（一七八一）、乾隆四十九年（一七八四）、乾隆五十五年（一七九〇）六次『春闈下第』，始終没有考取進士，最後纔以舉人『大挑』爲官。記評其在望江縣爲令，『以興利除弊、愛士恤民爲己任。名教事（業）毅然爲之，死生利害弗撓其中，又極憐才好士』。記嘉慶十一年（一八〇六）季夏，師範五十六歲，於治事之餘開始編著《滇繫》，次年（一八〇七）冬，雖初稿告成，但此後直到去世前，他一直還在不斷增補修訂。記嘉慶十三年（一八〇八）師範因『耳疾』解官後，『貧不能歸（家），賣文爲活』。死前他托命摯友晉寧張鵬升處理後事，鵬升等友人始將其『歸骨獮渡』。清朝法定官俸甚低，這也是清官廉吏普遍的遭遇。

譜後附録師範友朋劉孟塗、陳大治、劉大紳、袁文揆、沙琛等吊唁、題咏師範的詩文。最後爲劉文典跋，文稱：『滇人士之風義真不可及也。師先生論史有卓識。……宰吾皖望江有惠政。……張滇洲先生死生一諾，歸轊萬里，滇人士至今以爲美談。乃百數十年後，臞仙先生復躬往望江，訪其遺書，編成《年譜》。……此豈特表彰文獻，網羅放失之勤爲可欽，其風義爲尤可敬也！』署時『甲午正月』，即是一九五四年所撰。（朱端强）

惺庵日記

周鍾嶽撰　稿本　雲南省圖書館藏書

周鍾嶽簡介見前《公務人員應有之修養》提要。原稿自注時間：第一册『庚戌年自正月起八月止』，即清宣統二年（一九一〇）正月至八月；第二册『自庚戌九月起辛亥臘月止』，即清宣統二年九月至一九一一年十二月；第三册『附民國元二年回顧録』，自民國三年（一九一四）六月一日起至民國四年（一九一五）四月卅日止，附民國元年（一九一二）回顧録；第四册『民國三十五年自四月十九日起至七月卅一日止』；第五册『民國三十五年自八月一日起至十二月三十一日止』；第六册『民國三十六年一月一日起至三月十五日止』；第七册『民國三十六年三月十五日起至七月十日止』；第八册『民國三十六年十一月廿一日至十二月三十一日止』。第一至三册用『惺庵日記稿紙』、第八册用『甄微堂讀書脞録』稿紙書寫，且文中夾有當時新聞報刊剪貼數頁。全稿用行草書寫，多有刊改塗乙。

和近代諸多名人一樣，作者有每日堅持記日記的習慣。卷首『惺庵日記略例』稱：『每日於就寢前，回思一日所言所行，詳書日記』，又稱内容分爲省身、應事、接人、讀書、著録、雜載六大類。但又并未完全按此略例所列分類記事，甚有缺日和後補之文字。

如日記記録作者清末任雲南省學務公署普通課課長兼兩級師範學堂教務長之事，其中記兩級師範學堂課表、記作者任兩級師範學堂教務長時一周的生活和工作安排，筆者據原文整理如下：

周一至周六：

上午　六—七時：晨起，盥漱。
七—八時：早餐。
八—九時：讀英語。
九—十時：閱公牘。
十—十一時：進學堂。
十一—十二時：辦事。
中午　十二—一時：午餐。
下午　一—二時：議事。
二—三時：學算（學）
三—四時：寫英文。
四—五時：讀中外政書、文學類書。
五—六時：讀中外政書、教育類書。
六—七時：返公所晚餐。

七—九時：辦公牘。
九—十時：閱報、寫日記。
周天：
上午：閲公牘、會議。
下午：野外散步、訪友。
晚上：辦公牘、閲報、寫日記。

由此觀之，周鍾嶽的生活、工作和學習是緊張而有序的。他早起，且没有午休和星期天全休時間。作爲教育官員和學貫中西的學者，他仍然安排了不少讀書學習的時間，尤其重在學習英語、中外政治和教育，是一位非常勤奮的學者型政府大員，值得我們今天的領導幹部學習。

又如日記記雲南光復之後，作者在雲南軍政部、軍都督府秘書處、省教育司、省政府、省民政廳等單位的任職情況。其中附有補記民國元年至二年（一九一二—一九一三）作者的經歷、交往等事。日記還主要記作者在南京國民政府考試院的工作情況，其間於一九四七年請假回滇一次，歷時五個月。由於作者自清末迄於中華人民共和國成立之前身居要職，親身經歷了諸多歷史大事，與唐繼堯、龍雲、盧漢、蔣介石、梅貽琦及西南聯大教授等社會名流多有交往，故此書對於研究雲南乃至中國近現代社會史也多有參考價值。（朱端强）

（六）文物考古

滇東金石記

張希魯撰　民國二十二年（一九三三）石印本　雲南省圖書館藏書

張希魯（一九〇〇—一九七九），號西樓，雲南昭通人。著名地方文化史專家、考古學家、文物收藏家。早年畢業於東陸大學（今雲南大學）文史專業。返回故鄉，先後執教於省立二中、昭通女師、楚雄中學等。中華人民共和國建立後，任雲南省政協委員、昭通縣政協常委等。張希魯品行高潔，淡泊名利，對雲南文物的搜集研究多有創見，後來將自己收藏的衆多珍貴文物無私地捐給國家。他曾爲《新纂雲南通志・金石考》提供考古資料，還著有《西樓文選》等。

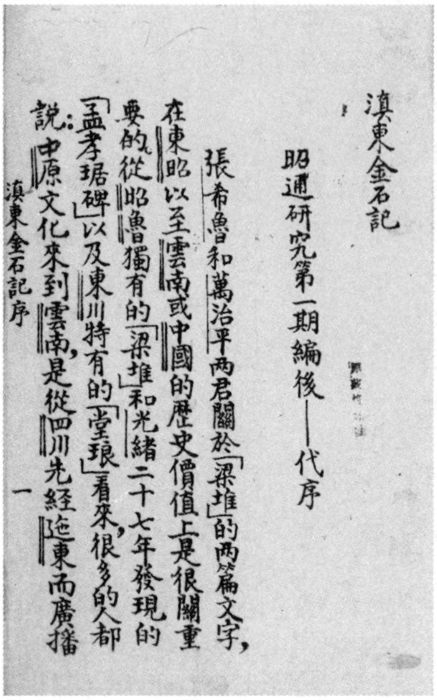

此書録存張希魯、楊在高等有關昭通文物考古的幾篇文章。卷首《昭通研究第一期編後——代序》（不著撰人），文稱『張希魯和萬治平兩君關於「梁堆」的兩篇文字，在東昭以至雲南或中國的歷史價值上是很關重要的』，强調他們以考古實物確證了中原文化是首先經四川、滇東北傳

入雲南的。據張希魯撰《昭通後海子梁堆發掘記》，早在民國二十年（一九三一），作者任昭通縣民衆教育館籌備處圖書股主任時，就曾根據有關綫索，奉命主持過這一重大考古發掘工作。他解釋『梁堆』及其形制曰：

於城西北隅十五里後海子發掘『梁堆』，掘至底，深過人頂，四面沙石甃成，儼然石室，前狹後廣，縱丈餘，横四尺許，可容七八人。上雖圮，以門楣及後壁考之，知爲圓頂。室形適類古之『鍾幣』然。……夫所謂『梁堆』，乃昭通、魯甸兩縣間獨有者。坡隴上，往往一二或五六據之。其大幾與丘陵等，或視墳壘倍蓰，土質極細。傳自何代？『梁』字何解？具無左劵。問之鄉里父老，皆曰：『未修城前，猺人土室也。』故又稱曰『猺堆』。聞農家言：發掘者『花磚』最多，『五銖錢』次之。間有刀、劍、銅器、石器各物。問其内狀，皆曰：『用磚砌成，坐北向南，如「城門洞」然；或空之爲窗，高之爲床，數堆相近，通以隧道。』又有掘者，磚甃如椁，下見遺骸。然則後海子所發現，既在低地，形又與此略异。

這當是關於『梁堆』最早的記載。此外，張希魯撰《漢洗記》（附圖）及《書〈漢洗記〉後》兩文，考釋昭通出土之漢洗的産地、年代等。張希魯撰《古物記》（附《滇東古物表》）和《滇東古迹表》），歸納列示昭通地區出土和地表文物，一一注明其名稱、來源、收藏者。楊在高撰《昭通城東訪古記》，記民國十九年（一九三〇）張希魯老師率同學七人在該城白泥井考察訪尋歷史文物之事。張希魯撰《與學生訪諸葛營》，記民國二十二年（一九三三）作者等人的其他幾次歷史考察活動。卷末《與昭通旅省會書——代跋》，建議將楊在高《昭通城東訪古記》一文『編入研究刊物中，以供全國學界的參考』。（江燕）

石鼓文彙考二卷

由雲龍輯　民國二十二年（一九三三）石印本　國家圖書館藏書

由雲龍簡介見前《定庵詩話》提要。本書爲專題考證類筆記。扉頁署『長樂黄葆戉題耑』。黄葆戉，字靄農，福建長樂人。上海法政學堂畢業，歷任福建省立第一圖書館館長、上海美術專科學校教授、商務印書館編輯。輯者自序作於『涵翠樓』，署時『共和廿二年夏』，即一九三三年夏。文稱歷代學者對石鼓文產生的時代、作者、書法等一直多存爭議，莫衷一是。輯者『夙喜其文辭淳古，曾屢至國子監摩挲其器，慨然有思古懷舊之感』，於是特此『彙録諸家考證，……好古者平心察之，當知其確有所歸矣』。

全書彙集歷代考釋石鼓文的名家之文，隨附石鼓文圖形。然就其文字而言，輯者比較贊同清人俞正燮之觀點，即石鼓詩文乃北魏太平真君七年（四四六）所刻。

上卷據宋人章樵《古文苑》録石鼓原文十章，并南宋薛尚功、鄭樵二人有關個别字音的考辨之文、南宋王厚之考證之文；據清人王昶《金石萃編》録出所謂周宣王時所刻石鼓原文（篆體）十章，并薛尚功考辨全文、元人潘迪考釋之文。此後，摘録唐人張懷瓘，宋人董逌、胡世將、程大昌、王厚之，明人楊慎，清人朱彝尊、錢大昕等人的相關論斷。又據楊慎《石鼓文音釋》所録石鼓原文拓本十章（篆體）及該書考辨文，後録薛尚功《鐘鼎款識·岐陽石鼓》摹書文十章（篆體）及譯文，以清人阮元之題識結束。下卷首録南宋陳岩肖《庚溪詩話》，近人馬衡《石鼓爲秦刻石考》，清人董祐誠《石鼓文跋》、全祖望《國子監石鼓賦》、李鍇《太學石鼓賦》，以及朱彝尊、姚鼐、王鳴盛、曾國藩、何紹基、汪中、錢大昕、葉昌熾、張燕昌等清代名家有關石鼓文的詩文或考辨專文。

石鼓是我國現存最早的鼓形石刻，原爲十鼓，後亡一存九，現藏於北京故宫博物院。其拓本則古今中外多有珍藏。每石刻四言詩一首，記貴族漁獵之事。石鼓唐初發現於天興（今陝西鳳翔）三時原，此後代有名家歌咏、考釋。然而，學者對其産生的時間、文字、内容等又一直多存异議。此書收羅宏富，圖文并茂。據筆者所知，雲南關於石鼓文之研究或僅有這部專著。（朱端强）

雲南金石目略初稿四卷

李根源纂　民國二十四年（一九三五）曲石精廬鉛印本　國家圖書館藏書

李根源簡介見前《重印雲南陸軍講武堂同人録》提要。本書爲文獻目録著作。卷首爲李根源撰《告滇人士再事搜集金石拓片書》，文稱『吾滇金石前無專著』，清人王昶《金石萃編》祇附《南詔大理》一卷，而阮福《滇南古金石録》一卷又『皆略而不詳』。前因纂者負責新修省志之金石部分，曾『檢點各縣寄到拓片及采訪册，僅得七八百種』，但『各屬文廟試院書院與文武衙署寺廟庵觀橋樑祠堂冢墓頗多可寶之作，今拓來者不及什一』。故再次呼籲大家努力搜集寄呈金石拓片，并提出十條搜集方法。此書即根據雲南各地所寄和作者從省外訪得的雲南金石拓片編成。每目著録名稱、時代、作者及所在地等，并附簡略考釋之語等。若因襲前人，則注明拓片出處。全書所録金石之時段，起自兩漢，迄於民國時期。

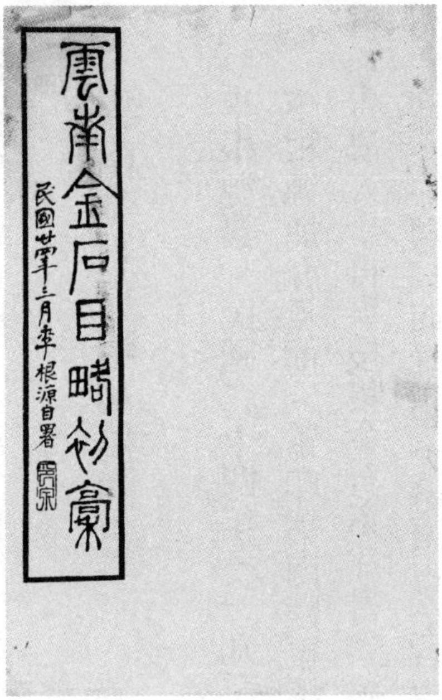

卷一起自漢代『王尊坂石刻』，終於《重修陽派興寶寺續置常住記》。『王尊坂石刻』見於道光《雲南通志》，《重修陽派興寶寺續置常住記》爲元代僧用源撰，在姚安縣興寶寺，見拓片。

卷二起自明代『烏撒衛前千户所百户銅印』，終於『永曆、大順、利用、昭武、洪化五幣』。『烏撒衛前千户所百户銅印』爲洪武十四年十二月制，見於宣威縣采訪册。『永曆、大順、利用、昭武、洪化五幣』，各十枚，共五十枚，清光緒間臨安知府賀宗章集藏，今歸騰衝李氏。

卷三起自《盤龍寺建立郡太守謝公德政碑》，終於『鴻濛室叢刻』。《盤龍寺建立郡太守謝公德政碑》由清代郡人唐績巍撰，時在順治己亥孟秋，今在晉寧縣，見拓片。太守名（謝）楨，石屏貢生。『鴻濛室叢刻』由廣南方玉潤刻，今在隴州。

卷四起自民國《楊振鴻誄文》，終於『滇賢遺像刻石』及『滇賢遺墨刻石』。《楊振鴻誄文》由蔡鍔、李根源、殷承瓛、韓建鐸撰文，歐陽渠書丹，在保山縣城内太保山，見拓片。『滇賢遺像刻石』計有楊一清、唐堯官、高奣映、張漢、錢灃、許印芳等二十人，『每石高一尺二寸，廣二尺，每兩像合刻一石，共十石，袁嘉穀有跋，在昆華圖書館』。『滇賢遺墨石刻』，計有文祖堯、擔當、朱昂、虞世瓔、劉大紳、戴絅孫等二十人之不同書體，『每石高一尺二寸，廣二尺，共二十石。袁嘉穀有跋，在昆華圖書館』。下注：『以上兩種《雲南叢書》處刻石，民國十四年（一九二五）起工，迄二十三年（一九三四）止，刻竣此數。』又稱，方樹梅歷年訪尋所得楊南金、木公、趙藩、李坤、楊增新等二十八人圖像及墨迹數十百家，『均待賡續刊石』。（朱端强）

雲南金石目略補編四卷

李根源纂　民國二十六年（一九三七）稿本　雲南省圖書館藏書

李根源簡介見前《重印雲南陸軍講武堂同人録》提要。本書爲文獻目録著作。扉頁纂者自書曰：『民國二十六年（一九三七）十一月五日編竣。時倭機轟炸蘇（州）城二十餘次矣。雪生記。』原書另有張在川先生書粘條曰：『此稿花費精力不少，且有參考價值。但編輯範圍僅限於雲南，且多係近人之作。擬收入（善本）乙編。』全稿用朱絲欄『曲石精廬稿紙』寫成。體例與《雲南金石目略初稿》同。

卷一起自漢代『昭通梁堆新出土器物』，終於『佛頂羅藏文石刻』。『昭通梁堆新出土器物』下注：『在昭通縣圖書館，見拓片，張希魯、黄仲琴、鄧爾疋、容希白、浦漢英有《跋》《記》。』『佛頂羅藏文石刻』下注：『高一尺六寸，廣二尺，横書十三行，行十八字，側刻「佛頂羅」等字一行。在保山縣，見拓片。』

卷二起自明代『普賢寺碑』，終於《誥封榮禄大夫上柱國兼太子太保咸陽侯晋上公祁公墓碑》。『普賢寺碑』下注：『洪武年（立），在昆明縣城西高嶠村楊升庵祠左側普賢寺内，見昆明縣采訪册。』《誥封榮禄大夫上柱國兼太子太保咸陽侯晋上公祁公墓碑》下注：『在蒙化縣（今屬巍山縣）西山降龍寺之左，見拓片。祁公諱三昇，號鳳川，陝西西安府涇陽縣人，國變不能歸，占籍蒙化。』

卷三、卷四收清朝至民國時期金石，而以民國時期金石最多。起自清代《平西親王重建龍川江橋碑記》，終於『銅造佛鐘鼎爐等器物』。《平西親王重建龍川江橋碑記》下注：『……在騰衝縣龍川江橋，見拓片。』『銅造佛鐘鼎爐等器物』下注：『見各縣采訪册或見拓片。』

該稿顯爲《雲南金石目略初稿》之補續未定之稿，故粘條刊改之處較多。除纂者采訪所得之外，還引有袁嘉穀『屏山袁氏校補』等注文。（朱端强）

爨龍顏碑考釋一卷

趙詒琛輯　民國二十五年（一九三六）對樹書屋刻本　國家圖書館藏書

趙詒琛（一八六九—一九四二），字學南，江蘇昆山人。民國著名藏書家、刻書家、學者。

因家學淵源，愛好藏書。經三十年積纍，建樓貯書，名曰『峭帆樓』，多收藏清人稿本、鈔本。刻有『峭帆樓叢書』『又滿樓叢書』等。著有《峭帆樓善本書目》《趙氏圖書館藏書目録》等。民國二年（一九一三），其藏書多毀於戰火。

此書爲趙詒琛所刻『對樹書屋叢刻六種』之三，子彝題寫書名。子彝，即陳子彝，江蘇昆山人，著名學者、書法家。民國時長期任職於蘇州圖書館，中華人民共和國成立後曾任上海師範學院圖書館主任。據此書末輯者跋稱，此書原爲抄本，不著撰人。趙詒琛得之於舊書肆，民國二十三年（一九三四）冬，趙氏取阮元『小琅嬛館』所刊『《滇南古金石録》中《劉宋爨使君碑》校之，益覺此鈔本之善也。其碑文復借平湖屈君彈民藏舊拓本互勘，更正數字。又取《金石續編》陸氏跋文附録於後』。作者認爲，儘管阮元、師範等記録有此碑，但畢竟二者『世所罕見』，故又將其抄本進一步整理刊布。

此書首録清人桂馥《札樸》中關於《爨龍顔碑》的考釋文字。桂馥重在説明該碑之形制、墓主爨龍顔之身世，考稱此碑多用假借字，如『紹蹤』作『紹縱』，『鉞斧』作『越斧』，『簪纓』作『振纓』，『九列』作『九例』，等等。次録阮元之題跋，文稱『此碑文體書法，皆漢晋正傳，求之北地亦不可多得，乃雲南第一古石』。再録阮福《滇南古金石録》，考述該碑所在位置、行款，訂正《滇繫》所録『誤者二十一字，逸者九十九字』，并歷考古代『爨氏』官宦名人等。

其後爲作者所摹原碑碑額二十四字（原書體），并作者據拓本考釋的全碑正文、碑陰文字。最後録陸耀遹《金石續編跋》全文，陸氏歷引《宋書·地理志》《晉書》《三國志》《華陽國志》等有關史料，證爨氏世代職任，訂正『交阯刺史爨琛當是交州刺史爨深之誤』，并正確指出『合爨氏之盛，始於漢晋間，乘中國（原）擾亂，雄長群蠻分統其地。隋唐以來，西爨白蠻、東爨烏蠻，屢徙復振，朝貢通款，史不絶書。此爨之著姓分土，碑所謂「南中磐石，人情歸望」者也』云云。陸耀遹，清代著名金石學家、詩人，江蘇陽湖（今屬常州）人，道光元年（一八二一）舉人，其補王昶《金石萃編》而成《續編》，亦是研究爨碑的重要著作之一。（朱端强）

定庵題跋

由雲龍撰　民國二十七年（一九三八）鉛印本　國家圖書館藏書

由雲龍簡介見前《定庵詩話》提要。本書爲金石考證著作。作者自序作於民國二十七年（一九三八）秋，稱『壬戌（按：民國十一年，一九二二），友人張君靖民自太原來，靖民固習爲金石學者，盡出其所藏，……乃擇留精拓北魏碑數十種，……不時展觀，……邇歲端，居多暇，爰出舊藏漢唐諸碑并靖民所貽，逐一爲之跋識』，認爲碑刻『足以補史傳之闕失，證古籍之訛誤，而文辭古雅、書法精良猶其後也』。又曰：『滇中向少談碑之客，又古籍寥落，即搜羅考訂亦屬匪易。』故該書以其所藏雲南省外之碑銘、墓志、摩崖石刻之考釋爲主，亦兼有雲南重要金石碑銘之研究題識，總計一百五十一通，屬雲南者計有漢《孟孝琚碑》（在昭通），晋《爨寶子碑》（在曲靖），南朝宋《爨龍顔碑》（在陸良），唐《王仁求碑》（在安寧）、《南詔德化碑》（在大理）、《豆沙關袁滋題名摩崖》（在鹽津），宋《段氏會盟碑》（即《三十七部會盟碑》，亦名《石城會盟碑》，在曲靖）、《高量成德運碑贊》（在楚雄）、《興寶寺碑》（在姚安），元《元世祖平雲南碑》（在大理）和清《啓文樓修城碑記》（在昆明）等十四通。

作者對每通碑刻考釋其出處、作者、内容、史料及書法價值等，其中尤以漢《孟孝琚碑》之考證用力最深。作者稱碑『爲滇石之最古者，……清光緒二十七年（一九〇一）辛丑始出現於昭通城南十里白泥井馬氏舍旁』，金石研究大家王昶、阮元和桂馥等也并未親見原碑；羅振玉、吴絅齋等『雖得見，而考證概未精審。惟楊心吾氏所見金石既多，主張較爲近是，而亦惝怳其辭［謂在（漢）和（帝）、桓（帝）之間］，未確斷其爲何代所立。滇人好古諸家，或主西漢河平（石屏袁氏及上虞羅氏振玉、震澤王氏仁俊）；或主東漢建武（方樹梅），……究皆根據失當，决不可從』。作者進一步博引廣證，一一推翻前人之説，力主此碑爲『後漢桓帝永壽二年（公元一五六年）所立，不可易也！』（朱端强）

大理喜洲訪碑記

石鍾撰　民國三十一年（一九四二）雲南省立龍淵中學中國邊疆問題研究會油印本　雲南省圖書館藏書

石鍾（一九一三—一九九一），即石鍾健，浙江諸暨人。著名民族學家、考古學家。一九三九年先就讀於武漢大學歷史系，因不適氣候，一九四一年轉學到西南聯大歷史系。畢業後，曾在昆明市多所中學任歷史教師。中華人民共和國成立後，先後任四川師範學院（今四川師範大學）和中央民族學院（今中央民族大學）教授、中國古代銅鼓研究會理事長、中國百越民族歷史研究會副會長兼秘書長等。作者在西南聯大讀書時，即開始從事雲南考古和民族史研究。著有《段氏世系考》等。

此書屬『雲南省立龍淵中學中國邊疆問題研究會專刊』之一種，爲專題筆記，用白話文寫成。卷首『鳴謝』稱，此次大理之行，經費上得北京大學文科研究所、雲南大學中國文化研究所和李根源先生惠助，又蒙遷寓大理喜洲的華中大學包漁莊、劉信芳先生的指導，以及第十一集團軍等安排乘車。『原起』『準備』和『工作』述作者訪碑之經過。作者在向達的鼓勵下，利用學校放假，與哲學系同學徐衍去往大理喜洲訪尋古代碑刻，行前先認真學習了《蠻書校注》等有關南詔、大理的史志，後乘軍車抵達喜洲，住華中大學。作者在喜洲訪碑三周，手抄件繫，描繪碑形，自製拓本。共録得碑銘一百五十一通，稱『其中完好無缺的也有百餘通。就碑文中所涉及的時間，當從唐代迄於明代；所涉及的空間除中原外，北至吐蕃，西北至印度摩伽陀（Magadha），西至緬甸，西南至越南，所涉及的史實，多是正史所不載的』。

作者又進一步將碑文所涉及的史實具體歸納爲以下四點：一是秘密教（後稱『阿拶哩』或『阿拶力』），包括其來源（初步考訂爲印度傳來）、元明時期的秘密教等；二是白史《白古通玄峰年運志》與白文，包括白史、白文等；三是『哀牢九隆』與白蠻，作者據所見碑文提出『民家』可能存在三種不同族源——本土説、印度説、密教與本土結合説；四是梵咒與梵文，作者據所有碑頭皆有『梵咒』符號，提出密教與『民家族』的複雜關係。最後，作者通過『檢討』，對這次訪碑結果提出總的看法和建議：一是碑文反映獨特的風俗、比較規範的墓志格式與體例；二是保存了『完整無缺的史料』，『民家先民』受中原優秀文化和印度（宗教）文化的影響，形成了自己的『獨體（立）文化』；三是建議今後組織更大力量對其進行全面、深入的清理和研究。『附録』爲重要碑銘原文選録，收録《大（理）阿拶哩楊嵩墓志銘》《處士趙公同妻杜氏墓志銘》《三靈廟記》《詞記山花（碑）》等六通。（朱端强）

叠園集刻録四卷

李根源纂　民國三十八年（一九四九）騰衝縣圖書館石印本　雲南省圖書館藏書

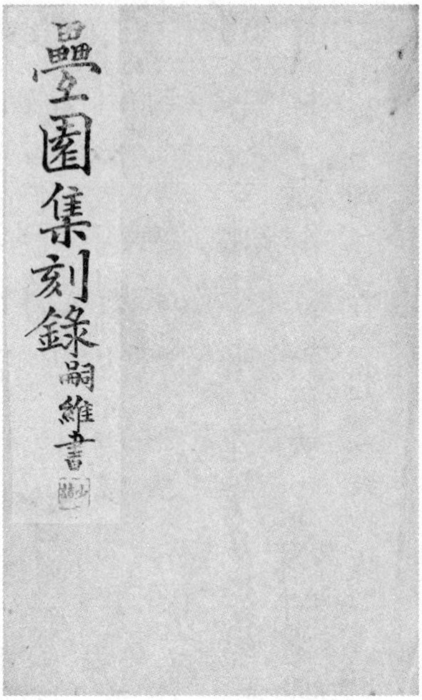

李根源簡介見前《重印雲南陸軍講武堂同人録》提要。本書扉頁由騰衝張問德題寫書名。首序亦張問德撰，文稱『己丑（一九四九）之秋八月，曲石公《叠園集刻》既成，出示囑爲序，受而讀之。知網羅得鄉先生及滇中海内時賢遺墨凡一百七十二件。搰搰然用力兩寒暑，雙鈎上石，爲一百七十四石，嵌諸縣圖書館壁，楷行篆隸無不備，宛若游龍驚鴻壁間旋舞，大壯館色。』次序爲騰衝劉楚湘撰，稱李根源解任回鄉，『乃搜集騰賢胡二峰諸公書四十七件；宦游及備邊來騰名賢鄧武橋諸公書五十二件；滇賢錢南園諸公書二十四件；海内名賢陳白沙諸公書五十件。皆鈎摹上石，題曰《叠園集刻》，分嵌騰衝圖書館壁。并博考書者傳狀，爲《集刻》録之，纂輯以資後學之觀摩考鏡』。

纂者自序作於民國三十七年（一九四八）五月，稱：『甲申（民國三十三年，一九四四）收復（騰衝），余歸自重慶善後，餘暇搜集前人遺墨，……劫灰之遺珍，重雙鈎上之貞石，題曰《叠園集刻》，分嵌騰衝圖書館壁，歷時二年工乃竣。遺迹光顯於世，爰識其緣起，俾後之人知所珍重云。采集者劉夢澤、王少詰、王紹武……鈎摹者王廷用、曠希培；刻工彭偉武、李象升。』

正文分爲四卷：卷一『騰人』，録吴璋、吴宗堯父子一石，李曰垓一石，胡璇一石等，共四十六石。卷二『宦游及備邊來騰名人』，録鄧子龍二石、王文治一石、釋太虚一石、趙藩三石等，共五十四石。卷三『滇人』，録錢灃一石、尹壯圖一石、顧品珍一石等，共二十四石。卷四『海内名人』，録王守仁二石、岑春煊一石、張繼一石等，共五十二石。每石内容或爲墓銘，或爲詩章，或爲題款，或爲書法片段，皆簡要考説其書體、石體大小、原藏地、作者小傳。卷末另附『歷代古錢』，題記稱這些古錢幣原爲友人鄧燮坤所藏，鄧轉贈纂者，纂者『不敢受，歸之騰衝圖書館保存』，僅録其錢名。計有秦半兩一文、漢五銖二文以及明清稀見古錢幣等，總一百文。

據筆者所知，此書之編著時間、内容，略與作者所著《鳳翅園石刻録》相同，是否同書异名，抑或欲分編二書之未定稿，皆有待進一步研究。（朱端强）

雲南蒼洱境考古報告

吴金鼎、曾昭燏、王介忱著，曾昭燏縮寫　民國三十一年（一九四二）國立中央博物院籌備處鉛印本　國家圖書館藏書

吴金鼎（一九〇一—一九四八），山東安丘人。著名考古學家。早年畢業於齊魯大學、清華學校國學研究院。畢業後，任職於中央研究院歷史語言研究所考古組。其間，曾參加河南安陽殷墟遺址的發掘。一九三三年赴英國留學，獲博士學位。抗戰勝利後，任齊魯大學國學研究所主任等職。

曾昭燏（一九〇九—一九六四），女，湖南湘鄉人。著名考古學家、博物館學家。一九三五年留學英國，獲碩士學位。一九三九年，任國立中央博物院籌備處專門設計委員。中華人民共和國成立後，任南京博物院副院長兼南京大學歷史系教授等。

王介忱，生卒年不詳，吴金鼎夫人，考古學家。與吴、曾二位先生長期合作，在中原、西南廣闊區域的考古工作中作出特有的貢獻。其餘生平事迹待考。

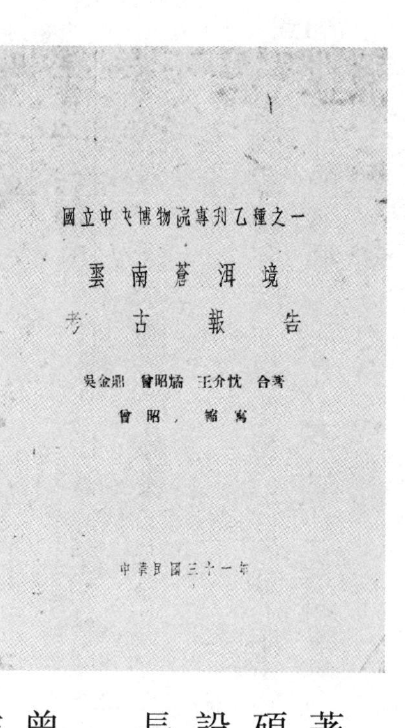

本書爲章節體考古報告。分甲、乙兩編。甲編由吴金鼎、曾昭燏、王介忱三人合著，曾昭燏縮寫。據甲編第一章第二節『工作經過』稱，民國廿七年（一九三八）十一月，作者等『奉中央博物院籌備處主任李濟先生命，自昆明往大理調查古迹，特注重史前遺址之尋求』。同行者還有著名建築史家劉敦禎先生。其工作範圍先以大理『太和城』遺址爲主，此後，又『歷鄧川、洱源、劍川、麗江、鶴慶、賓川六縣』。至廿九年（一九四〇）六月結束，歷時近兩年。甲編共五章，依次爲《蒼洱境古迹考察總報告》《馬龍遺址發掘報告》《佛頂甲乙二址發掘報告》《龍泉遺址發掘報告》《白雲甲址發掘報告》。分記各址發掘經過、地理環境、遺迹遺物等，并插附相關手繪考古小草圖。最後有結論（實爲小結）。乙編《點蒼山下所出古代有字殘瓦》，曾昭燏著。乙編也由五個部分組成，依次爲《發現與發掘之經過》《各遺址之位置情形史實及傳説》《有字殘瓦之研究》《同出之遺物》《時代之審定》。卷末附英文提要、重新放大繪製的考古圖像、勘誤表，非常科學嚴謹。

自民國二十七年十一月至二十九年六月，考察組『在蒼洱境内，凡發現遺址卅二處，勘定古迹六處（指見於記載但已湮不可尋者），共三十八處。又發現古墓十七座，皆南詔及南詔以後物。』根據這次考古發掘，作者初步認爲：『蒼洱境新發現之史前文化，其本質頗异於華北之仰韶、龍山兩文化。雖與華北文化不無關係，而地方色彩甚重，最顯著之特點，即斷綫壓紋陶與半月形石刀。……此種文化生長山地，進化遲滯，及遷至平原，乃大量接受漢族和印度文化。』由於這次考古發掘并未過多涉及南詔文化遺址，因此，作者提出今後尚待深入解决的幾個懸案：一是南詔民族是否爲史前民族之苗裔，二是蒼洱文化之來源與分布，三是蒼洱境内史前期墓葬之所在，四是蒼洱文化與川、康、緬、越及附近地域文化之關係。該《報告》可以説是我國第一次對滇西地區的科學考古工作和成果，其意義和參考價值均特别重大，奠定了西南地區史前考古學的基礎。

（江燕）

滇西考古報告

石鍾撰　民國三十三年（一九四四）雲南省立龍淵中學中國邊疆問題研究會油印本　國家圖書館藏書

石鍾簡介見前《大理喜洲訪碑記》提要。此本由《鄧川訪碑記》和《段氏世系考》兩部分組成，編爲『中國邊疆問題研究會雲南省立龍淵中學支會專刊』之二。卷首『原起』稱，繼上次大理喜洲訪碑之後，作者第二次到大理考古。這次考古經雲南大學方國瑜先生介紹，『雲南通志館發給委托調查金石古迹的公函；在經濟方面又得到幾個老同學的接濟』，往返三十五日，在鄧川工作計十二天，收穫頗豐。

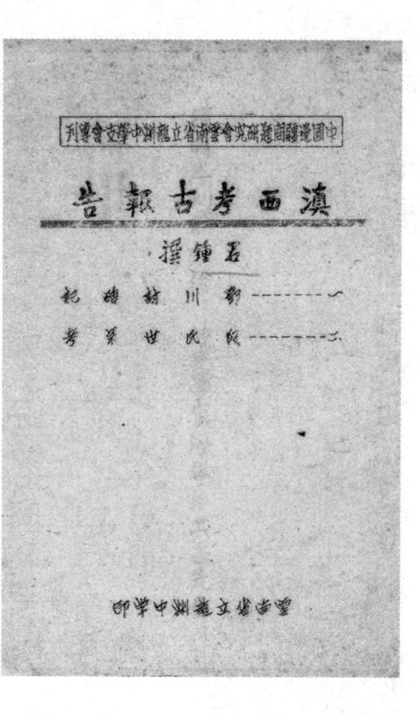

《鄧川訪碑記》按日程記其在大理鄧川縣考古的經過和方法、收穫等。作者主要訪及大邑村土主廟、段思平廟，并抄録其碑銘；訪及元都元帥段信苴寳碑，并訂正前人抄録之誤，重拓其碑文；訪及五佛山明代群墳（俗稱『韃子墓』，以杜、楊二姓爲主），尋得不少骨灰罐，并手繪其形制、紋飾；訪及中所鎮龍王廟，參觀了當地龍王生日祭祀的活動；訪及諸葛寨，介紹水寨（已屬鶴慶縣境，傳説爲諸葛亮駐兵處）、鷄鳴寺、諸葛洞、千龍洞、豹子洞、躲兵洞（傳説有《孔明碑》）、銀坑洞（傳諸葛亮擒孟獲處）、腰龍潭（徐霞客到過，有記）等歷史遺迹。作者最後總結説：『共收録碑銘二十餘通，在數量上并不算多，在質量上確有它的價值。』作者據所見碑文，結合有關文獻，撰爲《段氏世系考》。

《段氏世系考》依次考述大理段氏世系之傳承：一、段氏始祖，述自唐朝段忠國迄段道超；二、南詔時期的段氏，考自段儉魏（亦稱段忠國）迄段思平之世系；三、大理國時期的段氏世系，考自段思平迄段興智之世系；四、元大理總管府時期的段氏世系，考自段興智迄信苴明之世系；五、明代段氏的後裔，散見於碑文者有段明、信苴善、信苴寳、信苴日等。作者言其分布説：『大概蒙氏子孫分布在蒙化一帶；楊氏子孫分布地較廣，應以喜洲爲中心；段氏子孫或應以鄧川爲中心；高氏子孫或應以鶴慶爲中心；趙氏子孫或應以賓川爲中心。』卷末附論一爲《段氏與秘密教的關係》，作者考稱，自段道超始將秘密教（阿拶哩）引傳於南詔國，其後段氏子孫無不信奉，其政權具有明顯的『政教合一』特點。附論二爲《段氏與白文的關係》，考稱『白文就是當時民家人所用的文字。這種文字十分之八九是借用漢字；新奇字不過占十分之一二。在語法上則與漢文稍有不同，不過是借漢字來寫他們自己的口語罷了』。

本書末附録收作者訪得的《大掾楊公墓志銘》《故老人段公墓志銘》等六通，并列出本文參考書目，是一部科學嚴謹的學術調查記和考據論文。（朱端强）

十二　地理

（一）總録

雲南省陸地測量報告書

國防部測量局測量第十二隊編　民國三十五年（一九四六）國防部測量局測量第十二隊鉛印本　雲南省圖書館藏書

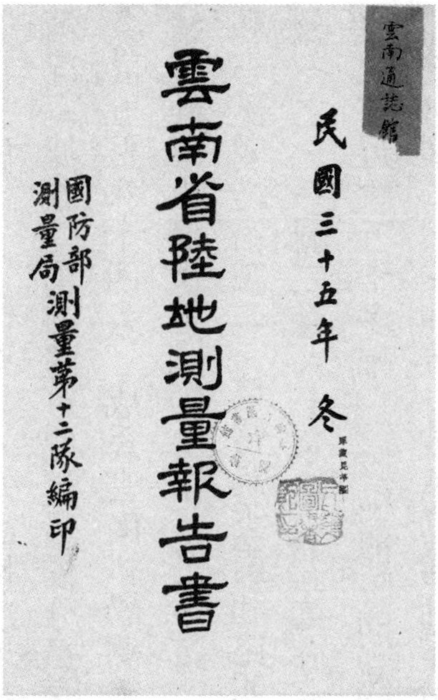

本書卷首列白崇禧、陳誠、龍雲、盧漢等軍政要員爲測量第十二隊及該書的題詞，卷首、卷尾插附該隊所完成之重要測量圖。前後兩序由該隊（局）早期負責人馮家驄、孫桂馨所撰，文稱雲南近代科學測量事業始於清光緒末年，因創辦新軍軍事測量之需要，馮家驄、李潤泉等人奉命留學日本，學習『陸地測量』。他們返滇時購得測量器材，雲南始纔成立『測地局地形科』，開辦『測繪學堂』，培養測量人才。儘管雲南測量工作者先後參加過雲南起義、護國戰爭、抗日戰爭等軍事測量，也完成過衆多民用地形、地圖測繪，但由於測量工作半屬軍用保密性質，工作情況不得公布，故鮮爲人知。迄一九四六年，幾經演變的雲南測量隊奉命改隸國防部，稱『測量第十二隊』，纔由時任隊長曹恒鈞、周聯科纂輯此書，意在總結雲南歷時三十六年的測量歷史。

該書分爲『紀實』『行政』『教育』『業務』『重要文件』五部分，分類歸納叙述雲南測量工作的歷史和業績。『紀實』記説雲南測繪工作者自清末以來，在設備簡陋、待遇低下、『不文不武，非官非佐』、工作不爲人知的情況下堅持工作的歷程。『教育』記清末以來雲南測繪人才的培養情況。據載，雲南陸軍測量學校分爲『地形班』和『製圖班』，至一九四六年先後畢業八期學生，共計五百八十四人，成爲雲南科學測繪事業的先驅和骨幹。『業務』記録其測繪業績。如，清末測繪『陸軍小學校址圖』『五千分（之）一昆明市街圖』；民國六年（一九一七）測繪『雲南全省圖』和『昆明市街圖』，這當爲雲南和昆明最早的科學測繪地圖。又如抗戰期間，先後測繪全省十萬分（之）一圖三百六十多幅、五萬分（之）一圖五百七十七幅、二萬分（之）五及萬分（之）一昆明附近圖五十多幅、『騰衝龍陵間新圖廓測角圖根水準』圖十幅、滇越鐵道綫圖四十幅，爲雲南測繪事業的發展和抗日戰爭的勝利作出了艱苦卓絶的貢獻。（朱端强）

雲南人文地理

李永清講述　民國石印本　雲南省圖書館藏書

李永清，北京師範大學畢業，曾任昆明縣教育局局長、雲南省教育廳秘書。其餘生平事迹待考。

本書爲章節體雲南地理課講義，頗具現代地理學理論色彩。開卷『緒論』兩文，其一論説地理與財政、民生、交通、教化、國防、外交之關係；其二論説人文地理『乃研究人類與地球各種關係

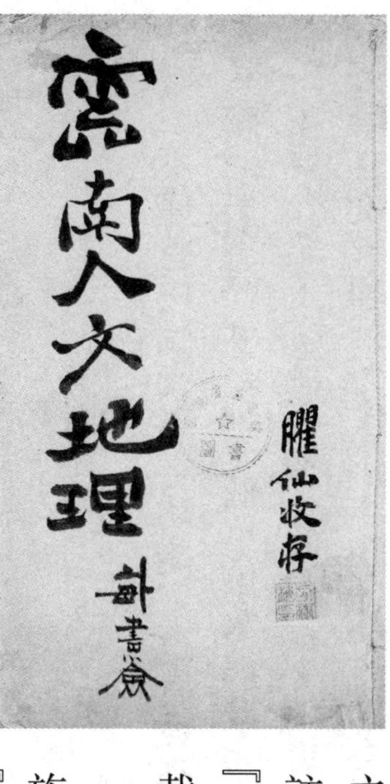

之科學』，此研究以雲南爲限。同時，介紹前人地志，稱該書以此『参以中外人士關於雲南調查之記載』。以下立『自然概況』『人民』『政治』『産業』『交通』五章，材料截至民國十一年（一九二二），内容寬泛，資料豐富。

例如『人民』述及雲南苗族、擺夷（傣）等少數民族語言文字；『交通』涉及雲南郵電、航空業發展情況；『産業』述及雲南河口、蒙自、思茅、騰衝開關及外貿歷史等。作者對雲南地理不乏獨到之見。如『自然概況』論稱雲南雖地處邊遠，但對内對外皆具有非常重要的區位價值，曰：『雲南居長江、珠江上游，山川雄奇，地勢險峻，吾國要圉也。昔人稱有倒挈天下之勢。考之歷史，按之近事，其關係不可謂輕。』他認爲，由於我國及東南亞諸多大山大江皆『起點於雲南』，對外居高臨下，易於控制越南、緬甸、暹羅乃至南亞平原。對内『由雲南入四川，則據長江之上游；由雲南趨湖南而據荆襄，則可動摇全國；由雲南下珠江，則指揮嶺南；若北逾成都、出關中，則燕晋不得高枕』。今天，從經濟開發的角度審其所論，正好爲我們提供了雲南向外發展的有益思路。（朱端强）

（二）游記、旅游

旅滇指南

雲南省教育會編　民國十二年（一九二三）雲南省教育會鉛印本　國家圖書館藏書

卷首序言指出，本書是爲『本年第九屆全國教育聯合會在滇開會，各省區代表，將冠蓋而來，情殷招待，勿容或緩，爰編是書，以爲嚮導』。分『沿革』『地理』『機關』『法規』『教育』『交通』『公共事業』『工商業』『食宿游樂』『名勝古迹』『雜録』等十一部分。書前有序、凡例和十四幅照片，書中有多幅表格。

是書編制雖簡明扼要，但却包含雲南歷史、地理、交通、政治和省會城市的教育、經濟、公共事業各個方面的情況，不僅有按圖索驥之功能，還有極高的史料價值。如『機關』介紹了省公署、樞要處至近衛炮兵隊、軍樂隊等六十三個單位及地址，可幫助我們瞭解民國初期雲南省政府機關的建制規模。『教育』主要介紹了省城各學校的數量，以表格呈現，分大學校、專門學校、中學校、初等學校、外人在滇設立學校和補習學校六類，共統計有六十九所學校的名稱、校址、教職員數、學生數，體現了教育之規模。當時昆明僅有東陸大學一所大學，位置在舊貢院街，有教職員二十五人，學生百餘人；專門學校一所，中等學校十二所；初等學校規模最大，有小學四十所，幼稚園三所，學生人數最多的昆明市立第三小學，位置在迎恩街（今平政街），有教師二十六人，學生一千二百七十八人，爲人熟知的昆明師範附屬小學，當時就已經規模不小，有三十六位教職員，學生九百八十三人，位置在象眼街勸學所内；外人在滇辦學九所，有中法學校、青年會英文班、育賢女學校、盲學校、恩光小學校、恩光幼稚園、培元幼稚園、靈光女子英語學校、培元初等小學校。『交通』主要介紹了交通路綫（入滇要道，滇越、滇緬、箇碧鐵路，省内交通要道）和交通機關（有綫電、電話、無綫電、飛機、郵務）的情况。當時，飛機事業正處於創辦之初，已開辦航空學校於翠湖邊，并成立航空第一、第二隊，備軍用之需。附有滇越鐵路各站點、路程、票價表，昆明市甲、乙種轎錢表，反映了變革時期雲南的交通狀况。『公共事業』介紹了博物圖書館、通俗教育場所（閲報書室、宣講所）、陳列所、農林館、礦産館、公會、醫院、慈善事業機構、會館、介紹所、自來水公司、電燈公司、菜市的名稱、地址。『工商業』介紹了八十三個行業單位的名稱、地址。『食宿游樂』亦著録寓所、餐館、茶館、理髮店、公園、戲園、電影場、沐浴室的名稱、地址等。（鄭志惠）

歐美十五國游記

盧錫榮著　民國二十五年（一九三六）國光書店鉛印本　國家圖書館藏書

盧錫榮（一八九五—一九五八），雲南陸良人。中國第一個政治學學者的組織——中國政治學會的發起人之一。一九一四年留學美國哥倫比亞大學政法學專業，一九二一年獲哲學博士學位。一九二二年回國，先後任雲南省教育司參事、東陸大學（今雲南大學）副校長、雲南省教育廳廳長。一九二九年調任南京中央大學法學院院長，一九三二年任國民政府内政部禮俗司司長。一九四五年，創辦上海私立光夏中學（今上海五四中學）、大學，任校長。一九五〇年，被聘爲上海市文史研究館館員。

盧錫榮博士著
歐美十五國游記
王世杰題

本書共三編。第一編『導言』，記各國印象。分爲六章，分别是對日本、新大陸（美國）、英倫（英國）、巴黎（法國）、瑞士與德國、奥地利和意大利、土耳其、匈牙利、俄羅斯諸國的印象。第二編『新大陸游記』，記作者留學美國的主要經歷。作者民國二年（一九一三）留學美國，七年（一九一八）畢業於紐約哥倫布學院（Columbis Colloge），入哥倫比亞大學（Columbia University），師從歷史學家鄧寧（Dunning）研究歐洲政治思想史、哲學家杜威（Dewey）研究歐美名學史、社會學家吉丁斯（Gidding）研究社會學、經濟學家塞利格曼（Seligman）研究財政學，至民國十年（一九二一）卒業，獲博士學位的大體過程。第三編『歐土游記』，記著者民國十一至十二年（一九二二—一九二三）間，游覽英、法、瑞士、比利時、德國、捷克、奥地利、意大利、土耳其、俄國（蘇聯），乘火車跨越西伯利亞，經滿洲里回國返鄉。末有許晚成跋。書中記録不少和師友學習交往之事，如『民國五年六月二日，宴馬君武博士於紐約中西樓。在座有友人劉天鐸、胡適之、張希若、李進隆諸君，談甚歡』。從盧錫榮的師從關係和書中論述的視角，可看出此時自由主義政治學影響了他的觀點。

一九二〇年一月，由留美學生和華僑組織的中國政學社主辦的《政學叢刊》季刊創刊，共出版七期，盧錫榮爲第一任主編。該刊的主要論題有：中國國民教育，各國政權、政黨的政治基礎，英美平民政治等。盧錫榮還擔任僑報《民氣周報》的總編。本書記民國七至十年（一九一八—一九二一）事甚略，失載此事，然而本書仍不失爲瞭解『五四』前後留美歐學生學習、生活及社會活動的重要資料。（劉景毛）

西南三千五百里

錢能欣著　民國二十八年（一九三九）商務印書館鉛印本　國家圖書館藏書

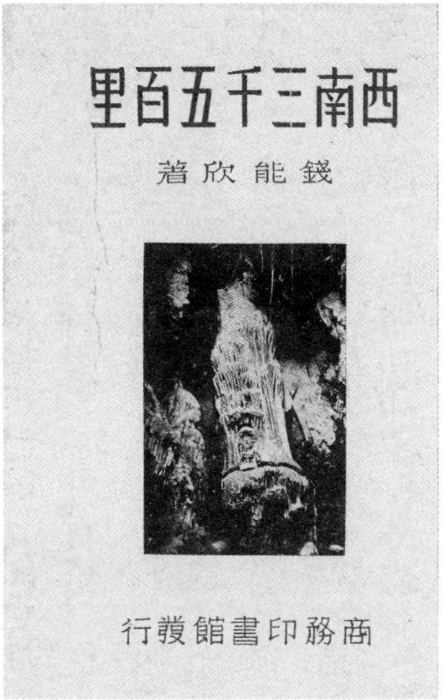

西南三千五百里
錢能欣著
商務印書館發行

錢能欣（一九一四—二〇〇五），浙江嘉興人。一九三四年畢業於杭州師範學校，考入北京大學政治系。盧溝橋事變後，隨校遷至長沙臨時大學。一九三八年二月，長沙臨大西遷雲南，錢能欣參加湘黔滇旅行團，旅行團步行從長沙到雲南被稱爲世界教育史上的『長征』。一九四〇年從西南聯大畢業，到巴黎大學文學院學習。一九五一年五月回國，在外交部任職，後任中國國際問題研究所研究員。

本書是作者根據自己的日記整理而成，記載了盧溝橋事變後，作者參加長沙臨時大學旅行團，歷時六十八天，行程三千五百里，從長沙到昆明旅行的生活見聞及沿途所得。作者整理出版的目的在於介紹大西南的情況，歡迎海内外同胞到大後方來參加抗戰工作。

全書内容共分三十五個部分，按旅行時間順序，有『起程以前』『益陽道上』『桃源』『沅陵——湘西的重鎮』『鎮遠——黔東的重鎮』『訪問苗寨』『從貴定到龍里』『安順——黔西的經濟中心』『壩陵橋』『盤縣——黔西的門户』『滇南勝境』『平彝——滇東的門户』『白水』『曲靖』『馬龍的風物』『易隆』『昆明初印象』等内容。書中附楊啓元拍攝沿途景物的照片二十一幅。文中詳細記載了湘、黔、滇的古迹、地形特色、各種物産、教育狀況、少數民族分布與習俗等狀況。在作者看來，『西南是一個資源豐富的地方，將來開發，前途遠大；但高山峻嶺，急川涌流，祇利於自守，而不宜於向外發展』，但『蜀漢往事，可引以爲鑒』。作者主張積極開發西南，而開發西南需先從瞭解西南複雜的少數民族着手。書中所載都是作者當時的所見所聞，最大特色在於所言都是據實記載，尤其對湘、黔、滇少數民族的民情習俗、個性與歷史情感的詳細記載最爲可貴。（吴寶璋、沈艷）

中緬之交

（英）美特福（Beatrix Metford）著，伍况甫譯　民國二十八年（一九三九）商務印書館鉛印本　國家圖書館藏書

一九二七至一九三一年，英國外交官懷亞特・史密斯被任命爲中國騰越領事（駐所在今騰衝

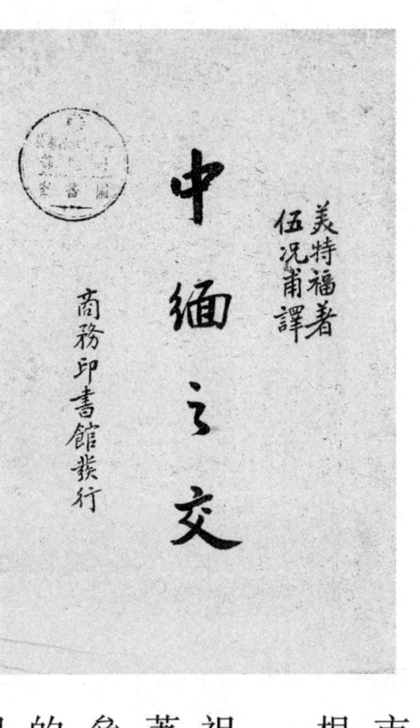

市騰越鎮），其妻子碧翠絲・美特福隨行，本書即美特福根據其在中緬邊界四年生活的見聞寫成。

譯者伍況甫（一八九八—一九七八），出生於上海，祖籍廣東新會，父親伍光建是有『翻譯界聖手』之稱的著名翻譯家。伍況甫一九四九年後曾在復旦大學工作，參與陸穀孫主編的《新英漢詞典》的編纂工作。他翻譯的作品有《史前的地球》《生物學史》《人類底始祖》《心理學簡編》《愛迪生傳》等多種。

本書用比較淺顯的文言文翻譯。全書分十八章，依次爲『仰光與蠻德勒』『溯伊洛瓦底江而上』『新倫卡巴之居』『野人山中之行』『喀欽人俗尚』『邊務會議』『囊馬營居』『猛卯及其君長』『八莫之居』『伊江浪迹』『象』『力些』『自八莫至騰越』『騰越』『騰越四郊』『撣人土司』『龍川江與潞江』『靈谷』。卷首有三十二幅照片，一幅一頁，無頁碼，多是碼頭、集市、民居、風俗等景觀，具有很高的史料價值。卷末有附録《中西名對照表》，按章對照排列中西人名、民族名、地名、器物名、動植物名、疾病名等。本書記載諸事具體詳細，如第十二章『力些』，記述黑力些之武備：『黑力些戰時用特殊兵器：如大弩，廣五呎；大刀，長五呎；革盾，高五呎。又戴鹿皮盔，蒙以獸角，以護頂。圍貝殼數串於項間。更自烏其面，以驚敵。似此攻掠，誠獰惡懼人也。』第十三章『自八莫至騰越』，比較此地交通與歐洲的差距：『八莫至騰越爲程約一百三十哩，設在歐洲，以汽車行，不過數小時耳。然邊地無汽車路，僅有騾徑，狹隘崎嶇，不可名狀。且往往没入禾田，而無從蹤迹。

平常須十日始達。』書中還記載了騰越附近士農工商的生產、生活狀況及英駐騰越領事館的修建過程。（劉景毛）

滇越游記

胡嘉編著　民國二十八年（一九三九）商務印書館鉛印本　國家圖書館藏書

胡嘉（一九一二—二〇〇五），江蘇無錫人。清華大學歷史系畢業，先後擔任上海光華大學、安徽大學教授。中華人民共和國成立後，任中國大百科全書出版社上海分社編審。除此書外，尚有《中國古代印刷術史》《中國古代天文書目》等著述。

本書封面刊昆明金馬坊照片一張，卷首刊《雲南全省公路路綫圖》和《昆明市全圖》各一幅，以及昆明大觀樓、金馬碧鷄坊、西山龍門石壁、海源寺旁的山洞、東寺塔、古幢、滇池風光、蒙自南湖和哥臚士洋行、苗女、越南嘉林車站、海防車站、海防關、河内孔子廟等圖片二十幅。其自序中稱，『（民國）二十六年九月二十六日，記者從北平出發南歸，因爲時局和交通等關係，竟想不到，一個圈子居然會兜到雲南』。在『錢賓四（穆）先生的鼓勵』和雲南李小峰等人的經費支持，以及顧頡剛、劉崇鋐、李景漢在歷史社會調查方面的指導下，完成了此次旅行調查。全書分爲上下編，上編爲『雲南游記』，以雲南昆明和蒙自的景物見聞爲主，分《昆明初旅》《西山景色》《寺觀古迹》《滇池風光》《南蒙盆地》《箇舊錫礦》《苗夷見聞》《滇越道中》八篇。下編爲『越南游記』，以作者在越南之見聞爲主要内容，分《海防雜記》《河内文物》《老街過關》三篇。附録《滇行散記》《雲南昆明的生活狀況》《雲南省的幣制》《滇越交通概況》《越南海關檢查情形》等文。該書後又再版，日本國會圖書館也有收藏，可見其屬於影響較大的雲南游記之一。（李艷）

黔滇道上

李霖燦著　民國二十九年（一九四〇）大公報館鉛印本　國家圖書館藏書

黔滇道上

李霖燦著

大公報館出版部發行

李霖燦簡介見前《麽些象形文字字典》提要。内收《黔滇道上》《麗江隨筆》《大理清碧溪》《洗馬溏》《古宗族藝術之初步考察》五篇文章。其中，《黔滇道上》爲全書主要内容，約占全書篇幅的五分之三，記述作者民國二十八年（一九三九）二月七日從貴陽總站出發，三月四日到昆明站，征途三千里、途經十八站的歷程。旅程中有途經平壩附近奇峰异巒矗然拔地而起的石林景色，鎮寧的青石板城牆，妙絶人寰、雄偉壯麗、奇妙變幻、傲視人間一切的雙明洞、火牛洞洞天，聞名全國的黄果樹大瀑布，雄奇險峻的關索嶺及嶺下的灞陵橋，盤江鐵索橋，盤縣碧雲洞等，還有滇黔兩省分界的勝境關牌坊等名勝古迹，以及安順的社會生活、政府治理，赴曲靖途中的一個小女孩，曲靖、易龍、楊林等地的地理環境、市容市貌等。《麗江隨筆》記述千變萬化的玉龍雪山，没有城牆的麗江古城與傳説故事，麼些象形文字，麗江、鶴慶、劍川的婦女。《大理清碧溪》主要記載了大理蒼山的奇光异彩，清碧溪令人遐想聯翩的三個龍潭『清到一個極限』的水景。《洗馬溏》記述奇岩怪石，『大理石上長青松，又加上白雪』，還有那『一叢一團的奇花异草』。《古宗族藝術之初步考察》記録了古宗人衣、食、住、行情况，考察了古宗人的繪畫、建築、音樂、銀器等藝術的特點，論述了他們與藏族、納西族、漢族的歷史淵源。作者曾和古宗人相處了兩三個月時間，完全采用他們的生活方式，同他們走過不少的地方，對他們的生活有較深刻的瞭解，在此基礎上對他們的藝術進行了考察。

是書用優美的文筆描繪了滇黔地區自然風光，引人入勝；情真意切地關注所經之地的社會文化、民族風俗，搜集了第一手資料。其中，作者贊美麼些象形文字寫成的經典，『這或許是世界上最完備的象形文字的一種』；評價古宗是一個『很富有詩意的民族』，他們的繪畫、建築、音樂、銀器藝術融入了西藏、羅羅、漢等民族的文化元素，且帶有濃厚的宗教氣息，如近兩千年歷史的中甸喇嘛寺，『富麗和偉大都是西康與雲南邊境上的奇觀』。作者記麗江、鶴慶、劍川三縣婦女『成群結隊地背着比自己身體還高的背簍走着空手還覺難走的路，最輕的重量每一個都背五六十斤，劍川婆據説又是其中最能幹的，可以背到七十九斤』。她們無論風雪陰雨，每天都還要走上七十里路，『吃苦耐勞簡直到了一種不合情理的程度』。對於『女人竟能做出男人還不能的工作』，作

者由衷稱贊她們爲『女勞動英雄』。是論甚當。（鄭志惠）

滇緬公路

（美）Nicol Smith 著，亢德、雲玖譯　民國三十年（一九四一）亢德書房鉛印本　國家圖書館藏書

該書爲陶亢德編輯的『天下事叢書』之一。原著者爲尼克爾・史密斯（Nicol Smith，一九〇六—一九五八），美國探險家。譯者亢德，即陶亢德（一九〇八—一九八三），字哲庵，浙江紹興人。民國時期著名的出版人和編輯家。通曉五六種語言，先後任《生活》周刊編輯、《論語》雜志主編、《人間世》編輯等，曾與林語堂創辦《宇宙風》半月刊。雲玖，真名汪德偉，字筱頌，浙江杭州人。一九一四年，在《東方雜志》上發表《三藩市巴拿馬萬國博覽會預志》。曾應陶亢德之請，與人合譯《西洋雜志文觀止》。

本書爲游記，記述作者在中國抗戰期間與同伴自駕滇緬公路沿途的所見所聞，包括自然氣候、交通路況、山川景物、人文景觀、社會生活、商業貿易、民風民俗、傳説故事等，且文字裏不時穿插《馬可波羅游記》中有關雲南境内地理和習俗的記載。自駕綫路起於昆明，一路經安寧、楚雄、

大理、保山、芒市、遮放，至緬甸的古開、森威（按：此二地名據原書著録）、臘戍，再由緬甸返回昆明。

全書分爲七個部分。一、墓中人聲，記述安寧教會守門老者探訪親戚途經墳山，聽到一個新冢裏傳出人聲，以及其中涉及謀殺隱情的故事，同時提及作者從昆明到安寧路上所見之滇池和路邊水田的耕作景象，以及在安寧所見的熱鬧商業街、農家女頭戴如傘般的帽子等景象。二、美國勇士，記述雲南被選爲空軍訓練場地的緣由；美國陸軍上校欽諾爾德任空軍學校校長後，不惜得罪中國權勢，嚴格招生和訓練飛行員的事迹；幾個年輕的美國飛行教員克服孤獨寂寞，不懼犧牲，在雲南訓練和帶飛空軍學生、檢查飛機、監督工人工作的事迹；美國某議員之女受《馬可波羅游記》影響，由昆明騎馬至楚雄，不懼鄉野之險，三十多年來幽居楚雄熱心傳教的事迹。三、巾幗英雄，記述滇西北路上修路工的困苦病痛、衣衫襤褸及艱苦築路的景象；女子參與養路修路之情形；公路的險峻坎坷及阻塞疏通；洱海蒼山、大理古城、浮葬的墳墓、大理石、忽必烈之孫所立藩王紀念石碑、紋身、草帽編織、避雨蓑衣、水果蔬菜、民居建築等事物及鬼神故事。四、緬甸劍舞，記述緬甸婦女的頭頂稻草的景象和打獵規定，樺族的割取人頭的習俗，加欽族人的服飾尤其是女子身上作爲財富象徵的銀飾，加欽族人的劍舞等概況。五、原始民族，記述緬甸古開加欽族人的村寨、迎客古禮、房屋出入禁忌、嬰兒落地禮儀、嬰兒取名、産婦洗澡驅祟、家庭婚姻、農業生産、鴉片吸食、吃人肉習俗等。六、間諜嫌疑，記述緬甸森威『騷巴』（按：山區酋長的一種世襲爵名）的財富、特權及其所居宫室，臘戍市場及商品，以及作者因帶攝影機拍攝市場情景被當地警察誤認爲間諜差點被拘禁的過程。七、大雨傾盆，記述出緬甸後返回昆明的路上，因暴雨天氣而不斷出現的公路坍陷、坑窪、土崩塌方等嚴重險情和事故，以及當地人清理塌方的落後工具和手段等。

該游記寫得比較簡略和瑣碎，但內容豐富，具有珍貴的史料價值和可讀性，對瞭解抗戰期間滇緬公路及其沿途的人文歷史和民族風俗具有一定參考意義。（田青）

緬邊日記

曾昭掄著　民國三十年（一九四一）文化生活出版社鉛印本　國家圖書館藏書

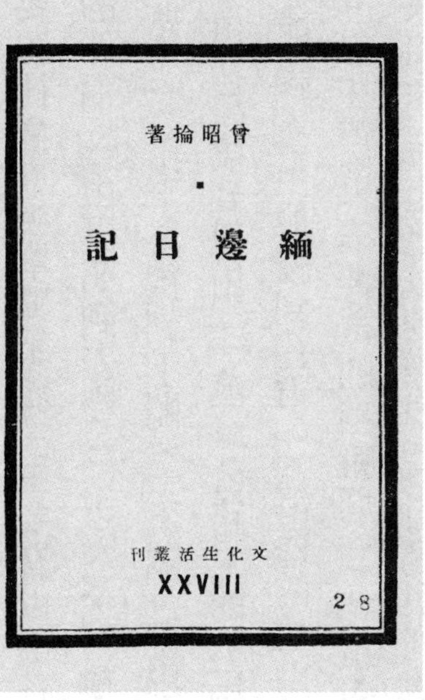

曾昭掄（一八九九—一九六七），字叔偉，湖南湘鄉人。著名化學家、教育家。清華學校畢業，美國麻省理工學院化學博士，先後在中央大學、北京大學、西南聯大、武漢大學任教。中華人民共和國成立後，任教育部、高等教育部副部長。在化學研究領域成果豐碩，是中國現代化學工程的前驅和國防化學的奠基者之一。

該書是作者在西南聯大時期，於一九四一年三月從昆明出發，沿滇緬公路經保山到芒市、畹町，再折經大理返回昆明沿途實地考察的游記。作者開篇寫道：『滇緬公路成功以後，到緬邊去考察，是許多青年和中年人共有的欲望。一來因爲滇緬路是目前抗戰階段中重要的國際交通路綫，二來因爲滇緬邊境向來是被認作一種神秘區域。』此次作者利用暑假的機會，搭乘某機關的便車，自三月十一日由昆明動身，十七日到達中緬交界的畹町，二十五日回到昆明。作者在十五天的行程中，『一路走，一路看，一路記，差不多每幾公里都有筆記記下來』。該書以途經各地爲節點來撰寫，對重要的社會風貌單獨記述。主要有以下各節：『中緬交通』『滇緬公路上的重要地名和海拔高度』『我的伴侣』『由昆明到安寧』『由安寧到禄豐』『禄豐』『由禄豐到楚雄』『楚雄』『由楚雄到下莊街』『下莊街』『由下莊街到下關』『下關』『由下關到漾濞』『由漾濞到永平』『由永平到功果橋』『功果橋』『由功果橋到保山』『滇緬公路上的馱馬』『保山』『由保山到惠通橋』『惠通橋』『由惠通橋到龍陵』『龍陵』『由龍陵到芒市』『滇西的燒山』『芒市』『滇邊土司制度』『芒市風景綫』『裕豐園』『擺夷世界在芒市』『芒市的喇嘛廟』『芒市附近的温泉』『由芒市到遮放』『遮放』『遮放土司衙門』『遮放出産』『由遮放到護浪』『由護浪到畹町』『畹町』『到邊疆去的中國新女性』『擺夷、崩龍和山頭』『擺夷家庭一瞥』『擺夷姑娘』『求戀在擺夷中』『遮放附近的温泉』『崩龍和山頭婦女的裝束』『滇西的天氣』『滇西的烟禍』『滇西的幣制』『滇緬公路的利用問題』『遮放、芒市再見了』『永平』『到大理去』『大理剪影』。

該書不僅記録了抗戰時期滇緬公路及其沿綫情況，細緻描述了芒市、遮放、畹町地區的物産、建築、街道、自然風光，還從民族平等的視角，記録了當地土司、傣族平民的飲食、服飾、社交、宗教、集市等社會生活面貌。語言生動，描述細膩，是反映民國時期滇緬公路及滇西傣族社會的珍貴史料。該書與田汝康《芒市邊民的擺》都是記録同一年代、同一地區、同一民族的優秀著作，曾著側重於外部綜合觀察，田著致力於探查民族心理和宗教，如將兩書結合，則能呈現出

一九四一年芒市、遮放地區傣族社會的立體面貌。（李艷）

邊區行之一：滇康道上

曾昭掄著　民國三十二年（一九四三）文友書店鉛印本　國家圖書館藏書

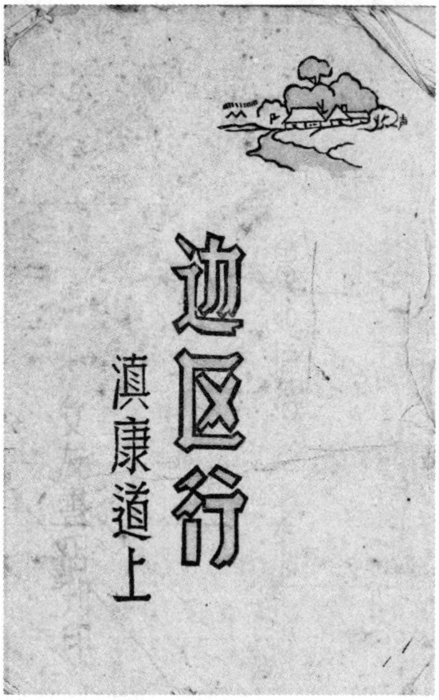

曾昭掄簡介見前《緬邊日記》提要。該書爲作者一九四一年組織川康科學考察團進行徒步考察後所寫成的兩部專著之一（另一部爲《大凉山夷區考察記》），共三編，依次爲『魯車舊道』『會理及其附近』『西會道上』。由『引言』可知，民國三十年（一九四一）夏，國立西南聯合大學師生乘暑假之便，組織川康科學考察團，經西康省步行入川，進行實地考察。作者任考察團團長，成員共十一人，於一九四一年七月二日步行離開昆明，十二日到達會理，二十二日抵達西昌，八月四日進入凉山夷區，九日抵達昭覺縣城，十一日在竹黑分成三組分別調查，至十月二十七日全部人員返回昆明。本書記録作者一行由昆明啓程，循富民、禄勸、魯車渡舊道，徑趨會理，到會理後，沿西會大道到西昌的沿途情形。在每一編中，作者記録沿途經過村鎮的教育、交通、街市、店鋪、客棧、城鎮居民生活的情況；對沿途山水、礦産、植物進行考察；生動描寫沿途的馬幫、背夫、農民生活；詳述沿途苗族、倮倮和土司生活情況；對沿途的物價、交通路綫和里程進行了詳細記録。此書是抗戰期間滇中經濟和人民生活的畫卷，記述準確細膩，集科學性和可讀性於一體，是一部獨樹一幟的考察報告，對於研究雲南與四川西南部經濟、文化交流歷史具有參考價值。該書後又於二〇一二年由中國青年出版社出版，二〇一三年由遼寧教育出版社出版。（李艷）

大理訪古記

鞠孝銘著　民國三十五年（一九四六）獨立出版社鉛印本　國家圖書館藏書

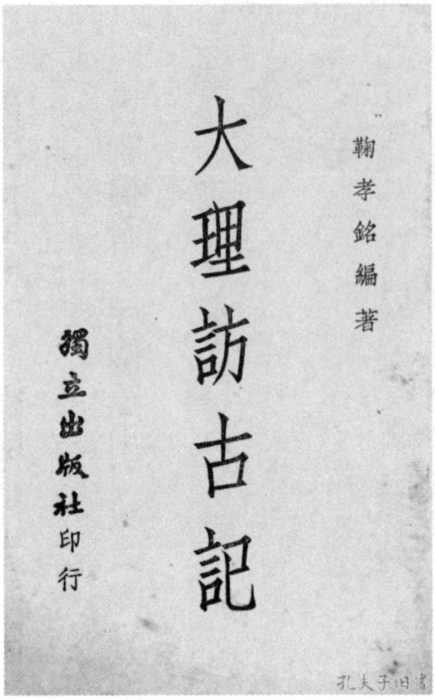

大理訪古記
鞠孝銘編著
獨立出版社印行

鞠孝銘（一九一二—？），字繼武，筆名金戈、曼倩、寧武，安徽和縣人。一九三八年八月入西南聯合大學，一九四二年二月畢業。曾任大理喜洲師範學校教員、國民政府内政部方域司編審、南京師範學院（今南京師範大學）教授。著有《滇西戰略形勢》《粤漢鐵路沿綫十大烟煤礦考察報告》《我國先秦時代國土整治思想試探》等。

本書記載一九四二年二月至五月，作者乘軍用卡車從昆明出發，沿滇緬公路至大理的旅游考察，共二十八節。本書名曰《大理訪古記》，作者『訪古』主要從兩個方面進行：一、古籍中記載有關沿途的事件、城鎮、物産、交通等狀況，所引用主要有《後漢書·地理志》、《大明一統志》、嘉慶重修《大清一統志》、張泓《滇南新語》、楊慎《南詔野史》、謝肇淛《滇略》、《大理縣志》、《大理府志》、郭松年《大理行記》、陳鼎《滇游記》、顧祖禹《讀史方輿紀要》、酈道元《水經注》、王昶《金石萃編》、白居易《蠻子朝》詩、述律杰《西洱河》詩、程本立《入龍尾關》詩、童軒《點蒼山》詩、張泰交《龍尾關橋石欄記》、等數十種。二、實地考察見聞，如記録禄豐特産剪刀，然而『禄豐并不産鐵』，打剪刀所用的鐵，竟是腰站的鐵匠利用驛道上來往馱馬換下的馬蹄鐵打造的。本書也記載了滇緬公路開通後帶來的新氣象，如在禄豐的廣東人開的金泉酒家，其餐廳分爲『中餐部』『西餐部』『咖啡室』三部分。由於作者曾任大理喜州師範學校教員，對當時大理（今大理古城）、下關（今大理市）等地的記載亦很真實，如：下關在滇緬公路修通後，『益趨繁榮，儼然成一小昆明矣』，中國、中央、交通、農民以及富滇等銀行都在此設有分行，浴室、中西餐廳、咖啡館、電影院莫不具備。

書末有附録二：《路南的山水洞》記録作者在西南聯大理學院學習時，學校組織地理組學生前往路南縣，考察當地喀斯特地貌，游覽石林、大叠水、天生橋、芝雲洞等自然奇觀的活動；《昆陽紀行》記作者在暑假期間，考察滇池海口、螳螂川及昆陽鄭和故里的見聞。

本書初稿寫成後，歷經四年打磨纔出版，行文流暢，可讀性强。（劉景毛）

蒼洱之間

羅莘田著　民國三十六年（一九四七）獨立出版社鉛印本　國家圖書館藏書

羅莘田即羅常培，簡介見前《貢山俅語初探》提要。一九四二年一月，作者應友人顧一樵、

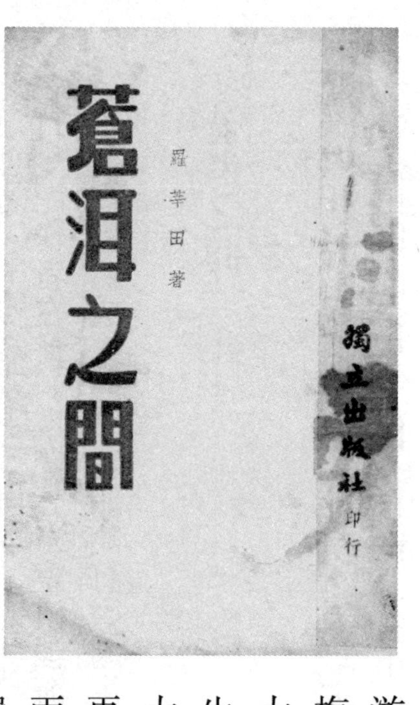

游國恩之約，與梅貽琦、潘光旦等同游大理。二月，顧、梅、潘等返回昆明，作者獨留大理一月多，搜集、研究大理各民族語言。一九四三年一月，作者又應李根源先生之請，與潘光旦、費孝通、楊振聲等十一位聯大和雲大的教授，以及聯大地學系、化學系幾名助教和學生，再次前往大理講學和考察，并登覽鷄足山。羅常培將這兩次游歷、考察和研究大理歷史文化的見聞和心得，先撰成單文，再合編成此書。

本書屬立目式游記兼學術筆記。全書立《從滇池到洱海》《蒼洱之間》《清碧溪記游》《大理的幾種民間傳説》《五華樓》《鷄足巡禮》《記鷄山悉檀寺的木氏宦譜》七目。文筆優美典雅，寫實抒情，有山有水；考史證俗，有典有册。不但生動翔實地記録了當時游覽大理的活動，而且其中諸多考證的思路和結論直到今天也很有參考價值。

例如，紀實活動方面，作者生動地記録了自己如何登臨蒼山中峰、鷄山金頂；如何抄校崇聖寺、城西觀音寺等地的斷碣殘碑；如何采集雲龍、瀘水、劍川等地的『民家語音』；如何與國立大理師範學校和私立大理民族文化書院師生交流等情況。當時，著名畫家徐悲鴻到保山舉辦『勞軍畫展』歸來，至大理無爲寺寫生。作者與徐悲鴻是故交，難得與其邂逅於千里之外的大理山寺。作者對其認真作畫發表評論曰：『（在無爲寺），悲鴻正在替三棵唐（代的）樹寫生。他先用木炭起稿，再用鉛筆、墨筆勾勒。對於光綫的嚮背，皺紋的稀疏，絲毫都不肯草率。從前聽見一位朋友説：「没成名的人賣力，成了名的人賣名」。照我自己的經驗，再參證許多當真成名的人的實例，處處都可以證明這句話是自暴自弃的。」

歷史、文獻、民俗等方面的内容是本書重點所在，作者引經據典，徐徐道來。例如，他逐字校勘了《元世祖平雲南碑》；從大理外國傳教士處借來一九四一年倫敦出版的 C.P.Fitzgerald 新著《五華樓》一書，訂正了該書關於民家語記音的許多錯誤。又如，據楊玉科字號等考證『西雲書院』得名之由來；據白語和史乘，考證大理喜洲即南詔之『大厘城』，又因隋朝史萬歲曾駐軍於此而稱『史城』，符合白語所呼 ha chie 和《蠻書》所記之『史瞼』。書中記敘和考證最爲詳備的是作者於鷄足山悉檀寺所見的《木氏宦譜》：

《木氏宦譜》長約一尺六寸，寬半之。裝裱甚爲講究。前有嘉靖二十四年楊慎所作序文。底下自第一世『爺爺』起，至第二十四世木鍾止。各有圖像和世系説明。自第九世以下，裝裱次序稍有凌亂，且缺第十。案木氏屬藏緬（語）系麽些族（自稱納西）。第一世『爺爺』宋徽宗時來雪山。第三世阿琮、阿良入元。第七世阿甲、阿得入明。洪武十五年賜姓木氏，改名木得。第二十四世木懿，順治十六年降清。此譜修至第二十四世木鍾，時當清雍正間。

作者考稱木氏宗譜有四種，以《木氏歷代宗譜碑》的史料價值最高。他返回昆明之後，將之與《木氏宦譜》對照研究，詳列木氏各世系名字，證明『父子連名制是廣義的藏緬族的文化特徵』，『在唐代的烏蠻或爨人、麽些、倮倮、窩泥、阿卡、栗粟、茶山、緬甸都通行的』。作者認爲，這

一文化特徵意在『幫助没有文字的部族，乃至於有文字的部族，記憶他們自己的世系』。（朱端强）

天南片羽

尹明德著　民國鉛印本　國家圖書館藏書

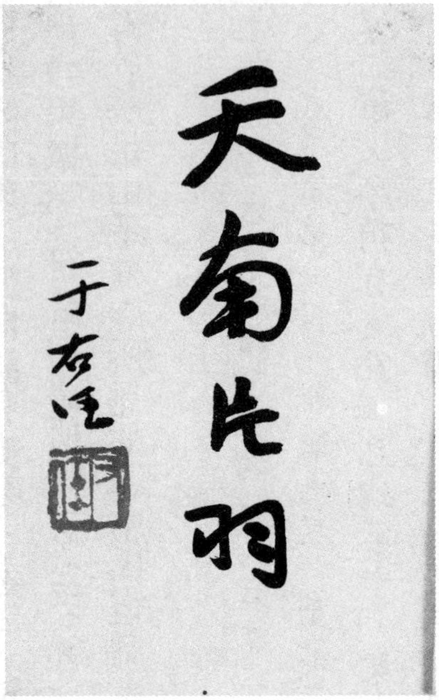

尹明德（一八九四—一九七一），雲南騰衝人。著名邊疆學者和外交官。一九一八年考入國立北京工業專門學校機織系，作爲該校代表參加『五四運動』。一九二九年春，被任命爲滇緬界務調查專員。此後兩年，他深入中緬邊地調研，著《滇緬界務交涉史》《滇緬界務北段調查報告及善後意見》《天南片羽》等。中華人民共和國成立前後，曾多次參與中緬邊界的勘測和劃界工作。

該書爲作者邊務調查隨筆。本書封面和扉頁書名由汪精衛和于右任分别題寫。後有石青陽、黄紹竑等民國名流題辭。其中戴傳賢題辭曰：『尹君明德以滇人調查滇緬界務，蹤迹所至，隨在攝影，并記以文字。彙編成帙問世，不獨可資卧游，而國家如何施治設教，以不變具榛莽之風，亦於是乎在。尹君之精勤可感也。』《弁言》作於民國二十三年（一九三四）七月，稱民國十九年（一九三〇），作者『奉中樞命，調查滇緬界務。……行蹤所至，并攝得影片數十幀，其中或關人種風俗，或繫關隘古迹，用特各附説明，彙印成册，名曰《天南片羽》。借供海内學者研究邊疆人事之參考』。

該書内容涉及中緬邊地之歷史、民族、風俗、外交等，以作者調查時所攝製的圖片爲主，以文字進行説明，圖文并茂，相得益彰。例如，明朝萬曆年間，岳鳳據雲南隴川煽動『邊夷』叛亂。明廷以劉綎任『騰越游擊將軍』，合鄧子龍等會剿之。明軍追至阿瓦地區，緬酋莽瑞體之弟猛勺等投降。劉綎乃受各土司重歸中國之誓，當時立有盟誓碑。作者等在今大盈江東岸，距緬甸八募二十四英里處訪得此殘碑，用相機攝下其形制、内容等。此碑不僅是中緬戰事的記録，且碑刻本身亦爲金石瑰寶，彌足珍貴。再如，記諸葛亮和王驥對景頗等少數民族的歷史影響説：『野人死後，屍身亦用木板裝殮。然後擇地挖坑埋葬，上覆泥土，泥土之上，復以竹樹茅草圍覆如罩子，墳四周挖深壕。傳言此孔明所教，壕愈深，子孫愈發達云。野人山一帶所有蒲蠻、小山、茶山、浪速各種野人，墳墓葬時形式皆同。野人最信服諸葛武侯及王尚書驥二人，尊之爲神。每祭祀，必先之，然後及於他神。』再如，記創造蒲蠻文字的美國傳教士漢孫（Hanson）；記當時緬甸的玉石開采；等等。

總之，該書出自身臨邊境的著名學者之手，翔實可信。其中不少内容對於西南民族和邊疆歷史問題的研究，仍然具有十分重要的史料價值和啓發意義。（朱端强）

十三　自然科學、醫學

（一）天文學、地球科學

步天規附表

陳秉仁編輯　民國十三年（一九二四）鉛印本　雲南省圖書館藏書

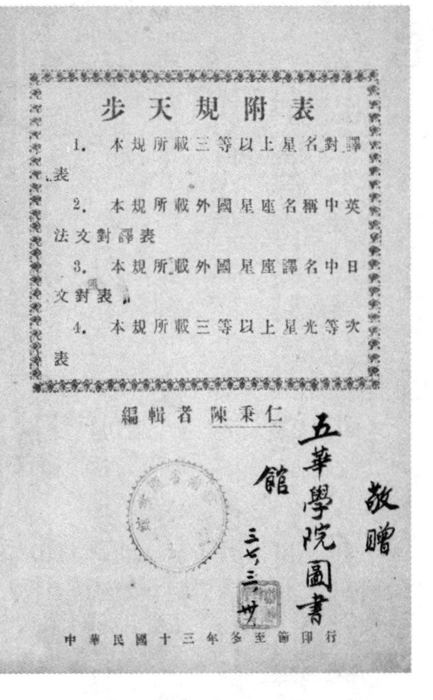

陳秉仁（一八八六—一九五八），字彝得，號一得，雲南鹽津人。一九〇二年參加童試。科舉制度廢除後，被保送至雲南高等學堂學習法語，一九一〇年畢業時，以第一名的成績考取公費留學名額，留學比利時，攻讀鐵路相關專業。當時適逢清政府出賣雲南七府礦權，陳秉仁憤然登臺演説而被取消留學資格。一九一一年，考入雲南優級師範學堂數理化專科學習，一九一五年畢業，留在昆明任教。一九二六年，被選爲第十二屆全國教育聯合會雲南代表，赴上海參加全國教育工作會議。其間，他參觀了中國第一個私人氣象站，并受到時任中央觀象臺臺長的高魯先生的勉勵，深感氣象測候、星象測量之重要，遂自費從上海購買部分氣象、天文觀測儀器運回昆明，於一九二七年在昆明創辦了全國第二個、雲南第一個私人氣象所——私立一得測候所。『一得』取《史記》中『愚者千慮，必有一得』之意。一九二八年，私立一得測候所改爲昆明代用私立一得測候所。一九三六年，省立昆明氣象測候所成立，陳秉仁任臺長。一九五一年他當選爲雲南省氣象學會主席，一九五三年任雲南省博物館館長，一九五八年當選爲首届中國科學技術協會理事。

是書封面墨書題『敬贈五華學院圖書館，三七，三，卅』。首頁有紫墨小印一行，曰『原藏懷清圃』。作者經過多年的觀察，精確計算，創制了以昆明經緯度爲基礎的『步天規』。利用『步天規』對準方嚮，撥正日期，即可辨認當夜昆明天空出現的星宿。此書即爲步天規涉及的星名表。内容包括三等以上一百四十三顆星的中文名、拉丁文名及譯名，外國星座名稱的中、英、法文對譯表及中、日文對照表，三等以上星光等次表。末有陳秉仁所作《自製步天規偶成》五言詩一首。

作者在雲南率先引入近代西方自然科學觀測方法和定量分析研究方法，開雲南近代氣象、天文、地震等自然科學研究的先河，同時他在鐵路、考古、國防、科普、地方志編纂、滇池保護等領域也有建樹，爲雲南科學事業的發展作出了杰出貢獻。（錢秉毅）

雲南地質調查第一期報告

朱庭祜等著　民國十四年（一九二五）石印本　雲南省圖書館藏書

該報告調查者署朱庭祜、吴仲沅、楊桂先三人。朱庭祜（一八九五—一九八四），字仲翔，上海川沙（今浦東新區）人。一九一六年畢業於北京農商部地質研究所地質科訓練班。一九一九年赴美國留學，獲碩士學位。回國後，歷任兩廣地質調查所副所長、雲南地質調查所技師、貴州地質調查所所長等職。抗戰時期，在四川研究鹽層地質，改進製鹽技術以解决食鹽短缺問題。一九四六年後，任浙江大學教授。一九四九年後，任職於浙江省地質研究所，擔任中國地質學會名譽理事。他發現雲南昆陽磷礦，編有《西沙群島鳥類》。吴仲沅曾任教於雲南東陸大學，其餘事迹不詳。楊桂先生平事迹待考。

雲南地質調查第一期報告

作者於一九二五年八月至九月在雲南新平、雙柏兩縣，主要就銀礦開采進行了四十餘天的實地調查勘測，後著成是書。首有由雲龍《地質學調查報告弁言》，認爲『滇省承西藏高原，山脉有建瓴之勢，五金礦物藴藏甚富，故於學術上、實業上皆應有確實調查，以爲研究學理、開發礦産之根據』。其後有小黑箐礦廠、小黑箐礦坑及石羊廠全景的實景照片三幅。後爲調查報告，有標題『調查新平、雙柏（即摩芻縣）兩縣屬銀礦地質報告』，署『技師朱庭祜，委員吴仲沅、楊桂先著』。此調查報告共分三個部分，一是對新平縣小黑箐廠的調查報告，二、三分别是對雙柏縣石羊廠和馬龍廠的調查報告。調查過程由各廠經理或相關人員陪同，『就廠内外及其四周礦産地質以及開采情形詳爲研究』，進行各項測量，『對於小黑箐礦廠有實測地形圖與坑内圖，各一沿途地質情形備有略圖』。沿途『各種礦石及岩石標本采集甚多』，又就『關於以前開采情形』尋訪當地人士。所撰寫各廠之調查報告，均列標題爲『位置及交通』『沿革』『地質及礦床』『礦質』『氣候』『物料』『結論』等多個部分。附有《新平縣屬小黑箐銀礦地形圖（縮尺一萬分之一）》《新平縣太和鄉小黑箐銀礦坑内實測平面圖（縮尺五百分之一）》《雙柏縣屬石羊廠地形圖（縮尺五萬分之一）》和《雙柏縣屬馬龍廠地形圖（縮尺五萬分之一）》。作者提出小黑箐礦坑『自實業司派人開辦以來，所鑿未深，似應再加探鑿并加用炮火求工程之猛進』。

作者朱庭祜等『學識、經驗俱屬優良』，由時任北京地質調查所所長翁文灝應雲南要求推薦赴滇，以近代科學方法對相關地區進行勘察，所獲爲重要的第一手資料，促進了民國時期雲南礦業的發展，對今天研究相關地區礦業史、經濟史亦有重要的史料價值。（牛鴻斌）

雲南地質調查第二期報告

朱庭祜著　民國石印本　雲南省圖書館藏書

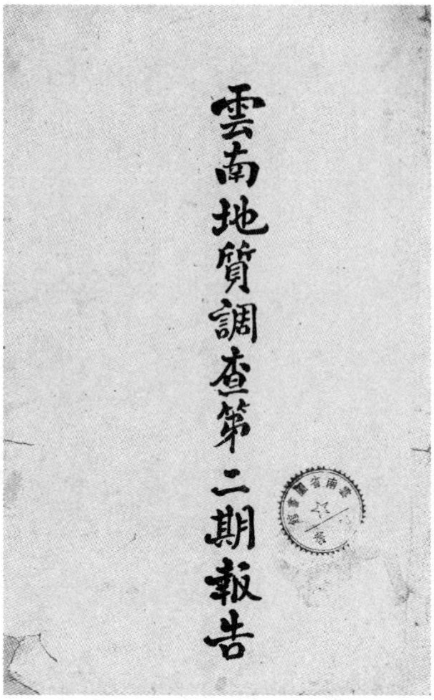

朱庭祜簡介見前《雲南地質調查第一期報告》提要。

《雲南地質調查報告》爲朱庭祜等人於二十世紀二十年代中期在滇中諸縣區實地調查地質礦産後所撰，分爲關於新平、雙柏兩縣的第一期和昆明及附近各縣的第二期。

調查者們於一九二五年下半年在滇中諸縣進行地質及礦藏調查，繼撰寫關於新平、雙柏縣銀礦開采的《雲南地質調查第一期報告》後，朱庭祜就昆明及周邊各縣之地質礦藏撰成《雲南地質調查第二期報告》。本書卷首有時任雲南省實業廳廳長李卓元所撰弁言，簡述考察範圍及該報告的由來。次列呈貢三家村、宜良老爺山和路南（今石林縣）東鄉、北鄉地質照片四幅。正文主標題下署『技師朱庭祜著』。以下第一目『區域』，介紹考察範圍。該考察以昆明、呈貢兩縣爲中心，西至安寧，沿順時針方嚮包括富民、嵩明、宜良、路南、澄江、晋寧、昆陽等縣。第二目『地層』，介紹各地不同地質層狀况，目下列昆陽層、宜（良）路（南）層、水塘層（呈貢縣屬）、明朗層（昆明）、老煤山層（富民）、西山層（昆明）、雲臺寺層（宜良澄江交界處）、安寧層、湖積地層（昆明）、河積物十細目。第三目『地質構造』，目下列十二細目，叙昆明、安寧、富民、呈貢、宜良、路南、晋寧、昆陽等區域内數地的地質年代、結構等。第四目『礦産』，下按礦産種類介紹。首先列銀鉛銅礦，有昆明北鄉阿拖猓銀鉛礦、散旦（富民）銀鉛礦、昆明西鄉明朗堡銀鉛礦、安寧斑鳩村銀鉛礦、富民縣老青山銅礦、澄江縣草甸銀鉛礦以及路南縣屬銅礦等；其次列鐵礦，有昆明西鄉魚街子、呈貢東鄉等四處；其三列鈷礦，礦點有安寧、富民、晋寧等地，然『礦苗發現之處甚多，大抵皆爲極小礦塊，散見於紅土之中』；其四列磷酸石灰礦，僅簡述昆明東鄉大板橋一帶有礦洞，村民『任意挖取作肥田之用』；其五列煤礦，有昆明、安寧、富民、呈貢、澄江、晋寧、宜良等地煤礦三十處，除宜良可保煤礦較大外，大多爲小礦；其六列鹽礦，簡述安寧鹽井、普連村兩處；其七列石膏礦，簡述富民馬家窑和澄江滴水兩處石膏井。文末附有《雲南省城附近區域地層剖面圖》《昆明廠口堡打礦山礦區平面圖》，以及滇池、文筆山、九村、可保等地的地質剖面圖九幅。該書資料『藉資考鑒而爲促進礦業暨農林水利之一助焉』，對今天研究相關地區礦業史、經濟史亦有重要史料價值。（牛鴻斌）

雲南地震考

童振藻纂　民國十五年（一九二六）雲南省公署樞要處第四課石印本　國家圖書館藏書

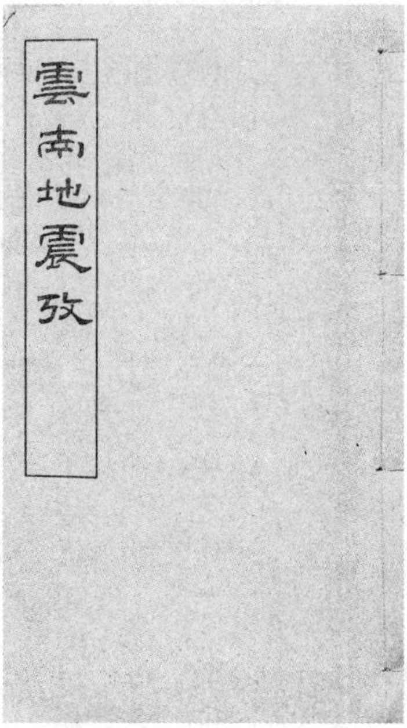

童振藻簡介見前《鴉片與衛生》提要。該書分爲『總論』『震因』『震史』『近年烈震狀況』『結論』五個部分。『總論』概述了雲南的自然地理情況，特别指出了火山的分布情況。『震因』分析了斷層、地層陷落、火山等引發雲南地震的原因。『震史』將散見於史書中有關雲南地震的資料彙集起來，梳理了從西漢河平二年（公元前二十七）到一九二五年雲南發生的地震年份和次數。『近年烈震狀況』主要梳理了民國年間雲南發生的三起强烈地震，即一九一三年的嶍峨（今峨山）七級地震、一九一七年的大關七級地震、一九二五年的大理七級地震，除詳細記載這三次大震的狀況外，還記載了所造成的破壞以及人員傷亡情況。『結論』提出了根據震前徵兆預防地震及震後賑災的一些方法。書中根據行文需要，穿插繪製了《雲南烈震區域圖》《嶍峨等屬地震區域圖》《大關等屬地震區域圖》《雲南大理鳳儀等屬地震區域圖》《民國十四年三月十六日雲南西部地震圖》五幅地圖和《雲南各屬歷年地震狀況表》《雲南歷年地震次數表》《雲南各屬烈震次數表》《雲南各屬最烈地震破壞狀況表》《雲南最烈地震與世界亞洲中國最烈地震比較表》《大理鳳儀等七縣震災一覽表》六張表格。正文中還插附大理各地震後照片二十四幅。

該書是第一部對雲南地震進行研究的著作，書中所搜集的資料、對雲南震因的探討、對地震的預防和善後措施，對於今天雲南地質考察及地震研究仍然具有較高的參考價值和現實意義。（錢秉毅）

廿年水灾與天氣

陳秉仁編著　民國二十年（一九三一）昆明市代用氣象測候所鉛印本　國家圖書館藏書

陳秉仁簡介見前《步天規附表》提要。本書於一九三一年末刊行，由時任雲南省教育廳廳長龔自知作序。全書包括『緒論』『各地灾情實況』『全球氣候之异常』『低氣壓颶風之經過』『寒暖氣流之影響』『天體現象之推測』和『結論』七個部分。

書中首先記述了民國二十年（一九三一）發生在全國的大水灾狀況。水灾自五月開始於湖南，『霪雨兼旬』，山洪暴發，田地半數淹没，人畜浮流。繼而發展到包括雲南在内，『普及二十二省區，灾域之廣，幾遍全國』，幾乎全國所有水道，『莫不泛濫横流，汪洋洶涌』。『全國生命死亡，財産損失，不可勝計！灾民數逾五千萬以上，流離失所，露宿風餐，啼飢號寒，輾轉待斃，傷心慘目，世界同情』。其後略記了同時期包括歐洲、亞洲、美洲等地氣候异常的情况。

接着描述了發生强降雨區域的十二次低氣壓和四次颶風影響的過程，進而分析得出水灾的直接原因是寒暖氣流交匯激蕩所造成，而深層原因則是太陽輻射所造成：先是日斑活躍，影響地球大氣的寒暖氣流交匯激蕩，形成高低氣壓、颶風、季風，將海洋上的暖濕氣流輸入中國大陸，加之本年熱力儲積較多（前期全國大部分地區异常高温），寒暖變化激烈，導致全國降水『逾量』，形成水灾。

最後作者提出了『人定勝天』的三種方法：一是根據江河上游的降雨量預測下游的水位，以便提前采取預防措施；二是測定長江等河流多年的最大水量，據此開展河道疏浚工作，减少水灾損失；三是在各地開展氣象觀測，開展暴雨烈風預報等工作，以便提早預防。作者同時論述了氣象觀測的重要性，并提出與其灾後籌款賑濟，不如及早開展氣象觀測、氣象灾害預測工作，不僅有助於减少灾害損失，而且也是其他農林交通等各行業所迫切需要的。

作者突破以往水灾研究僅局限於關注森林植被情况、堤壩堅牢與否、河道通塞狀况的常規，找出本年水灾之『水』是來源於過量的降雨，指出水灾主要是由長時間的惡劣天氣引起，進而分析了深層次原因。作者否定國人迷信甲子休咎、太歲神權，認爲水灾『純出乎天體自然法則所支配』，這正是本書的創新之處。該理論在二十世紀三十年代的雲南是首創。（劉金福）

天文

雲南省立昆華民衆教育館編　民國二十二年（一九三三）雲南省立昆華民衆教育館鉛印本

國家圖書館藏書

自二十世紀二十年代開始，陳秉仁（簡介見前《步天規附表》提要）秉承科學救國的精神，在昆明文廟、政府機關等場所，通過開展科學講演的形式向民衆傳播、普及自然科學知識。他用通俗易懂的語言，深入淺出地把科學常識、科學規律告訴大家，因此非常受歡迎。他的講演，涉及天文、氣象、地震等自然科學，對於當時的昆明百姓來説，非常新奇，收效良好。據記載，陳秉仁還在五華書院作過題爲《宇宙概論》的講演，聽衆是三十多位知名學者和政府要員。一九三三年，雲南省立昆華民衆教育館組織發行『民衆科學叢書』，將陳秉仁關於天文知識方面的六次講演彙編成《天文》一書，作爲叢書的第一種刊印發行。

這六次講演分别是：《天有多高？地有多厚？》《民衆生活中的時間問題》《談談陰陽曆法》《牛郎織女相會嗎？》《怎麽知道流星雨要出現？》《十一月天象的奇遇》。陳秉仁的講演内容，在今天看來仍然是非常科學的，而且其中很多知識依然是需要去普及的。由此看來，我們的科普工作永遠在路上。（劉金福）

氣象觀測説明

雲南建設廳編　民國二十五年（一九三六）雲南建設廳石印本　雲南省圖書館藏書

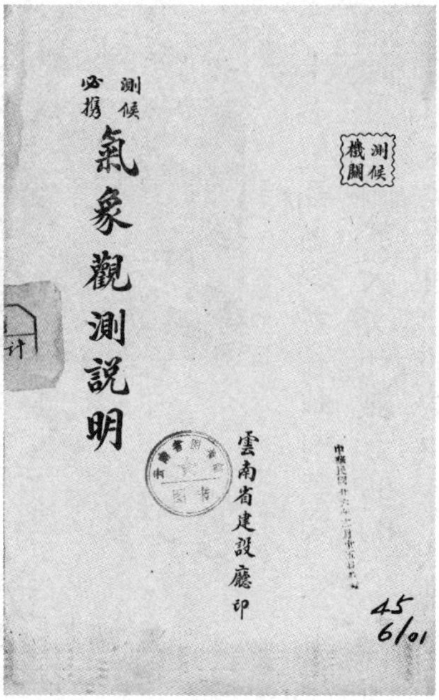

此書爲雲南省建設廳編印的簡易測候工具書。內容包含以下八個部分內容：一、雲狀之説明，對卷雲、卷層雲、卷積雲、高積雲、高層雲、層積雲、雨雲及碎雨雲、積雲、碎積雲、積雨雲、層雲、碎層雲的特點、不同時間呈現的不同外形、變化情況分别作了説明；二、風之説明，羅列了十二級風的名稱、符號、定級的標準；三、風嚮圖；四、能見度説明，對九個不同級别的能見度距離作了説明；五、天氣符號，列舉了不同天氣現行的名稱、表示符號及具體的現象説明；六、絶對相對濕度檢查表，解釋了相對濕度的計算公式；七、氣象觀測日記；八、逐月氣象報告表。但書中未見『氣象觀測日記』『逐月氣象報告表』兩部分內容。書末附有一張『氣象觀測説明正誤表』。封底有出版信息，顯示此書由雲南建設廳於中華民國二十五年（一九三六）年四月出版，并注明爲『非賣品』。（錢秉毅）

標準時特刊

陳一得編著　民國二十七年（一九三八）雲南省立昆明氣象測候所鉛印本　雲南省圖書館藏書

陳一得即陳秉仁，簡介見前《步天規附表》提要。一九三八年，雲南省政府決定采用標準時制，令雲南省立昆明氣象測候所會同廣播電臺、無綫電局、兵工廠商酌校準。氣象測候所奉令增加測時設備，與其他三個機關共同制定了標準時制實行日期、收音標準、校對時間等，上報後經省政府批准實行。省政府還指示要對標準時制之實行多做宣傳指導工作，因此陳一得編著此書，以廣爲宣傳標準時制。

是書首頁有紫墨小印一行，曰『原藏懷清圖』。内容分『弁言』『什麽是標準時制？』『校訂標準時的簡便方法』『求日中平時法』『每年日中平時與真太陽正午之時差表』『雲南各地日中平時與標準時的時差表』六部分内容。（錢秉毅）

雲南氣象諺語集

陳一得彙編　民國二十八年（一九三九）教育與科學編輯委員會鉛印本　國家圖書館藏書

陳一得即陳秉仁，簡介見前《步天規附表》提要。『雲南氣象，變化急速，特异於全國各省。』編者經多年調查搜集，及得同事、學友之提供相助，輯録了雲南各縣氣象諺語三百條，編成《雲南氣象諺語集》，由此可睹全省氣象之概况。是書每條附記諺語流行縣區及調查者姓名，分類則按中山大學《中國氣象諺語集》之例，分爲七類：風雨類、雲霧類、光象類、時節類、物候類、農事類、不分類。該書最初發表於《教育與科學》一九三九年第

五期，後收入《續雲南通志長編》。（江燕）

最近十年昆明氣象統計册（附二十六年份雲南各地氣温比較表）

雲南省政府秘書處統計室編　民國二十八年（一九三九）雲南省政府秘書處統計室石印本　國家圖書館藏書

是書爲民國十七年至二十七年（一九二八—一九三八）間昆明地區氣象信息的統計資料。首

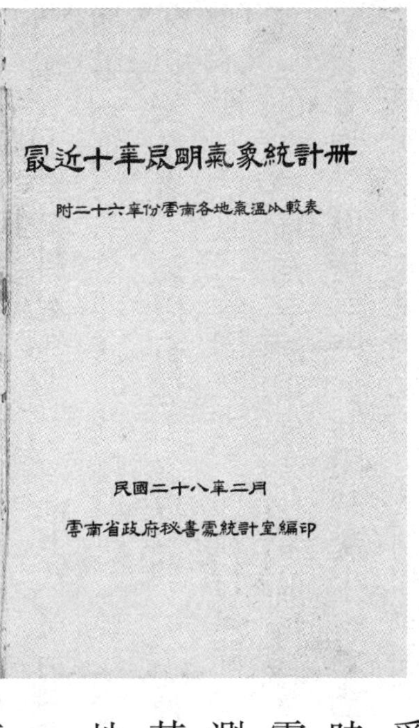

爲引言，回顧了雲南氣象觀測事業發展的歷程，指出當時不少公私機關團體因爲抗戰遷至昆明，對氣象信息有需求，雲南省政府特將雲南省十餘年所有公私測候所觀測的記録作一詳密之統計，以爲今後各種建設提供參考。其後爲凡例，對書中材料來源、氣象觀測的具體時間和地點、所用符號等進行了説明。

正文内容以圖表方式呈現，分爲三部分：一爲『十年統計之部』，主要收録民國十七年至二十七年間昆明氣温日數、天氣日數、氣壓、濕度、氣温、草温、地温、風嚮風速、降水、雲量雲狀、蒸發量及能見度等的統計資料；二爲『最近三年紀録之部』，主要收録民國二十五年至二十七年（一九三六—一九三八）逐日各項氣象之記録；三爲『各縣氣温之部』，收録民國二十六年（一九三七）宜良等四十餘縣各月之氣温記録。

此書是民國十七年至二十七年間昆明地區氣象資料的彙集整理，反映了當時西南邊疆氣象事業的發展水平。書中所保存的二十世紀二三十年代連續、完整的昆明氣象信息，爲研究昆明氣象的變遷提供了珍貴的資料。（錢秉毅）

航空氣象學

陳秉仁編　民國稿本　昆明太華山氣象站藏書

陳秉仁簡介見前《步天規附表》提要。全稿共分六編三十一章，分别從航空氣象學之目的、方法、要目和實用四個方面進行總的闡述，然後對影響航空最主要的氣象要素進行介紹，如天氣、氣壓、温度、濕度、雲霧、能見度、氣流、風嚮、風速、雷雨、雷電等，接着介紹了測量研究這些氣象要素的方法，最後介紹了國際通用的航空氣象報告的相關規定。

航空氣象學
一得陳秉仁教授初稿

全稿有四個特點：一是簡明扼要，深入淺出；二是既注重理論分析，又詳細介紹操作方法，并通過實測數據補充説明；三是其大部分氣象學原理，至今仍在廣泛應用；四是書中内容與國際接軌。如第一編第一章即簡明闡述航空氣象學之目的：『現代航空學術猛進，機械精良，駕駛熟練，而猶不盡安全者，誠以自然力之偉大，人力拙於應付，研究理有未窮故也。氣海各種現象，變化繁劇，苟不明其活動之原因法則，而飛行其間，較之泛舟於洪濤巨浪中，危險尤甚。故研究航空氣象學者，其目的在於精知氣海現象變化，航行時敏於應用，以避危險而保安全也。』又如在分析雷電對飛行之危害時，以越南總督回國時發生空難爲例進行説明，既生動直觀，又極具説服力。書中介紹的大氣循環學説、大氣渦流發生機制和原理、雲層的分類命名等理論，至今仍在應用。（劉金福）

（二）數學

高等算學分析

熊慶來著　民國二十四年（一九三五）商務印書館鉛印本　國家圖書館藏書

大學叢書
高等算學分析
熊慶來著
商務印書館發行

熊慶來（一八九三—一九六九），字迪之，雲南彌勒人。中國著名數學家、教育家，中國近代數學科學之先驅，被譽爲『中國數學界的伯樂』。早年就讀於雲南方言學堂（旋改名雲南高等學堂），後專修法語。一九一三年，考赴比利時包芒學院、法國巴黎大學等多所名校學習，修高等普通數學、高等數學分析、力學、天文學、普通物理學等課程，獲蒙彼利埃大學碩士學位。一九二一年初回國，先任雲南工業學校等校教員，後受聘爲國立東南大學算學系教授兼系主任，開設平面三角、高等算學分析等十門課程。一九二六年秋，受聘爲清華學校教授，後繼任算學系主任。一九二九年，創立清華大學算學研究所，先後培養和影響了陳省身、趙忠堯、趙九章、嚴濟慈、錢學森、許寶騄、吴大任、楊樂、張廣厚、華羅庚等著名學者。一九三二年，赴瑞士參加國際數學家大會，這是中國數學家第一次參會。一九三四年以《關於無窮級的整函數與亞純函數》論文，榮獲法國國家科學院博士學位。所創『無窮級函數』，被命名爲『熊氏無窮數』，知名學林。一九三七年應雲南省政府主席龍雲邀聘，出任雲南大學校長，直至一九四九年，爲該校的發展作出了卓越貢獻。一九四九年赴巴黎出席聯合國教科文組織第四次大會，此後暫留巴黎作研究。一九五七年歸國後，任中國科學院學術委員會委員、數學研究所研究員等，并以無黨派人士的身份，先後任全國政協第三届委員、第四届常委。一九六九年在北京逝世。

十九世紀初，我國近代數學教學大多采用英、法原版教材或少量水平有限的中譯本教材。一九二七年，國民政府頒行一系列教育法規，高等教育逐步制度化與規範化。當時，蔡元培、胡適等著名學者成立『大學叢書』委員會，編撰適應中國高等教育需要的最新、最高水平的教材。此書即列入『大學叢書』，於民國二十三年（一九三四）由商務印書館出版，次年再版。它是第一部由中國人自編的微積分教材，填補了當時中國大學没有中文微積分教材的空白。迄今爲止，此書還在不斷印行。

此書主要以巴黎大學名師古爾薩氏（Goursat）所著《算學分析教程》（*Cours d'Analyse Mathématique*）爲藍本，參閱英法其他著名教程，又根據作者自己多年的教學實踐和中國學生的具體情况而撰著。卷首自序作於民國二十一年（一九三二），稱其編著過程中，曾得到清華大學周鴻經、陳省身等人的幫助。『例言』列示參考書、習題使用方法等。正文首列『預篇』，闡明高等算學分析必要的預備知識，計有『實數』『數集與極限』『貫數與級數』『函數』四節。此後，依次爲『顯函數之微分』『隱函數、函數行列式、自變數之更换』『泰樂氏級數及其應用、極大與極小』『無定積分』『定積分』『定積分意義之推廣、由定積分確定之函數』『重積分』『多次重積分』『尤拉氏積分』『變分法大意』『無窮級數與無窮乘積』『冪級數』『三角級數及多項式級數』十三章。卷末爲『中西文主題詞索引』。全書體例規範，文字簡約，啓意精深，尤以數學可視化圖示爲亮點。

本書是二十世紀三十年代出版的經典算學（數學）著作。書中的很多内容，今天雖已分入微分方程、實變函數與泛函分析和複變函數等課程，但并不影響本書在當時集世界函數論之大成的學術造詣。該書也是作者二十五部重要學術著作之一。作爲『函數論』的中文『母本』，它奠定并影響了近一個世紀中國諸多數學專業基礎課教程的基本架構，適合高校師生、中國數學教育史和中外教材比較研究的學者閲讀使用。（李必謹）

（三）生物學

雲南特種植物名實圖考

雲南地志編輯處繪　民國十三年（一九二四）鈔本　浙江圖書館藏書

該書爲植物分類學、生物形態學著作。全書仿照吴其濬之《植物名實圖考》，考訂雲南特有植物名實。作者將雲南特有植物分爲九類，介紹菜蔬類七種、山草類五種、石草類三十種、水草類八種、蔓草類四十八種、毒草類十二種、芳草類九種、群芳類四十八種、木類四十七種，共計二百一十四種植物，附有植物寫實圖畫二百一十五幅。正文按類别編排，每種植物均圖文相配，先用文字依次介紹植物生長地點，并徵引古籍中的相關記載，記述植物的形態、顏色、味道、用途等特

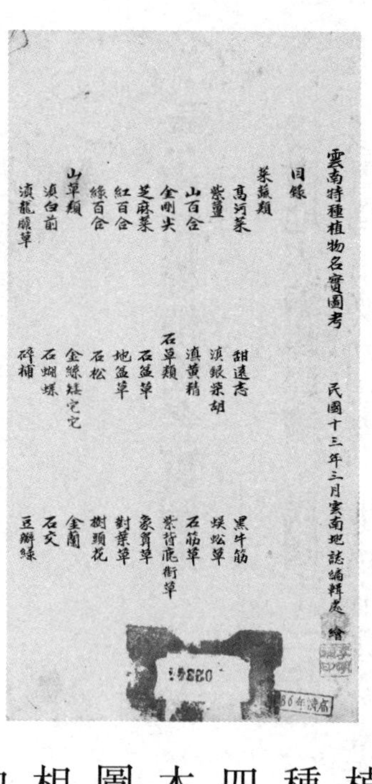
雲南特種植物名實圖考　民國十三年三月雲南地誌編輯處繪

目錄

菜蔬類
高河菜
紫薑
山百合
金剛尖
芝麻菜
紅百合
綠百合
山草類
滇白前
滇龍膽草
甜遠志
滇銀柴胡
滇黃精
石草類
石盆草
地盆草
石松
金綫矮它它
石蝴蝶
碎補
黑牛筋
蜈蚣草
石筋草
紫背鹿銜草
象鼻草
對葉草
樹頭花
金蘭
石交
豆瓣綠

徵；同時，文字旁附有植物圖畫一幅。每種植物的文字描述詳略不一，內容多的除一般性狀描述外，還會與古籍記載或其他地方的同種植物相比較；內容少的僅僅以一句話描述其性狀。附圖形象精緻，植物的根、莖、葉、花整株描繪，方便讀者按圖對照實物，以確定植物的科與種。

如菜蔬類的高河菜，『生大理點蒼山，《滇黔紀游》云：七八月生，紅莖碧葉味辛，……沿南詔舊名。《古今圖書集成》引舊志云：若高聲則雲露驟起，風雨卒至。蓋高河乃龍湫也。余遣人致其臘，切審，其葉多花又多參差互生，微似菊葉而無柄』。隨後還詳細描述了高河菜的烹飪方法。如山草類滇白前，作者對比了《别録》記載的白前，描繪了滇産白前的詳細特徵，指出其藥用價值：『味苦辛、性寒，開關竅，清肺熱，利小便，治熱淋。』再如滇龍膽草，作者記其『生雲南山中，叢根族莖，葉似柳，微寬，又似橘葉，而小葉中發苞開花，花如鐘形，一一上聲，茄紫色，頗似沙參花，五尖瓣而不反捲，白心數點，葉既蒙密，花亦繁聚逐層開。……按形與《圖經》信陽、襄州二種相類。《滇本草》：味苦性寒，泄肝經實火、止喉痛』。這種求證於古籍，與其他産地藥

材比對研究的著述方法，體現該書信而有徵的科學性。該書中很多植物名稱帶有雲南本地特色，是一部雲南特有植物的重要名録，具有很重要的文獻價值。（巴雪艷）

（四）醫學

圓運動的古中醫學（上編第一至五册）

彭子益著　民國三十六年（一九四七）鉛印本　國家圖書館藏書

彭子益（一八七一——一九四九），名承祖，字子益，白族，雲南鶴慶人。民國時期著名中醫學者，曾任職於清太醫院。一九一四年受山西軍閥閻錫山邀請，赴山西講授醫學，創辦山西省立中醫專門學校。全面抗戰期間，輾轉到雲南昆明，一九三九年創辦雲南昆明市中醫系統學特別研究班。爲保護中醫、傳承古中醫學正統，他花費近半個世紀的時間，足迹遍及山西、湖南、江蘇、四川、廣西、雲南，所到之處辨學、講學，言傳身教，引導學生從事古中醫學的臨床驗證，培養了大批中醫人才。著有《實驗系統醫學》《唯物論的系統醫學》《系統的古中醫學》《圓運動的古中

圓運動的古中醫學

上編

第一冊

原理上篇

古方上篇

溫病本氣篇

醫學》，其中，前三部著作分別是爲山西省立中醫專門學校、昆明市中醫系統學特別研究班、四川國醫學院編寫的教材，後作者又在此基礎上結集修訂成《圓運動的古中醫學》。作者精研《易經》《黄帝内經》《傷寒雜病論》，受清代乾隆年間醫家黄元御重視中氣、思維的影響，闡發了醫學『圓運動』之説，其核心觀點是『中氣如軸，四維如輪』，强調對脾胃中氣的重視。作者是近代少有的中醫大方之家，雲南著名學者方樹梅先生贊譽『爲滇醫界放大光明者，則以彭子益先生爲最著』，當代著名中醫李可贊譽他爲『中醫復興之父』。

該書是中醫基礎理論教材。作者在書前的『全書概要』中指出四點内容。一是『居今日科學昌明時代而編著學中醫的書籍，一要不止能保存中醫原有的功效，而且要能增加中醫原有的功效，并且要縮短學習成功的學程。……先使學者徹底認識古中醫學本身真相的究竟』。二是新舊醫學原則上有一致點，即『宇宙間森羅萬象，無非物質勢力運動』，自古以來的中醫没有將人是大氣生的一語道破。三是『中醫爲人身與宇宙同一大氣物質勢力圓運動之學』。中西物質勢力運動的方法不同，中醫的物質勢力運動是整個不可分析的，是圓的，是活的。四是『此書自民國十年（一九二一）起，歷充太原、北平、成都、重慶醫學教本，南京中央國醫館特別研究班、昆明市中醫學特別研究班教本，前後二十餘年，新舊同學二千餘人，一致歡喜，認爲確能使人認識中醫學本身真相，增加功效，縮短學程之本』。該書前後共修正過三十餘次，原名『系統學』，後從同學諸君之請，改名『圓運動的古中醫學』。

該書共有上、下兩編，上編共五册十六篇，第一册收『原理上篇』『古方上篇』『温病本氣』篇；第二册收『兒病本氣篇』『時病本氣篇』；第三册收『古方中篇』『古方下篇』『脉法篇』『舌胎篇』『藥性提綱篇』；第四册收『《金匱》方解篇』『《傷寒論》方解篇』；第五册收『生命宇宙篇』。另據全書總目，下編收文爲『原理下篇』『《傷寒論》六經原文讀法篇』『雜病篇』『《王氏醫案》篇』『湯頭改錯篇』『雜説篇』。作者特指出：『上編各篇，爲初學醫時必讀之本。下編各篇，爲學醫將成時始讀之本。』這些相對獨立的文章，對温病、兒病、本氣病進行了詳細闡述。該書從《易經》河圖中升降浮沉圓運動之理的角度認識中醫，破解《内經》《難經》《神農本草經》《傷寒雜病論》及温病學説的千古奥秘，用中醫原有名詞，不摻入一句西醫名詞，來揭示中醫本身的真相，批判地繼承和發展了古中醫學，理出了『生命宇宙整體觀』、科學實用的中醫系統科學，力圖使學者徹底認識古中醫學的本相。（巴雪艷）

解放前夕雲南醫藥輯略

何小泉撰　鈔本　國家圖書館藏書

何小泉簡介見前《解放前夕雲南藝術輯略》提要。該書爲中華人民共和國成立前雲南醫藥情况簡編。右側由兩枚圖釘裝訂，封面爲牛皮紙，題『解放前夕雲南醫藥輯略』。内頁宣紙，金絲欄，豎排，每頁十二行，每行約二十五字，共六十六頁，半葉寬十七點五厘米、高二十五點四厘米，用藍黑墨水鋼筆書寫。首頁第一行頂格題『解放以前雲南醫藥輯略』，與封面題名略异。第一行中下部落款『昆明何小泉稿』，末鈐『北京圖書館藏』紅色條印。無序言和目録，未標頁碼。

首頁第二行起爲正文，導語説：『滇省醫藥衛生，代有講求，丹砂早見於周時，本草發明於明季，祇以交通阻隘，聲息罕通，舉一方文化事業，鮮有記載，間有可摭拾者，亦吉光片羽而已，且方技之士，扭於積習，

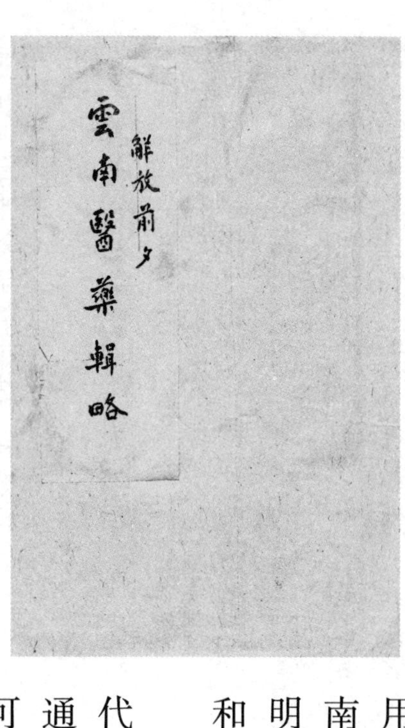

奇方异藥往往秘不授人，至親子弟，亦不一二得，以是而湮没弗彰者，不知凡幾。』作者列舉了清末以來，人民遭受鼠疫、瘧疾、白喉、猩紅熱、天花等灾祲的事實，説明預防治療之必要。又以辛亥革命以來西醫漸多、衛生進步、儒醫漸起，説明研習醫藥科學技術的趨勢。據導語知，是書編纂『分爲醫師、藥品、醫院、診所、藥店及附録各項，逐一記其大略』。

在『醫師』部分，作者首次梳理了明朝至民國時期雲南醫師從業人員的概况，其中明代有蘭茂、賈維孝、孫光豫等二十八人；清代有劉成琨、余夢勳、楊清源等一百二十二人；民國有李學仁、黄德厚、李文林等一百二十五人，共計二百七十五人。醫師包括中西醫、内外科醫師，大多祇録其名籍，少數記有著述或專長。如蘭茂項下記：『蘭茂，字芷庵，嵩明人，學問淵博，兼精醫術，著有《醫門擥要》二卷、《滇南本草》三卷行世。』又如曲焕章項下僅『曲焕章，江川人』六字。

『藥品』部分，主要收録中藥材和中成藥，未作分類。作者舉出茯苓、何首烏、香附等二百八十餘種中藥材名稱和部分地道藥産地，略述女金丹、上清丸、水酒、化風丹、救急丹、虎潛丸、紫金錠、眼藥、百寶丹等十多種中成藥的出産地、製售人和主治功效。

該書還記録了雲南陸軍醫院、東陸醫院、法國醫院、惠滇醫院、昆華醫院、箇舊醫院等十餘家醫院簡況，光弘、子美、農山等十多家診所的地址、開設人和特色，瑞業、明德、仁濟等四十餘家中西藥房的地址。附録有民國《嵩明縣志·蘭茂傳》和《續修昆明縣志·藝術列傳》中姚方奇傳、陳贊虞傳等七篇資料。最後列有參考書目，包含岑毓英修《雲南通志》、唐炯等纂《續雲南通志稿》等十四種。

該書係由作者采訪并結合志書資料編輯而成，記述簡略，采録真實，疑爲國内孤本，具有較高的史料價值。（楊祝慶）

十四　圖書目録

雲南叢書總目

趙藩等編　民國三年（一九一四）雲南圖書館刻本　雲南省圖書館藏書

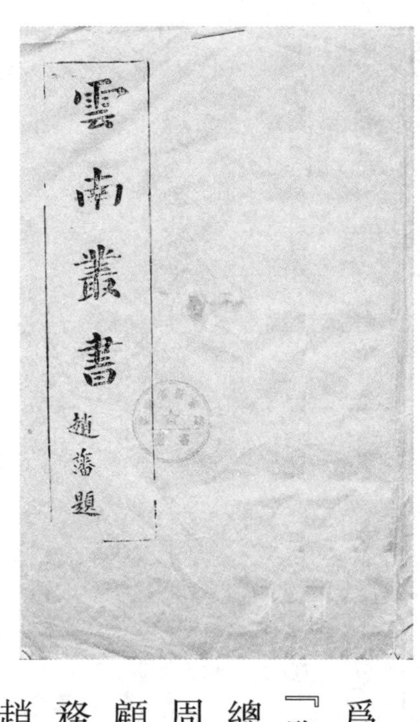

趙藩簡介見前《介庵楹句正續合鈔》提要。該書實爲《雲南叢書》第一册。卷首列『雲南叢書輯刊職名』：『鑒定：雲南督軍兼省長唐繼堯、前雲南巡按使任可澄。總纂（職稱略，下同）：趙藩、陳榮昌。總經理：由雲龍、周鍾嶽、唐爾鏞。編纂審查員：李坤、孫光庭、袁嘉穀、顧視高、秦光玉、錢用中、蔣谷、張士麟、舒良弼。庶務會計員：何秉智。文牘員：趙芹、趙震。收發記録員：趙文炳。校對員：孫允端、陳銘、楊嘉猷。助理采訪員：華世堯。』他們爲民國《雲南叢書》的編纂和刊刻作出了不同程度的努力和貢獻，歷史應當記住他們的名字。

《雲南叢書》主要著録清末以前的滇人著作，按隋唐之後中國主流圖書分類法，『仿《四庫（全書）》書目類別，叙次先後』，全書首列經部，著録趙州李滮《周易標義》三卷、保山吴樹聲《歌麻古韵考》四卷等十五種。次爲史部，著録昆明倪蜕《滇雲歷年傳》十二卷、保山吴樹聲《鼎堂金石録》二卷等十二種。次爲子部，著録陳榮昌輯《二艾遺書》二卷、蒼山釋圓鼎《滇釋紀》三卷等二十九種。最後爲集部，著録太和釋無極《朝天集》一卷、清代石屏朱庭珍《筱園詩話》四

卷等九十六種。集部文獻最多，史部著作最少。（朱端强）

雲南圖書館書目初編六卷

雲南圖書館編　民國四年（一九一五）雲南圖書館鉛印本　國家圖書館、雲南省圖書館藏書

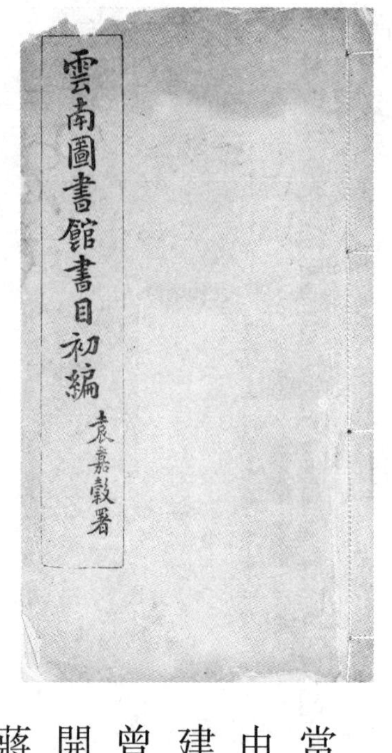

該書封面和扉頁由袁嘉穀、趙藩題寫書名，并配插當時雲南圖書館大門、閱書報室和藏書樓照片。卷首有由雲龍、何秉智二序。何秉智序簡單回顧了雲南圖書館建立過程，稱該館編目，『時長館事者爲仁和葉浩吾先生，曾就已有之書而爲《暫定書目表》，榜示館中，爲以臨時開辦之用。』此後，雖然孫光庭、趙藩、秦光玉、施少雲、蔣谷『相繼來任館事』，但皆因他事所牽，一直未能編出正式書目。直到『今館長姚安由夔舉先生莅館之初，……復取舊訂《書目》格式而增益之。命秉智於館事之餘，董率經管人員於所有圖書，凡收入、購入及捐贈者，皆查案彙輯，經先生一一纂定，然後分别部居，定名曰《雲南圖書館書目初編》』。

此《書目》采用『中西合璧』的分類方式，將當時館藏圖書分爲：經部、史部、子部、集部、叢書部、科學部六大類。前五部的子目，雖然大體按《四庫全書》之舊法分類，但又將某些新書歸入舊籍，如史部傳記類著録英人麥可利著《克萊武傳》等；子部兵家類著録日本和歐美軍事著作，

如『西洋兵書五種』等；子部醫家類著録《中西種痘全書》等。又如叢書部包括新舊叢書、中外百科全書，如《英文百科全書》《西政全書》等。科學部則絶大多數是清末以來的中西方新書，大體按現代學科分爲法政、財政、軍事、警察、教育、倫理學、文學、歷史、地理、博物、理化、算學、樂歌、體操、圖畫、手工、農業、工藝、商業、雜著二十類。全書用表格形式著録每書之第（編）號、總目、分目、卷數、册數、部數、撰輯（作者）姓氏、年代、版本、由來年月、價值（格）、備考（有關該書的缺補、卷目和版本差异等）。本書是雲南省圖書館第一部比較正規的藏書目録。（朱端强）

雲南圖書館書目二編

雲南圖書館編　民國十二年（一九二三）雲南圖書館鉛印本　國家圖書館藏書

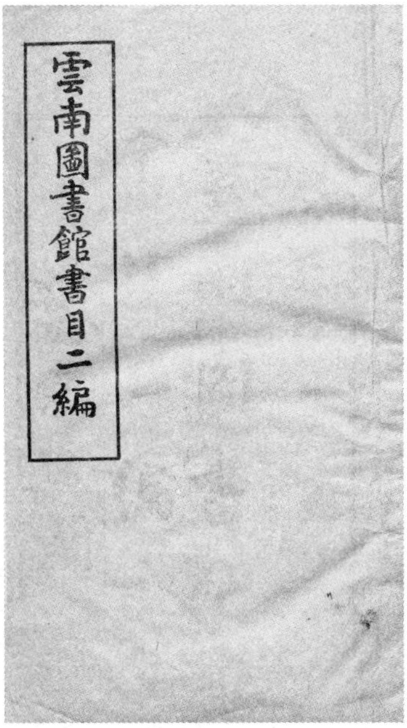

本書由趙藩題寫書名并撰寫序言，稱該書爲《初編》之續作，但并未深入説明前後兩編《書目》之特點和繼承情況。其分類基本與《初編》相同，衹是於各部中增加了新入館藏的圖書。如，經部著録章炳麟《新方言》、商務印書館出版之《辭源》等；史部著録郭孝成《中國革命紀事本末》、（英）愛特華斯《中國六十年戰史》等；子部著録上海有正書局出版的《錢南園楷書墨迹》、雲南崇文石印局出版的《古滇土人志》等；集部著録志恢輯《再造共和新文牘》等；叢書部尚未著録與《雲南叢書》有關的圖書；科學部則祇按財政、軍事、教育、文學、地理、歷史、輿圖、雜著八大類著録。這或許説明，自民國四年（一九一五）以來，科學部類圖書僅僅在此八類中有新書入藏（《初編》爲二十類），也反映出這一時期雲南圖書館藏書總量并未大量增加。

《雲南圖書館書目初編》至今已逾百年。從《雲南圖書館書目初編》到《雲南圖書館書目二編》，記録了雲南圖書館藏書伊始的數量、種類和特色。當我們注目其所記每一本書的『由來年月』，我們看到不少德高望重的鄉賢學人爲豐富公共圖書館館藏的無私奉獻和執着追求。（朱端强）

明清滇人著述書目

方樹梅著　民國三十三年（一九四四）國立雲南大學西南文化研究室鉛印本　國家圖書館藏書

方樹梅簡介見前《學山樓文集》提要。是書爲『西南研究叢書』之四，無目録。卷首作者自述作書之緣由：『滇自炎漢，張叔盛覽從學司馬相如，受經歸教鄉人；按道侯韓説開益州，授經教學，立有漢學基，滇之文化大啓。厥後文士接踵而興，述作日富。兹録明清所作綜爲一編，依《四庫全書》例，分類采列，滇南文獻，於斯略可考見焉。』

全書收録明清滇人著作一千四百七十五部，分部、類兩級。其中，經部下分易、書、詩、禮、樂、春秋三傳、孝經、四書、諸經總義、小學十類，收書一百五十三種；史部下分詔令奏議、傳記、傳記類年譜、史鈔、地理（下分總志、山川河渠、邊防、雜志四目）、職官類官箴、政書（下分典祀、

西南研究叢書之四
明清滇人着述書目
方樹梅着
國立雲南大學西南文化研究室印行

邦計兩目）、金石、史評九類，收書一百九十八種；子部下分兵家、法家、農家、醫家、天文、演算法、術數、藝術、譜録、雜家、小説、釋家、道家十三類，收書二百三十種；集部下分別集、總集、詩文評、詞曲、傳奇等十三類，收書八百九十四種。

本書資料多録自明天啓《滇志》、萬曆《雲南通志》和清道光《雲南通志稿》、光緒《雲南通志》、光緒《續雲南通志稿》等或府、州、縣志書，亦有未注出處者。每書撰寫簡明提要，多介紹作者生平、資料出處、版本。如介紹《滇雲歷年傳》云：『《滇雲歷年傳》十卷，清倪蜕撰。蜕本名羽，字振九，松江人。晚慕唐劉蜕之爲人，易名蜕，自號蜕翁。初從巡撫甘國璧入滇，至老買山於昆明西石鼻村，遂占籍焉。《滇雲歷年傳》，孫慎樞序之刻行於世。道光通志已著録。』部分圖書有内容簡介、評論及是否收入《雲南叢書》的情況。如評價清甘仲賢撰《觀象反求録》：『是書乃在兩級師範學堂任經學教員時所著。專以説《易》者。古今説《易》之書……或偏重象數而失之穿鑿附會，又或空談義理而失之虚無縹緲，此尚無二者之失。蓋嘗合義理、象數而一以貫之，精粗具舉，道器兩存。取材於梁山梁氏，而義蘊之宏充，言辭之簡賅，則又過之。收入《雲南叢書》。』從子部與集部類目看，是書編撰略顯倉促。如子部兵家類收書九十四部，真正屬於兵書的僅有明蘭茂《安邊策條》、清段之屏《兵機輯要》等六部，而首列明王昱《悔過録》、清高奣映《理學西銘補述》等則爲儒家之作，疑漏『儒家類』等類目名。再如集部别集類有『明别集類』『别集類』『别集類』『别集類』『别集類（閨閣）』『别集類（方外）』等六個類名，從第一個『右明别集類』與『右别集類（閨閣）』中間的三個『右别集類』，均爲清人之作，不知何原因缺具體内容限定詞。是書雖有以上不足，但瑕不掩瑜，它是雲南歷史上第一部系統梳理明清滇人著作之書，其開創之功不可没。（張曉梅）

近代滇人著述書目提要

方樹梅撰　稿本　雲南省圖書館藏書

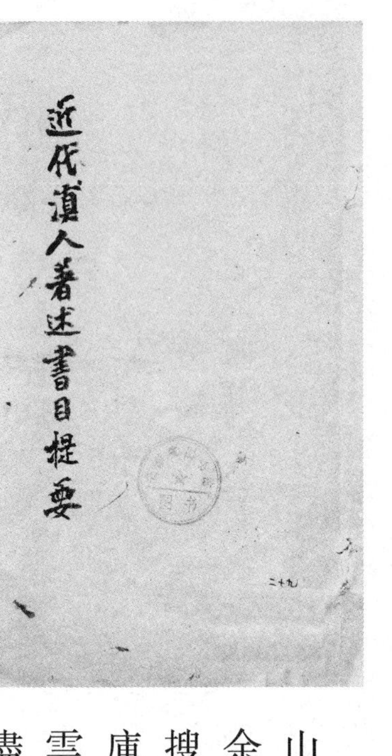

方樹梅簡介見前《學山樓文集》提要。全稿用『學山樓』朱絲欄稿紙寫成。卷首自序曰：『《新纂雲南通志》，余分任《藝文考》。已將平昔留心各志乘所紀載及鋭意所搜采者，自漢迄清宣統辛亥止已故滇人之著述，依《四庫（全書）》分類參稽提要，編成十卷，收入民國《新纂雲南通志》矣。邇來……續輯滇詩、文、詞三《叢録》，盡力搜訪抶入自清季至近今已故滇人之著述，并援《雲南叢書》例，生存人之纂輯者，隨得隨録，不復依《四庫（全書）》分類。按時代遠近將《書目提要》，得百七十餘種，編成二卷，後有修省志者，或亦可備采擇與。一九六四年甲辰農曆中秋前一日方樹梅序於文史研究館之「住住小室」。』按作者著述行年，此稿當起纂於民國時期作者參修《雲南叢書》時，而序爲後補。

《提要》起自趙惠元輯《楊文憲公寫韵樓題詞録》，終於魯大宗《聽濤軒詩鈔》。每書先簡介其作者籍貫、生平事迹，再介紹其主要内容。每目文字詳略不等。由於作者明言書目所據，有的來自『各志乘所紀載』，則説明其中亦有非作者親見而録自前人之書。此外，或有作者當時所見，而後來亡佚者。故《提要》所列圖書，有的今天或已屬待訪之書了。如，著録錢用中所撰《思誠齋聯語》《中國社會總改造》《灣村自治公會組織大綱》等十種，袁嘉穀《金鐘山雅談》二卷，趙藩《介庵書札》三十卷、《介庵金石書畫題録》十卷、《鷦巢識小録》十二卷等等。其中有的今天也未見載於雲南主要圖書館館藏目録，或屬有目無書。雖然如此，該稿無疑是檢索和研究近代滇人著述最爲重要、詳備的工具書，值得雲南地方文獻研究者珍視。（朱端强）

學山樓叢書目

方樹梅編　稿本　雲南大學圖書館藏書

方樹梅簡介見前《學山樓文集》提要。此稿本無序跋可考其編撰時空，且多有塗乙之處。卷末曰：『上舉各種，隨時增補、整理外，《滇池志》《滇會痕影録》《雲南大事年表》在編纂中。』反映出此爲作者正在編纂之未定書目。據筆者所見，今雲南省圖書館藏有其更爲完整之書目。此本著録著作總四十目，每目著録其書名、卷帙、作者及内容簡介。

本書内容大體可分爲四類。其一爲編者輯録、整理的雲南地方名人别集，如《擔當大師全集》

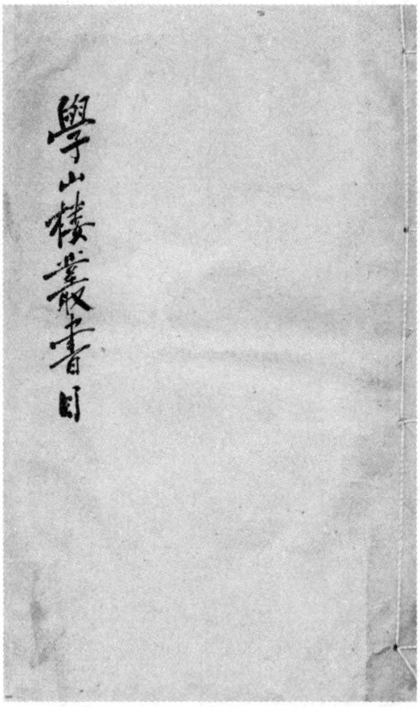

十七卷、《王昆華遺集》一卷、《池司業遺集》三卷、《師齋隨筆》四卷等。其二爲編者選編或彙集之滇賢或涉滇著作，如《續滇文叢録》四十卷、《續滇詞叢録》三卷、《滇聯叢録》四卷、《滇南近代詩鈔》二十卷、《歷代滇游詩鈔》三十卷、《滇諺彙鈔》三卷等。其三爲編者自撰著作，如《北游搜訪雲南文獻日記》四卷、《雲南藝文考》十一卷（先後收入民國《新纂雲南通志》和民國《續雲南通志長編》）、《雲南叢書提要》四卷、《滇南學者生卒考》二卷、《滇南茶花小志》三卷、《學山樓文集》十卷、《學山樓詩初集》十卷《續集》二卷、《楊文襄公年譜》三卷、《錢南園年譜》一卷、《晉寧縣志》四卷、《臞仙年録》四卷等。尤以二、三兩類著作最多，内容也最豐富。（朱端强）

雲南叢書續編書目提要·上

雲南省文史研究館 編

國家圖書館出版社

圖書在版編目（CIP）數據

雲南叢書續編書目提要 : 上下册 / 雲南省文史研究館編 . — 北京 : 國家圖書館出版社 , 2024.11

ISBN 978-7-5013-7832-6

Ⅰ. ①雲…　Ⅱ. ①雲…　Ⅲ. ①地方叢書－圖書目録－雲南　Ⅳ. ① Z812.274

中國國家版本館 CIP 數據核字（2023）第 112151 號

書　　名　雲南叢書續編書目提要（上下册）
著　　者　雲南省文史研究館 編
項目統籌　殷夢霞
責任編輯　王亞宏
封面設計　翁　涌

出版發行　國家圖書館出版社（北京市西城區文津街 7 號　100034）
010-66114536　63802249　nlcpress@nlc.cn（郵購）
網　　址　http://www.nlcpress.com
印　　装　北京金康利印刷有限公司
版次印次　2024 年 11 月第 1 版　2024 年 11 月第 1 次印刷

開　　本　787 × 1092　1/16
印　　張　50
字　　數　560 千字
書　　號　ISBN 978-7-5013-7832-6
定　　價　500.00 圓

《雲南叢書續編書目提要》編委會

主　任　石麗康　楊銘書　王維真

編　委　張文勛　謝本書　何耀華　余嘉華　郭大烈

林超民　鄭志惠　朱端强　劉景毛

楊世領　易衛東　周　玲　楊明娟

主　編　楊世領

執行主編　楊明娟　鄭志惠

編　輯　楊　勇　田　玲　范　好

序

《雲南叢書續編》係雲南省人民政府立項支持、雲南省文史研究館主編的地方文獻叢書。其踵武前賢，接續《雲南叢書》，收録一九一一年至一九四九年間的滇人所著之書、記載滇事之書四百六十二種，是以地方性綜合叢書形式，首次系統搜集整理和選編出版民國時期的雲南文獻，具有重要的學術價值和社會意義。全書編爲一百五十册，二〇二一年由國家圖書館出版社影印出版。

《雲南叢書續編》按照慣例編撰書目提要，以爲讀者閲讀和使用相關文獻提供參考，同時也藉此使雲南文化得到更加廣遠的傳播。提要撰稿與《雲南叢書續編》編纂工作同步進行，貫穿始終，其作爲文獻調查的重要成果，爲《雲南叢書續編》目録選定奠定了堅實基礎。撰寫提要預先訂立規範，各篇文稿體例大致統一。一部分提要曾陸續刊發於雲南省文史研究館館刊《雲南文史》及簡報《〈雲南叢書續編〉學術通訊》，向學界和社會徵求意見，後按《雲南叢書續編》影印出版本一一作出補正。

習近平總書記指出，中華文明具有突出的連續性。居今識古，其載籍乎？文獻典籍對歷史的記録，不僅再現歷史事實，更包含人們對時代問題的思考和未來前途的期望，這是中華民族所具有的歷史自覺。《雲南叢書續編》彙纂有關文獻爲世所用，將成爲歷史的一部分。

感謝所有爲《雲南叢書續編》的編纂和出版工作付出心血、作出貢獻的單位和人士！

雲南省文史研究館

二〇二四年五月

目録

上册

一　哲學、宗教

（一）哲學

（二）宗教

二　社會學

三　政治

（一）政論

（二）行政管理、地方政治

（三）民政

（四）邊務

四　法律

五　軍事

（一）總論

（二）軍事學校教育

六　經濟

（一）總論

（二）農業

①總論

（三）工業

②礦業

⑤建築

（四）交通

①總論

②水路、鐵路、驛路、公路

（五）貿易

（六）財政、金融

①總論

七　文化教育

（一）社會文化事業

（二）教育

八　語言文字

九　文學

（一）文學理論、評論、研究

（二）各體作品集

下册

（三）詩、詞

①總集

②别集

（四）戲劇文學

（五）小説

（六）報告文學

（七）散文

（八）楹聯

（九）民間文學

十　藝術

（一）總録

（二）書畫、篆刻

（三）音樂

十一　歷史

（一）總論

（二）近代史著與史料

①辛亥革命

③抗日戰爭

（三）世界史與外交史、中外交通史

（四）民族史志

①總論

②彝族

（五）人物傳記

②分傳

（六）文物考古

十二　地理

（一）總録

（二）游記、旅游

十三　自然科學、醫學

（一）天文學、地球科學

一　哲學、宗教

一　哲學、宗教

（一）哲學

明夷子二卷

陳榮昌著　民國四年（一九一五）稿本　雲南省圖書館藏書

陳榮昌（一八六〇——一九三五），字筱圃，號虛齋，雲南昆明人。雲南近代著名學者、教育家、詩人和書法家。清光緒八年（一八八二）雲南鄉試解元（第一名），次年（一八八三）連捷進士，選翰林院庶吉士。先後任鄉試和會試考官、貴州督學、山東提學使、昆明經正書院山長等職。光緒二十九年（一九〇三）被派赴日本考察教育，任雲南留日學生監督。辛亥革命後回滇，隱居安寧明夷河，因改號困叟、明夷子，但仍然積極參與雲南地方文化建設工作。曾任雲南國學專修館館長、《雲南叢書》名譽總纂等。著有《虛齋詩集文集》《滇詩拾遺》《改過編》《乙巳東游日記》等。

此稿上卷《性書》，包括『天地』『人性』『物性』『經訓』『諸子』『氣質』『理數』『鬼神』『主静』『勉學』十篇。作者認爲：人性得自天地自然，不分『智愚强弱貴賤』，但又因爲受『物性』的影響而各不相同；爲了恢復原本的人性，就必須用經學和諸子之學來引導人們；自然人性的本質是『善』，但因『物欲』影響而形成的『氣質』則有『善』與『不善』之分；要充分發揚人性之『善』，必須遵循天地自然賦予人的客觀規律；同時，也必須知道畏懼某些神秘現象。在操作層面，作者主張以『主静』的方法來『定性』，以『勉學』的過程來恢復自然人性。爲此，他還提出了具體方法：『一讀書，二擇友，三反身，四耻不逮古人。』即通過學習交友、不斷反省，追求上進，最終趕超前賢。

下卷《倫書》，包括『明倫』『中道』『衆人』『凶德』等十篇，從正、反兩方面，論説發軔於自然人性的五種人際關係和行爲規範。作者認爲，實現儒家之『五倫』的方法是『中道』，雖然很不容易，但必須堅持；反之，如果不遵循人倫，則會幾近禽獸。最後，作者以駁議的方式回到主題。有人認爲世界變了，所以『人倫』也應當改變，作者則反駁道：『器可變也，道不可變也。治天下之具（方法）可變，而治天下之本（原則）不可變。』作者堅信，中國倫理文化將影響世界，所以，我們自己更當堅守之。作者不反對『農、工、商、兵、財政、法律、醫、農、森林以及聲、光、化、電之屬』，認爲其『皆有用之學也』，但是，一切有用之學的依存和實踐，又都與自然人性和『五倫』相關。（朱端强）

改過編一卷

陳榮昌輯　民國十二年（一九二三）石印本　國家圖書館藏書

陳榮昌簡介見前《明夷子》提要。本書爲學術筆記。卷首楊覲東的序言稱此書爲榮昌先生『丁巳（一九一七）避世明夷河』所輯著。正文前『自序』曰：『孔子曰「過則勿憚改」，又曰「過

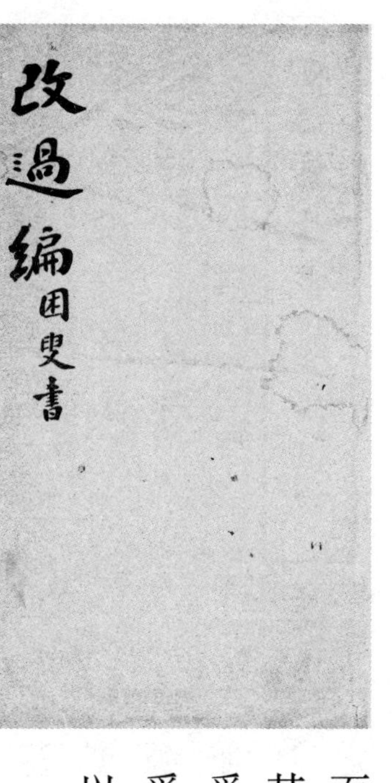

而不改是謂過矣」。然則過而能改，雖聖人亦恕之，不以其曾經犯過而弃之也。是可知有過者發憤改之，便可以爲君子。若憚改焉，則怙過自終，而爲小人之歸矣。吾爲此懼。因取古人之改過者，彙爲一編，以示學者而即以自勵焉。』

此書輯録先秦衛武公迄明朝南大吉三十二人『改過躋賢』之事例，加以評點。每條先書其『改過』事迹，然後以按語進行點評，所引人物故事典型，文筆簡潔生動，頗類《世説新語》。其所謂『過』，主要包括言行之有違倫理道德者。如『盜牛者』條曰：

後漢王烈，字彦方。少師事陳實，以義行稱鄉里。有盜牛者，主得之。盜請罪曰：『刑戮是甘，乞不使王彦方知也。』烈聞而使人遺布一端。或問其故，烈曰：『盜懼吾聞其過，是有耻惡之心。既懷耻惡，必能改善。故以此激之。』後有老父遺劍於路，行道一人，見而守之。至暮，老父還尋得劍，而問其姓名。以事告烈，烈使推求，乃先盜牛者也。

困叟按：盜牛與不拾遺劍，其品行之貴賤，相去遠矣。而惡知不拾遺劍之人即盜牛之人哉？知耻近乎勇，惟狂克念作聖，斯言不我欺也。

少數『改過』事例，包括思想方法和學術觀點之變。如『南大吉』條云：

明南大吉，字瑞泉。守紹興時，從陽明學。嘗曰：『大吉臨政多過，先生何無一言？』陽明曰：『吾不言，爾何以知過？』曰：『良知自知之。』陽明曰：『良知却是我言。』大吉笑謝。居數日，復來曰：『過後悔改，不若預言無犯。』陽明曰：『人言不如自悔之真。』大吉又笑謝。居數日，復來曰：『身過可見，心過奈何？』陽明曰：『昔鏡未明，可得藏垢。今鏡明矣，一點之落，自難住脚。此正入聖之機也，勉之！』大吉由是得學問致力肯綮處。困叟按：此正謂自知、自悔、自改，便是入聖之機，便是學問致力之肯綮處。學者自當從此下手。（朱端强）

補過齋讀老子日記六卷

楊增新撰　民國十五年（一九二六）刻本　國家圖書館藏書

楊增新（一八六四—一九二八），字鼎臣，其先世從江蘇遷雲南，遂世爲雲南蒙自人。清光緒十四年（一八八八）舉人，次年舉進士。先後官甘肅中衛（今寧夏中衛）、渭源等縣知縣，河州知州，甘肅武備學堂總辦，新疆鎮迪道兼提法使等。民國之後，歷任新疆都督等職。民國十七年（一九二八）被刺身亡。楊增新以滇人任清末民初中國西北之封疆大吏，其政治才幹不凡，爲政爲人，毀譽并見，是一位争議頗多并值得研究的歷史人物。

此書屬哲學專題筆記，卷首王樹枏所撰序言稱：『丙寅之春，新疆楊鼎臣將軍以所著《老子日記》郵寄京師，托爲剞刊。……（將軍）往者爲《補過齋日記》，既於《易》之道反復而著明之矣。兹復以《老子》一書與《易》道相爲表裏，乃於政事之暇爲之句梳字櫛，疏通而證明之。』全書以王弼注《老子》一書上下篇之章句爲序。該刻本中《老子》原文頂格，低一格爲作者自己的觀點。每句少則一條，多則七八條不等，或引申《老子》及王注之原義，或駁議原文、注文及前賢之觀點，或博引廣證，借題發揮其獨到之見，是一部内容豐富、思想深刻的哲學著作。

如卷一《老子》開篇曰：『道可道非常道，名可名非常名。』王弼注曰：『指事造形，非其常也。』作者引申老子之説云：『天下無可常之事，無可常之形』，舉凡天地山川，仁義聖智，都處於不斷變化之中。所以説，『事』與『形』并無常態，衹有老子説的『道』是先天地萬物而産生，是常存常在、無形無名的，是超越一切的最初和最高哲學理念。以下又分别從六個方面進一步闡發了自己的看法。

又如卷五，針對《老子》曰『天下多忌諱而民彌貧』一語，作者坦言：『國家行政用人光明磊落，與天下相見，何忌諱之有！』進而指出：『忌諱』本有兩義——『禁之使人不敢行曰忌，秘之使人不敢言曰諱』。國家和社會應當禁除諸如鴉片、娼妓、賭博等一切違法有害的事物，但絶不應該禁忌諸如修鐵路、架電綫、開礦山、興實業等一切有利於國計民生的行爲。他特别反對言論禁諱。他以秦朝滅亡爲例説：『天下多忌諱則言路蔽塞，恩澤不能逮於下，疾苦不能達於上，故其民彌貧。太史公曰，「秦以二世而亡」。當此之世，非無深慮知化之士，然而不敢盡忠拂過者。秦俗多忌諱之禁，忠言未卒於口而身爲戮矣。是以忠臣不敢諫，智士不敢謀。天下已亂，奸不上聞，豈不哀哉？由此觀之，忌諱之爲禍甚烈，雖亡國有餘，豈獨民貧而已哉？』限於篇幅，恕不贅引，識者自見。（朱端强）

莊子新探

施章著　民國十九年（一九三〇）國立中央大學出版部鉛印本　國家圖書館藏書

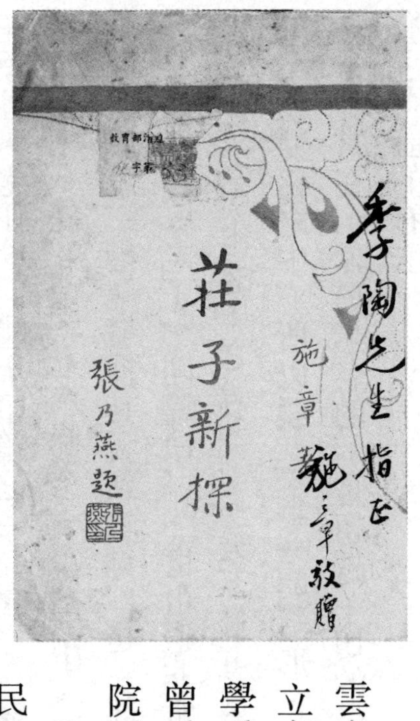

施章（一九〇〇—一九四二），初字佑文，後改仲言，雲南昆明官渡人。早年曾於昆明縣立師範學校和雲南省立高等師範求學，一九二六年考入南京國立中央大學文學系深造，一九二七年畢業。一度在江浙等省中學教書，曾受聘爲蘇州章氏國學館講師，後又考入中央大學研究院，畢業後留校研究國學。

施章幼年好學，興趣廣泛，二十四歲時即編成《農民雜劇十五種》，收録清代以來流傳於農村之花燈劇本十五種。該書稿由徐嘉瑞審閱，徐對其評價甚高，推崇備至，并爲之作序。施章又作《農民文學概論》，將花燈視爲農民文學，給予高度評價。這兩部書是雲南省用新方法搜集、整理和研究花燈的重要著作。

施章思維明敏，勤於志業，先後著有《文學論叢》《新興文學論叢》《史記新論》，另有書稿《詩經研究》《六朝文學概論》《五言詩發達概論》《中國古代的田園文學》《中國文學史綱要》《春秋探微》等未刊。他勤奮好學、新作迭出，頗受羅家倫和黃侃、汪東等師長的贊揚。

該書由時任中央大學校長張乃燕題簽。封面上有施章書『季陶先生指正』字樣。正文前有戴季陶先生序、壽昌先生序、胡遠濬先生序及作者自序。全書分四章。第一章『莊子評傳』，略述莊子生平及《莊子》成書流布之過程。第二章『莊子人生之分析』，從莊子的理智生活、經濟生活、藝術生活、宗教生活、政治生活、社會生活等六個方面，分述了莊子的六種生活（生命）姿態。此章或可謂作者特有之見解。第三章『莊子文學』，集中評價了莊子在文學上的建設，闡述了莊子文學的三種特質，并闡發了莊子文學批評之功用在『喜劇家的眼光』和『批評人生』。第四章『莊子哲學』，分六節，除導言和結論外，主要從莊子哲學之淵源及莊子之本體論、知識論、價值論四個方面論述了莊子哲學思想之大端，要言不煩，具體而不空泛。該書將莊子文學與莊子哲學合論於一書，確係難能可貴。正如壽昌先生序中所言：『施君，費了幾年的心力，把莊子全部加以分析與綜合的研究，於是有這理論出衆的一册《莊子新探》。這樣研究的成績在國學上實是少見的。』（柴毅龍）

莊子補正十卷

劉文典著　民國三十六年（一九四七）商務印書館鉛印本　國家圖書館藏書

劉文典（一八九〇—一九五八），字叔雅，原名文聰，安徽合肥人。一九〇六年入蕪湖安徽

公學學習，一九〇七年入同盟會。一九〇九年赴日本東京求學，一九一二年回上海任《民立報》翻譯。一九一三年再赴日本并加入中華革命黨，任孫中山秘書。一九一六年回國，入北京大學任教，并擔任《新青年》英文編輯。一九二七年任安徽大學校長。後歷任北京大學、清華大學、西南聯大、雲南大學等校教授。一九四九年後被評爲一級教授并加入九三學社，被推選爲第一、二届全國政協委員。主要著述有《淮南鴻烈集解》《莊子補正》《説苑斠補》《論衡校注》《大唐西域記簡端記》《大慈恩寺三藏法師傳校注》《三餘札記》《群書校補》《杜甫年譜》《宣南雜識》《學稼軒隨筆》等。譯有《進化與人生》《進化論講話》《生命之不可思議》《告全日本國民書》等。現有《劉文典全集》存世。

是書收《莊子》内篇、外篇、雜篇全文和郭象注、成玄英疏及陸德明《經典釋文》之《莊子音義》，以歷代《莊子》之重要版本校之，兼廣泛徵引王念孫、王引之、盧文弨、奚侗、俞樾、郭慶藩、章炳麟、劉師培、馬叙倫等人的校勘成果，并將其補正之文分繫於各篇有關内容之下。全書依照《讀書雜志》，一條條地校證，以補《莊子集釋》《莊子集解》等書之不足。劉文典對於《莊子》原文亦有深思探究。學界公認該書精且善，是作者用力至勤之作，該書已成爲治莊子學者必參之書，更是校勘訓詁學之典範。因此，陳寅恪在爲該書所寫序言中説：『先生此書之刊布，蓋將一匡當世之學風，而示人以準則，豈僅供治《莊子》者之所必讀而已哉！』對該書的價值，雲南大學張德光教授在《莊子補正跋》一文中更作了全面闡發。他認爲此書『正傳寫之舛訛，糾舊疏之違失，冥思研索，考訂精審。故《補正》之編雖止五萬餘言，大抵駁正舊文，質而能該，其所制斷，殊多至理』，進而從五個方面評價了此書之貢獻：一、有原文字義不明，經補正後方可通貫；二、有原文字偶脱佚，經拾補後可正句讀之誤；三、有原文本可通，舊解亦平實無誤，而疏者或生异説，經補出脱字後，知异解轉增迷惘；四、有傳寫浸訛，誤以注入正文，而後人習焉不察，多以意度之詞强作解者，《補正》推闡隱微，别白涇、渭，使文義復顯於湮没之餘；五、有原文本無异解，經補正後，别出新意，可備一説，以啓覃思。他認爲：『要而言之，《補正》乃校勘訓詁專著，其兼綜群言，發微補闕，實爲精心刻意之作，足資治莊學者之借鏡。』此書『疏通疑滯，厘定底本之功蓋不可磨』。是書有多個不同版本，商務印書館一九四七年版雖缺作者自序，然刊印精良，版式及字體均屬善本之選。（柴毅龍）

大衆哲學

艾思奇著　民國二十五年（一九三六）讀書生活社鉛印本　國家圖書館藏書

艾思奇（一九一〇—一九六六），原名李生萱，雲南騰衝人。馬克思主義哲學家，馬克思主義哲學在中國通俗化、大衆化的先驅。他的《大衆哲學》等著作在二十世紀三四十年代影響了一大批中國青年，促使他們走上革命的道路。他於一九二七年赴日本求學，并參加中國共産黨東京支部組織的社會主義學習小組。一九三一年回昆明，次年至上海參加『反帝大同盟』。一九三三年開始以『艾思奇』爲筆名發表哲學文章。一九三五年加入中國共産黨。一九三四年至一九三七年在《讀書與生活》雜志社任編輯，出版《大衆哲學》《怎樣研究哲學》《新哲學論集》《思想方法論》《哲學與生活》等著作。一九三七年至延安，先後任抗日軍政大學主任教員、中共中央宣傳部文化工作委員會秘書長、中央研究院中國文化思想研究室主任等職，主持毛澤東倡議成立的『延安新哲學會』的工作。在此期間，他撰寫了《唯物史觀》

（與吴黎平合著）、《論中國的特殊性及其他》《哲學的現狀和任務》等著作；主持編纂《馬克思恩格斯列寧斯大林思想方法論》，翻譯《新哲學大綱》（與鄭易里合譯）。毛澤東曾讀過艾思奇的著作并與其討論哲學問題。中華人民共和國成立後，艾思奇曾任中央高級黨校副校長、中國科學院哲學社會科學學部委員、中國哲學會副會長等職，著《辯證唯物主義講課提綱》，主編中國第一部系統的哲學教科書《辯證唯物主義歷史唯物主義》，對馬克思主義哲學的宣傳、教育産生了廣泛而重要的影響。其著作收入《艾思奇文集》（二卷，人民出版社，一九八一、一九八三年）、《艾思奇全書》（八卷，人民出版社，二〇〇六年）。

《大衆哲學》原名《哲學講話》，一九三四年至一九三五年在《讀書生活》雜志上連載發表，一九三六年一月由讀書生活出版社結集出版，同年六月出第四版時改名爲《大衆哲學》，至一九四八年七月共出三十三版。一九五〇年由三聯書店出版作者的修訂本，一九八一年《艾思奇文集》將一九三六年第一版重新收入出版，二〇〇一年新華出版社出版黄枬森（中國馬克思主義哲學史學會名譽會長）校訂版。《雲南叢書續編》所收《大衆哲學》爲一九三六年七月第五版。前有李公樸一九三五年十二月所作序言和作者一九三六年六月三十日所作《關於哲學講話（四版代序）》。全書共四章二十四節。第一章『緒論』，説明哲學是什麽，以及哲學與生活的關係。第二章『觀念論、二元論和唯物論』，説明哲學的兩大陣營，闡述唯物論的特點和發展。第三章『新唯物論的認識論』，説明馬克思主義反映論、感性與理性的關係以及真理論。第四章『唯物辯證法的諸法則』，説明唯物辯證法的基本觀點及三個基本規律、五對範疇的對立統一關係。

本書以通俗的語言、生動的故事，緊密結合社會生活，通俗地説明辯證唯物主義的基本原理，解釋和宣傳了唯物主義、認識論和辯證法思想，是中國最早使理性主義哲學大衆化的著作，爲在中國傳播和發展理性主義哲學理論作出了重大的貢獻。人們稱艾思奇爲『人民的哲學家』，毛澤東高度贊揚其爲『中國的理論領域的忠誠戰士』。（伍雄武）

過來人語一卷

陳度撰　民國鈔本　雲南省圖書館藏書

陳度，字古逸，雲南瀘西人。清末先以舉人掌普洱府之宏遠書院，後入昆明經正書院讀書。清光緒三十年（一九〇四）中進士，任吏部主事。民國初年任雲南外交司司長，後辭官退隱。工詩書畫。

過來人語

陳古逸述

平時心要空空洞洞事物之來方能燭照無遺泛應至當若先有意見據乎其中則事之真理昧物之真象隱矣

吕新吾言除中字外無道理自十六字之薪傳開執中之訓歷代聖賢罔不由之儒家之無過不及佛門之不落二邊皆當謹守

天有晦冥地有震盪日月有薄蝕而無傷于天地日月以其覆載照臨之德大矣

本書爲語録體哲學思想筆記。卷首一九四五年繆爾紓所撰序曰：『古逸先生道德文章均堪範世。此《過來人語》尤爲其體驗有得之言。可單行，亦可并入先生全集。』但此稿并未收入陳著《泡影集》。正文用毛筆直書，内容涉及廣泛，不僅限於哲學思辨，如醫藥衛生、飲食保健、爲人處世之術等亦間有涉及。行文通俗易懂，平淡之中又不乏精審之論、藥石之言。如，論志願與欲望之差别曰：

志願與欲望不同。人不可無志願而不可有欲望。志願出於正，欲望多近於不正。希賢希聖，利濟天下，志願也；高爵厚禄，妻妾安室，欲望也。若以生平之讀書求道、親師訪友，而僅償其高爵厚禄、妻妾安室，何异明珠彈雀？而况此欲望未必果遂，則其中之降志辱身多矣。

論自省曰：

人之侮我，必思我是否有可侮之端；人之疑我，必思我是否有致疑之處；人之毀我，必思我是否有當毁之事。痛自檢察一番，若其無也，則中懷坦然，聽其自生自滅而不與之校。再能學師德之唾面自乾，太邱之償人失誇，淮陰之忍出胯下，則聖賢英雄之爲，豈常人之所能及哉？

論黨争害民曰：

水性就下而趨平，無以激之則不怒。峽江之灘，巨流東下，而亂石嵯峨横亘其中，水石不能互讓，而磢擊搏躍，其勢益横，卒之，水無傷也，石亦無傷也，所苦者行舟耳。亦如兩黨相争，各不相下，所苦者吾民耳。（朱端强）

中國道德思想史

席聘臣編　民國稿本　雲南省圖書館藏書

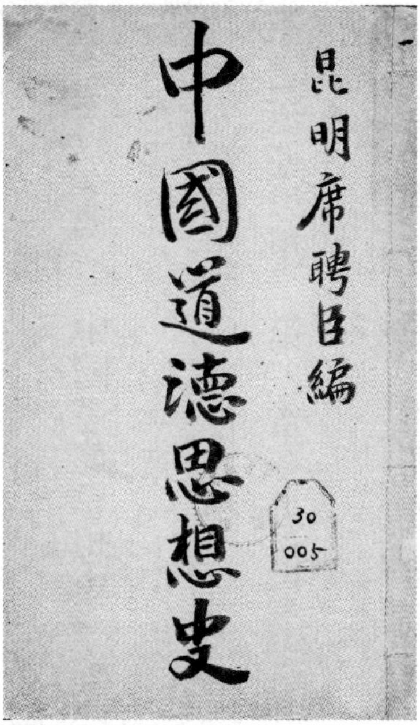

席聘臣（一八七九—一九三〇），字莘農，號上珍，雲南昆明人。庚子、辛丑（一九〇〇—一九〇一）并科舉人。初被選送入京師大學堂，後至日本第一高等學校留學，其後升入東京帝國大學學習。畢業回國後，應試獲法政科進士，授翰林院庶吉士。歷任雲南財政司副司長、審計分處處長，兼任南京臨時參議院、北京臨時參議院議員等職。著有《兼善堂文鈔》一卷，清宣統三年

（一九一一）排印行世。另有《養浩然齋詩存》《養浩然齋文存》等詩文集，後又著《中國賢女傳》《泰西賢女傳》《中國道德思想史》等，均存稿未刊。譯著有《永久和平論》《權利戰争論》等。

是書分三章。第一章『上古史』，共二十四節，分述自伏羲至韓非子共二十四位上古歷史人物和先秦思想家之道德思想。第二章『中古史』，共八節，分述自西漢董仲舒至唐韓愈八位思想家之道德思想。第三章『近世史』，計十九節，分述自宋周敦頤至清曾國藩十九位思想家之道德思想。

是書雖分三章，但明顯偏重叙述『上古』和『近世』（宋至清代）中國之道德思想。『中古史』一章僅録八人，其中兩漢四人，魏晋南北朝隋唐僅録四人。由此可見其對歷史人物及思想内容之取捨有所側重。

是書另一特色爲中西思想比較。如論韓非之『集權主義』和『法治』『人治』之思想説：『從來中國之言治術者，不外兩種學説，一曰人治，一曰法治。』又如論司馬遷中有『尚武』一目謂：『曠觀東西洋之歷史，未有不以武勇興，未有不以文弱亡者。不見夫希臘之斯巴達乎，……又不見夫歐戰前之德意志乎，俾士麥倡鐵血主義，創舉國皆兵之制。……又不見夫日本乎，……維新以後，事事以德國爲範。……故地無論東西，時無論今古，武力盛者其國罔不昌，武力衰者其國罔不亡。』又如論黄宗羲一節説：『君主者，本爲人民而生，并非人民爲君主而生也。……泰西知此意者，其惟盧梭乎？……宗羲之生，先於盧梭將近百年。其《原君》《原臣》二篇，較諸《民約論》，殆無遜色。……則謂宗羲爲中國之盧梭無不可也。』又如論龔自珍一節説：『其《平均篇》，則與近日泰西社會主義，頗有類似之點，……核其所論，雖不如西儒福里埃、馬克斯諸人之精，然當百餘年前舉世醉夢之時，乃有自珍其人者出而主張均産，亦可謂傭（庸）中佼佼者矣。』
要之，是書實爲繼蔡元培之《中國倫理學史》之後，民國年間又一中國人用西方學科方法論述中國道德思想史之專書。是書於道德思想與政治、法律、宗教、哲學、經濟、文藝等學科之不同處和相關聯處均有所論述，可爲進一步研究清末民初中國學界如何接受西方學術思想提供又一實例。（柴毅龍）

（二）宗教

明季滇黔佛教考

陳垣著　民國二十九年（一九四〇）輔仁大學鉛印本　國家圖書館藏書

陳垣（一八八〇—一九七一），字援庵，又字圓庵，廣東新會（今江門市新會區）人，中國杰出的歷史學家、宗教史學家、教育家。一九二六年至一九七一年，先後任輔仁大學、北京師範大學校長。一九四九年以前，曾任京師圖書館館長、故宫博物院圖書館館長。一九四九年後，任中國科學院歷史研究所第二所所長，歷任第一、二、三届全國人民代表大會常務委員會委員。陳垣在元史、歷史文獻學、宗教史等領域皆有精深研究，著有《元西域人華化考》《校勘學釋例》《史諱舉例》《舊五代史輯本發覆》《二十史朔閏表》《中西回史日曆》等。七七事變爆發後，他以史學研究爲武器，連續發表史學論著，寫成《釋氏疑年録》《清初僧諍記》《中國佛教典籍概論》等宗教史論文及《通鑑胡注表微》，都有諷今喻世、抒志表微的用意，顯示出其不屈不撓的民族氣節。他的許多著作成爲史學領域的經典，有些被翻譯爲英、日文，在美國、德國、日本出版，毛澤東主席稱他是『國寶』。

輔仁大學叢書　第六

明季滇黔佛教考

陳垣撰

該書爲『輔仁大學叢書』第六種。文前有勘誤表及陳寅恪序、作者自序。陳寅恪序對作者學術研究的識斷精深與史料挖掘的廣博給予了高度評價。『自序』闡明明季滇黔佛教興盛的三個原因。書後附《弘光出家之謡》。全書分六卷十八篇：卷一收『明以前滇黔佛教』『明季滇南高僧輩出』『明季黔南傳燈鼎盛』『滇黔僧多蜀籍』四篇；卷二收『法門之紛爭』『静室之繁殖及僧徒生活』『藏經之遍布及僧徒撰述』三篇；卷三收『僧徒之外學』『讀書僧寺之風習』『士大夫之禪悦及出家』三篇；卷四收『僧徒拓殖本領』『僧傳開山神話』『深山之禪迹與僧栖』三篇；卷五收『遺民之逃禪』『遺民之禪侶』二篇；卷六收『釋氏之有教無類』『亂世與宗教信仰』『永曆時寺院之保護及修建』三篇。全書以明季佛教興盛原因爲綱，考述了元初至明末滇黔佛教的狀況，明末至清初滇黔佛教法門的振興，僧徒與社會文化、士大夫的廣泛聯繫，僧徒拓展佛教勢力的事迹，遺民之逃禪與佛教的密切關係，揭示了明末清初身居雲貴兩省的士人逃禪不仕和懷念『故國』的情形以及南明政權與佛教的關係，勾畫出明季滇黔佛教發展之全貌。把治史與抗日結合起來，闡幽發微，以古諷今，貶斥降臣，贊揚忠貞愛國的氣節，乃本書最大的特點。全書結構嚴謹，引證參考資料豐富，僅書末即附徵引書目一百七十種，卷二還附有從寺院藏經及僧徒撰述中輯補滇黔志書失載的滇黔僧徒著述之書十五種。其徵引史料来源廣泛，有正史、實録、文集、詩集、傳記、通志、府州縣志等，尤其是作者以僧徒語録入史的『初次嘗試，爲前所未有』。其拾遺補闕，鈎沉索隱，極大地豐富了滇黔佛教史的史實，開闢了中國宗教史研究的新階段，彌補了中國史學史中宗教史研究之不足。（鄭志惠）

二　社會學

二古會畢

統計大要

周浩東編　民國十四年（一九二五）雲南全省地方自治講習所鉛印本　雲南省圖書館藏書

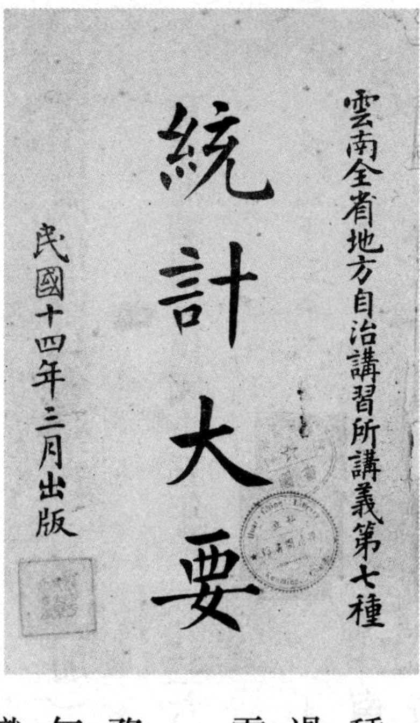

周浩東，生卒年不詳。民國初年畢業於雲南省立甲種工業學校礦業講習所。民國十五年（一九二六），通過雲南省文官考試，薦任甲等文官，後任職於富滇銀行、雲南省進出口貿易管理委員會。其餘事迹待考。

一九一九年，北洋政府在全國推行縣地方自治，内務部令各省舉辦地方自治講習所。雲南於二十世紀二十年代初在昆明設立省講習所。一九二三年，省講習所組織編寫了『雲南全省地方自治講習所講義』十種，本書係第七種，是關於統計學的普及教材。編者在緒言中認爲，對國家行政、社會現象進行信息搜集和統計非常重要，能備政府考察、學者討論；雲南省在唐繼堯省長改組政府之始，即設立統計局，後因經費緊缺停辦，但其各種事項仍由樞要處繼續辦理；而培養統計學人才也應未雨綢繆，故統計學也應成爲雲南全省地方自治講習所講義的内容。該書語言簡明易懂，共四編二十一章，其中，第一編講統計沿革，分述統計略史、官廳統計（即政府統計）、萬國統計會議、萬國統計協會、萬國衛生及民勢學（人口統計學）會議，以及我國辦理統計之大概情形；第二編講統計學理論，系統闡述了統計學的定義、性質、學派、效用、範圍等，梳理了統計學與經濟學、政治學、社會學、地理學、法學、哲學、史學、數學、萬有學、國家學、民勢學等的關係，對社會現象進行探討，分析社會現象的意義、特質、規律、原因、法則及對其之觀察等，并説明統計和法律的關係；第三編講統計學之方法及技術，對統計材料、統計表、計算方法、統計圖及出版物進行具體説明；第四編講統計之機關，分執行機關和研究機關兩種進行論述。

因底本缺損，《雲南叢書續編》所收非全本，缺第九七—一〇二頁、一三一—一三六頁、一六三以後頁，涉及第十四章『統計上法律名義』至第十五章『統計材料』的一部分、第十六章『統計表』至第十七章『統計之計算』的一部分、第十八章『統計圖』第七節第二目以後至結尾的内容。（楊梅）

雲南風俗改良會彙刊（第一册）

童振海編輯　民國十五年（一九二六）雲南風俗改良會鉛印本　雲南省圖書館藏書

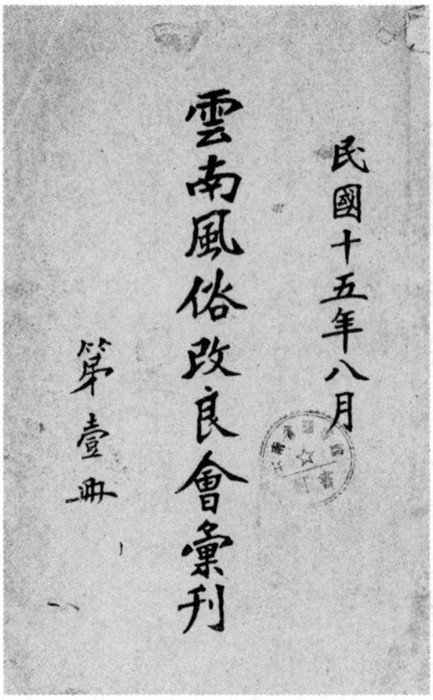

童振海，江蘇淮安人，童振藻堂弟。著有《現行刑民工商事調解法規集解》，其他生平事迹待考。該書卷首爲雲南内務司司長兼風俗改良會名譽會長吴琨所撰序言，稱昔時雲南『化行俗美，士醇民良』，但近世以來『運會遷流，民風頹敗』，爲了挽救世風，改革陋習，雲南各界同仁發起成立『風俗改良會』。次爲《雲南風俗改良會宣言》，用白話文寫成。宣言中稱該會『一方面注重純粹的研究，一方面又努力實際地進行（改良）。不但要砥礪群衆的人格，并且要改造四周的環境。使一般人的生活由不經濟的、不衛生的、無理性的裏面解放出來。竭力發揮人類的光榮，造最大多數的最大幸福』。

本書分類編排該會從事風俗改良研究與活動的文獻。一爲『講壇』，録張維翰《雲南風俗改良會演説詞》、童振藻《提倡孔學宜闡揚主重愛耻兩義》等演講稿。二爲『論壇』，録徐嘉瑞《新馬爾薩斯主義與早婚問題》、童振海《改良風俗宜崇儉德之我見及其介紹》、唐紹湯《孝悌與愛》《勸用國貨》、桂珊《廢娼》等理論研究文章。三、四爲『公牘』與『規章』，録《風俗改良會正副會長就職書》《雲南風俗改良會簡章》等，永仁、元江、姚安等縣《呈報省署成立風俗改良分會文》，以及新訂婚姻、喪葬等方面的規約。五爲『議事録』，録該會活動情況。六、七爲『雜纂』與『詩歌』，録螢光《婚禮改革芻議》、張一振《中西風俗之比較》、童白平《廢除首飾歌》、王沂清《遺産累》等倡導改良的詩文作品。

據該書『公牘』所載，該會成立於民國十三年（一九二四）十二月，公舉省長唐繼堯爲會長，張維翰爲副會長，周鍾嶽、袁嘉穀、由雲龍等爲名譽會長，秦光玉等爲評議員，皆當時雲南之官紳名流。在該會的宣傳引導下，雲南全省掀起了針對奢侈、游惰、虚僞、迷信、貪殘等惡俗陋習的改革之風。儘管時過境遷，但該書諸多真知灼見，對於今天如何樹立健康的社會風氣仍多有參考價值。（朱端强）

鴉片與衛生

童振藻著　民國十七年（一九二八）中華國民拒毒會雲南分會鉛印本　上海圖書館藏書

鴉片與衛生

中華國民拒毒會雲南分會印

童振藻（一八七三—一九三九），字仲華，江蘇淮安人。清末舉人。曾被聘爲商務印書館地理類圖書編輯，鑽研地理理論及繪圖方法。清光緒三十三年（一九〇七）保送會考，保和殿復試列爲三等，以補用各省知縣，次年入雲南，歷方言學堂監督、高等學堂監督等。清宣統元年（一九〇九）補授寶寧縣（今廣南縣）知縣，後調署沾益州知州。入民國後，擔任優級師範學校、法政學校、省立第一中學等校教員，歷任省公署實業科科長、昆明市政公所財政委員會委員長、昆明市政府秘書長等職。主持全省地志資料編纂，彙集雲南各縣地志資料一百一十餘種；纂修《昆明市志》及各種專門志、考，如《雲南温泉志補》《蒼山志》《雲南方志考》《雲南地震考》等；開展實業調查，提出改進意見；收集并纂述雲南交通、礦産、邊疆、國防、少數民族及土司、文學、植物等方面資料及論著。民國十九年（一九三〇）離開雲南赴杭州任職。童氏在滇二十多年，在雲南縣級地方治理、教育、實業、學術等方面頗有成果。

此書爲作者於一九二八年九月十一日在雲南青年會衛生運動大會上所作演講詞。作者此前執掌雲南拒毒分會三年，對我國種植、運輸、吸食鴉片情形有過調查研究，故能在演講中叙述罌粟移植及鴉片輸入中國的簡要歷史、中國種植罌粟及吸食鴉片之狀況，分析吸食鴉片對人體生理上的影響等。作者認爲鴉片危害生命、戕賊身體、消滅智能、耗竭經濟、殘弱種族、傾覆國家，對衛生事業之發展也是一大障礙，因爲吸食鴉片者及其所生子女身體免疫力差易患疾病；因懶於洗浴和更換衣服，導致身體藏污納垢，易感染傳染病；且吸食鴉片者晚睡晚起，神智昏聵；食用鴉片子油會刺激神經等，所以提倡衛生事業必先撲滅鴉片。而徹底消除鴉片，作者主張采取兩方面的措施：一方面由政府嚴禁，由中央政府制定禁烟法，將種植者、販運鴉片者及其包庇者皆處以極刑，吸食者限期戒絶，不戒者和製售烟具者治罪等；一方面由人民自禁，將拒毒會設爲法定團體，會員立誓不種、不運、不吸鴉片，并勸誡、揭發吸食鴉片者，孤立鴉片犯罪者。作者還提出在國際上禁絶鴉片的意見。（楊梅）

雲南禁烟紀實（第一編）

雲南省禁烟委員會編　民國二十六年（一九三七）雲南省禁烟委員會鉛印本　國家圖書館藏書

雲南禁烟紀實（第二編）

雲南省禁烟委員會秘書處編輯　民國二十七年（一九三八）雲南省禁烟委員會秘書處鉛印本

雲南省圖書館藏書

據此書載，雲南政府嚴禁鴉片烟毒之種、運、吸，早在民國二十四年（一九三五），當時由

雲南禁煙紀實（一）

民政廳禁烟局具體負責。民國二十五年（一九三六），中央政府纔下令全國統一設立禁烟委員會。該書之第一編共三册，彙集雲南民國二十三年（一九三四）至民國二十五年（一九三六）禁烟之各種文獻。第二編續自民國二十六年（一九三七）。體例前後一致，分爲『沿革』『規章』『文牘』『紀録』『表類』『經濟概況』『專載』七門，『其不屬於各門者，列爲「附載」』。該書綜合反映出一九三七年以前（遠溯清末）雲南政府的禁烟政策及其實施情況和未來幾年的禁烟計劃等。

據該書『沿革』，雲南産鴉片『由來已久，……毒氛彌漫，無可爲諱』。清末曾嚴禁一次，但效果不佳。民國二年（一九一三），雲南軍政府制定《禁烟條例》，通令各屬禁烟，每年派員監督鏟除烟（苗）。民國五年（一九一六）以來，中英兩國聯手禁烟，簽訂《中英禁烟條約》。雲南政府規定『凡人民有違種（大烟）者，立予槍斃，并將田地充公』，拘押處分主管大員，同時禁止運輸和吸食鴉片等。這些措施取得了很好的效果，但也由此引起『烟價騰貴』、武裝販毒和社會經濟混亂等問題。於是雲南又采用『以罰（款）爲禁』的弛禁政策，但自民國九年（一九二〇）以來，烟毒又泛濫開來，屢禁不絶。民國二十三年（一九三四），龍雲主滇政。遵循中央政府『三年禁（種）烟，六年禁（吸）毒』計劃，雲南省政府先後出臺了禁種、禁運和禁吸一系列政策法規，計劃分三期完成禁絶任務。此書稱，時至民國二十六年（一九三七），雲南業已提前完成了昆明、曲靖和箇舊地區約三十萬畝的『禁種』計劃，吸毒人數『已漸減少』。僅昆明地區先後登記『吸（毒）户』六萬三千多人，發放戒烟藥四十三萬盒左右，查封『私烟館』四家，破獲烟毒販案十六起，判刑二十四人，罰款四十二人。禁烟問題一直是雲南近代社會的大事之一。儘管以上實施情況有待進一步核證，但該書實可概見當時雲南朝野上下禁除烟毒的决心。（朱端强）

户籍要義

李耀商編　民國十四年（一九二五）雲南全省地方自治講習所鉛印本　雲南省圖書館藏書

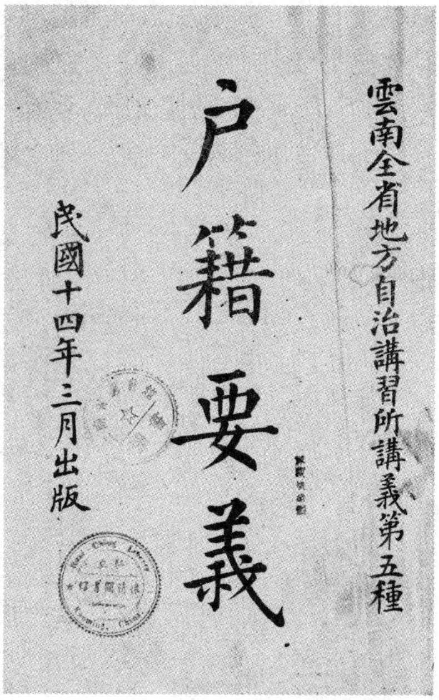

李耀商（一八九九—一九五五），字東明，納西族，雲南麗江人。一九一三年麗江高等小學堂畢業後，考入大理中學，一年後被選送至日本留學。在日本京都大學主攻法學，兼修英文、法文、德文等。一九二三年回國，任東陸大學教授，兼雲南省政府秘書。一九二九年，昆明市北門街火藥庫爆炸，其妻與子雙雙遇難，遂離昆明赴上海，任暨南大學教授，兼任商務印書館編譯。一九三五年任駐土耳其公使館參贊，一九三七年調任駐日大使館二級秘書，不久，中日戰争爆發，隨大使館撤回。一九三九年任駐馬來西亞檳榔嶼領事館領事，一九四一年南洋諸國被日本占領，輾轉潜回麗江。一九四三年，被任命爲國民政府軍事委員會審計處統計局局長，一九四七年托病辭職。中華人民共和國成立後，任北京大學外語學院東語系教授，一九五一年因哮喘病加重，離開講臺，做資料編譯工作，一九五五年在北京去世。二十世紀三十年代李耀商在《南洋研究》等刊物上發表譯作《米作問題與菲律賓之將來》等十多篇，在《外交月報》《中國新論》上發表文章《新土耳其立國之精神》《土耳其宣傳事業》等多篇。

本書係『雲南全省地方自治講習所講義』第五種，是對民國政府内務部擬定的《户籍條例草案》（以下簡稱《草案》）的闡發、解釋、説明。編者在『序論』中從人口統計、選舉、教育、租税、徵兵、警察等方面論述了户籍的重要性，略述了歷史上我國的户籍制度及其作用，并指出民國北洋政府内務部擬定的《草案》，大體仿照日本法制，既有個人身份登記，又兼顧家族關係，與當時我國社會情形尚屬適宜，雖還未施行，但於研究仍有意義。故全書以《草案》爲藍本，對照相關條款内容逐一進行闡發、解釋和説明。全書共分五章：『總則』『身份登記』『户籍』『抗告』『罰則』，重點圍繞『身份登記』和『户籍』兩章展開，對身份登記的内容如出生、否認嫡庶子、認知私生子、立嗣、退繼、養子、婚姻、死亡、國籍變更等内容進行解釋、説明，記述登記方法，也對户籍的内容如户籍簿、户籍簿之呈報、户籍記載方法進行闡釋。

全書有附録四。附録一爲内務部制定的《户籍條例草案》，附録二爲《户籍呈報書方式》，附録三爲《雲南全省各縣市村户口編查規則》及《市村户口編查表填報方法説明》，附録四爲《雲南全省各縣市村人事登記暫行規則》及《人事登記簿暨報告表式填報方法説明》（楊梅）

雲南全省人口分布圖

雲南省政府秘書處統計室製　民國二十三年（一九三四）雲南省政府秘書處統計室石印本

雲南省圖書館藏書

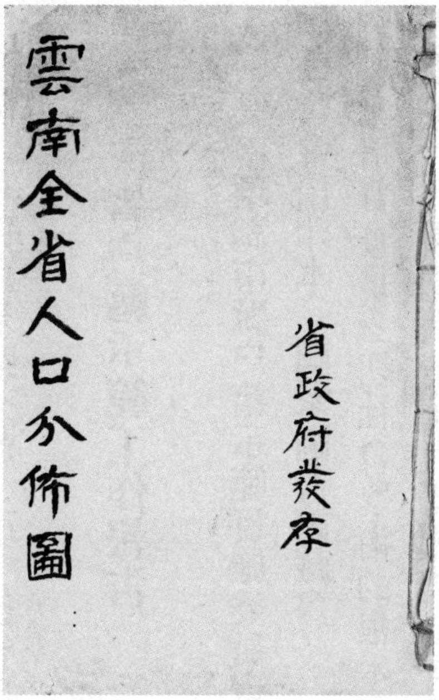

本書是雲南省政府秘書處統計室根據一九三二年《雲南全省户口總調查統計報告書》整理的人口統計圖表。其内容爲四圖二表。第一圖爲《雲南全省人口分布圖》，係以點數多寡表示人口疏密程度；第二圖爲《雲南全省一百二十三屬按人數分類比較圖》，其中，一百二十三屬指當時設立的一市、一百零七縣、十五設治局，本圖按各屬人口數量劃分爲十五個量級，顯示各量級縣份數量；第三圖爲《雲南全省一百二十三屬按户數分類比較圖》，按各屬户數劃分爲十四個量級，顯示各量級縣份數量；第四圖爲《雲南省各市縣及設治區女口數對男丁數百分比例圖》。第三圖後有二表，一爲《雲南省各屬每種年齡男女人數比較表》，以未成年、已成年、老年、廢疾、總數五個分項顯示各屬的男女比值；一爲《雲南全省各屬人數按年齡百分比較表》（該表掃描時有遺漏，故影印本中缺失），亦以未成年、已成年、老年、廢疾、總計五個分項顯示各屬每種年齡人數所占百分比。

本書另夾有人口統計資料散頁兩種，手書，紙張質地及開本與正册均不同，蓋爲同類資料夾入該書。一爲一九二二年、一九二八年雲南全省户口表兩頁，分列户數、男丁、女口、學童、壯丁、曾入學校者、曾服兵役者、曾充團丁者、丁口合計九項内容。一九二二年表列有一百一十七個縣及設治局，一九二八年表中有一百一十五個縣及設治局。從表中的統計數據看，一九二二年、一九二八年雲南全省分别有九百九十九萬五千五百四十二人、一千一百零二萬六百零七人。一爲空白户口調查表、統計表七頁，其中有四頁爲户口調查表，住户、船户、寺廟、公共處所各一頁；兩頁爲某區（縣、市、省）户口統計表，分普通户口、外國人寄居中國户口、船户户口、寺廟户口四欄；一頁爲某區（縣、市、省）户口變動統計表。（楊梅）

雲南省户籍示範工作報告

雲南環湖市縣户籍示範實施委員會編　民國三十三年（一九四四）雲南環湖市縣户籍示範實施委員會鉛印本　國家圖書館藏書

國情普查是一切社會學術的根本，普查内容涉及多方面，但人口和農工商礦是兩類主要普查對象。西南聯大清華大學國情普查研究所是抗日戰争時期設置在雲南昆明呈貢的中國第一個利用現代科學從事人口研究的機構，是清華大學在西南聯大時期的五個特種研究所之一。其於一九三八年八月成立，清華大學遷回北京時解散。該所以研究中國當代人口并建立科學的人口普查和人口管理方法爲目的，所長陳達，統計組組長戴世光，調查組組長李景漢，另有教員蘇汝江等四五人。

雲南省
户籍示範
工作報告

周鍾嶽題 耑

雲南環湖市縣戶籍示範實施委員會

户籍制度是一項基本的社會管理制度。在抗日戰争最艱苦的時間裏，西南聯大清華大學的人口學家們以呈貢人口爲研究對象，對當地進行科學嚴謹的現代人口普查，建立起現代中國人口普查的基本方法。在此基礎上，他們對呈貢進行了翔實的農業普查，并把滇池環湖地區作爲户籍管理示範區進行探索。一九三三年，雲南省根據前期調查所得，編成《全省户口統計報告書》，後隨時續補。一九四二年，内政部、清華大學與雲南省政府合力辦理雲南省環湖各市縣户籍示範工作，并於一九四二年一月十九日成立實施委員會，雲南省民政廳廳長李培天任主席，以專家之才領導實際普查工作，國情普查研究所具體承擔此項工作。普查涉及環繞滇池的一市（昆明市）三縣（昆明縣、晉寧縣、昆陽縣）五十萬七千二百一十六人的普查組織設計和調查實施工作，這些工作及統計數據不僅爲當時，也爲我們今天研究滇池流域人口社會學提供了寶貴的資料。一九四三年六月事竣，實施委員會編寫成此總報告，一九四四年二月刊行出版。

該書書名由周鍾嶽題寫。書前有民國三十二年（一九四三）龍雲、張維翰、李培天、繆嘉銘、梅貽琦等人序及《環湖市縣户籍示範區圖》一幅。該報告共九章，分别闡述了抗戰時期雲南户籍示範工作的緣起、户籍示範區、户籍工作的經過、調查的基層組織與基層工作人員、統計方法、經費、户籍資料與我國的人口研究、户籍資料與國際的人口研究、建議等九大内容。附録户籍法及施行細則、委員會組織大綱、委員名單、委員會預算、户籍調查隊主要職員、主要户籍統計表等十項内容。該報告是研究抗戰時期雲南全省户籍工作及經濟情況的重要資料，也是研究抗戰時期雲南學術研究與國内外學術平臺接軌的重要文獻，展現了西南聯大的學術輝煌，體現了中國現代學術精神。正如李培天序言所稱，此次示範工作，有足述者數端：一曰技術之改進，二曰經費之節省，三曰户政之劃一。『是故内政部、本省省政府與清華大學合辦之户籍示範實驗，或可爲我國其他省區所效法。』所以，此次雲南户籍示範工作，是將『雲南經驗』推向全國的一次成功案例，『使我國户政得於短期内推行於全國，則國家之幸也』。（江燕）

禄村農田

費孝通著　民國三十二年（一九四三）商務印書館鉛印本　國家圖書館藏書

費孝通（一九一〇—二〇〇五），江蘇吴江人。著名社會學家、人類學家、民族學家和社會活動家，主要著作有《江村經濟》《禄村農田》《鄉土中國》等。一九三八年至一九四六年，費孝通在雲南大學任教，這是費孝通研究生涯中的一個重要時期，他將之稱爲『學術生命、政治生命和家庭生活的新起點』。

受中國農民銀行和中英庚款董事會資助，一九三八年和一九三九年，費孝通先後兩次到雲南禄村（今禄豐市金山鎮大北廠村）進行實地調查，後於一九四〇年完成了《禄村農田》一書的寫作。這是費孝通繼《江村經濟》之後又一重要的社會學研究成果，可以視爲《江村經濟》的續作。

一九四三年，《祿村農田》刊行於吴文藻主編的『社會學叢刊』乙集第一種。

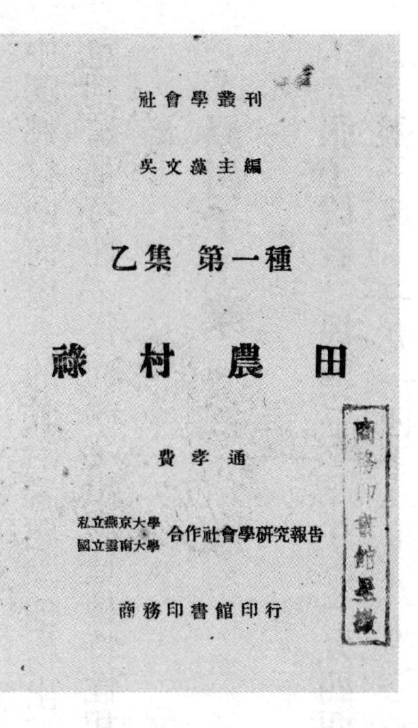

該書共十二章，第一章『農作』，從農作日曆、農作物、農作活動、農田單位、勞力單位和勞力估計等角度，展示了祿村的農作活動。第二章『勞力的利用』，通過對農忙農閑、個人能耕面積、勞力自給的可能性、有田者脱離勞作的現象進行調查，發現祿村存在勞力與土地分配不均的現象，『無田者提供勞力，有田者不勞而獲』。第三章『農田的負擔』，通過調查祿村職業分化，牲畜養殖、街子、貨物販運等，指出農田仍然在祿村經濟中占主要地位。第四章『農田分配』，根據祿村的耕地册和實地調查，得出一個結論『祿村大部分的田是在少數人手中，而大部分的人不是没有田，就是有很少的田』。第五章『勞力的出賣』，指出由於大部分人没有農田，他們衹能在農作活動中出賣勞力。第六章『自營和雇工』，根據對换工、女工、雇工等農田用工模式的調查，發現約有百分之三十的有田者可以通過上述方式完全脱離農田勞作。第七章『租營』，指出在祿村土地關係中，『它的重心不在租佃之間，而在雇傭之間』。第八章和第九章『生計』，從傳統經濟態度、日常生活費用、自給自足程度、農田經濟負擔幾個方面，指出祿村人民視辛苦的農田勞作爲痛苦，他們通過減少消費和減少勞作獲得閑暇，『設法從没有田爬到有田，從勞動爬到有閑』。第十章『農田的繼襲』，從單系繼襲和婦女地位、上門的姑爺、分家三個方面，研究了祿村土地的傳襲制度，指出土地在家族内承襲，土地小塊分散。第十一章『農村金融』，從互助和禮儀、合賨、借貸、典質幾方面，研究了禄村的金融活動，指出當田地所有者入不敷出時，常常通過上述金融活動來緩解經濟壓力，當這些金融手段仍然不能滿足資金需求時，農田買賣就發生了。第十二章『農田買賣』，從農田的出賣、買田的原因、『升官發財』、土地權外流和禄村經濟展望等方面，對禄村經濟進行研究，指出在工商業不發達、交通不便利的内陸農村，土地很少向外流出，土地權的集中不易發生，這與江村土地大量流出是完全不同的。

作者認爲，像禄村這樣的内地農村，未來所發生的問題『不在金融而是在勞力』。都市固然不易吸收農村的資金和土地，但無疑要從農村吸收勞力，這種趨勢恰恰是農村希望所在。由於新工業需要大量勞工，這使農村多餘的勞動力向外流動成爲可能，農田所負擔的人口壓力降低，農業生産力獲得提高，在都市和鄉村競争勞動力時，像禄村這樣的農村其農業纔有希望得到改良。作者在雲南農村進行的一系列社會學調查，并不限於研究對象本身，而是立足於鄉村現實，回答中國鄉村向何處去的政治議題。他指出，每一個農村經濟都有它的特殊結構，政策制定者應該注意到這種特性，從而制定出與這種特性相適應的政策。（辛玲）

易村手工業

張子毅著　民國三十三年（一九四四）商務印書館鉛印本　國家圖書館藏書

張子毅（一九一四—一九八七），又名張之毅，湖南醴陵人。一九三九年畢業於西南聯大

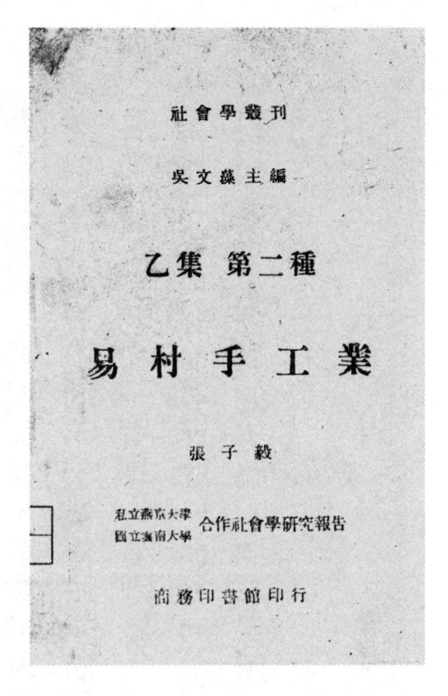

歷史社會學系（清華大學學籍），并加入雲南大學社會學研究室，曾任雲南大學社會學系副教授、代系主任。一九四八年離開雲南，之後任中國科學院經濟研究所副研究員。

一九三八年，作爲費孝通的助手，張子毅參與了祿村的社會學調查。隨後，在費孝通的指導下，他於一九三九年十月和十一月兩次對易村（原屬易門縣，現爲祿豐市李珍莊村）開展了實地調查工作，并於一九四一年完成《易村手工業》一書的寫作。一九四四年，該書刊行於吳文藻主編的『社會學叢刊』乙集第二種。

該書由費孝通作序。全書有十一章。第一章介紹了調查的經過和方法。第二章『土地利用』，從地理景觀、水利、土地性質和作物種類等方面，介紹了易村獨特的自然環境對土地性質和農作物種類的影響和限制。第三章『農業裏勞力的過剩』，通過對農作活動、勞力調劑、單位耕地所需勞力估計、田地面積和勞力供給四個方面的調查，得出易村存在勞動力過剩現象的結論。第四章『農業裏的投資』，通過對農田利潤、農田經營方式、耕地外拓和限度進行研究，指出易村土地貧瘠，農業生產力低下，農業裏的投資受到限制。第五章『村民的生計』，從土地負擔的極限、人口的壓力、各家的差別、生活需要的自給程度等方面，指出易村地少人多，農業不能充分吸納勞動力，在生計的壓迫下，村民不得不在農業之外另謀財路。第六章『農工之間』，通過對家畜、渡船、趕街子等家庭常見副業活動的調查，指出易村家庭副業不足以滿足家庭的日常生活。上述幾章的研究，指出了一個事實，即易村必須在農業之外另謀出路，這正是易村家庭手工業和作坊較爲發達的原因。接下來第七章至第十章，作者對易村的家庭篾器編織手工業和土紙製造作坊進行深入研究。篾器編織由於成本低，工具和技術簡單，收益也很低，衹是易村家庭在農閑的時候貼補家用的簡單手工業活動。土紙作坊具有作坊工業的性質，有一家獨有和幾家合有等形式，坊主依靠親朋關係，雇傭親友不定期從事造紙工作。造紙的利益由資本的多寡決定，資本多的，料子收得早、收得多，開工早，工作期長，盈餘多。造紙增加了易村的經濟收入，那麼這部分增加的資金最終流向了哪裏？作者在第十一章『金融和土地』中，介紹了資金的流向。由於受原料的限制，這些資金并没有再次投向紙坊等手工業經濟中，而是通過放貸收穀息、購買土地的方式，使附近幾十里以内的土地權向少數富裕階層集中，工業裏獲得的資金最終又轉回農業，農業裏資本充斥，田價高漲，農業成本增加，農民的生活越加貧困。

費孝通和張子毅對易村手工業經濟的研究，并不是要證明以大規模機器生産爲特徵的現代工業必然會取代小規模的手工業作坊，而是要説明鄉村手工業的存在有它的必要性和合理性。在中國，農業和工業之間『横着一道國界』，農業和農村意味着貧窮，如果工業全部集中在大都市裏，那麼農村將成爲經濟發展的『孤島』。在江村，手工業的衰落成爲『我們民族的一段傷心史』，内地鄉村不能再走江村的道路，應該保留和發展鄉村手工業，這種鄉村的手工業應該是在技術和組織上經過改良的手工業，是能够讓農民獲得利益的手工業。（辛玲）

昆廠勞工

史國衡著　民國三十五年（一九四六）商務印書館鉛印本　國家圖書館藏書

昆廠勞工

史國衡著

商務印書館印行

史國衡（一九一二—一九九五），湖北隨縣人。一九三五年考入清華大學物理系，後轉社會學系。在西南聯大期間，他參加了雲南大學社會學研究室的社會學調查研究工作。一九四〇年八月至十一月，在費孝通的指導下，史國衡進駐昆明的一個國營軍需廠，完成了對昆廠勞工的社會學調查與研究工作，并寫作《昆廠勞工》一書。一九四四年，費孝通在哈佛大學訪問時，將此書翻譯成英文，書名爲China Enters the Machine Age（中國進入機器時代），先後由哈佛大學出版社和芝加哥大學出版社出版。一九四六年，商務印書館出版中文版《昆廠勞工》。

該書共十二章，後附録田汝康《内地女工》一文和費孝通『書後』。作者將工廠勞工分爲本地工人和外來技工兩種類型，其中，本地勞工主要是從農人、小手工業者、商販蜕變而來，他們多數是爲了逃避兵役或者躲債，纔不得不從農村來到工廠，也有的人是爲了改變社會地位纔入廠工作。他們對工作没有什麼興趣，一旦條件變化就要麼回到農村繼續種地，要麼做其他的營生，『很顯然地可以看出，工廠錯找了一批工人』。而外來技工因爲有技術，喜歡自我表現，不習慣大規模標準化生産下的分工合作和埋没個性的工作，工作積極性也不高。在這樣的背景下，工廠是如何對勞工進行管理的？作者從工資、工人生計、工人保養、廠風、勞工的安定性、勞工擴充、工人的管教等多方面，全方位地展示了昆廠的管理，并指出：『這個新舊交遞、文化失調、社會生活受到很大的激動震蕩的時候，每個人大都覺得失掉了自己的部位，找不到個人生活的重心。尤其從鄉間出來的人，已被這種時代新潮衝得神昏目眩，我們實在對於他們的生活該有開導的安排。所以在目前辦工廠，不但是一個物質上的革新，也同時是一個心理和文化上的革新。』

費孝通在『書後』中總結説，農民不得不離開土地到都市裏找工作，并不等於農民們找到好去處，『不等於説這批工人都能在新秩序裏得到生活的滿足，有效的工作，成爲這新秩序的安定力量』，『在中國現代的工廠裏，擴大一些，現代的都市裏，正表示着一種社會解組的過程，原因是現代工廠的組織還没有發達到完整的程度』。在新舊交替的社會變革時期，『因爲社會的解組，生産關係并没有建立在人和人的契洽之上』，傳統秩序成爲了新技術有效利用的障礙。費孝通指出，工業建設不衹是蓋廠房、裝機器，而是一個新社會組織的成立，『在這組織中一切參加的人必須有高度的契洽』，『更能適合於應用新技術，更能有效率，也更能促進人類幸福』。這體現了費孝通深刻的人本主義思想。

需要特别注意的是，該書所附田汝康《内地女工》一文，把對勞工的研究聚焦到了女工群體。田汝康研究發現，女工大多是爲了逃離不幸的家庭生活而到工廠來，工廠成爲了不幸女性的避難所。在工廠裏，女工們利用親屬、同鄉、同宗的關係組成生活團體互相照應，没有這些親緣關係的女工會通過組成一種虛擬家庭——『松柏長春』，以獲得情感的慰藉。工廠無形中給了中下層女子一個解放的機會。作者認爲『不管對現代工廠來説這是幸或不幸，但這是工廠方面應該正視的一個社會責任』，這種女性主義視角在當時的社會中具有進步的思想意義。（辛玲）

三　政治

（一）政論

雲南省政治改進計畫書

雲南政務調查會編撰　民國九年（一九二〇）鉛印本　雲南省圖書館藏書

雲南省政治改進計畫書

該書正文首頁又署『政務調查會委員長鍾動編撰』。其通過對雲南政治、財政、教育、礦産、農業、進出口貿易等方面的調查研究，提出改進政治的思路、計畫和具體措施。第一章『前提研究』，分財政、教育、礦産、農業、進出口貿易五個問題進行論述。第二章『具體計畫』，分通論、實計兩部分，通論部分論述政治根本、具體設計，并對强有力的政府、國民程度不足等相關内容進行解釋；實計部分是具體措施。該書認爲民國初年雲南財政簡陋，教育欠缺，礦業、農業雖有發展前途，但有賴交通的發展及耕地的開發，進出口雖有盈利，但貨物進出屢受銷售市場的限制，這些不利情况是因爲發展基礎薄弱，且財務、行政還没有和國民經濟相互適應協同發展而産生的。該書建議創立自治政府，確定其統轄政治的權力範圍，明立法規，分設各行政部門，以責任制任用各種官吏；提出以民治主義立政治精神之根本，以交通政策、農礦政策爲政治進行之經，以教育政策、工業政策、商業政策、殖邊政策爲政治進行之緯，以逐漸調節金融、整頓財政爲進行之助的思路。具體措施包括：擴張省公署的組織機構，設立内務、財政、教育、實業各廳；省公署組織一政治委員會，延聘各種專門人才爲政治改革的中堅力量，設定計畫，督導推行；先從縣以下各級地方團體施行自治制度，創立内務、教育、實業、土木、保健、救恤等各類行政組織及各種公共組合，分縣、市、鄉三種，縣長委任采用參事合議制，市長、鄉長民選也采用參事合議制；特設直隸於省長的路政局、官礦局、統計局，管理交通建築事業、煤鐵兩種官營企業、行政統計；由實業廳特設種棉局，專事倡導種棉事業；由財政廳設清丈局，從事田畝清丈以便完善田賦。本書爲研究民國初年雲南的政治改革提供了參考。（楊梅）

龍志舟先生講演集

裴存藩審選，謝嘉瑞等編校　民國二十五年（一九三六）雲南省財政廳印刷局鉛印本　國家圖書館藏書

裴存藩（一九〇五—一九九五），雲南昭通人。黄埔軍校第三期步科、中央訓練團黨政研究班第二期、中央政治學校高級班畢業，曾任黄埔軍校教導團排長、連長，國民黨中央黨部軍人科總幹事、軍隊黨務處副處長，雲南省政府委員兼社會處處長，國民黨雲南省黨部委員兼黨員登記處處長等職，一九四九年到臺灣。謝嘉瑞，生平事迹不詳。

該書封面由袁嘉穀題簽。正文前有總理像、龍雲與蔣介石合照等三幅照片，廖品卓、王兆翔、

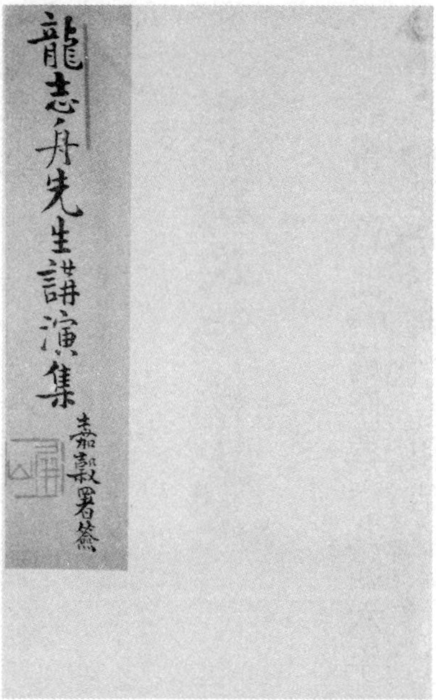

裴存藩的三篇序言，以及周鍾嶽、丁兆冠、袁嘉穀等六人的題詞。正文按八個類别，收録一九二九年二月到一九三六年七月間，龍雲在省教育會、護國運動紀念日、縣長訓練所等會議、典禮上的演講詞。其中，總類收録關於雲南建設的回顧與前瞻，從個人、省份和國家層面論述護國運動的價值與真相，舊道德與復興國家，復興民族與認識領袖，以及一九三五年蔣介石來昆歡迎詞等七篇演講詞。教育類收録關於省教育會和學生工作的七篇演講詞。行政類收録關於訓練縣長、區長及禁烟等方面的四篇演講詞。軍事類收録十三篇演講詞，是本書的重點，其中在人員方面，明確軍政人員應做的努力、應有的中心思想，軍隊幹部應有的努力，現代軍人應有的認識、努力、修養及認知，宣誓之意義及各長官應有之努力；在軍隊組織、建設方面，論析政治訓練與軍隊之關係、建設理想的健全軍隊、教導團的過去與將來、對三期教導團學生的期望、軍官團設立之旨趣等。團務類收論述保衛團對治安的重要性、團練的意義和組織系統、訓練團隊的意義以及練團與救國的關係四篇演説詞。警政類收録三篇演講詞，分别是對警長學生的希望、健全警察的標準、警察與新生活運動的論述。交通類僅收一篇演講詞，論述交通事業是庶政的基礎。時事類可細分爲兩個主題，一是論述軍事治安與建設、鞏固統一、擁護中央的責任意識；二是對廣東事變、上海抗戰等的評論。每篇演講詞之前均注明演講的場合、時間和要點。

是書對瞭解民國時期雲南軍隊建設、地方行政、社會治理等有重要參考價值，有的思想至今仍有現實意義。如在《怎樣做縣長和區長——行政班區長班畢業訓詞》中，龍雲提出賢吏的標準是爲民衆謀福利、縣長區長通力合作和消除部落之見，『能洞悉民性，向善誘導』，『一切設施衹須於民有利』，『如是，各鄉治而一縣治，各縣治而一省治，各省治而舉國治矣』。（謝太芳）

革新政治芻議

楊杰著　民國三十五年（一九四六）油印本　國家圖書館藏書

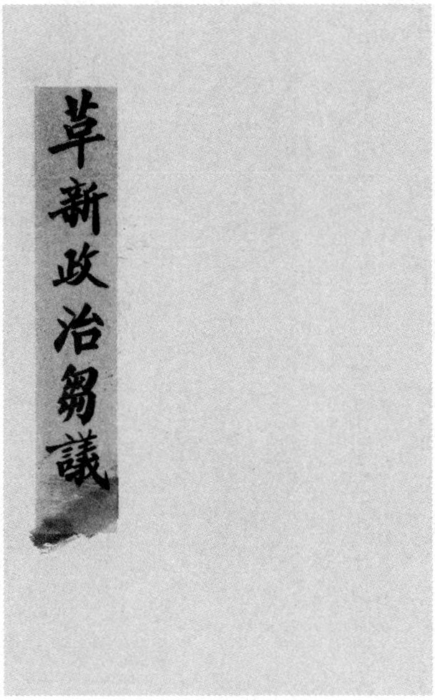

楊杰（一八八九—一九四九），字耿光，原名楊鴻昌，白族，雲南大理人。一九一一年畢業於日本陸軍士官學校第十期炮兵科，回國參加辛亥革命，後二度到日本，就讀於日本陸軍大學，畢業後成爲蔣介石的參謀長，曾參與北伐戰爭。一九三一年任陸軍大學校長，培育出大批軍事人才。曾到歐洲、蘇聯進行軍事考察，一九三七年晉升爲國民黨陸軍上將。撰有《大軍統帥學》《戰争要訣》《國防新論》《軍事與國防》等軍事著作。

該書『篇前』爲作者一九四六年六月一日於福建浦城所作，闡述撰寫此書的緣由及目的。正文共七個部分，除緒言和結論外，主要從五項基本建設工作方面提出建議：一是嚴切振飭吏治、革新政治風氣，主要論述整飭吏治的辦法，包括慎選主官、嚴密督察、鼓勵檢舉等事前防範工作，縝密調查、盡法懲治、公布統計等事後處置工作，并討論了如何樹立新政風的問題；二是促進行政技術、加强工作效能，主要論述嚴密機關管理、厲行簡化政務、注意綜合運用、實施工作競賽、密切官民聯繫、鼓勵研討政術等問題；三是健全地方自治、確奠憲政基礎，主要從人事、經費、權責、事業等方面，論述清除土劣勢力、厲行公共造産、國地行政必須劃分、清户口等問題；四是革除不良風習、加速社會進化，主要論述破除迷信、禁烟賭娼、革新禮俗、厲行節約、提倡勤勞、促進文化等問題；五是積極建設鄉村、改善人民生活，主要從改進農業、振興工業、發展交通、推進衛生等方面提出建議。

本書是作者『志切從政』『經常目注腦思』而提出的有關爲國家和人民謀求福利的革新政治的措施，以備抗戰結束後建國采行，其中一些思想對今天仍有參考價值。如作者認爲，『政治之良窳，關係國族之盛衰，今後中國之命運，殆須取決於政治，必使政治清明，方能確保勝利』；『一切建國工作之推進，『必於政治上確奠良基，乃能順利期成』』；『國家之事有二：一爲政策之決定，一爲法律之執行，前者爲政治，後者爲行政。中央政策之決定固宜賢明，而地方行政之推進，尤須講求效率』。（王倩）

（二）行政管理、地方政治

雲南省政府行政大綱

雲南省政府編　民國十二年（一九二三）鉛印本　雲南省圖書館藏書

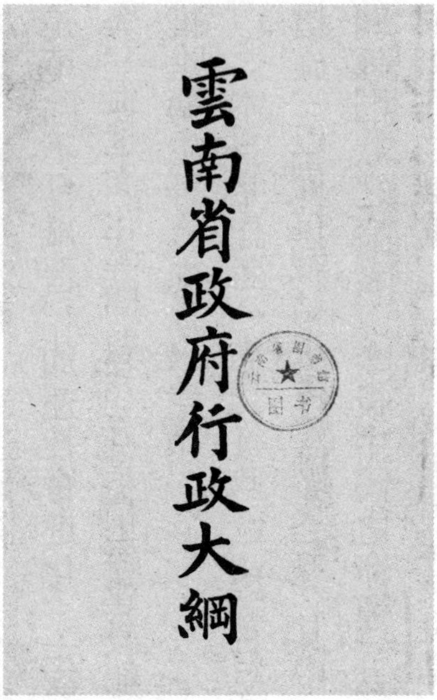

雲南於民國十一年（一九二二）改組省制，主張聯省自治。省屬各司維新庶政，就相關提案交省務會議議決。省務會議核定了内容，將這些提案作爲行政大綱頒布施行。該大綱分爲内務行政、財務行政、軍務行政、教育行政、實業行政、司法行政六個部分。其中，内務行政主管事項以吏治、自治、團務、警務爲最重要，各有專章進行闡述；財務行政方面以增加收入、適度支出爲目標，有擴充造幣廠、清丈土地、籌設經徵局統一徵税、變通印花税辦法、整理牲屠税、創辦包裹税、整理烟酒公賣費等計劃；軍務行政規劃了五年内應辦事項，如嚴定將校資格并限制升階、規定俸給等級及年功加俸辦法、疏通軍諮處人員、裁汰冗員等共三十三項；教育行政規劃了三年内要進行的事項，分三期辦理，包括規定本省實施新學制標準通令頒行、組織教育委員會、制訂雲南捐資興學褒獎暫行條例、組織學業成績考試委員會等共四十九項；實業行政涉及農林、工商、礦務三個方面，提出了振興水利、倡設實業銀行、利用外資開發雲南礦業等二十八條措施；司法行政計劃籌設司法公署、推廣正式法院、改良監獄、提倡犯罪預防事業等事項。（楊梅）

行政大綱

楊夢蘭編　民國十四年（一九二五）雲南全省地方自治講習所鉛印本　雲南省圖書館藏書

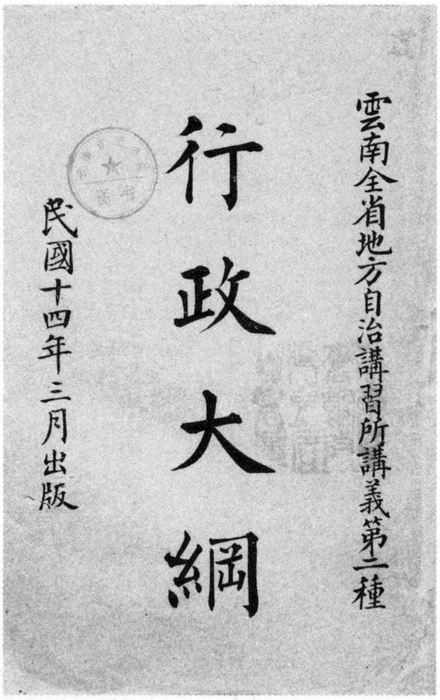

楊夢蘭，雲南永平人。一九一二年留學日本，畢業於東京法政大學，民國三十二年（一九四三），任雲龍縣臨時參議會議長。其他事迹待考。

本書係『雲南全省地方自治講習所講義』第二種，是行政學理論知識的概要性介紹。書中的『行政』是指與立法、司法構成國家統治的三權之一，編者界定爲『行政官廳受元首之委任，而爲執行法律命令之行動也』。該書對國家和地方的行政系統進行了介紹，涉及行政制度類型、行政法、行政機構、行政首腦、行政行爲、行政監督、行政救濟、官吏等內容；對內務、財政、司法、軍事、外務五大行政領域進行了說明；回顧了民國自成立至寫作該書前國家及地方的行政制度演變，國家歷經內閣制、總統制，再到內閣制，地方則經歷了都督、民政長、巡按使與省長時代。全書分上下兩卷，每卷又各分爲兩編。上卷爲『行政總論』，分『緒論』『行政組織』

兩編，其中，『緒論』又厘爲『行政』『行政法』『公權』三章；『行政組織』又厘爲『組織概論』『行政官廳』『中央官制』『地方官制』『行政行爲』『行政監督』『行政救濟』『官吏』『營造物』九章。下卷爲『行政各論』，分『緒論』『公用徵收法』兩編，其中，『緒論』又厘爲『内務行政』『財務行政』『司法行政』『軍事行政』『外務行政』五章；『公用徵收法』又厘爲『公用徵收之意義』『公用徵收之主體及物體』『公用限制』『現行土地收用法之解釋』四章。（楊梅）

雲南全省暫行縣制釋義

熊光琦編　民國十四年（一九二五）雲南全省地方自治講習所鉛印本　雲南省圖書館藏書

熊光琦（一八八九—一九五〇），字印韓，雲南昆明人。四川政法學校畢業，曾任瀾滄、賓川、景東、建水、蘭坪等縣縣長。一九二五年，與李萸勛合辦《雲南自治月刊》，另著有《開發瀾滄江與鞏固西南國防之兩步計畫書》。

本書係『雲南全省地方自治講習所講義』第三種。封面書名爲『縣制釋義』，而目録又著録爲『雲南全省暫行縣制釋義』。雲南省圖書館館藏書目檢索系統著録爲前者。全書共七編：『縣之性質』『縣之構成』『縣議會』『縣行政機關』『縣財政』『縣之監督』『附則』。

編下分章、節、款、項、目五級。書末有《附釋〈雲南全省暫行縣地方自治章程大要〉》，及兩個附録：《雲南全省暫行縣制》六章九十五條、《雲南全省暫行縣地方自治章程》八章一百零二條。

實行了兩千餘年的郡縣制到了清末已不適應社會發展，清政府頒布《府廳州縣地方自治章程》等一系列規章，便是欲改良其弊端。辛亥革命後，聯省自治的呼聲高漲。一九二二年三月，唐繼堯再次主政雲南，推行新縣制，設縣司法公署，主管司法。一九二二年，沈鈞儒與何基鴻合編的《憲政要覽》一書，上册介紹歐美十二個國家及四個州的憲法；下册『國憲』部分主要爲『中華民國臨時約法與憲法草案對照表』，『省憲』部分主要介紹了湖南等四省的憲法。其中，除多種選舉法外，還有市、鄉自治法。熊光琦此書在《憲政要覽》出版三年後編成，和沈鈞儒等人的思路一脉相承，其内容從自治政治理念，一直落實到實踐操作細節，便於學習、施行。

該書『緒言』申明，『政府改革新制，原爲地方謀發展，人民求幸福』，但由於舊勢力的影響，新縣制之推行阻力很大。作者認爲立法、行政、司法三權應分立，財政應分别由國家、地方統一經理。舊制將行政、司法、財政集中於縣知事一人，縣公署以知事、總科長爲主，其餘人員皆由民間選拔的『胥吏』充當。由於精力所限，縣級政府幾乎没有餘力顧及教育、實業、警團等行政，限制了當地的發展。實行新制，有利於文化、經濟的發展。有學者認爲，辛亥革命僅推翻了一個封建皇帝，新制度仍需從行政制度層面進行『介紹和建設』。這個工作當時有一大批人在做，還試圖普及實踐。提倡聯省自治的人大致有兩類：一類是提着槍的軍閥，他們的動力是對一方權力的不懈追求；另一類是一群醉心於中國憲政民主制度的知識人，他們從政治學角度，研究西方國家的現代聯邦制，探索如何將它移植到中國。此書對研究民國時期雲南縣級地方制度有重要的參

考價值。（劉景毛）

市村自治釋義

陳坦編述　民國十四年（一九二五）雲南全省地方自治講習所鉛印本　雲南省圖書館藏書

陳坦，民國十九年（一九三〇）之前，曾任雲南省昭通縣縣長。民國二十年（一九三一），任昭魯水利工程處坐辦。其他生平事迹待考。

雲南全省地方自治講習所講義第四種

市村自治釋義

民國十四年三月出版

本書係『雲南全省地方自治講習所講義』第四種，是對地方自治中最基層的自治即『市自治』『村自治』（『市』『村』均爲縣級行政區域内的下級團體，商多處爲『市』，農多處爲『村』）的制度、原理及運行規範的闡釋。

雲南於一九二〇年在省城昆明設立全省地方自治籌備處，首先進行『縣自治』的籌劃，當年制定了《雲南全省暫行縣地方自治章程》《城鄉地方自治章程》，并公布施行；到一九二一年九月，各縣議事會、參事會均先後成立。一九二二年，由省長通告各縣繼續籌備城鄉自治，因『鄉』地域廣闊、人口稀少，與『村』的關係疏遠，遂廢除『鄉自治』，改爲『村自治』；而縣城的地方官駐在地，或户口在二百户以上、原爲交易中心的區域、能按照條例組織自治者，實行『市自治』。一九二三年，『制定市村自治制度委員會』制定了《市自治條例》《村自治條例》，旨在建立一套在縣行政公署監督下以議會制爲中心的公民管理體系。與省自治、縣自治不同的是，前二者尚有『官治』的含義，而市、村自治是完全的自治。本書對雲南『市自治』『村自治』的制度、原理、運行進行詳解，第一編闡述了自治的意義，概述歐洲、中國自治之沿革，并着重介紹了雲南自治的發展狀況；第二編分述市村自治團體的組織、自治的監督、自治區域、人民及權利義務、自治事務、市村議會、市村長及工作人員的選任、自治經費等内容。最後附録《雲南全省暫行市自治條例》《雲南全省暫行村自治條例》《雲南全省暫行村民會規則》。（楊梅）

雲南省縣市村議會議員選舉章程詳解

鄭崇賢、常憲章編　民國十四年（一九二五）雲南全省地方自治講習所鉛印本　雲南省圖書館藏書

鄭崇賢，雲南石屏人。雲南兩級師範學堂畢業。民國十一年（一九二二），爲雲南民治實進會主辦的《民治月刊》編輯主任。民國十五年（一九二六）通過雲南省文官考試，薦任甲等文官，任昆明縣縣長。一九三九年至一九四三年，任順寧縣（今鳳慶縣）縣長，在任時積極推動茶葉事業的發展，爲紅茶成爲當地的特色産業打下基礎。另著有《滇聲》《雲南對抗日戰争的貢獻》等。

常憲章，山東章丘人，民國十五年（一九二六），通過雲南省文官考試，薦任乙等文官，曾

任尋甸縣縣長。一九四八年到臺灣，曾任國民黨政策委員會秘書。著有《地方選舉之理論與實際》。

全書由目録、編輯例言、總論、正文和附録等部分組成。編者在『編輯例言』中，對編輯、出版本書的目的及各個章節的設立作了説明，認爲『選舉雖係一種事實，然立法之本旨，在在與學理有關，故本書之編輯，雖以解釋事實爲主，有時涉及學理之處，亦略爲推闡，以期融會貫通』。總論部分詳細闡述了選舉之界説、選舉之立法主義和選舉制度，認爲選舉之立法主義分爲兩種，『其一爲單選舉法』，『其二爲複選舉法』；選舉制度不外分爲兩種，即普通選舉制和制限選舉制。正文分十一章，對選舉的名額和年限、選舉區域、選舉權及被選舉權、辦理選舉人員、選舉人名册、選舉之程序、當選票額、當選通知及證書、選舉變更、選舉訴訟等涉及省縣市村有關議會議員選舉工作的各個環節、程序進行了詳細介紹。附録部分全文收録了《雲南暫行省議會議員選舉章程》和《雲南全省暫行縣議會議員選舉章程》。

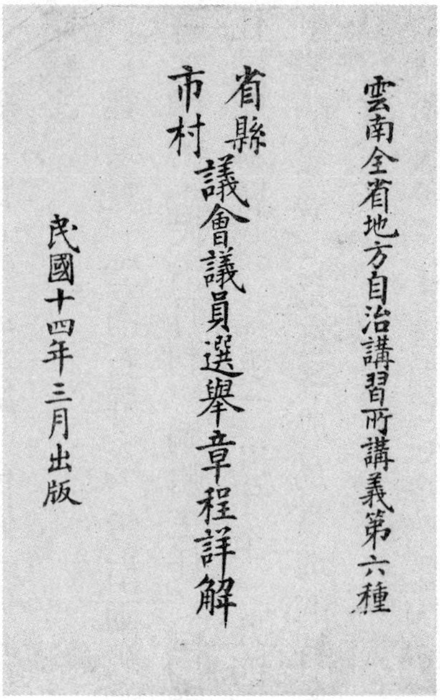

該書爲『雲南全省地方自治講習所講義』第六種，集中介紹了有關省縣市村議會議員選舉工作涉及的定義、程序、内容和工作環節，是研究民國初期雲南省各級議會歷史、議會議員選舉工作等内容的重要參考資料。（何玉萍）

教育實業行政

童振藻編　民國十四年（一九二五）雲南全省地方自治講習所鉛印本　雲南省圖書館藏書

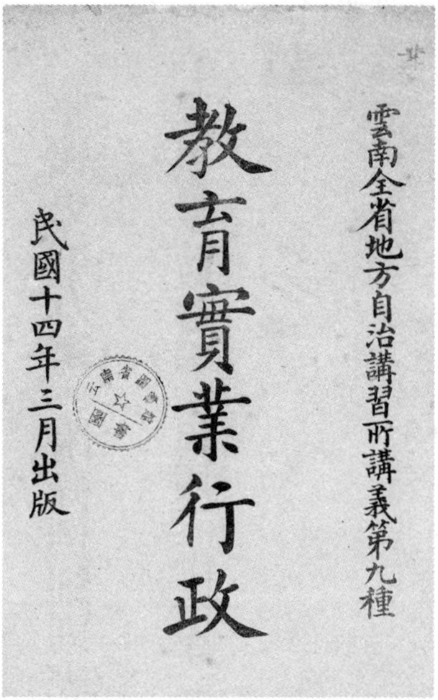

童振藻簡介見前《鴉片與衛生》提要。該書爲編者關於『教育』和『實業』的文稿合集，封面又別題『雲南全省地方自治講習所講義第九種』。

第一部分講教育。下分：一、教育與自治之關係；二、自治當注重教育；三、地方教育行政機關；四、地方學校教育之種類；五、地方社會教育之種類；六、地方教育經費之籌集；七、地方教育應行注意之點。作者指出，儘管自清末迄民國初期，政府先後在全國推行『憲政』，開展『地方自治』，所謂『自治』看似『還政於民』，但由於民衆文化水平普遍偏低，『不知自治爲何物』，故自治多爲少數地方劣紳操控，『不過地方上十數選辦自治員紳裝飾門面，固結黨羽，抵抗官府，把持財政，開銷公款而已』。因此，作者呼籲，真要搞好『自治』，就首先要推行民衆教育，提高廣大民衆的文化水平。於是作者以日本、歐美教育爲參照，結合雲南實際情況，分類講解了如何發展民衆教育。最後提出雲南最應加强的是『土民教育』（指少數民族教育）、『鄉村教育』、『經濟教育』（指職業謀生教育）、『公民教育』（指愛國教育）、『奮興教育』（指軍訓體育等尚武精神教育）。

第二部分講實業。下分：一、雲南應以擴張實業爲急務；二、地方實業行政之制度；三、實業重要之團體；四、實業重要之教育；五、實業之種類；六、實業經費之籌添；七、興辦實業應備之條件。作者呼籲，雲南應重點和加快發展的實業，一是農林方面，包括振興水利、植樹和保護森林、推廣蠶桑和植棉、提倡畜牧業、改良茶業、獎勵農産品出口、墾荒等；二是工商業方面，包括考核各地工廠開辦情况、籌辦地方物産品評會、推行新式度量衡、倡設運銷公司、籌設工業試驗所和化學工藝廠等；三是礦務方面，包括選製礦物標本、改良箇舊錫務、籌設地質調查所、倡辦金礦廠和銀鉛礦廠及籌設冶鐵工廠等。文末還附有關實業方面的中外著作若干種。（朱端强）

整頓吏治方案（附條例細則表）

雲南省民政廳編　民國二十一年（一九三二）雲南省民政廳石印本　雲南省圖書館藏書

整頓吏治方案　附條例細則表

《整頓吏治方案》是民國二十一年（一九三二）由雲南省民政廳制定，經省政府下發之正式文件，對於研究當時的官吏考核或有一定參考價值。今據其原文，將有關要點歸納如下：

一、凡入仕者必先經『考試、甄拔兩案録取，并經訓政講習所訓練畢業』，再遴選上任。

二、民政廳負責考核官吏。到任之官『務須逐月將辦理庶政情形及有無成效，編成《工作報告書》』，層層上報考核。最後，由民政廳『采用學校記分辦法，先將每一項政績各記一分數』，然後合并計算。『以六十分爲及格。超過者爲優，不及者爲劣。登記備查，迨至任滿甄别時，即據此爲去留之標準。』此後，在職官吏之升降一律以政績評定为標準。

三、除書面考核外，民政廳特委『政務觀察員』，親赴各地『核查該員工作情況，驗其是否與書考吻合』。考核結果與待遇掛鈎，優等按三級分别『加俸』，劣等即行處分。

四、初任官員，均爲『試署』，期滿勝任者，再改『署理。年滿考核列優等者，始得留任』。《方案》特别注重對縣長（含邊區設治局長）的考核獎懲，規定其考核内容包含民政事項、財政事項、建設事項、教育事項、農礦事項、司法監理事項，其奬勵辦法有嘉奬、加俸和升叙，懲治辦法有申誡、罰俸、（暫）停職、免職等。

原書内有『雲南省政府訓令』一頁，署『龍雲、民政廳長朱旭，民國二十一年六月廿九日簽發』。（朱端强）

雲南省地方自治概觀

張得善編述　民國二十四年（一九三五）中國地方自治學會鉛印本　國家圖書館藏書

張得善，生卒年不詳，字樂天，甘肅鎮番（今民勤）人。清宣統元年（一九〇九）由甘肅省選拔赴禮部試。民國三年（一九一四）爲新疆省英吉沙爾縣（今稱英吉沙縣）知縣，民國十七年

張得善編述

雲南省地方自治概觀

中國地方自治學會發行

（一九二八）爲新疆省庫車縣知事，一九三一年爲新疆省通志館館長。一九三二年，任南京國民黨中央黨部組織部邊事組幹事，倡議成立新青海社，創辦《新青海》月刊。一九三五年十月，倡議成立『青海省國民體育促進會』。另著有《青海種族分布概況》等。

本書記述雲南推行地方自治的經過、各縣的自治現狀、邊疆自治及土司統治概況等內容，并提出地方自治應注意的問題。所述經過自民國十八年（一九二九）開辦雲南省訓政講習所開始。該講習所開設行政、公安、自治訓政課程及區長訓練所，培養人才一千五百多人，分撥各縣任自治行政人員。根據各地的不同情況，從民國十九年（一九三〇）開始，分三期在全省範圍内推行自治，省會附近及東西兩迤民殷物豐、地方安謐各縣列爲第一期，地方邊遠、經費人才缺乏各縣列爲第二、三期，一律於民國二十三年（一九三四）前完成。推行自治的具體方式包括：劃定自治區，編定自治鄉鎮；委任區長，組織區公所，劃定鄉鎮區域，調查户口；召集鄉鎮民大會，選舉鄉鎮長、副鄉鎮長及鄉鎮監察委員；成立鄉鎮公所；召集閭鄰會議，選舉閭鄰長；造報完成自治組織各項報告表。通過對楚雄、會澤、箇舊、昆明、羅次等二十四個縣的自治現狀描述，概覽全省其他各縣自治情況，還記述西北、西南、葫蘆王地、瀾滄、普思、紅河、河口、金河邊疆自治及土司管轄情況，最後從劃區、人才、縣長、經費、土豪劣紳、禁烟、土司、交通、軍隊等九個方面提出地方自治應注意的問題。該書保留了一些關於各縣户口統計、警察及保衛的人數和槍數等方面的原始數據，還有《雲南省辦理各級地方自治人才訓練情形表》《雲南省完成各縣自治組織進行期限方案》《户口調查須知》《雲南省辦理户口調查人員獎懲規則》及西北、西南各縣土司情況等原始資料，對研究民國時期雲南的政治、人口等問題具有參考價值。（楊梅）

公務人員應有之修養

周鍾嶽講　民國二十九年（一九四〇）中央訓練團黨政訓練班鉛印本　雲南省圖書館藏書

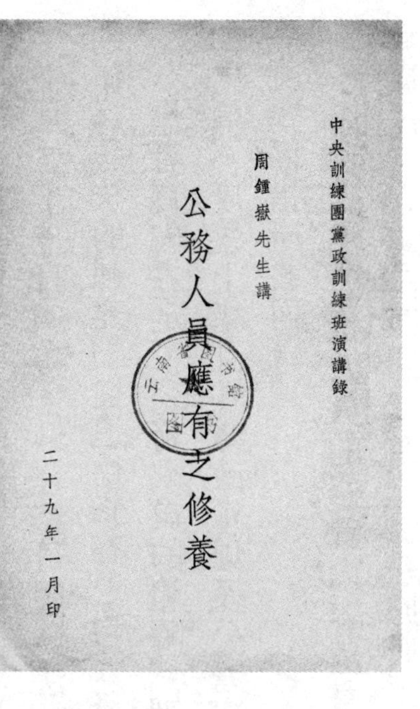

周鍾嶽（一八七六—一九五五），字生甫，號惺庵、惺甫，白族，雲南劍川人。一九〇三年雲南癸卯科鄉試解元，一九〇四年被派往日本留學，一九〇七年回滇，任雲南學務公所普通課課長兼兩級師範教務長。辛亥革命後，任雲南都督府秘書長、雲南教育司司長、滇中觀察使等，一九一五年入京任經界局秘書長，一九一六年爲協助四川督軍羅佩金，就任督軍署秘書長，一九一七年出任唐繼堯靖國聯軍總司令部秘書長。一九一九年至一九三八年間，他歷任雲南省代理省長、省長、鹽運使、樞密廳廳長、内務司司長、民政廳廳長、省務委員、内務廳廳長、通志館館長等職。任通志館館長期間，周鍾嶽組織編纂《新纂雲南通志》《續雲南通志長編》。一九三九年後，歷任國民政府内政部部長、國民政府委員、考試院副院長、總統府咨政等職，一九四八年辭職回滇。中華人民共和國成立後，一九五三年被聘爲雲南省文史研究館館員，一九五四年被推選爲第二屆全國政協委員。著有《惺庵尺牘》《惺庵電光集》《惺庵講演集》《惺庵日記》《惺庵詩稿》《惺庵文稿》等。

本書係作者在中央訓練團黨政訓練班上的講演詞。作者發表講演前，國民政府剛於一九三九年十月二十三日頒布了《公務員服務法》，該法主要從法律的角度對公務員進行約束，本篇講演則作爲該法的補充，從道德修養上對公務員進行誡勉。

作者首先界定了公務人員的範疇，謂狹義的公務人員是指在政府所設的機關服務并享有俸給的人員；廣義上指凡在黨政軍以及公營事業機關、地方自治團體服務者，都可稱爲公務人員。本篇所講係指廣義而言。

作者認爲公務人員的修養内容豐富，此篇講演爲講述便利起見，主要從明禮義、知廉耻、負責任、守紀律四個方面，引經據典，循循善誘，告誡公務人員隨時隨地皆當有合理的態度和規矩；砥礪廉隅，愛惜名節；以天下人民的事爲自己的責任；守紀守法，令行禁止，維護國家綱紀。（楊梅）

雲南省各縣局沿革

雲南省政府統計處輯　民國三十七年（一九四八）雲南省政府統計處鉛印本　國家圖書館藏書

本書收録昆明市和十三個區專員公署所轄的一百一十二個縣、十六個設治局、兩個對汛區的

雲南省各縣局沿革
盧漢題　盧漢之印
雲南省政府統計處印輯

設治沿革情況。各區首先載其面積、户口情況，進而分載各縣的歷史沿革，遠至先秦，終至民國，據史籍所載情況進行梳理。各縣内容雖簡，但設治沿革情況大略齊備，對於瞭解民國時期雲南的設縣情況更具價值，尤其是設治局，它是民國政府爲統一縣治，在邊疆、少數民族地區設立的過渡性的縣級行政機構。書中記載的設治局有龍武、寧江、耿馬、滄源、寧蒗、潞西、瑞麗、隴川、梁河、盈江、蓮山、德欽、貢山、福貢、碧江、瀘水等十六個。（楊梅）

雲南全省暫行縣地方制度

民國鉛印本　國家圖書館藏書

本書爲民國十四年（一九二五）前後，雲南省地方縣市行政改制暫行章程、條例的彙編。收録《雲南全省暫行縣制》、《雲南全省暫行縣議會議員選舉章程》（附《施行細則》《議長副議長互選規則》）、《雲南全省暫行縣行政官任用條例》、《雲南全省暫行縣參事選舉章程》、《雲南全省暫行縣教育局章程》、《雲南全省暫行實業局章程》、《雲南全省暫行縣警察局章程》（附《處務規則》《警員叙委條例》《警察官吏獎罰規則》）、《雲南全省暫行縣團保局章程》（附《團保通則》）、《雲南全省暫行縣財政局章程》（附《辦事規則》《監察委員會辦事規則》）、《雲南全省暫行市自治條例》、《雲南全省暫行村自治條例》（附《村民會規則》）、《雲南全省暫行市村自治委員會條例》、《雲南全省暫行市村和解會規則》、《雲南全省各縣市村户口編查暫行規則》（附《表式説明》）、《雲南全省各縣市村人事登記暫行規則》（附《表式説明》）共十五種，其後頒發有關規章未收。此書扉頁印有：『（注意）此册奉到後，凡遇新舊任交替，應專案列入交代。』

該書未標注出版時間。民國十四年（一九二五），雲南全省地方自治講習所出版的鄭崇賢、常憲章編《雲南省縣市村議會議員選舉章程詳解》附録二《雲南全省暫行縣議會議員選舉章程》，與本書所載此章程内容一致，僅無附録，可知本書應是聯省自治運動的産物。此運動重點是改革國家治理體系中最重要的單元——縣級行政制度。通過選舉縣議會，組成縣行政機構，進而達到一個省域内的自治立法。自治立法的各省，選派代表組織聯省會議，制定聯省憲法，實現中國統一，使舊的國家制度和平過渡到憲政民主制度，以期達到現代西方國家的憲政聯邦制。該改革發軔於清末的預備立憲，光緒三十四年（一九〇八）三月，清政府頒布《城鎮鄉地方自治章程》及《府廳州縣地方自治章程》，雲南開辦全省自治總局。地方自治爲上下兩級制，均已完成。民國成立，自治制度仍沿清制，民國三年（一九一四）十二月，北洋政府公布《地方自治試行條例》，該《條例》將清末的府廳州縣與城鎮鄉二級自治改爲區自治之一級地方自治制度。

雲南全省暫行縣地方制度

民國九年（一九二〇），雲南省省長周鍾嶽重新規劃自治，設立全省地方自治籌備處，處長由省長兼任（周鍾嶽、顧品珍、唐繼堯先後任處長），制定《雲南全省暫行縣地方自治章程暨選舉章程》《雲南全省暫行城鄉地方自治章程暨選舉章程》。民國十年（一九二一）九月，各縣議事會、參事會先後成立，上級自治機構已設置齊備。民國十一年（一九二二），雲南繼續籌辦城鄉自治，組織『制定市村自治條例委員會』，次年編定《市自治條例》《村自治條例》，民國十三年（一九二四）七月一日，先由昆明、宜良、阿迷、蒙自、箇舊、會澤、騰衝、思茅等八縣開始，其餘各縣依次分期實施。關於縣制改革部分，雲南先後制定了《雲南全省暫行縣議會議員選舉章程》及其有關文教、財政、警務等條例十餘種，合訂印發（似即爲本書）給各部門，其餘條例則分別檢發，并舉辦雲南全省地方自治講習所，培訓改制人才。所訂各項規章中，『以縣制及市村自治條例兩種規劃頗詳，雅得各省之推重。内政部制定現行各種自治法規，亦多所采取。此在本省自治史上，不可謂非光明之榮譽也』（《續雲南通志長編》卷二十八《議會一·各級自治之變遷》）。

民國十六年（一九二七），北伐勝利，南京國民政府成立，全國統一依照國民黨設施程序，停辦自治。當時，雲南發生『二六』政變，唐繼堯下臺，省政府改組爲省務委員會，自治事宜逐漸式微。（劉景毛）

（三）民政

昆明市七一一賑災會徵信録

昆明市七一一賑災會編　民國二十年（一九三一）鉛印本　國家圖書館、雲南省圖書館藏書

一九二九年七月十一日午後，昆明城北世恩坊（今北門街南段）附近發生火藥爆炸，波及東至圓通街、平政街，南及五華山後，西至翠湖邊，北至北門街北端的廣闊區域，造成三百二十七人死亡、十二人殘廢、五百六十七人重傷、一千四百五十七人輕傷，受災户數達三千二百一十户，受災人口一萬兩千二百餘人，災情浩大，災區廣闊。當日，昆明市政府慈善會華洋義賑分會、紅十字會及中外各界人

昆明市七一一賑災會徵信録　上冊

士咸赴災區實施臨時救濟。第二天，市政府召集賑災會議，決定以華洋義賑分會昆明市慈善會、紅十字分會、總商會、商民協會、省黨部總登記處、憲兵司令部、市政府等七團體機關爲主幹，與中外各界慈善家共同組成『昆明市七一一賑災會』。不久，省政府加派委員十一人，賑災會即選定執行委員二十三人，互選常務委員九人，開展賑災活動。該會於一九二九年七月十三日成立，至一九三〇年七月底工作結束，分設總務、財務、調查、賑濟、衛生等部門，開展了清理現場、

調查灾情、籌措賑濟款、免費救治傷者、挖掘屍骨備棺盛殮、設置收容所、發放米麵、發放救濟款等工作。本書即『昆明市七一一賑灾會』賑灾情况的記録，分上下兩册，上册首載賑務工作始末紀要，對賑灾工作的緣由、組織、工作情况進行概述；次列職員表；繼爲相關法規、往來文電、會議録、調查統計、上海協會工作報告、收入捐款等；書前有灾情照片十四幅。下册主要爲賑灾款項的發放明細，含死亡裝殮費、補助灾民生産搬家費、受灾人口補助金、死亡遺族人口撫恤金、搬運火藥炸斃牛馬補助金等，末有賑灾會的收支統計。該書爲昆明七一一爆炸賑灾情况保留了詳細資料。（楊梅）

中國之農賑

王武科著　民國二十五年（一九三六）商務印書館鉛印本　國家圖書館藏書

王武科（一九〇四—一九九三），字偉烈，雲南禄豐縣人。燕京大學社會學系畢業，曾供職於全國經濟委員會。全面抗戰爆發後返滇，先後擔任雲南全省經濟委員會秘書、雲南合作事業委員會常務委員、雲南省社會處督導、彌渡縣縣長、興文銀行襄理等職。中華人民共和國成立後，在財經學校、省食品公司等處任職。一九八七年，受聘爲雲南省文史研究館館員。除本書外，還著有《戰時合作事業》《中國合作史綱》等。

該書爲王雲五主編的『百科小叢書』之一。其首序由社會學家、燕京大學教授許仕廉撰寫，其評價此書是『研究農村經濟及社會工作者極有用之參考資料』。作者自序提及『（該書）脱稿，

正值長江水灾再度暴發，澧樊淪爲澤國，宜沙形同孤懸，贛鄂兩省受灾尤重』，希望此書在『將來辦理善後或將有用』。

該書正文共計七章。第一章『緒言』，概述政府在大灾之時對農村救濟的三種方式，分別是急賑、工賑、農賑，并强調農賑是救灾的重要部分，是整個救濟灾農計劃中最爲緊要的步驟。第二章『農賑之意義』，主要介紹農賑與普通救濟的區别。第三章『農賑之起源』，主要記述民國二十年（一九三一）秋洪灾後農賑的實施情况。第四章『農賑之發展（上）』，分兩節，第一節『長江水灾農賑』，記述民國二十年（一九三一）長江發生水灾情况以及政府在皖贛湘鄂蘇采取的農賑措施，如籌集基金、制定放貸政策、貸放籽種、修復民圩等；第二節『華北戰灾農賑』，記述《塘沽協定》簽訂後，政府制定戰區農賑辦法以及對華北戰區進行賑濟的情况。第五章『農賑之發展（下）』，第一節『黄河水灾農賑』，記述民國二十二年（一九三三）黄河泛濫後的灾情以及國民政府成立黄河水灾委員會辦理農賑之情况；第二節『安徽旱灾農賑』，記述民國二十三年（一九三四）夏，安徽旱灾灾情以及農賑情况；第三節『湖南旱灾農賑』，記述民國二十三年（一九三四）四月湖南旱灾灾情以及農賑情况。第六章『農賑之實施方法』，分五節詳細介紹開展農賑的具體方法，如調查受灾農村、組織互助社、貸放賑灾款等。第七章『結論』，闡述農賑的效力，其具有可補救灾荒産生的影響、促成合作事業之發達、訓練農民之組織能力等作用。該書是瞭解民國時期中

國重要灾情以及農村救濟情况的重要史料。（李艷）

荒政略

鍾瑞符編纂　民國二十三年（一九三四）鈔本　雲南省圖書館藏書

鍾瑞符，生卒年不詳。民國時期雲南省民政廳官員，一九三八年爲河口、屏邊、金平三區界務委員，重新擬定三區劃界方案。其餘事迹待考。

『荒政』指各級政府遇到荒年所采取的預防、救助措施。編者在『凡例』中指出，『兹稿摘彙之事實，重在譚志成書後至民國二十年當中所經過者叙述之』，其中『譚志』，應指清光緒二十七年（一九〇一）王文韶、譚鈞培等修《續雲南通志稿》。因此，《荒政略》一書所涉及内

容以一九〇一年至一九三一年這一時間段爲主。目前僅見第一册。

編者按照通志館意見，采取各縣分列式，每縣分四項叙述。全書内容包括五個部分，分别爲『總論』『平糶』『賑恤』『義賑』『工賑』。在『總論』下的『倉儲』部分内容後，還將民國二十年（一九三一）各縣的倉儲積穀數目分别彙總統計，以與將來倉政成績進行參照比較。書中還附有相關的管理章程、報告和調查資料，如中央頒行之《關於平糶之各地方倉儲管理規則》及《勘撫灾

歉條例》《火灾章程》《大理等屬震灾（火灾情形附内）情形報告書》《鹽津等屬水灾賑濟款項賬目》《雲南全省賑務處報告書》《監督慈善團體法》《工賑之章程及情形》等。

該書資料來源廣泛。『倉儲』部分的内容，各市縣區數據主要來源於財政廳所藏清代雲南善後局歷年整理的倉政案牘，以及民國時期政務視察員視察各縣倉儲的報告表，包括民國二十年（一九三一）前雲南全省一市、一百零七縣、十五個行政區的狀况。各督辦特區及其所屬對汛地方所呈報實施荒政的相關文件，或『片紙隻字』亦均全力搜録，并注明來源。

該書内容較爲全面，除少數邊遠地方爲新設倉儲外，其餘倉儲的緣起、統計、灾荒情况以及相關的賑務情况都彙總於内。對瞭解、研究清末至民國時期雲南地方政府如何預防、應對灾荒，乃至如何管理監督慈善團體，均有重要價值。（曾黎梅）

雲南民政概况

雲南省民政廳編　民國二十五年（一九三六）雲南省民政廳鉛印本　國家圖書館藏書

民國十七年（一九二八）四月一日，雲南省民政廳成立，這是雲南全省民政事務的專管機構。按照省政府組織法規定，民政廳職掌吏治、户政、地方自治及選舉、保甲、積穀、禮俗、文物文獻的保存、宗教寺廟的管理、界務、社政、緝匪捕盜、警務治安等。其間，省民政廳曾管理衛生事務，并接管禁烟、團務事務，職掌範圍略有變化。省民政廳的機構曾包括秘書處、宣傳處、衛生處、雲南省邊疆設計委員會等，到民國三十五年（一九四六），設有六科四室，即第一、二、三、四、

五、六科和人事室、督導室、會計室、統計室，機構有所增減。

本書封面由省民政廳廳長丁兆冠題簽。全書就民政範圍内重要事項，分區域、人口、沿革、吏治、自治、團防、警務、救濟、衛生、禮俗等十類分別記述，其中不易叙述的内容，專附表格在後面，合計三十四個附表。地政和禁烟兩項，因由其他機關辦理，則該書從略。本書編輯體例以事項爲經、年月爲緯，追溯各市縣設治局

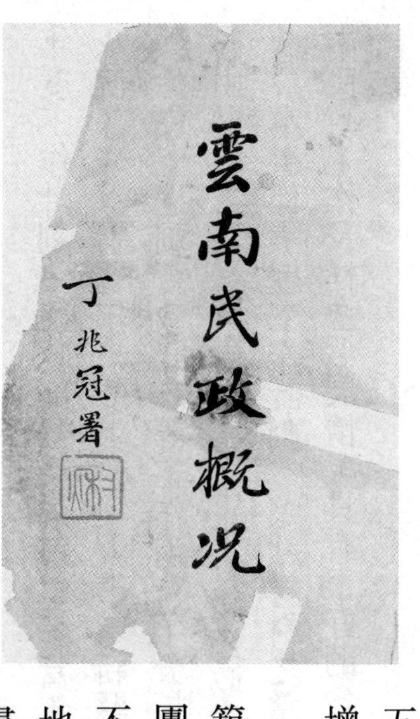

的沿革變遷，記述民國十七年（一九二八）至民國二十五年（一九三六）這九年内雲南省的民政情況。

是書編纂『專注重事實之叙述，及數字之記載』，資料豐富，具有重要的研究價值。如書中記述雲南的民族，認爲『雲南民族，種類複雜，甲於全國』，并介紹了雲南全省少數民族四十八種，對其户籍、人口、語言、生活習慣、教育情況等進行了統計。這些記載被目前西南民族史的研究成果大量引用，以説明雲南民族的複雜性。需要注意的是，這四十八種少數民族，正如張邦翰所言，『此種記載，所謂「種類」僅係各種邊民「名稱」之彙集，其實有不少重複者；所叙分布地域，僅略舉一二，亦有不少省略疏漏者』。因此，儘管該書具有寶貴的參考價值，但是在史料的引用上，必須加以考證，明確其真實性。（王倩）

一年來之雲南民政

雲南省民政廳編　民國三十三年（一九四四）雲南省民政廳鉛印本　國家圖書館藏書

民國三十二年（一九四三）七月，陸崇仁就任雲南省民政廳廳長，次年七月，主持編撰本書，『兹篇所輯，蓋彙輯年來工作，而與本省民政各級同人，惕勵蹉切，備供懲前毖後之資料云爾』。

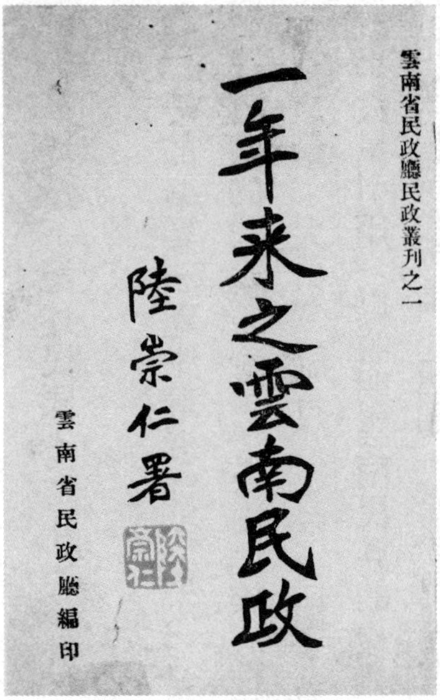

本書爲『雲南省民政廳民政叢刊之一』，陸崇仁題簽并作序。其序云：『夫民政工作，以縣政爲對象，而縣政建設，不外促進憲政之實施，達到民主政治之目的。』闡述了民政工作的要義。全書首爲『雲南省政府三十三年度工作計劃（民政部分）』，規定了當年民政工作的方針、目標、原則、綱領和中心任務。後按八個部分，對一年來的吏治與人事、新縣制、户政保甲縣圖推進、禮俗文獻、倉儲、禁烟、團務與治安、邊疆行政設計等工作進行了分析和總結。爲説明問題，文内還附有《各縣局長功過奬懲事由縣名人名一覽表》《雲南省省級户政人員訓練畢業姓名年籍一覽表》等圖表。

本書係年度工作計劃、總結材料之彙編，對研究民國三十三年（一九四四）抗戰背景下之雲南民政工作及社會發展情況具有很好的參考價值。（王倩）

（四）邊務

蠻愛會案國防日記

由人龍著　民國六年（一九一七）鈔本　國家圖書館藏書

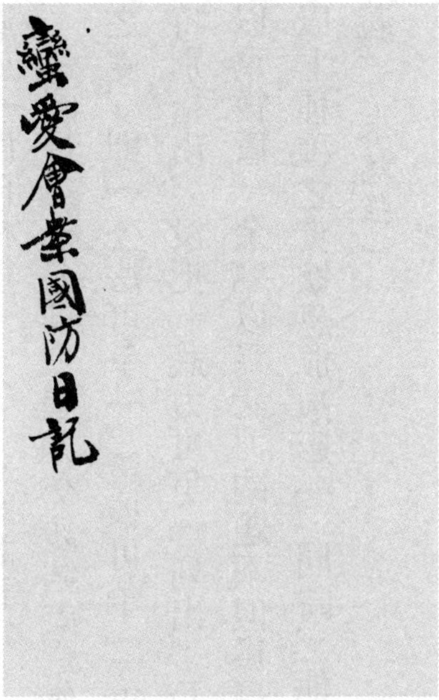

由人龍，字瑞熙，雲南姚安人。清末秀才，曾留學日本振武學校學習軍事，後入早稻田大學法科學習。民國年間，先後任雲南軍法課課長、鹽運使、姚安縣參議、保山縣縣長、騰越道尹等。他曾力爭外交權益，倡修滇緬公路。晚年歸里，關心家鄉實業建設，曾出資創辦姚安平民織布工廠，收鄉人男女習藝。政暇，亦雅好著述。

此書爲作者任雲南騰越道尹時所撰。卷首『弁言』曰：『民國六年，適届滇緬邊案第五年度，與英人蠻愛會案。』按中緬雙方約定，作者率中方外交官吏、邊地村官及有關『邊案』的證人等，於民國六年（一九一七）一月十四日，到達位於南畹河與瑞麗江交匯之地的弄馬寨，交涉近期發生的外交案件。

這次交涉是在『片馬事件』之後。作者一行本來就對英緬不斷侵擾蠶食我國西南邊疆領土非常憤怒，對北京政府輕視西南邊疆問題和軟弱無能的外交非常反感，所以，在處理所謂『互控』

案件上，敢於堅持原則，維護我國家和邊民利益。例如，在『會訊隴川民野人（按：當時指景頗族）早炭拴鎖緬民勐臘寨臘港一案』時，英方提出賠款，作者等駁稱此類情況甚多，緬方也曾拴鎖我方邊民，故不存在賠償問題；又如，在所謂雙方有争議的邊境地區，我方邊民種了一些田地，對方要求賠償，作者認爲『更不可』，因爲如果對此賠償，則承認這些田地屬於對方，堅持提出屬於『閑田種植』，不予立案討論。

同月二十七日，雙方交涉結束。作者進一步對同僚闡述了『片馬』邊界問題我方的『可争』之處，即『公法可争』『證據可争』『事實可争』『條約可争』『談判可争』和『時效可争』。作者特别指出，没把『武力可争』列出，乃因『武力之能否敵人，其問題不僅在全滇，當合全國之力以爲後盾。余竊以爲武力問題不但爲最後之解決，當爲以上數端之前提，使武力不足以敵人，即以上種種之實據恐成泡影』。同時，他還深入闡述了雲南邊疆和國防問題對於整個中國的重要意義。（朱端强）

治邊意見

范學仁撰　民國十七年（一九二八）鉛印本　雲南省圖書館藏書

范學仁曾在騰衝任職，其餘生平事迹待考。作者稱其民國十二年（一九二三）『由滬旋滇時，即已將此稿擬就。因政府於内憂外患不暇顧及此細微之邊務，故亦未繕呈』，『今僅就整頓騰（衝）永（平）邊政及整頓騰永鹽務，開發邊地，創辦實業以及應興之教育、團保、警察、司法、理財、

衛生、交通、軍事、建築、開墾、移民、牧養諸大端，逐條縷陳，以副政府整理内政，鋭意建設之苦衷』。

該書内題《治邊計畫》，共二十二條，歸納於左：一、整頓鹽務，由政府收回經濟大權。二、設立『廼西殖邊督辦』，領導邊政。三、添設『界務局』重勘邊界，取消不平等條約。四、考察地質，種植棉花。五、擬定『治邊計畫』，指導邊政改革。六、委任熟悉邊務之官吏。七、設立邊地學校，推行『强迫』（義務）教育。八、收回土司『崗税』權，由政府設『厘税局』收之。九、建議以佛教和愛國思想抵制基督教。十、添設警察，講求衛生。十一、取締『土幕』（指從川黔等地竄入邊疆充當土司幕友的無賴之徒）。十二、取消『土卡』，推行和内地統一的司法制度。十三、調查户口，擺脱土司舊統治，實行村民自治。十四、鼓勵和組織貧民開墾土司所轄未開墾之地。十五、開通河渠，發展農業。十六、修治以昆明至騰衝爲幹綫的大道，以利軍事行動和民間交往。十七、丈量土地，核定徵收錢糧。十八、添設牧畜場，以備軍馬。十九、鼓勵漢夷通婚，以利『融化種族』。二十、添練陸軍，以固邊防。二十一、以盞達（今屬盈江縣）或其他漢族較多的地方作爲改革『試辦區』，逐漸推廣邊政改革。二十二、監視土司不法行爲。上述意見，對於研究民國初期邊疆改革歷史或有一定參考價值。（朱端强）

收回雙江猛猛教堂運動

民國二十六年（一九三七）鉛印本　國家圖書館藏書

雲南省立雙師邊城叢書之四
收回雙江猛猛教堂運動
民國二十六年三月一日

該書封面標有『雲南省立雙師邊城叢書之四』字樣。扉頁由鎮南張祖蔭題寫書名，之後龔自知題『還我主權』。正文分『開場白』『文卷箱』『公道話』『備忘録』和『紀念碑』五個部分，有《雙江縣猛猛教堂略圖》一幅。第一部分『開場白』，闡述本書編纂之緣起。民國十四年（一九二五），美國浸信會牧師非法占用雙江猛猛城南公地建蓋教堂，其土地主權歷年交涉而無法收回。李文林於民國二十五年（一九三六）任雙江縣縣長以來，『於歷任卷宗與教堂地面内，搜獲可以收回之證件甚多』。其在公文呈請收回猛猛教堂用地之際，將上述卷宗一并交由雲南省立雙江簡易師範學校教員兼編輯主任彭桂萼編印成書，『甚願上峰及各方人士給以指導、鞭策、力助，使收回教堂之運動，於不久之將來現諸事實』。第二部分『文卷箱』，收録一九〇三年的中美條約，民國十七年（一九二八）的教會租用土地房屋暫行章程，民國二十五年（一九三六）有關收回猛猛教堂的各種通令、訓令、交涉信函、呈報性公文等。第三部分『公道話』，收入《爲收回雙江猛猛教堂敬告國人》和《收回雙江猛猛教堂的理論與實際》兩篇文章，記述猛猛教堂的由來、位置、交涉事項及收回理由。第四部分『備忘録』，收録民國十四年（一九二五）至二十四年（一九三五）間有關處理浸信會侵地建屋的呈文及訓令、歷任雙江縣縣長與永牧師關於土地租借手續的往來函文等。第五部分『紀念碑』，爲碑文資料，簡要記述收回猛猛教堂作爲省立雙江簡易師範學校校址的經過。該書收録多件歷史檔案資料，在今天具有一定的參考和研究價值。（田青）

抗戰中的西南民族問題

江應樑著　民國二十七年（一九三八）中山文化教育館鉛印本　國家圖書館藏書

江應樑（一九〇九—一九八八），祖籍廣西賀縣（今屬賀州市），出生於雲南昆明。雲南大學教授，中國民族史博士生導師。一九二七年考入上海暨南大學預科，一九三七年獲中山大學研究院碩士學位，次年任中山大學講師。一九四一年，冒着被擄爲奴的危險，隻身到大涼山彝族地區考察。一九四二年任國立東方語專副教授。一九四三年九月以後，受聘爲雲南省民政廳邊疆行政設計委員會主任委員，其間，著有《邊疆行政人員手册》《大小涼山開發方案》《騰龍邊區開發方案》《思普沿邊開發方案》，爲開發雲南邊疆、擬訂邊疆行政革新及實施計劃作出了重要貢獻。一九四五年至一九四六年在雲南西雙版納進行了八個月的民族調查。一九四七年，回到廣州，受聘爲中山大學、珠海大學教授，并兼任珠海大學文史系主任。自一九四八年受聘雲南大學社會學系教授以後，他把民族學、社會學、考古學、文獻學、歷史學的研究結合起來，取得了豐碩的成果。一九七九年，參與籌建雲南大學西南邊疆民族歷史研究所并任所長。還曾任雲南省政協委員、中國民族學研究學會理事、中國人類學會理事主席團成員等職。發表學術論文八十餘篇，著有《西南邊疆民族論叢》《〈百夷傳〉校注》《擺夷的文化生活》《擺夷的經濟生活》《明代雲南境内的土官和土司》《傣族史》等。

本書爲中山文化教育館編『抗戰叢刊』第五十九種，是作者研究如何把西南民族『偉大的人力和豐富的物力總動員起來』，以達全面抗戰最後勝利提出的計劃與方策。全書分四章論述了西南民族的過去與現狀、西南民族與抗戰前途的關係，調整西南民族的具體方案等内容。書首有中山文化教育館研究部的《抗戰叢刊緣起》。

一九三七年盧溝橋事變後，日寇侵華步步緊逼，向來不爲人所重視的西南諸省，逐漸成爲整個國家的政治、經濟、文化中心。『保持着一種原始民族的體格與原始民族的習性』，具有『堅忍的性質，能吃苦，能耐勞』的精神，以及『原始人類率真的天性』與誠實性格的西南民族，可以成爲『抗敵的中堅，國家的棟梁』，能够解決抗戰所需的生力軍問題；西南民族居住地的環境氣候、地貌、資源物産，是能够爲長期抗戰提供豐富經濟資源的寶庫。但幾千年來，歷代政府統治西南民族的方式、漢民族的大民族主義思想，造成了西南民族地區『獨立的半獨立的政治狀態』，西南各民族也成爲了生活在資源富饒而與世隔絶的落後生産方式下的『貧窮』民族，這恰恰是調動西南民族投身抗戰的大問題。爲解決這一問題，作者認爲祇有『用國家的力量，來調整西南民族與漢民族的關係，使成爲抗敵政府領導下的一個整體』；要從西南民族本身的改進上着眼，提高他們經濟的、文化的生活水準，并且從政治、經濟、教育、社會事業、改良風俗習慣等方面提出了具體解决的方法。總之，『抗戰中的西南民族問題，包含的範圍及意義實在太大了，本文衹敷淺地畫出一個輪廓』，從這一輪廓中可以看出作者的用心，但具體的實施是有難度的。值得肯定的是，方案的提出有利於國家政權與邊疆少數民族的互動，對增强西南民族的國家意識，取得長期抗戰的最後勝利是有指導意義的。（鄭志惠）

滇邊經營論

陳碧笙著　民國二十七年（一九三八）鉛印本　國家圖書館藏書

陳碧笙著

滇邊經營論

陳碧笙（一九〇八—一九九八），又名陳雨泉，福建福州人。一九三二年畢業於日本早稻田大學政治學部，旋執教於暨南大學。中華人民共和國成立後，任厦門大學歷史系教授、臺灣研究所所長，中國華僑歷史學會副會長，中國東南亞研究會副理事等職。著有《滇邊散憶》《臺灣地方史》等。

該書爲作者一九三六年考察雲南西南邊疆的研究性筆札，共三編，依次爲『滇邊墾殖之意義及前途』『經營滇西南邊區之政治軍事國防交通計劃』和『滇西南行日記』。最後一編記作者一行考察所經路綫和見聞。其所謂『滇西南』，係指今雲南思茅、普洱和西雙版納沿邊地區。民國二十五年（一九三六）四月十四日，作者等從昆明出發，乘車至玉溪。玉溪以南，則幾乎全靠騎馬和步行，一路艱難行至車里（今屬西雙版納）。作者按日程記録其經歷，全編主要側重於對雲南社會經濟的觀察和論述。

作者通過長達一年多的調查研究，提出『向南發展』的杰出見解。他認爲，中華民族自古就是一個不斷從西北、東北逐漸向南發展的民族。在全面抗戰爆發之初，作者認爲『向南發展』更具有積極的現實意義。例如，有利於聯合東南亞華僑抗擊日寇；通過移民墾邊，有利於長久地建設和鞏固西南邊疆。他明確指出，『向南發展』必須『首先將以滇西南邊區爲一個重要的出發點』，并進一步提出六點建議：一是建議加快加强滇西南之公路、衛生、郵電、教育等現代化建設，以此支撑中國『向南發展』；二是建議動員中國西北人移墾滇西南；三是建議以股份制開采和經營滇西南礦産；四是建議改革滇西南邊區政治、軍事組織，加强邊防；五是建議儘快對耿馬、孟定等殘存土司制實行改土歸流；六是建議努力發展教育，培訓開發邊疆和『向南發展』的人才。該書對於今天雲南乃至中國對外發展戰略，仍然具有重要的參考價值和啓發意義。（朱端强）

邊巡日記

李樂山著　民國三十五年（一九四六）騰衝縣政府秘書室石印本　雲南大學圖書館藏書

李樂山，生卒年不詳。抗戰期間，曾任永仁縣田賦管理處處長。抗戰勝利後，曾任騰衝縣縣長，

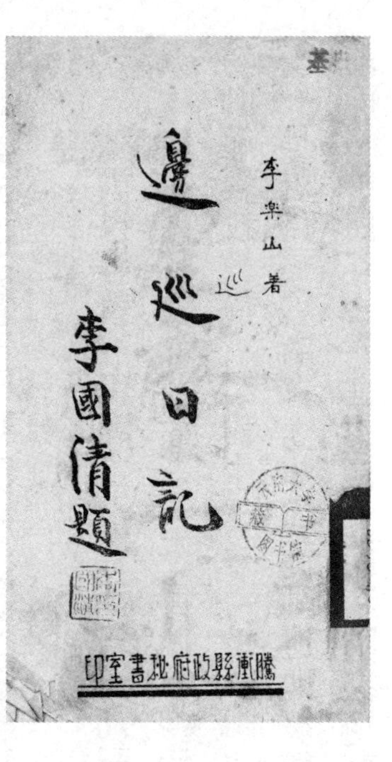

并以此身份巡視邊疆地區；後任第六行政督察專署區專員楊茂實的秘書，并協助其處理瑞麗事件；後調任呈貢縣縣長。一九四九年通電擁護盧漢在雲南起義。

該日記由李國清題寫書名，李根源題詞『隺麟一爪』。其每日均有日期及星期的記載，但無具體年份，從文中提及『好大祥總練所統各卡之卡丁……在抗戰期間亦曾盡力協助國軍殄敵』，可知成書時間在滇西抗戰期間及之後。回顧一九四二年到一九四九年，僅一九四六年二月二十日是星期三，故確定該日記寫於一九四六年。

滇西光復後，國民政府開始恢復各項地方管理政策，其中之一就是恢復因日本入侵被迫中止的禁種鴉片政策。爲檢查騰衝縣境內的禁烟情況，作者於一九四六年二月二十日至三月四日期間，巡視了騰衝縣的中和、盞西、遮坎、猛蚌等地，該日記即此次巡邊的所見所聞。具體而言，其主要内容有四。第一，詳細記録了沿途的禁烟情況。作者先後督查了中和鄉、鶴麟鄉、明朗鄉、牛欄鄉等地的禁烟工作，發現中和鄉新岐村、明朗鄉垻派村、遮坎木瓜塘仍有偷種鴉片的情況，遂親自督促當地鏟烟。第二，記述了所經之地的風土人情。如在盞西，作者親見不同民族的服飾及生活狀況，如『擺彝婦女砍柴回家，衣服整潔，赤足健步如飛，……山頭婦女裝束奇异』。第三，記載了作者巡邊途中對下級官員的訓話及與鄉紳的交流情況。如二月二十五日在盞西抓欠寨時，『宣慰各山官山頭擁護政府，貫徹法令及禁烟政策』；三月四日返回縣府途中，『道經和順鄉，訪問該鄉紳老』。第四，對此次巡邊的感言。巡邊之後，作者『深覺滇西邊疆問題，需從改善邊民生計、提倡邊民教育着手，方能根本解決』。

巡邊，是爲保護邊境安寧而采取的一項措施。作者作爲國家基層官員的代表，是邊政的具體執行者，對國家政令在邊疆地區的推行成效有着直接感受。該日記的内容具有較高的可靠性，如提及巡視返回途中『沿途無偷種問題』，一九四六年三月二十二日，專員李國清率領的雲南禁烟聯合督察第一團抵達騰衝，督查禁烟情況後指出，『騰龍邊區兩縣六局均有烟苗發現，辦理情形以騰衝、龍陵、瑞麗三縣局較爲認真』，肯定了作者此次巡邊的成效。該日記記録了作者巡視基層十餘天的觀感，反映了當時騰衝的風土人情、社會經濟狀況以及邊疆治理在基層所面臨的問題，爲瞭解那個時期邊疆社會的情況提供了細緻的參考資料。

該日記近年影印收入《民國時期西南邊疆檔案資料彙編（雲南卷）》第四十六卷。（朱强）

雲南邊地與中華民族國家之關係

陳雨泉等著　民國二十七年（一九三八）雲南省立雙江簡師鉛印本　國家圖書館藏書

按書前『寫在前面』，本書係由彭桂萼主持編撰。彭桂萼，筆名震聲，曾任雲南省立雙江簡易師範學校教員、編輯主任。

是書爲『雲南省立雙江簡師邊地叢書之三』。扉頁有張祖蔭題『喚醒邊氓』。彭桂萼在『寫在前面』中曰：『當這整個民族和國家受到絶大的迫害與空前的危難的時候，則開發雲南邊地以促

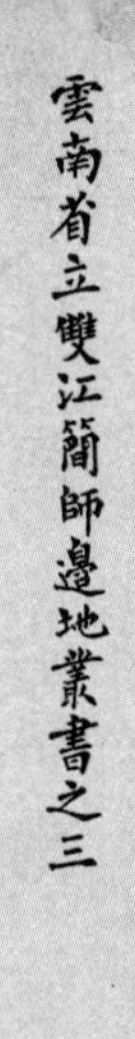

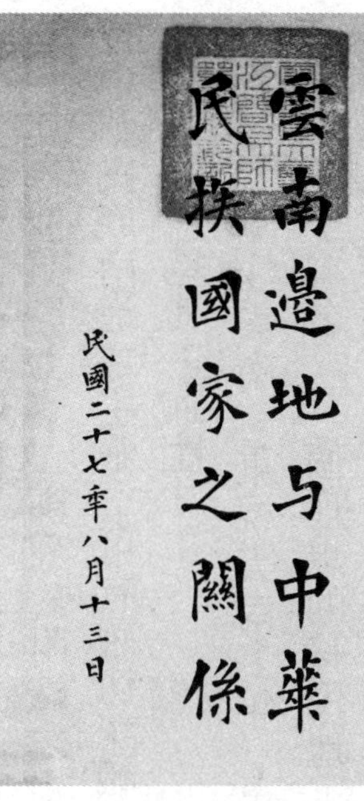

進雲南建設，使它能與各地聯合起統一抗敵戰綫來，共救危亡，實在是目前非常迫要的事。』因此，『特編印邊疆叢書，……特對準開發邊疆的各問題提供出一些意見來』。秉持這樣的理念，書中收録陳雨泉（即陳碧笙，見前《滇邊經營論》提要）《雲南邊地與中華民族國家之關係》、尹明德《由會勘滇緬界務的經過説到邊疆學子的希望》、李文林《開發雲南西南邊地實施草案》、震聲（彭桂萼）《論雲南西南沿邊的治安及建設》、竹村《邊地教育實施計劃》、彭桂萼《從邊地問題説到邊地教育》《雲南雙江之茶葉概況》等十六篇文章。

是書編纂於全面抗戰初期，當時，邊疆雲南作爲抗戰大後方，與内地的聯繫更加緊密，中華民族整體意識與凝聚力空前高漲。如何進一步開發雲南資源支援抗日戰爭前綫，該書從理論和實際操作層面作出了探討。（錢秉毅）

邊政論叢（第一集）

陳碧笙著　民國二十九年（一九四〇）戰國策社鉛印本　國家圖書館藏書

陳碧笙簡介見前《滇邊經營論》提要。是書爲『戰國叢書』之一，彙集陳碧笙有關邊政論著共二十一篇，分别是：《偉大的雲南》《百年抗戰與百年建設》《自南詔至暹羅》《車里與暹羅》《滇

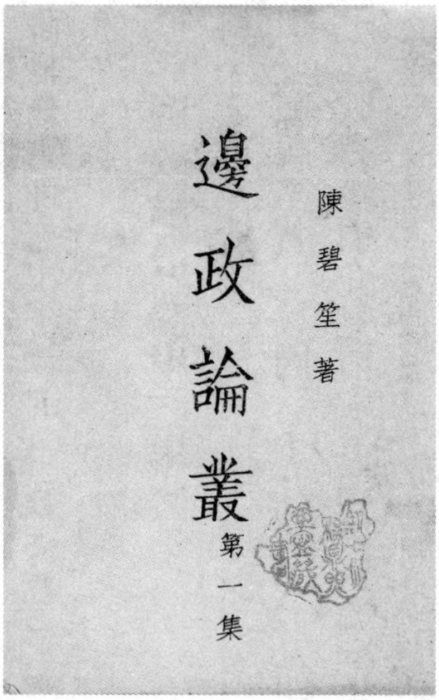

緬關係鳥瞰》《滇緬經濟關係之過去現在與未來》《滇緬鐵路與抗戰建國》《滇緬鐵路應走北綫嗎？》《我們不怕封鎖》《文化機關爲何不疏散？》《康藏滇關係論》《滇西邊地經濟之危機及其對策》《這裏没有民族問題》《對於雲南回變的新認識》《大理山水論》《瀾滄江探流記》《孟定一瞥》《滇邊自然地理概述》及附録一《雲南邊地問題研究大綱》、附録二《對印緬泰越馬爪菲民族工作大綱》、附録三《開發雲南邊地方案》。内容涉及二十世紀三四十年代雲南與緬甸、暹羅邊境之國防、交通、軍事、政治、經濟、民族、史地諸基本問題，它們曾分別刊載在《雲南日報》《中央日報》《益世報》《新動嚮》《戰國策》《責善半月刊》上。依其内容性質，略爲分別先後，首之以南進理論；次之以滇暹、滇緬問題；又次之以經濟、民族、史地問題；其各種開發方案，則列於附録之中，以明層次。通過此書，對作者學術思想、奮鬥精神及所抱中華民族南進之主張，可有確切認識，如《百年抗戰與百年建設》《我們不怕封鎖》等文，歷經時間考驗愈見其正確性。

作者關注雲南、重視雲南多年。民國二十三年（一九三四）十二月，作者在香港就曾油印一本小册子，名《一個理想的移民地——雲南普思沿邊》，分贈各方友好，提出『要保中國，先保西南；要保西南，先保雲南；要保雲南，先保滇邊』這一具有前瞻性的論點。民國二十四年（一九三五），作者實地考察邊地時，應雙江縣縣長兼簡師校長李文林先生之邀，爲未來殖邊幹部作了一次演講。後演講詞收入雙江簡師『邊地叢書』之《雲南邊地與中華民族國家之關係》一書中，闡述了作者數年前對於抗戰形勢的一段預言：『我們要保全中國領土的完整，收復已失的國土，不能不與侵略我們的敵人——日本拼命，要與日本拼命，不能不先建設兩廣、四川這兩個根據地；要建設兩廣、四川這兩個根據地，不能不先建設根據地的根據地——雲南！』

所以，本書開篇《偉大的雲南》（發表在民國二十八年六月《雲南日報》）一文中，作者首先明確指出雲南地理位置之重要性。他認爲雲南對內可能是中華民族抗戰復興的根據地，對外則是中華民族向南進展的根據地。他提出對於中華民族南進的幾點看法：一、認爲將來的『北印度支那半島』會是中國人口向南遷徙的第一個目標和理想出路；二、東南過剩人口西移，與西南各民族融合，必將創造出一個新生有力的新中華民族；三、中華民族的南進，與散居南洋群島和『印度支那半島』的華僑大衆通力合作，必將形成二十世紀新南洋最偉大的力量；四、世界上兩個最大的民族——中華民族與印度民族的密切接觸與合作，指示出新東方文明的起端，也意味着全人類歷史的根本改造。而求中華民族之獨立與自由、求國内各部落之合化與解放、求中華民族之質的改進、求中華民族之量的擴大、求海外華僑之扶助與組織、求東方諸弱小民族之復興與提携、求世界兩個最大民族之互助與合作、求東方新文明之創造與復興等八大綱領之大膽設想的提出，對今天雲南建設面嚮南亞東南亞輻射中心的定位，具有很好的指導作用。（江燕）

邊疆行政人員手册

江應樑編著　民國三十三年（一九四四）雲南省民政廳邊疆行政設計委員會鉛印本　國家圖書館藏書

雲南省民政廳邊政叢刊之一
邊疆行政人員手册
陸崇仁署
雲南省民政廳邊疆行政設計委員會編印

江應樑簡介見前《抗戰中的西南民族問題》提要。該書爲『雲南省民政廳邊政叢刊』之一，叙述雲南省邊地情況及革新邊疆行政要點，實爲整套『邊政叢刊』之綱領。該書分上、下兩編。上編『雲南的邊疆區域』，論述何謂邊疆（地理環境、住民生活、語言文字），雲南邊地的土民，邊區的土司政治（雲南土司的來歷、明清時代的土司、現存的土司和土司政治的實情）等内容。下編『革新邊疆行政的基本要點』，從建立政府威信（廉、信、實），開化邊民智能（提高文化水準、改進生活方式、統一語言文字、保存固有美德、提倡漢夷通婚），開發邊疆經濟（建設交通、撲滅瘴疾、移民屯墾、開發礦産、倡導種植、倡導畜牧、成立合作金庫、組織消費合作社、改良人民固有經濟生産、利用環境作特殊建設），重視國防建設（調查山川險要繪製詳細地圖、增加糧食生産修築交通要道、加强民族意識提高愛國精神、嚴密保甲組織充實民衆武力、順應邊民個性訓練國防戰士）等方面論述。該書將雲南少數民族分爲兩大部分五個類别：一是居住在本省境内年代較久遠且人數較多的土著，分爲爨人與擺夷兩類；二是由鄰境陸續移入的土人，可分爲由貴州、廣西邊境移來的苗瑶，由西藏、西康移來的西番，由緬甸、越南移來的緬越人三類，進而將雲南民族分爲羅羅系、擺夷系、苗瑶系、西番系和緬越系。這種分類既不同於英國人H.R.戴維斯的分類，也不同於國内學者丁文江和凌純聲的分類。這是江應樑對雲南各民族進行調查研究而提出的分類，雖然不够準確，但在當時已屬難能可貴。二〇一三年，該書收入林文勛主編的《民國時期雲南邊疆開發方案彙編》，由雲南人民出版社出版。（郭大烈）

大小凉山開發方案

江應樑編撰　民國三十三年（一九四四）雲南省民政廳邊疆行政設計委員會鉛印本　國家圖書館藏書

雲南省民政廳邊政叢刊之二

大小凉山開發方案

陸崇仁署

雲南省民政廳邊疆行政設計委員會編印

江應樑簡介見前《抗戰中的西南民族問題》提要。

大小凉山位於今滇川交界的凉山彝族自治州及周邊彝族地區，是彝族最集中的地區。當時該地區種植鴉片，各種社會問題突出，幾乎是『法外之地』。一九四一年，江應樑冒着被擄爲奴隸的危險，隻身進入大小凉山考察。一九四四年，出版了《大小凉山開發方案》。

該書爲『雲南省民政廳邊政叢刊』之二，共九章：第一章『凉山現狀』，包括『區域』『住民』和『開發之必要』三部分；第二章『確定開發原則』，第三章『川滇康三省合組凉山建設委員會』；第四章『化凉山爲内域』，包括『縮緊包圍向内開拓』『以武力協助開拓』及『以建碉堡、闢交通奠定開拓基礎』三方面内容；第五章『移内地人民入凉山屯墾』；第六章『移凉山强夷分居内地』；第七章『成立縣治』；第八章『凉山經濟之開發』，包括『現成財富之處理』及『待開發財富之處理』兩部分；第九章『結論』。在開發方案中，本書提出了超出當時人們認識的一些見解，如對於開發凉山的原則，當時各地人士『其用意不外兩端：一認爲凉山出産富饒，且各夷人存儲白銀，數量相當可觀，開發不僅可取得産物土地，倘没收其白銀，實爲一巨大之資財；另一則認爲凉山之白夷，皆歷代漢人之被擄入山者，受黑夷之虐待，非止一世，而現時漢人之新被擄入者，所遭之慘酷待遇，更不忍見聞，從人道上救濟此近十萬被難同胞，不能不開發凉山』。江應樑則站在國家民族的立場，提出開發凉山的三個原則：第一，平等待遇邊胞原則，夷人擄掠漢人爲奴隸，横加虐待，固屬極不平等、極不人道之事，然我政府對待邊胞，則萬不能采取報復手段；第二，開發邊地經濟非掠奪邊民財富；第三，提高邊地生活文化水準，作爲開發後的最終目的。

二〇一三年，該書收入林文勛主編的《民國時期雲南邊疆開發方案彙編》，由雲南人民出版社出版。（郭大烈）

西南夷族沿邊土司民衆請願代表晋京請願

高玉柱等著　民國世界軍情畫報社鉛印本　上海圖書館藏書

西南夷族 沿邊土司民衆請願 代表晋京請願

第一次請願意見書
第一次請願補呈意見文
第二次請願意見文
向三中全會請願文

高玉柱，雲南永北（今麗江永勝縣）末任土司高長欽之女。一九四二年，國民政府軍事委員會委員長昆明行營委任高玉柱爲邊疆宣慰團團長。其『家學淵源，品德忠貞，素以解放我弱小民族爲職志』，『歷年奔走於滇川黔康各土司間，致力於民族工作』。時人稱爲『滇西才女』『民國新流』。

本書無出版時間，僅在最末份呈文《向三中全會請願文》中云『八個月之請願時日當中』遇『三中全會』召開。『三中全會』，指一九三七年二月十五日至二十二日在南京召開的國民黨五届三中全會，從這倒推八個月，是一九三六年六月。今有研究成果考證認爲，一九三六年六月至一九四二年間，請願代表先後六次向國民政府請願，本書收録的是一九三六年六月至一九三七年二月全面抗戰爆發前的三次請願的五份呈文，記録了土司代表高玉柱、民衆代表喻杰才代表西南邊地民族到南京主張民族平等的經過及訴求。

第一份呈文《西南夷族沿邊土司民衆推派代表晋京請願呈中央國府各院部會文》，陳述了西南邊疆民族文化、生活狀況和請願原因。

第二份呈文《第一次請願意見書》，是後三份呈文的基礎文本。内容包括爰推代表背景、陳述要點、請願原因、請願事項、請願辦法等，請願事項涉及促進西南夷苗民族之文化；注重夷苗教育；調整治理夷苗政策，加强民族團結；組織訓練夷苗民族武裝；反抗英法帝國主義之侵略；限制軍閥貪污之摧殘；注重邊地黨務，指導夷苗民族之自興自治；開發夷地，充裕富源；准許夷苗民族推選代表參加國民代表大會，以昭政府民族平等之革命原則等。請願提出解决訴求問題的辦法有：一、請求中央指撥經費補助西南夷族文化促進會；二、請求政府在中央特設夷務機關；三、請求政府准許各土司在沿邊一帶組織夷務整理委員會，并希望指派幹員，與西南夷族文化促進會共同組織臨時夷務研究委員會，以完成上述請願内容籌備工作。

第三份呈文《第一次請願補呈意見文》，補充請求政府『組織臨時夷務研究委員會，實爲調整夷務之先』；對西南夷苗問題『因地制宜，以特殊方式治理』；對年來在京成立的『唯一的民族自興機構』——西南夷族文化促進會，『肯祈主持辦理，并予以精神上物質上之援助』。

第四份呈文《第二次請願意見文》，依據請願原案意見，續呈開發西南邊疆夷苗辦法十端，主要從設置管理西南邊地夷苗機構、試點區等問題上明確提出意見，以保證請願方案的落實。如提出『設立開發夷苗委員會』；『請援照待遇蒙藏辦法准予成立西南夷苗代表辦事處』；『注重醫藥，施行衛生設備』；『特別制定邊地官吏之任用法及賞罰條例』；『從新加委邊地土司，改善土司制度』；『派遣大員先行到地宣撫，繼續組織調查工作，實行開發』；『以夷苗中心地區大凉山一帶爲開發夷苗之試驗區試辦開發工作』；『設立西南邊區夷苗特別黨部』等。

第五份呈文《向三中全會請願文》，即第三次請願呈文。内容是對第一、二次請願的補充，着重强調宣化調查辦法、教育辦法、治理辦法、開發辦法、規定國民大會夷苗代表選舉法及代表之待遇。

請願内容呈現出西南地區民族争取民族平等、主動認同中華民族與國家、構建新的自我的强烈意願，以及土司在近代民族國家構建進程中的矛盾與糾結，是中國近代史、民族關係史上的一件大事。（鄭志惠）

四 法律

法學通論

王燦講述　民國十四年（一九二五）雲南全省地方自治講習所鉛印本　雲南省圖書館藏書

雲南全省地方自治講習所講義第一種

法學通論

民國十四年三月出版

王燦（一八八一—一九四九），字惕山，雲南昆明人。雲南政法先驅，鄉邦文獻整理與研究卓有貢獻的文史名家。清優廩生，雲南高等學堂學生，被選送留學日本明治大學習政法。回國後，歷任雲南軍都督府法制編修、雲南陸軍講武堂教官、法政學校校長、省秘書長、省高等法院院長、雲南大學及雲南五華學院教授等。著有《知希堂詩鈔》《知希堂文鈔》《挈瓶齋筆記》《知希堂駢文》《知希堂聯語及集聯》等多種，分纂《新纂雲南通志》之《大事紀》《内政考》《司法考》，輯存《滇八家詩選》《滇六家文選》《滇駢文鈔》《滇南楹聯叢鈔》，翻譯日本古城貞吉所著《中國五千年文學史》。

二十世紀二十年代，唐繼堯回應『聯省自治』思潮，提出『廢督裁兵』的主張，在雲南實行自治建設，推行省、縣兩級行政制度，建設縣政。爲解釋自治章程，唐繼堯於民國十二年（一九二三）召集一批有識之士，編寫了『雲南全省地方自治講習所講義』十種，本書是第一種。該書前有唐繼堯、吴琨、秦光第、熊光琦所作的四篇《地方自治講義序》，繼爲全書『緒言』及正文二編。第一編『國家論』，包括四章，論述國家之意義，闡述國家的發達、目的和分類。第二編『法律論』，包括十二章，詳細論述法律的意義、特性、目的、系統、淵源、分類、法之成立及廢止、法律之行用、效力、解釋、制裁、主旨（權利）等內容。該書較全面地介紹了法學理論，從法學層面對雲南自治建設進行解釋，并勾勒出一個法律改革的方嚮，有利於法學理論的普及，進而促進雲南自治的發展。該書雖然是傳授法學知識的講義，但書中有關國家權利、人權的論述，反映了作者追求民主、公正的法治精神，同時也蘊含着作者有關縣治建設的主張，對研究民國時期的法律及法學思想具有重要學術價值。（王倩）

中國約法新論

侯曙蒼著　民國十八年（一九二九）三益書社鉛印本　國家圖書館藏書

侯曙蒼，雲南蒙自人。曾任雲南圖書雜志審察處秘書、新雲南叢書社社長、私立五華學院常務委員等。曾與楊紹廷等發起組織天野社，與蔣乃鏞一起創立了中國學術研究會，創辦《建國學術》期刊。

本書分上、下兩編。上編『已往的約法』，包括四章，分别討論何謂約法及《臨時約法》、袁世凱《約法》、《國民政府組織法》的産生和内容。作者本着『前事不忘，後事之師』之旨，對以往的約法作了認真分析評點，如認爲《臨時約法》將『主權在民』的思想立入法規，『此等條文原則上還大致不錯』，但因『該大綱本來是倉促成立的（自起草至議決公布僅經二日），遺漏差池之處自所難免』，『還有許多不容赦宥的缺點』。對袁世凱《約法》，作者分析袁世凱痛恨《臨時約法》的原因；批評總統在制定官制、宣戰、媾和、締結條約等方面無須徵得國會同意，總統甚至有發布與法律同等效力的緊急命令等特權，他認爲袁世凱是打着改約法之名行復辟之實，是『崇拜君權，藐視民權之用心』。《國民政府組織法》是國民黨在訓政時期，根據孫中山的立法、行政、司法、監察、考試五權分立原則而制定的國家組織法，是新約法的一部分。作者結合各國家機構的設置與權力的分配，逐一評論對國民政府、五院等影響重大的各條款，如關於統率軍隊、代表國家、公布法律等權力的規定；有的條款還與《臨時約法》、曹氏憲法進行對照，分析其産生原因及合理性。

下編『將來的約法』，包括六章，討論將來約法需改進的内容，主要討論關於權利和義務觀念之變更，涉及從公權利與從公義務、教育義務與教育權利；法律應如何設定保障教育權利與生計權利的條款及具體建議；國家應如何從行政組織、立法、財政三方面對未來教育行政制度進行改革，并提出定期修改憲法及民衆參與修改的方法等。

《臨時約法》即《中華民國臨時約法》，是以孫中山爲首，建都於南京的中華民國臨時政府制定的具有憲法性質的根本大法，一九一二年三月八日由臨時參議院通過，三月十一日公布實施，以取代一九一一年十二月三日由各省都督府代表聯合會通過的《中華民國臨時政府組織大綱》。一九一四年五月一日，袁世凱頒布《中華民國約法》（即袁世凱《約法》），取代《臨時約法》。其後，《臨時約法》在北方政府方面幾經廢除、恢復，在南方政府方面則從未正式廢止，直到一九三一年六月一日《中華民國訓政時期約法》公布，纔失去最高效力，但國民政府一九二五年七月一日建立後極少談及此法律。

該書的寫作與當時的社會背景、時人對國家事務的關注與參與是分不開的，雖然在今天看來，文中論述不一定都是合理的，但對於研究分析當時民衆參與國家法律制定，時人對法律的認識、對該時期約法的認識都有一定的參考價值。（李能燕）

雲南程規彙抄

錢良駿編輯　民國二年（一九一三）政報發行處鉛印本　雲南省圖書館藏書

雲南程規彙抄　上册

錢良駿，字小帆，雲南昆明人。清末留學日本，歸國後曾任貴州法政學堂教習、雲南自治籌辦處調查科科長。民國初，先後任師宗縣知縣、雲南行政公署總務科科長、宜良縣縣長。民國五年（一九一六）委署河口督辦，到任一月，不幸病卒。良駿工吟咏，著有《伯良詩稿》《雙江旅行記》等。

此書爲編者任職行政公署時爲政府所編，扉頁由李鴻祥題寫書名。卷首『凡例』稱，『是編自辛亥九月光復後所有本省單行法令，概行彙編成帙』，一方面下發全省各級機關遵照執行，特裝爲携帶方便的袖珍本；一方面也可供研究者參考。他特别强調説，是編乃『雲南反正後政治上改革之一大紀念，雖其中因時因事不無變更，亦屬本省歷史上沿革足供參考之資料』。

全書共分十二大類：第一類爲都督府程規，録《都督府參議處章程》《會客規則》《都督府官制草案》等十部。第二類爲議會法規，録《省議會暫行法》《雲南省暫行城鎮鄉地方自治章程暨選舉章程》等四部。第三類爲文牘程序規則，録《公文手續》《郵寄文件規條》等九部。第四類爲外事法規，録《外交司辦事暫行簡章》等兩部。第五類爲軍事法規，録《懲治泄漏軍事機密律》《槍之保存法》等二十六部。第六類爲民政法規，録《禁着用滿清禮服》《官吏不法准正紳據實舉發》《巡警局辦事章程》等九十五部。第七類爲財政法規，録《薪俸等級成數表》《富滇銀行簡章》等四十二部。第八類爲會計法規，録《暫行會計法》《會計檢查廳暫行章程》等四部。第九類爲教育法規，録《高等小學教科書改正表式》《各廳州縣勸學所暫行章程》《籌辦全省通俗教育案》等二十一部。第十類爲實業法規，録《礦物暫行章程》《勸民燒煤以保種樹》《墾荒規則十七條》等二十七部。第十一類爲司法行政法規，録《公務員受賄及侵吞款項暫行條例》《厲行禁烟條例》《雲南地方審判廳辦事規則》等十八部。第十二類爲行政處罰法規，録《官吏員司擅離職守懲戒令》《暫行文官懲戒委員會簡章》《裁制公務員互相攻訐規條》等六部。上述法令公布、施行於民國元年、二年（一九一二—一九一三），是研究民國初年雲南政治制度變遷、社會管理、吏治公安等内容的重要資料。（朱端强）

雲南禁烟局規章彙編

雲南禁烟局編　民國十年（一九二一）鉛印本　國家圖書館藏書

該書收録了一九二〇年至一九二一年間雲南省禁烟局頒布的有關禁烟的各項規章和政府公文，包括《雲南禁烟處罰暫行章程》《各屬禁烟處罰事宜辦理規程》《禁烟委員服務規則》《獎罰地方官吏及委員條例》《禁烟委員旅費支給規則》《禁烟委員薪公支給規則》《各屬領用三聯罰金票規則》《禁烟罰金收支册款式》《禁烟罰金細别表》《加倍罰金細别表》等。其中，核心是雲南省議會商議通過的《雲南禁烟處罰暫行章程》，其他規程、條例和文件可視爲對該章程的補充和完善。

一九二〇年秋，唐繼堯爲籌措駐川滇軍之經費，决定『寓禁於徵』，即開放烟禁以籌款，於是制定相關章程。主要内容有：徵收『烟畝罰金』後，憑罰金收據便可公開種植鴉片；所徵款項，八成送省政府，二成由縣政府留用；各縣統計各區域鴉片種户姓名和種地畝數；告發隱匿種户之人可得加倍罰金的一半作爲獎賞；地方團保查報種户姓名畝數，不得隱匿，若有經委員查實者由地方官按律議處；有私運烟土出入境者，處以重罰。文末還收録一九二〇年秋至一九二一年春雲南禁烟局發給各屬地方官和禁烟委員的六封有關禁烟事項的『快郵代電』式文件。

禁烟禁毒一直是困擾中國近代社會的問題，但由於國内外局勢複雜，政治動蕩不安，禁烟狀況也隨當權者態度而變化。禁烟時而嚴時而鬆，反復循環，亦是禁烟常態。該規章彙編展現了當時雲南地方政府『寓禁於徵』的制度設計，從中可以看出，爲達到開放烟禁以籌款之目的，雲南省政府制定了詳細的規章及周全的保障措施，以求最大程度汲取財源。雖然這些規定因爲官員貪腐及政局動蕩，未能得到全面、切實執行，但從中可一窺二十世紀二十年代雲南省政府的財政困境以及唐繼堯統治時期『寓禁於徵』政策的具體狀況。（朱强）

墾荒法案

雲南省建設廳編　民國二十八年（一九三九）雲南省建設廳鉛印本　雲南省圖書館藏書

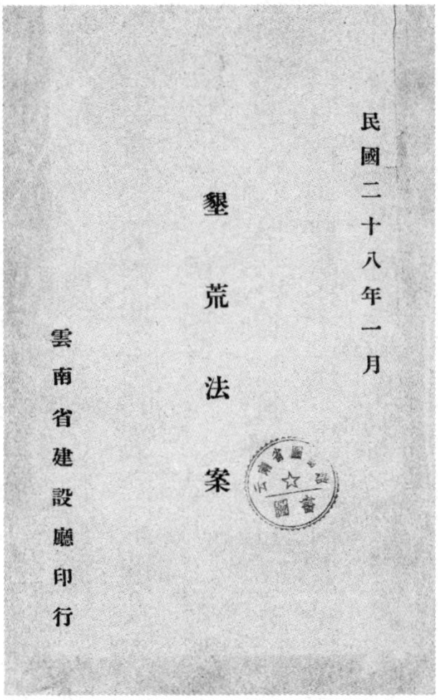

該書著録民國二十六年（一九三七）以來關於開荒墾殖的政策法規，分爲中央政府頒布和雲南地方政府頒布兩大類。前者依次爲《墾荒實施方案》《國有荒地承墾條例》《國有荒地承墾條例施行細則》《清理墾地暫行辦法》《督墾原則》《奬勵輔助移墾原則》《内地各省市荒地實施墾殖督促辦法》《非常時期難民移墾規則》共八項；後者依次爲《難民移墾實施方案》《雲南省承墾公私荒地暫行辦法》《墾區初步調查項目》共三項。

據上述雲南省頒布的政策法規所載，全面抗戰爆發後，大批内地難民涌進雲南。根據中央政府相關政策原則，雲南由民政廳、財政廳、建設廳和教育廳抽員組成『移墾委員會』，專管難民墾殖事宜；又根據當時雲南荒地及人口分布情況，主要將『普（洱）思（茅）沿邊』地區劃爲『移民墾殖區』，包括普洱、思茅、羅平、師宗、禄豐、富源、臨江、普文、佛海、南嶠、鎮越、江城等地。調查反映，國難當頭，這一地區各族民衆大多非常歡迎和支持外來墾殖移民，『若一村之内有移墾農民十家，則全村人民均合力爲之建屋，及分贈一年内食糧，自（至）有收穫能於自給爲止』。墾殖期爲五年，收穫後，除償還曾『用於開墾之公費』外，并不再收其他費用。但是，其所開墾之土地實行『永遠公有制，耕者永久享有耕作權，無所有權，絶對不准發生土地買賣』。同時規定，凡移墾民衆，必須遵守當地法令習俗，不得出現『惰民』，否則可將其驅出該地。抗戰時期雲南外來之移民不在少數，該書爲研究這次移民活動提供了值得參考的官方文獻。（朱端强）

雲南省單行法令彙編

雲南省政府秘書處法制室編纂　民國三十六年（一九四七）雲南省政府秘書處鉛印本　國家圖書館藏書

本書輯録了一九四七年十二月以前，經由雲南省政府頒行或核准的單行法令。封面由時任雲南省主席盧漢題簽，『序』由雲南省政府秘書處處長朱景暄撰寫，『例言』由秘書處法制室主任范承樞撰寫。爲便於參閲，本書所收二百三十六部法令按行政部門分爲十三大類，其中，組織類

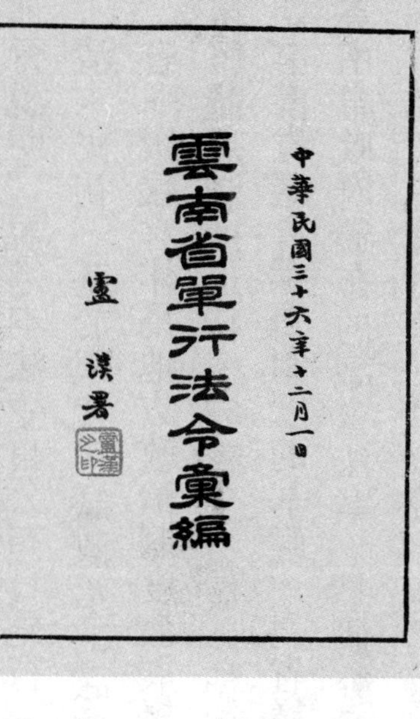

二十一部、服務類九部、民政類四十部、財政類二十一部、教育類三十二部、建設類三十四部、地政類十一部、警務類八部、社會類十一部、衛生類十六部、合作類八部、會計類五部、田糧類二十部。

雲南地方法制是中國法制的重要組成部分。民國時期，雲南省政府積極推進立法事業，推動地方活動法制化，構築了頗具地方特色的法律體系。這些由雲南省政府頒行或核准的單行法令，對雲南經濟、社會產生了一定影響，也反映出了傳統國家推進法制建設的諸多棘手問題。該書所收法令按類編排，并附有圖表加以補充説明，內容翔實，基本涵蓋了當時雲南省政府頒布的各項法律法規，是民國時期雲南省政府在法制近代化中所取得成就的體現。當然，這些法令也有鮮明的地域性，體現了當時雲南地方立法的局限。總之，該書是研究民國時期雲南省法制建設、行政機構、民政、財政、教育、地政、衛生、警務、社會經濟等情況的重要參考資料。（朱强）

雲南省議會暫行法

民國鉛印本　國家圖書館藏書

《雲南省議會暫行法》作爲雲南省議會組織運行方面的法律，主要包括『組織及選任』『職權』

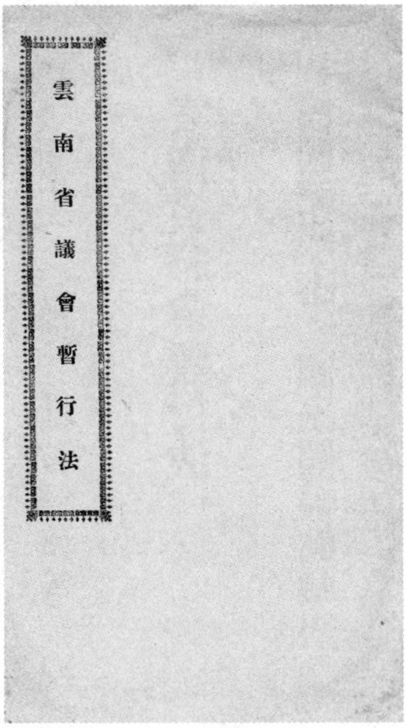

『會議』『議決』『經費』『附則』等六章。其中，第一章『組織及選任』，主要對省議會所在地、議員組織、議員選任、議員名額、議長和副議長選舉等問題進行了規定和闡述。第二章『職權』，主要對省議會具體工作進行介紹，説明省議會的職權有議決本省單行條例、省財政預算和結算、省税收及公費的徵收、省債券募集及省庫相關契約、省財産及營造物的分置購買和管理方法，彈劾省長之違法行爲等。第三章『會議』，主要對省議會常年會和臨時會兩種會議召開情況進行説明。第四章『議決』，主要是對省長處理議會決議的程序和權力的説明，包括公布議會決議、對不滿決議的回應和處理，以及對違法決議的撤銷申請和議會的申訴權。第五章『經費』，主要對省議會及議員經費進行説明，省議會經費及議員公費旅費由省議會議定。第六章『附則』，對該法令生效施行時限進行説明，規定本法令自公布日施行。

清末民初，基於現代代議政治的議會制的引進與實踐，是當時中國一個重要的政治現象。其中，省一級議會作爲地方政治制度發展變遷中的一級立法機關受到重視。《雲南省議會暫行法》對清末咨議局制度進行了完善和發展，使省級立法機關的運行制度發展到一個新階段，奠定了民國時期雲南省議會選舉制度的基礎，爲省議會議員的選舉提供了法律依據。《雲南省議會暫行法》作爲雲南省政府頒布的議會法案，是研究民國時期雲南的議會組織、憲政、法制建設等問題的重要資料。儘管它還存在一些缺點，但考慮到當時中國議會制度初創的歷史背景，它仍是一部值得肯

定的法律。（朱强）

中華民國憲法草案

席聘臣草　民國鉛印本　雲南省圖書館藏書

席聘臣簡介見前《中國道德思想史》提要。該書是民初法學家席聘臣個人擬定的憲法草案，凡七章八十八條，一九一三年曾刊登於《憲法新聞》第六期及上海《法政雜志》第二期。該草案第一章『總綱』，內容包括中華民國以國爲統治權之主體，中華民國繼承共和宣布之前的領土并以此爲統治範圍，中華民國由中華全體國民組成，中華民國的統治權由立法、行政、司法三個機構共同行使等四條。第二章『立法』，是對該草案所擬定的關於立法情况的説明，內容包括立法權由議會行使、議會的組成、議會的職權、參議院和衆議院的關係及各自的職權工作、兩院不能提出同一議案、任何人不能同時兼任兩院議員、兩院議員受政府特別保護、兩院議員在院內之言論及表決對於院外不負責任等十六條。第三章『行政』，主要內容包括行政權由大總統行使、大總統選舉辦法、大總統權力、大總統及副總統任期、國務員職權等三十條。第四章『司法』，內容包含司法權歸法院行使、法院編制及法官資格由法律評定、各級法官由大總統和司法總長依法任用、法官獨立審判不受干擾、法院審判除特殊情况外應儘量公開等七條。第五章『人民之權利義務』，主要是對人民權利和義務的規定，權利部分包括人民一律平等受法律保護，人民享有身體自由權，人民之家宅不得私自侵入，人民財産所有權不得侵犯，人民有請願、考試、選舉及被選舉權等十三條；義務部分包括人民有擁護國家、遵守法律、崇尚道德、納税、入伍等五條。第六章『地方權限』，係對地方權限的規定，内容包括地方無立法權；地方統治權由中央賦予；地方應統治需要可制訂相應的規章制度，但不得與國家法律相抵觸；地方軍隊指揮權歸中央；地方不得與外國私訂條約；非中央授權，地方不得鑄造貨幣等九條。第七章『附則』係對該草案的補充説明，包括憲法是最高法，任何法律不得與其抵觸；修改憲法需大總統要求或參衆兩院提議；修改憲法時需兩院各四分之三以上議員出席，且出席議員三分之二以上同意等四條。

清末民初是中國由傳統向現代轉型的重要時期，其中最爲關鍵的是制定憲法。與中國歷代王朝的『建國大典』一樣，憲法作爲一種綱領化、儀式化的文本，受到各方高度重視。《中華民國憲法草案》是席聘臣法學思想的具體體現，雖然未能進入官方的立法程序而得以推行，但爲官方憲法的制定提供了智力支持，并對雲南省議會組織法産生了直接影響，《雲南省議會暫行法》即有大量條例借鑒和參考了該草案。該草案在一定程度上也反映了民初憲政的發展狀况，是研究民初憲法史的重要資料。（朱强）

五　軍事

（一）總論

航空救國

中國國民黨雲南省黨務指導委員會編　民國二十二年（一九三三）中國國民黨雲南省黨務指導委員會鉛印本　雲南省圖書館藏書

本書編寫機構爲中國國民黨雲南省黨務指導委員會，它是二十世紀三十年代國民黨在雲南的省級領導機關，一九三〇年三月在昆明建立。委員會委員有龍雲、楊大鑄、曾省三、張邦翰、陳玉科、斐存藩、陳廷碧、盧漢、劉家梅、劉宗明等。次年九月，委員會進行了改組，由龍雲、楊大鑄、張邦翰爲常務委員，斐存藩爲書記長。一九三五年，委員會設主任委員作爲最高領導人，由龍雲擔任。一九三八年，該委員會改爲執行委員會。本書係該機構成立後的第四年年初編寫出版。

在辛亥革命中，孫中山等民主革命先驅即非常重視飛機的作用，積極推動航空事業的發展。二十世紀二十年代形成了『航空救國』的思想，對中國航空事業的發展產生了較大的影響。隨着第一次世界大戰後國際航空業的迅猛發展，九一八事變後日本帝國主義對中國軍事威脅的加深，『航空救國』在三十年代不但形成思潮，而且不斷得到實踐。在這樣的背景下，雲南作爲航空業領先發展的省份，『航空救國』的觀點得到了重視，認識和實踐也較充分，國民黨雲南省最高機構——中國國民黨雲南省黨務指導委員會編寫和出版本書便是表現之一。

本書爲十六頁的小册子，由八個部分組成：一、日本暴行與世界危機；二、第二次大戰與空軍；三、空軍在戰時之功用；四、航空在平時之功用；五、列强在遠東之空軍實力；六、中國空軍之過去與現在；七、實行理航空救國方法；八、雲南民衆應有認識與努力。該書并非精深的理論研究，篇幅也不多，但結構完整，條理清晰，層層遞進，事實與數據準確，以通俗的筆觸，既從宏觀上講述了航空救國的背景、急迫需要、功用、内容和方法，也結合雲南遠離海洋的山國地理特點，以及自清末以來陸軍『勇絶』的實際情況，提出了雲南在日後的對日作戰中，『不懼海軍』，不畏陸戰，但『發展空軍，尤爲國防上首要之事』。很顯然，該書對於瞭解當時的國内外航空業發展情況，認識二十世紀三十年代我國『航空救國』的思想和實踐，以及雲南航空的發展，都具有重要的價值。

另，國家圖書館藏有同名异書之《航空救國》。該書由黎宣講演、江西省立圖書館出版，講述了我國航空實況及今後發展之要途、飛機之構造種類用途及飛行之諸種原理、航空與江西之關係三個問題。（秦樹才）

滇省炮兵歷史沿革（附表）

梁騫纂　民國二十六年（一九三七）石印本　雲南省圖書館藏書

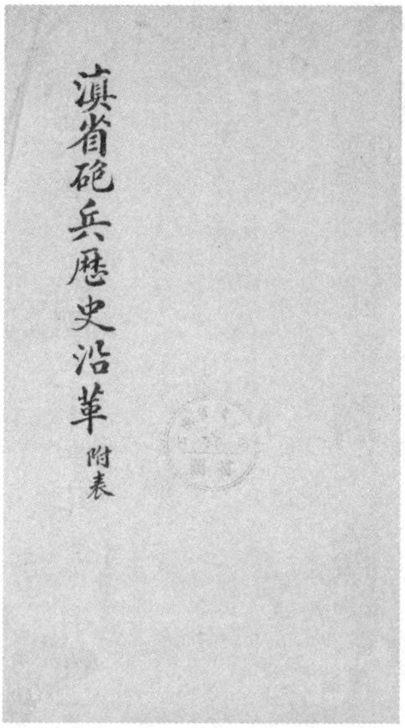

梁騫（一八九一—一九五二），雲南巍山人。雲南陸軍講武堂丙班炮兵科畢業。先後參加辛亥革命和護國運動，歷任滇軍炮兵排長、營長、少校參謀等。又曾任廣東韶關雲南陸軍講武堂分校炮兵教官，雲南炮兵團長、司令等。

此書叙雲南炮兵建制沿革，無序跋，開卷即云：『滇省炮兵歷史悠久，自成立迄今已閲三十餘載。』雲南炮兵先後參加了護國和靖國戰役、出師川粵湘桂黔陝等省，是滇軍之一重要兵種和力量。作者列表説明雲南炮兵之重要經歷，具體如下：一、清光緒二十五年（一八九九）開花炮隊時期；二、光緒二十九年（一九〇三）炮兵營時期；三、宣統元年（一九〇九）炮兵十九標時期；四、民國元年至六年（一九一二—一九一七）炮兵聯隊和炮兵團時期；五、民國八年（一九一九）炮兵營時期；六、民國十年至十一年（一九二一—一九二二）炮兵團和炮兵旅時期；七、民國十七年（一九二八）騎炮機混成大隊時期；八、民國二十年（一九三一）炮兵大隊時期；九、民國二十一年至二十四年（一九三二—一九三五）炮兵團時期，并詳列不同時期炮兵之隊號、成立日期、主管官銜名、編制、武器裝備、參加戰役等。據此書載，自清末以來，雲南炮兵之主要武器先後是中國江南造之『五生的七口徑架退式山炮』、德國制『格魯森六生的口徑架退山炮』和『克虜伯管退山炮』等等。此書是一部簡明扼要的雲南炮兵發展史。

此外，該書之注釋還有助於我們瞭解晚清與民國兵制官稱之演變。如，晚清之『鎮』相當於民國之『師』，『協』相當於『旅』，『標』相當於『團』；晚清之『標統』和『統帶』相當於民國之『團長』，『教練官』相當於『副團長』，『管帶』相當於『營長』，『督練官』相當於『副營長』等等。（朱端强）

國防新論

楊杰著　民國三十一年（一九四二）軍事委員會政治部鉛印本　國家圖書館藏書

楊杰簡介見前《革新政治芻議》提要。該書爲『抗戰建國叢書』第一集第九種。據作者『自序』，該書是作者應國民政府軍事委員會政治部編寫國防叢書之邀而作，旨在使軍事學術和國防問題由少數專家的事，變成中國全體同胞的普通常識。因爲『要救中國，必須從武裝全體國民的頭腦做起；要復興中華民族，必須集中一切的精神力量、物質力量，完成最新的也就是「超時代」的國防建設』。《國防新論》之『新』，在於它產生於資本主義已經發展到其最高階段，社會主義國家業已抬頭的時代條件下，『它所反映的是農業機械化和工作電氣化的時代。因此，在觀點和內容上，《國防新論》與孫子和克勞茨維兹的著作是不同的』（《國防新論·三版自序》）。作者歷時七個月寫成此書，不到半年即印刷了兩次，後來又多次印刷出版。二〇一一年，雲南民族出版社出版的《楊杰將軍文集》，在第一册裏收録此書。

全書共由三篇十七章組成，後有附録一篇。第一篇『戰争與國防』，含五章，爲國防認識論，泛論古今國防。該篇既回顧了中國國防的歷史，自省其中存在的問題與廢墜原因，又論述了近現代國防的概念及國防觀、國防與戰争的關係、現代國防的組成要素。第二篇『近代國防的形式及其組織』，含七章，爲國防本體論，討論近代國防建設的軍事組織、生産組織、參謀組織、政治組織、文化組織和國家總動員組織。第三篇『如何建設中國國防』，含五章，爲中國國防建設的方法論，討論中國國防建設的實際問題，從國防的兵力、國防軍的組織與裝備、國防軍的養成、國防經濟建設諸方面展開論述。附録爲《呈蔣委員長兵工業根本建設之計劃》，由『兵工業獨立之需要』『現有兵工業之狀態』『兵工業獨立之計劃』『結論』四個部分組成。

該書是繼一九三八年蔣方震出版《國防論》之後，我國有關中國國防研究的又一部力作。其對中國國防的認識和論述，既繼承和吸收了世界其他國家的國防觀和國防思想理論，又體現了時代發展的新因素，考慮了中國的實際情况，特别是中國抗日鬥争的大背景，形成了系統全面、符合時代與中國實際需要的國防思想。作者將國防看成獨立的學科，『脱胎於軍事科學，却和軍事科學兩樣，是綜合一切科學的科學』，認爲現代戰争是集合國家整體力量的總體戰，中國的國防建設應以適應整體戰的要求爲目標。因此，作者認爲應該『把國防科學ABC講給全體人民聽』，讓每一個國民知道國家需要我做什麽，我能爲國家做什麽，我將怎樣做。爲了達到這樣的目的，該書在文字表達上力求通俗易懂。該書是楊杰軍學理論的重要内容，對於楊杰生平思想研究，對於認識中國國防思想的發展，均具有重要價值。（秦樹才）

（二）軍事學校教育

雲南陸軍講武堂試辦章程

陸軍教練處輯　清宣統元年（一九〇九）鉛印本　雲南省圖書館藏書

雲南陸軍講武堂，一九〇七年九月創辦於昆明承華圃，七個月後停辦。一九〇九年九月二十八日恢復。一九二八年，學校停辦。共招收學員十八期。該校是清末民國時期中國著名軍校，在中國乃至東亞近代政治軍事發展、社會進步方面産生了廣泛而深遠的影響。

此《章程》即一九〇九年八月雲南陸軍講武堂復辦開學前夕，由李鴻祥等人仿照日本陸軍士官學校教育宗旨及訓練方式擬定而成。《章程》分『教育』『編制』『職務』『辦事』『經費』五部分，每部分分若干條闡釋相關内容，比較詳細地規定了雲南陸軍講武堂的創辦宗旨、學員的遴選、教學科目、編制人員及其職責、管理方式以及學校經費等問題，從中可知雲南陸軍講武堂創辦之概況。

該《章程》闡明了講武堂爲『新軍及防營現任軍官研究武學之所』，規定了講武堂班級之分設與學員之來源。學員分設甲、乙、丙三班。甲班學員由陸軍調充；乙班學員則由防營調充，防營學員每營至少選送一名，暫額定八十名，由管帶至哨長各級每半年輪换一次，調取入堂研習；丙班學員一百名，考選十六至二十二歲，品行端方、文理清順、身體强健者，三年畢業備充下級軍官之用。《章程》還規定了課程之分類。課程分爲學科、術科兩項，均以實事、實地研究合於實用爲主。學科有戰術學、軍制學、兵器學、地形學等；術科有教練、體操、劍術、馬術、射擊。同時，《章程》還載明所設之機構和職員之數量，馬匹、槍械、書籍之配備，辦事之細則，教員之聘請，學生之管理，各項經費之狀況等。文中夾余炳彪手書文章一篇。該文簡述了雲南武備學堂的設置沿革及學生招收、畢業情況等，并附有兩期畢業生之姓名。該《章程》對研究民國時期雲南軍事教育具有一定的價值。（秦樹才、王先安）

改訂雲南陸軍講武堂章程

雲南陸軍講武堂輯　清末石印本　雲南省圖書館藏書

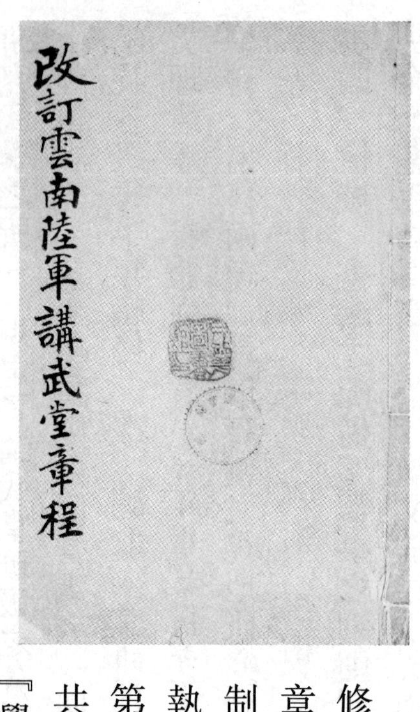

原題《雲南陸軍講武堂改訂章程》。原書封面損佚，修復後墨筆題爲《改訂雲南陸軍講武堂章程》。全書共八章，依次爲：第一章『開辦原委』，共四條；第二章『編制』，列總辦，步、馬、炮、工四兵科（種）科長、教練、執事官等配置數量，下至馬夫、雜役及軍馬等配置數量；第三章『軍官佐職務』，列『總辦職務』至『司書生職務』，共十四條；第四章『學堂辦事條例』，共十八條；第五章『學術科科目』，以表格分列『各兵科（種）基本軍士學科』和『各兵科（種）應用軍士學科』兩大類；第六章『值星規則』，列值日者編制及工作五條；第七章『考試規則』，共七條；第八章『經費』，列『額款』『每月雜支活款』等三條。體例與《雲南陸軍講武堂試辦章程》完全相同，內容則多有增益。

書中關於教學計劃和方法的內容比此前的章程更加細化，學科和術科，更加强調通識教學和區別教學相結合。例如，各兵科（種）都必須先學習的共同理論課有『戰術學』『地形學』『陸軍衛生學』『野戰學』等，共同的操作課有『圖上戰術』『測版測圖』『戰術實施』『築城實施』等。此外，再根據兵科（種）不同分别學習不同的理論和操作課，如步兵科的理論課有『步兵操法』『野外勤務』『步兵射擊教範』『槍劍術教範』等，其操作課則有『馬術』『戰鬥射擊』『野外演習』等等。

（朱端强）

雲南陸軍講武堂内務條例

雲南陸軍講武堂輯　清末石印本　雲南省圖書館藏書

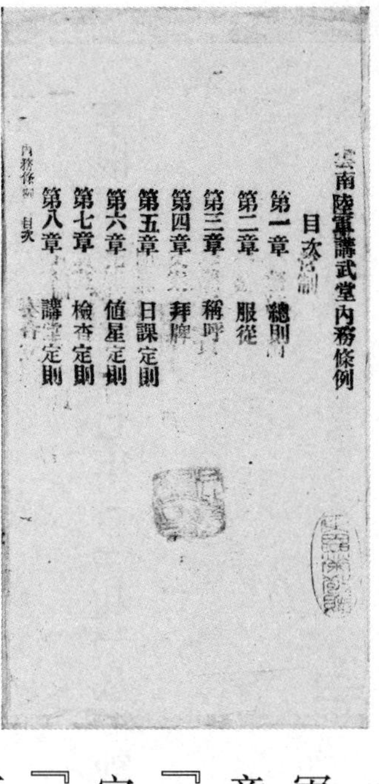

雲南陸軍講武堂內務條例

目次

第一章　總則

第二章　服從

第三章　稱呼

第四章　拜牌

第五章　日課定則

第六章　值星定則

第七章　檢查定則

第八章　講堂定則

內務條例　目次

封面殘缺。據其相關内容，可判斷此爲清末雲南陸軍講武堂開辦之初自訂的内部管理條例。全書爲共十八章，依次爲『總則』『服從』『稱呼』『拜牌』『日課定則』『值星定則』『檢查定則』『講堂定則』『操場定則』『自習定則』『寢室定則』『飯廳定則』『衛生定則』『養病定則』『請假定則』『外出定則』『客廳定則』『試驗定則』。每章下設立若干條（最少兩條）。正文之中，夾有《陸軍講武堂差弁護兵雜役茶房號房内務細則》，規定堂内低級員工之職守。

首先，該《條例》明確規定了封建衙門和官場的禮節。第四章『拜牌』之第一條曰：『堂内設禮堂一所，中供萬歲（皇帝）聖牌，每逢萬壽（皇帝生日）及元旦節，由總辦率領在堂各員司及各學員至禮堂前，按照行營禮節行禮。』第十六章『外出定則』規定：萬壽節、孔聖誕日、元旦、端午、中秋和星期天爲法定假日。其次，該《條例》較以上清末《試辦章程》和《改訂章程》更加嚴細，如第十八章『試驗定則』，即考試制度和方法，共十條，其第二條『試驗問題』，即考試命題，規定『由各教官擬呈監督閱過，轉呈總辦選定』；第十條規定考試結束後，『某科試卷經某科教官評閱後，統呈監督，監督閱後，轉呈總辦核閱，評定等第。至各教官閱卷時聚集一處與否，由總辦臨時酌定』。（朱端强）

重印雲南陸軍講武堂同人録

李根源輯　民國七年（一九一八）鈔本　雲南省圖書館藏書

李根源（一八七九—一九六五），字印泉，號曲石等，雲南騰衝人。民國元老、著名學者。早年留學日本，加入同盟會，回國後任雲南陸軍講武堂總辦等。先後參加雲南起義、『二次革命』、護國運動和護法運動等。抗戰期間，任雲貴監察使，積極協同滇西抗戰。中華人民共和國成立後定居北京，歷任西南軍政委員會委員、西南行政委員會委員、全國政協委員等。著述等身。

封面由盧鑄題寫書名。民國七年（一九一八）十一月李根源撰序，稱『嚮在（講武）堂中輯有《同人姓名録》，摹印無多，流傳日少。乃復以舊本付印，以應四方同人之求』。全書以表格形式著録清末雲南陸軍講武堂師生人員六百餘人，詳情如下：

一、《雲南陸軍講武堂管教人員姓氏録》，清宣統元年至二年（一九〇九—一九一〇）在堂者。列總辦高爾登，監督李根源，提調張開儒，軍事學教官李伯庚、趙康時等十八人。

二、《雲南陸軍講武堂管教人員姓氏續録》，清宣統二年至三年（一九一〇—一九一一）在堂者。列總辦李根源，監督沈汪度，提調張開儒，軍事學教官李烈鈞、唐繼堯、李鴻祥、李伯庚等十九人。

三、甲班第一期學員徐祖訓等六十六人；第二期學員唐鎮中等五十人。

四、乙班第一期學員張世梁等六十一人；第二期學員張又良等三十三人。

五、丙班第一隊學生楊復光等一百八十六人；第二隊學生楊迎道等一百五十二人。

六、附班學生胡瑛、李如珠等三十人。

七、丙班第一、二隊附軍士楊光廷等十九人。

以上各班學生皆一一列示其姓名、表字、年齡、籍貫、入學年月、通信處所。如『朱德，字玉階，二十一歲，丙班二隊學生，宣統元年（一九〇九）入學』。他當時填報的住址是『雲南臨安府蒙自縣城内三十六號』。他與范石生、由翔龍、金漢鼎等人同班。（朱端强）

明體達用

秦光玉等著　民國三年（一九一四）鉛印本　王燦孫輩藏書

秦光玉（一八六九—一九四八），字璞安，號瑞堂，別號羅藏山人，雲南呈貢人。以畢生精

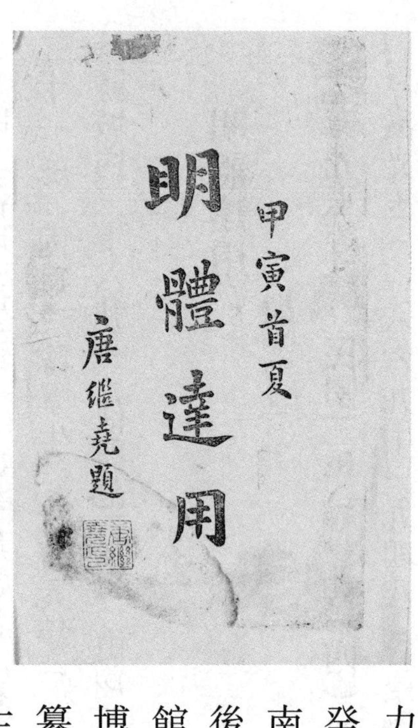

力致力於雲南文化教育事業的杰出貢獻者。一八九三年癸巳科舉人，一九〇四年畢業於校士館（一九〇三年雲南經正書院改）。次年入日本宏文書院師範科學習，一年後學成歸國。歷任優級師範、法政專門學校、國學專修館教員，省立第一師範校長，省教育廳廳長，雲南圖書博物館館長，昆華圖書館館長，輯刻《雲南叢書》處編纂、總經理，《新纂雲南通志》顧問、編纂、審訂委員會主任委員，雲南文獻委員會主任委員等職。一生興辦教育，被尊爲『天南師表』；不遺餘力搜集整理雲南地方文獻，編成《續雲南備徵志》，參與編纂《雲南叢書》《新纂雲南通志》，著有《滇南名宦傳》《滇諫官録》《羅山樓文集》等。

王燦簡介見前《法學通論》提要。

王延直（一八七二—一九四七），原名王懷彝，字穆若，號仲肅，又號劍秋，貴州貴陽人。留日學者，清末庚子辛丑并科舉人，是近代中國引進和傳播西方邏輯科學的先驅之一，著有《普通應用論理學》等著作。

辛亥以來，政界、學界、實業界中人爲適應瞬息萬變之形勢，『皆當於辦事之暇，閲看書報研究學問，乃足以應世界之變遷，而力圖長足之進步』。唐繼堯與雲南軍界諸同人亦『思有以應世界之變遷』，於民國三年（一九一四）春組織將校講學會。會期三天，講演科目有『道德要旨』『名將事略』『法制大意』三科。期滿陸軍偕行社將秦光玉《名將事略》、王燦《法制大意》、王延直《政法雜記》三篇講稿彙編成本書。書首有唐繼堯《雲南陸軍將校講學會弁言》。

全書約一萬三千字，最大的特點是務真務實，深入淺出地宣講了軍人必須具備的基本人文素質。首先以德爲重，『講道［德］，即所以陶淑其性情；講名將，即所以高尚其品［性］』。『有關道德而又切於時勢，爲今日將校所急宜注重者也』。《名將事略》從講學、仁愛、嚴明、廉讓、勤儉、和協、守禮法、有局量八個方面，引經據典介紹中國歷史名將三十人。如『名將之講學者』，是『以桓桓武士尚肯虛心以求學，亦爲道德之大端』爲標準，有『涉獵見往事』『士別三日當刮目相看』的三國吴人吕蒙等；仁愛者有愛民之曹彬、羊祐，愛兵之李廣、高叡；嚴明者有周亞夫、戚繼光等；廉讓者有張奂、衛青等；勤儉者有陶侃等；和協者有周瑜、廉頗等；守禮法者有郭子儀、李愬；有局量者有鄧禹、曾國藩等等。『尚有犧牲身命』，勇於奉獻犧牲，『親冒矢石，身先士卒爲名將之勇敢者；沈機觀變、出奇制勝爲名將之智謀者』，皆可謂名將之楷模。

其次，軍人必須絶對服從於國家，也應懂國家法制。《法制大義》主要闡述了何爲國家、國家之發達、國家之目的、國體和政體的種類、法的概念。《政法雜記》講解了法律者政治之標準、立法之要術、治外法權、主權、主權之固有者與行使者、主權之主體、孔子之政見等問題，與《法制大義》互爲補充。講法制，旨在『範圍其身心也』，塑造『完全人格』，履行軍人『捍衛國家』之職責。

觀以上内容，本書可謂近代以來中國培養軍事將領『明體達用』的好教材。

本書收入《雲南叢書續編》的底本，爲王燦先生孫輩保存的複印本。底本有破損殘缺，提要中加『［］』者，是筆者據文義所補之缺字。（鄭志惠）

雲南軍事學校教育史略初稿

樂銘新編　民國稿本　雲南省圖書館藏書

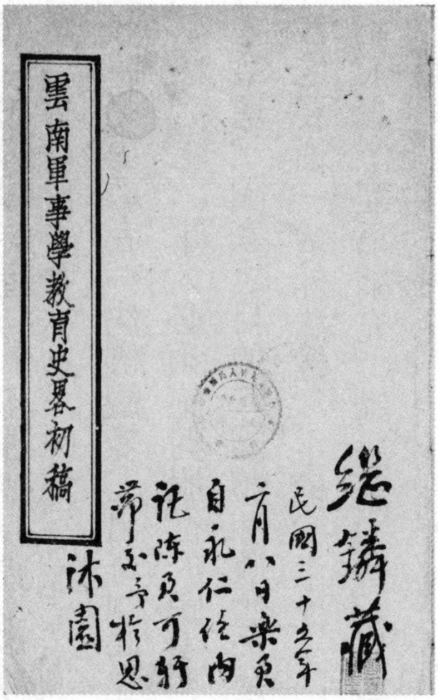

樂銘新，生卒年不詳，雲南順寧（今鳳慶縣）人。畢業於雲南法政學校，後任中央陸軍軍官學校第五分校（昆明分校）秘書、主任秘書多年。本書是編者利用工作之便，大量使用雲南陸軍講武堂及中央軍校第五分校所存檔案、文書資料編寫而成。

關於該書書名，封面爲『雲南軍事學校教育史略初稿』，目録頁爲『雲南軍事學校教育史略』，正文第一頁爲『雲南軍事教育史略』。該書完成時間約爲一九四五年底。全書材料豐富，條理清晰，綫索清楚，簡明扼要。作者從清末雲南武備學堂、陸軍小學堂，一直寫到雲南陸軍講武堂、中央軍校第五分校，到一九四五年止，對研究清末和民國年間雲南的軍事教育有重要的參考價值。其對雲南陸軍講武堂（後爲講武學校）的評價，尤其引人注意，首次提出了雲南『以武校精神訓練黃埔健兒，造成光榮歷史』的觀點。該書後經整理、標點，收入謝本書主編之《清代雲南稿本史料》（上海辭書出版社，二〇一一年）上册之中。（謝本書）

六　經濟

六藝

（一）總論

籌浚滇利書

童振藻撰　民國十二年（一九二三）鉛印本　雲南省圖書館藏書

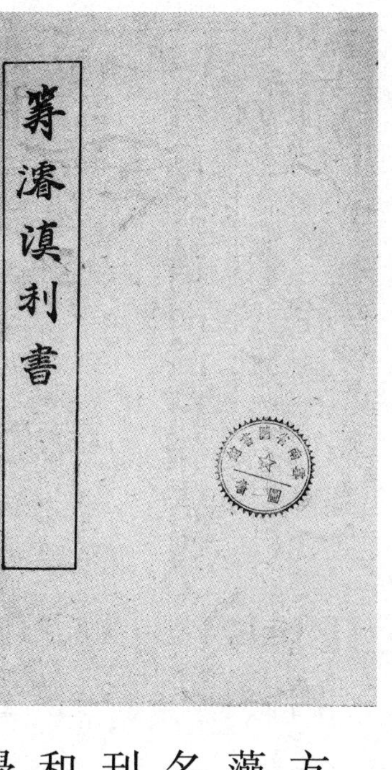

童振藻簡介見前《鴉片與衛生》提要。書内版心下方注『木硯齋叢書第四集』。開卷曰：『此係民國八年，原藻在滇省長公署實業科長差内，函覆滇政務調查會，原名《開發雲南實業意見書》，曾登《雲南實業改進會季刊》。』作者認爲，雲南之礦産、植被等皆遠邁東三省和四川，衹是缺乏深入研究和實際開發。作者曾從地理學角度研究雲南，并『歷迤南、迤西、迤東十數縣之疆宇……特倡辦「雲南學會」，爲紙面上之開發，若能從實際上開發，使物物得以利用，恐厥力龐大，世莫與敵』。又稱其在實業科科長任内，組織本科人員就發展雲南實業『議擬大綱，復由振藻逐加增改繕，……轉呈兼省長采擇施行』。

書中提出整頓發展雲南實業的十項措施：一、培植森林；二、考察桑蠶；三、講求墾殖；四、講求牧畜；五、實行種棉紡紗；六、養成技術家之專利；七、提倡工商品之輸出；八、獎勵土貨之發達；九、研究貿易之政策；十、提携農商等會。正文之後有附録三，《雲南分年籌辦實業大綱》，提出民國九年（一九二〇）至民國十三年（一九二四）的『五年計劃』，將上述十項措施分配到每一計劃年度，涉及每項措施之經費預算、機構設置等；《統籌實業機關之組織》和《雲南實業督辦署組織大綱》，建議正式成立『實業督辦署』，由省長兼任署長，督辦署下設總務、農林、工商和礦務四科，每科設科長一人，科員三四人，皆由相關專家學者和技術官吏組成，同時，『署内置圖書室一，廣置中外各實業圖書』，使實業署成爲一個理論研究和實際操作密切結合的政府組織。（朱端强）

雲南經濟討論會報告書

鍾動編撰　民國十三年（一九二四）鉛印本　雲南省圖書館藏書

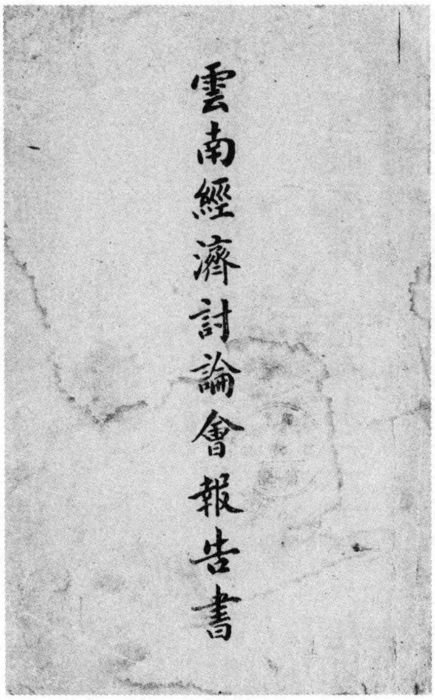

鍾動（一八七九—一九四三），原名用宏，字季通，留學日本時改名鍾動，字薛生或辟生，號長嘯、天静，别號寒雲，廣東梅縣人。南社社員。一九一三年參加反袁『二次革命』。一九一六年，追隨李烈鈞，與唐繼堯、蔡鍔等人在雲南成立護國軍政府，代寫著名的《討袁檄文》。後定居昆明，擔任雲南教育司司長數年。一九四三年去世於上海寓所。

本書扉頁題簽『會長鍾動編撰，會員何敬熙、孫時、沈鍾、王建極、朱枏、魯啓煃、楊韶、吳錫忠、華世銑、陳鳳鳴調查』。『弁言』介紹成書過程：省長任命鍾動兼任雲南經濟討論會會長，其會員由財政、實業兩司職員中遴請核委兼任，旋由鍾會長會商兩司遴請加委財政司顧問朱枏，科長魯啓煃，科員沈鍾、楊韶、何敬熙、華世銑等六員，及實業司科長王建極、吳錫忠、孫時、陳鳳鳴等四人爲會員。討論會在金碧公園中商品陳列所舉行。經會長、會員悉心考察討論，將結果編成報告書，另附財政、農、商各表，終成是書。

討論會探討了三個方面的主題：第一，討究雲南全省地面及地内可以提供生產事業之總量及全省人民職業和生產之現實狀況，以制定關於財政及富蓄兩方面之主要方針；第二，從現實方面討究雲南人民之富蓄及生產力，以觀察其對於財政之負擔力及對於一般生產事業之活動力而制定提倡獎勵或補助方針；第三，從未開地及有望礦產兩方面之切實討究，衡以人民殖產的能力而制定由人民或政府特圖急進開發之方略。

該書概説了雲南農業、森林、工商業、礦業、財政等方面的狀況，附《關於國民經濟各論》，包括獎勵植棉事業、開墾巴部凉山、修理架衣垻水利、開挖宜良東河、興修阿蒙水利、采伐老林木材、改良畜產、整理蠶絲業；後又附《救濟滇省匯兑率暴漲意見書》《財政税入各論》等方面内容。文後有《雲南省財政歲入表》《雲南農產總值表》《雲南工藝製造品總值表》《雲南礦產總值表》《雲南輸出入總值表》《雲南各縣入出一覽表》等。

該書是瞭解民國時期雲南經濟狀況，以及雲南省政府對於發展雲南經濟的整體思路和辦法的可貴資料，是考察民國早期有關雲南經濟、社會問題的重要資料。（曾黎梅）

雲南工商業概況

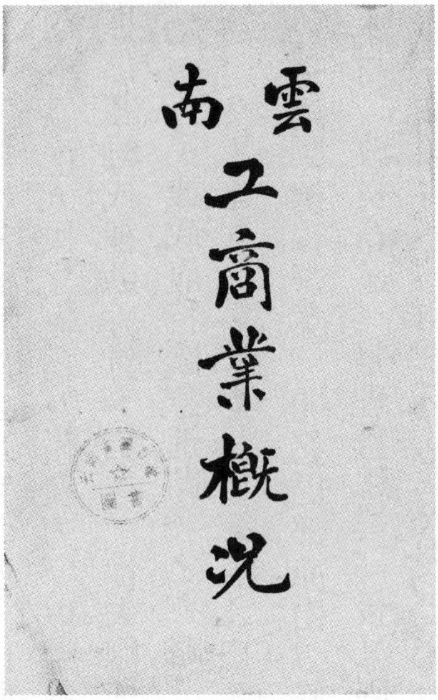

雲南實業司工商科編輯　民國十三年（一九二四）石印本　雲南省圖書館藏書

卷首有由雲龍所作序言一篇。此書之編纂大抵有兩個重要原因。其一，即如序言中指出的：『滇省因地處邊遠，工商事業嚮少講求，除石屏烏銅、箇舊大錫、騰衝之玉、會澤之銅以及普茶宣腿而外，鮮有注意及之者。』其二，使國人瞭解民國建立後雲南的工商業發展概況，以及雲南地方政府在經濟建設中所作出的努力。由氏在序言中也介紹了雲南省政府設立雲南實業司的目的，對於雲南實業司發展雲南工商業的歷程、遇到的困難以及存在的不足也有所介紹。

該書資料主要來源於各屬所查報的數據，未查報地方由各屬實業視察員查報補充。全書共列十九個圖表，分別爲：《雲南各縣輸出輸入物品總值比較圖》《雲南各税關輸出輸入物品總值比較圖》《雲南全省牛皮產額及價額比較圖》《雲南省城各種工廠資本金數及工人數比較圖》《雲南全省羊皮產額及價額比較圖》《雲南各縣商會會董、特別會董數及經費數比較圖》《雲南全省公司數及資本金數比較圖》《民國六年至十一年蒙自、思茅、騰越三關徵收税鈔比較圖》《雲南全省平民工廠資本金數及學徒人數比較圖》《雲南全省羊毛產額及價額比較圖》《民國十一年九月至十二年九月港滬匯水行市比較圖》《雲南各縣入出一覽表》《雲南各税關輸入輸出物品總值表》《雲南全省公司一覽表》《雲南全省商會一覽表》《雲南全省平民工廠一覽表》《雲南省城各工廠一覽表》《雲南全省商辦各項工廠一覽表》《雲南全省工藝品出産一覽表》。

該書對民國初年雲南全省工商業的種類、産量、從業人數、收入、資本、税收等都有較爲詳盡的調查和統計，對於認識雲南全省各縣的産業發展狀况及優勢具有重要意義，是研究民國前期雲南經濟發展狀况的重要資料。（曾黎梅）

社會經濟學

伍純武著　民國二十五年（一九三六）商務印書館鉛印本　國家圖書館藏書

經濟叢書

社會經濟學

伍純武著

伍純武（一九〇五—一九八七），雲南富源人。一九二八年畢業於上海光華大學，同年赴法國留學，一九三二年獲巴黎大學社會經濟學（政治經濟學）博士學位。歸國即任光華大學教授、國立上海商學院教授。一九三八年應熊慶來聘請任雲南大學教授（至一九四七年）、訓導長（一九四〇年辭去）。一九四七年任南京中央政治大學教授。中華人民共和國成立後歷任山東財經大學、齊魯大學、復旦大學、上海財經大學教授。著有《社會經濟學》《現代世界經濟史綱要》《法國社會經濟史》。中華人民共和國成立後，集中精力於翻譯事業，與王亞南合作編譯《資産階級古典經濟學選輯》，應邀翻譯《布阿吉貝爾選集》（商務印書館『漢譯世界學術名著叢書』之一）。

該書的價值，首先在於它是國内最早根據價值論研究經濟規律的著作之一，因而也是我國最早論述和傳播馬克思主義經濟學理論的大學教材之一。它在比較研究了歷史上的十三種價值論後，認爲馬克思的價值論最爲合理。全書分『價值論』『生産論』『分配論』三個部分，對資本主義經濟進行了全面、深入的分析，最後，在『結論——資本家經濟的將來』中明確指出：『資本家經濟，將來一定要崩潰的。這真是勢之必至、理所固然的事情。根本是，建築在利潤的榨取、剩餘價值的剝削的基礎上的資本家經濟，當利潤率有着低落的傾嚮，剩餘價值之實現的困難逐漸增加的今日，它還能維持多久呢？』八十多年前舊中國的大學教科書能有此論斷，十分難得。其次，此書能結合當時中國經濟的實際來詮釋一般理論，同時又能反過來根據一般理論對當時中國經濟作出深刻而有創意的分析。如在『勞動與生産』一章設『中國生産勞動之力量（生産力）』『中國勞力生産的結果』兩節；在『資本與生産』一章設『中國的生産資本』一節；特别是在第三部第三篇『論地租』中，除介紹地租理論之發展外，還集中精力論述中國佃租關係及土地分配問題，依據大量實際調查資料對當時中國農村的封建經濟關係作出分析。（雄武）

中和經濟論

戴錫琨著　民國二十五年（一九三六）鉛印本　國家圖書館藏書

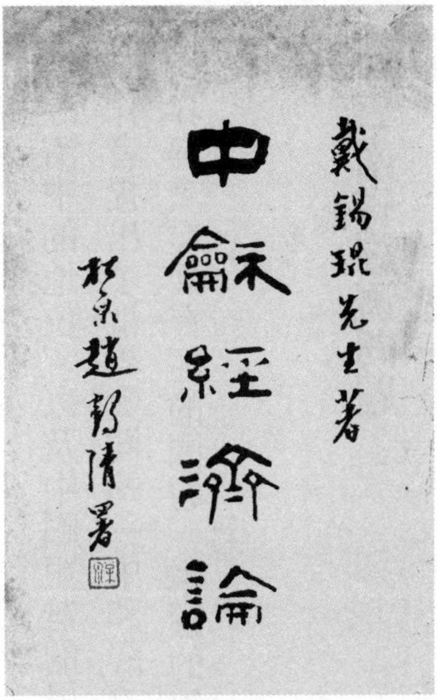

戴錫琨，字瑞堂，雲南賓川人。據周世昌介紹，戴氏是其『在賓川主校務時之同學友也』，後弃筆從戎，『以武力救國，奔走革命』。戴錫琨民國三年（一九一四）畢業於雲南陸軍講武堂，曾參加護國討袁運動，又『轉戰粤桂豫贛江淮楚越各省』，歷任營長、團長等職。解甲歸來後，感慨國家仍然處於困頓之中，於是發奮著書，試圖通過發展經濟研究尋求救國方法。

是書目前可見三版：民國二十四年（一九三五）初版、民國二十五年（一九三六）增訂再版、民國二十九年（一九四〇）縮編三版。《雲南叢書續編》所收爲一九三六年版，趙鶴清題寫書名，卷首有廖行超、李培天所作之二序，及戴錫琨自序、周世昌跋。全書分爲上、中、下三篇。

上篇爲『世界經濟論』，計分八章，從論人生出發，由現在之生、身外之生、未來之生、精神之生、優美之生，論及人生之原理，進而討論不同歷史時期的經濟史觀，并着重介紹了不同文明時期、不同國家經濟特徵中存在的各類現象和面臨的複雜問題。

中篇爲『中國經濟論』，計分六章，分別梳理近代西方國家對中國經濟的侵略、彼時中國經濟發展存在的困境和問題，近代中國的金融變化及其世界地位，進而對中國經濟困局提出因應措施。

下篇爲『呼之即出之世界大同』，計分六章，但内容較爲簡略，大多數章節僅略列提綱。該篇從人性特點出發，認爲人的趨利避害心理能够起到化危爲機的作用，并對世界之大同進行了預測。何謂『大同』？作者認爲，大同『終歸於中和』。其具體表現爲：個人經濟之中和、夫婦經濟之中和、父子經濟之中和、社會經濟之中和、國際經濟之中和、宗教之中和、法律之中和、數量之中和、語言之中和、思想信仰之中和。

該書作於國家危難之時，針砭時弊。爲使國人認識世界、認識中國，作者分析了中國經濟在世界經濟中的地位，以及中國艱難的民生狀况和經濟狀况；通過對世界和中國經濟發展脉絡的梳理，作者提出了世界大同的『中和經濟』思想。總之，該書是雲南一部不可多得的思考二十世紀初世界經濟發展存在的問題、中國的經濟發展狀况與困境，進而探索救國之方的研究著作。（曾黎梅）

雲南省經濟問題

郭垣編著　民國二十九年（一九四〇）正中書局鉛印本　國家圖書館藏書

郭垣，字幹城，遼寧錦西人。財政學家。曾任國民政府財政部田賦糧食管理委員會督導。著有《中國八大理財家》《雲南省之自然富源》，與崔永楫合編《地税理論》。

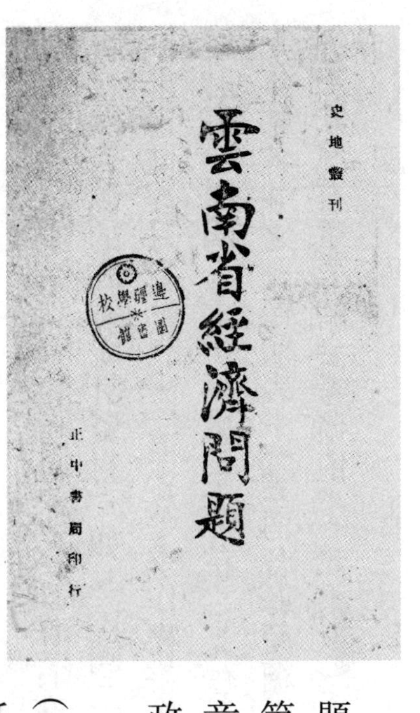

該書係《雲南省之自然富源》的姊妹篇，封面右欄題『史地叢刊』。該書夾叙夾議。全書共九章，分別是：第一章『人口』，第二章『農業』，第三章『工業』，第四章『礦業』，第五章『商業』，第六章『金融』，第七章『財政』，第八章『交通』，第九章『對外貿易』。

據《雲南省之自然富源》『自序』説，民國二十七年（一九三八）三月，作者被派到雲南考察經濟，四月中旬抵昆明。整個考察工作持續八個月，曾赴滇西、南、東部各一次，赴越南一次，在省城昆明住了五個多月，直到次年（一九三九）二月纔返回重慶。此次考察的範圍很廣，涵括一切經濟現象，收集到許多統計數據。本書即是此次考察的重要成果之一。當然，作者在本書序言中談到調查遇到諸多困難，導致數據存在缺陷，他説：『一個調查表寄去，對方壓根不理，是所以書中材料，如有缺憾，最大的原因，就是在此。其次，有些材料因被調查者的保守秘密，根本無從獲得，因而，書中不得不付之闕如。但是，其中也有些從側面調查而獲得了。……著者根據學理來檢討經濟問題，所碰見的困難當更多。在大多數國人還沒有數字觀念的今日，我們詢問統計數目字的時候，所得的答案，常使我們不滿意，許多地方都需要加以修正。』該書是爲服務抗戰、發展西南大後方經濟以緩解國內財政經濟困難而著，作者提出了不少專業性的、有識見的對策建議，是研究抗戰時期雲南經濟的重要參考資料。（許新民）

雲南省之自然富源

郭垣編著　民國二十九年（一九四〇）正中書局鉛印本　國家圖書館藏書

郭垣簡介見前《雲南省經濟問題》提要。一九三八年三月至一九三九年二月，作者受國民政府經濟部指派，到雲南考察經濟，考察完成後，將部分資料整理出版，是爲此書。

全書分爲九章。第一章『緒論』，對雲南自然地理條件進行介紹。其後幾章分别就雲南的礦藏、土地、森林、牧場、漁業、茶、井鹽、糖及其他特産進行了論述，每種資源均涉及其分布區域、生産開發狀況、技術水平、貿易情況、發展前景等問題，正如作者在自序中所説『包含一切經濟現象』。書中有大量關於各種自然資源的詳細統計資料，如《民國二十三年至二十五年箇舊各月份大錫生産數量表》《過去三年來錫價逐月變動表》《滇省冬季作物耕作面積及産量表（民國二十三年）》《雲南各縣近三年造林統計表（民國二十三年至二十五年）》《雲南省各茶區茶葉産量表（民國二十三年至二十四年）》《近六年來各井之鹽産額表》《雲南各縣産糖數量表》等。這些資料對於研究二十世紀三十年代雲南的經濟狀況有重要的參考價值。（錢秉毅）

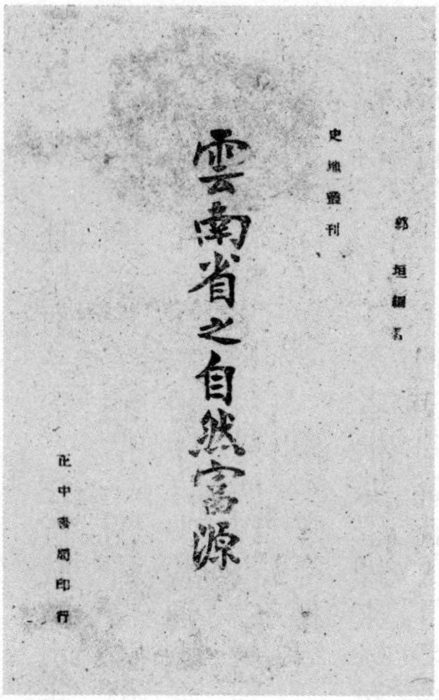

滇西經濟地理

張印堂著　民國三十二年（一九四三）國立雲南大學西南文化研究室鉛印本　國家圖書館藏書

西南研究叢書之一
張印堂著
滇西經濟地理
國立雲南大學西南文化研究室印行

張印堂（一九〇三—一九九一），字蔭棠，山東泰安人。中國現代地理學家。畢業於燕京大學，後英國利物浦大學，獲地理學碩士學位。回國後歷任中央大學、燕京大學、北平師範大學地理系講師，清華大學教授。抗戰期間隨校南遷昆明，任西南聯合大學教授、地質地理氣象系地理組組長。著有《中國西北經濟地理》（英文本）、《地理研究法》以及雲南地理論著等多種。

該書係國立雲南大學西南文化研究室印行的『西南研究叢書』之一種。其資料來自實地調查。據作者『自序』云，一九三九年秋『得國立清華大學梅校長之贊助，并承經濟部翁部長之介紹，與資源委員會合作調查滇緬鐵路沿綫經濟地理』。他們十月初由昆明出發，沿鐵路綫西行，逐站調查和勘測，次年一月底調查竣事，在緬甸臘戍稍作休息，再循滇緬公路經畹町、遮放、芒市至龍陵，然後折往騰衝，調查騰衝與八莫、騰衝與密支那之間的貿易現狀，再經保山、大理、祥雲，返抵昆明。該調查前後歷時六個多月，行程約兩千五百公里。作者在直接勘察的基礎上，廣泛搜羅數據資料，『材料務求翔實，統計力謀精確』。

該書共八章，分别爲：『調查之路綫與範圍』『沿綫經濟發展的地理基礎』『滇緬鐵路在啓發滇西經濟事業上的重要』『滇緬鐵路在我國國際交通上所占地位之重要』『沿綫經濟發展之現狀及其展望』『沿綫的經濟中心區』『滇緬鐵路沿綫與滇緬沿邊的問題』『結論』。書中還配有地理示意圖多幅和統計表若干。

抗戰時期，中國東南沿海對外交通綫被日軍切斷，國民政府迫切需要從西南開闢一條陸上國際交通幹綫，運輸抗戰急需的戰略物資，修築滇緬鐵路被重新提上議程。但社會各方對鐵路西段南北綫選址存在激烈争論，意見相持不下。作者適『得國立清華大學與資源委員會及滇緬鐵路局三方之合作資助，遂決定親往滇緬沿綫調查，俾於明瞭滇西一帶真相後，作一具體之比較』。作者調查南北兩綫所經各地地質構造、地形、氣候、植物、土壤、人口、農業、礦産、糧食供給與運輸條件等情况，認爲修築鐵路『確有其特殊之地位與重大之價值』。其沿綫大部分地區位於亞熱帶，大小盆地甚多，農業基礎富厚，山地丘陵也具有開發價值。鹽、鉛、煤、鐵等礦産藴藏豐富，開采潛力巨大。榨油、製茶、采煤、製糖、繅絲等工業具有發展前景。滇西爲西南鎖鑰、邊陲咽喉，南出緬甸仰光以通國外，北接金沙江以達内地。滇緬鐵路的修通，將起到鞏固西南邊防、開發内地資源的作用，可成爲戰時國際交通『命脉』、戰後對外貿易的樞紐。考察中，作者還親見滇西人民深受惡性瘧疾折磨，并發現沿邊土司區、滇緬邊境存在偷種鴉片的現象，禁烟運動在邊區有名無實。該書是一部民國時期重要的經濟地理學著作。（許新民）

漢夷雜區經濟

李有義著　民國三十二年（一九四三）國立雲南大學社會學研究室油印本　雲南大學民族史教研室藏書

李有義（一九一二—？），山西清徐人。著名藏學家，著有《今日的西藏》。一九三二年入燕京大學社會學系學習，一九三八年加入雲南大學社會學系。

民國二十八年（一九三九），雲南大學接受中國農民銀行和羅氏基金的資助，擬定了一個雲南省内農村社會經濟調查計劃。調查開始時，參加人員分成兩組，分别是滇緬公路附近的禄豐和易門調查組和滇越鐵路附近的路南調查組。作者因興趣加入了路南組。路南是距昆明東南約一百公里的一個小縣，爲昆明附近各縣中民族最複雜的一個區域，『人數最多的是撒尼……（字迹不清）及苗人等』，是一個漢人與多民族雜居的區域。作者在路南尾村住了六個月（其間他用一個多月的時間學會了一些基本的土話），完成了對該村的社會學調查。

該書的調查方法以觀察訪問法爲主，以參加法與個案法爲輔。作者曾經冒充久旅在外的土人，參加了幾個漢人不能參加的活動，如『祭密枝』和『公房』集會。個案法儘可能選擇有代表性的個案，其調查包括縱嚮的歷史調查和橫嚮的現況調查。作者共調查了二十個家庭個案。

該書分爲十章，第一章『漢夷接觸史話』，從歷史角度講述了尾村『夷人—漢人統治下的漢夷雜居—漢人没落—夷人爲主的漢夷雜居』的漢夷關係史。第二章『份子田和私田』、第三章『夷民大農的興起』，講述了尾村土地所有權的變遷。第四章『土地分配與職業分化』，講述了漢夷之間的職業分化。第五章『農事』、第六章『製酒和織麻』，講述了尾村的農業活動和副業狀况。第七章『趕街子與信用制度』，講述了夷民的經濟和金融活動。第八章『生活程度』、第九章『婚姻與家庭』，講述了夷民婚姻家庭制度和漢夷日常生活的差异。第十章『民主化的雜區政治活動』，講述了漢夷雜區特有的民主化政治制度。

該書以漢夷關係的歷史發展爲經，以漢夷政治、經濟、生活爲緯，對漢夷雜居的社區進行了全方位的考察，從政治、文化、經濟、生活等多方面，描繪了漢族與少數民族共同生活的歷史畫卷。在社會發展的過程中，漢族與少數民族經歷了此消彼長的歷史進程，這個過程既有衝突更有融合，他們一起共同創造了民族國家的歷史。從史料價值來看，該書爲研究近代以來雲南民族地區的政治、經濟、文化提供了翔實的第一手資料和不可多得的樣本。從版本來看，該書當時没有正式出版發行，僅以此油印本的形式存世，具有很高的版本價值。書中部分字迹模糊。（辛玲）

雲南省經濟委員會事業始末

雲南省經濟委員會編　民國三十六年（一九四七）鉛印本　雲南省圖書館藏書

雲南省經濟委員會成立於一九三四年。時滇省政局粗安，當局整頓財政金融，收入稍豐，亟

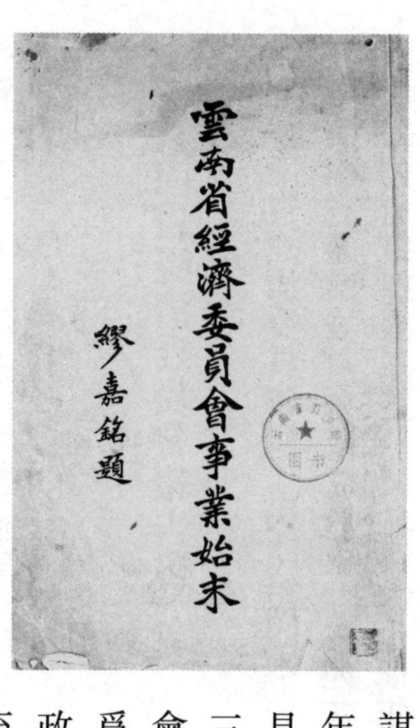

謀發展地方經濟和改善交通閉塞、工業羸弱的局面。是年初，雲南省政府主席龍雲委托省實業廳廳長繆嘉銘擬具《雲南全省經濟委員會組織大綱》及《章程》，三月三十日省政府第三八四次會議議決照辦，十二月一日本會成立，借富滇新銀行部分房屋（原址在今昆明威遠街）爲會址。委員會由常務委員（繆嘉銘任）、當然委員（民政、財政、建設、實業及教育各廳廳長）和委員（共七至九名）組成，下設管理、設計兩部六股。一九四三年稱『雲南省經濟委員會』，機構改設爲管理、設計兩處和秘書、會計兩室。一九四七年五月與雲南省企業局、富滇新銀行合并改組爲雲南人民企業公司，旋由繆嘉銘編輯是書。

是書封面由繆嘉銘題簽。文前有拍攝於一九四七年的雲南省經濟委員會同仁、雲南省經濟委員會暨附屬各單位主管人員和雲南省經濟委員會第六届聯誼會團體照片各一幅。首有雲南省政府前主席龍雲、雲南省政府主席盧漢所作兩篇序言。次爲目録。書分上、下兩編。上編『本會』，列『緣起與成立』『職掌與組織』『計劃與實施』『資金與管理』『事業動態』等五目，主要介紹省經濟委員會的成立及發展情況，載有《組織大綱》《章程》《組織規程》及歷年大事記，附《雲南省經濟委員會各事業單位簡明表》。下編『本會所屬各機構』，按行業列『礦冶』『紡織』『農墾水利』『絲茶』『電力』『機械』『化學』『印刷與教育』『交通與運輸處』『合作』『社會服務』『貿易管理』等十二目，附本會及所屬各機構職員名録。

是書爲瞭解和研究抗戰期間雲南經濟社會發展史的重要資料。所列企事業單位基本狀况較詳備，一般均叙述緣起及發展簡况，多有組織系統、歷年資金、産量、設備及調查設計圖表、地圖等，較完整全面地記録和反映了該時期雲南省傳統農業進步、經濟作物拓展、新工業門類出現與發展的歷程。雲南省經濟委員會作爲政府發展經濟事業的主管機構，集中有限資金，優先發展紡織、交通、製造、化學及電力工業，興修水利，設立桑蠶集體農場，改良茶葉培製技術與外銷方法，先後開辦或改組昆明電力廠、雲南紡織廠、雲南五金器具製造廠、雲南省垣附近農田水利工程處、開蒙墾殖局，接管煉錫公司等企業；抗戰時期與入滇的中國銀行、交通銀行及國民政府各部委合資組建裕滇紡織公司、雲南中國茶葉貿易公司、中國電力製鋼廠、雲南鋼鐵廠、雲南蠶絲新村公司、光大瓷業公司、雲南錫業公司、利滇化工廠、雲南酒精廠、裕滇磷肥廠等；與民族資本合辦玉龍電力公司、百特礦務公司等。至一九四二年六月，纍計投資超過三點五億元新滇幣，投資企業達五十四個。整體而言，該會對雲南地方工業化和經濟發展曾發揮過重要的促進作用。

（牛鴻斌）

雲南省經濟委員會報告書

雲南省經濟委員會輯　民國鉛印本　雲南省圖書館藏書

雲南省經濟委員會成立於一九三四年，旨在推進全省經濟建設，由時任富滇新銀行行長、雲南煉錫公司經理繆嘉銘（又名繆雲台）任常務委員，主理有關事宜。經濟委員會成立以後，開始

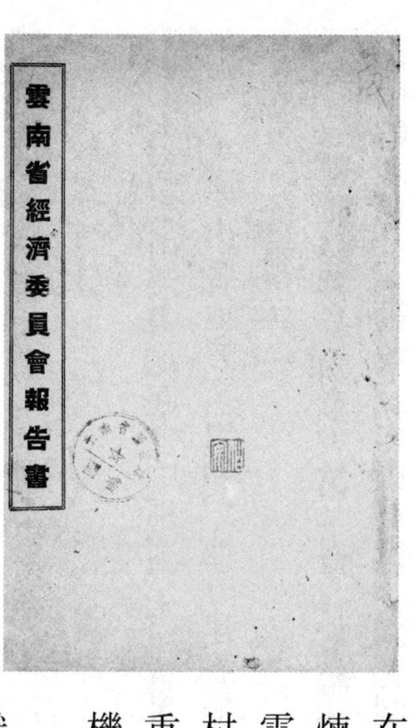

在雲南大範圍進行經濟建設，如開辦或接管昆明電力廠、煉錫公司、雲南紡織廠、雲南五金器具製造廠、木棉公司、電力製鋼廠、雲豐造紙廠，開發蒙自草壩，經營蠶絲新村，修築篆塘新村等等。其所開辦事業涵蓋農業、輕工業、重工業等多個行業，是民國時期雲南經濟發展最重要的機構。

該報告共分六章，分別爲『緣起與成立』『職掌與組織』『資金』『事業動態』『選送留美學生』『職員名録』，詳細介紹了雲南經濟委員會成立之前的雲南經濟形勢、經濟委員會成立經過、主要工作職責、管理機構及發展情況。在『事業動態』一章中，分個時期介紹事業開展情況，分別爲：機器工業初展時期（民國二十三年至二十五年［一九三四—一九三六］），以清末所開辦的各項事業爲基礎，通過注入政府資本改良、改組企業使之發展壯大；機器工業極盛時期（民國二十六年至三十四年八月［一九三七—一九四五］），此時抗戰軍興，政府内遷，因昆明交通便利，各大金融機構和工廠遷滇，政府抓住時機大力開展各項事業，促進雲南經濟的繁榮；機器工業轉衰時期（民國三十四年九月至三十五年九月［一九四五—一九四六］），抗戰勝利後，内遷各機關開始復員，本會之企事業單位大受影響，許多企業暫停，僅有少數維持。『選送留美學生』一章載，雲南經濟委員會爲培養經濟建設人才，於民國三十年（一九四一）成立雲南選送留美學生委員會，招考本省籍貫高中畢業生，經培訓後由經濟委員會資助赴美留學，共四十人。本書是研究民國雲南經濟建

設的重要史料。（李艷）

雲南合作事業

王武科著　民國三十八年（一九四九）中南出版社鉛印本　雲南省圖書館藏書

王武科簡介見前《中國之農賑》提要。該書封面署『新雲南叢書之六』。首序爲袁丕佑所作，稱民國二十七年（一九三八），雲南推行合作事業，以期『活潑農村金融，以利農民生産』。時袁任省政府秘書長，主管其事。他稱贊王武科對合作事業『本其所學、憑其經驗，埋頭苦幹、不遺餘力，數年之内，合作組織遍布全滇』。次序爲時任雲南合作事業管理處處長楊體仁所作。作者在『自序』中稱，此書乃應侯曙蒼邀請所作。侯曙蒼在其後所撰的《新雲南叢書緣起》中稱，『本叢書之宗旨，在乎表揚地方文化，促進地方建設，提倡地方學術』，主要出版地方文史類、地方建設類、科學科技類書籍，并『特約專家，分别主撰，依其脱稿先後，陸續付梓』。

該書正文共分六章，第一章『概論』，論説合作的真義、種類、功能；第二章『合作與其他部門的關係』，論説合作與農貸、新縣制之關係；第三章『雲南合作簡史』，講述雲南合作事業的緣起、省級合作行政機構、縣級合作輔導機構、其他合作輔導機構等；第四章『雲南合作概述』，講述合作行政、組織、業務、金融、教育、統計；第五章『雲南合作的特質』，分述其由分歧到統一、由引動到自動、由互助到合作、由農村到都市、由單營到兼營、由貸款到貸實；第六章『雲南合作的前途』，展望今後雲南合作事業的行政、組織、業務、金融、教育等方面的發展趨勢。（李艷）

雲南實業調查書

雲南實業調查會編　民國鉛印本　雲南省圖書館藏書

該書無序跋，僅據内容判斷爲民國年間所作。該書主要就『雲南可以投資開辦之重要實業詳細查明并分別計畫』，包括修築行駛汽車大路、開礦、墾荒、畜牧、設立紡紗廠、設立造紙廠等内容。書中提出修築滇蜀、滇邕、滇緬、滇藏四條省級公路幹綫，貫通雲南通往内地、出海和入藏的大通道。由於財力不支，童振藻提出分級籌款築路的方案：『擬先將滇省之路分省道、縣道、鄉道三種。省道約寬三丈，縣道約寬二丈，鄉道約寬一丈五尺，有爲地勢所限者，不妨稍爲變通。縣道通入某屬境内，即由某屬就地籌款修築。鄉道通入某鄉境内，即由某鄉就地籌款修築。將來規訂辦法，分飭各屬照辦。唯省道或提用官款，或官商集資修築。』并精心繪製《籌修全滇行駛汽車大路圖》。

礦産方面，作者調查統計全省已經勘查明確的礦廠共一千七百六十三處，其中銅礦七百三十六處，鐵礦二百三十八處，金礦九十處，銀礦一百八十六處，鉛礦九十八處，錫礦四十處，鈷礦四十六處，銻礦三十一處，煤礦二百二十六處，其餘如水銀、雄磺、硝硫、白礬、煤油等礦尚有數十處。現已開之礦僅六百六十三處，停廢及未開者共一千一百餘處，故投資開礦大有可爲。又抄録個舊錫務公司營業狀況、東川礦業公司營業狀況、個舊錫礦之成分、阿迷煤礦之成分等統計數據。

荒地方面，雲南未墾之荒地統計有三萬三千餘萬畝，其中荒山有一萬一千餘萬畝，可發展種植業和畜牧業；荒地有二萬二千餘萬畝，可開闢爲農田。入民國後，雲南省政府設立墾殖局制訂全省墾殖章程，但開荒興利收效并不顯著，主要原因是人口稀少、資本缺乏、交通不便、燥土居多。作者建議先從開墾平原、山地較爲肥沃的土地入手，將荒地改爲農田，逐步推廣墾荒事業，造福地方百姓。

畜牧方面，雲南具有國内良好的天然牧場，具備發展畜牧業的多種自然條件。作者列舉了雲南各地的種畜名産，分别有麗江的馬、鄧川的牛、宜良的羊、宣威的猪、玉溪的鴨、武定的雞等等。該書保存了豐富的民國時期雲南實業文獻。（許新民）

雲南實業政見撮要

華封祝著　民國石印本　雲南省圖書館藏書

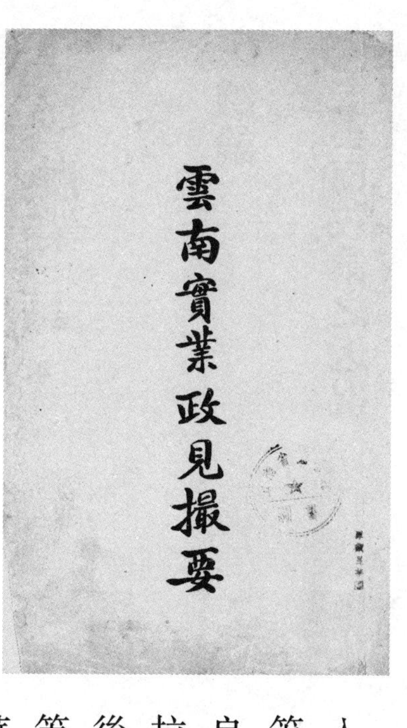

華封祝，字晋三，雲南呈貢人。年十二應童子試，冠軍，入邑庠。科舉停，入高等學堂，肄業，被選送留學日本高等實業專門學校。畢業歸國，條陳有關礦業實業計劃及改良方法，清政府特加采納，派遣回滇，以新法開采箇舊馬拉格一帶礦産。一九一一年九月，任滇省實業司副司長。後又歷任中央農商部僉事、雲南省墾殖督辦及水利局局長等職。一九二〇年，顧品珍主持滇政，改實業司爲實業廳，華封祝受命出任實業廳廳長，該書即其就斯職後所作。

作者開宗明義指出：『自就職以來，夙夜孳孳於實業，大體曾略有計畫，惟實業範圍甚廣，列舉之雖百千萬言不能盡其詳。且吾滇救貧之策以辦礦爲最要，而辦理礦業又非籌巨資不爲功。此外，農林工商雖可視資金之多寡，以定規模之廣狹，然何者應提前創辦，何者應繼續進行，若不斟酌地方情形，通盤籌計，恐東塗西抹，終亦不得要領。』基於此，作者提出雲南實業發展的兩大方嚮。一爲抽象辦法。包括提倡小規模之實業、發揮固有之特産、注意監督、籌設金融機關四個方面。文中認爲，發展實業資金至關重要，但在資金不足的情况下，衹能先就實際而從小規模實業出發；辦理實業貴在因地制宜，不得籠統概括，物産、氣候、風土人情、習慣與之皆至有關係；發展實業計畫雖多，但因管理者缺乏責任心、無組織力又或因經費缺乏以致停輟者不少，因此監督亦至關重要，等等。二爲具體辦法。該部分專篇介紹農業、工業、商業、礦務等，農業所占比重較大，其中又分爲水利、牧畜、棉業、工藝植物、蠶業、墾荒幾個方面，分別闡述其具體發展辦法。該書『根據雲南風土人情所宜、公私財力所能及而利害最切、關繫最重，并適於現世之需要者』擬就，切中雲南實業發展之時弊，對於研究雲南實業發展史具有較高的參考價值。（曾黎梅）

（二）農業

①總論

雲南牧業之近況

雲南省長公署政務廳第三科編輯　民國十年（一九二一）雲南省長公署鉛印本　雲南省圖書館藏書

本書序言由時任滇軍總司令官兼省長顧品珍撰寫，講述了編印緣起，即爲『補苴罅漏，便於措施』。依『例言』，該書據省長公署檔案、各縣呈報之調查情況及雲南地志資料等彙編而成，可信度較高。

是書目次有五，分別爲『提倡畜牧之議案』『牧場』『獸醫』『各屬畜牧概要』『近年畜産輸出入概況』，其中尤以『牧場』『獸醫』和『各屬畜牧概要』最爲翔實。『牧場』述及省立第一牧場和旺群畜牧股份有限公司，內容涉及牧場運行及發展狀況。『獸醫』主要以省立獸醫實習所爲主，介紹其章程、畢業學生情況及獸疫預防辦法等。

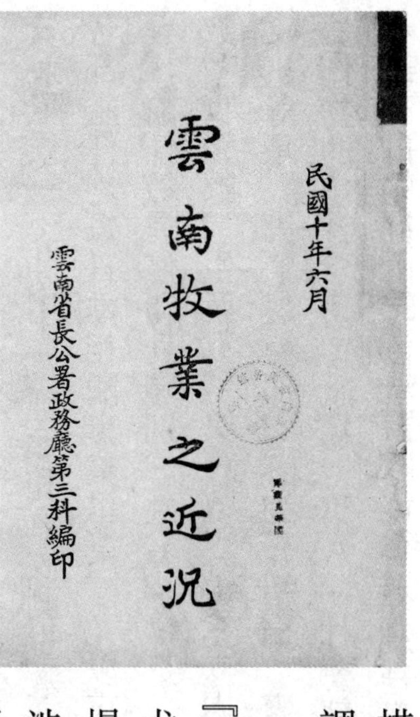

『各屬畜牧概要』以圖表的形式，將民國八年（一九一九）各縣畜牧調查情況分類列出，包括《家畜數目統計表》《家畜近三年價值表》《家畜用途及銷路表》《家畜飼育狀況表》《家畜病症表》《家畜副産物數量表》等。此次調查範圍廣，數據詳細而具體，是本書最核心的部分，對於研究民國初年雲南農村經濟狀況具有重要的參考價值，例如通過對各縣畜産數據的分析，可以發現當時雲南各地農村經濟發展水平的差异。（白義俊）

雲南省立農事試驗場要覽

雲南省立農事試驗場編輯　民國十二年（一九二三）石印本　雲南省圖書館藏書

民國元年（一九一二），雲南實業司在昆明市大普吉劃地千餘畝，建立雲南省立農事試驗場。

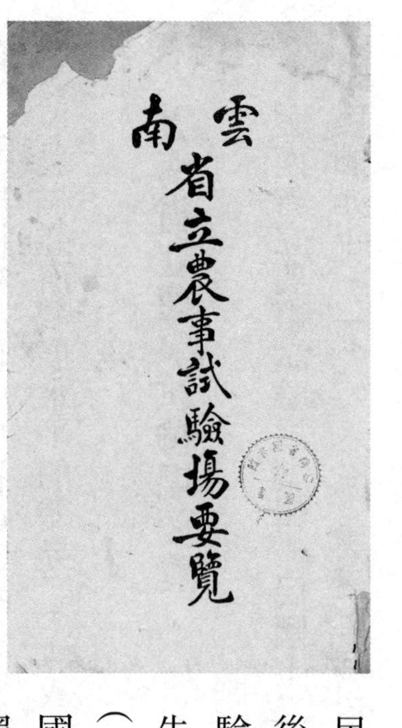

民國三年（一九一四），農事試驗場印行第一次報告書，後因護國運動中斷。民國十二年（一九二三），農事試驗場仿東西各國農事試驗場成例，臨時印行此要覽，報告農事試驗場成績，以供當事者參考。時任場長米文興（一八九〇—一九六五），字仁齋，雲南玉溪人。日本帝國大學農科畢業，曾任省立昆華農校校長、華坪縣縣長、墨江縣縣長等職。

卷首『例言』述編撰宗旨、説明度量衡單位、編撰月日。插圖有全體職員、場所景觀、試驗改良品種等照片十八幅。正文共分十部分。第一『沿革』，介紹創辦情況以及牧畜場、獸醫實習所、林業試驗場的歸并情況。第二『規程』，其中『本場章程』是對農事試驗場組織設置、人員配備等的規定，『本場處務細則』是對農事試驗場日常事務管理的規定。第三『位置及面積』。第四『土質及氣候』，介紹土質種類和氣候測量數據。第五『職員』，對現任職員情況介紹較詳。現任場長、各部主任均爲日本相關專業畢業，尤以東京帝國大學爲多；技術員、技術助理員則爲雲南本地培養。前任職員僅開列職別、姓名、籍貫。第六『經費』，《本場歷年經費一覽表》按年份開列預算數、實領數、生産數、决算數、備考等項，《本場民國十年份經費預算表》開列薪俸、辦公、臨時支出等項。第七農藝部，詳細介紹稻、麥、豆、纖維和澱粉嗜好油糖料等特用物、烟草、蔬菜等農作物的培育、防害試驗。第八『林藝部』，介紹林木播種、换床、插條試驗以及種苗分發、種籽調查的情況。第九『畜牧部』，介紹種畜之增减、種畜之交配分發、牧草及飼料作物栽培等内容。

第十『各項表式』，包括各部試驗調查記載表、各部日志表、各部要報表、各部生産表、各部購用物品表、各部雜用器品類編號表。該書内容細緻翔實，是反映民國初年雲南農業技術發展的重要文獻。（陳曦）

雲南農業概況

雲南實業司農林科編輯　民國十三年（一九二四）鉛印本　雲南省圖書館藏書

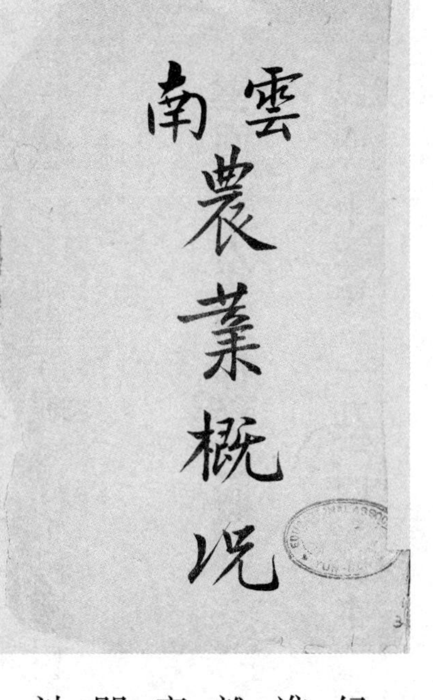

書前有由雲龍所作序言，略述雲南複雜的地理、氣候與物産多樣性的關係。正文分農、林、蠶、牧四部分進行介紹。《雲南農産物一覽表》分爲穀類、豆類、麥類、雜糧類、茶類、糖類、棉類、麻類、農産製造雜類、農産製造麵粉類、農産製造酒類、藥材類、烟草類、水産類，開列物産名稱與出産地；前七類和水産類皆後附全省合計年産量，糖、棉類對産區縣名有所補充；數據以民國十一年（一九二二）『出品於勸業會者爲據，每種僅舉其一種，而各縣均出者删之。蓋此表衹表示滇中農産之種類，非表示數量』。《雲南林業概況》簡要介紹民國初年雲南的林政舉措，後附《勸業會林産出品一覽表》《雲南各屬公有、私有森林一覽表》《雲南各屬由實業機關領籽秧種植樹木一覽表》《雲南各私人各團體種植樹木一覽表》《省立農事試驗場歷年分發苗木一覽表》《省立農事試驗場歷年分發林木籽種一覽表》。《雲南蠶業概況》簡述清末至民初雲南蠶業發展情況，附《雲南各縣蠶業比較表》，開列縣名、栽桑株數、收蠶數、繅絲數。《雲南牧業概況》簡述雲南牧業民國初年的發展情況，并附雲南滇中道區、普洱道和蒙自道區、騰越道區三區所屬牧畜比較表，以及《雲南牛皮生産量及價格調查表》《省立農事試驗場飼養種畜一覽表》。該書詳細記録了民國初年雲南農、林、蠶、牧業的物産情況，是較爲重要的經濟文獻。（陳曦）

雲南二十年來林務之概況

民國二十三年（一九三四）鈔本　雲南省圖書館藏書

是書前後無序跋，作者不詳，以紅格稿紙豎行手寫，字迹工整可辨，書口有『雲南通志館用紙』字樣。其内容，大致有三：一爲滇省林務發展情況；二爲林務處工作大要；三爲林業法規。

書中第一部分以十年爲段，梳理了滇省林業發展情況，將清末至民國十年（一九二一）定爲『林務萌芽時期』，『以勸導人民種樹并保護原有森林爲主旨』；民國十一年（一九二二）至二十年（一九三一）爲『林務進展時期』，『以歷年倡導造林之根基，而求進一步之發展』；自民國二十年（一九三一）起，預期到三十年（一九四一）止，爲『林務推廣時期』。第二部分主要爲林務推廣期間林務處工作大要，具體爲設立省立造林場、省立苗圃、省立籽種承發所、省立分區林務局，設置各縣林務員，以及限制濫伐、保護森林等。是書最後以附録的形式抄録了中央頒行的《森林法》及雲南省頒行的《雲南種樹章程》《雲南實業司分區造林章程》《雲南造林運動章程》《雲南省農礦廳林務處暫行章程》共五部森林法規。

該書對於研究民國前二十年雲南林業發展具有一定的參考價值。該書部分内容後被抄録在《續雲南通志長編農政草稿》之中，雖略有改動，但基本保持原樣。除此之外，該書還被《雲南省志・林業志》（雲南人民出版社，二〇〇三年）部分收録。（白義俊）

雲南省農村調查

行政院農村復興委員會編輯　民國二十四年（一九三五）商務印書館鉛印本　國家圖書館藏書

一九三三年，爲挽救農村危機，南京國民政府成立行政院農村復興委員會，總領全國農村建設。其組織開展的一些農村調查，爲研究中國農村經濟留下了頗有價值的歷史資料。

據此書『凡例』和『序』，民國二十二年（一九三三）十二月至次年二月，行政院農村復興委員會派魯成、王傑二人到雲南調查研究農村問題。調查采用社會學『抽樣法』，在滇中、滇東和滇南地區選取昆明、禄豐、玉溪、馬龍、開遠五縣爲『樣本』，每縣又各選六村進行調查研究，

行政院農村復興委員會叢書
雲南省農村調查
商務印書館發行

如昆明選取嚴家村、季管營村、桃園村、下河埂、菊花村和昭宗村，最後進行綜合分析，撰爲章節體調研報告。

卷首配有昆明、玉溪、馬龍三縣地圖，以及昆明等五縣實地調查照片若干幅。雲南省圖書館藏本卷首還有雲南全省地圖一幅。正文『雲南的自然環境概況』『雲南的政治經濟概況』二章爲調查背景。第三章『各縣報告』爲全書主體，分列昆明等五縣調研內容，包括全縣概況、土地分配、農村副業、農村借貸、田賦、捐稅、教育、政治情形等內容。每項都有翔實的數據材料或調查材料作爲依據。通過調研，作者認爲當時的雲南農村存在的問題是：一、以租佃關係爲主，但『土地所有』與『土地使用』分離的矛盾突出；二、因鴉片種植，故地租額很高，常常超出正産量；三、農田使用範圍狹小，『大農經濟』落後；四、農村資金非常枯竭；五、交通不便，市場經濟極不發達；六、除滇越鐵路沿綫外，『外國商品經濟的侵入還不太深』。

據彭學沛爲該書所撰序言稱，當時由於東北淪陷，國家欲開發西北，但慮其『費用多而見效遲』，而西南地區因其『氣候和暖，礦産豐富，努力開發，較易爲功。將來對於國民經濟上的貢獻，必極偉大』，於是展開對雲南等地的調研。故該書不僅可供研究全面抗戰前雲南農村社會經濟，而且對研究當時國民政府開發西南的戰略思路也多有參考價值。（朱端强）

雲南省建設廳稻麥改進所兩年來工作鳥瞰

民國二十九年（一九四〇）油印本　雲南省圖書館藏書

一九三八年九月，雲南省政府成立雲南稻麥改進所，隸屬於雲南省建設廳，汪呈因、褚宋楚先後任所長。所内設總務、技術、推廣三科，以檢定地方稻麥品種爲主，收搜集各縣地方優良單穗千餘個，用純系法淘汰選擇，擇優推廣。一九四四年改稱雲南省農藝改進所，增設茶葉、園藝内容。一九四六年改稱雲南農林改進所，與雲南大學農學院合作，并設農作物推廣委員會，增設第一、第二農事試驗場於大普吉、定光寺，共有田地八百餘畝。

該書簡要介紹了雲南稻麥改進所成立兩年來的基本情況。如民國二十九年（一九四〇）省内糧食問題嚴重，改進所擴充場地，在昆明定光寺、大普吉及宜良回輝村三地設試驗場。試驗方面，水陸稻采選本省各縣兩萬餘單穗、一千餘品種，省外五千餘品種，小麥亦收集本省各縣一萬餘單穗、一百餘品種，省外二百餘品種，均已進行品種比較研究及純系育種試驗。民國二十九年（一九四〇）二行試驗中，產量均超過本地標準品種百分之六十，小麥少數品系平均畝產量達五百六十市斤，創全國紀録。栽培試驗有水稻移植期、小麥播種期試驗。調查方面，完成全省稻麥病蟲害情況調查，對滇中稻麥地方品種優劣進行詳細鑒定。稻螟蟲、麥象蟲、寄生蜂研究亦有重要發現，而推廣事業仍處於起步階段。該書分别對試驗研究、病蟲害防除、檢定推廣工作進行了梳理，相關表格詳列各種試驗研究的重要數據。本書内容翔實，是重要的雲南經濟文獻。（陳曦）

雲南清丈概況

雲南省財政廳編　民國三十年（一九四一）雲南省財政廳鉛印本　國家圖書館藏書

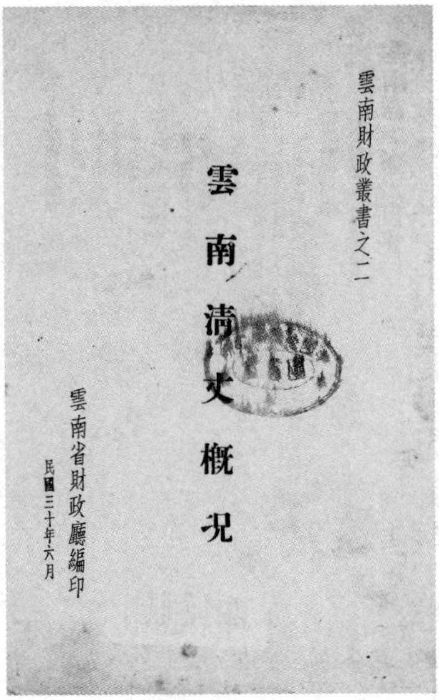

雲南省財政廳在民國時期屬省政府最重要的部門之一，一度代省政府直接掌控大部官辦工農企業的投資經營。一九二九年奉省政府令，財政廳籌設全省清丈總局以清丈耕地、整理賦籍，一九三二年改爲全省清丈處。該項工作一直持續到一九四〇年。

是書封面有『雲南財政叢書之二』字樣。列六目及附録。第一目『本省舉辦耕地清丈緣起』，論清丈之必要性；第二目『清丈機關組織』，述省縣級清丈機構及培訓工作人員的機構，有《雲南省財政廳附屬清丈機關一覽表》；第三目『清丈推行概況』，分述試辦時期和擴大推行時期的情況，有《雲南省各縣清丈分期推進計劃表》；第四目『清丈業務實施程序』，分爲測丈點驗、評定等則、辦理内業（有外業組及内業組）和頒發執照四個階段；第五目『清丈成績統計』，有全省一百一十縣《清丈完成各屬耕地新舊畝積比較表》《清丈完成各屬繪成各項耕地圖幅數統計表》《清丈完成各屬造成各種耕地册籍數統計表》《清丈完成各屬造成清丈執照張數統計表》和《清丈完成各屬耕地新舊税額比較表》；第六目『清丈費用』。另有附録，録省政府爲清丈所制定的三十一種法規目録以及所編輯的三種清丈刊物的名稱和發行期數。

是書爲清丈過程的第一手官方記録，雖簡明扼要，然史料價值無可替代。雲南向爲農業省，農業賦税亦爲政府大宗收入。民初田制仍延清末，其後戰亂頻仍，或田地抛荒，或賦籍殘缺，又税目繁雜，吏胥操控，是以耕地清丈實爲民國滇省大事。歷十餘年之清丈工作完成後，全省各屬田地面積均大幅上升，政府田賦收入亦穩定增長。抗戰期間田賦收歸中央及改徵實物以後，雲南『歷年均能達成任務』（《續雲南通志長編》卷四十七），保障了後方糧食供應，是雲南人民、雲南農村的重大貢獻。（牛鴻斌）

雲南省農林水利

中國人民解放軍西南服務團研究室編　民國三十八年（一九四九）中國人民解放軍西南服務團研究室鉛印本　雲南省檔案館藏書

一九四九年夏，渡江戰役勝利後不久，中國人民解放軍第二野戰軍受命接防大西南。出征前，劉伯承、鄧小平決定從中央和老區抽調一批新聞、郵電、財經、公安等方面的幹部，同時招收上海、南京的大中學生、青年職工，組建『中國人民解放軍西南服務團』。十月一日，西南服務團一萬六千餘人挺進西南邊疆。西南服務團出發前經過三個月的匯合、整編和集訓學習，并編印有關材料作爲學習資料，本書即是其中的一種。

該書封面有『雲南省參考資料之三』的字樣，落款日期爲『三十八年八月』。正文共分兩部，第一部『概況』，下分兩章，第一章『農林』，分兩節詳細叙述雲南的農民、耕地、農作物、森林、牲畜、特産等情況以及農業管理機構的概況。其中特産一節，記録了雲南的木棉、烟草、茶葉、藥材、蠶絲等特産的分布、生産、銷售概況。第二章『水利』，下分兩節對雲南境内的重要河流渠堰、水利灌溉、水利勘查測量以及管理水利的機構進叙述。第二部『農林水利機構系統』，下分兩章，第一章『重要區農林水利機構系統』，分昆明區、開遠區、沾益區三節，簡要梳理了雲南重要的農林水利機構，如雲南農林改進所、開蒙墾殖局、雲南木棉公司開遠棉場、沾益水文站等十餘個機構概況。第二章『次要區農林水利機構系統』，分農林部分和水利部分兩節，簡述佛海、建水、海口、昭通等十四個地方的重要農林水利機構概況，如雲南思普企業局、賓川棉場、順寧製茶廠、海口水文站等二十餘個機構單位。文中收入表格若干，如《雲南省農林機構一覽表》《雲南省水利機構名稱一覽表》。該書全面記録了民國時期雲南農林水利的發展情況，是研究民國時期雲南社會發展的重要史料。（李艷）

②經濟作物

種茶淺説

陸澄溪審定，封少藩編輯　民國三十年（一九四一）鉛印本　雲南省圖書館藏書

封維德（一九〇〇—一九五八），字少藩，雲南騰衝人。著名茶葉種植專家。民國初，其父佩藩任職於小勐統巡檢司時，引種勐庫茶於騰衝之竄龍等地，初獲成功。維德繼承父業，民國十二年（一九二三），又繼續在龍江、蒲竄等地種茶，改良技術，培養人才，使騰衝茶質精進，茶業興盛，人稱『封家茶』。民國三十一年（一九四二），封維德任梁河設治局局長，大力推廣種茶，熱心公益事業。中華人民共和國成立後，曾任職於德宏州政府。

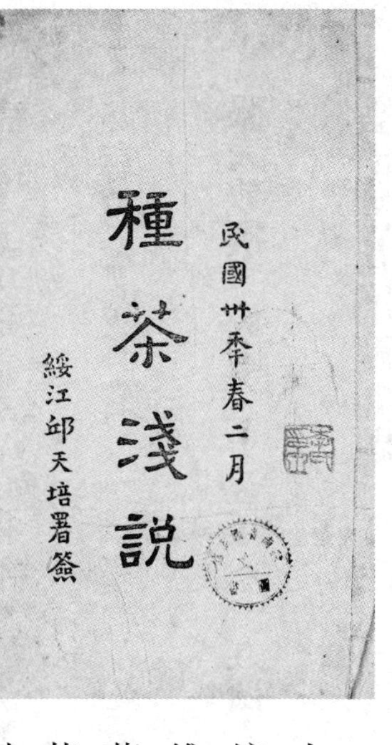

本書封面由綏江邱天培題寫書名。時任中國茶葉公司技術專員、江蘇武進人陸澂（澄溪）撰寫序言，文章表彰了封氏父子爲發展騰衝茶葉事業所作出的努力和貢獻，稱民國二十九年（一九四〇）十月，封維德并李根源等特邀陸澂到騰衝『創辦茶校、茶園』，同時將該書送其審定。陸氏認爲該書『淺顯明瞭，切合騰衝實際情形』，建議推廣各地，促進騰衝茶葉生産和出口。該書爲章節體，雖然以騰衝、順寧（今臨滄）茶事爲主，實則涉及雲南茶葉栽種和製作的普遍原理、

技術、方法等。全書正文依次爲『自然環境與茶葉之關係』『茶樹之繁殖』『茶樹之管理』『茶葉之采摘』『茶之製造』五章。第六章爲『附録』，載李總長根源咏窩龍村詩一首，李根源致谷運生、尚月卿等請求派員到騰衝指導茶葉生產的信函，封維德與陸灤之間關於茶葉生產的通信等。值得注意的是，書後有劉楚湘親筆批注曰：『此書已請縣府分發各鄉鎮公所、各中心小學校，負責講演宣傳，并令各鄉鎮高小學校列爲正課，實現生產教育。』劉楚湘，雲南騰衝人，曾任騰衝縣中學校長、國民政府衆議員、雲南省執法委員等。可見該書當時影響不小，同時，李根源、劉楚湘等人對地方經濟發展的關心也令人感佩。（朱端强）

雲南的木棉事業

張天放撰　民國三十五年（一九四六）稿本　雲南省圖書館藏書

雲南棉花增產問題

張天放、孫方著　民國雲南經濟農場協進會、雲南木棉推廣委員會鉛印本　雲南省圖書館藏書

張天放（一八九三—一九八四），原名星晟，雲南騰衝人。一九一一年參加辛亥騰越起義。一九一七年留學日本早稻田大學，其間回國，參與『五四』運動。一九二一年重返日本

雲南棉花增産問題

張天放
孫 方 著

雲南經濟農場協進會
木棉推廣委員會 印行

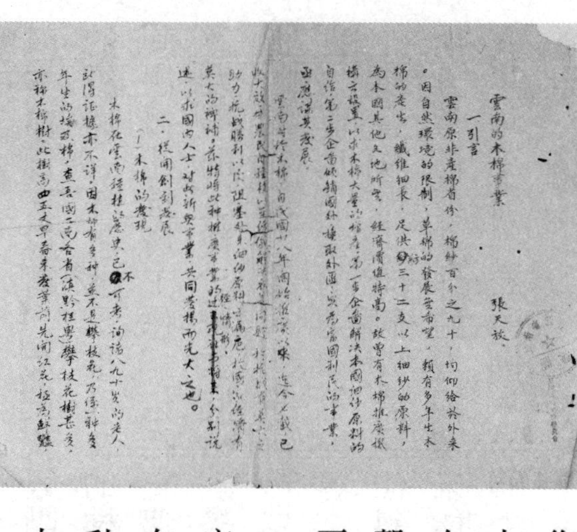

雲南的木棉事業

張天放

一 引言

二、提倡創設發展

(一)木棉的發現

復學，參與創辦《曙滇》雜志，宣傳馬列主義。一九二三年加入中國共産黨。第一次國共合作期間，以國民黨黨員身份與國民黨右派展開鬥争。一九二七年大革命失敗後，與中國共産黨失去聯繫，在日本考察農業合作社。一九三一年回國，先後參與了中華平民教育促進會平民教育事業、中國銀行農村合作社農貸工作。一九三八年返回雲南，任中國銀行襄理，參與組建雲南省木棉推廣委員會。一九四六年六月成立雲南木棉公司，任協理。張天放在昆明積極參與進步活動，反對國民黨反動統治、譴責蔣介石發動内戰。一九四九年被國民黨逮捕入獄，經多方營救獲釋出獄。中華人民共和國成立後，任西南財經委員會委員，雲南省林業廳廳長、民政廳廳長、副省長、省政協副主席等職。孫方（一九一六—？），江蘇高郵人。一九三八年畢業於北平大學農學院。先後在中央農業研究所、廣西大學農學院、雲南大學農學院擔任技師、講師、副教授。一九三八年任中央農業研究所技師期間，受聘爲雲南木棉公司開遠木棉繁殖農場場長。中華人民共和國成立後，從事農業行政、科研工作，曾任雲南省農業廳辦公室副主任、計劃科科長，雲南大理州農業科學研究所副所長，雲南省農業科學院院長。

《雲南的木棉事業》用雲南省建設廳建設計劃委員會稿紙，小楷直行，署名張天放，按文意係民國三十四年（一九四五）所作。後附張天放與中央農業研究所技師孫方合撰的《雲南棉花增産之限度及其途徑》一文（即《雲南棉花增産問題》），該文係雲南經濟農場協會和雲南木棉推廣委員會排印本，曾發表於《農業推廣通訊》一九四三年第九期。爲方便讀者全面瞭解雲南棉業情况，二者合訂爲一册。

《雲南的木棉事業》分四大部分。第一『引言』，簡述雲南棉花産業的背景與木棉推廣的成效。第二『從開創到發展』，首先介紹木棉的發現與推廣機構的設立，重點叙述中國銀行牽頭組織雲南木棉貸款銀團，及貸款銀團成立後邀同建設廳、雲南經濟委員會共組雲南省木棉推廣委員會的經過，并叙述了推廣會的機構人事安排、推廣區域等内容，强調貸款人員多兼任推廣職務；其次概述推廣工作，包括宣傳勸導、推廣方式、推廣畝積、貸款數量等問題，并附初期取得收效農場的耕種、貸款支出、采收獲利等詳情；最後呼籲開闢木棉的用途，説明推廣會的經濟來源收支情况。第三『事業的改進』，叙述貸款辦法、領荒辦法的修改，彈花機與紡紗機的製造改良，優良品種的選擇等内容。作者指出，國人具有小生産者習性，難以維持合作經營，故而應促使貸款辦法向個人農場傾斜；新修改的領荒辦法打破荒地原有産權限制、扶持自耕農，受到地方當局與豪紳的抵觸，未能有效落實。作者支持實行節制資本、平均地權、耕者有其田，與其早年革命經歷有關。第四『將來的展望』，寄托了作者『使雲南造成我國唯一的長絨棉區』的願景。

《雲南棉花增産問題》一文從時局與氣候等方面，分析了雲南原棉供不應求的原因，重點討論增加雲南棉花生産量的方針及途徑。作者呼籲農技、金融等領域多方配合，大力推廣木棉種植；省内紡織工業着重以木棉爲原料生産細紗織物，加强産銷聯係；并擬定了《六年增産計劃大綱》，預計木棉種植面積將達到四十六萬餘畝。作者作爲雲南木棉推廣事業的重要參與者，叙事提綱挈領，對木棉推廣事業的癥結也有深刻的體察。

兩種書稿均爲瞭解雲南棉業發展的重要文獻。（陳曦）

雲南烟草事業

褚守莊著　民國三十六年（一九四七）新雲南叢書社鉛印本　國家圖書館藏書

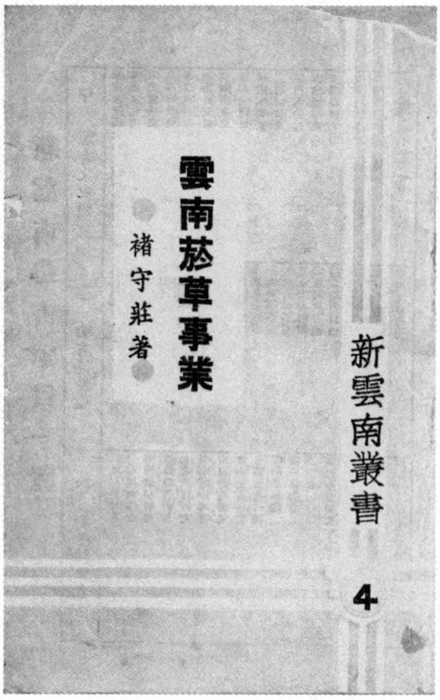

褚守莊（一九〇八—一九八三），曾用名褚德康，雲南昆明人。雲南烤烟事業的開拓者之一。一九二九年雲南省高級中學畢業，一九三〇年南京金陵大學農專科畢業。一九四〇年前，歷任雲南省立第一農業學校教員、雲南開遠農校校長、開遠民衆教育館館長等職。一九四一年後，曾任雲南省烟草改進所技術專員、副所長、所長，兼雲南省烟草技術人員訓練班主任、雲南烟葉外銷檢驗委員會主任。一九四九年十二月隨同雲南政府起義。一九五三年後任雲南省農業廳農事科副科長，一九六四年調雲南省烤烟科學研究所工作，一九八二年晋升爲高級農藝師。

該書爲『新雲南叢書』第四種。書前有李培天《新雲南叢書序》、侯曙蒼《新雲南叢書緣起》、作者自序及烟草品種與烤房示意圖。本書主要叙述雲南烟草事業發展情況，兼及美烟栽培知識，内容與《雲南倡種美烟概况》《美種烟草栽培須知》有所交叉。分十六章：『緒論』『烟草發展史略』『從植物學看烟草』『雲南土烟的生産與運銷』『怎樣栽培美種烟草』『美種烟草的熏烤』『（美種烟草的）返潮、分級、銷售』『提高烟葉品質』『留種』『研究試驗工作』『烟草的病蟲害』『勞工問題』『烟草技術人員的訓練』『雲南倡種美烟概况』『雲南之紙烟工業』『結論』。『雲南土烟的生産與運銷』一章，係采用由雲南烟草改進所發起、雲南農林植物研究所俞季川整理彙編的調查報告。『勞工問題』爲作者一九四三年至一九四六年間的研究所得，指出自主經營的烟農容易獲利，烟廠工人普遍缺乏集體生活觀念、服務道德、進取精神，易沾染不良嗜好；烟業發展需要合理訓練勞工、促進生産。『烟草技術人員的訓練』介紹了雲南烟草技術人員訓練班的成績。『雲南之紙烟工業』認爲紙烟是雲南烟葉發展的希望，并附有一九四七年雲南紙烟工廠的調查詳情。作者最後提出健全機構、集中推廣、注意外銷、培養人才四點意見。該書内容充實，涉及技術管理、勞工調查等問題，是雲南烟業發展史的重要文獻。（陳曦）

（三）工業

①總論

雲南工業化芻議

雲南工業復興計劃委員會編輯　民國三十五年（一九四六）中國全國工業協會雲南省分會鉛印本　國家圖書館藏書

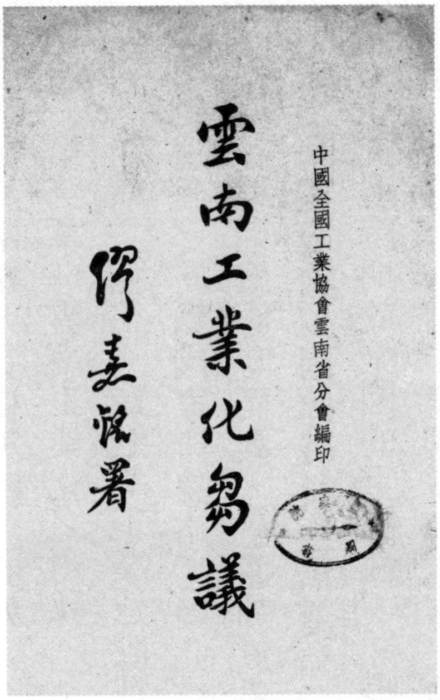

雲南工業復興計劃委員會成立於一九四六年二月，致力於謀劃抗戰勝利後的雲南工業建設。本書共分四章。第一章『經濟環境』，其下分『位置』『人口』『氣候』『地質』四節，闡述雲南經濟發展的環境特點。第二章『資源』，下分地面資源和地下資源兩部分，主要介紹雲南的耕地、森林、水力及錫礦、銅礦、銀鉛鋅礦、煤鐵礦、金礦、磷礦、鋁礦、石棉等資源情況。作者指出雲南仍有六千八百餘萬畝荒地有待開發，其中大多爲荒山，僅可用於植樹造林。雲南地下蘊藏大量礦産資源，錫礦主要分布在箇舊、蒙自一帶；銅礦分布廣泛，産地主要集中在東川、易門等地；銀鉛鋅分布於全省六十縣；煤礦儲量豐富且品質上乘，主要分布於宣威、平彝、宜良等縣。此外，金沙江的金礦、昆陽的磷礦、麗江的雲母等，均爲雲南重要礦産。第三章『雲南工業化之步驟』，主要介紹雲南鐵路、鋼鐵、電力建設以及機器、肥料、煉鋁、玻璃、紡織、化工、造紙等工業建設情况以及今後的發展方嚮。作者指出，滇省在全面抗戰以前，因地處邊陲，向爲國家所忽略，因此經濟建設遲緩。全面抗戰爆發後，雲南一躍成爲大後方工業重鎮，各種礦廠應時而興，呈蓬勃氣象，唯此時工業開發均悉爲戰争軍事所需，并未建成全省工業化之基礎設施，因此戰後逐漸萎縮。第四章『雲南工業化之重要性及其如何實現』，叙述雲南工業在抗戰時期於全國的重要性，并提出今後雲南工業化發展的建議。

是書綜合介紹了民國時期雲南工業發展的情况，反映了雲南人對工業化的早期思想、理論和實踐，是雲南人第一次對本省工業發展進行全面總結、研究的專著。（李艷）

②礦業

雲南沿邊礦墾計畫書

繆爾綽著　民國十四年（一九二五）鉛印本　雲南省圖書館藏書

繆爾綽，生卒年不詳，字仲漁，雲南宣威人。清末拔貢，後參加辛亥革命。民國五年（一九一六）任貴州省大定縣（今大方縣）知事，後任雲南省瀾滄殖邊總辦兼縣知事，民國十五年

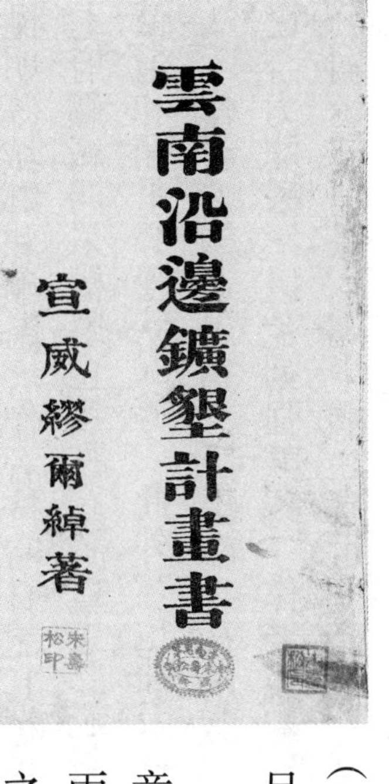

（一九二六）與鎮康縣知事李國東、騰越道尹趙中奇先後呈請開辦班洪銀礦。

本書首爲作者弁言。次爲目次。正文分三章。第一章總論邊備之重要，下有門庭不宜空虛、物産不宜放弃兩節。第二章沿邊礦墾之利益，下有礦産之富藏、墾務之便利、礦墾得收互助之效、礦墾可以安插多數之游民、礦墾可以廓清積久之瘴毒等五節。第三章礦墾應備之條件，下有三節：第一節執行機關之組織，下有官廳暫行之條例、官廳應撥之經費兩目；第二節先謀交通之發展，下有汽車路綫之選定、修路工程之概算、汽車公司之組織、公司之奬勵與保護等四目；第三節礦墾事務之實施，下有礦山之調查與經營、礦業公司之組合、農村之設備、墾户之招徠、土地之收放、租税之制訂、銀行之籌備等七目。正文末有作者《附題詞》。

礦墾是民初雲南大政之一，作者提出應開發沿邊地利，安置流民，且謀劃滇西、滇南礦務及交通發展諸事，有一定史料參考價值。（牛鴻斌）

雲南探礦記

尹子珍撰　民國二十一年（一九三二）重勘本　雲南省圖書館藏書

尹子珍，字坤書，雲南騰衝人。著名愛國愛鄉華僑學者。清末秀才，曾任職於緬甸政府，與辦教育。精通英語、緬語。辛亥革命前後，積極參與孫中山、黄興、張文光等領導的革命活動。發動華僑捐資支持雲南革命鬥争，并多方呼籲警惕英法列强侵我邊疆。一九三六年作者退休回國，一九四三年去世。著有《緬甸志》等。

該稿無序跋，惟卷末署『民國十年陽曆六月脱稿，二十一年陽曆六月重勘』。開卷曰：『英人戈氏，礦務學專家也。彼於前清光緒末年有雲南之行，至緬甸之漫得里時，曾聘余爲漢文書記，復聘有翻譯一人，爲傳話之用。游歷共計三年，足迹幾遍雲南之地。余追隨其後，日將沿途觀察所得，筆之於書，兹於暇時特爲録出，以供諸世。此日記對於雲南礦務前途有緊要之關係，閱者請無視爲明日黄花可也。』作者隨戈氏兩次入滇，第一次爲清光緒三十三年（一九〇七）十月十五日從『緬京漫得里起程』；第二次爲清宣統二年（一九一〇）三月二十六日從緬甸八莫出發。兩次行程地涉緬北、騰衝、大理、保山、臨滄、麗江、昆明等城鄉和礦區。作者按時日記其行程、活動、見聞，側重於礦産、礦業問題。卷末附録雲南七府礦廠開采權廢止年月。該書主要記載了雲南的煤、銅、鐵、鹽和金、銀等礦産之儲地、含量、價值和開采經營狀况等，此外，也兼及社會人文情况。

作者希望通過對戈氏雲南之行的觀察、分析，唤起國人對雲南礦産業的重視；呼籲中國人自己合力開采，以免列强覬覦。作者説：『目前中國貧乏達於極點。全國上下若能集合財力，組織公司亟起開采，則中國之富可立而待，又何至患貧之有？且雲南礦山世界各國垂涎已久。時至今

日，我國人倘仍淡然置之，外人將越俎代庖矣，可不懼哉！』（朱端强）

雲南礦産志略

朱熙人、袁見齊、郭令智著 民國二十九年（一九四〇）國立雲南大學鉛印本 國家圖書館藏書

雲南大學叢刊第一號

雲南鑛產誌略

袁見齊 朱熙人 郭令智 著

國立雲南大學 中華教育文化基金董事會 印行

朱熙人（？—一九七四），江蘇靖江人。我國著名地質學家。一九二九年畢業於南京中央大學地質學系，旋赴哈佛大學地質系留學，獲碩士學位。一九三三年回國，任地質調查所技師等職。一九三八至一九四六年，任雲南大學礦冶系教授。曾參加雲南經濟委員會對雲南東川等地的礦産和礦山的調研，因與袁、郭二人合著此書。中華人民共和國成立後，在南京地質學校任教。一九五七年調任北京地質部地質研究所礦床研究室工程師。後調南京地質礦産研究所。

袁見齊（一九〇七—一九九一），字省衷，生於江蘇海門。著名礦床地質學家，中國科學院學部委員。一九二四年考入中央大學物理系，後轉地質系；一九二九年畢業留校任教；一九三七年全面抗戰爆發後，隨中央大學西遷重慶。一九三九年受聘任雲南大學地質系講師，一九四〇年辭去教職至貴州開陽任鹽礦技師。一九四八年受聘任國立唐山工學院礦冶系教授等。曾系統研究

過雲南和南京等地礦産資源。中華人民共和國成立後，調任北京地質學院（今中國地質大學［北京］），先後任地質系主任、副院長等職。

郭令智（一九一五—二〇一五），湖北安陸人。著名地質學家，中國科學院院士。一九三八年畢業於中央大學地質系。歷任南京大學教授、副校長、代理校長。長期從事中國南部和東南部區域大地構造研究，多有學術創建。

封面别題『雲南大學叢刊第一號』。翁文灝所撰序言稱『科學考察近數年中方始着手，……朱熙人君昔爲地質調查所任事，嗣在雲南大學礦冶系任教，對於礦床學有專精，本其在滇經歷，益以采訪所得，輯爲專書，以徵同志。立言得要，論列詳明，不但研究礦床地質者，皆當以此爲初步之津梁，即爲滇省經濟開發之前途，亦實當以此爲基本之參考』。『例言』稱『自抗戰以來，滇省頓成後方重鎮，舉凡國防工業與生産事業之原料問題，在在皆是。而礦産一項，實際情形之如何，尤亟待解決。國立雲南大學礦冶系前奉部令，編纂雲南礦産志之類。同時，作者在滇數年，所親自測勘各重要礦産爲數亦屬不少，地質礦冶界同人供給材料爲量亦多，理應作一有系統之叙述以問世』。

本書爲章節體。第一章『總論』，概説雲南銅、煤等礦産分布，成礦時期、産量及其發展。第二章『銅礦』，分叙東川、祥雲、易門等地銅礦。第三章『銀鉛鋅礦』，分叙魯甸、班洪、中甸等地銀鉛礦。第四章『錫鎢鉍鉬礦』，分叙箇舊錫礦、鎢礦等。第五章『鐵礦』，分叙峨山、瀾滄等地鐵礦。第六章『汞銻礦』，分叙雲龍汞礦、文山銻礦等。第七章『金礦』，分叙蒙自、墨江等地金礦。第八章『鈷鎳礦』，分叙昆明、會澤等地鈷礦。第九章『磷礦』，主叙昆陽磷礦。第十章『膏鹽及硫酸鈉礦』，分叙黑井、磨黑等地鹽礦。第十一章『煤礦』，分叙宜良、宣威等地煤田。

第十二章『其他礦産』，分叙錳（玉溪、河西等地）、鋁（宜良、呈貢等地）、砒（鳳儀、蒙化等地）、硝（禄勸、沾益等地）、硫磺（羅平、保山等地）、自然碱（永勝等地）、瓷土（永勝）、陶土及耐火材料（全省皆有）以及寶石、螢石和明礬石等。

編者强調『本書大部取材於科學化之報告及實地所采之標本，以爲叙述之根據。其他如訪問所得之報告、土人之傳説，有時亦擇其較爲確實合理者，酌予摘録之』，并稱該書之編著曾蒙地質學家翁文灝先生指導。（朱端强）

雲南工礦調查概述

曹立瀛具擬　民國二十九年（一九四〇）資源委員會經濟研究室油印本　國家圖書館藏書

曹立瀛，祖籍安徽廬江，一九〇六年生於江蘇南通。美國芝加哥大學經濟學碩士、哥倫比亞大學經濟學博士，回國後任資源委員會業務委員兼經濟研究所所長。中華人民共和國成立後任上海財經學院（今上海財經大學）金融系教授，是我國老一輩經濟學家。二〇〇七年，以一百零二歲高壽在上海去世。

資源委員會成立於一九三五年，是抗戰時期國民政府最高經濟領導和研究機關，主要負責資源的調查研究和動員開發，由翁文灝兼任主任委員，錢昌照擔任副主任委員。本書爲資源委員會經濟研究室『雲南工礦調查報告』系列開篇之作。其卷首立『雲南工礦調查報告總目録』，共十九號（種）。本書共八章，分别爲『調查之緣起』『調查之範圍』『調查之項目』『調查之準備』『調查行程工作記略』『調查路綫上之工礦概覽』『調查之經費』『調查之報告』。作者在緣起中記述：『（本會爲）明瞭該省經濟環境起見，經濟研究室約同一部分在滇學術及事業機關，組織雲南經濟研究會，合作編製雲南經濟叢編。其中由本會擔任者，爲礦業、重工業、一部分輕工業、財政及貿易等部分。其他農林漁牧、一部分輕工業、交通及金融，則分由中央農業試驗所、在滇專家、省政府建設廳、聯大農學院、南開經濟研究所、國民經濟研究所、中央研究院社會科學研究所及富滇新銀行等機關分任。』爲了了解雲南重要區域及實業狀況，該會於民國二十九年（一九四〇）三月籌備雲南工礦調查，於四月十八日分三路出發，迤東派陳錫嘏，迤西派范金台，迤南派王乃樑，集中通信派劉辰，曹立瀛則參加三路工作并綜合計劃指導事宜。調查内容以礦、工、電三業爲中心，并附帶調查紡織、陶瓷、製糖以及各地之貨幣、物價、勞工等狀況。

此次工礦調查費時數月，大多靠滑竿、步行、騎馬完成，行程艱辛。調查人員於九月底全部返回昆明後，立即從事編撰工作。十月昆明全月都在空襲當中，工作人員不顧危險，盡心編製，趕在經濟研究室遷往重慶前，全部編撰完成并付梓。（李艷）

箇舊錫業概觀

曾魯光著　民國十三年（一九二四）鉛印本　國家圖書館藏書

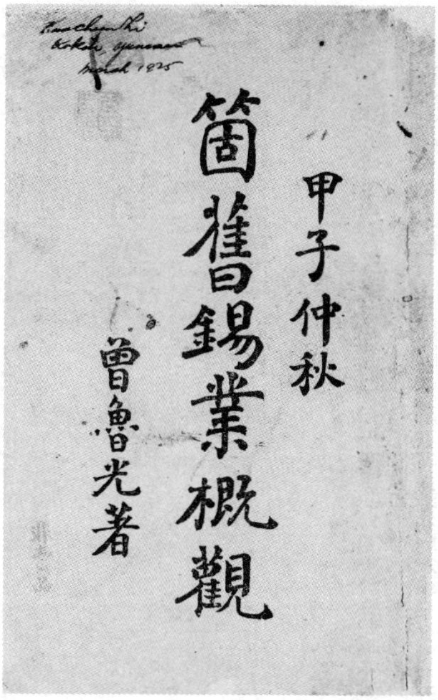

曾魯光（一八八二—一九五二），名本忠，字漁生，雲南威信人。一九〇六年入雲南農業學校，後留學日本秋田礦業學校。同盟會會員。一九一二年受孫中山委派回上海、湖北從事反袁活動并考察礦産。一九一三年後任湖北銅礦公司經理、雲南省政府咨議、實業顧問，其間以兩年時間勘查雲南礦産資源。一九二一至一九四二年先後任雲南工業學校校長，箇舊錫務公司協理、代經理，箇舊鐵路公司總經理，滇西企業局（一平浪）協理，雲南省省務委員等職。二十世紀三十至四十年代捐書籍數千册，支持家鄉圖書館建設及教育事業。

是書卷端有《雲南箇舊縣礦山全圖》及《世界錫礦分布圖》，有硐尖及礦洞口的實景等照片四幅。前有作者『緒言』，下分『前編泛論』『後編專論』及『附編廠規』三編。『前編泛論』列第一至第十章，依次爲『錫之物理性質』『錫之化學性質』『錫與其他金屬之關係』『錫礦』『世界之錫』『各國煉錫廠之煉錫能力』『錫之成色』『錫之用途』『錫之需給關係』和『錫價之變遷』。文内附有一九一一至一九二〇年倫敦、紐約錫價表。『後編專論』列第一至第二十章，依次爲『箇廠之沿革』『箇廠之位置』『交通及運輸』『材料物品之供給』『風俗習慣』『氣候及雨水期』『金融機關』『地質及地勢』『錫礦之成因及産狀』『礦與塃之别及其成色』『辨廠概論』『硐尖』『各硐尖之概況』『草皮尖』『冲塃尖』『砂丁』『揉塃及整礦』『煉錫』『錫及礦之買賣』和『錫務公司概況』。文内有洗塃、揉塃流程系統圖表，有箇舊各爐號表示産錫成色的斧印名列表。『附編廠規』列有箇舊錫廠廠規八十條。

作者曾留日接受近代專業科學教育，經歷多與礦業相關。他將其在箇舊錫務公司不同部門任職的『歷年所經驗者彙爲是書』，其中多爲第一手資料，并從世界錫業發展的寬廣視角對箇舊錫業提出具體的改良與進步措施，這對於當時正處於由傳統人工采冶始向機電轉變時期的雲南錫業，有較高的科學指導及實際應用價值。該書也是研究箇舊錫礦發展史的珍貴史料。（牛鴻斌）

雲南箇舊錫業調查

蘇汝江編著　民國三十一年（一九四二）國立清華大學國情普查研究所鉛印本　國家圖書館藏書

蘇汝江，生卒年不詳。以清華大學助教身份通過評議，獲得留美獎學金，入芝加哥大學，學成歸國後，至清華大學社會學系任副教授。全面抗戰爆發後到昆明，一九三九年任職於國立西南聯合大學社會學系和國情普查研究所。主要論著還有《昆陽農村經濟之研究》《昆陽的風俗》等。一九四九年後，加入民盟和九三學社。一九五二年院系調整，全國取消社會學，其後未見蘇先生關於社會學的成果。

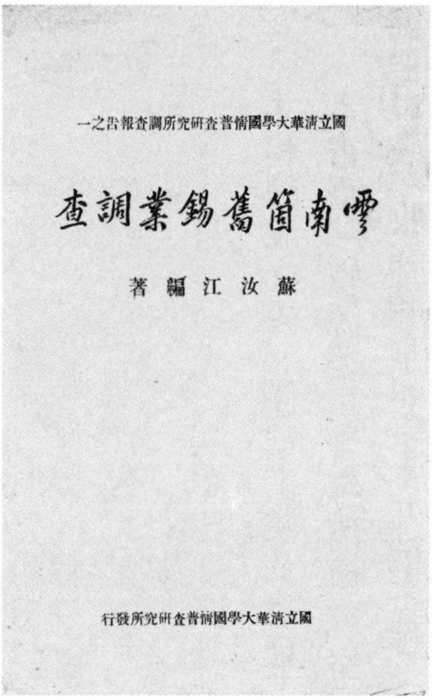

國立清華大學國情普查研究所調查報告之一

雲南箇舊錫業調查

蘇汝江編著

國立清華大學國情普查研究所發行

一九三八年初，北京大學、清華大學和南開大學三校南遷入滇，在昆明組建『國立西南聯合大學』。清華大學成立了五個特種研究所，其中設在昆明呈貢文廟的國情普查研究所是唯一的社會科學研究所，旨在搜集人口、農業、工商業及自然資源等方面的具體情況，并研究相關問題，以期對國情有相當的認識。研究所立足雲南，在某些區域采用比較科學、經濟的方法進行普查實驗。清華大學社會學系主任陳達教授出任研究所所長。

該書爲『國立清華大學國情普查研究所調查報告』之一。調查報告分十二章，前十一章扼要敘述了箇舊錫礦與礦工兩方面的重要內容，包括箇舊的歷史沿革、自然環境、人口、經濟、交通、教育、治安、風俗習慣；箇舊錫礦脉、礦區、礦尖的分布及錫礦的開采歷史；舊式錫廠與新式錫廠的組織與經營模式；箇舊錫的生産、運輸、成本、價格；政府對箇舊錫業的管理；礦工的性質、工作、待遇、安全、衛生福利及生活狀況等。最後一章總結箇舊錫業對中國的國際貿易、外匯統制的影響，對雲南財政和礦業的影響，對箇舊經濟、社會、治安方面的影響；指出箇舊錫礦在錫業糾紛、生産、組織與經營、運銷四個方面的問題及箇舊錫工在僱傭制度、童工、礦工工作、管理、待遇、安全衛生及福利六個方面的問題；最後對箇舊錫業提出五方面、對箇舊錫工提出八方面的發展改進建議。

該書出版時，因圖片製版困難，所以僅在書後有關照片、圖片的名録，另附錫業參考書目。（吴寶璋、牛波）

雲南迤西金沙江沿岸之沙金礦業簡報

曹立瀛、范金台具擬　民國二十九年（一九四〇）資源委員會經濟研究室油印本　雲南省檔案館藏書

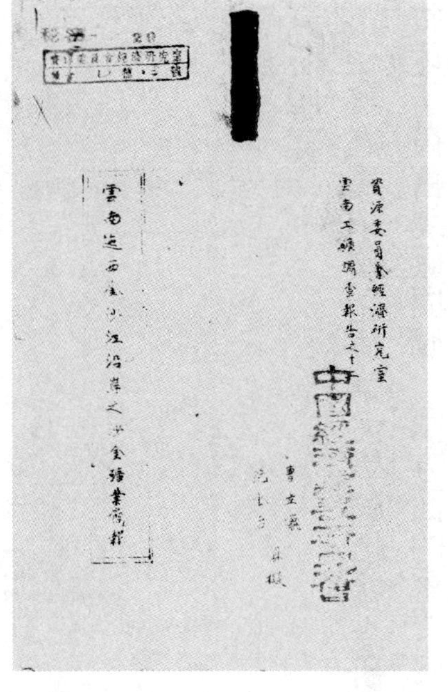

曹立瀛簡介見前《雲南工礦調查概述》提要。范金台，生卒年不詳。清華大學地學系一九三九級學生，七七事變爆發後，隨學校遷往長沙。一九三八年二月，加入國立長沙臨時大學師生組成的『湘黔滇旅行團』，步行三千五百餘里，抵達昆明。在西南聯大學習時和畢業後，多次參加資源委員會經濟研究室等機構組織的滇、湘、黔地區考察，參與撰述考察報告多種，如《雲南鶴慶之造紙工業》《礦産品之運輸》（與曹立瀛合撰）等。中華人民共和國成立後，任重工業及冶金工業部等單位高級工程師。

本書爲『資源委員會經濟研究室雲南工礦調查報告之十二』。其卷首立『雲南工礦調查報告總目録』，收録調查報告十九號（種）。本書主要調查了金沙江沿岸的沙金礦分布狀況。沙金礦遍

布在金沙江主流及支流的沙石積地，主要是麗江、中甸、蘭坪等縣的迂曲河道沿岸，其中以麗江分布最多。這裏自古就是著名的産金地，全面抗戰以來金價高漲，采金業勃興，近來更出現新式開采方法。作者於民國二十九年（一九四〇）五月間至該地區調查。

本書共分五章，第一章『麗江沙金概述』，主要記述麗江沙金分布情況。該地採用舊式開采、淘金方法。第二章『麗江打鼓金礦』，詳述打鼓金礦的位置、分布、交通及裕麗公司的生産情況。文中稱，麗江打鼓金礦是調查沙金區域中最大的一處，由雲南省專門負責礦産開發的裕滇公司另行招股，在民國二十八年（一九三九）組成裕麗公司開采。第三章『麗江白馬廠金礦』，主要介紹白馬廠金礦的開采情況。第四章『永鶴土塘一帶金礦』，詳細記述位於金沙江沿岸的永勝、鶴慶兩縣之間的土塘金礦概況。土塘金礦開采歷史悠久，用土法采礦，經驗豐富，有譚姓、張姓等采礦商數家。第五章『滇康邊境木里金礦』，詳述木里金礦的開采情況。滇康邊界的木里土司地爲産金盛地，我國西南金礦産區者首推木里。木里金礦爲土司專有，外人不得進入開采。二十世紀三十年代，木里土司首領被川軍羈押，時任雲南省政府主席龍雲出面疏通，將其救出。首領感恩戴德，准許雲南利華公司進入開采。本書還附有《滇西北金沙江主流殘留河道紆曲長度及沙量估計表》《麗江縣大具壩金礦取略圖》《雲南麗江裕麗礦業公司洗金記録》等圖表六幅。本書乃作者實地考察後所撰，調查深入，内容翔實，是一本研究民國時期雲南采金業的專門著述。（李艷）

雲南之鐵

曹立瀛、王乃樑擬具　民國二十九年（一九四〇）資源委員會經濟研究室油印本　國家圖書館藏書

曹立瀛簡介見前《雲南工礦調查概述》提要。王乃樑，福建閩侯人。地貌學家。清華大學地學系畢業後，供職於資源委員會昆明辦事處經濟研究室，任辦事員，後任西南聯大地質地理氣象系教員。一九四八年留學法國，歸國後先後任清華大學地學系講師，北京大學地質系副教授、教授、地理系主任，創建我國高校第一個地貌專業。

該書同屬資源委員會經濟研究室報告，爲『雲南經濟研究報告』第四號。其卷首立『雲南經濟研究報告總目録』，共收録研究報告二十一號（種）。開篇附曹立瀛的説明：『本篇脱稿於民國二十九年三月。當時關於雲南鐵礦資料，尤其礦業經濟方面，殊感缺乏。是年四月至八月，立瀛主持雲南工礦調查，其第六號報告爲陳錫嘏之《武禄羅之鐵礦業》，第十號報告爲曹立瀛、范金台之《迤西十三縣之鐵礦業》，第十五號報告爲王乃樑之《滇池西岸之鐵礦業》，所獲材料雖仍殘缺，然對實際情形，稍覺明瞭，似足資局部之補充，特此附識。』

該書爲章節體調研報告，共分『鐵礦』『雲南之土鐵業』兩章。『鐵礦』一章下分『緒言』『安易鐵礦區』『峨玉昆龍區』『迤西鐵礦區』四節，記述雲南省鐵礦業發展情況。據書中内容可知，雲南鐵礦分布於各縣，其中易門、昆陽、峨山等縣經勘查儲量豐富，其産品主要供雲南鋼鐵廠和兵工署用於國防工業。同時，分述各礦區位置、交通、地質及礦床分布、礦量估計、生産及運銷。『雲南之土鐵業』下分『緒言』『分布及産銷』『産量』『作業』『成本』五節，記述安易昆區、峨玉龍區、迤西區等地土鐵業的分布、銷售、産量、製造技術、成本等。因『土鐵業爲農閑副業，煉製技術簡單，林木等燃料豐富，主要生産各種農村用品』。（李艷）

雲南之銅

曹立瀛、陳錫嘏擬具　民國二十九年（一九四〇）資源委員會經濟研究室油印本　雲南省檔案館、雲南大學圖書館藏書

曹立瀛簡介見前《雲南工礦調查概述》提要。陳錫嘏，生卒年不詳。一九三七年前後，任職於國立中山大學經濟系。一九三九年，任職於資源委員會，曾考察贛南鎢礦，與曹立瀛合著《江西之鎢業過去與現在》（上册）、《江西之鎢業意見與批評》（下册）。兩人亦合著《雲南之銅》《雲南之鉛鋅》。抗戰勝利後，任國民政府財政部清理敵僞金融機構委員會組長。二十世紀四十年代後期到臺灣。

該書同屬資源委員會經濟研究室報告，爲『雲南經濟研究報告』第五號。其卷首立『雲南經濟研究報告總目録』，共收録研究報告二十一號（種）。該書爲章節體調研報告，共分六章。第一章『序論』，簡述我國歷代銅礦業生產情況，綜述雲南銅業生産消費貿易情況。言：『雲南銅之生産夙具悠久之歷史，……約在三四百年前，清康熙年間即聽民納課開采，乾隆年間改由官辦，清時雲南之銅大部運京鼓鑄銅幣，民國後多用於軍需電氣工業。第二章『雲南銅礦之分布』，稱『雲南銅礦遍於全省，然似尚有集中傾嚮，大致不妨分爲三個相關聯之集團』：滇北區、滇西區、滇中區，并以文字配圖表的形式詳述各區銅礦分布情況。第三章『雲南主要各銅廠區概況』，下分『東川礦區』『永北礦區』『易門礦區』三節，每節詳述各礦區之位置交通、地質礦床、沿革和各大銅廠的生産情況。第四章『雲南銅之生産與消費』，言雲南銅之生産，均沿用土法，而鮮有采用大規模新法者。……民國後，主要用於兵工電氣工業和日常生活用具。第五章『雲南銅之貿易與運輸』，主要介紹雲南銅的運輸情形，有人工背運、牲畜馱運、水運和少量汽車運輸。第六章『雲南銅業經營概况』，詳述滇北礦務公司、昆明煉銅廠的組織沿革歷史、采礦煉銅和銷售情況。作者在本書『序論』中稱：『本研究報告之撰述，以雲南省境一區域爲範圍，其目的在搜集雲南各銅礦區之主要資料，作系統之叙述，并將目前辦理中各公司礦廠經營現狀加以分析，而爲今後改進及各方之參考。』本書資料來源除作者實地調查所得外，另參考資源委員會調查報告和馮景蘭、李洪謨等專家學者的調查報告。（李艷）

清代雲南銅政考

嚴中平編著　民國三十七年（一九四八）中華書局鉛印本　國家圖書館藏書

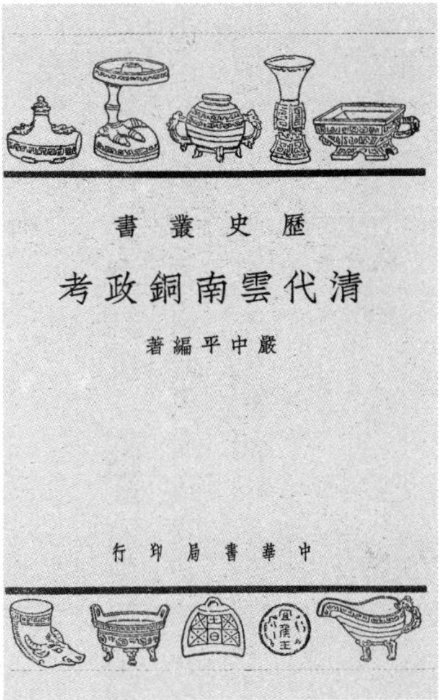

嚴中平（一九〇九—一九九一），江蘇漣水人。一九三六年畢業於清華大學經濟系，就職於中央研究院，從事中國棉業及紡織史、雲南銅業史研究。一九四七至一九五〇年赴英國學習。回國後歷任中國科學院經濟研究所副所長、中國社會科學院經濟研究所研究員、中國歷史學會理事、中國經濟史學會會長等職，被選爲第三屆全國人大代表，第五、六屆全國政協委員。著有《中國棉業之發展》《老殖民主義史話》《嚴中平文集》等。

是書爲『歷史叢書』之一。首有作者自序，後爲目録。正文列七目。第一目『緣起』，概述清代雲南銅礦從康熙興盛到嘉慶衰落再到咸豐大部封閉與官府施政的關係。第二目『初次繁榮及其波折』，述康熙、雍正初年滇銅繁榮及其波折，指出官府『求之太苛，所得轉少』。第三目『極盛時代之滇銅與制錢鼓鑄』，言雍正至乾隆末年滇銅高産狀況，列有細目：『甲、起運京局』，述雲貴總督鄂爾泰呈准外運多至六百餘萬斤；『乙、本省鼓鑄』，述雍正初年雲南大規模鑄錢原因，有雍正至乾隆年間《雲南全省十三鑄錢局鼓鑄概況》和《雲南各鑄錢局設爐加鑄目的》表；『丙、各省采買』，述江浙、兩湖、兩廣、川黔等省在滇購銅的情況，有《各省采買滇銅數量》表；『丁、滇銅與鼓鑄』，估計滇銅産銷數量，有《雲南全省銅産銷量之估計》和《滇銅鑄錢量估計》表。第四目『所謂銅政問題與滇銅之衰落』，從廠務、運輸和銅價等角度，分析滇銅衰落原因及其與官府舉措的關係，列『廠務』『運輸』『銅價與廠欠』三細目。第五目『招商礦務公司之經營及其失敗』，簡叙清末官府舉辦招商礦務公司的過程。第六目『舊法采冶業的生産技術和組織形式』，述滇銅的勘探、開采、冶煉及組織狀況，分列『當時人對礦山地質和礦砂品質的認識』『采礦技術』『冶煉技術』『采冶業的分工及其組織形式』四細目，後有正文注釋一百一十九條。第七目『統計附録』，附有《雲南全省銅廠報采請封在采廠數表》《雲南全省銅産銷量估計表》《各省采買雲南銅料估計》《雲南十三鑄錢局歷年鼓鑄制錢經過總表》和《雲南十三鑄錢局歷年鼓鑄制錢經過分表》。

作者以學者高度，從經濟史專業視角研究清康雍乾時期雲南銅礦探查、采冶、運輸、組織和管理的過程，着重分析清政府及地方官府政策舉措對滇銅生産的影響，資料詳盡，具有很高的學術價值，堪稱二十世紀初以來中國科學和學術發展的代表作品之一。（牛鴻斌）

雲南之鉛鋅

曹立瀛、陳錫嘏擬具　民國二十九年（一九四〇）資源委員會經濟研究室油印本　雲南省檔案館、雲南大學圖書館藏書

曹立瀛簡介見前《雲南工礦調查概述》提要。陳錫嘏簡介見前《雲南之銅》提要。該書同屬

資源委員會經濟研究室報告，爲『雲南經濟研究報告』第六號。其卷首立『雲南經濟研究報告總目録』，共收録研究報告二十一號（種）。全書爲章節體調研報告，分『緒言』『雲南鉛鋅礦之分布』『雲南鉛鋅礦區分論』『雲南鉛鋅之生産』『雲南鉛鋅之貿易與運輸』『雲南鉛鋅與全國鉛鋅之比較』『結語』七章。書中詳述滇省鉛鋅的分布、生産、貿易運輸情形，分述會澤礦區、魯甸礦區、巧家礦區和其他礦區的位置與交通、地質礦床、組織沿革等情況，并附上每個礦區的礦山詳圖、各種器械設備圖、生産詳圖，同時使用大量的調查數據，采用表格對照的形式，便於讀者直觀瞭解各礦區情況。篇尾附録《雲南全省鉛礦産地一覽表》《雲南全省鋅礦産地一覽表》《公雞鉛銀廠圖》《會澤礦山廠及麒麟廠礦洞調查表》四份圖表。其中鉛礦和鋅礦一覽表，將雲南各縣從明清至民國期間所開的大小鉛鋅礦按縣屬、産地、開辦沿革、距離位置、年産額、承辦人等項目進行統計，全面反映了雲南鉛鋅礦的分布情况。在『緒言』中，作者稱『鉛鋅同爲軍事上及工業上之重要資源。……我國鉛鋅之供給離戰時之實際需要量還遠，抗戰延續愈長，供求相差愈甚，故爲支持抗戰與發展工業，此項資源之開發與其改進實爲急務』。我國鉛鋅分布甚廣，但集中在湖南、雲南等省，本書『以雲南省境内爲範圍，其目的在搜集雲南鉛鋅之各項資料加以系統之叙述，并與全國其他各省作簡略之比較，而爲今後改進及各方面之參考』。該書保存完好，僅有個别字迹不清，是一部全面反映民國時期雲南鉛鋅礦發展的史料。（李艷）

雲南之鎢銻礦業資料

曹立瀛、温文華擬具　民國二十九年（一九四〇）資源委員會經濟研究室油印本　雲南省檔案館藏書

曹立瀛簡介見前《雲南工礦調查概述》。温文華，生卒年不詳。一九三八年作爲中山大學學生到抗日前綫衡陽勞軍。其餘事迹待考。

該書同屬資源委員會經濟研究室報告，爲『雲南經濟研究報告』第八號。卷首立『雲南經濟研究報告總目録』，收録研究報告共二十一號（種）。該書爲章節體調研報告，分『引言』『雲南鎢銻礦産地』『箇舊卡房白砂坡之鎢礦』『箇舊鎢銻分公司』『開遠果花都比銻礦』『開遠果都鎢銻分公司』『文山茅山之銻礦』『雲南鎢銻之經濟價值』『鎢銻之用途』九章。書中詳述各礦區的組織沿革、面積礦質及産量、位置及交通、地質及構造、礦床、礦物、礦體、成因、采砂及煉質、設備、産品及銷售、成本運費及價格、工人及工資等内容。據該書内容可知，我國鎢銻生産在世界鎢銻生産中占極重要地位，産額各占全世界百分之六十以上，每年輸出數量甚巨。其發現開采始於清光緒末年，産量豐者首推贛南，其次湘粵。雲南之鎢銻礦開采始於民國四年（一九一五）以後，時值歐戰爆發，鎢銻價格飛漲，操此業者獲利頗厚，雲南有寶華和補乃二廠，但戰後價格跌

落，各廠遂相繼停頓。雲南銻礦産量富者爲滇東南各縣，如開遠之果花及都比、文山之茅山、馬關之裕源廠等；鎢礦主要産地爲箇舊卡房白砂坡，文山、龍陵、蒙自、紅河等縣亦有蘊藏。在《引言》中，作者稱：『雲南鎢銻礦業資料本感缺乏，查勘之各專家及經營之主持人，又多保守秘密，致真相不易明瞭。……但積極努力已逾一年，所得者皆殘缺資料，不能成篇，兹勉强盡其所得分别直録或摘編，彙爲此帙。』作者在每篇後均備注資料來源，如《滇越鐵路沿綫地質及礦物調查簡報》（馬希融）、《雲南礦産志略》（雲南大學）、《雲南鎢銻業調查簡報》（鍾偉）等。卷末附《雲南開遠縣果花都比銻礦區地質略圖》一幅。（李艷）

雲南之煤

曹立瀛、范金台擬具　民國二十九年（一九四〇）資源委員會經濟研究室油印本　雲南省檔案館、雲南大學圖書館藏書

曹立瀛簡介見前《雲南工礦調查概述》提要。范金台簡介見前《雲南迤西金沙江沿岸之沙金礦業簡報》提要。該書同屬資源委員會經濟研究室報告，爲『雲南經濟研究報告』第三號。卷首立『雲南經濟研究報告總目録』，收録研究報告共二十一號（種）。該書爲章節體調研報告，共分『總論』『生産』『消費』『雲南煤與省外煤之關係』『結論』五章，每章下分若干節，内容較多之節下分若干款。其中，『總論』主要敘述雲南煤之分布、品質、儲量和主要礦區，可知雲南煤礦分布甚廣，在全國排第九，煤炭品質高，主要有無烟煤、烟煤、褐炭。『生産』一章下分兩節，第一節

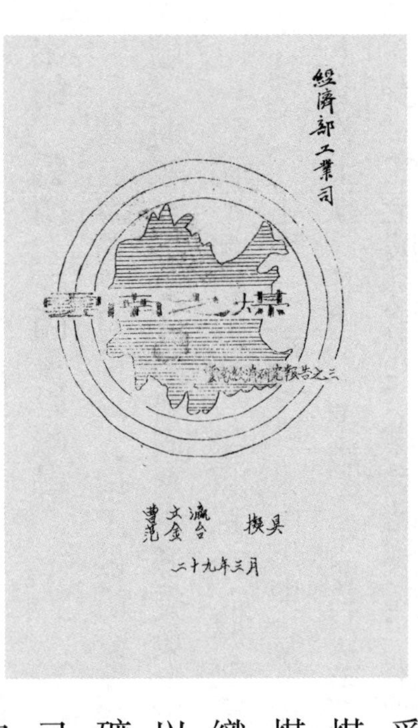

爲『可保村煤田專論』，一是詳述煤田位置地形與交通、煤田地層及構造、煤層及煤質、儲量等情況，二是記述煤業發展情況，包括官商合辦明良煤礦公司之沿革、組織、礦區、開采情形、産量、運輸、銷售、副業等情況，以及興源煤礦公司、裕通炭局、大發煤礦公司、昆林煤礦公司等其他開采者情況。其中，宜良可保村煤田開采已有兩百餘年的歷史，産量爲全省之冠，初由當地人民自由開采。清宣統二年（一九一〇），滇越鐵路北段完成，可保村烟煤銷量大增，開采者漸多，如美利公、開濟公、天成公及聚盛公等煤莊紛紛加入。民國五年（一九一六），當局合并各煤莊成立『雲南煤礦公司』，民國十五年（一九二六）改組爲『雲南明良煤礦公司』，民國二十八年（一九三九）改爲『官商合辦明良煤礦公司』，乃當時滇省之最大煤礦公司。第二節爲『其他煤田各論』，據目録可知，其主要分述陽宗海沿岸煤田、可保村附近褐炭田、圭山煤田、開遠彌勒布沼壩褐炭田、開遠縣烏格煤田、宣威打鎖坡煤田、宣威縣城郊煤田、一平浪煤田等的位置交通、地質構造、礦業等情況，但是正文缺失。『消費』一章中主要叙述雲南省煤炭在生産地消費和集中消費的情況。所謂『集中消費』，即都市工業區域及交通機關的消費，分『昆明市』『箇舊礦區』『鐵路』三節介紹。其中昆明市抗戰時爲西南各省樞紐，機關、工廠林立，煤的消費量最大，依靠滇越路和滇池水運，主要消費可保村的烟煤、焦炭、褐炭，宜良狗街焦炭，小龍潭褐炭和陽宗海烟煤。

該書中插入大量表格，共有三十八表之多。例如《雲南煤之分類及用途表》《雲南煤質分析表》《可保村煤田儲量表》《雲南煤産概况表》等。在『總論』中作者稱本書資料來源，『一爲搜集現有著述，二爲訪問煤業專家，三爲實地調查』，并將資料來源備注於各章節之末，以供閲讀者參考。該書雖爲油印，但保存完好，字迹清晰明瞭，是一份翔實介紹清末至民國時期雲南煤炭事業的史料。（李艷）

雲南鋁土礦調查報告彙編

資源委員會礦産測勘處、昆明電冶廠鋁礦探勘隊編　民國三十四年（一九四五）資源委員會礦産測勘處、昆明電冶廠鋁礦探勘隊油印本　國家圖書館藏書

一九四一年，資源委員會將設立在雲南昭通的敘昆鐵路沿綫探礦工程處改爲西南勘測處，其工作範圍限於黔滇康。翌年改組爲全國性機構，去掉『西南』二字，致力於全國礦産勘測調查。一九四三年，資源委員會昆明電冶廠爲奉令試驗煉鋁，與西南聯大地質系合作，調查雲南鋁礦分布及層位，後由礦産測勘處與昆明電冶廠合作成立雲南鋁礦探勘隊，於一九四五年六月對宜良、安寧、富民等地進行勘探，歷時四月而成此報告。

該書封面、扉頁有『臨時報告第五十號』字樣，并列有工作人員名單。正文分『前言』一篇，正文三章。第一章『各月工作概况』，分述六、七、八、九月每月人員分配、交通狀况、勘測情形、勘測結果、分析試驗、分析結果等情况。第二章『已測各礦區簡報』，分述安寧草鋪區、昆明柴村區、昆明馬街子石頭山區、昆明小石壩區、富民老煤山區的位置及交通、地層、礦床及礦量等情况，并對各區礦産情况進行討論分析，用表格進行對比，形成如《草鋪及温泉鋁土礦礦量詳計表》《馬街子石頭山區鋁土礦礦量估計表》《各區鋁土礦分析一覽表》等。第三章『結論』，分『調查區域之統計』『低砂高鋁富礦層之發現』『鋁礦礦物問題之解决』『鋁土礦成因之研究』『各區富礦儲量之估計』『各區鋁土之分析』『調查經費之綜計』『滇省鋁土礦將來研究之途徑』等八節。篇末附圖多幅，分别爲安寧草鋪區、昆明柴村區、昆明馬街子石頭山區、昆明小石壩區、富民老煤山區鋁土礦地形地質圖和剖面圖。此書是研究雲南鋁礦分布的珍貴資料。（李艷）

③手工業

雲南之糖業

曹立瀛、劉辰擬具　民國二十九年（一九四〇）資源委員會經濟研究室油印本　雲南省檔案館、雲南大學圖書館藏書

曹立瀛簡介見前《雲南工礦調查概述》提要。劉辰生平事迹不詳。該書爲『雲南經濟研究報告』第十五號。卷首立『雲南經濟研究報告總目録』，收録研究報告共二十一號（種）。全書共分『引

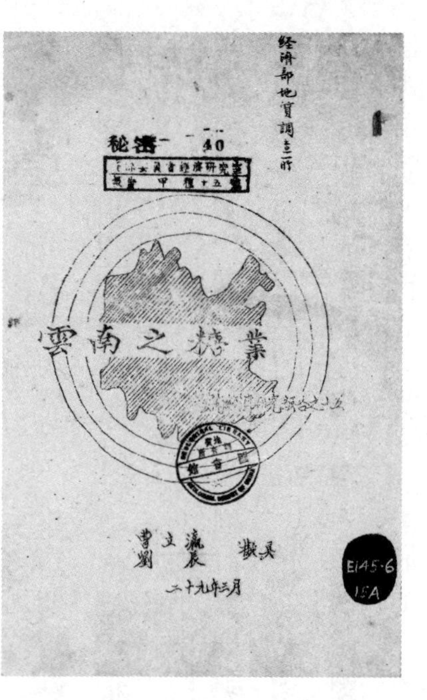

言』『甘蔗之生産』『蔗糖之生産』『銷售』『消費』『結論』六章，主要叙述雲南蔗糖業的發展歷史，産區分布，甘蔗種植情况，甘蔗品種，土法製糖過程，各大糖廠、糖坊、糖莊的情况，蔗糖産量與銷售、消費等情况。書中有各種統計表格，如《昆明市八年來蔗糖價格表》《各地運昆明本産糖成本及盈虧表》《雲南三關洋糖進口數量表》《各地區糖之消費數量表》等，對雲南糖業發展情况進行對比分析，較爲全面記録了民國時期雲南糖業的發展情况。

書中『結論』中稱『雲南爲我國西南各省中位列第二之産糖區，自廣東糖區淪爲戰場後，滇糖供應後方各地之需求，地位使命，日臻重要』，『惟值兹科學工業盛興之時，糖之製造方法日新月异』。於是，作者從雲南蔗種的選擇、種蔗方法的改進、製糖方法的改進和副産品的利用等方面，對雲南糖業發展提出諸多改進意見，并提出在各大産糖區設立蔗糖改進所，將種蔗、製糖等知識製成小册子，分發給農户，并給予種糖農户一定貸款，扶持糖業發展。（李艷）

雲南之針織業

劉辰擬具　民國二十九年（一九四〇）資源委員會經濟研究室油印本　雲南大學圖書館藏書

劉辰生平事迹不詳。該書同屬資源委員會經濟研究室報告，爲『雲南經濟研究報告』第十四

號，屬專題調研報告。卷首立『雲南經濟研究報告總目録』，收録研究報告共二十一號（種）。其内容分『沿革概述』『廠户現狀』『作業設備』『原料種類及用量』『製造程序』『製品種類及産量』『牌號與品價』『成本與售價』『産品銷場分布』『推銷方法與傭金』『運輸情形』『捐税』『工人及工作』『工時及工資』『近四年輸滇襪量比較與供求』共十五節。據書中内容可知，我國在海禁以前，原無針織工業，通商後，各種洋貨輸入傾銷，針織物品始見於市場，消費之數逐年增長。清朝末年，我國始設針織廠自織，上海遂爲針織業之中心。雲南針織業主要集中在昆明，原料大都來自上海。民國初年僅有一兩家廣東商人開辦工廠，民國四年（一九一五）後逐漸增加，至民國二十三年（一九三四）昆明有工廠九十家、襪機六百多部、工人兩千餘人，年出口六萬打，此乃昆明針織業之極盛時期。當時昆明針織業著名的品牌有學昌廠之乘龍牌、明亞廠之童魚牌、華豐廠之狗頭牌等。抗戰全面爆發後，上海淪陷，針織原料（棉紗、毛綫）來源困難，遂有數家工廠倒閉，餘者六十三家皆勉强維持。作者對昆明現有的針織廠（主要經營帽子、圍巾、襪子）進行實地調查，獲得大量材料，形成多種統計表，如《昆明市針織業廠户調查表》《雲南三關近四年襪之輸入量值比較表》《抗戰前後針織品售價比較表》，全面呈現了昆明針織工業的歷史情況。該書爲研究昆明早期針織業的發展提供了史料依據。（李艷）

雲南永勝之瓷業

曹立瀛、范金台具擬　民國二十九年（一九四〇）資源委員會經濟研究室油印本　國家圖書館藏書

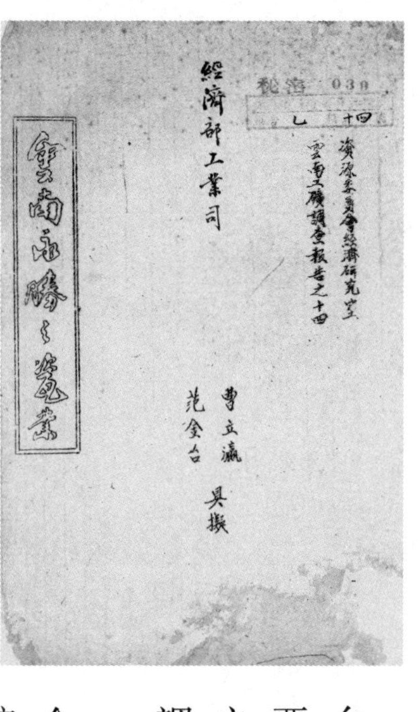

曹立瀛簡介見前《雲南工礦調查概述》提要。范金台簡介見前《雲南迤西金沙江沿岸之沙金礦業簡報》提要。該書爲資源委員會經濟研究室『雲南工礦調查報告』之第十四號。卷首立『雲南工礦調查報告總目録』，收録調查報告共十九號（種）。

該書分『位置交通與礦區』『土法生産之概況』『新企業之萌芽』三章，簡述雲南永勝瓷業的生産狀況。其中，碗廠之瓷業創始已七十多年，瓷業之生産以窑廠爲單位。關於窑廠的調查，作者在實地考察時參照雲南同業調查所朱供春之調查材料，并分析朱君調查報告的不足之處，得出新的調查結果。作者還詳述永勝瓷業的原料來源、製作方法、勞工情況。作者對雲南永勝瓷業公司、勝興實業社等新企業都進行了詳細的調查，形成《雲南永勝碗廠一帶瓷業窑廠概況表》。表中對廠名、地址、廠主、開辦年月、資本總額、廠房、原料、工具、技師、雇工、學徒、出品、産量均作了詳細的調查記録。（李艷）

雲南鶴慶之造紙工業

范金台具擬　民國二十九年（一九四〇）資源委員會經濟研究室油印本　國家圖書館藏書

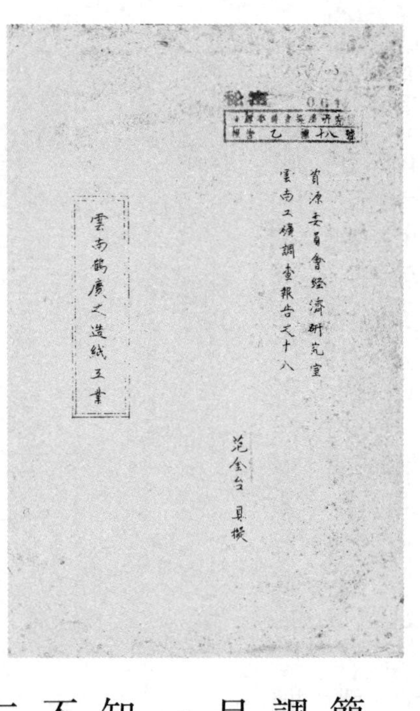

范金台簡介見前《雲南迤西金沙江沿岸之沙金礦業簡報》提要。該書爲資源委員會經濟研究室『雲南工礦調查報告』之第十八號。卷首立『雲南工礦調查報告總目録』，收録調查報告共十九號（種）。全書共四章。第一章『引言』，簡述鶴慶造紙業發展歷史。據書中内容可知，鶴慶之造紙業有二百餘年歷史，全區每年紙産收入不下百萬，民間經濟社會形成一種特殊的生活方式。第二章『竹紙』，分『原料、燃料及材料』『家庭工業之經營』『製造』『慶勝紙廠之經營』『生産量值』『生産費用』『運銷』七節，詳述造紙設備、生産過程、製作工藝以及慶勝紙廠的組織沿革、公司章程和應用設備等情況。竹紙的主要原料有水竹、苦竹、岩竹三種，製作程序有浸泡、加石灰、蒸煮、洗滌、二次蒸煮、加鹼、去鹼、二次浸泡、衝碓、調和、撈紙、榨壓、炕乾、上膠、蒸、刷顔料等工序。其主要産品爲新聞紙、小青梅紙（同新聞紙）、大青梅紙、包裹紙、錫箔紙等。第三章『白棉紙』，分『原料、材料及燃料』『經營』『製造』『生産量值』『運銷』五節。白棉紙的主要原料爲构皮，製作過程中需用到水、石灰、植物黏料、柴炭等材料。製作工序分浸泡、加灰、蒸煮、去灰、榨壓、二次蒸煮、洗滌、衝碓、調和、撈紙、榨水、揭炕、裁齊、蓋封印。第四章『結論』，文中稱『因時值抗戰物價飛漲而紙價未漲，永勝從事此項事業有崩潰的危機』，并提出要拯救此項事業，政府必須設法培植提倡，且應注意原料的供給、人工效率的提升、製作技術的改進以及技術人員的訓練。（李艷）

昆明手工業調查報告

民國稿本　雲南省檔案館藏書

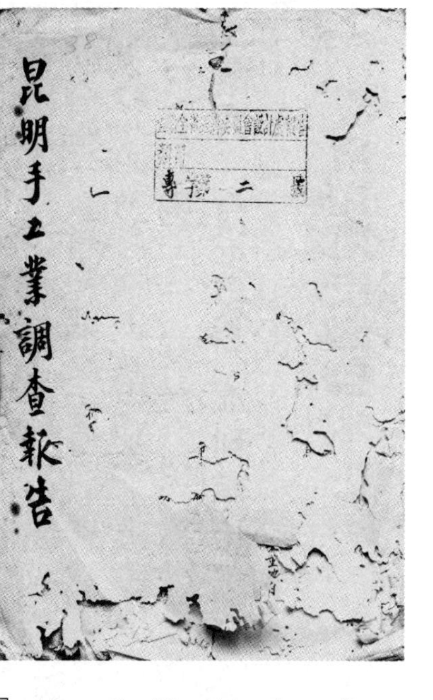

該報告開篇稱：『自抗戰以來，物資缺乏，物價騰貴，國計民生胥受影響。昆明原爲後方重地，自緬、越相繼淪陷，敵騎竄入滇境，海外交通已告斷絕，物資之輸入益形困難，……如何增加物資，尤爲應加考慮之問題。惟我國機器工業尚未發達，一切日用品之供給仍有賴於手工業之提倡餘復興。』因此，雲南省合作社物品供銷處特委托雲南經濟委員會設計處調查昆明幾種手工業情形，『以圖物資自給、物價穩定之參考』。

雲南經濟委員會設計處對昆明的肥皂業、織布業和製糖業進行調查後，形成此報告。報告共分三章。第一章『肥皂業』，主要介紹戰前昆明肥皂依賴外貨，戰後交通阻塞，新肥皂廠相繼成立，并分述各廠成立情形及資本、産品品牌、産量、原料、價格、銷售、工人等情況。第二章『織布業』，稱『雲南棉花向感不足，一切衣料例項均賴外埠輸入』，抗戰後依然如此，故昆明織布業不發達、規模小，其原料多從上海、次爲緬甸輸入。該章還調查各廠生産品種、産量以及工人待遇等。第三章『製糖業』，記當時昆明製糖業僅有雲南製糖廠，且爲官商合辦，原料來自開遠、盤兮、竹園所産之紅糖，主要銷於市内。從該報告的内容推測，此報告形成於民國二十七年至民國三十四年（一九三八—一九四五）之間。該書有部分頁面雖遭蟲蛀，但正文完整，字迹亦清晰可辨。（李艷）

④電力、自來水、水利建設

雲南昆明市之自來水業

曹立瀛、范金台擬具　民國二十八年（一九三九）資源委員會經濟研究室油印本　國家圖書館藏書

曹立瀛簡介見前《雲南工礦調查概述》提要。范金台簡介見前《雲南迤西金沙江沿岸之沙金礦業簡報》提要。該書爲資源委員會經濟研究室『雲南經濟研究報告』之第十一號，爲專題調研報告。卷首立『雲南經濟研究報告總目録』，收録研究報告共二十一號（種）。該書無目録。内容分『沿革』『組織』『資本』『設備』『蓄水放水及售水』『營業情況』『參觀後記』七節，詳述昆明自來水廠組織發展歷史、資本經營等情況。書中稱『滇省光復以還，百業俱興。省垣有黄

玉田、黃斐章、唐君萍等倡辦自來水公司，於民國五年（一九一六）開始籌備』，『選定翠湖中之九龍池爲水源，五華山西坡爲水池及公司基地，定名爲「雲南自來水股份有限公司」』，一切設備均由法國工程師承攬包辦。民國九年（一九二〇），工程宣告完成，開始售水。民國二十二年（一九三三）省政府撥款，注入資金，改名爲『昆明自來水廠』。在『參觀後記』一節中，作者提出昆明供水量不足、供水量增加之可能、設備之補充等意見和建議。該書爲研究抗戰時期昆明自來水業的發展提供了參考。（李艷）

雲南之電力

曹立瀛、范金台擬具　民國二十九年（一九四〇）資源委員會經濟研究室油印本　國家圖書館藏書

曹立瀛簡介見前《雲南工礦調查概述》提要。范金台簡介見前《雲南迤西金沙江沿岸之沙金礦業簡報》提要。該書爲資源委員會經濟研究室『雲南經濟研究報告』第二號，爲章節體調研報告。卷首立『雲南經濟研究報告總目録』，收録研究報告共二十一號（種）。全書分『引言』『耀龍電力公司』『昆湖電廠』『開遠水電廠』『其他電廠』『雲南省水力發電計劃』『結論』七章，内容較多

之章下分若干節。據『引言』可知，雲南電氣事業發展甚早，清光緒三十四年（一九〇八）即有昆明市耀龍電燈公司之創設，民國五年（一九一六）有開遠通明電燈公司之開辦，民國六年（一九一七）有蒙自大光電燈公司之開辦，之後省内兵患不斷，發展一度滯緩，直至民國十五年（一九二六）纔又有河口漢光電燈公司之開辦，民國二十三年（一九三四）昭通有民衆實業公司開辦電力廠。全面抗戰初期，昆明用電猛增，於民國二十八年（一九三九）在昆明市西九公里昆明湖旁之石咀村建成昆湖電廠。民國時期雲南電力主要分爲火力（煤炭資源）發電和水力發電。該書詳述各電力廠的沿革、組織、資本、工程設備、發電、營業狀況等。『雲南省水力發電計劃』一章，對雲南省内的水力資源，如滇池、洱海、南盤江、洱河等的分布、勘測及開發計劃進行了重點描述。在『結論』中，作者指出滇省電力發展中的三點不足：一是未能做長遠的開發計劃，二是發展中有太多不必要之消耗，三是技術缺乏導致小型電廠經營不善。從書中注釋可知，本書材料主要來自雲南水力勘測隊的工作報告、西南聯大施嘉煬教授的學術研究報告以及對各大電廠的實地訪問調查。書中附有八個表格，如《耀龍電力公司發電售電每月統計表》《螳螂川水力發電初測估計表》等。該書較爲全面真實地反映了雲南電力早期的發展情況。（李艷）

雲南水利問題

丘勤寶著　民國三十六年（一九四七）新雲南叢書社鉛印本　國家圖書館藏書

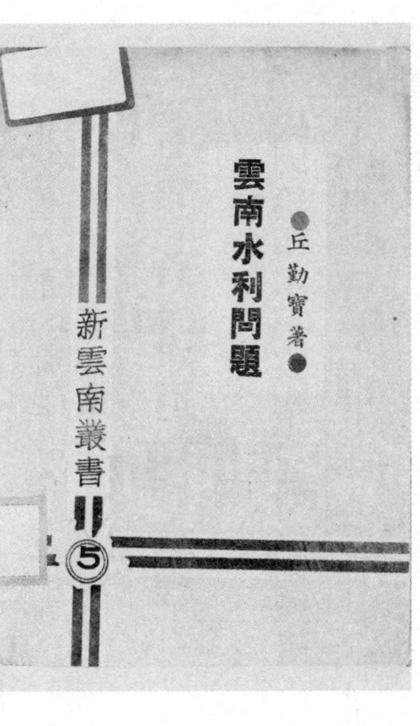

丘勤寶（一九〇八—一九六六），廣東梅州人。我國著名土木水利專家。北洋大學（今天津大學）畢業。康奈爾大學碩士。一九三八年，應熊慶來之聘，任雲南大學土木系主任、訓導長。又任行政院水利委員會講座，雲南省建設廳、南盤江水利工程處等單位之顧問工程師，中國土木工程學會雲南分會會長等。中華人民共和國成立後，任成都工學院（今并入四川大學）教授。一九六六年『文革』中被迫害致死。其論著還有《海岸國防工程》《戰時鐵路》等。

該書爲『新雲南叢書』之一。其自序署『民國三十六年三月』。文中稱，中國自古重視農業水利問題，自全面抗戰以來，中央和地方有鑒於發展西南後方生産之需要，更加注重水利建設；并言及該書之編著曰：『余自（民國）二十七年來滇，迄今十載於兹矣。在此期中，深感本省水力藴蓄之豐富，農田水利對於本省農村經濟之重要。無時不從事於本省水利之調查，搜集資料，細心研究，冀有所得，裨益問題之解決。舉凡三迤水利問題之較著者無不親歷其境，勘查考察；且十年來本省興辦之水利工程，無論大小，皆竊幸有緣參加，使研究與實施之聯係相得益彰。爰將研究所得、實施所歷，編著成帙，公諸關心本省水利之人士。』

本書爲章節體雲南水利研究專著，正文共八章。第一章『總論』。第二章『雲南之水系概況』概述水系情況、分析昆明附近之急雨等。第三章『雲南之水文與氣候』，論述雲南各地雨量、各河水位及水文等。第四章『灌溉問題』，叙述雲南農田水利概況，分析其今後之發展等。第五章『水利問題』，叙述現有水電廠概況，對開遠等水電廠進行個案分析等，是該書重點之一。第六章『防洪排水問題』，論述雲南各河流之現狀及其整理計劃，以解決本省之防洪排水問題。第七章『航運問題』，論述雲南各水道航運概況及金沙江通航計劃等，亦爲該書重點之一。第八章『本省水利行政統一之商榷』。全書還附録昆明、騰衝等地雨量表、雲南各地水文站表，以及諸多水利、氣候、航運方面的科學計算公式等。（朱端强）

雲南省各縣水道歲修章程

民國鉛印本　雲南省圖書館藏書

該書雖無序跋考其編者及印行時間和地點，但由文本每稱『本局規定』等語，可斷該書爲民國元年（一九一二）雲南水利局成立之後，由該局印發全省執行的水利章程之一。《章程》共二十二條，簡明扼要，具體規定了各縣每年對其境内河流、水渠的維修責任及維修的技術標準和考核辦法。如第三條規定：『每年冬春水涸，爲水道歲修時間。於此時間内，地方官應都同紳民趕將境内水道一律修治完善。』第七條規定了水道修治的基本要求是挑浚必深、阻礙必除、工程必

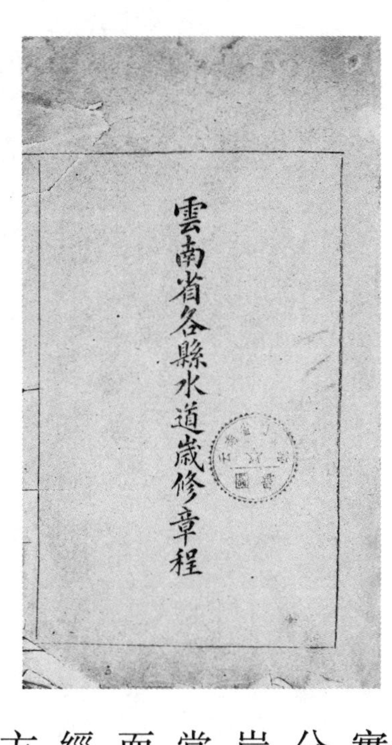
雲南省各縣水道歲修章程

實。同時，第十三條還規定：『凡河渠海湖堤岸，均應分年種植樹木，認真保護，務使茂密成林，以資鞏固（堤岸）。』再如，按當時規定，每年的水道維修費用一般由當地自己解決，但是，『凡歲修水道遇有特別重大工程，而地方物力一時難逮，經本局查明屬實者，准照《水利經費借放簡章》由（水利）局資助應用』。同時規定，地方官紳每年對境内水道的維修，由水利局負責考核，作爲其行政工作考核内容之一。（朱端强）

⑤建築

雲南之建築業及建築材料業資料

曹立瀛、劉辰擬具　民國二十九年（一九四〇）資源委員會經濟研究室油印本　國家圖書館藏書

曹立瀛簡介見前《雲南工礦調查概述》提要。劉辰生平事迹不詳。該書爲資源委員會經濟研究室『雲南經濟研究報告』第十二號，爲章節體調研報告。卷首立『雲南經濟研究報告總目録』，收録研究報告共二十一號（種）。全書分『引言』『昆明市之建築概述』『昆明市之建築業』『昆

明市之建築材料業概述』『磚瓦』『木材』『石灰』『石料』『水泥』『鋼鐵材料』『結語』十一章。在『引言』中作者稱：『本篇之作，蓋爲明瞭昆明市之建築概况，以爲計劃擴充後方都市之基礎，兼爲明瞭建築工業之動態及建築材料之供需，作木土石重工業及化學工業發展之準繩。』本書資料來源於民國二十八年（一九三九）冬至二十九年（一九四〇）春夏經濟研究室劉辰的實地調研。民國二十九年經濟研究室遷往重慶後，劉辰離職，其後續資料由温文華搜集。其他資料來源於南開大學經濟研究所丁佶主持編輯的《雲南實業通訊》雜志、賀純卿的《昆明市建築材料之調查》。該書對昆明市人口發展、街道建設發展、市政建築發展有較爲全面的介紹，并運用大量統計表格展示了昆明市政建設情况，如《昆明市工商業户數一覽表》《昆明市各行業分布街道表》《昆明市街道改進統計表》《昆明市街道新舊名稱對照表》《昆明市公園名勝建築一覽表》《昆明市建築業建築工程一覽表》《昆明市營造業一覽表》等，共計二十二份調查表。該書是研究民國時期昆明市政建設、街道變遷等內容不可多得的系統性史料。

（李艷）

（四）交通

①總論

雲南省各縣各設治局各縣佐及特别區域距省程站表

民國二十五年（一九三六）鉛印本　雲南省圖書館藏書

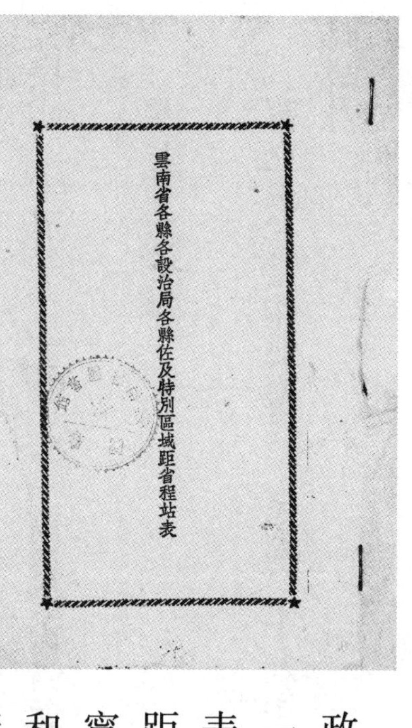

是書以表格形式，以程站爲單位，列舉雲南各縣級政區與省府昆明之間的道路遠近情况。書中共有兩表。一爲《雲南省各縣各設治局及各縣佐距省程站一覽表》，表中包含四項内容，分别爲縣局别、距省程站、縣佐别、距省程站，列舉了富民縣、晉寧縣等一百一十二個縣，寧江、梁河等十三個設治局，滄源、寧浪兩個設治專員和姜驛縣佐、可渡縣佐等十個縣佐距離雲南省城的站程情况，如武定縣距離省城有三站，姜驛縣佐距離省城七站。二爲《特别區域距省程站表》，表中包含督辦署别、距省程站、所屬汛别及其距省程站數三項内容，列舉了河口和麻栗坡兩個對汛督辦署下轄的共十一個對汛距省城站程情况，如河口對汛督辦署，距省城十五站，其下轄的那發對汛距省城二十一站。

此書記載了民國時期雲南各縣級政區與省府昆明之間的程站情況，能够部分反映民國時期雲南交通的情形。更爲重要的是，書中記載了雲南的縣、縣佐及對汛督辦署、對汛這樣的特殊政區，對於研究民國二十五年（一九三六）前後雲南省縣級行政區劃的設置和變遷具有重要的資料價值。（錢秉毅）

雲南之交通

曹立瀛、鐵作聲擬具　民國二十九年（一九四〇）資源委員會經濟研究室油印本　國家圖書館藏書

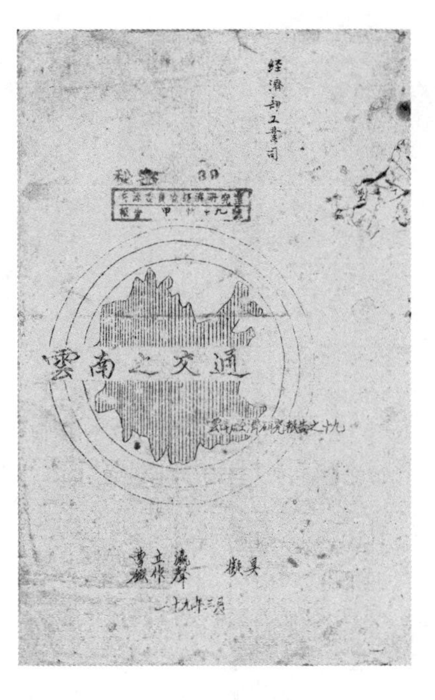

曹立瀛簡介見前《雲南工礦調查概述》提要。鐵作聲，清華大學經濟系一九三九年畢業生，生平事迹待考。本書爲資源委員會經濟研究室『雲南經濟研究報告』之第十九號。卷首立『雲南經濟研究報告總目録』，收録研究報告共二十一號（種）。全書共五章。第一章『緒言』，作者用大篇幅分析了當前我國的交通形勢，綜述雲南交通發展的歷史和現狀。文中指出，交通爲國家之命脉，戰前，我國注重沿海交通發展，而戰後沿海交通均淪爲敵手，僅剩西北之陝甘新公路和西南之湘桂及川桂公路、滇緬公路、滇越鐵路，其中兩條交通綫以昆明爲起點，凸顯出雲南在全國交通中的重要性。第二章『雲南之鐵路』，下分四節，從組織沿革、里程、車輛運輸、運價等視角，介紹滇越鐵路、箇碧石鐵路、在建的滇緬鐵路、叙昆鐵路。第三章『雲南之公路』，下分六節。第一節『總論』，綜述雲南公路史，指出雲南地勢險要，素稱『山國』，交通發展不易。民國十八年（一九二九），雲南全省公路局成立，專事全省公路建設，以昆明爲中心，鋪開建設滇東、滇東北、滇西、昆剥等幹道，戰前各幹道已通車或通車在即，并形成了以滇黔公路、川滇公路、滇緬公路、滇南公路幹綫玉昆段爲主的四大幹綫。本章用四節分别記述了四大幹綫的建設歷史、運輸概況。第六節詳述已通車的公路支綫。第四章『雲南省之馱運及人力運輸』，共六節，分别記述馱運的概況、路綫、機關、商人和人力運輸，并對昆明牛馬大車進行了調查。在雲南歷史上，馱運一直是運輸的主力，進出口運輸均靠馱力，本章全面記述了雲南馱運的歷史和現狀。第五章『航運』，主要介紹雲南航運情形。雲南航運以滇池、洱海、撫仙湖、紅河航運爲主，均爲小型運輸。本書卷中附表三十一個，卷尾附録《昆明市汽車運輸業調查表》。該書對研究民國時期雲南地方交通史具有重要史料價值，特别是作者站在全國的角度分析雲南交通的重要性，是一種開創性的認識。（李艷）

西南之公路鐵路

中國人民解放軍西南服務團研究室編　民國三十八年（一九四九）中國人民解放軍西南服務團研究室鉛印本　雲南省檔案館藏書

中國人民解放軍西南服務團簡介見前《雲南省農林水利》提要。該書是西南服務團出發前，

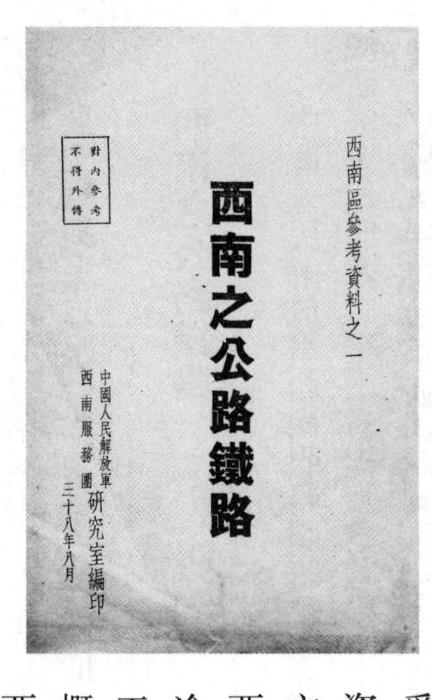

爲整編集訓編印的學習資料之一。封面有『西南區參考資料之一』的字樣，落款日期爲『三十八年八月』。正文分『公路』和『鐵路』兩部分。『公路』部分主要介紹西南公路發展歷史、重要公路行車情況、公路工程概況、途經橋梁、西南各省公路路綫、各區公路局組織系統、工程管理機關、各公路局單位概況、各機務單位（修理廠）概況及其主要設備等内容。從文中内容可知，民國時期西南主要的公路有滇黔路、川黔路、滇緬路、川滇東路、川滇西路等，抗戰時期，西南公路辦理國際運輸，更是全國公路運輸之重、抗戰的輸血動脉。文中附圖表二十一份，主要有《西南公路幹綫圖》《西南各省重要公路工程概況表》《四川省公路圖》《雲南省公路圖》《西康省公路圖》等。『鐵路』部分下分三章記述，分别爲『一般情況』『昆明區鐵路（附箇碧石鐵路）』『湘桂黔區鐵路』，文中簡述西南鐵路發展史，重點對昆明區的滇越鐵路之滇段、箇碧石鐵路、叙昆鐵路（即川滇鐵路）、滇緬鐵路的修築歷史、運營情況進行詳述。文中附圖表七份，如《滇越、叙昆鐵路通車路綫平剖面圖》《箇碧石鐵路路綫全圖》《箇碧石鐵路綫概況》《湘桂黔鐵路貴州段圖》。該書四萬餘字，全面記録了民國時期西南主要陸上交通綫路的建設以及運行情況，特别體現出抗戰時期西南交通對全國形勢的重要作用，是研究民國時期西南交通運輸的重要史料。（李艷）

②水路、鐵路、驛路、公路

雲南航路問題

丁懷瑾撰　民國四年（一九一五）鉛印本　雲南省圖書館藏書

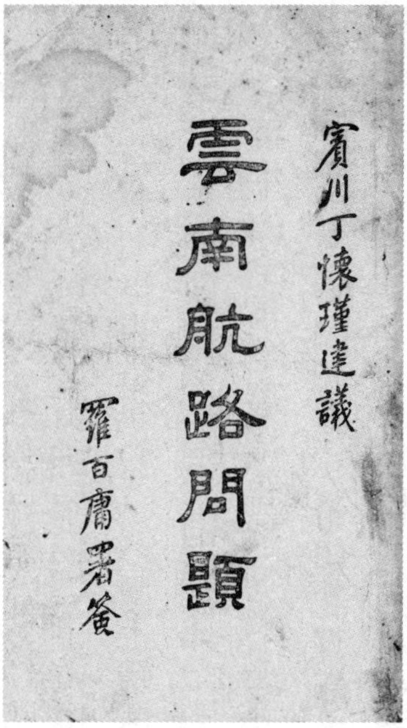

丁懷瑾（一八七九—一九五六），字石生，晚號石僧，雲南賓川人。雲南高等學堂畢業。一九〇三年，變賣家財，後自費留學日本法政大學，加入同盟會。一九一一年，在上海參加革命，後任南京臨時政府社會教育司司長。一九一五年，參加護國運動，曾任四川富順縣縣長。一九一七年辭官回滇，專心致力於金沙江開航研究。一九二一年之後，曾任《雲南日報》社社長、孫中山大元帥府軍法委員會委員、南京國民政府審計院審計等。全面抗戰爆發後，再度辭官回滇，不問政事，潛心佛學。一九五六年病逝。

卷首序言由『水利局局長』由雲龍撰寫，其稱長江上游水激石多，本不可通航，但『丁君石生富於新思，建議以爲可浚而通之。……出其《意見書》，則規畫井然，知非好奇高談者比也』，并已『力言於當道』，開始着手實測。次爲作者《上雲南政府開小金沙江航路意見書》，作者建議疏通開航小金沙江，即金沙江幹流，是從四川巴安（巴塘）經麗江石門關直至叙州一段，連通長江中上游航道。同時，進一步開鑿普渡河、牛欄江等與此相關的支流水道等。作者指出，明清以來就不斷有類似計劃，蓋因『滇人性不習水，視航路爲畏途』，加之無『確切辦法』和政府不重視等因，故議而未決。作者認爲，其實疏通這一航路并不比開鑿巴拿馬和蘇伊士運河困難。他建議首先進行科學的環境和工程調查，然後分三段施工。資金方面，他建議用開采金沙江金礦的辦法集資。他堅信這一航路的開通，有利於雲南内外交通的發達，有利於帶動雲南工商業的發展。

《意見書》之後爲雲南巡按使飭令。巡按使認爲其建議可行，并將其《意見書》下發永北、綏江、魯甸、金江等涉關這一工程的行政主管官員，令其『遵照切實詳晰調查，務須親自履勘，或派明白熱心、得力可靠之員紳履勘。事關本省遠大計畫，不得視同尋常！』飭令之後爲趙藩撰『書後』一文，言其七世祖當年曾草《廣王靖遠（驥）開小金沙江議》千言，上之沐黔國和雲南巡撫黄衷，但計畫『被梗而輟』，今天則樂見其成。

《孫中山全集》第三卷載有《中華民國臨時大總統孫指示開闢金沙江航路意見書復函》，從中可見孫中山也贊同此舉，希望認真測量，繪示詳圖，以便『招致華僑投資』。此函時間爲民國五年（一九一六）十二月六日，足證此事之影響。（朱端强）

川滇水道查勘報告

經濟部編　民國二十八年（一九三九）經濟部鉛印本　國家圖書館藏書

該書爲『水道查勘報告彙編』之二。封面有『經濟部刊物第二種第三類』字樣。書前有棺材口、

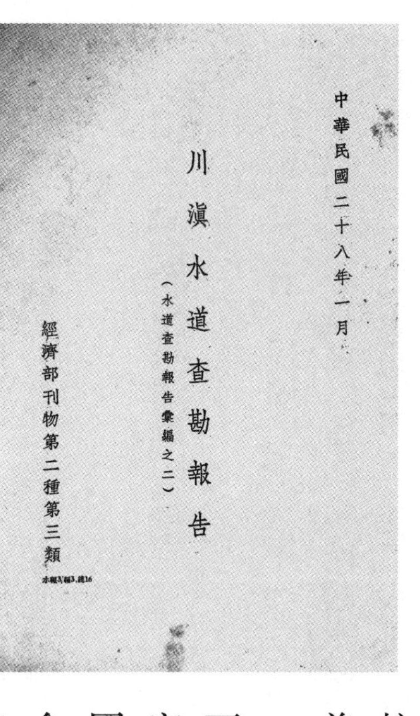

蚊子灣峭壁、鐵廠灘、鹽廠、鐵索橋、流沙坡、普渡橋、普渡河中亂石等十八幅照片。

據書中所述，『川滇水道係自川省之宜賓，溯金沙江而上，折入普渡河，直達昆明之滇池』，流經昆明、安寧、富民、武定、禄勸、巧家、魯甸、永善、綏江等地。『全國經濟委員會派導淮委員會技正張倫官、全國經濟委員會水利處工程師江鴻、四川省水利局工程師黃萬里、雲南省建設廳水利專員王瑋、導淮委員會技佐沈衍基等組爲查勘隊』，於民國二十七年（一九三八）一月底由重慶出發到昆明，自滇池順流而下，開展了水道實地查勘，涉及水道情況、航運情形、水勢流量、灘、水文、沿河物産、水力蘊藏等。四月三日回渝後寫成該報告。全書分『金沙江』『普渡河』『結論』三大部分，內容分别如下：

一、金沙江。分四小部分：一是『概説』，述普渡河口至宜賓一帶的段長、平均坡度、大小灘數目、水寬水深、沿江一帶氣温及降雨量、各段通航情形等，附《昆明氣温及雨量表》《金沙江自普渡河口至宜賓一段各站距離表》《行駛叙渝間輪船一覽表》；二是灘，述普渡河口至屏山一帶的大小灘數目、不同等級河灘的性質及河灘的形成原因，附《灘名表》；三是『水文』，根據測量繪製了枯水位時的《鹽廠、大井壩、綏江三站水文表》，表内涉及站名、測量時間、斷面積、平均速流、流量、高洪水位置、水面波度等項；四是『沿江一帶物産』，述河流所經縣城名、各縣特産、礦産資源、山路交通、鐵索橋或篾索等。

二、普渡河。分兩小部分：一是『概説』，述河流所經縣城名、全長、坡度、水寬水深、流量、水面平均流速、高低水位差、通航情形、水力發電狀況，并提及兩岸農田灌溉『幾全以普渡河是賴』，附《普渡河各段距離表》；二是『沿河一帶物産』，介紹兩岸居民生活、教育、疾病概況，以及各種物産，如安寧之温泉等。

三、結論。一是從自然條件及社會經濟條件方面，論述普渡河的經濟價值，其雖缺少通航價值，但可利用水力發電；二是從險灘的處理、建築堰壩的困難、下游航道的改進等方面，論述金沙江通航的價值和經濟合理性；三是從藴藏水力和沿江礦産情形，論述水力發電及開采礦業的前途；四是提出開展金沙江之地形河道、水文氣候的實地測量及航運統計等工作建議。

書後附《沿普渡河及金沙江各縣礦産表》《富民縣大麥龍普渡河横斷面圖》《巧家縣汪家坪鹽廠金沙江横斷面圖》《永善縣大井壩大興渡口金沙江横斷面圖》《綏江縣金沙江横斷面圖》。

該書比較專業嚴謹，既能一窺民國年間的水利科研作風，又是研究民國雲南水利不可缺少的參考資料。（田青）

滇緬鐵道路綫商榷文彙

李根源等著　民國二十八年（一九三九）鉛印本　國家圖書館藏書

李根源簡介見前《重印雲南陸軍講武堂同人録》提要。日軍逐漸占領中國沿海之後，爲解決西南地區國際交通問題，一九三八年，政府同時開始修築滇緬、叙昆兩條鐵路。滇緬鐵路分爲東

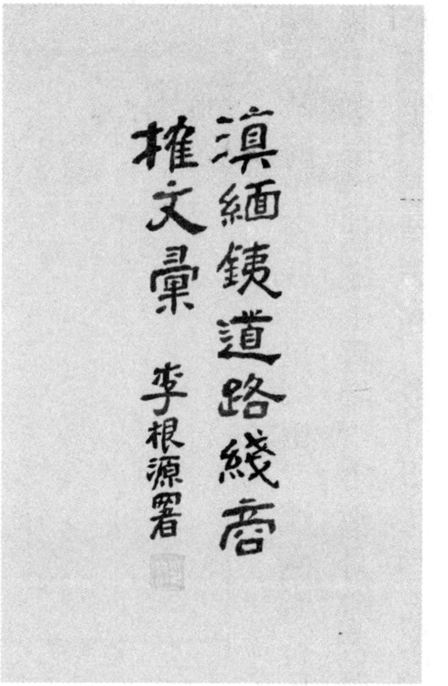

段（昆明至祥雲清華洞）和西段（祥雲至緬甸）。東段路綫不存在任何争議。西段則出現『南綫』和『北綫』之争。交通部通過勘測，原定走『南綫』，即從祥雲出發，經彌渡、鎮康、猛浪、滚弄直通緬甸南部海岸的臘戍，主要理由是綫路較短、修築較易，以便能儘快接運英美援華物資。該計劃公布後，立即遭到以騰衝官紳士人爲主人士的反對。他們力主采用『北綫』，即從祥雲出發，經大理、保山、騰衝出境，以接緬甸密支那鐵路幹綫和伊洛瓦底江水道。

該書彙集了李根源的《上蔣委員長書》《上孔院長書》《致張主任岳軍書》《致交通部張部長函》，雲南旅省同鄉會聯合會的《雲南公民請願書》，李生莊的《滇緬交通綫問題》，雲南騰越日報社、騰衝商會、騰衝各民衆團體的《開發西南與滇緬交通問題》，顧頡剛的《滇緬路綫問題專號引言》等信函、提案、電文、論文以及諸多報刊短文。這些文章基本上一致主張『北綫』説，其中尤以李根源的觀點最有影響和代表性。其主要理由是：一、『北綫』可成爲『貫通歐亞之大幹道』，經阿薩密、加爾各答、巴格達直達歐洲，且南通仰光海口，與伊洛瓦底江平行出海，可收『水路聯運』之利；二、『南綫』施工受瘴毒影響，每年衹能作業三四個月，而『北綫』則一年四季均可施工；三、『南綫』須通過中英未定邊界區，外交麻煩大，而『北綫』不存在這一問題；四、『北綫』所經乃『滇中政治、商業之大動脉，資源極富，土地肥沃，人口衆多』，經濟價值很大，而『南綫』所經多荒凉之地，經濟價值不如『北綫』；五、『北綫』雖有高黎貢山等高山之阻，但施工可由鎮安等地繞道而行；六、滇省在緬僑民，以滇西籍居多，『北綫』有益於進一步發展華僑經濟。

（朱端强）

川滇鐵路測勘隊測勘總報告書

民國鉛印本　國家圖書館藏書

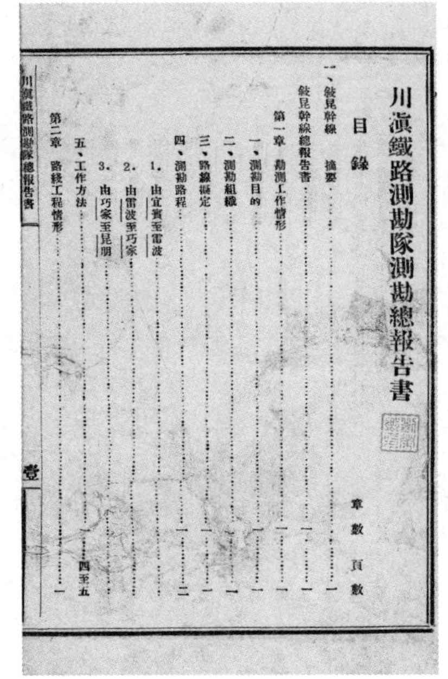

川滇鐵路測勘隊測勘總報告書

目錄

	章數	頁數
一、敍昆幹綫　摘要		一
敍昆幹綫總報告書	一	一
第一章　勘測工作情形	一	一
一、測勘目的	一	一
二、測勘組織	一	一
三、路綫擬定	一	一
四、測勘路程	一	二
1. 由宜賓至雷波		
2. 由雷波至巧家		
3. 由巧家至昆明		
五、工作方法	一	四至五
第二章　路綫工程情形		一

川滇鐵路測勘隊總報告書　壹

川滇鐵路謀劃勘測甚早，先是雲南方面在一九〇五至一九一七年擬建滇蜀鐵路，一度成立公司并聘員勘測昆明—昭通—宜賓路綫。一九三七年夏，四川省政府向國民政府提議修築川滇間鐵路。全面抗戰爆發後，從川、滇溝通國際交通的重要性更加凸顯。一九三八年一月，四川省政府組派川滇鐵路測勘隊開始對西綫，即叙（府，今宜賓）—昆（明）鐵路綫路進行勘測，同時交通部組派隊伍勘測瀘州—威寧—曲靖—昆明的東綫綫路，旋由國民政府出資一千萬，川、滇兩省各出資五百萬，於九月組成川滇鐵路公司專司其事。西綫測勘隊由劉宗濤任總工程師，經數月艱苦測勘，五月中旬返回成都後『整理圖表并編製總報告書，上緊工作，三日稿成，五日印就』，乃成是書。

該書共分四部分：三條綫路分列三份報告書，以及『總論』。第一部分『叙昆幹綫』，首爲摘要和叙昆幹綫總報告書，後由六章組成：第一章『勘測工作情形』，包括勘測目的、組織、路綫擬定、路程和工作方法等五方面内容，測勘路綫爲宜賓—雷波—巧家—昆明；第二章『路綫工程情形』，詳述綫路經過各點地形、地質、河流、坡度、植被、周邊等内容；第三章『沿綫經濟情形』，按農業、工商業、礦業等分别叙述；第四章『比較綫概况』，主要對起訖點之間不同的中經路綫的工程難度、社會經濟發展情况進行比較；第五章『建築費概算』，按總務、籌備、購地、路基、隧道、軌道等十八項支出内容列出，後有支出預算總目；第六章『結論』。第二部分『寧冕支綫』和第三部分『西會支綫』之下，各章名稱、結構與第一部分完全相同。寧冕支綫綫路以四川寧南窪烏（與雲南巧家隔金沙江相望）爲起點，沿黑水河、安寧河北上，經西昌至冕寧縣瀘沽鎮；西會支綫則以西昌爲起點，沿安寧河南下，經會理至爐廠、小官河、毛姑壩。兩支綫的目的是開發川南與雲南交界區域的鐵、銅、鉛、鋅礦藏。第四部分『總論』，簡述主綫、支綫長度及總投資額，分析建成效益，預估營業收入等。報告書末尾附有《肅清叙昆幹路及寧冕、西會支路夷患建議書》。另有勘誤表六頁。

該書係在抗戰期間由政府組建的工程技術人員，完全按照當時鐵路建設技術規範進行勘測所得而編製所成，資料翔實充分。之後，國民政府又組織了多支測勘隊對中經昭通等綫路進行勘測、定測和設計。一九三八年底，多段開始動工，旋因戰事吃緊，材料難供，於一九四二年停工，僅昆明北到曲靖一百六十二公里路段通車（《雲南省志·鐵道志》，雲南人民出版社，一九九四年）。『叙昆鐵路幹綫』僅剩史料留存，四川雷波和寧南、雲南巧家等縣至今仍無鐵路，這也是該報告書

可供現實借鑒的價值所在。（牛鴻斌）

滇越鐵路紀要

蘇曾貽譯　民國鉛印本　國家圖書館藏書

譯者蘇曾貽，字西曾，廣東高要人。清末貢生。曾留學法國，民國二年（一九一三）畢業於法國巴黎大學經濟科，取得碩士學位。民國三年（一九一四）任北洋政府交通部路政司交涉科主事。抗戰勝利後，任職於資源委員會。

本書封面由曾毓雋題寫書名。福建人黃贊熙爲該書作序。序中交代該書編譯的緣起：『某於役鐵路，垂三十年。竊觀今之服務各鐵路者，往往囿於職守所聞見，罕能參較人我，而挈其短長，故嘗譯行《日本鐵路紀要》以資參考。近復於故牘中，得《滇越鐵路紀要》原本及圖一册，以其足備研究也，乃囑蘇君曾貽譯之。』可知該書是民國時期鐵路行業有識之士爲發展中國鐵路事業而作的學術貢獻。黃贊熙揭露了法國人築路的動機在於侵略雲南，提醒國人警惕：『夫滇之於吾國也，號爲瘠壤，重山複嶺，又益之以瘴癘。而法人不惜以巨萬之金經營之，豈非以其地外接安南，欲借鐵路以擴其勢力耶？茲編所紀，於當日施工情形，言之綦詳。

且於沿途物産調查，亦極精確。法人之慘淡經營，於此可見，讀者其亦惕然有動於心乎！』這裏寓含了作者濃厚的愛國主義情懷和振聾發聵的啓蒙意識。

該書記載了法國修築滇越鐵路的始末，爲紀事本末體著作。全書共三十篇，内容涉及中法兩國政府關於修築滇越鐵路的條約、文件，滇越鐵路公司籌建和集資，鐵路測量、分段修築過程、工程概況，施工管理人員配備、築路工人招聘，車站設置，鐵軌規格，築路材料，運輸狀况，規劃建設的支綫鐵路等相關情况，并詳細編録了雲南地理、礦産、財政、商業貿易、農業、人口等方面的情報。通過翻檢，筆者發現該書資料大部分來自鐵路建設方法國人的原始記録，許多文獻和數據爲他書所不詳或不確，因此，該書之資料顯得尤爲珍貴，如統計一九〇三至一九一〇年築路期間具體死亡人數爲查賬員一人，段長一人，副段長五人，車隊長四人，監工、打鑽工三十六人，包工四人，兵工人（即路工）一萬兩千人（其中南溪段死亡一萬人）。該書是研究滇越鐵路史的必讀之作。（許新民）

滇越鐵路始末記

民國鈔本　雲南省社會科學院圖書館藏書

是書無目録。作者自言其從美洲回雲南，途經越南時，滇越鐵路將修成，『經此路，則調查之職務有不能自己者矣。爰就可證之西文書報、在事友人之傳述，得失利鈍，慧眼人觀之自悉。特爲該路始末之記』。

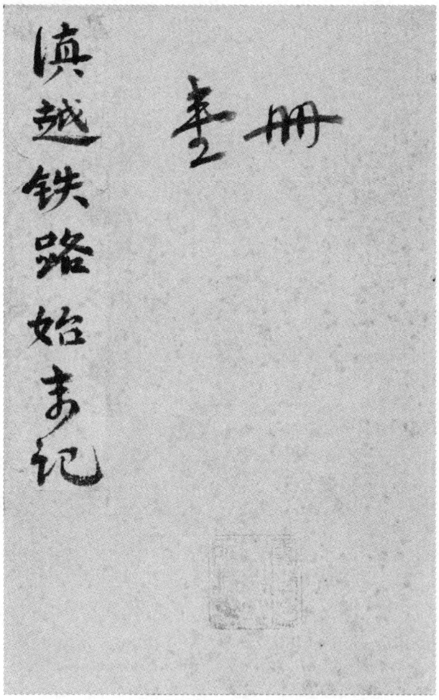

正文不分章、節、目，主要内容如下：首先，簡要轉述英國人 Hent 於一九〇八年新著《中國鐵路》一書中關於法國在越殖民拓展及中法戰爭的相關内容；其次，抄録一八八五年《中法新約》十款、一八八七年《中法續議商務專條》條文；其三，述法國取得滇越鐵路築路權的過程，抄録一九〇一年《海防雲南府鐵路合同》《海防雲南府鐵路承攬簿》、一九〇三年《中法會訂修路章程》等條文；其四，録滇越鐵路《貨客搭載價》《海防雲南府鐵路車站表》；其五，簡述時法國駐越南總督杜美關於綫路選擇的意見、相關外籍人士關於滇越鐵路的見聞；最後，摘録相關報紙、海關機構關於滇越鐵路綫路、築路情況的資料。

該書稿爲鈔本，字迹清晰，然個别地方有誤，如一八八五年《中法新約》被括注爲一八九五年。滇越鐵路相關資料甚豐，此書可爲參考佐證。（牛鴻斌）

滇西驛運調查報告書（民國三十年四月至六月）

王瑋著　民國三十年（一九四一）稿本　雲南省檔案館藏書

王瑋，曾任雲南省驛運管理處技術科科長，撰有《金沙江通航計劃書》《關於金沙江試航隊沿途勘察情況致建設廳呈》等文書。其餘生平事迹待考。

本報告書存於雲南省檔案館『西南運輸處全宗』内。從作者所作『起緣及經過』中可知，作者於民國三十年（一九四一）春奉處（按：西南運輸處）命調查滇省迤西之驛運、滇緬間有關驛運各狀況及怒江方面之橋梁渡口情況。作者於當年四月三日自昆明出發，經楚雄、保山、騰衝、龍陵、畹町，到緬甸臘戍，再折返昆明。一路以汽車、馬車、人力車、火車、滑竿、輪船、竹筏、馱馬爲交通工具，全程調查用時六十五日，行程約四千七百七十公里。作者將沿途所調查的道路、橋梁、渡口狀況以及當地民風民俗、經濟狀況、運輸情形彙集成此報告書。

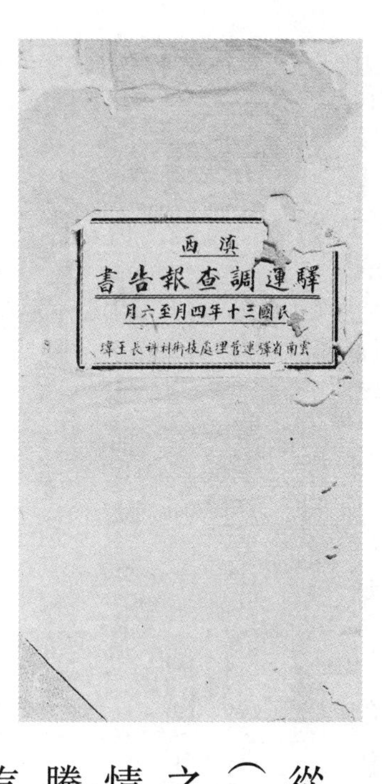

該報告書正文共分七章。第一章『道路狀況』，下分五節，從路綫、道路縱斷面及橫斷面、路面、橋梁、渡口五方面詳述滇西道路狀況。文中記録：滇西交通幹綫，除滇緬公路連接昆明、臘戍外，計有保山至八莫，騰衝至密支那，下關經順寧、鎮康、滾弄至臘戍，下關經永勝、華坪赴西昌或經仁和、會理赴西昌等綫，但多數道路崎嶇偏僻難行。作者提出，就全省交通而言應以昆明爲中心，以滇西交通而言應以下關爲中心，建設交通網絡，往來運輸。第二章『站口狀況』，以表格形式介紹滇西路昆八綫各站情況，并指出舊路所經多呈蕭條、公路所經日見繁榮的現象。第三章『運輸情形』，下分五節，詳述滇西運輸中的工具和手續；記述中國運輸公司、西南運輸處、軍政部交通司等運輸機關和商家囤積於滇緬邊境之貨物與數量；從運費高、路遠利微、船隻缺乏等方面分析出入口數量懸殊巨大的原因；記録昆明—保山—騰衝—八莫—瓦城—仰光—臘戍—保山—昆明的客運情況，以及沿途物價情形。第四章『民族』，作者調查了沿途各地區民族構成、生活習俗、經濟狀況。第五章『治安』，記録各地治安狀況，作者認爲道路安全是運輸通暢的保障。第六章『衛生』，記録迤西沿途各地醫療衛生機構設置情況，并記述了騰八綫下段及芒遮畹一帶、潞江壩等地瘴氣横行的情形。第七章『結論』，作者通過調查分析，對滇西驛運提出幾點改進意見，如配備回頭貨，增加運輸工具，整理道路，提高公路行駛車輛技術，增加衛生設備，改進少數民族工作等。正文前有各地道路、渡口等照片二十張，書内亦配有作者手繪統計表、示意圖多張。該書是一部詳細記録民國時期滇西各地道路交通風貌的重要著作。原書圖表順序稍有混亂，估計當時裝訂成册時未及整理。（李艷）

行政院京滇公路周覽會

行政院京滇公路周覽會編　民國二十六年（一九三七）鉛印本　雲南省圖書館藏書

本書爲交通旅游類著作，首頁又題爲『行政院京滇公路周覽指南』。開卷『緒言』介紹説，行政院有鑒於滇黔公路通車，則南京至昆明即可全綫開通，於是，『召集京内外各機關共組京滇公路周覽會，期於兩個月内遍歷蘇、皖、贛、湘、黔、滇、桂、川八省，藉以考察地方情形，促進公路建設』。參加人員由『各中央機關、沿途各省市政府及工商學術團體暨京滬各報館之代表』組成，共一百多人。團長爲褚民誼，雲南代表爲雲南公路總局一等技士錢介。籌備工作則由雲南省主席盧漢、昆明市市長張邦翰等負責。預計民國二十六年（一九三七）四月五日從南京出發，五月三十日到達昆明，召開周覽會，然後返程。

該書即爲這次周覽會的導游指南。主要内容依次爲：本路交通形勢、本路工程簡述、沿路名勝紀要、沿路物産、行政院京滇公路周覽會組織大綱、行政院京滇公路周覽會辦事細則、團員須知、京滇公路周覽會團員名單、京滇公路周覽會各省分會籌備組人員名録、車輛分配表、京滇公路周覽會行程表，并附路綫圖。全書插有南京、昆明等地自然風景、名勝古迹照片若干，而以昆明照片最多。其《團員須知》規定，因沿途食宿困難，故『不招待女賓』；每人要求自帶鋪蓋、中號手提箱一件、手電筒、小藥盒、洗漱用具等，行軍床、蚊帳及面盆由本會提供；每天早晨六點起床，晚上九點就寢；『每隔五六日即可到一省換洗衣服』。『本路交通形勢』『本路工程簡述』『沿路名勝紀要』『沿路物産』對雲南及昆明之交通、路况、風景名勝等有多有介紹。（朱端强）

來多公路（即斯蒂威爾公路）

（美）渥爾廓特（Sidney O. Wolcott）著，國際出版社譯　民國三十四年（一九四五）國際出版社鉛印本　上海圖書館藏書

該書扉頁上眉有書名，右注『地理叢刊第一輯』，左有出版時間；中部署『原載美國商務部

美國商務部內外通商局遠東組　渥爾廓特

來多公路（即斯蒂威爾公路）

（附英文原文）

商務周刊』，有短文介紹出版緣由；下部爲出版社及其地址電話。

正文不分章節，共約五千字。主要記述了來多公路修築的背景、經過及其意義。早在美國參戰之前，即認識到要在中國和印度之間修築一條公路，『替中國開一後門』。工程於一九四二年底開始，美軍及中國工程人員克服重重困難進行開山鋪路、架設橋梁、敷設輸油管道、排水作業等工作，築路與對日作戰配合開展，一九四五年一月二十八日『工程告竣，日軍完全肅清』，車隊進入雲南并載來戰時物資，『不但打開對中國的大包圍，并且建立了戰後運輸交通的一個新途徑』。後附有英文原文。

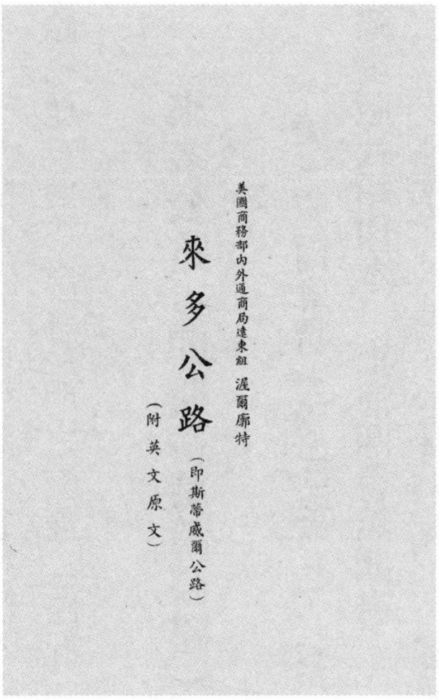

來多（現翻譯爲雷多）公路，即史迪威公路，是經緬甸北部直接溝通中印最便捷的陸路通道，從抗戰迄今均具有重要意義。該文雖短，但出自時人之手，仍有較大參考價值。（牛鴻斌）

（五）貿易

雲南對外貿易近況

雲南省公署樞要處第四課編　民國十五年（一九二六）雲南省公署樞要處第四課石印本　國家圖書館藏書

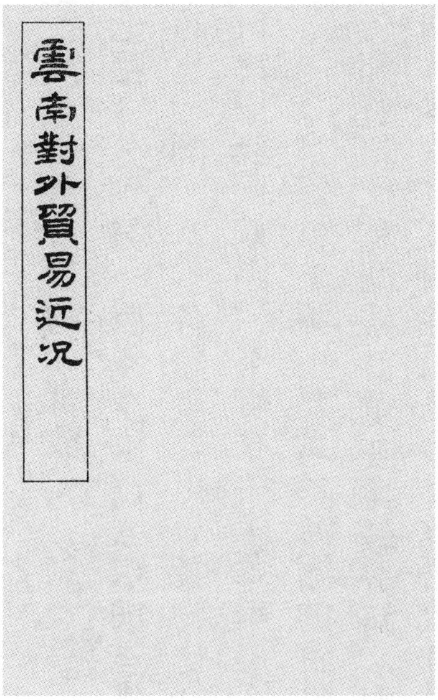

該書由唐繼堯作序。編纂該書，其目的是『使本省主持商政暨經營商業者，洞悉本省對外貿易情形，便於籌維應付，以謀發展』。唐氏在序言中分析了中國的對外貿易狀况，并反思道：『凡對外貿易發展之國家，文物遠羅，菁華廣擷，靡不文化日長，富力日增，軌轍循省，定律昭然！反睇吾國，開埠愈多，則愈患損失，文化既未激進，富力反見消磨，此何故也？雖緣貿易莫能自由，政策難施保護，而异物徒竇鮮精仿製，國産右舊無路推銷，實爲損失之一要因。』

全書分爲『概論』『蒙自關進出口情形』『騰越關進出口情形』『思茅關進出口情形』『結論』五個部分，并附有圖二十二個，分別爲：逐年進出口貨價比較表、逐年進出口貨價對於全國百分比例表、歷年各關進口數、歷年各關出口數、各國貨幣逐年比較表、蒙自關重要出口貨物一覽表、蒙自關重要進口貨物一覽表、蒙自關歷年出口貨價一覽表、蒙自關歷年進口貨價一覽表、騰越關重要出口貨物一覽表、騰越關重要進口貨物一覽表、騰越關歷年出口貨價一覽表、騰越關歷年進口貨價一覽表、思茅關重要出口貨物一覽表、思茅關重要進口貨物一覽表、思茅關歷年出口貨價一覽表、思茅關歷年進口貨價一覽表、各關重要進口貨物（實數）、各關重要進口貨物（百分比）、各關重要出口貨物（實數）、各關重要出口貨物（百分比）、歷年各關金銀進出口價值一覽表；圖七幅，分別爲：歷年全國出入口與本省出入口比較圖、歷年各關輸出輸入比較圖、本省歷年出入超比較圖、本省各關重要出口貨物比較圖、本省各關重要進口貨物比較圖、本省歷年進口紗及出口錫價額比較圖、本省歷年生金銀出入超比較圖。

該書資料來源主要爲各海關的貿易册、進出口貨品分别産銷以及華洋貿易全年總册等相關報告和資料，相關統計重在比較分析，對於進出口貿易，其數量與價值上的比較并重。編纂之初，編者本欲將各關各項進出口貨物數量及價值詳細列表，以資對比，但因篇幅太大作罷，僅從價值上作出比較，以窺進出口貿易情形。收録的相關數據主要介於民國元年（一九一二）至民國十二年（一九二三）年之間，是研究民國初期雲南歷年進出口貿易狀况的重要史料。（曾黎梅）

雲南對外貿易概觀

萬湘澂著　民國三十五年（一九四六）新雲南叢書社鉛印本　國家圖書館藏書

萬湘澂（一九〇六—一九七五），本名汝爲，字湘澂。雲南蒙自人。曾入學雲南省立高等師範學校，繼赴上海，就讀於暨南大學。畢業後，在上海的中學執教多年，一九三七年全面抗戰爆發後，回鄉受聘於雲南省立蒙自師範學校，教授國文。一九四一年辭職赴昆明，先後任昆明市商會秘書、永昌祥商號老闆嚴燮成私人秘書、雲南省教育廳教育委員等職。畢生篤學，博覽群書，博學多才，生前手稿多未整理和出版。

該書爲民國時期新雲南叢書社組織編纂的『新雲南叢書』之第三種。萬湘澂原計劃撰寫三卷本《雲南對外貿易史》，上卷爲《雲南對外貿易概觀》、中卷爲《雲南出口貿易》、下卷爲《雲南進口貿易》。然而，僅有上卷如期出版。

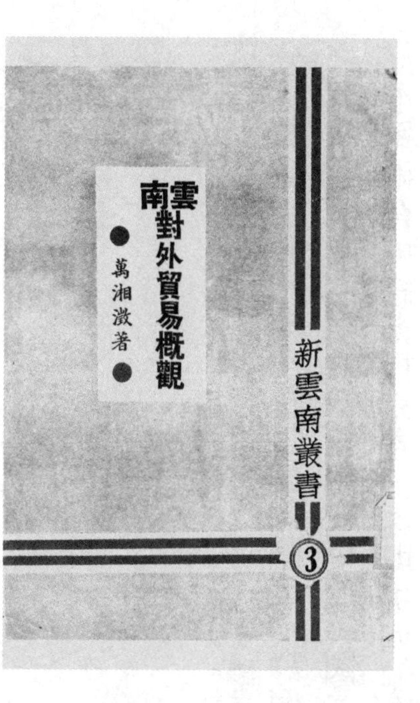

該書爲章節體史著，卷首有李培天爲『新雲南叢書』所撰序言和侯曙蒼撰《新雲南叢書緣起》，以及蒙自人馬絜和萬湘澂本人爲該書所作的兩篇序言。正文共五章，第一章『雲南各商埠與其對外貿易的路綫』，第二章『決定雲南對外貿易的自然因素』，第三章『帝國主義經濟侵略下的雲南對外貿易』，第四章『苦難中的雲南對外貿易』，第五章『雲南的貨幣與金融』。該書論述了雲南開埠通商以來，雲南對外貿易情形和貿易數值。該研究自清光緒十五年（一八八九）蒙自關爲通商口岸始，至民國二十九年（一九四〇）滇越鐵路河口老街段被炸毀止，時間跨度達五十年，以蒙自、思茅、騰越（騰衝）三個通商口岸爲中心，覆蓋全省商務。萬湘澂廣泛涉獵雲南商會組織的陳牘、檔案，以及蒙自、思茅、騰越三關歷年海關貿易報告，資料豐富翔實，自陳開創一種『在國内還没有見過』的商業史著體例。該書的學術貢獻在於開拓了近代雲南對外貿易史研究，是研究雲南對外貿易史的必讀之作。（許新民）

雲南之貿易

鍾崇敏擬具　民國二十八年（一九三九）資源委員會經濟研究室油印本　國家圖書館藏書

鍾崇敏，生平事迹不詳。除此書外，衹知其所著尚有《四川蔗糖産銷調查》《四川手工業調查》《四川手工紙業調查報告》《新頒土地法與綏靖區土地處理辦法之比較研究》《發行土地債券推進土地金融業務問題》等多種。

此書爲資源委員會經濟研究室『雲南經濟研究報告』第二十種。全文共五章，依次題爲『總論』『重要進口貨略述』『重要出口貨略述』『埠别貿易』『進出口貿易之比較』。每章下皆立有小節。全書還有《雲南之貿易圖表》《雲南省區進出口貿易趨勢圖》《雲南藥材出口趨勢圖》《雲南三關運往通商口岸大宗土貨價值及百分比數類别表》等一百零四個圖表，詳明生動。卷首曹立瀛略記該書撰著及修訂情况曰：『《雲南之貿易》一文，鍾崇敏先生脱稿於民國二十八年夏，資料截至全面抗戰以前止。立瀛入滇工作後，覺本稿尚有可修正補充處，遂與沈如瑜女士（按：西南聯大學生）繼續工作，尤其關於統一表式及裁并重複方面致力甚多。復經中央研究院社會科學研究所陶孟和、鄭友揆二先生詳閲，指教修改，尤深銘感！立瀛復與沈如瑜女士及陳錫嘏先生搜集抗戰後蒙自、思茅及騰越三關之原始資料，作「抗戰後之雲南貿易」一章，擬附篇末，今雖告成，但以篇幅太繁，仍未列入，容待另篇發表也。原稿有圖二十二幅爲油印所限，暫從略。原稿末節「進出口差額之抵價問題」，因理論上與數字上均有問題，故删。曹立瀛注，二十九年十二月一日。』足證該書撰著十分嚴謹。（朱端强）

雲南省中華國貨展覽會出品説明概要

雲南省政府編　民國十七年（一九二八）鉛印本　雲南省圖書館藏書

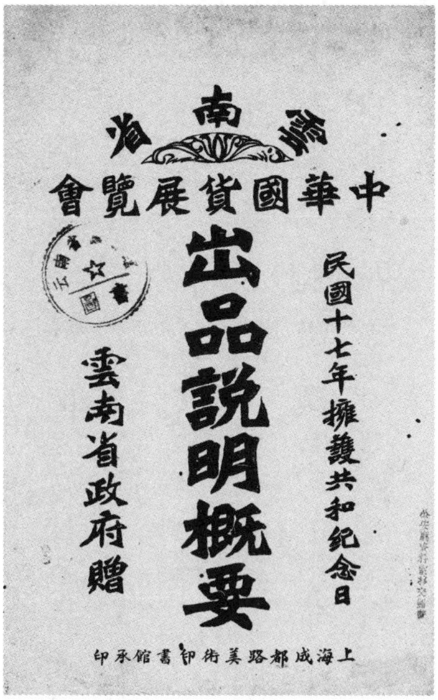

一九二八年年底，國民政府工商部和上海市總商會在上海舉辦全國國貨展覽會，以『策進工商，提倡國貨』爲宗旨。展覽會歷時兩個多月，全國各省市提供了一萬餘種展品。雲南省組織了近百種商品參加展覽。

是書無目録。首有《雲南省出品工商部全國國貨展覽會説明書弁言》，言雲南因交通不便，『籌備不及，僅就省會及附近各縣徵獲若干種類，查與民國十二年（一九二三）本省勸業會所徵之物品比較尚不及廿分之一』。正文分列三目，第一目『出品概要』，以表格形式記録參展商品，内容爲四項：品名、商標或牌號、單位價值、出品人姓名（或單位名稱）。第二目『説明概要』，有兩細目。一是『農林』，其下又分四項，『農産品』簡要介紹稻、豆、麥、棉及農産副食品，重點介紹茶葉、烟草、藍靛；『林産品』簡要介紹林木種類及其産品，重點介紹香菌、木耳、紫梗等；『蠶絲品』記録了一九一九至一九二一年出口英緬數據；『牧畜品』記録了一九一七至一九一九年牛羊皮等畜産品出口數據。二是『礦産』，分别介紹滇産錫、銅、鐵、金、銀鉛、鋅、銻、鈷、煤、石磺、石棉、硫黄、石膏等産品。第三目『工藝』，介紹了棉織物、絲織品、毛織品、麻織物、草製物、革製物、牙製物、陶器、錫器、銅器、鐵器、金銀器、竹木藤器、化學製造品、帽類、毛巾襪子等産品。

上海國貨展覽會規模較大，對扶助民族工商業發展有較多助益。雲南以礦産、農林牧土特産品和工藝品參展，正反映出雲南之特點，擴大了知名度，這也是此書的價值所在。（牛鴻斌）

雲南出品協會報告書

雲南出品協會編　民國鉛印本　雲南省圖書館藏書

一九一二年，美國爲慶賀巴拿馬運河即將開通，决定於一九一五年在舊金山舉辦『巴拿馬太平洋萬國博覽會』。中國政府應邀參會，并在各省徵集參展品。爲徵集展品，一九一四年一月，雲南成立出品協會，負責辦理徵集省内産品和舉辦展覽事宜，并指定昆明城南碧鷄公園爲展覽會場，開設工藝館、美術館、礦産館等展館。出品協會名譽總理爲華封祝，總理爲李燮陽。經過半年的籌備，展覽於當年六月正式開展，全省參展物品數萬件，評出優等物品五百九十四件。該展

會是雲南首次在省内舉辦的大型展會。

本書是此次展會情况的全面回顧和總結。篇首有《雲南出品展覽會全圖》一張，以及《名譽會員一覽表》《全體職員一覽表》《審查職員一覽表》。正文共分七章：『緣起及籌備』『組織』『出品』『紀事』『各館物品概要』『審查及獎賞』『結論』，每章下分若干節詳述。該報告對此次展會從籌備到結束作了詳細記録，特别是『各館物品概要』一章，囊括了雲南各行業物品，如繪畫作品、工藝品、動物標本、土産、礦産等，記録了每件展品的産地、原料、製法、培護方法、用途、銷路、價格、審查評語等，是雲南特産的大薈萃。該報告中有關舉辦此次展會的章程、宣傳布告、講話、新聞報道等，集中反映了雲南人通過展會推動發展雲南實業的思想和對商品展會的早期看法。本書對於研究近代雲南經濟具有重要史料價值，十分珍貴。（李艷）

蒙自關監督署造報本關志料

蒙自關監督署輯　民國鈔本　雲南省圖書館藏書

蒙自關是近代雲南省最早設立的海關。清光緒十三年（一八八七），中法增訂《續議商務專條》闢廣西龍州和雲南蒙自爲商埠。一八八九年八月，清政府在蒙自設海關。海關監督署則由北洋政

府於一九一三年二月設立。二〇〇六年，蒙自海關舊址被列爲全國重點文物保護單位。

是書首爲目次。正文設十三目，依次爲：『本關及各分關之緣起及其沿革』『監督署之組織暨辦事章則』『税務司署之組織及其變遷暨辦事章則』『華洋人員職名權限及進退情形』『蒙自正關及各分關住在地點』『本關歷年收入總額及其比較』『本關進出口貨物之種類』『本關自民國元年至二十年進出口及内地貿易估值關平銀按年各數一覽表』『本關自民國元年至二十一年所徵各項税鈔按年各數一覽表』『本關歷年撥解詳情及開支經費』『監督署現在之組織及現任職員姓名籍貫』『監督之開支經費詳情』『税務司署暨各分關開支經費詳情』。其中，第三目有《蒙自海關章程專條》（十款），《滇越鐵路、蒙自海關擬辦管轄鐵路所載各洋貨進口土貨出口章程》（十三款），《滇越鐵路河口分關擬辦管轄鐵路所載各洋貨進口土貨出口章程》（十四款），《碧色寨分關管理火車運貨章程》（九款），《宣統二年三月二十日成立雲南省分關兼監督龔沁湛與税務司柯必達擬定章程》（八條。一九一〇年昆明自開商埠，爲蒙自正關的雲南府分關）五種章則，并介紹本關徵税詳情。蒙自海關分關先後設在蠻耗（後改河口）、馬白關和碧色寨。

蒙自因滇越鐵路之便、出口大錫之利，其對外貿易總額從開關到二十世紀三十年代中期一直位居雲南之首，在雲南乃至全國對外經濟交流史上具有重要地位。是書記録了一八九〇至一九三二年海關税收、撥解、開支以及相關章程、管理情形等，爲研究這段歷史提供了原始資料。（牛鴻斌）

（六）財政、金融

①總論

地方財政學講義

雲南全省地方自治講習所編　民國十四年（一九二五）雲南全省地方自治講習所鉛印本　雲南省圖書館藏書

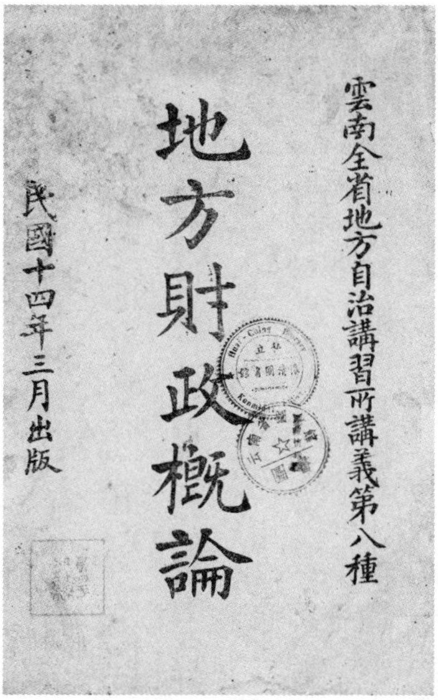

是書爲『雲南全省地方自治講習所講義』第八種。據考，作者爲鄧紹先（一八八八—？），雲南鹽津人，曾留學日本，畢業於京都大學經濟系。一九一九年任雲南陸軍講武堂韶關分校教官，一九二二年回滇任内務司地方自治研究所所長。有《地方自治的先決問題》《雲南地方自治事業的第一步規劃》《關於省憲問題的我見》等文論。

封面書名作『地方財政概論』。首爲目録。正文分五編。第一編『地方財政學總論』，下有『地方財政學之意義及範圍』『地方財政學之特質』『地方財政學與其他經濟之關係』『地方財政學之分科』『地方財政學研究之目的』『地方財政學研究之方法』六章。第二編『地方經費論』，下有『經濟論之意義及其價值』『經費之一般的原則』『經費之分類』『國費與地方費』『中國之地方費』『地方費之一般的趨勢』六章。第三編『地方收入論』，下有『地方收入概論』『國家收入與地方收入』『各國地方收入論』『地方租税論』『中國之地方收入』五章。第四編『地方公債論』，下有『概論』『公債之意義及目的』『公債用途及競争財源』『公債與私債之差异』『公債之利害』『地方公債概論』『各國之地方公債』『中國之地方公債』八章。第五編『財務論』，下有『地方財務行政之制度』『預算制度』『出納及金庫制』『决算制度』四章；原書目録頁及正文『第三章』『第四章』，誤寫作『第二章』『第三章』，使用時當辨。

是書以現代財政理論爲本，厘清了地方財政學的概念、架構和基本内容，并結合雲南現狀，列舉英、法、日等國家及國内各省多種資料，目的在於順應二十世紀二十年代初『地方自治之潮流』，從地方財政學之研究『闡明國家與地方團體在國民經濟上之關係』，『研究地方財政之學理』，『通達地方財政之技術』，『通達現今各國地方財政之狀况及趨勢，以謀地方財政之改良』，『知悉本國各地方之經濟及財政的事實』，促進雲南經濟社會現代化的轉變與發展，體現了較高的學術水平，對近代雲南經濟史乃至政治史、社會發展史的研究具有重要的史料價值。（牛鴻斌）

雲南金融問題

富滇銀行參事室輯　民國十七年（一九二八）富滇銀行參事室石印本　國家圖書館藏書

富滇銀行爲民國初年設立的雲南地方官辦銀行，以『調劑全省金融，奬勵儲蓄，扶助實業』

民國十七年三月

雲南金融問題

富滇銀行叅事室輯印

爲主旨，代省政府『執行地方金融政策，統制外匯，發行鈔票，代墊省款』（《續雲南通志長編》卷四五）。二十世紀二十年代末期，因省政當局軍費等支出浩繁而經營困難，一九三二年改組爲富滇新銀行。

是書係銀行管理層或相關者撰寫的提案和文論。前有目次。首篇爲銀行總辦盛延齡（一八六八—一九三四，雲南玉溪人，一九二二年任富滇銀行總行長）、會辦陸崇仁（一八八七—一九五一，雲南巧家人，一九二八年底任雲南省財政廳廳長）同擬的《整理富滇銀行計畫》，提出『提高現金成色』『改組造幣廠』『改組富滇銀行』等六項計劃。文末附有盛延齡撰寫的《整頓富滇銀行辦法大綱》、時任銀行德法文秘書李耀商撰寫的《讀盛總辦陸會辦整理富滇銀行計畫書》兩篇文章。次篇爲銀行會辦李華撰寫的《本行擬改鑄足色銀幣提案》。第三篇爲劉家富以富滇銀行名義所擬的《擬自民十七年一月一日起照國幣條例鑄足色銀幣意見》。第四篇爲李耀商撰寫的《從現在起即實行鑄足色銀元準備維持雲南金融》。第五篇爲銀行經理室范師武（雲南大理人，一九二九年任雲南大學訓育主任）撰寫的《整理雲南金融之我見》。第六篇爲李乾元撰寫的《整理雲南金融管見》。第七篇爲湯雨農撰寫的《整理雲南金融計劃》，并附有轉録自《義聲報》的《整理雲南金融的蠡測》一文。第八篇爲祝平撰寫的《本省金融之病根與救濟之方法》。第九篇爲胡道文撰寫的《維持雲南匯水急要辦法》。第十篇爲尹彰撰寫的《救濟雲南金融意見書》。第十一篇爲周浩東撰寫的《改革雲南幣制意見》。第十二篇爲李表東撰寫的《整理雲南金融意見書》。

富滇銀行是民國時期雲南省政府控制全省金融的部門，在近代雲南經濟史上具有重要地位。是書出於當時當事人之手，爲相關研究提供了重要的參考文獻。（牛鴻斌）

雲南之財政

嚴仁賡擬具　民國二十八年（一九三九）資源委員會經濟研究室油印本　雲南大學圖書館藏書

嚴仁賡，南開大學創辦人嚴範孫的長孫，著名經濟學家，曾任職於國民政府資源委員會。中華人民共和國成立後，執教於北京大學經濟學院。其餘生平事迹不詳。

該書封面鈐有『資源委員會經濟研究室報告』和『秘密040』的印章，屬抗戰時期國民政府保密材料。卷首立『雲南經濟研究報告總目録』，共二十一號（種），該書列在其中，爲第二十一號（種）。本書爲章節體調研報告，共八章，依次爲『雲南省財政狀況概述』『國款收支概論』『省款收支概論』『國税分論』『省税分論』『財務行政』『市縣財政』『官營事業』。内容較多之章下又分立若干節。該書『説明』中有一段文字，略具其調查情況，曰：『此次調查開始於二十七年七月間，爲期約二個月，文字亦在此後三個月内完成。』又言其材料來源曰：『本書編著因材料缺乏，大部均係根據直接調查所得編纂之。調查之材料，關於事實及史的叙述，咸根據各主管人員之談話；關於收支實際數字，則根據各有關機關借抄之檔卷，或各該機關抄送之表册。檔卷與正式表册，應認爲翔實可靠。……引用既有現成資料之處，文中均加以注明。』該書主要反映了全面抗戰爆發初期雲南財政、税收及工礦業情况。（朱端强）

雲南計政概况

雲南省財政廳編　民國三十年（一九四一）雲南省財政廳鉛印本　雲南省圖書館藏書

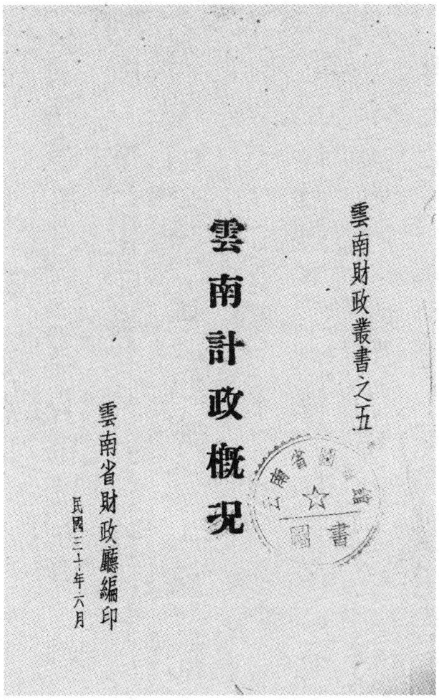

民國時期，雲南省財政廳是雲南省政府最重要的部門之一，一九三〇年奉省政府令在廳内設稽核科以整頓財政，在全省推行會計制度，各縣財政局會計人員均由省廳委派和管理。一九四〇年，稽核科改組爲會計室，一九四四年改爲雲南省會計處。

該書封面有『雲南財政叢書之五』字樣。扉頁爲目録，列有五目，第一目『引言』，簡述推行會計、主計制度之必要性。第二目『雲南計政之過去』，分三細目：『制度精神』，叙述會計人員任免與職權、會計人員經費；『機構組織』，分省總會計之機構組織、縣會計機構之加强、生産事業機關會計機構之調整三個方面進行叙述；『歷年重要工作』，從歲計、會計、人員訓練三個方面，介紹彙編省總概算、彙編縣地方概算、各機關收支計算編審辦法、厲行財務會計、制定徵收機關制度、統一財廳會計事務、辦理省總會計、推行縣總會計、推行公庫制度、推行生産事業會計、實行營業基金總會計制度、會計人員訓練等内容。第三目『雲南計政之現況』，有『會計組織』『人員分配』『工作現狀』三細目。第四目『雲南計政之將來』，主要列有《雲南省財政廳工作計劃綱領》，附有《雲南省財政廳會計室工作進度分配表》《會計室今後兩年之工作計劃》《工作項目綜合表》等。第五目爲『結語』。

辛亥以降，雖戰亂頻仍，國事不寧，然一些現代經濟管理制度也在初步建立和曲折發展之中，是書正是這一過程的反映，具有重要的史料價值。（牛鴻斌）

昆明九教授對於物價及經濟問題的呼籲

伍啓元等著　民國三十四年（一九四五）求真出版社鉛印本　國家圖書館藏書

全面抗戰時期，國内經濟形勢嚴峻，物價高企。西南聯大與雲南大學經濟學、社會學領域的九位學者，在一九四二至一九四五年間，就此問題三次在重慶《大公報》發表聯合意見。這些學者除沈來秋爲雲南大學經濟系教授兼系主任外，伍啓元、李樹青、林良桐、張德昌、費孝通、楊西孟、鮑覺民、戴世光均任職於西南聯大。

此三篇文章及重慶《大公報》上刊登的一篇回應文章被彙編爲一册，由求真出版社一九四五

年七月出版。書前『導言』説明彙編緣起，并對批評反饋作了簡要回應。第一篇文章《我們對於當前物價問題的意見》（文前署『三十一年四月三十日』，重慶《大公報》實際刊發時間爲一九四二年五月十八日），認爲物價上漲驚人，并且各種物品價格上漲程度不均，造成了生産和分配的失衡，加劇了社會不公，敗壞了社會風氣。通貨膨脹、物資缺乏是供求關係下影響物價上漲的主因，投機活動是從屬原因。作者提出增税和統制兩大建議。徵收主要由富裕階層負擔的租税，增加財政收入，平衡國家預算，從而抑制通貨、投機、物價上漲的惡性循環。平均財富分配，提高抗戰軍民的待遇。通過管制物資和統制生産，緩解物資缺乏，減縮通貨帶來的副作用。第二篇文章《我們對於物價問題的再度呼籲》（文前署『三十三年五月一日』，重慶《大公報》實際刊發時間爲一九四四年五月十六日），認爲政府應立即停止增發鈔票，改用借貸方式改善財政虧缺；進一步改革税制，提高租税收入，裁撤冗員，提高軍公教人員待遇，懲治腐敗，加强公衆監督，加强物價管制。第三篇文章《現階段的物價及經濟問題》（文前署『三十四年五月一日』，重慶《大公報》實際刊發時間爲一九四五年五月二十日和二十一日），指出通貨膨脹已到達惡性膨脹的末期，壟斷成爲推動物價上漲的重要因素，既得利益集團對財政經濟政策的影響和控制是抗戰八年以來畸形現象的根源。作者倡議後方物資收歸國家支配，外幣資産收歸國有，實施戰時財産税、綜合所得税，提高地主田賦，采用激進的累進制税率，同時，倡議國家財政公開，限制既得利益集團對政府的干預，確定民生主義爲財政經濟的最高準則。參與發表意見的九位學者多爲當時中國經濟學、社會學領域的著名專家，他們揭露了國民黨統治下尖鋭的社會矛盾，直指既得利益集團，具有强烈的愛國熱情與進步意識。本書是反映中國近代社會經濟與雲南學術史的重要文獻。（陳曦）

雲南省財政概況

中國人民解放軍西南服務團研究室編　民國三十八年（一九四九）中國人民解放軍西南服務團研究室鉛印本　國家圖書館藏書

雲南省參考資料之二
雲南省財政概況
中國人民解放軍西南服務團研究室編印
三十八年八月

中國人民解放軍西南服務團簡介見前《雲南省農林水利》提要。本書封面有『雲南省參考資料之二』字樣。首爲目録。下有『本書提要』，簡述主要内容和編輯原則。正文分上、下編。上編『税政』，列兩章。第一章『税源和税收』，章下三節：第一節『税目和税源』，有『屬於僞中央系統者』『屬於僞省市（院轄）系統者』『屬於僞縣市（省轄）局系統者』三細目；第二節『貨物税税收及其折實』，無細目；第三節『各種税收及其折米』（『種』字在正文中誤爲『税』字），無細目。第二章『税務機構』，章下四節：第一節『僞雲貴區國税管理局』，有『内部組織』『人員』『財産』『分支機構』四細目；第二節『昆明關』，有『内部組織』『人員』『財産（包括自有房地産、租賃房屋、自有汽車）』等三細目；第三節『騰衝關』，有『内部組織』『人員』『財産（包括自有房地産、租賃房屋、自有車輛、海務設備）』等三細目；第四節『僞雲南省財政廳』，有『内部組織』『人員』『分支機構』三細目。本章附有《各區轄縣表》。

下編『田賦』，列三章。第一章『概説』，章下無節。第二章『糧産和賦額』，章下有『田賦税率』『糧産』『徵收方法』『徵糧弊端』『配額』和『徵起數』五節。第三章『機構和人事』，章下有『省田糧處』和『儲運處』兩節。

西南服務團研究室在進軍過程中，短時間内編成此書，所據資料仍較充裕。在時代交替之際，官民檔案頗有散佚，是書提供了不可多得的參考。（牛鴻斌）

②鹽政

民國鹽政史雲南分史稿

朱旭、李菘總纂，戴紹祖等編纂　民國十九年（一九三〇）鉛印本　雲南省圖書館、上海圖書館藏書

是書編纂者，總纂者爲時任雲南鹽運使朱旭和時任代行拆（鹽運使代理）李菘，具體編纂者爲前雲南鹽運使署科長戴紹祖等七人，另有助理員、調查員各三人，均爲鹽運使署各級官員或職員。

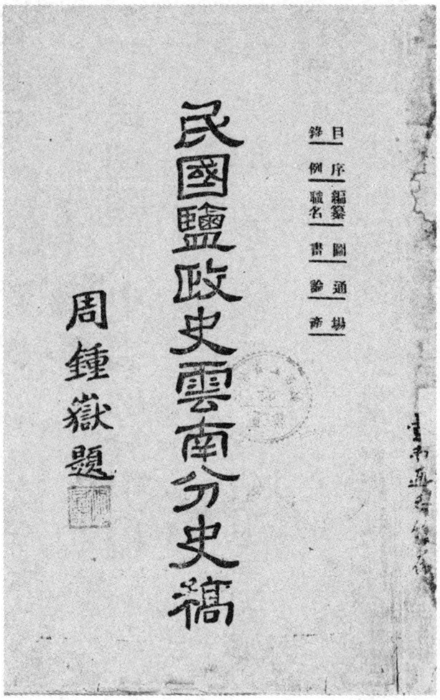

是書封面由周鍾嶽題簽。扉頁即目録。首有朱旭撰《民國鹽政史雲南分史稿弁言》，次爲李菘所撰序言。以下有例言、編纂職員姓名、孫中山遺像、雲南省政府主席龍雲等人及全體編纂人員、雲南鹽運使署大門等照片多幅，有《雲南行鹽區域圖》及各井場地圖或平面圖多幅。

正文分九編，所叙時間自一九一一至一九二九年。第一編『通論』，下有『前代鹽政之概要』『民國鹽政之概要』『全區場産之概要』『全區行銷之概要』『歷年税收之概要』『歷年緝私之概要』六章；第二編『場産』（以下各編大多在章下還設有多節），下有『沿革』『氣象』『場區』『産地』『建設』『産額（岩鹽）』『原料』『製造』『産額（海鹽等）』『職業』『經濟』『儲藏』『法令規程』『公牘條議』十四章；第三編『運銷』，下有『沿革』『運別』『運務』『行鹽』『銷售』『銷額』『憑照（附辦法照式）』『秤放』『掣驗』『淹耗』『法令規程』『公牘條議』十二章；第四編『徵榷』，下有『沿革』『税則』『正税』『官運税款及餘利之收入』『鄰税之規定及徵解情形』『另款』『附徵』『灶課』『雜收』『税單』『解款』『税幣』『盈絀』『法令規程』『公牘條議』十五章；第五編『緝私』，下有『沿革』『種類』『編制』『軍裝』『私別』『處分』『功鹽（緝私隊查獲私鹽提成部分之名稱）』『獎懲』『法令規程』『公牘條議』十章；第六編『借款』，下有『中央借款』『稽核』兩章；第七編『職官』，下有『機關』『官制』『官規』『銓用』『官俸』『考成』『任免』『交代』『巡視及調查』『印章及公文程式』『法令規程』『公牘條議』十二章；第八編『經費』，下有『沿革』『計算』『總額』『支付』『審核』『法令規程』『公牘條議』七章；第九編『特載』，下有『鹽稅撥留協款』『柴本扣[illegible]』『砍工補息』『灶本之借出』『鍋本』『元永、磨黑醫院之設置』『雜録』七章。

是書約五十萬言，舉凡雲南産鹽場所分布、沿革演變、製造方法、運輸銷售、徵榷緝私、管理機構等無不備覽，且有多種圖表、圖説，又詳録相關章程以及雲南與國民政府財政部往返函電，堪稱一九一一至一九二九年間雲南鹽業資料之集大成者。是書編纂由官方主持，參與者均有鹽政管理經歷，資料當具相當權威性，是研究雲南鹽業史、經濟史必讀參考書。（牛鴻斌）

雲南鹽政改革方案

雲南鹽運使署編　民國二十年（一九三一）雲南鹽運使署石印本　雲南省圖書館藏書

《雲南鹽政改革方案》係當時兼任雲南鹽運使的張冲的提案。張冲（一九〇一—一九八〇），原名紹禹，字雲鵬，彝族，雲南瀘西縣人（今屬彌勒）。張冲早年富於正義感，揭竿而起，組建農民義軍，後被唐繼堯招安，任滇軍第二軍第十七支隊支隊長、獨立一團團長。一九二七年後被龍雲任命爲第三十八軍第一〇一師師長，一九三一年兼雲南鹽運使。抗日戰爭全面爆發後，任六十軍一八四師師長、新三軍軍長、滇南作戰軍第二路軍指揮官。一九四七年飛往延安，加入中國共産黨。中華人民共和國成立後，任雲南省副省長，第一至五屆全國人大代表，一九七八年任全國政協副主席。一九八〇年因病去世，享年八十歲。

張冲在兼任雲南鹽運使後不到半個月，爲改革鹽政，於一九三一年八月提出了雲南鹽政的改革方案。方案首先揭示鹽政之弊，包括場官、灶户、鹽商三方面之弊端，然後提出場官、灶户、鹽商三方面之改革意見。這個改革方案，在一九三一年九月一日經雲南省政府第二五七次會議通過試辦，并以雲南省政府第八〇四四號訓令發布實施。改革方案在實施過程上有所突破和發展，然而移鹵就煤的基本思路仍然有所體現。這對於解決二十世紀三十年代雲南的『鹽荒』有很大幫助。這個方案具有學術價值和現實意義。

該方案後收入謝本書所著《張冲傳》（四川民族出版社，一九九三年）一書的附録之中。

（謝本書）

雲南鹽務紀要

楊勛民編　民國二十九年（一九四〇）鉛印本　國家圖書館藏書

楊勛民，生卒年不詳，浙江義烏人。民國間『治鹽十年』，曾任國民政府財政部鹽務總局總務處第一科科長。一九三八年，在上海參與籌辦美國人爲股東的國民黨抗日報紙《中美日報》，後任總編輯。一九三八年實地考察滇中、滇西各鹽場，搜集資料，『陸續纂集』而成此書。

封面書名由陳立夫題寫。首有曾仰豐（時任鹽務稽核總所官員）所作序言，下爲目録。正文

雲南鹽務紀要

設九目。第一目『引言』，簡述雲南鹽種類及産製、運銷特點。第二目『沿革』，主述清代以後雲南各鹽場官方徵稽、督銷、管理機構的設置及演變沿革。第三目『産製』，下有八細目：一是『鹽場分布』，按滇中、迤西、迤南分別介紹鹽場，有《雲南區鹽務機關分布圖》；二是『采滷與輸滷』，述采、輸方法，有設備繪圖；三是『采礦與泡礦』，有采礦泡礦工具圖；四是『煎熬』，有煎鹽灶式圖；五是『礦滷含鹽成分』，分各礦井詳列；六是『製鹽成本概計』，按薪本、竈工硐費（鹽場用於修理井硐的費用和井場工人等的工資）統計，有一九三六年十二月和一九三九十二月的統計表；七是『鹽産統計』，有一九三一至一九三九年各鹽場産量統計表；八是『一平浪製鹽場』。第四目『運銷』，下有九細目：一是『本銷』，介紹本銷的含義，即由鹽商銷售到全省各縣，并將各井區産鹽行銷縣分列表説明；二是『邊岸』，介紹滇鹽運銷的開廣（今文山州大部地區）和騰龍（今騰衝及德宏州各縣）兩個邊岸的銷售情況，這兩個邊岸因地處邊疆，距離井場較遠，且交通不便，運輸困難，因此需專門招商進行運銷；三是『外岸』，介紹滇鹽運銷的滇東和黔西地區的銷售情況；四是『鹽運』，述運鹽道路、集散地、運輸工具等；五是『官倉』，述統制時期轉運官倉的分布地；六是『零鹽店』；七是『鹽銷統制』，有一九三〇至一九三九年全省銷鹽書目統計表；八是『包課小井』，述由商人承包較小鹽井的方法和經營情況；九是『民國二十四年鹽筋統制辦法概要』。第五目『徵榷』，下有三細目：一是『税率』，分正税、中央附税、地方附税叙述，有正附税捐名稱及徵率表；二是『邊岸之減税退税』；三是『鹽税統計』，有一九三〇至一九三九年統計表。第六目『查緝』，下有四細目：一是『查産』，介紹在産地管理監察的方法；二是『緝私』，述私鹽種類、查緝私産、私運的手段和處理方法；三是『税警組織及配布』，有各井場税警配布表；四是『其他團隊』，述保井隊、護井隊等武裝團隊情况。第七目『機關組織』，下有兩細目：一是『管理局』，介紹一九三七年成立的雲南鹽務管理局機構；二是『場署及其他』，述各地區、井場管理機構。第八目『鹽業團體』，介紹昆明市鹽商同業公會、雲南製鹽同業公會等團體。第九目『附録』，附有楊子楠等的《雲南製鹽技術改進擬議》和沈祖堃的《雲南各區井場食鹽加碘方法》兩篇文章。

明清以迄民國，食鹽産銷歷來爲滇政要務，相關資料亦多。是書從官方管理記録入手，加以實地考察，所據較實，所述較全，可與其他資料相互佐證，是其史料和研究價值所在。（牛鴻斌）

七　文化教育

（一）社會文化事業

雲南圖書博物館一覽

雲南圖書博物館編　民國十二年（一九二三）鉛印本　國家圖書館藏書

本書由時任雲南圖書博物館館長趙藩題寫書名，鈐『介庵』印，署『癸亥秋日』，并撰寫弁言。副館長袁嘉穀作序。民國元年（一九一二）十一月，趙藩被軍政府聘爲雲南圖書博物館館長；民國七年（一九一八）四月，唐繼堯續聘趙藩任此職，并兼任輯刻《雲南叢書》處總經理。袁嘉穀於民國十年（一九二一）五月出任雲南圖書博物館副館長。此時期，雲南圖書博物館在原有基礎上改進了服務方式，擴大了服務範圍。例如，陸續增設特別閱覽室、婦女閱覽室和兒童閱覽室，實行館外借閱服務，向讀者介紹館藏的中文古籍、現代圖書雜志和日文、西文藏書等。

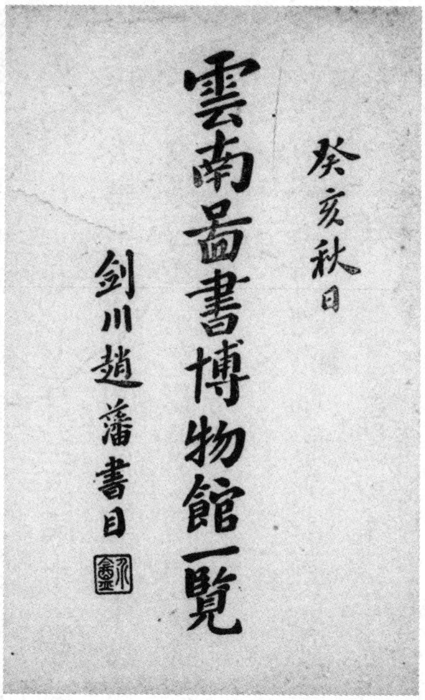

全書共七部分。第一部分爲『序例』，録趙館長序言、袁館長序言及本書例言。第二部分爲『圖畫』，有本館職員照片、本館平面略圖、本館館門照片、本館藏書樓及各閱覽室照片、本館各陳列室照片、本館自在香室照片。第三部分爲『規章』，録《雲南圖書館章程》《附設博物陳列所規程》《本館加添夜間閲報簡章》《本館第一閲書報分處簡章》《附設輯刻雲南叢書處簡章》《修訂圖書博物館章程》《本館售書處規則》《本館特別閲覽室規則》《本館租借船亭（即自在香室）規約》。第四部分爲『統計表』，録《本館職員表》《本館歷年入出經費表》《本館歷年閲覽書報人數表》《本館歷年參觀博物人數表》《本館書籍總數表》《本館博物總數表》。第五部分爲『紀事』，録清宣統元年（一九〇九）七月至民國十一年（一九二二）十二月期間，雲南圖書博物館建館始末、館址變遷、人事更迭、刊印書目等大小事宜。第六部分爲『公牘』。第七部分爲『附録』，録《唐省長捐資收還錢南園先生撰書家譜一卷歸圖書館永藏始末記》《各界捐送書物彙録》和《雲南叢書初編總目》等。

雲南圖書博物館創設於清宣統元年冬，位於翠湖原經正書院址，首任館長葉瀚，浙江仁和人。至民國十一年，該館已建成十三年之久。考慮到『一紀』以來，一方面，館中『自館長以次職員，屢有更易』；另一方面，『館地兩徙』，館中大小事務『亦數有厘定增損』，不可不『輯爲一書』。因此，館長趙藩、副館長袁嘉穀，委任庶務員何秉智編訂該書，以『昭信而示後』。是書體例『眉目秩然』，内容『皆實紀也』，『足資考鏡』。其附録一項，全文録《雲南叢書初編總目》。《雲南叢書》仿《四庫》書目類別，分經、史、子、集四部，共收一百五十二種書目。是書内容保存完整，對研究雲南地方文獻具有十分重要的參考價值。（王亞君）

雲南省立昆華圖書館概况

秦光玉編　民國二十六年（一九三七）鉛印本　國家圖書館藏書

秦光玉簡介見前《明體達用》提要。封面有袁嘉穀題『雲南省立昆華圖書館概況』，鈐『屏山』印。本書依次爲：『弁言』『攝影』『沿革』『館舍』『組織』『藏書』『書目』『閱覽』『經費』『印售』『章程』『職員表』『附設輯刻雲南叢書處概略』。

時任館長秦光玉爲本書撰寫弁言。秦光玉是經正書院高才生，先後三次出任雲南圖書館館長，爲發展雲南的文化教育事業作出了極大貢獻。

清光緒年間，變法運動興起。此次變法由慈禧太后默許，光緒皇帝主導，涉及經濟、文化、軍事、政治等多個方面，希望中國能够走上君主立憲的道路。受此影響，雲南經正、五華、育才三所書院相繼停辦，三書院藏書樓所藏典籍，均彙歸於新設立之高等學堂。未幾，高等學堂又改辦兩級師範。當時，雲南提學使葉爾愷（浙江人）及雲南本土有志之士，均有籌設雲南省圖書館之議。於是，於三書院所彙藏之圖書中，『除其無複本者』仍存於師範學校外，『其有複本者』則各取一部，并連同『學務公所圖書科所藏』圖書，移置於翠湖經正書院舊址（即省立昆華圖書館址），以此成爲設立圖書館之基礎。宣統元年（一九〇九）九月，扎委學務公所圖書科科長葉瀚爲首任館長，擬定章程十六條，一切組織就緒。其年十月二日，昆華圖書館正式開幕，館内圖書任人閱覽，閱覽人士概不收費。

葉瀚辭職之後，孫光庭、秦光玉、施汝欽先後繼任館長。其間，圖書館曾兼辦博物實習科，招生訓練，并竭力籌備博物館。至宣統三年（一九一一）七月，博物館始克成立。

民國元年（一九一二），圖書館縮小範圍，暫裁館長一席，館内一切事務，均由庶務員何秉智負責辦理。嗣又奉令以該館翠湖館址作陸軍偕行社之用，該館遂遷於舊糧署内。軍政府先後聘趙藩、秦光玉、蔣谷、由雲龍爲館長。由雲龍任内，修訂章程，編印圖書目録初編。民國七年（一九一八）四月，由雲龍辭職，趙藩復任，兼辦輯刻《雲南叢書》處，添聘袁嘉穀爲副館長。其間，陸續增設特別閱覽室、婦女閱覽室、兒童閱覽室及館外各閲書報分處，以期閱覽之普及，并繼續編印書目二編。民國十六年（一九二七），袁嘉穀辭職，趙藩捐館。政府依照趙藩遺囑所薦，聘陳榮昌爲館長，秦光玉爲副館長。因陳榮昌堅辭未就，遂聘秦光玉爲館長，而裁副館長一席。館務一仍舊貫，未嘗中輟。

秦光玉繼任以後，大力整頓館務。適省教育廳將該館博物部移設省城文廟内，乃集中精力，增加圖書閱覽部分之效率。後依照省府規定，改館名爲省立國學圖書館，後又改爲省立昆華圖書館。

是書詳細記載了雲南省立昆華圖書館的發展沿革，體例完備，内容翔實，對整理、研究雲南地方文獻具有重要的參考價值。（王亞君）

和順圖書館十周年紀念刊

和順圖書館編輯委員會編　民國二十八年（一九三九）和順圖書館及緬甸經理處鉛印本　國家圖書館藏書

本書封面爲和順圖書館外觀全景圖，氣勢典雅古樸。内分『題詞』『祝詞』『插畫』『來論』『本館著論』『文藝欄』『館務報告』『附載』等八部分。『題詞』有李根源、丁兆冠、龔自知、周鍾嶽、熊慶來等十一位文化大家、社會名流的題詞，高度贊揚了和順圖書館成立十周年以來，爲和順鄉『啓智化愚』『文教覃敷』發揮的積極作用。『祝詞』有萬慧法師、朱偉明及里人劉黯、張德溶的詩文祝詞。『插畫』有圖書館大門内外景、館屋、兒童閱覽室、閱覽室、書庫、會客室、什志閱覽室等照片二十一張，以及新館落成典禮、本館駐緬工作人員、本館歷屬職員以及爲圖書館創建、發展作出貢獻者的照片，共四十四張。『插畫』後有時任館長李生莊所撰《發刊詞》，闡述了建造和順圖書館和刊印本刊的緣由及意義，肯定了和順圖書館『對於我們的文化工作含有不可隱滅之歷史的價值』，這是『這本紀念刊之必須刊印的唯一原因』。他也認爲『我們的工作所能發生的效力，當然不使它局限於和順鄉這一區區的小範圍内，我們要讓它去影響到它的能力所可達到的寬泛地方去』。『來論』收録著名哲學家艾思奇的《一封家信》等八篇對和順圖書館未來發展建言以及往事回憶的文章。『本館著論』收圖書館服務人員撰寫的文章二十八篇，詳細記録了圖書館創建、組織管理、發展的艱苦歷史，如寸仲猷的《本館經濟史略》，詳述每一筆經費的獲得與使用；《本館概況》《本館辦理獎券募捐的經過》《本館概略》等，記録了本館圖書管理的全套工作流程、具體工作情況、未來改進建議等。『文藝欄』收録白平階的《和順圖書館落成典禮别記》等文學作品四篇。『館報務告』收録本館歷年募捐徵信録和本館章程、獎勵條例、歷届收支表、圖書借出統計表、進館閲覽人數統計表等二十篇館務相關資料。

全書記録了和順圖書館創辦的艱苦歷程與影響。一九二四年，寸仲猷、李清園等在家鄉和順成立青年會，共同發起組織了書報社，騰衝著名教育家李仁傑先生擔任社長，在和順十字街租一間小屋爲館舍，訂購圖書雜志免費爲民衆提供閲覽服務。一九二八年，書報社改爲和順圖書館。一九三八年，主館建成投入使用。當時，圖書館擁有藏書兩萬餘册，是全國民辦鄉村圖書館翹楚，成爲和順人成長的『文化曲蘖』『精神聚糧』『智識之門』『民智泉源』『文化津梁』，成爲全國鄉鎮圖書館事業之『館媲謨殤』。正如張天放『在中國鄉村文化界堪稱第一』的題詞，和順圖書館成爲世人瞭解認識雲南騰衝及和順鄉的名片。該書爲今天研究和順圖書館創辦歷史提供了最完整、最系統的第一手資料，爲振興鄉村文化提供了寶貴經驗。（鄭志惠）

雲南省立昆華民衆教育館概覽

雲南省立昆華民衆教育館編　民國二十二年（一九三三）鉛印本　雲南省圖書館藏書

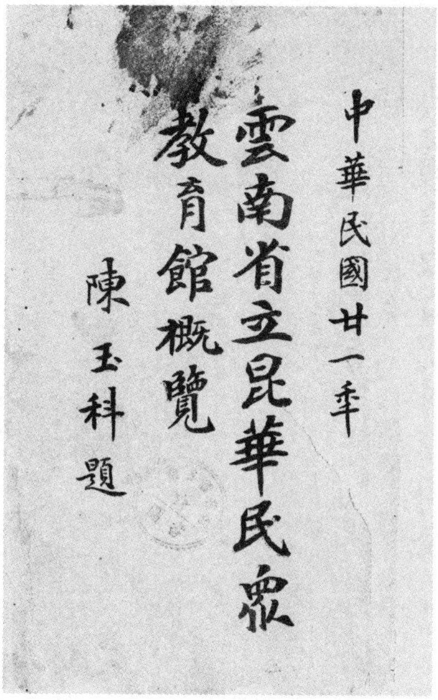

民國初期，設在今天昆明市文廟内的『省立昆華民衆教育館』是雲南近代重要的文化教育機構，對雲南新型文教事業的發展影響很大。該書之『弁言』曰：『雲南省立昆華民衆教育館，係雲南省立博物館及民衆圖書館的化身。教育廳依據中央法令，接收文廟財産，把一個荒烟蔓草的古廟，整理成秩然有序的社會教育機關。……此時以前，雲南的社會教育，還在沉滯狀態之下；自此以後，不但社會教育有了新發展，并且進一步建立了整個民衆教育的中心實施機關。這是雲南教育史上值得記載的一頁。雲南省立博物館及民衆圖書館，合并改組爲省立昆華民衆教育館，是（民國）二十一年四月的事，到現在不過半年多的時間。自改組以後，内部組織有了總務、陳列、閱覽、出版、推廣五部，……還缺少健康、教導、社交三部。』編寫此書之目的，旨在記述該館歷史、工作業績和經驗教訓，『以爲策勵將來之資』。

全書第一章『沿革』；第二章『概況』，下立『組織』『工作計畫』『經費』『設備』和『規章』五節；第三章『各部工作』，下立『總務部』『陳列部』『閱覽部』『出版部』『推廣部』『民衆體育』六節；第四章『活動事業』，介紹第一次美術展覽會、雙十節中國書畫展覽會、雙十節球類運動比賽會等等。附録本館館務會議記録和游覽人數統計。文前還有省主席龍雲、教育廳廳長龔仲鈞、館長陳玉科、全體館員、普通閱報室、本館風景等照片。時任館長陳玉科，字振之，雲南靖邊（今屬屏邊縣）人，省立師範學校畢業。各部主任有李文清、方樹梅、陳秉仁、甘汝棠等。該館出版刊物《民衆生活周刊》。

值得注意的是，該館設有科學陳列室（理化掛圖、動物標本、交通模型等）、衛生陳列室（人體模型、衛生用具等）、美術陳列室（西洋畫、照片等）、古物書畫陳列室（中國文物、書畫、雲南少數民族服飾等）、實業出品陳列室（工農業植物、礦産等標本），儘管規模不大，但内容豐富，門類較全，特别有利於對民衆，尤其是對青少年進行科普教育。（朱端强）

（二）教育

雲南省教育統計簡明表

雲南省長公署教育科編輯　民國六年（一九一七）鉛印本　國家圖書館藏書

此書屬官方統計資料。『例言』聲明該統計時間自民國四年（一九一五）八月開始，民

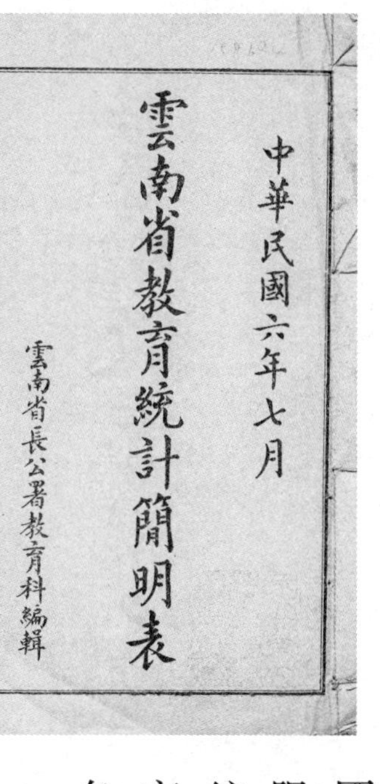

國五年（一九一六）七月完成，但統計內容和數據不限於此。統計嚴格按『（教育）部頒格式所列之事項』統計。故其所載資料對於瞭解和研究民國初期雲南教育之基本情況，應當大體可信。據該書統計，當時雲南各級學校情況如下：

高等專門學校計有法政、商業兩所，在校生一百七十七人，尚無畢業生，教員二十人，職員九人。

中等普通中學十四所，在校學生兩千零三十人，畢業三百七十二人，教員一百八十一人，職員六十五人。

中等師範學校十一所，在校學生一千六百一十四人，畢業一百六十五人，教員二百零二人，職員六十人。

中等實（職）業學校三所，在校學生四百二十九人，畢業一百零一人，教員五十二人，職員二十二人。

初等（級）小學（男女合校型）四千六百一十六所，在校學生十六萬三千零五十五人，畢業一萬七千零七十二人，教員五千二百零五人，職員四千一百六十人。

高等（級）小學（男女合校型）三百所，在校學生二萬零五百八十七人，畢業四千四百五十人，教員九百一十一人，職員三百七十三人。

女子初等（級）小學一百九十五所，在校學生九千三百四十人，畢業一千四百三十六人，教員三百二十人，職員一百三十八人。

女子高等（級）小學二十六所，在校學生一千一百八十九人，畢業一百二十四人，教員五十九人，職員二十三人。

初等（級）各類實（職）業學校四十三所，在校學生一千七百五十一人，畢業五百六十六人，教員一百零九人，職員四十一人。

據以上統計可見，清末以來，雲南初等學校發展較快，高等教育發展則相對較慢。這也是民國時期雲南教育事業難以突破的瓶頸之一。（朱端强）

雲南教育概況

雲南教育司編輯處編輯　民國十二年（一九二三）雲南教育司編輯處鉛印本　國家圖書館藏書

雲南教育概況
教育司編譯處編印

本書卷首插有時任雲南省省長唐繼堯、教育司司長董澤照片。唐繼堯撰首序，稱『吾滇興學於今二十一年矣。在此二十一年間，以世變之亟，政局之棼，凡百政務，均幾經糾紛頓挫而不能納諸正軌，用策進行。教育事業雖不直當政治之衝，然亦不能完全避免。或因革損益，以求順應，或盛衰興廢，時有變更，凡茲既往之陳迹，皆足爲將來之考鏡。因命教育司編譯處撮舉大凡，輯爲是編，藉資省覽而圖改進』。董澤撰次序，稱該書根據前清教育官報、民國雲南省府教育檔案輯成，意在供改革教育者參考，云云。

據此書『編輯概要』，其所記雲南教育發展情況起自清光緒二十八年（一九〇二），迄於民國十二年（一九二三）。主要内容如下：一、教育行政，包括省級教育行政和各縣教育行政；二、教育經費，包括省教育經費、府道教育經費和縣教育經費；三、學校教育，包括高等、中等（普中和職中）和初等教育（公立和私立初級學校、職業學校、蒙養園），社會教育，留學教育（留學日本、歐美和省外高校）；四、教育團體，包括法定教育團體和民間學術團體等。由於此書據官方資料編成，故對於清末民初雲南教育歷史之記載應比較準確。

例如，和全國諸多省份一樣，雲南近現代學校教育并非從小學到大學逐級辦學，而是首先興辦高等學校，以便儘快培養中等和初等『新學』急需的師資。故光緒二十八年雲南先辦高等學堂，此時『尚無特設之教育行政機關』，故由高等學堂兼理教育行政事宜。又如，據此書所載，雲南最早的專科大學是光緒三十二年（一九〇六）由課吏館改成的法政學堂，此後則有兩級師範學堂等。雲南最早的中學是光緒二十八年創立的普洱府中學堂。同年，雲南開始選送留學生，第一次選送錢良駿、由宗龍等十名前往日本留學。次年（一九〇三），雲南創立省會小學堂等初級小學。爲集中教育資源，當時普遍采用高等學堂附設中學、中等學堂附設小學乃至幼稚園的『立體式』辦學模式。（朱端强）

第九届全國教育會聯合會會務紀要

全國教育會聯合會編　民國十二年（一九二三）全國教育會聯合會鉛印本　國家圖書館藏書

全國教育會聯合會是近代中國重要的教育學術團體，成立於一九一五年。至一九二五年，全國教育會聯合會共舉行了十一届年會。其歷届年會的議決案，經教育部略加修改後即以法令形式頒布實施。聯合會對中國近代教育産生了重要影響，促進了中國教育由傳統向現代的轉變。

第九届全國教育會聯合會於一九二三年十月二十二日至十一月五日在雲南昆明舉行，應到二十省區共四十二位代表，實到十七省區共二十三位代表。其中，江蘇省教育會代表黄炎培，兼任南洋華僑教育會代表。會議共收到議案五十九件，大會決議案共三十件。

該書封面由由雲龍題簽。書前附十二張會議照片。全書分類輯録本届全國教育會聯合會會務資料，依次爲：一、開會詞，録由雲龍（雲南省教育會代表）、唐繼堯（雲南省省長）、董澤（雲南省教育司司長）、雲南省議會及其他各省代表等致辭八篇；二、閉會詞，録由雲龍、唐繼堯等致辭七篇；三、第九届全國教育會聯合會會員表，録十七省區共二十四位教育會代表個人信息及經歷、職業等；四、審查員分組名單，分述各組情況，甲組袁希濤任主任，共十二人，乙組由雲龍任主任，共十一人；五、第九屆全國教育會聯合會事務所職員姓名録，有主任、副主任和文書股、議案股、庶務股、招待股、編輯股人員及速記、書記等，共三十三人；六、會務席次圖；七、會務統計表；八、各省區教育會提出議案目録，共有議案五十九件；九、大會議決案目録；十、大會議決案，録《新制中學及師範學校宜研究試行道爾頓制案》等三十件；十一、紀事，録十月十四日至十一月二十二日間的日程安排，從會務的角度對會議資料進行補充；十二、文牘，録《呈教育部聯合會事務所成立日期文》等八十六篇來往電文函件；十三、各省區教育狀況，録山東、廣東、吉林、甘肅、貴州、山西、河南、浙江、廣西九省教育狀況，内容涉及經費、教育行政、學校教育、義務教育、社會教育、學術團體、教育出版物、音樂教育概況等；十四、特别講演及演説，録《河南代表文敬五先生在省議會議場演講》等二十二篇；十五、附録，録附議案八則。

本書作爲會議紀要，事無巨細地把會議資料一一收録在案，内容豐富翔實，完整記録了第九屆全國教育會聯合會開會、閉會情形，大會及審查會的常規活動，以及演講、參加宴會和聯歡、參觀游覽等活動，保存了大量會議前後的往來電函及民國九省區教育狀況的報告，對研究民國時期的全國教育、雲南教育等問題具有較高的史料價值。（王亞君）

雲南文化教育史略稿

牟崇鑫編撰　民國稿本　雲南省圖書館藏書

牟崇鑫（一九一四—一九八一），字麗生，雲南通海人。先考入雲南大學教育系，因故休學。

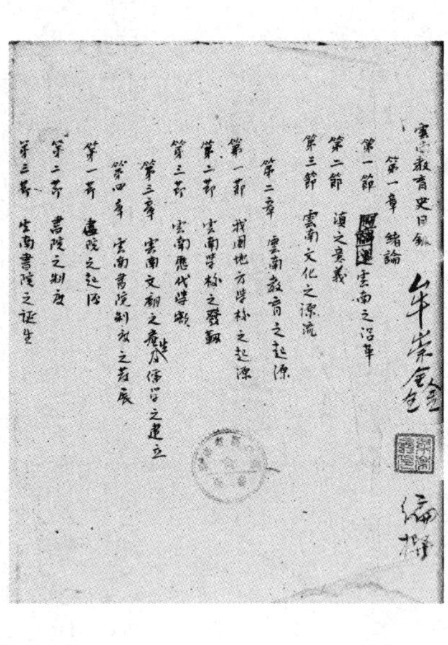

雲南教育史目録
第一章　緒論
第一節　雲南之沿革
第二節　滇之意義
第三節　雲南文化之源流
第二章　雲南教育之起源
第一節　我國地方學校之起源
第二節　雲南學校之發軔
第三節　雲南歷代學額
第三章　雲南文廟之産生及儒學之建立
第四章　雲南書院制度之發展
第一節　書院之起源
第二節　書院之制度
第三節　雲南書院之誕生

再考入西南聯大，一九四二年畢業。受聘爲雲南省教育廳國民教育視學員。又先後任通海縣教育局局長、通海中學校長。晚年任昆明盤龍二中教師。除此稿外，還著有《通海備徵志》等。

原書封面已殘。新裝封面題爲《雲南文化教育史略稿》，與内文不符，今據目録應著録書名爲《雲南教育史》。該書爲章節體雲南學校教育簡史，所涉文化内容極少。墨筆直書，多有塗乙。共八章。第一章『緒論』，下分三節，論及雲南之沿革、滇之意義、雲南文化之源流。第二章『雲南教育之起源』，下分三節，述及中國地方學校之起源、雲南學校之發軔、雲南歷代學額等。第三章『雲南文廟之産生及儒學之建立』，列示全滇文廟名稱、創建時期、首創者及地址等。第四章『雲南書院制度之發展』，論及中國書院之起源、制度及雲南書院之誕生、主要書院等。第五章『雲南平民教育之興起』，述及雲南古代義學、社學和民國時期的民衆教育等。第六章『雲南教育行政之演變』，論及歷代地方教育行政制度、近代雲南教育行政之發展、縣地方教育行政之演變等。第七章『雲南之新教育運動』，述及雲南近代高等教育的建立、中等和初等教育的演變、社會教育和留學生的選送。第八章『神聖抗戰與雲南教育』，此章有目無文，疑被毀壞。

作者在『緒論』中稱：『本書以歷代教育制度爲經，以編年史料爲緯。偏重教育制度之演變，教育實施之狀況，……所采資料均有史實根據，非出於臆斷也。』通觀全稿，古代部分多取材於雲南地方志的相關記載；近代以來内容，多依據雲南省政府部門有關教育之報告、檔案、學校概覽等，但并不注明出處。儘管行文過於簡括，但大體貫通了古代至近現代雲南教育的發展歷史。（朱端强）

雲南國民教育手冊

雲南省教育廳編　民國二十九年（一九四〇）雲南省教育廳鉛印本　國家圖書館藏書

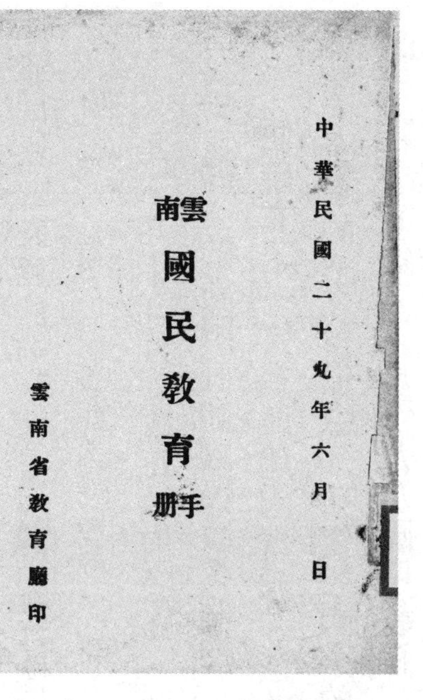

一九四〇年三月十一日至三月十六日，國民政府教育部在重慶召開國民教育會議，會議主要議題爲《縣各級組織綱要》頒布後的國民教育建設問題。六月，雲南省教育廳依據教育部頒布的《國民教育實施綱領》，制定雲南省國民教育計劃，并刊印《雲南國民教育手冊》。

該手冊正文分六部分。第一部分『關於實施之計劃及要則』，録教育部一九四〇年四、五月間公布的《國民教育實施綱領》《鄉（鎮）中心學校設施要則》《保國民學校設施要則》《中心學校國民學校辦理社會教育要點》《難民墾殖區國民教育實施辦法大綱》五部國民教育文件以及《雲南省實施國民教育計劃》。第二部分『關於師資之訓練登記及待遇』，録《各省市國民教育師資訓練辦法大綱》及《雲南省小學教員總登記施行細則》《小學教員待遇規程》

等。第三部分『關於經費之籌集及補助』，録《保國民學校及鄉（鎮）中心學校籌集基金辦法》及國民學校經費之補助及自籌百分數。第四部分『關於國民教育之基本法規』，録國民政府頒布的《小學法》、教育部公布的《修正小學規程》和《修正民衆教育規程》等。第五部分『特載』，録雲南省教育廳廳長龔自知五月二十日在雲南省國民黨黨部有關新縣制與國民教育的演講、教育部部長陳立夫三月十一日在國民教育會議的開會詞，以及蔣介石在國民教育會議的訓詞。第六部分『附録』，録《雲南省國民教育幹部人員訓練班簡章》。

一九三九年九月，國民政府公布《縣各級組織綱要》，正式實施『管教養衛合一』『政教合一』『三位一體』的新限制和國民教育制度。一九四〇年，國民政府認爲，『抗戰已進入接近勝利之階段』，便確立了『抗戰與建國齊頭并進的既定國策』，其中，『抗戰不過是手段，建國乃是舉國一致共同企求的唯一目標』。在建設國家的過程中，『政治的、經濟的、文化的，亟應齊頭并進，同時實施』。文化上，爲了普及國民教育，一九四〇年三月，又頒布了《國民教育實施綱領》，將推行地方自治與普及地方教育同時實施，以期達到『政教合一』的效果，從而取得各項建設的成功。雲南省教育廳貫徹『國民教育爲抗戰建國過程中精神總動員之最重要工作』，根據教育部頒布的《國民教育實施綱領》，制定了雲南國民教育實施計劃及要則，并參考其他省市的國民教育師資訓練大綱，根據雲南地方的實際情況，詳細制定了雲南省小學教員登記施行細則、待遇規程，規定了經費的籌集和補助辦法，最終將相關文件收録彙編爲《雲南國民教育手册》。

該手册主要面嚮雲南大衆介紹教育部國民教育實施大綱及雲南地方國民教育的方針政策，雖爲資料彙编，却可窺見抗戰時期雲南教育界在『排除萬難，抗戰到底』的同時，將國民教育的普

及作爲『建國基石』的卓識遠見。（王亞君）

雲南大學一覽（民國二十五年份）

雲南大學編輯委員會編輯　民國二十六年（一九三七）雲南大學鉛印本　國家圖書館藏書

該書由時任雲南省政府主席的龍雲題寫書名，主要記録了民國二十五年（一九三六）雲南大學的基本情況，含校址平面圖、照片、校曆（二十五年度暨二十六年度）、校史概略、組織大綱、學則、課程綱要、課程説明、規章、推進計劃、各種統計表、現任教職員一覽、歷届在校職員一覽、歷届畢業生一覽、二十五年度在校學生一覽等内容。

民國二十五年份
雲南大學一覽
龍雲署

該書内含多幅珍貴的照片，有時任雲南省主席龍雲、教育廳廳長龔自知、校長何瑶等人物的照片；有校門、會澤院、禮堂、圖書館、實驗室、實習工廠等建築和室内的照片；有學生宿舍、食堂、沐浴室、籃球場、運動場、網球場等學生生活和活動場所的照片；還有風節亭、噴水池、花卉等風景的照片。這些照片從人物到校景校舍，全景式地展示了省立雲南大學時期的學校風貌。

課程綱要和課程説明是該書的重點之一，占全書約二分之一篇幅，内容翔實。課程綱要主要説明各院系各年級的必修科目和選修科目，課程説明主要對各課程的學習時長、學分、教學内容和參考書目進行説明。當時的課程設置是非常全面和專深的，比如，中國文學系開設了文學概論、文字學概論、中國史學概論、聲韻學概論、中國文學史、中國經學史、西洋文學史、文學批評、語音學及實習、詞學及詞史、曲學及曲史、楚辭及賦、散文選、駢文選、諸子文選、文別集、詩別集、經傳文選、傳記文研究、甲骨文研究、鐘鼎文研究、中國聲韻學、廣韻研究、金石學、文藝試作、詩詞試作等四十四門課程。

本書還重點收録了省立雲南大學的各項規章制度，含各科室辦事規程、圖書館和科學館規程、各委員會通則、學生管理規則、獎學金助學金發放細則等，從這些規程制度可以看出，當時學校的管理是規範、細緻和嚴格的。

該書是瞭解雲南大學歷史的一部重要文獻。（辛玲）

國立雲南大學一覽（民國三十六年）

國立雲南大學一覽編輯委員會編　民國三十六年（一九四七）國立雲南大學鉛印本　國家圖書館藏書

該書由時任校長熊慶來題寫書名。全書收録了校長肖像、校歌、教職員合影、球隊代表合影、校景、校址平面圖、本校組織系統表、校史概略、各系及專修科先修班概況、各院系課目及學分表、學則、訓育章程、附録、各項統計表和現任教職員名録等内容。該書記載的主要是民國三十六年

民國三十六年十二月

國立雲南大學一覽

熊慶來題

（一九四七）的情况，内容翔實，是研究雲南大學校史的一部重要文獻。

雲南大學自民國十一年（一九二二）由唐繼堯創辦以來，經歷私立、省立、國立三個時期。民國三十五年（一九四六），雲南大學被英國《大不列顛百科全書》列爲中國十五所著名大學之一，發展到了它的鼎盛時期。此時期，雲南大學設立有文法學院、理學院、工學院、醫學院、農學院五大學院，十八個系，三個專修科，一個先修班，院系設置規模空前。該書詳細介紹了各院系及專修科、先修班的設置和沿革，是瞭解雲南大學院系設置的重要史料。除此之外，雲南大學還成立了西南文化研究室、附屬醫院、農學院昆明經濟農場、實習工廠，該書在附録部分對此作了詳細介紹。該書『現任教職員名録』，分列教職員職别、姓名、性别、年齡、籍貫、簡歷、到校時間等信息。當時雲南大學的師資力量非常雄厚，除聘請如熊慶來、錢穆、方國瑜、劉文典、梅遠謀等一些國内著名學者外，還聘請不少從美國、法國、日本等國家學成歸來的學者。該書『國立雲南大學科目表』詳細列出了各學院必修科目，有的科目還列出了近年來的任教教師，比如吴晗、錢穆、顧頡剛等，是研究民國時期著名學者在雲南大學任教情况的一份不可多得的史料。

是書封面題署時間爲『民國三十六年十二月』，而正文最末一頁署『民國卅七年三月廿九日』，應爲本書編寫完成時間。（辛玲）

聯大八年

西南聯大除夕副刊主編 民國三十五年（一九四六）西南聯大學生出版社鉛印本 國家圖書館藏書

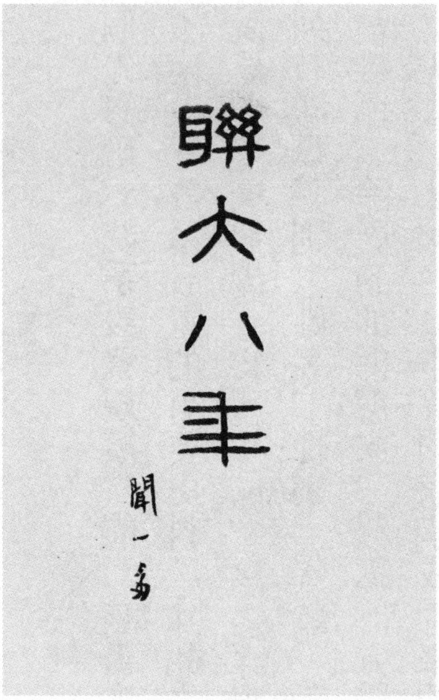

書名爲聞一多題寫，直書篆字。本書出版時，正值『李聞慘案』發生，因此書的扉頁題有『謹以此書志念聞師一多』。本書是唯一由當年聯大學生社團自行組稿編輯出版的一部聯大文獻，分爲『歷史回顧』『聯大生活』『聯大教授』三個部分，內容十分豐富。

『歷史回顧』部分收入馮友蘭撰文的《國立西南聯合大學簡史》、聞一多的《八年的回憶與感想》、吴征鎰記録湘黔滇旅行團歷程的《長征日記》以及關於西南聯大八年中的重要歷史事件——『倒孔』運動、一九四四和一九四五年的『五四』紀念活動、『一二·一』運動、壁報活動、文藝活動、民主運動等的紀念文章。

『聯大生活』部分收入費孝通關於『跑警報』的《疏散——教授生活之一章》，助教、職員生活回憶，學生關於蒙自分校、新校舍、鹽行、南院等校址的衣食住行的回憶，以及聯大學生兼差、從軍、社團活動等各個方面的記録，內容廣泛。

『聯大教授』部分又分爲兩個方面，一是關於聞一多死難經過、最後一次講演及其生平事略；

二是聯大教授介紹，收入一百零二位教授，這些介紹是教授們留在學生心目中獨特而又深刻的印象記録。

由於上述内容生動、真實、珍貴，具有重要的史料價值，因此，一九八六年雲南人民出版社和北京大學出版社聯合出版《笳吹弦誦在春城》一書時，將《聯大八年》許多篇目收入其中。該書後來還多次出過單行本。（吴寶璋）

東陸大學一覽

東陸大學編　民國鉛印本　雲南大學圖書館藏書

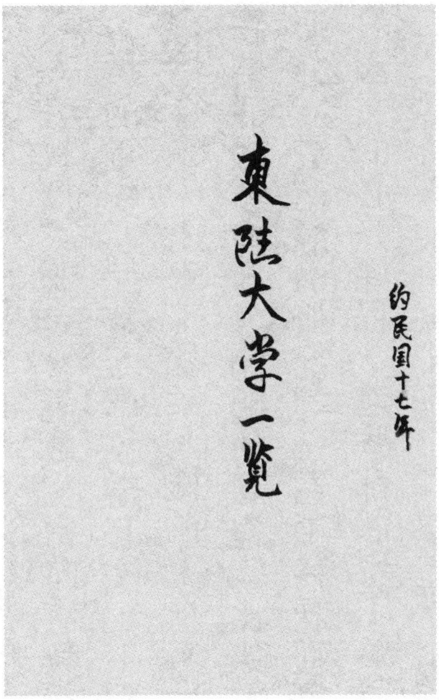

該書書衣題『約民國十七年／東陸大學一覽』。封面爲『大學本部會澤院』照片，有目録一頁、『本大學創辦人唐公繼堯遺像』一頁，後爲正文部分。正文含『本校略史』『本校經濟概況』『本校設備概況』『本科章程附課程表』『本科教職員表』『本科學生表』『預科章程附課程表』『預科教職員表』『預科學生表』『附中學則附課程表』『附中教職員表』『附中學生表』，共十二部分。無版權頁。

本書的一大遺憾是出版日期不詳。根據『本校略史』來看，其所反映的當是私立東陸大學時期學校的基本狀況，應以民國十七年（一九二八）爲限，與後人所加書衣題『約民國十七年』吻合。

東陸大學時任校長爲董澤，他認爲：『要辦好大學，物色師資，最是第一要務。』該書中的《東陸大學教授一覽表》記載，當時有教授十六人，其中十一人爲留學歸來人員，體現了學校對師資力量的重視。此時，學校辦有文、工兩科，文科設有教育系、政治系和經濟系三系，工科設有采礦冶金系、土木工程系、機械工程系三系。在課程設置上，除了專業課外，尤注重雲南本省實際，特開設與雲南地方相關的課程，比如雲南教育概況及改革方法、雲南與英法外交略史、雲南政治研究、雲南經濟概况等。在工科課程設置上，重視國文教育，工科各系第一學年和第二學年均開設國文的必修課程。這些都體現了當時『大學課程，文實并重』的理念。

當時學校開源節流，『爲維持久遠計，復經營各種生産事業』。學校在昆明、安寧兩縣交界處實施造林計劃，預計二十年後『每年平均可得二十萬元』。在昆明縣屬廠口堡開采鉛銀礦，至『十六年底止共開吊井二道平坑一口，深度達一百二十米，已獲礦百餘萬斤』。撫仙湖清淤後，學校得田産二十萬元。

當時學生生源以本省爲主。爲『謀大學學生程度之提高』，學校招收兩年制預科生，當預科班有缺額時，可招收旁聽生和特別生，并開辦附屬中學。此時學校的建制基本確定。該書是瞭解私立東陸大學的一部重要文獻。（辛玲）

雲南省立一中概覽

周錫夔編　民國十五年（一九二六）雲南省立一中鉛印本　雲南省圖書館藏書

十五週年紀念

雲南省立一中概覽

張鑫署首

周錫夔，號栗齋，雲南劍川人，周鍾嶽先生之侄。早年畢業於日本東京帝國大學文學部。一九二三年雲南大學籌建，首任校長董澤即聘其到校任教。一九二六年至一九四〇年，先後任省立一中、昆華中學、麗江中學校長。全面抗戰時期，曾任省教育廳主任秘書、雲南西北督學區監學、蘭坪縣縣長。著有《科學原理》《栗齋著述十存》。其餘生平事迹待考。

本書封面別署『十五周年紀念』，張鑫題寫書名。周鍾嶽題寫該校校訓——『誠敬勤樸，公勇嚴毅』。書中并插附該校校徽。時任校長周錫夔撰弁言曰：『本校自民國初元成立，迄今歷十有五年。畢業學生先後至數千人。本省中等教育之繁榮，當以本校首屈一指。……爰復述本校嬗遞之迹，因應之方，以及艱危所在，計度所存，刊爲茲《覽》，用以自策。』全書共分『本校沿革』『行政組織之變遷』『學制課程之變遷』『本校學則』『指導概況』『本校經濟概況』『圖書館概況』『科學館概況』『十五周年度之一中體育概況』『本校最近四年大事記』『本校今後的計畫』『歷任校長一覽』『現任校長職員一覽』『現任教員一覽』『歷任職員一覽』『歷任教員一覽』和『在校學生姓名一覽』十六部分，全面介紹了該校自清末以來創辦、演變和發展的歷史。對於瞭解清末至民國初期雲南中等學校教育具有重要的史料價值。

據此書所載，該校由官立高等學堂及雲南第一模範中學堂合并而成。民國元年（一九一二）始稱今名，并面嚮全省招生。學校分爲高級中學、初級中學兩個層次，其中高級中學設普通（分文、理兩科）與職業（設師範科）兩系。每年畢業四十至五十人。學制和今天一樣，初中三年，高中（含師範）三年。和今天不同的是，無論初中、高中一律實行『學分制』和『選科制』。初中學生第一學年按規定上必修課，從第二學年開始采取選修制；高中和師範生從第一學年就實行選修制。衹要修滿并考够規定學分，就可提前畢業。當時供學生選修的課程比較豐富，也有一定難度。如，初中的選修課有珠算、商業常識等；高中文科學生的選修課有修辭學、地質學、心理學、社會學、第二外語、動植物學、法學通論、醫學常識等。當時省立一中的師資力量很强，教師絶大多數是留學生和國内著名大學畢業生，先後在該校任教的如童振藻、柏希文、鄧之誠、徐嘉瑞、龔自知、楚圖南、夏光南、何秉智等，皆屬省内或國内著名專家學者。（朱端强）

雲南省中等教育概覽

雲南省教育廳地方教育專刊編輯委員會編輯　民國二十年（一九三一）雲南省教育廳第一科庶務股鉛印本　國家圖書館藏書

本書爲『雲南省教育廳地方教育專刊之二』。卷首『編輯凡例』稱，『本《概覽》……專載自

雲南省教育廳地方教育專刊之二

雲南省中等教育概覽

自民國十八年八月起
至民國二十年一月止

民國十八年八月至二十年一月，計一年半間關於中等教育之進展要項』，但由於涉及中學歷史，故其所記時間又并不祇限於上述時段。

全書分爲上、下兩編。上編『叙述全省中等教育一般之改進擴展事項』，内容主要涉及民國十八年（一九二九）以來，雲南中等教育設置之變更、學制之整理、課程標準之厘定及教學之改進、訓管之改善及學風之整飭、編制之厘訂、校務組織之確定、教職員待遇之提高、經費之增加及支配、設備之充實、校舍之修建，以及普通、師範、職業、女子四種教育之充實及改進。編末附《雲南省立及縣立鄉村師範學校課程表》《雲南各縣初級中學一覽表》《雲南各縣師資訓練機關一覽表》。下編『分載省立各中等學校最近概况』，篇幅占全書三分之二强，分别詳記省立第一至第五中學、第一至第六師範學校、省立第一女子中學、省立第一農業學校、省立第一工業學校和省立法政學校之歷史和現狀，總列十四篇目。

此書對於研究雲南清末以來中等學校之歷史沿革和特點有頗多參考價值。如，不但簡述各中等學校的歷史，而且還記有當時這些學校的校長和教師姓名、組織結構、課程表、學生數、圖書藏量等，并繪有其學校之平面圖。據該書載，當時省立中學普遍實行『選科制』，開設課程豐富。省立第一女子中學附設幼稚園；省立第一師範學校還設有幼稚園和小學部。師資力量普遍較强，學校大多辦有校刊。（朱端强）

雲南省立昆華女子中學手册

雲南省立昆華女子中學編　民國二十八年（一九三九）鉛印本　雲南省圖書館藏書

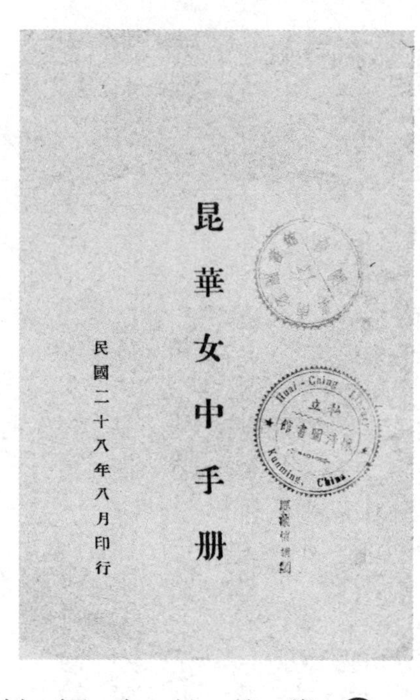

雲南省立昆華女子中學前身是建於清光緒三十四年（一九〇八）的女子師範學堂，利用長春坊咸寧寺舊址辦學。辛亥革命後，先後改稱省立第一女子中學、省立昆華女子中學。該校是二十世紀五十年代以前，雲南唯一的一所省級女子中學。中華人民共和國成立後，該校更名爲昆明第一女子中學。一九二九年二月，從美國留學歸來的教育家楊家鳳擔任女子學校校長。此時雲南女子教育尚不發達，女中更是數量稀少，學校教學方針『以提倡保育爲主』，教學章程也以此準繩。雖然『滇處邊鄙，其環境自未能與沿江沿海風氣早開之地區相伯仲』，但楊家鳳認爲『以保育爲主』的教學方針已經難以適應社會的進步。其後，隨着雲南女子教育的發展，楊家鳳開始按照『選拔才俊之必要』調整教育方針，重新擬定教學章程。抗日戰争全面爆發後，很多學生『不能克經濟困難及遠離家庭之苦』，而那些從戰區來到昆明的學生又『籲懇收學』。由此，昆華女中的教學方針『又不得不一變而爲救濟失學青年、寬大爲懷矣』，爲從戰區來昆明的學生提供幫助，在各年級專門録取『戰區轉學生、借讀生若干名』，對家境貧寒、力難自給者，學校又設公費或免費生，助其完成學業，爲國育才。正是教學方針的兩次轉變，促成了該手册的刊布。

開雲南省女子教育先河的昆華女中，因『編輯需時，耗費過巨，力有不勝』，自一九三三年後就没有再刊布學校概覽。另一方面，因時局變遷，學校曾兩次更易辦學方針和章則，『以其歷時久而辦法多也，至於今教職員學生頗有欲認識而不可能之概』。因此，校方於一九三九年摘録『本校現時設施之綱要』，刊印了《雲南省立女子昆華女子中學手册》，『以供全體師生之瀏覽而共喻斯旨者也』。

該手册『卷頭語』由校長楊家鳳撰寫，叙述刊布是書緣由；『卷頭語』後爲『本校簡史』，概説創辦時間、校址、校名更易及學生人數。正文『行政組織概要』有七類，第一類爲會議規程摘要，主要記録校務、教務等各種會議的參會人員、參會時間、會議内容等；第二類爲行政章則摘要，主要厘訂本校組織及教職員的待遇、聘任、職責等；第三類爲教師箴言，主要是對師德師風的具體要求，包括專業態度、改善教學、重視訓育、品格、改善日常事務等方面；第四類爲教務概况摘要，内含學則、招生、成績考查、免費及公費申請、入學及畢業手續等教務；第五類爲訓育概况摘要，包括訓育綱要、學生公約、制服規程、學生操行考查及出席缺席奬懲等；第六類爲體育及軍訓概况述要，主要介紹正課體育、課外運動、軍事看護訓練及童子軍訓練等方面的内容；第七類爲事務概况述要，含助理、司書、護士、工警等校區人員及合作商店、郵政代辦所、膳食等服務部門的規則和經費事宜。最後爲附録，收録現任職教員簡表、采用教本一覽、附小幼概况述要和中小學法規名録四部分内容。

該手册主要爲昆華女子中學師生介紹學校概覽并闡述『現時設施之綱要』，叙事簡略而規程

詳盡，保留了昆華女中辦學的大綱方針、規程章則，對研究雲南近代女子教育具有重要的文獻價值。（王亞君）

雲南省立第一師範附屬小學校一覽

雲南省立第一師範附屬小學校編　民國十四年（一九二五）油印本　雲南省圖書館藏書

本書是現存關於雲南境内所建最早新式小學的文獻。第一編『概況』，介紹該校之沿革、設備、經費、組織、教職員、編制等。第二編『管理』，介紹學校簡章、職務規程、管理細則等。第三編『教學』，介紹教材研究、方法研究、正課教學、補充教學和課外作業等，爲全書重點。第四編『訓練』，介紹學校對學生生活及學習習慣的培養，包括『學校實施』和『家庭聯絡』兩章。第五編『養護』，主要介紹學校對學生身體健康管理、保護的設備和方法。

據此書『沿革』載，『本校成立於前清宣統元年（一九〇九）七月，由自治公會公立小學堂并入（按：自治公會公立小學堂無任何資料留下），爲雲南兩級師範學堂附屬小學堂。辛亥（一九一一）九月，隨（兩級）師範學堂由五華山遷於前清督署（按：即今昆明勝利堂），改學堂爲學校』。『民國十四年建築保育室三間，開辦幼稚園一班。』據『職員』載，『本校級任教員（按：

相當於班主任）及專科教員（相當於科任老師）由本校師範畢業生中酌留擔任，或請其他相當人員擔任』。由此可以看出，該校仍具有清末以來多層次混合辦學的特點，即中師畢業可教小學，高小畢業可教幼稚（兒）園。優點是集中辦學，節約成本，缺點是影響辦學規模。

該校仍秉承促進學生全面發展的教育和教學宗旨，其校訓爲『誠樸勤儉』。初小主要開設的課程有：常識、國語、算術、工藝、美術、唱歌、體育；高小主要開設的課程有：公民、國文、算術、歷史、地理、理科、工藝、美術、唱歌、體育、英語、商業。考試分爲定期考查和不定期考查兩種。定期考查每月底或期末舉行，按學科性質，用筆試或『講述』（口試）；不定期考查由各級各科教員負責，用『調查』或『測驗』方式進行。其簡章曰：『本校教養學生以合於公民道德及人生必需之知識技能，更注意兒童個性、群性之相對發展，以養成健全公民爲主旨。』

本書無版權頁，出版時間各家著録有异，雲南省圖書館著録爲民國六年（一九一七），《雲南叢書續編》爲民國十四年（一九二五）。兹仔細翻檢原書，書中《歷年編制一覽表》最末年限爲民國十五年（一九二六），末頁《附歷年畢業人數表》最末年限爲民國十四年（一九二五）。（朱端强）

雲南私立生生保育園五周年紀念刊

楊静珊等著　民國二十三年（一九三四）鉛印本　雲南省圖書館藏書

楊静珊（一九〇二—一九七二），女，原名淑德，雲南昆明人。中共雲南省黨組織創建人之一。一九二〇年初，考入省立女子師範學校學習。一九二四年畢業，加入共青團，成爲雲南第

一個共青團支部的團員。一九二六年八月，加入中國共産黨。十一月七日，中國共産黨雲南特別支部成立，任秘書，負責管理文件。一九三一年六月，因中共雲南地下黨組織遭破壞，與組織失去聯繫。一九三六年，參加中共雲南地下黨組織的秘密團體——抗日救國聯合會。一九四〇年，到第八區中心國民學校（即桃源小學，位於今昆明市盤龍區桃源街）任教，兩年後擔任該校校長。一九四五年，加入中國民主同盟，擔任民盟雲南婦女委員會委員。中華人民共和國成立後，到雲南省總工會工作。離休後，撰寫多篇雲南地下黨早期革命活動回憶材料。

雲南私立生生保育園始建於一九二九年，是雲南第一個全日制幼稚園。爲適應社會需要，由實業家廖伯民、張采珊等人倡議并籌集資金創建。幼稚園采用園董制，由發起人七至八人組成園董會，由園董會推選園務主任一人，負責幼稚園管理工作。

該書爲私立生生保育園成立五周年紀念刊。全書分『序幕』『本園一周年的園務概況』『訓導部報告』『養護部的一點報告』『本園幼稚教學方案』『本園生活的段片』等部分，書後附《本園現任教職員一覽表》《經費報告表》。其中，『序幕』由董事廖伯民所寫，回顧本園成立五年來所取得的成績。『本園一周年的園務概況』由園務副主任楊靜珊所寫，介紹幼稚園的行政組織和學籍編制、學生名額和經費狀況及一年來的開支情況。楊靜珊原爲訓導部主任，後任園務主任。園内訓導部負責兒童智力的發展、優良品質的養成、良好習慣的陶冶；養護部負責兒童的生活和健康。園内建有醫務室，設醫生、護士各一名。事務部負責園内大小事務工作，包括住宿、伙食等。該園已開始采用蒙特梭利教育理念。書中還有故事和兒歌、識數音樂、社會和自然等教學内容。

（劉聰）

雲南省立師範學院設施概要

雲南省立師範學院編　民國二十一年（一九三二）鉛印本　雲南省圖書館藏書

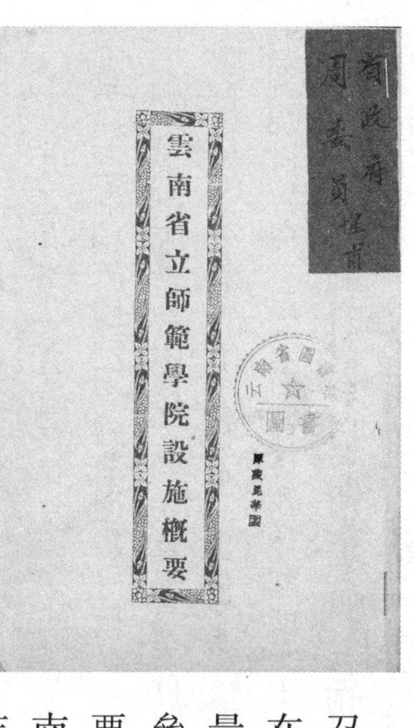

一九三〇年四月，第二次全國教育會議在南京組織召開。會議審議通過了《改進全國教育方案》。會議指出，在訓政六年期内，對於義務教育和成年補習教育，應儘量推進。師資匱乏成爲全國基礎教育面臨的普遍問題。參加會議的雲南省教育廳廳長龔自知返昆後，按照會議要求，着手調整雲南的師範教育，并於一九三一年經雲南省教育會議決議，籌設雲南省立師範學院。一九三二年四月初，學院開學，并於九月刊布了《雲南省立師範學院設施概要》，介紹學院的基本情況。

該書内容分十二部分，分別爲：本院創設旨趣及經過、組織、教職員、學生、經費、設備、教育方針、課程、訓育方針、研究實驗事項、將來計劃、畢業生分配服務情形。是書名爲『概要』，分類雖多，叙述却極簡，名册又占去近半篇幅。其價值主要在於，作爲補充性的史料，展現了民國時期雲南學校教育及社會教育的探索和嘗試、雲南師範教育的發展歷程及相關制度的變革。

一九二九至一九三二年是雲南教育事業發展較快的時期。經過多年動蕩，龍雲主政時期的雲南政局逐漸趨於穩定，經濟逐步好轉。一九二八年經龍雲批准，自一九二九年起，雲南省財政廳將捲烟特捐劃歸教育廳接管，作爲省教育經費的獨立專款。從此，穩定有力的經費支撑，推動了雲南各項教育事業的快速發展。一九三〇年，第二次全國教育會議要求各省普及義務教育，并着重强調鄉村教育，爲雲南鄉村教育的進一步發展提供了政策性保障。條件成熟之後，一九三二年，『爲謀各級、各種師資量與質之推進，及各項教育事業之發展計』，普通師範教育除依照原定計劃實施外，特依照第二次全國教育會議『每省設立鄉村師範學院一所』的標準，及上年本省教育會議決議之『籌設雲南省立師範學院』案，創立雲南省立師範學院，作爲雲南省各項教育研究、設計及實驗之中心機關，并遵照大學規程，參酌他省成例及本省情况，積極推進雲南師範教育的各項工作。

學院分文、理兩科，文科以研究文學、史學、社會學、教育學等專門學術，理科以研究數學、物理學、化學、生物學、地質學、農學等專門學術。又爲適應本省教育人才（中等教師）之急需計，特先開辦二年制之專修科。學院籌備就緒，即招考學生三班，共一百一十一名，於四月初開學上課。

一九三二年秋季，由省一師撥歸該院之專修科學生一班共二十六人，已届畢業。適值省政府整飭省立中學之際，所有畢業生均由教育廳統一分配至各校服務，各校仍有來電延訂者，已不敷分配。後省立師範學院并入省立東陸大學。（王亞君）

雲南邊地民族教育要覽

范義田編　民國二十五年（一九三六）雲南省義務教育委員會鉛印本　國家圖書館藏書

雲南邊地民族教育要覽　龔自知　雲南省義務教育委員會印

范義田（一九〇八—一九六七），字楚耕，雲南玉龍人。一九三〇年考取雲南省教育廳職員，深受當時廳長龔自知的器重，次年被送入東陸大學師範學院學習。曾辦《南荒》半月刊。一九三六年在《雲南日報》上發表《雲南邊地民族教育之認識》，係早期研究雲南民族教育的力作。著作《雲南古代民族之史的分析》，對白族研究有獨到的見解，二十世紀四十年代由商務印書館出版，學術影響很大。一生著述八十餘種，涉及教育、文學、民族學、歷史學、哲學等領域。

該書封面由龔自知題寫書名。全書分三部分。第一部分爲『邊地概況及民族分布』，記述雲南邊地的地理概況、各少數民族的稱呼及別稱、歷史來源、人口及分布地點、語言文字、人種特徵、生活習俗、宗教信仰等概況。第二部分『推行邊地民族教育應有之認識』爲全書重點，論述雲南邊地教育的五個中心目標、教育政策、學校布局及班級編制、國語教學及學制、教材編制、社會教育等內容。作者立足於雲南地理複雜、經濟落後、知識貧乏等實際問題，結合邊地生產、生活、衛生、宗教等諸因素進行分析，探討和提出邊地民族學校教育及社會教育的一系列目標和具體措施，主張以國文教學爲主，『灌輸新教育之精神，糾其頑固之陋習』，因地制宜、因勢利導，以培養邊民的國家觀念和民族團結意識。第三部分『邊地民族教育之實施』，收載當時雲南省政府及教育廳有關邊地民族教育的法令、計劃、辦學綱要、經費支配標準、教材編制辦法及綱要、招生辦法、教職員待遇等綱領性文件。

該書的特色，在於將邊地民族教育與國家觀念、民族團結、民族素質、邊防鞏固、民族經濟發展等聯繫起來，所提出的教育目標和教育思想，具有全局性和前瞻性，對今天的民族教育工作仍有可借鑒參考的價值。（田青）

民族文化書院緣起（附組織大綱及學規）

民族文化書院編　民國鉛印本　國家圖書館藏書

民族文化書院緣起　附組織大綱及學規

本書首爲《民族文化書院緣起》一文，稱該院成立於『國難當頭之期』，則當在全面抗戰時期，學院設在雲南大理洱海之畔。文稱『爲救正中國文化之時弊而辦立此書院』，主要宗旨和工作：一是采取西方學術之精神；二是樹立吾國學術之新精神、新方嚮；三是教育學子從事學問深造與德性修養。創辦者希望采用中國古代書院教學制度，但教學和研究内容，又必須兼容東西方學術思想和精神。

次爲《組織大綱》。《組織大綱》規定，學院采用校董制，由發起人七至九人組成董事會，由董事會推薦院長一人主持工作。下設『學術會議，聘請若干教授或副教授組成』。董事長陳布雷；董事張群、朱家驊、周鍾嶽、張公權、張道藩、盧作孚；院長張君勱。學院設經學系、史學系、社會科學系、哲學系。招收的學生爲大學畢業生或同等學力者，『須經考詢或呈驗其論文及格』，學制爲二年，相當於今天的碩士研究生。學習期間，和古代書院一樣，學生有一定『膏火費』，優秀論文還『别有獎金』。采取小班授課，提倡因材施教和師生共同研究，尤重德育培養。

再次爲《學規》，規定其教育方針：一是『立己』，包括體格鍛煉、德性存省等；二是『達人』，包括敬人敬事、集團紀律等；三是『愛國』，包括愛護本國歷史、履行國民責任等。《學規》還特别强調學習態度應力戒四點：一是『門户偏私』，二是『人身攻訐』，三是『隨俗浮沉』，四是『學術剿襲』。

由該書得知，這大約是全面抗戰時期，國民政府教育部遷滇之後，在雲南大理進行高等教育教學的一次改革試驗，希望建立一種『中學爲體，西學爲用』的新型書院。至於其是否真正成立，如何招生辦學，則有待進一步研究。（朱端强）

私立滇光瞽目學校二十五周年略史

余素娟撰　民國三十六年（一九四七）油印本　雲南省圖書館藏書

私立滇光瞽目學校二十五週年畧史
余素娟

余素娟，女，盲人教育家，廣東陽江人，畢業於廣州明心盲人學校，留校任教。受愛心和責任心驅使，主動來滇，一直擔任私立滇光瞽目學校校長。其餘生平事迹待考。

該校是專爲雲南盲人創辦的特殊學校。據此書載，此前雲南從無此類學校。盲人，尤其是窮苦盲人，絶大多數無所事事，或靠家庭閑養，或者流落街頭，淪爲算命騙錢之人。該校於民國十年（一九二一）由寓滇基督教徒安徽人李慕貞和許秀蘭倡建，校址先後設在昆明市小吉坡等處。資金來源主要靠宗教團體、社會賢達捐贈。如宋美齡、唐繼堯夫人、龍雲夫人、盧漢夫人等社會名流，都曾爲之捐款捐物。該校成立後，經過無數艱難困苦，至民國三十六年（一九四七），規模不斷擴大，成爲全國著名的盲人學校。

學校設幼稚園、小學部、初中和高等師範。用盲文開設英文、公民教育、國文、物理、算學、地理、歷史等文化課。同時，也開設諸如編織、裝飾等手工工藝課，培養盲人學生的動手能力，使其畢業後可憑一技之長求得生存自立。全面抗戰時期，該校曾遷往安寧繼續堅持教學。學生一律免費讀書。西南聯大等學校教師也曾免費爲該校學生上課。據該書統計，至一九四七年，該校總共畢業各級學生數千人，多能自食其力，分往雲南及貴州等地，或在教會、工廠工作，或又在家鄉創辦盲人學校。此書除簡介學校歷史外，還選録其教學方法以及歷届教師、學生之優秀文章，讀之令人感動！（朱端强）

八　語言文字

雲南各夷族及其語言研究

（英）台維斯（H. R. Davies）著，張君勱譯　民國三十年（一九四一）商務印書館鉛印本

國家圖書館藏書

雲南各夷族及其語言研究

台維斯著
張君勱譯

商務印書館發行

作者台維斯，即戴維斯（Henry Rodolph Davies，一八六五—？），英國軍官。自一八九四至一九〇〇年的六年時間裏四次進入雲南考察，除第一次是爲中緬勘界尋找作爲界標的八個關外，其餘三次都是爲滇緬鐵路路綫進行專業勘測。他深入到雲南許多邊遠地方，行程達五千五百英里，考察了雲南的大部分地方。戴維斯對所經之處的地形地貌、氣候物産、民族分布、風俗習慣等情況作了比較詳細的記録，撰成《雲南：聯結印度和揚子江的鏈環》一書，一九〇九年在倫敦出版。本書譯者張君勱，近現代學者，早期新儒家的代表之一。

本書根據《雲南：聯結印度和揚子江的鏈環》之附録八 *Tribes of Yunnan*（雲南的部族）譯出，分爲『緒論』『雲南與西部四川之各種語言』『秦語各群間之關係』『雲南與西部四川語言之地理的分布』『語言聯繫與種族聯繫』『雲南及西部四川各部落之描寫』六個部分。作者在書中根據各民族語言的親疏异同，系統地將雲南及四川西部的民族劃分爲蒙吉蔑（今作孟高棉）、撣、漢、藏

緬四大語系，其中，蒙吉蔑語系包括苗—徭（今作瑶）群、民家群、瓦（今作佤）—崩竜（今作崩龍）群；藏緬語系包括藏人群、西番群、羅羅群、緬甸群和卡菁（今作克欽）群，其中西番群又含西番（即普米族）、麽些（即納西族）、潞子（即怒族）或阿儂等民族，羅羅群含羅羅（即彝族）、栗粟（今作傈僳）、羅黑（即拉祜族）、窩尼（即哈尼族）等民族，緬甸群含阿昌或峨昌、馬魯、剌奚、繫或阿繫等民族。該分類體系被認爲是西南民族科學分類的開始，對以後的西南民族分類與識别影響深遠。戴維斯還概括了各語系民族在雲南與四川的分布狀况，認爲最顯著的事實是『藏緬語行於北方，撣語與蒙吉蔑語行於南方』，而南北方的界綫是北緯二十五度平行地帶，并對一些族群之間在語言及遷徙、融合上的關係進行了概括性論述。最後分述各民族狀况，包括苗人、徭人、民家或白子、瓦部拉部與泰黎部、蒲蠻、崩竜部、撣族、漢人、藏人、西番、麽些、潞子、羅羅、栗粟、羅黑部、窩尼部、阿昌部、馬魯部、剌奚、繫部或阿繫部、卡箐部等二十多種，叙述其原居地、遷徙、分布、服飾、體貌特徵等内容。該書爲研究雲南與四川西部的民族及民族史提供了資料。（楊梅）

貢山俅語初探

羅常培著　民國三十一年（一九四二）國立北京大學研究院文科研究所油印本　雲南省圖書館藏書

羅常培（一八九九—一九五八），字莘田，號恬庵，筆名賈尹耕，滿族，北京人。畢業於北

貢山俅語初探

羅常培 著

京大學。語言學家、語言教育家。歷任西北大學、厦門大學、中山大學、北京大學教授，中央研究院歷史語言研究所研究員，北京大學文科研究所所長。畢生從事語言教學、少數民族語言研究、方言調查、音韻學研究。代表作有《漢語音韻學導論》《語言與文化》等。

該書爲『國立北京大學研究院文科研究所油印論文之三』，是研究雲南怒江州貢山縣獨龍族語言的專著。羅常培於民國三十一年（一九四二）到大理調查，在國立大理師範學校的邊地學生中找到貢山學生孔志清，由孔志清作爲自己獨龍族語言研究的發音人開展民族語言研究。該書主要内容包括：一、音系概略，概括出俅語（獨龍族語言）有五十五個聲母、八十個韵母、六個聲詞；二、語法一斑，通過短時間獲得的資料和發音人的發音協助，總結出俅語語序、量詞、詞頭和詞尾的基本規律；三、俅語的系屬，從語法規律中總結出俅語屬於藏緬語系，至於俅語從屬的分支，則通過具體詞彙比對喜馬拉雅系、倮倮麽些組、西藏組、緬甸組等發音，定性俅語隸屬於倮倮麽些組；四、日常會話，這部分是羅常培和孔志清的交流，羅常培以對話舉隅和風俗瑣談的形式將其進行了羅列；五、漢俅語彙，記録了七百五十多個語詞，按照語詞的性質分成二十三類進行排列，漢語列前，俅語列後，必要時在詞下間或舉例，凡當地有名無物的加*號以示區別。該書行文嚴謹，考證詳盡，可窺見羅常培嚴肅認真、實事求是之治學風範。（陳妍晶）

麼些象形文字字典

李霖燦編著，張琨標音，和才讀字　民國三十三年（一九四四）國立中央博物院籌備處石印本　國家圖書館藏書

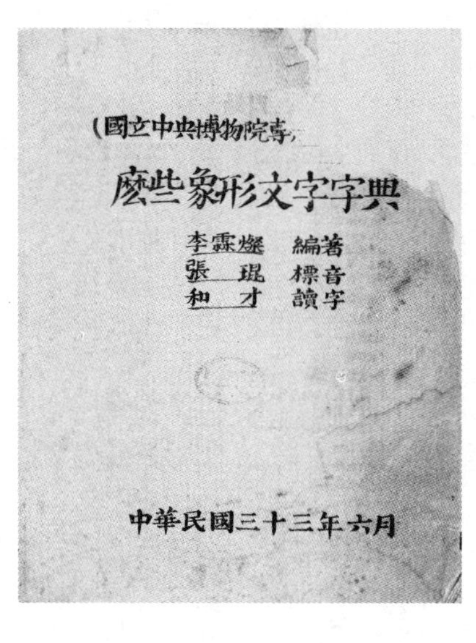

李霖燦（一九一三—一九九九），河南輝縣人。早年在杭州國立藝術專科學校讀書，全面抗戰爆發後，隨學校內遷西南。一九四〇至一九四三年在麗江調查研究納西象形文字和東巴文化，搜集到東巴經書一千二百三十一册，一九四四年開始潛心研究。先後出版《麼些象形文字字典》《麼些標音文字字典》《麼些經典譯注六種》（一九五七年）、《麼些經典譯注九種》（一九七七年）、《麼些研究論文集》（一九八四年）等著作。因其對納西文化研究的重大貢獻，麗江納西族自治縣特聘其爲榮譽公民。

張琨（一九一七—？），河南開封人，旅美華人，語言學家。一九三九至一九四七年任中央研究院歷史語言研究所助理研究員時，協助李霖燦研究納西語言。師從李方桂，長於苗瑤語言的比較研究。一九六三年任美國加州大學東方語言系教授。

和才（一九一七—一九六五），納西族東巴。

封面署有『國立中央博物院專刊乙種之二』字樣。書前有李濟、董作賓的序及作者自序。書

後附有音標和漢字（詞）筆畫索引。正文分爲天文，地理，人文，人體，鳥，獸（昆蟲附），植物，用具，飲食，衣飾，武器，建築、數目、動作等，『若喀』字，『古宗音』字，宗教，鬼怪，多（東）巴龍王，神十八類，共兩千一百二十個字。該書收字比較廣泛，包括個别地區或個别支系中的『土字』也兼收并蓄，足供比較研究。每個象形字均解釋詳盡，并附注其异體字或簡寫字，以及假借字。該書是研究納西族象形文字及東巴文化最重要的參考書之一。（郭大烈）

麽些標音文字字典

李霖燦編輯，和才讀音　民國三十四年（一九四五）國立中央博物院籌備處石印本　國家圖書館藏書

國立中央博物院專刊
乙種之三
麽些標音文字字典

李霖燦、和才簡介見前《麽些象形文字字典》提要。封面署有『國立中央博物院專刊乙種之三』字樣。書前有李霖燦序。正文按音韵系統排列，共收二千三百三十四個字（符號），書後附有依照字形筆畫排列的索引，把標音字分爲黑點、彎鈎、斜道、豎道、圓圈、不規則彎曲綫條、横平道、捲扭、兩點、人字形、十字、三點、三角形、方框和其他十五類。最後是最常見的音字簡表，共三百四十七字，内有异體字一百零四個，其中十七個有分音調的趨勢。作者在序言中指出，音字對形字來説無疑是『劃時代進步』，但仍未十分完備：一是寫法繁多雜亂，如『鷄』字，有三十七種寫法之多；二是分音不分調，形字是圖畫，尚可分辨，音字却造成了混亂。因而這本字典可稱從混亂中理清了頭緒，每字或按音、或按形科學地加以排列，極大地方便了讀者。

《麽些象形文字字典》《麽些標音文字字典》兩書，一九九九年由雲南民族出版社用簡體字出版，合編在一起，稱《納西族象形標音文字字典》，十六開，文字重新書寫。（郭大烈）

麗江麽些象形文《古事記》研究

傅懋勣著　民國三十七年（一九四八）華中大學石印本　國家圖書館藏書

傅懋勣（一九一一—一九八八），字茲嘉，山東聊城人。語言學家，主要從事中國少數民族語言文字研究。一九三九年畢業于北京大學中國文學系。曾任華中大學、華西協合大學講師、副教授，華中大學中文系教授兼系主任。一九四八年至一九五〇年赴英國劍橋大學攻讀語言學，獲博士學位。一九五一年後在中國科學院（今中國社會科學院）工作，歷任語言研究所研究員，少數民族語言研究所副所長、研究員，民族研究所副所長、研

麗江麽些象形文
'古事記'研究

傅懋勣

武昌華中大學
中華民國三十七年七月

究員，并任全國文聯委員、中國文字改革委員會委員、《民族語文》雜志主編、中國民族語言學會會長、中國民族古文字學會會長等職。

全書分『自序』『緒論』『經文研究』『英文節要』四部分，是對納西族經書中最著名的一種——《古事記》的第一本科學的記録和完整翻譯。該書譯注分『經文』『音譯』『意譯』『解説』四部分。其中，『解説』是對文字的逐字解釋，有東巴文單字字形、讀音、釋義等，有時候還有對文化背景的解釋。字形有時有對結構、字源的解析，讀音有時標明音變、异讀、方音，假借字則説明本義是什麽、爲什麽在此處用。因該書對納西族東巴經作了科學的記録和解釋，因而成爲研究納西族文化歷史的重要成果，爲文學發展史研究、古代象形表意文字的解讀、納西族語言史和同系屬的比較研究提供了可貴的文獻。本書還簡要介紹了東巴文和哥巴文。（劉聰）

黑夷語法

高華年著　民國三十三年（一九四四）南開大學文科研究所邊疆人文研究室油印本　國家圖書館藏書

高華年（一九一六—二〇一一），福建南平人。一九四一年畢業於北京師範大學，獲學士學位，一九四三年畢業於北京大學研究院文科研究所語言學部（當時已并入西南聯大），獲碩士學位。一九四三年到一九四六年任西南聯大中文系講師。一九四六年到一九五〇年任南開大學中文系講師、副教授。一九五〇年到一九五一年任嶺南大學研究員。從一九五一年起，先後擔任中山大學語言學系、中文系教授，少數民族語言調查研究教研室主任，語言學教研室主任等，是嶺南語言學的學術帶頭人，也是中山大學對外漢語教學的奠基人，有『辨音記音近代第一人』之稱。他的專著《彝語語法研究》（科學出版社，一九五八年）和《廣州方言研究》（商務印書館香港分館，一九八〇年）是國内外漢藏語系語言研究的主要參考書。

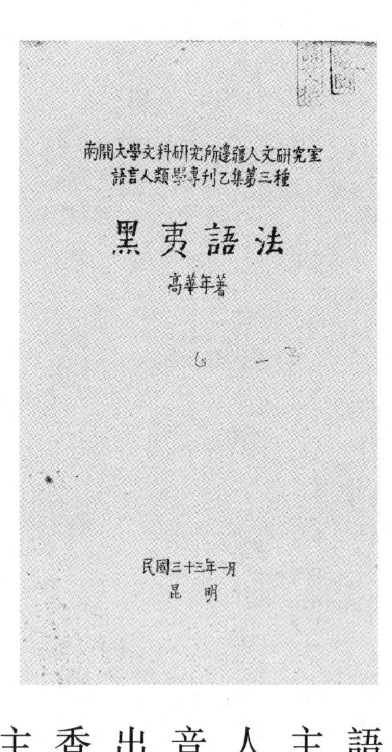

本書爲南開大學文科研究所邊疆人文研究室語言人類學專刊乙集第三種，是一九四一年作者在昆明西郊核桃箐村調查黑夷語言所得研究成果。其間，作者共記録了兩千多個語詞和四十五個故事，然後又經過一年多時間的整理，寫成『黑夷音系』『漢語借詞研究』『語法』『故事山歌』和『詞彙』五部分。本書所寫僅是『黑夷音系』和『語法』的部分。語法是由四十五個故事歸納出來的。

本書是章節體著作，第一章『黑夷音系』；第二章『黑夷語法』，又分『句的結構』『句的種類』『重疊詞』和『同詞异性』四節。書後附黑夷故事一則——《兩姊妹》，并有英文提要一篇。作者在緒言中説，此書是自己在北京大學文科研究所的畢業論文，并得到羅常培、李方桂、袁家驊等先生的指導。

羅常培在記述一九四一年五月至八月從昆明到四川旅途見聞的《蒼洱之間・蜀道難》中寫道：『高華年君治納蘇語和窩尼語，都有相當的成績。』高華年碩士畢業後，羅常培專門致信時任西南聯大哲學系主任馮文潛，推薦他加入邊疆人文研究室。信中云：『高華年入校迄今已滿兩年，可做昆明附近一種黑彝語研究，已經完成全稿達十七八萬言，内容分音系、借字、語法、故事、詞彙五部分，關於借字之分析及語法之結構均爲中外學者所未道及，至於材料之豐富、記音之準確，弟審查之後已可負責保證其可靠性。』高華年後來出版的《彝語語法研究》是學習彝語和研究漢藏語系語言很有價值的參考書，語言學界評價很高，國外學者已翻譯爲英文本，影響很大。（劉聰）

雲南方言總考三卷

趙式銘記　民國鈔稿本　雲南省圖書館藏書

雲南方言總考　甲一卷

趙式銘（一八七三—一九四二），字星海，號弢父（甫），晚年別號傛翁，白族，雲南劍川人。近代著名白族愛國詩人、歷史學家、語言學家、白話文運動的先驅。

本書首頁有《雲南通志》的《方言》目録，包括《雲南方言總考》共三卷、《雲南白文考》共四卷、《雲南爨文考》一卷、《雲南麽些文考》一卷、附《僰夷栗粟怒子古宗文》，共計九卷。趙式銘時任雲南通志館副館長，編纂《新纂雲南通志》時，將此書收入其中，列爲《方言考》。

本書分爲兩方面内容：一是闡明分爲《白文考》《爨文考》《麽些文考》三篇的緣由；二是彙編有關方言資料，分爲二十四類。全書三卷，卷一有《方言總考第一》與《舊志方言》之天文、歲時、地理、道里、人倫五類；卷二有形體、學問、人事、稱呼（《新纂雲南通志》改爲稱謂）、言語、衣服、房屋、公儀、寺院、飲食十類；卷三有器用、音樂、顔色、數目、貨幣、五穀、蔬果、禽獸、蟲魚九類。文末附《東爨西爨初本一種解》《白文即白言解》《爨即盧鹿解》。共收詞六百八十餘條，分别收録了《農部爨雅》《東川府志》《廣南府志》《開化府志》《師宗府志》《麗江府志》中方言部分的爨蠻、東川夷、儂人、擺夷、土僚、阿成、黑沙人、麗江夷等少數民族的語言。體例沿用了雲南舊志中記録方言的方法，即用漢語的『直音』法。作者分類分詞條地比較了雲南各民族語言之間語音的相似之處和差别，雖然是查閲雲南地方舊志中關於民族語言的記録，但已經將比較方法運用到民族語言研究方法中。（劉聰）

劍川方言考正二卷

趙式銘纂輯　民國鈔稿本　雲南省圖書館藏書

趙式銘簡介見前《雲南方言總考》提要。該書是趙式銘諸多民族語言研究中最重要的著作，成書於一九二六年到一九二七年間。後趙式銘任雲南通志館副館長，編纂《新纂雲南通志》時，將此書收入其中，列爲《白文考》。

《劍川方言考正》在趙式銘早期居家時即已寫成，到通志館後，他又『逐字疏證，復其本音，

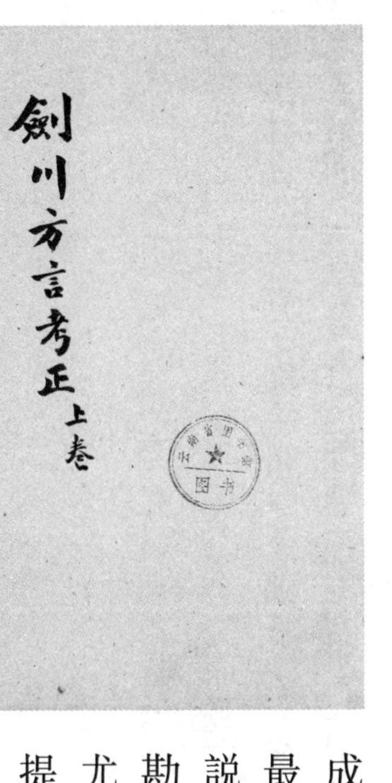

成《白文》兩卷』。他認爲『雲南白子文，胥涵雅故，爲最古之文，非它方土言比也』。他在《劍川白文説》中説：『試以白文音韻與顧氏《易本音》《詩本音》兩相校勘，若符節之相合，乃知三代言語尚在人間。試商鼎周盤，尤爲瑋异，而惜乎前數百年來，罔有搜討及此者也。』他提出白語是一種漢代以前即已形成的方言，故稱此書爲『劍川方言考』。

書中列舉了劍川白語中的三百七十餘條古漢語詞，按照傳統語義學分類，上卷分爲天文、地理、人倫、身體、動植物、飲食衣服六類，下卷分爲續補遺類和缺遺類。該書的體例是每一詞條先以漢語標音，再用傳統音韻學的反切法來標注此讀音，然後給出相關書證，書證中對相關詞條作出解説，最後指出漢字注音是否符合白語的真正讀音，或音同，或音近，或音稍訛。書後附文《劍川方言考正説》和一首《白文詩寄呈滇西同文諸君子改正》。

在《劍川方言考正説》中，趙式銘認爲：『滇西……其人爲白子，其言爲白文。白文之名，其稱蓋久。今滇西人相接，一爲白文，輒曰「我白子一家也」，則皆喜。』從文意來看，他所説的『白文』，應當是指白語。此文輯入《新纂雲南通志》後，改爲《劍川白文考説》，即他認爲『劍川方言亦白文也』。

趙式銘提出的白語是漢語方言説，對後世影響深遠。語言學家羅常培説：『於民家語（白語）作系統之研究者，當首推趙式銘之《白文考》，此書《新雲南通志》已收入。』圖書館學專家于乃義説：『方言與少數民族語文研究都是重要課題，如趙式銘所撰的《白文考》和其他學者的有關民族語文的著作，提供了這方面的文獻。』（劉聰）

雲南爨文考一卷

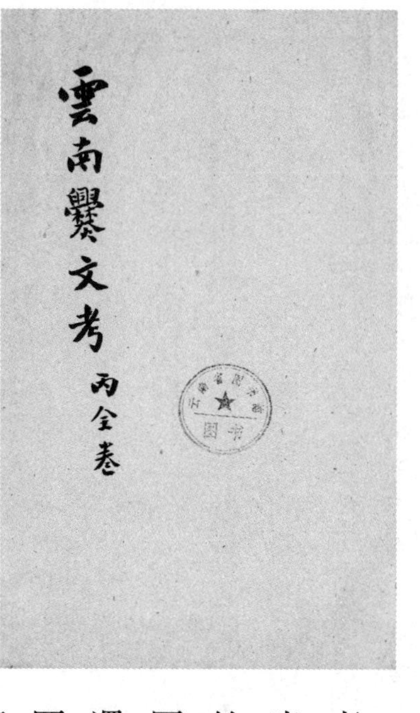

趙式銘纂　民國鈔稿本　雲南省圖書館藏書

趙式銘簡介見前《雲南方言總考》提要。該書是纂者以楊成志的《雲南民族調查報告書·獨立羅羅十二生肖經》爲藍本，對爨文進行的考釋。作者從用爨文書寫的經書中，瞭解了彝族懼怕魔鬼的樸素宗教心理，『獨立羅羅無日不懼魔鬼作祟，觀上列經書即可知其恐懼』；還比較了彝族與漢族文化的相似與差异之處，『惟《獨立羅羅驅魔經咒》以十二生肖推算月、日、時、刻及方嚮、部位，確是部落時代制度，迹其辨色審方，猶漢《郊祀歌》「青陽」「朱明」「西顥」「玄冥」之遺』，『其計算日、月、年之法，統以十二支獸循環輪值，既不似漢族之「十干」與「十二支」合二而爲「六十甲子」，亦無初一至十爲「初」，十一至十九之「十」，廿至廿九之「廿」與「卅」之演算法。僅有鼠、牛、虎、兔、龍、蛇、馬、羊、猴、鷄、狗、猪之表號而已』。纂者從彝族文字的研究中探究了萬物有靈的自然宗教觀，以及彝族以十二獸循環

輪值來計算日、月、年的獨特曆法。（劉聰）

雲南麼些文考一卷

趙式銘纂　民國鈔稿本　雲南省圖書館藏書

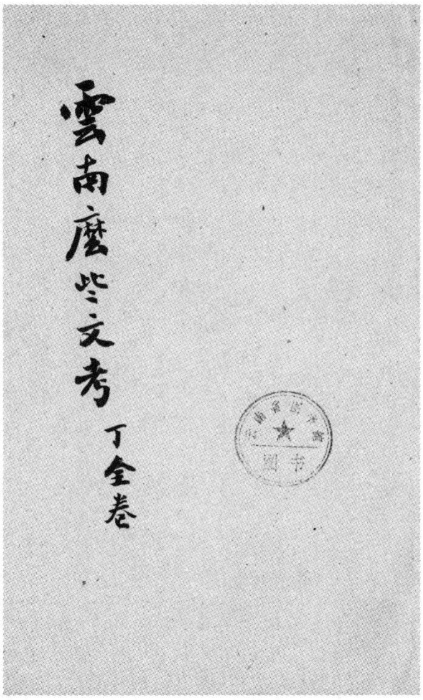

趙式銘簡介見前《雲南方言總考》提要。全書包括《麼些文考第四》與《東寶長壽經》的原文和譯詞，書後附怒子、古宗、傈僳方言之比較。書中輯録了《雲南通志》《麗江府志》《皇清職貢圖》《元史·地理志》《木氏宦譜》等書中有關麼些的記載，考證了麼些的族源及麼些文字的由來，并録東巴《長壽經》。作者認爲：『麼些象形字而譯爲漢文，雖詞不雅訓，然段落分明，叙次條理，即此亦足徵其思想與其文化』書中説：『麼些有疾病、禍祟，并不服藥、懺悔，惟延東寶作法禳祓，而爲東寶者，類多凡下，……僅留祈禱之辭，以爲獵食之具耳。核其文法，動詞在名詞之後，與羅羅教之畢摩經文同一結構撰。其東寶在麼些族中爲鬼主，……與畢摩酷肖。』纂者所説『東寶』即現在所説之『東巴』，他認爲納西族的東巴和彝族的畢摩有相似之處。東巴教是納西族特有宗教，東巴文是祭師用納西象形文字書寫或用納西族方言口頭念誦的宗教祭詞、卜辭等。《長壽經》中是作者搜集到并親手繪製的，對保

存和研究東巴經有重要意義。他還認爲，《長壽經》中的内容與《離騷》、西藏佛教典籍有相似之處。（劉聰）

文字樸識十四卷存一卷（卷一）

姜亮夫著　民國三十五年（一九四六）國立雲南大學文法學院叢書處石印本　國家圖書館藏書

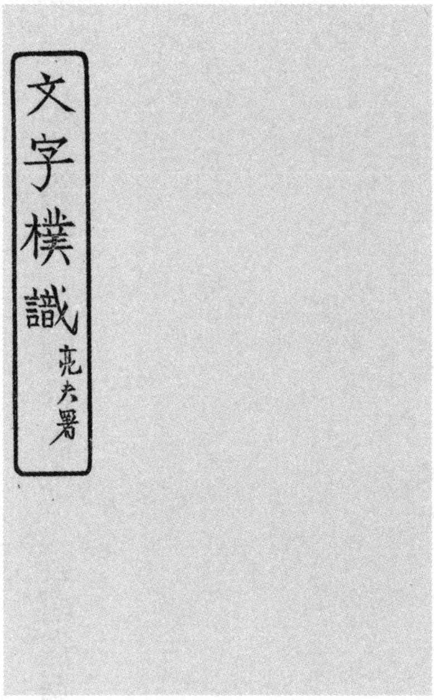

姜亮夫（一九〇二—一九九五），名寅清，字亮夫，號成均樓，晚號北邨老人、天南矇叟，雲南昭通人。民國三年（一九一四），入昭通兩華小學。民國七年（一九一八），入雲南省立第二中學。民國十一年（一九二二），考入成都高等師範學校。民國十五年（一九二六），考入清華大學國學研究院，次年畢業後任教於南通中學、無錫中學。歷任上海大夏大學、河南大學、東北大學、雲南大學、昆明師範學院（今雲南師範大學）、浙江師範學院（今浙江師範大學）、杭州大學教授。一九九五年病逝於浙江醫院，年九十四。著有《屈原賦校注》《楚辭通故》《莫高窟年表》《敦煌學概論》《瀛涯敦煌韵輯》等專著近三十部及論文百餘篇，後均編入《姜亮夫全集》。

此書收入『國立雲南大學文法學院叢書』甲類。原稿共十四卷，今僅殘存卷一一卷，其他大多已散佚。是編曾是抗戰期間作者爲雲南大學諸生講説文字之參考書。單魚尾，花口，四周單邊，每半葉十一行，行約二十四字。封面及扉頁作者自署書名，扉頁并題十四卷。次爲自序，又次爲目録，目録後即正文，卷一分爲『釋一』『釋元』『釋天』『釋不』『釋上下』『釋帝』『釋示』『釋福』『釋禮』『釋祈』『釋社』『釋王』『釋單』『釋中』，凡十四篇，其中末篇於『中』字所説甚詳，體現了姜氏研究古漢語方法以史證字、以字證史的突出特點。卷末有版權頁。（白忠俊）

九　文學

（一）文學理論、評論、研究

中古文學概論（上册）

徐嘉瑞著　民國十二年（一九二三）雲南官印局鉛印本　雲南大學圖書館藏書

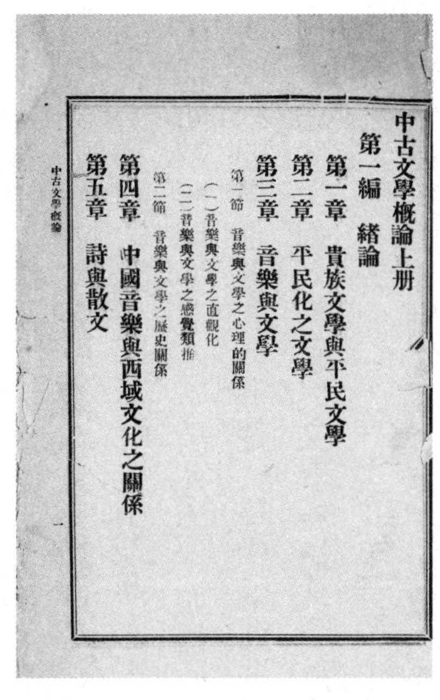

中古文學概論上册

第一編　緒論

第一章　貴族文學與平民文學

第二章　平民化之文學

第三章　音樂與文學

第一節　音樂與文學之心理的關係

（一）音樂與文學之直觀化

（二）音樂與文學之感覺類推

第二節　音樂與文學之歷史關係

第四章　中國音樂與西域文化之關係

第五章　詩與散文

中古文學概論

徐嘉瑞（一八九五—一九七七），字夢麟，雲南鄧川人。一九二七年在昆明秘密加入中國共産黨。曾任昆明民衆日報社社長兼編輯、雲南大學教授及文史系主任。一九四九年後，先後擔任昆明師範學院（今雲南師範大學）校管會主任、西南軍政委員會委員、雲南省教育廳廳長、雲南省人民政府委員、雲南省文聯主席、中國作家協會雲南分會主席等職。著有《中古文學概論》《近古文學概論》《雲南農村戲曲史》《金元戲曲方言考》《大理古代文化史稿》等。

本書爲『中國文學叢刻』之一。扉頁有新詩《神之眼》，作者標明『録舊作一首以示本書大意』。全詩爲：『她是快樂，快樂的淵泉，世界的影子。/風做帶，雲做衣。/赤條條不掛一絲。/用不着：不潔，不净，蠶吐的渣兒。/歷遍了無量無邊的星球來到此！/那地上的人呵，你看不見我，我却看得見你。』

全書分爲五編。第一編『緒論』，介紹貴族文學與平民文學的内容、形式、作者身份和音樂，貴族文學與平民文學之間的平民化之文學的概念；從音樂與文學之心理的關係、音樂與文學之直觀化、音樂與文學之感覺類推、音樂與文學之歷史關係，介紹音樂與文學的關係；介紹中國音樂與西域文化之關係、詩與散文的概念。

第二編『平民文學』，系統論述漢魏和六朝的平民文學。從樂曲、音調、樂詞等方面，叙述漢代的相和歌辭（此歌辭所用樂器産生於中國本土，如笙、笛、琵琶等）和鼓吹曲辭、横吹曲辭（此兩種曲辭所用樂器産生於外族，如匈奴的笳等）的特點和歷史源流。六朝平民文學重點叙述吴越文學中的吴聲歌曲和荆楚文學中的西曲歌辭，以及以鮮卑、匈奴爲代表的外族文學的源流和特點。最後論述漢魏六朝平民文學與唐代貴族文學之間的關係。

第三編『舞曲』。首先介紹舞發生的心理因素、歷史起源和發展特點；其次介紹中國舞曲中漢代的工莫舞和巴渝舞、漢魏至隋代的四舞（鞞舞、鐸舞、巾舞、拂舞）；最後叙述外國舞曲中的霓裳羽衣舞，并分析其神話的解釋和歷史觀。

第四編『貴族文學』。首先批評漢代以賈誼、司馬相如的作品爲代表的貴族文學的缺點，即模仿、堆砌、晦澀、阿諛、冗沓；其次介紹魏晋時期的建安七子和竹林七賢爲代表的貴族文學；最後介紹南北朝時期的貴族文學。

第五編『平民化之文學』。着重論述了唐代文學産生的時代背景，提出楊貴妃、安史之亂和藩鎮是背景中的主流，佛教和道教是旁流，繼而簡論唐代文學分類的歷史、實質、形式、音律等。

該書以平民文學的思想審視中國文學史。胡適曾贊揚作者在平民文學上開拓性的創舉。（梁明青）

近古文學概論

徐嘉瑞著　民國二十五年（一九三六）北新書局鉛印本　國家圖書館藏書

徐嘉瑞簡介見前《中古文學概論（上册）》提要。本書是作者繼《中古文學概論》後的又一著作，繼續論述平民文學的正統地位。扉頁由胡適題簽。書首有姜亮夫、趙景深的兩篇序言。姜序評價此書：『過去作文學史的人，衹看見平民以上的作品與作家，他們也想在這裏面去尋演變的因緣，然而始終是在渾塘子去攪，愈攪愈渾，結果衹捉到些泥底下的泥蚯蚓蟥蜓，不曾捉到一隻清水裏的魚。而夢麟的書，是捉到了這一點最重要的標準，這是他對於「史」的觀點爲他人所不及的。』趙序主要表達對徐嘉瑞的景仰，并敘述了二人相識的情誼。

本書分爲五編，每編下分若干章、節。第一編『總論』，從最高生命之文學，道出『生物學的文學觀』，即文學爲人類生活之反映，爲人類生命力之表現，爲有機的或有生命的，當受進化法則的支配，隨時變化，隨時滅亡，隨時更生，以適應更新的環境而誕生最高生命的文學；又從中國文學之向上運動與向下運動、中國詩歌分類、民衆文學的特點、民衆文學之口耳相傳的特質等方面，叙述文學運動變化發展的過往。

第二編『音樂史』，從燕樂宫調、外國樂曲輸入中國的譯音變化、隋南方音樂等方面，綜合分析歷代文學中的音樂的表現和特點，重點講述唐代新樂中印度系統、西域系統、蒙古高麗系統、雲南系統的區别和影響，并説明每一個系統中的類型，如雲南系統，從典籍中析出南詔樂、爨樂、牂牁樂的源流。

第三編『詞史』，從大曲之特點、雜劇大曲脚色之分别、唐大曲比較表等方面，介紹大曲的發展變化；從七絶體歌謡的起源、平民化之詞、調笑轉踏等方面，講述詞的起源和發展變化。

第四編『戲曲史』，分『南北曲起源總論』『宋代雜劇總論』『宋代雜劇各論』『金院本總論』等章節，考證論述南北曲起源及其一般技藝、宋代雜劇的組織和内容等。

第五編『隊舞』，即中國歷代的舞蹈隊，分小兒隊和女弟子隊，重點梳理宋代宫廷的舞蹈隊情况，分析隊舞的樂曲和組織、性質，以及有關隊舞的文章，如《花舞》《采蓮舞》《漁父舞》等。書中采用了許多自製圖表，使得所述内容更加明晰。

作者在書中對許多被歷史遺忘的平民文學家進行了考證，第一次將他們記録在文學史中。姜亮夫對此在序中説道：『他把許多無名作家考了出來、無名作品考了出來，好讓我們認識許多革命的先驅者呵！』（梁明青）

新舊文學之批判

施章著　民國二十六年（一九三七）藝林社鉛印本　國家圖書館藏書

施章簡介見前《莊子新探》提要。該書爲『國立中央大學藝林社叢書』第三種。封面由羅家倫題簽。扉頁有汪東題詞『援古知今，會心不遠』。首爲自序，作者認爲『最高級的文學，是燭照萬古不變的心靈姿態之明燈，并啓示人生向上之寶筏』，這是本書研究觀點的基礎。

該書是作者一九三二至一九三七年間研究新舊文學的論文選集，主要闡發了作者的文學觀。全書分上下兩卷。上卷『傳道篇』，收文三篇，其中，《傳道文學之新

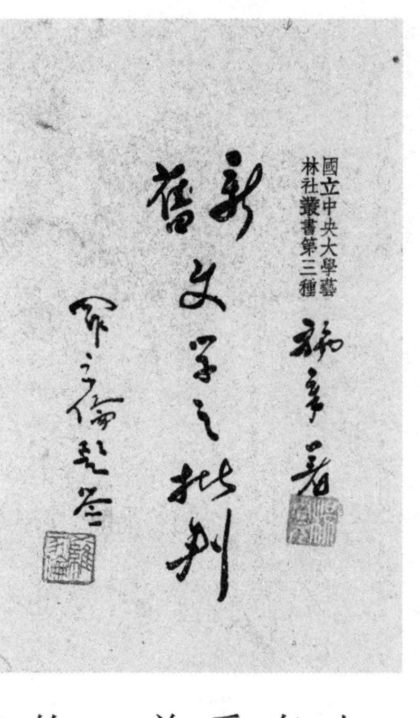

批判》是作者《春秋史記義例闡微》一書的導言，認爲文學應當負有指導人生的使命，文學所要表現的人生之『道』，是一種文化精神、一種社會意識；『傳道的文學』，就是指導人生向上的文學。《中央大學聽經小識録》是作者在中央大學聽課後的感想，主要對『通經致窮説』『禮之用和爲貴』和《左傳》有關問題進行辨析。《莊子兩講》是作者在蘇州章氏國學講習會的講稿，主要探討莊子對於人生的啓示和莊子文學與種性環境的關係兩方面内容。

下卷『國防篇』，收《國防文學的管見》《〈民族文學〉發刊詞》《〈少年文藝〉發刊詞》《提倡民族文學應有的態度》《莎士比亞名劇〈凱撒〉的介紹》《談電影教育及〈鑄情〉》《石達開評傳》

七篇文章。重點論述發揮文學在統一民族意識、團結民族精神中發揮的積極作用，批評花樣翻新的文藝名目，呼籲作家『應把握着自我的意識，成爲生活的創造者，成爲民衆的代言人，同時也成爲民衆的導師』。

書後附録《石達開詩文全録》《悼章太炎先生》《〈通經致用説〉糾謬》《照世杯——掘新坑慳鬼成財主》。（梁明青）

國防文學集（石達開與照世杯）

施章編　民國二十六年（一九三七）藝林社鉛印本　國家圖書館藏書

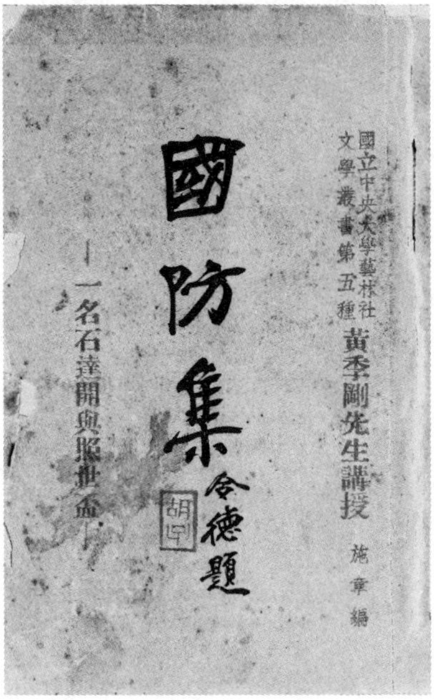

施章簡介見前《莊子新探》提要。本書爲『國立中央大學藝林社文學叢書』第五種。封面由胡令德題簽，扉頁有汪東題詞『援古知今，會心不遠』。

編者在代序——《論國防文學》中，批評花樣翻新的文藝名目，呼籲作家『應把握着自我的意識，成爲生活的創造者，成爲民衆的代言人，同時也成爲民衆的導師』。以此種意識創作的作品足以代表一部分的民衆生活，如果這些作品能感動大衆使之向上，即可以稱爲國防文學。他之所以編這本書，是爲『國家崇隆經術，提倡禮義廉耻之時，可以增國民精神上國防之助』。

本文曾以《國防文學之管見》爲題，收入編者《新舊文學之批判》一書，個别字句略有不同。

本書收録六篇文章。其中，《石達開評傳》叙述石達開生平事迹，贊揚其愛國愛民的精神。文後附石達開詩文全録。《照世杯——掘新坑慳鬼成財主》一文，是編者感於黄侃一九三一年秋所贈酌元亭主人之小説《照世杯》，便詳説其要旨，分段加點刊出，以爲針砭現代青年之藥石。《通經正義》係爲章太炎周年祭日有感而作，主要批駁社會對讀經問題的争執，認爲『經道爲人人共同所由之生活標準』，『通經』即通『爲人』之道。《〈通經致用説〉糾謬》原載章氏《國學講習會學報》第一號，是讀中央大學教授馬宗霍《通經致用説》後的糾謬文章，仍是對讀經問題的議論。《馬宗霍氏〈文學概論〉之妙文介紹》，是對馬宗霍《文學概論》的簡要介紹和批判。《悼章太炎先生》述章太炎先生之超世卓見與偉大人格。書後附録《〈文學概論〉奇文之欣賞》，是對馬宗霍《文學概論》的批判。上述文章，除《通經正義》《馬宗霍氏〈文學概論〉之妙文介紹》《〈文學概論〉奇文之欣賞》外，均收入《新舊文學之批判》一書。

本書編排較《新舊文學之批判》更爲淩亂，正文與目録不盡統一。（梁明青）

文學枝葉

李廣田著　民國三十七年（一九四八）益智出版社鉛印本　國家圖書館藏書

李廣田（一九〇六—一九六八），號洗岑，筆名黎地、曦晨等，山東鄒平人。散文家。畢業於北京大學外語系。一九三〇年開始發表詩文，曾與卞之琳、何其芳合出詩集《漢園集》。一九五二年至一九五九年，先後任雲南大學副校長、校長。

該書爲文學評論集，被列入『一知文藝叢書』第一輯。全書包括二十三篇文章，内容涉及『創作、批評、散文、詩歌、戲劇、小説、報告以及文學與文化諸問題』。其中，『《魯迅的雜文》《魯迅小説中的婦女問題》《論文學的普及和提高》《談報告文學》《紀念高爾基：論文化工作者應該站在哪一邊》都是演講稿；《談散文》《身邊瑣事與血雨腥風》《論詩短簡（一）》《論詩短簡（二）》都是書簡；

《人格與風格》《人民自己的文學》《中學生的文學修養》《文學與文化》都是特爲報刊而寫；《淚和朝霞》《看離離草》《人民是不朽的》都是作品的評介；兩篇譯文《論現代散文風格》《〈戰爭與和平〉中的天地》是我的讀書札記；而《談創作》《從創作的過程論言志與載道》《論文學作品的完整性》《談再創造》都是一時爲了報刊的需要，從一部尚未定稿的《文學論》中删節或縮寫而成，這就正如從一棵大樹上裁下來的零枝散葉』。作者説，『這二十幾篇文字雖然是這樣零零散散，但由於其成因既如上述，所以大都不是空文，而且大都是盡可能地把所要説明的思想壓縮進了最小最小的形式』。這些短小精闢的文章裏藴含了作者獨到的文藝思想，這些文藝思想在作者大量艱苦的創作實踐中孕育成熟。他立志要『建立一種嚴正的批評』，自言這些文章『分開來看，實在是枝枝葉葉，合起來看，也許還可以看出一貫的思想』。

作者一向關心青年，熱心幫助青年作者和讀者，他的文學理論和批評文章很多是爲他們而作。

他寫了相當多的直接與青年談文學的文章，這部書也不例外。這是一部談論文藝的書，對於初學寫作的青年人有很大的幫助。書中没有高談闊論，没有高深理論，作者用具體的例子、簡單的語言來闡述自己的觀點，便於讀者理解和掌握，能够把理論和實踐融爲一體。它語言平易、自然，雖然是一本指導如何學習文藝的理論著作，却可以當一部散文集來讀。（劉聰）

創作論

李廣田著　民國三十八年（一九四九）開明書店鉛印本　國家圖書館藏書

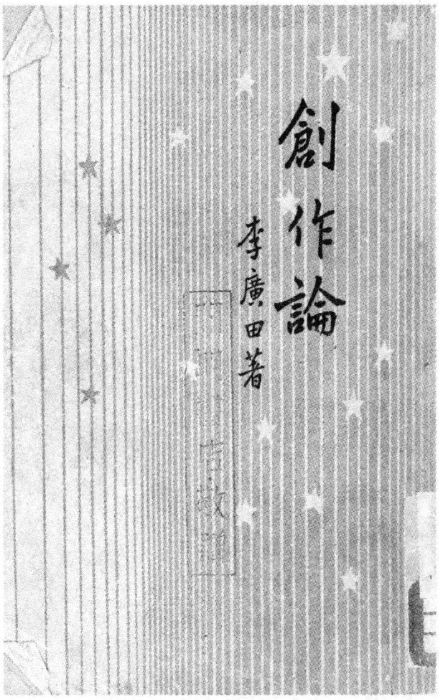

李廣田簡介見前《文學枝葉》提要。該書爲現代創作論集，被列爲『開明青年叢書』之一。全書包括十篇有關寫作的論文。作者在序言中説：『《創作論》十篇，是《文學論》裏的一枝。』第一篇《思想與創作的關係》、第二篇《創作是怎麽一回事》闡發本書的主旨，可視爲本書的總論。《一論創作過程——愛侖·坡的〈李奇亞〉》《二論創作過程——果戈里的〈外套〉》《三論創作過程——紀德的〈浪子回家〉》《四論創作過程—一個結論》等四篇文章，結合具體作品分析創作過程，提出了結論性的看法：『作者總要在現實生活中行動，由於作者的忍耐，由於經驗的集中，而最後終須創造一個完整的、美而和諧的世界，這個世界像神的世界一樣。』《論情調》《論傷感》《論描寫》《論語言》是關於創作技巧的四篇文章，與前文互相貫通。二十世紀四十年代的文藝理論建設，大多着眼於文藝與政治、作家與群衆關係等問題，對藝術本身的創作規律則缺乏研究。作者在這方面的探索有一定的理論體系和深度，是相當難能可貴的。（劉聰）

文藝書簡

李廣田著　民國三十八年（一九四九）開明書店鉛印本　國家圖書館藏書

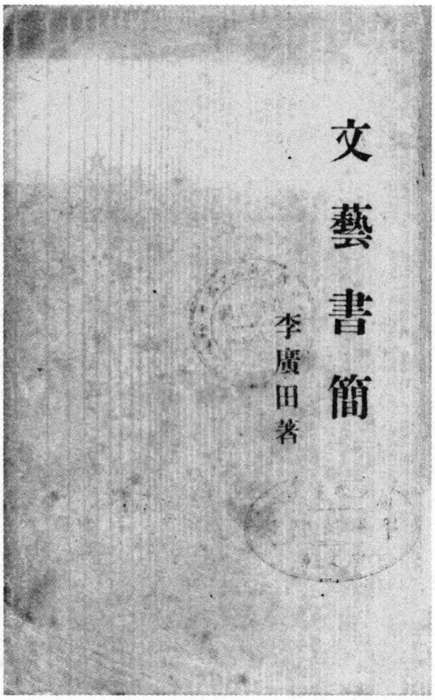

李廣田簡介見前《文學枝葉》提要。該書爲文藝理論集。除序言外，收文章十八篇。作者自言：『（《文藝書簡》）是十八篇小文章，其中十一篇是在《中學生》發表過的，這些文字也大都是和中學生或相當於中學生的青年朋友們談論的結果。其中有六篇是書簡，而其他不是書簡的也多少有一些書簡的意味。』這十一篇文章包括《談文藝創造》《談文藝欣賞》《談文藝批評》《談幼稚》《談寫詩》等等，從讀者來信的角度，以問答的形式，向青少年朋友講述什麽是文藝創作、文藝欣賞、文藝批評等，以及學習者應具備怎樣的文學素養。語言平實易懂，態度懇切，像一位老師向青少年講述文學的入門知識。此外，《文學與科學》《中學生與文藝》也是兩篇面嚮青少年朋友的論述性文章，講述文學與科學的關係、中學生愛好文藝的原因以及如何指導中學生的文藝學習。《魯迅先生的〈墳〉》是作者在魯迅逝世紀念日之際重讀《墳》這篇文章有感而作，以此來探討魯迅文學創作的特點。《朱自清先生》通過回憶和朱自清相處的幾件小事，表達對他的緬懷之情。《自己的事》是應雜志社之邀所寫的自傳性質的文章。本書分析深入淺出，對初學文藝的朋友有很多啓迪。（劉聰）

論文學教育

李廣田著　一九五〇年文化工作社鉛印本　國家圖書館藏書

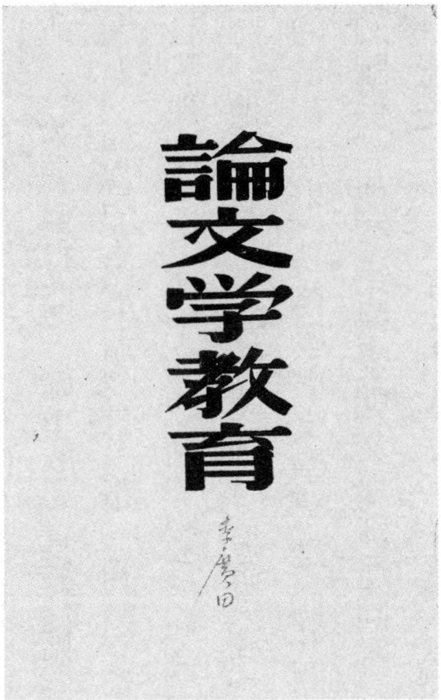

李廣田簡介見前《文學枝葉》提要。本書係文化工作社『未名叢書』之一，自出版後至一九五三年十月，重印六次，印數達一萬四千五百册。

全書收録作者在一九四六年至一九四八年間有關文學評論的演講稿、書信、紀念文章十九篇。如《人的改造與文藝方嚮》是一九四六年十月十三日給抗戰期間留在淪陷區裏的朋友們的『宣言』，他强調要重視和研究抗戰期間淪陷區人民的悲歡情感、文學作品和文化思潮。《文學運動與文學創造》寫於一九四六年十一月三日，主要解析新文學運動的文化思想及魯迅在運動中的先鋒力量和影響，并結合當時形勢，批評民主文學運動下不自由環境給文人帶來的束縛。《文學的價值》指出文學的價值是認識人生、認識生活，鼓舞人生、鼓舞生活，創造人生、創造生活。《論怎樣打開一條生路》是對楊振聲《我們要打開一條生路》的回應，作者站在人民的文學立場上，認爲文學上的『出路』問題就是創作方嚮與批評標準的問題，他引用朱自清在《文學的標杆和尺度》一文中的觀點，認爲社會主義與民主是當時的文學尺度，文學的『生路』應當從此打開；他還談及當時的朗誦詩、漫畫和《白毛女》等新文藝的樣式，認爲這些作品是『打開一條生路』的最初成果。《醫學與文學》是一九四八年五月十九日在北京大學醫學院的演講，論述醫學與文學的關係，他認爲醫學與文學殊途同歸，目的分别是救人的身體和靈魂。《最完整的人格——哀念朱自清先生》寫在朱自清頭七之時，論述朱自清人格中的『有至情』『愛真理』『有風趣』，三者在朱自清的人格結構中渾然一體、不可分割。《紀念魯迅》寫於魯迅逝世十二周年之際，作者强調必須更具體、更深入、更全面地研究魯迅，必須在實踐中學習魯迅，必須保衛魯迅。（梁明青）

卧雪詩話八卷

袁嘉穀撰　民國十三年（一九二四）鉛印本　國家圖書館藏書

袁嘉穀（一八七二—一九三七），字樹五，别字樹圃，晚年自號屏山居士，雲南石屏人。清光緒二十九年（一九〇三）考取經濟特科第一名。次年東游日本考察學政，兼任雲南留日學生監督。回國後，曾任學部編譯圖書局局長、國史館協修、浙江提學使等職。辛亥革命後回滇，歷任雲南

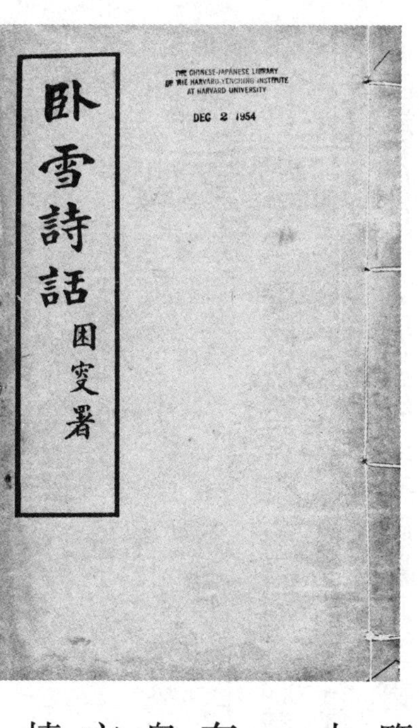

鹽運使、省務委員、東陸大學教授。著有《滇繹》《雲南大事記》《石屏縣志》《卧雪堂文集》《卧雪詩話》等。

封面由陳度題簽。陳度、由雲龍認爲該書評古今作、存近人作，『救濟近代選家之不足』，『瀏覽涵泳，各得其奧，故其論詩皆有精意，不屑拾前人牙慧；而存近人詩，亦以其所知者精審而存之，存其詩即存其人，故無有徇情濫收之弊』。

該書收存了大量雲南籍詩人的詩作，并進行評述，目的是讓雲南詩人走出因地理局限造成的閉塞，讓中原詩壇更好地瞭解他們，同時也讓雲南詩作進入中原藝苑，保存在中國文化的寶庫中。據不完全統計，書中所列雲南籍詩人有陳榮昌、李坤、師範、張月槎、朱丹木、朱庭珍、何丹畦等八十餘位，其中以昆明和石屏詩人居多。書中還列舉了多位女性的詩作，并對其人其詩進行了點評，如晉寧奎蘭貞、楊志飛、高馥蕙等；收録點評了朝鮮、日本一些漢學詩人的作品，如日本的長崗護美、伊藤博文，朝鮮的許筠及其妹許星樊、曹寅承、李正魯、黄章淵等。

本書的主要内容，一是評述古今詩人的詩作及其風格，如評論馬龍知事陶大令的詩『有奇才，意境亦深』（卷一）；石屏許峨軒的詩『各體皆工』，『皆有中唐人神致』（卷一）；『李太史坤，詩筆蘊藉』，『如鄉淚四首，情真語摯，遠之軼少陵羌村，近之比南園長風』（卷四）；阮籍《咏懷詩》『上掩漢魏，下啓三唐』（卷八）。這些點評雖隻言片語，但皆深中肯綮。二是對詩歌的創作理論和方法等問題進行論述，認爲作詩必須創新，『摹古太多，詞意俱複，擬不足法』，一味摹古『非南郭之喪我，實東施之效人』（卷八）；作詩必須自然，要抒發真情，『漢唐詩人，衝口而出，何嘗運典，何嘗矜奇，然而詩味深矣』（卷八）。作者在評詩、論詩時廣泛吸收清代詩論家的觀點，推崇詩的風骨、神味和藴藉，認爲『詩妙在神味，不在形迹，高在骨格，不在字句』（卷二），繼承了傳統的『知人論世』的文藝批評原則，强調詩人創作的現實感和歷史感，把詩品與人品提到了較高的地位。作者還對聲韵的起源等問題進行了論述，反映了他在聲律、音韵方面的造詣。（梁明青）

中國詩學大綱

楊鴻烈著　民國十九年（一九三〇）商務印書館鉛印本　國家圖書館藏書

楊鴻烈（一九〇三—一九七七），又名炳堃，别名憲武，號知不足齋主，雲南晋寧人。畢業於北平師範大學外文系，後入清華大學國學研究院，師從梁啓超、王國維等名師研究歷史。一九三四至一九三七年留學於日本東京帝國大學研究院，獲博士學位。曾任教於南開大學、北京師範大學、雲南大學、河南大學等。後任廣東省文史研究館館員。著有《中國法律發達史》《中國法律思想史》《中國法律在東亞諸國之影響》《史地新論》《史學通論》《歷史研究法》《袁枚評傳》《中國文學雜論》《中國詩學大綱》《教育之行政學的新研究》《中國文字的價值》等。

該書係王雲五主編的『國學小叢書』之一，多次重印。它『把中國各時代所有論詩的文章，

用嚴密的科學方法歸納排比起來，并援引歐美詩學家研究所得的一般詩學原理來解決中國詩裏的許多困難問題』。全書共九章。第一章『通論』，從『本書的定名和詩有無原理的討論』『中國詩學發達的大概情形』兩個部分，討論詩有無原理，并舉出中國有詩學原理的許多證據。第二章『中國詩的定義』，搜集中國書裏四十餘條詩的定義，逐一加以批判，然後提出對中國詩的定義：『詩是文學裏用順利諧合帶音樂性的文字和簡練美妙的形式，主觀地發表一己心境間所感現，或客觀地叙述描寫一種事實而都能使讀者引起共鳴的情緒。』第三章『中國詩的起源』，認爲中國最古寫成文字而又最可信的詩是《詩經》三百篇，并對早先時代的僞作和一般舊學者的臆説進行批判。第四章『中國詩的分類』，把中國詩分爲『客觀的詩』和『主觀的詩』兩大類，前者由民間歌謡和摹擬的歌謡組成，後者由愛情類、悲感類、譏諷類、自然類的抒情詩和箴誡類詩、哲學類詩組成。第五章『中國詩的組合的元素』，引劉勰、鍾嶸、白居易、黄宗羲等人關於詩的元素的論述，概括詩的元素是詩的内容和形式，其中，内容方面引古代詩人的詩話和對詩的認識，從感情、想象、思想方面來論述；形式方面引古代詩歌和白話詩歌，論述詩歌的文字和格律。第六章『中國詩的作法』，總括各詩家的説法爲三大派：性情説、學問説、性情學問相輔説，作者贊同性情學問相輔説，并論説此是作新詩的根本方法。第七章『中國詩的功能』，認爲詩本來祇有心理的功能，痛斥一些詩學家倫理功能的説法和少數不懂文藝真價值的謬説。第八章『中國詩的演進』，認爲中國詩是進化，退化説雖不合歷史的真相，但於人心智的演進情形有部分的可靠。第九章『結論——作者對於新詩人的罪言』，對當時白話詩『言之無物』的腐敗情形加以抨擊，并將『言之無物』的白話詩歸納爲三類：混詩和語言爲一的一類，無病而呻的一類，以詩説理的一類。

作者通過各章論説，直接、間接地闡發了詩的本質，詩的形式永爲僕從陪襯的地位。他對中國人以禮教功利傳統的思想妨礙文藝創作的行徑進行抨擊，最終目的是擁護詩的生命。（梁明青）

偷閑廬詩話二卷

楊香池編著　民國二十三年（一九三四）鉛印本　雲南省圖書館藏書

楊香池（一八九三—一九六四），名森，號香池，出生於雲南順寧縣（今臨滄鳳慶縣）文明街。一九一六至一九四三年，曾任順寧縣立女子高等小學、縣立女子師範傳習所、縣立高等小學和縣立中學的國文教員及縣教育局第三股股員。一九四三至一九四九年，任省立順寧中學國文教員。一九四九年九月被推選爲縣教育會第九届理事。一九五〇年二月，順寧縣人民政府成立，當選爲人民代表。曾出席全縣第一届至第五届人民代表大會，

楊香池編

偷閑廬詩話

馬公愚署

且被推選爲副縣長，負責管理文化和教育工作。同時還被推選爲雲南省人民代表，多次出席省代會。著有《偷閑廬敝帚集》《偷閑廬文集》《偷閑廬詩集》《香池信稿》《秋窗夢醒録》《偷閑廬聯話》《牆頭聲》等。

封面由馬公愚題簽。書首有陳柱、王蘧常的兩篇序言。陳序説作者：『博聞好學士也，尤喜詩詞，見古今名賢佳什，輒熟誦而手録之，已二十年矣。乃取其愜於心者，附以己意，編爲詩話。持論甚中庸，重情性而尚自然。所采尤多時賢及滇人之作，洵可謂能拾菁英而傳遺佚者矣。』

書中收録詩話三百餘條。開篇評宋教仁登杭州韜光寺詩句『徐行屈曲路，竟上最高峰』，是『借登山而示訓』；讀周岐《官兵行》，發出『試問民國以來，各省各縣，有不遭兵之蹂躪者，何地耶？讀此詩，能勿喞嘆』之言；評楊升庵妻黃氏《寄外》詩，『抒寫情愛，何等自然，非徒哀怨也』；評范成大《夏日田園雜興》，『此詩不獨意佳，作法亦好。末兩句追進一層説，益顯出俗美習良，可悟詩法』；評《二十年目睹之怪現狀》揭破清末政治黑幕，針砭社會惡習。此書處處表現出作者思想之清明，人品之高潔。

對有名有姓有籍貫女性之詩歌的點評，占了全書的很大分量。如評鑒湖女俠秋瑾遺詩《失題》《紅毛刀歌》《申江題壁》《登吴山》，『多壯語，不失爲高雅之作』；評桂林張含蘭『一簾春意寒，人倚東風裏』『竹裏扣門驚吠犬，隔簾紅出小桃花』，『極清麗』。點評雖隻言片語，但能切中詩詞之真諦。

本書還點評登載於報刊上的詩詞，如《新聞報》副刊《快活林》《新園林》上的《鼓琴》《豐年嘆》等；記録一些民謠俚語，如『高山高處高於天，走過雲南走四川。雲南四川好跑馬，洞庭湖裏好撐船』等，多是警言。

書中還有多處體現作者的詩學思想，如『襲故蹈常，油腔滑調，詩之大病也。而鑿幽縋險，意澀語硬，亦詩之大病也』，等等，足見其思考之深度。（梁明青）

定庵詩話二卷

由雲龍撰　民國二十三年（一九三四）鉛印本　國家圖書館藏書

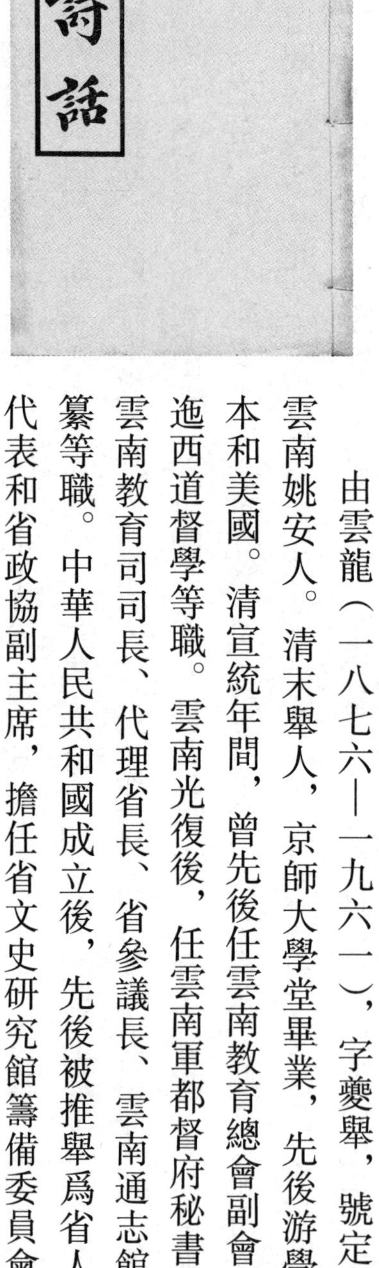

由雲龍（一八七六—一九六一），字夔舉，號定庵，雲南姚安人。清末舉人，京師大學堂畢業，先後游學日本和美國。清宣統年間，曾先後任雲南教育總會副會長、迤西道督學等職。雲南光復後，任雲南軍都督府秘書長、雲南教育司司長、代理省長、省參議長、雲南通志館編纂等職。中華人民共和國成立後，先後被推舉爲省人大代表和省政協副主席，擔任省文史研究館籌備委員會主任委員。

本書爲不立目、條、札式詩話，無序跋，版心書『雲南開智公司代印』。卷首有作者民國二十三年（一九三四）自題詩二首。本書内容大體可歸納爲：一、對唐宋明清名家詩作的賞析；二、對雲南前輩詩作的輯佚和品評；三、作者交游詩作和詩事記略；四、轉抄其他詩話的内容。其中以賞析品評唐宋明清名家詩作爲最多。其關涉雲南之詩話雖然不多，但這些詩作和詩人却鮮見於他書所載，故對於研究雲南詩史和詩人，特別是近現代詩史和詩人，有頗多可供參考之處。如卷上引明人陳繼儒《虎薈》，記明朝保山張含（禺山）好作怒斥貪官詩曰：

禺山有詩云：『昔日漢使君，化虎方食民。今日使君者，冠裳而吃人。』又云：『昔日虎使君，呼之即慚止。今日虎使君，呼之動牙齒』。又云：『昔時虎伏草，今日虎坐衙。大則吞人畜，小不遺魚蝦。』或曰：『此詩太激。』禺山曰：『我性然也。』（楊）升庵戲之曰：『（蘇）東坡嬉笑怒罵皆成詩，公詩無嬉笑，但有怒罵耳。』禺山大笑。

又如，記清末趙藩等士子在沾益作詩題壁諷刺科舉制度曰：

壬寅公車北上，宿沾益，見邸壁有題詩一絶，和詩三首。均思致不凡，曾記於《北征日記》中，因無署款，不知何人所作。後趙樾村丈見之，謂同學何君筱泉曰：『其詩余所作也。』爲録於此：『十二年中兩狀頭，可能忠孝副君求。天津橋上聞鵑嘆，漫詡人才冠九州。』似係爲貴州趙、夏兩狀頭發，後兩君皆鮮所表見。樾丈之言其信矣乎？和章云：『逐逐名場等爛頭，千金駿骨更誰求？祖龍餘劫今猶烈，大錯何從鑄九州。』又：『刀弧帖括等虚車，黑大圓光制策書。持此進身持此取，求才屢詔意何如？』又：『痴狂競説鬼盈車，哀痛千言有檄書。東去駱駝雖厭敵，當時忠義竟何如？』皆後到者所和，樾丈已不及見矣。（朱端强）

定庵詩話續編二卷

由雲龍撰　民國二十六年（一九三七）鉛印本　國家圖書館、雲南省圖書館藏書

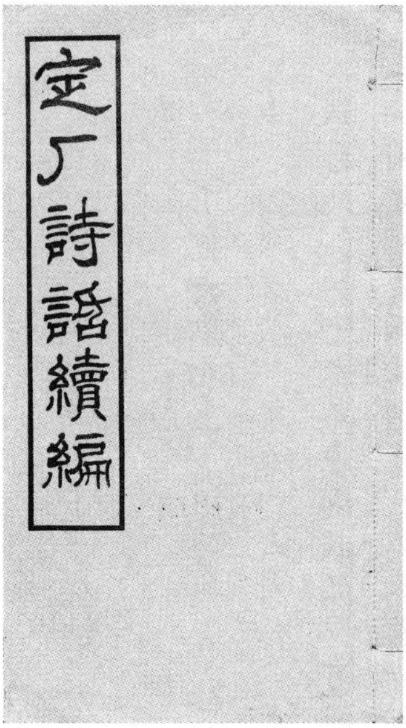

由雲龍簡介見前《定庵詩話》提要。本書體例同前。開卷作者言其内容特點曰：『前編所録，多海内知好佳章，及泛論古今詩派沿革變遷之故，而於滇省時賢所作尚未遑及。且前編訛脱錯誤，有待於更正者甚多，則續話之不可以已也。』故此書以記評雲南前輩和作者交游詩作及有關佚事爲主，爲我們提供了更多有關滇人滇詩的新史料。如卷上，記作者爲美國女作家温賽德提供陳圓圓佚詩一事曰：

昨方紀陳圓圓事，適兒輩同學友沙君德貞偕同美國女作家温賽德女士來見。備言到滇專爲收集圓圓事迹，將爲介紹於歐美婦女界，俾知中國多奇女子。頃已得圓圓肖像，再能得其所作詩詞尤佳。女士曾作《昭君》一書，及孟姜女、魚玄機故事云。余徧考紀載圓圓事實之書，皆無自作之詩，僅《衆香集》（王鴻緒等撰定）載圓圓詞三首。姑録以予之。至《商山鸞影》所載詩二十餘首，出於假托，夙所不取。且歐美人動以科學實驗爲準，扶乩降鸞，恐涉迷信之譏，未予録示。詞爲《荷葉杯·有所思》云：『自笑愁多歡少，痴了底事，倩傳杯酒，

一巡時，腸九迴，推不開，推不開。』又《轉應曲·送人南還》云：『堤柳，堤柳，不繫東行馬首。空餘千縷秋霜，凝淚思君斷腸。腸斷，腸斷，又聽催歸聲喚。』又《醜奴兒令·梅落》云：『滿溪緑漲春將去，馬踏星沙，雨打梨花。又有香風透碧紗。聲聲羌笛吹楊柳，月映官衙，懶賦梅花，簾裏人兒學唤茶。』詞甚婉約，惟其人非爲歷史、社會增重者。

作者認爲，陳圓圓絶不能與昭君出塞之報國業績、孟姜女哭長城的反抗精神相比，中國古代品格卓然的女子還很多。但有人却偏愛把陳圓圓、賽金花這樣的人搬到外國去，作爲中國的『奇女子』大加演繹。作者表示『期期未敢贊同也！』（朱端强）

詩的藝術

李廣田著　民國三十二年（一九四三）開明書店鉛印本　國家圖書館藏書

李廣田簡介見前《文學枝葉》提要。該書爲詩論著作，被列爲『開明文學新刊』之一。全書除序言外，收入詩論五篇：《論新詩的内容與形式》《詩的藝術——論卞之琳的〈十年詩草〉》《沉思的詩——論馮至的〈十四行集〉》《詩人的聲音——論方敬的〈雨景〉與〈聲音〉》《樹的比喻——給青年詩人的一封信》。序言與《論新詩的内容與形式》表明了作者對詩的總的看法：『我相信藝術的内容決定藝術的形式，但我又相信最好的形式也可以反作用於内容，可以加深并提高内容。祇以内容而論，我贊美那結實而健康的思想或感情；祇以形式而論，我佩服那運用得恰到好處的

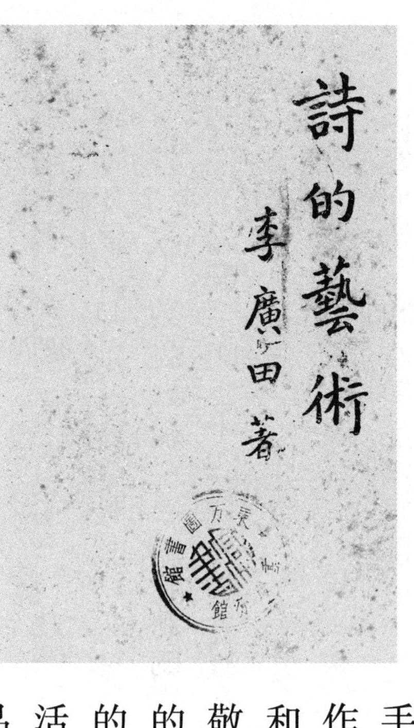

手段或技巧。以一件整個的作品而論，我以爲那最好的作品應當是內容與形式的一致。』《十年詩草》《十四行集》和《雨景》《聲音》，分别是作者友人卞之琳、馮至和方敬的詩集，作者深知其人，也深知其作品。他品評友人的詩作態度公允，分析細膩。《樹的比喻》一文，以通信的方式，論述寫作的過程與態度，説明文藝是植根於生活的，祇有忠實於生活的人，纔能成爲藝術家，『一件作品正如一株生命充沛的樹，它須是從根到梢的一個完整』。作者有多年寫詩的經驗，對所評論的對象又相當熟悉。他的批評文字，既有充分的根據，又對文壇風氣起着針砭作用，可讀性較强。

作者根據多年的寫詩經驗，表達自己對於詩乃至整個藝術的認識和看法：强調詩的內容與形式的和諧，不滿於忽視技術的詩的散文化傾嚮，指出詩人的條件在於勤奮和忍耐，像樹一樣『植根於生活，却又創造生活』。（劉聰）

詩論集

羅鐵鷹著　民國三十三年（一九四四）警鐘書店鉛印本　雲南大學圖書館藏書

羅鐵鷹（一九一七—一九八五），原名羅樹藩，曾用筆名駱駝英、華萊士等，白族，雲南洱

源人。一九三六年在昆明高中畢業，到上海入同濟大學學習。一九三七年夏，參加中國詩歌作者協會。一九三八年八月，在雲南大學讀書時，與徐嘉瑞、雷濺波等共同創辦全國性詩刊《戰歌》。一九三九年，任中華全國文藝界抗敵協會昆明分會理事，兼編輯室主任，并在《新華日報》《大公報》等報刊上發表文章。二十世紀四十年代，主編過《金碧旬刊》《真理周報》。一九五〇年，任雲南省文聯籌委、編輯部主任，當選爲昆明市第一屆人大代表。一九五七年，在昆明師範學院（今雲南師範大學）中文系任教。先後出版了《原野之歌》《水之歌》《海濱之歌》《原形畢露》《望昆明》《東風路組詩》等詩作。

該書爲『警鐘叢書』之三。作者在序中稱，此書是鑒於中國詩壇『理論較貧乏』，『可讀的詩論』較少的情況，在『期待着中國能有較深的詩歌理論的著作的出現』的心情下所作的『嘗試』。又稱，『本書的目的在於説明詩歌的閱讀與寫作的基本原理』。

全書由十六篇文稿組成，依次是：《詩人的世界觀與實踐》《詩歌的題材與主題》《詩歌的内容與形式》《詩歌的形象性與典型性》《（詩歌的起源與）詩歌的音樂性》《詩歌與熱情、》《詩歌的真實性》《詩歌的藝術性與政治性》《詩歌的大衆化與詩歌的民族形式》《叙事詩與抒情詩》《略論諷刺詩》《略論大衆合唱詩》《論兒童詩歌》《朗誦詩與詩歌朗誦》《黑暗的暴露》《新寫實主義的詩歌（結論）》，以新寫實主義的理論爲綱，來論述詩歌與生活、思想的關係，以及詩歌的内容和形式、種類和題材諸問題。作者認爲這是服務於『民族解放鬥爭的偉大的現時代』的戰鬥的詩歌理論，新寫實主義的詩歌纔是『有價值的詩歌』。（梁明青）

詞與音樂

劉堯民著　民國三十五年（一九四六）國立雲南大學鉛印本　雲南大學圖書館藏書

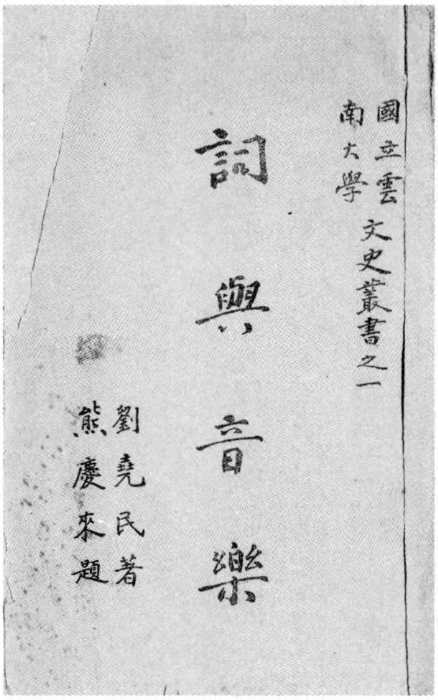

劉堯民（一八九八—一九六八），字治雍，筆名伯厚、林不肯，雲南會澤人。著名文學史家、詩人、教育家。一九二六年加入中國共産黨，編輯黨刊《紅色戰綫》《小世界》等。一九三七年任教於雲南大學。中華人民共和國成立後，任雲南大學中文系主任，是當時雲南爲數不多的二級教授之一，也是雲南大學較早指導研究生的導師。主要著作有《詞與音樂》《廢墟詩詞》《晚晴樓詞話》《孔子哲學》《莊子哲學》《老子及其思想》《魏晋玄學》《格物的解釋》《試談周族的三篇史詩》等。主要譯著有《阿爾諾・浮爾克怎樣訂的婚約》《波多列爾的自然觀》《秋夕夢》《黑猫》《刺俠》《悲哀的玩具》《祖父》《啄木的隨筆》《舊鐘》《雲雀》等。

該書爲『國立雲南大學文史叢書』之一。封面由熊慶來題簽。羅庸爲本書撰叙。他認爲詞史的研究，在當時仍然是墾荒的工作。『詞的生命，是建築在唐宋兩代的音樂上的，離開音樂而談詞史，衹不過是鑒賞文辭。』他認爲該書『首先注意到音樂問題，便已是絶大眼光』，『這一部詞史，無疑是劃時代的作品，在見地和方法上，對將來的研究將有無限的啓發』。從羅敘可知，本書原是作者詞史的第一章，因篇幅較長，故獨立出版。

全書分爲『長短句之形成』『詞之旋律』『從以樂從詩到以詩從樂』『燕樂與詞』四編，編下又分若干章、節。作者系統闡釋了音樂文學觀，着重探討了詞的聲律與音樂的關係，從音樂的旋律看到詞的旋律，又從漢字的平仄聲韵，闡述了音樂與漢字聲律的關係。首先，作者對音樂文學的含義進行了界定。他認爲音樂文學以詞爲開端，衹有詞曲纔算得上真正的音樂文學，詞以前的詩歌或韵文都不能納入音樂文學的範圍。作者對音樂文學含義的探討，其意義并不在於是否能够給出一種準確的界定，而在於推進了學術界對音樂文學内部特徵的探究和認識。其次，作者對詞之起源進行了考察。他認爲詞是循着古詩到樂府詩再到近體詩的方嚮一路發展而來的，其進化的動力在於詩歌是循着趨向音樂的狀態發展的。作者對詞的起源雖主音樂説，但他并未絶弃形體説，而是以音樂説爲主綫，以形體説爲副綫，綜合考察詞的起源。最後，作者將詞之起源的内因定在音樂上，但他并不認爲詞的起源可以劃定在某個時間點上，認爲詞是醖釀於某個時間段内，是在詩歌與音樂相結合的過程中長期衝突和調適的結果。是書後經張文勛先生校訂，於一九八二年由雲南人民出版社出版平裝本，一九八五年出版精裝本。（梁明青）

雲南農村戲曲史

徐嘉瑞著　民國三十二年（一九四三）國立雲南大學西南文化研究室鉛印本　國家圖書館藏書

西南研究叢書之三
徐夢麟着
雲南農村戲曲史
國立雲南大學西南文化研究室印行

徐嘉瑞簡介見前《中古文學概論（上册）》提要。該書爲國立雲南大學西南文化研究室印行的『西南研究叢書』之三。游國恩爲本書撰寫序言，指出作者搜集該書研究資料之不易：『余親見其於亂鴉斜日中，偕其夫人携一壺茶、一張几，訪所謂段老爹者，聽其撫節安歌，夢麟則隨手記録，增補其闕遺，審正其訛謬，汲汲如恐不及，其用力之勤與用心之不苟如此。』并評價該書在民俗學、文學史上的重要地位：『觀其所采諸花燈劇中，若《放羊》一曲，則《履霜操》《孤兒行》之類也。《勸賭》及《賈老休妻》，則《僮約》《頭責子羽》之類也。并莊諧雜出，雅俗共賞，咸足以厲末俗，移澆風。而其考據之詳，議論之審，見解之卓越，又爲今日治民俗文學者不可少之書也。』

該書爲章節體史著，用語體文寫成，除研究性文字之外，彙編了數十種新、舊花燈劇唱詞、曲譜，保存了豐富的民間文學史料。如作者所言，農村戲曲包含許多民間歌謠，『反映着真實的單純的農民生活，和真誠的潔白的農民的情感，……對於研究西南文化的朋友們，可以看出雲南民間歌謡、戲曲的來源和散布，可以考察出許多言語、風俗的特質，因此可以看見中原文化在金元明時期流入雲南的綫索』。

全書目次爲：第一章『導論』，第二章『雲南農村戲曲第一部（舊燈劇）』，第三章『舊燈劇的内容』，第四章『雲南農村戲曲第二部（新燈劇）』，第五章『新燈劇的内容和來源』，第六章『雲南農村戲曲中的方言』，第七章『結論』。雲南人民出版社於一九五八年將該書再版發行。（許新民）

（二）各體作品集

寄蒼樓集十三卷

楊瓊撰　民國二年（一九一三）鉛印本　國家圖書館藏書

楊瓊（一八四六—一九一七），字叔玉，號迴樓、柿坪夫子，白族，雲南鄧川新州人（現屬洱源縣）。清光緒十七年（一八九一）辛卯科鄉試中舉；三十一年（一九〇五）奉派日本考察學務，與李根源同學；翌年畢業於東京弘文學院速成師範班。民國元年（一九一二）五月，當選爲雲南省議會議員，隨後又當選爲國會議員。他一生注重學習西方先進文化，篤志教育，曾任晉寧州學正和大理府西雲、迤南道成、昆明經正等書院山長，創辦鄧川縣女子小學、農桑藝校、鄉立初等小學等六十餘所學校及昆明成德中學。

該書爲楊瓊門人子弟所裒次。封面趙鯨題署『寄蒼樓集』。書前收趙藩序、迴樓先生小像一幅、趙鯨題詞及目録。全書十三卷，前八卷爲詩鈔，後五卷爲文鈔。

詩鈔按時序編纂，收甲戌（一八七四）至癸丑（一九一三）約四十年間古今體詩四百九十八首。其中，卷一收甲戌至丁亥（一八八七）《敬刊先雪門君知白軒遺稿成紀德十章》等四十七首，卷二收戊子（一八八八）至庚寅（一八九〇）《戊子仲春朔十日生辰戲題》等六十七首，卷三收辛卯（一八九一）《鄧川四景》等六十六首，卷四收壬辰（一八九二）《元旦感懷》等九十首，卷五收癸巳（一八九三）至丙申（一八九六）《勵志》等五十九首，卷六收丁酉（一八九七）至戊戌（一八九八）《正月朔二日陰雨出謁戚舊》等四十四首，卷七收辛亥（一九一一）至壬子（一九一二）《次韻和趙樾村巡按憤寇喜捷二律》等七十二首，卷八收癸丑《壽張節母宋孺人年六十有六》等五十三首。

詩鈔内容除有作者追隨先賢思想道德文化至高境界之作和歌咏所歷之地風景名勝古迹、懷古寄情山水之作以及與親友唱酬應和之作外，還多表達立德、樹人、强國之思想，如《擬張茂先勵志詩即原韵》《大理中學校校箴八則》等詩；亦有出國考察，探尋科技强國之路的《憶日本》《電綫》《鐵軌》《氣球》《戰艦》等詩；充滿愛國情懷，希望中華戰勝列强之《邊事二律》等詩；推崇民主共和、擁護辛亥革命的《三月三日國會開幕忝列主席》詩；勉勵自己『人生懼自恕，秋氣就衰萎』的《勵志》詩。

文鈔收録史事評論、書信、書序、跋辭、壽序、碑記、祭文、墓表、墓志銘、人物傳記、游記等文章共五十五篇。其中卷一收八篇文章，分别論説六書之旨，論述將孔教定爲國教和在滇爲明永曆帝立祠廟兩事并提出相關建議。卷二有八篇文章，分别解説五禮五器和七月流火現象，論述文禮不可遍勝、煉石補天、伯夷叔齊、張良議立六國後等史事，另有《天叫集脉望集合刊序》《騰衝叠水河李氏族譜序》《讀姚子良觀察雲南初勘緬界記書後》等九篇書序和跋辭。卷三收作者給太史李梅痴、師長李根源等人的書信三篇，送别遷職异地之故人的贈序兩篇，壽序六篇。卷四收墓表兩篇、墓志銘七篇。卷五收録有關治理鄧川之官員、大理之孝子、晋寧之節婦的傳記三篇；碑記三篇，分别爲《創建明永曆帝廟祔祀從難遺逸諸先烈碑記》《鄧川爨宫遷建碑記》《重修點蒼山中和寺碑記》；游記兩篇，分别爲《城南邀月記》和《鄧川雲弄湖廣記》；祭文和賦文各一篇。文中多涉及晋寧和大理人事，對瞭解清末民初兩地的社會觀念、風物人情、宗教文化等具有參考意義。如《鄧川爨宫遷建碑記》記録了諸學人在『西學日盛，中學將微』的背景下，身體力行，對鄧川爨宫『撤卸殿屋，移徙材料，擇良弃朽，宏其規模，狹者拓之，卑者增之，缺者補之』，爲弘揚中國傳統文化而努力。最爲難得的是，是舉『不勞民力，不傷民財，所有經費但取給於河工學校兩項田租』，加之節約勤儉而建成。

趙藩稱道：茲詩文之刻，『其中多翼名教闡幽潛，臯牢文獻之篇什，與夫嘲風弄月流連光景者，不可同日語矣』。其開闊的眼界，與時俱進的思想，堪稱『桑海新運、老成典型繫於君』。其淵博的知識與憂國憂民的真情實感，令人佩服與敬仰。正如趙鯨爲迴樓先生小像題詞曰：『銀蒼玉洱，篤生斯人。甄鑄後進，矩矱先民。稟德立言，有脊有倫。穆茲小照，光焰千春。』（鄭志惠、田青）

松月樓雜作

段居著　民國八年（一九一九）鉛印本　雲南省圖書館藏書

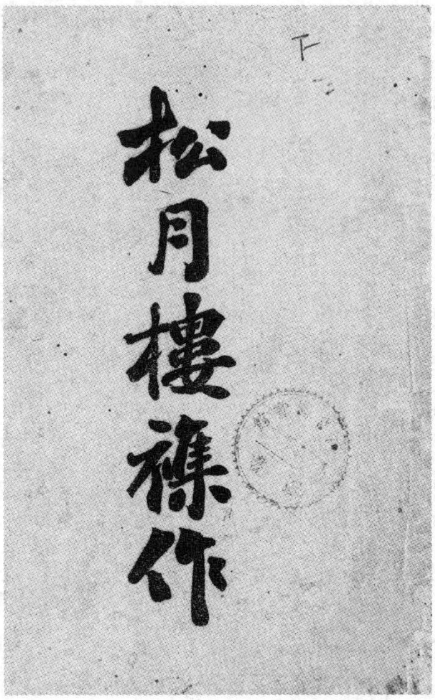

段居（一八九二—一九三五），雲南劍川人。清末畢業於雲南礦業學校，曾任雲南棉業調查員等職。雲南光復後，當選爲省議會議員，擔任實業廳《實業公報》主編、《義聲報》撰述等。一九二七年退隱故鄉。著有《松影山房詩初集》《滇事大凡》等。

此書名爲『雜作』，實爲作者之詩文合集。其文章內容多反映民國初年雲南政治和社會生活。如身爲議員，他率先提出拆毀和改建昆明城牆的方案。爲此，他曾連續向省政府提案，并發表演説。書中《拆毀省會城池以興各項要政建議案》及所附演説詞，保存了他這一睿智的思想。作者認爲，中國老城牆主要有『防匪』等軍事功能，但進入飛機大炮時代，早已無此功能，反而存在阻礙交通、隔離城鄉、徒占地面等不利因素。他建議保留原有的『近日』『望春』等六座古城樓『以存古迹』，將圍城之牆全部拆掉，改爲十字穿心城市。騰出城牆的位置，建成新式街道、市場、樓房、花園等。他説：『誠如是也，行見大厦雲連，樓閣星輝，幔捲如霞，街平似鏡，輪聲轆轆。……樹影婆娑，燈光燦爛。而上海、香港、紐約、巴黎之盛況，可於荒城蔓池間得之矣！』令人驚嘆的是，以上設計思路，和後來梁思成改建北京古城的方案大體相同。可惜如此先進的提案，當時并未引起重視。後來昆明城牆雖然不得不拆掉，可又并没有保留古城樓，反而把近日樓搬到東寺街，令人啼笑皆非。

又如頗類古典寓言的《截尾栗鼠記》一文，記自己所居之昆明文廟，古柏參天，『一日栗鼠竊食，庖人捕之，曳其尾，尾截被執。越數日逃去，已復來，繫以繩，則又齧繩而逃至樹巔。繩纏枝上，縋而死』。作者以此引申到人的貪欲，説老鼠本可自由自在地生存在樹林間，『乃以貪食之故，而尾截焉，而執焉，而縶焉，而縋死焉。然則人之貪位慕禄者何也？』其哲理足可警醒世人。（朱端强）

木硯齋講演稿（第二輯）

童振藻撰　民國十二年（一九二三）鉛印本　國家圖書館藏書

童振藻簡介見前《鴉片與衛生》提要。作者『自序』作於民國十二年（一九二三），稱其講演被『好事者鈔登各報，字句多錯落，與原稿動有抵牾處，爰將原稿甄録清繕，漏誤者并略補正，分彙數輯，以次付拓』。此輯著録作者講演稿《雲南當注重山陵學之研究》《周禮市政考》《就地

北平圖書館惠存　童振藻敬贈

木硯齋講演稾　第二輯

理上觀察雲南與鄰近各方面之關係》《今後人群宜努力各種國際聯合之運動》四篇。這些文章係作者民國十一年至十二年（一九二二—一九二三）間分别在雲南教育研究會、明倫學社、雲南省立一中、東陸大學的講演内容。

作者一向重視所謂『山陵學』，即山地森林的研究。他曾指導省立第一師範學校的學生創設『山陵學會』，參照國外『海洋學』研究方法，『結合團體，分置機關，探索幽隱，搜集材料，製圖附説，隨時刊布爲學界有價值之貢獻』，但成效甚微。故民國十一年（一九二二）五月二十四日，他在雲南教育研究會發表題爲『雲南當注重山陵學之研究』的講演，再次呼籲在雲南因地制宜地加快山陵學研究。演講首先分析了山陵與人生的關係，并將其歸納爲十個方面：山陵間人民多敦樸强健、山陵間多產非常人物、山陵能助長教育、山陵能促進文學、山陵能爲各民族建國提供保障、山陵能補益經濟、山陵恒多特產、山陵恒遺留古代民族之史迹、山陵泉瀑有裨種植製造及交通、山陵便于人民之自衛。因此，作者希望生活在多山的雲南的學者和民衆『固不必因風氣閉塞，見聞狹隘，或作悲觀，或多煩悶而不興起圖謀』，而應『悉心研究，洞厥幾宜，乃能盡量發揮，闢新天地』。他聯絡『素攻地學及具有地學之智識者』，群策群力，積極從事山陵學調查研究。他最後呼籲，在雲南從事這一研究，可『促地方政治之發展，爲必不可緩之圖。……既開世界之先聲，兼生西南之异色』。

《就地理上觀察雲南與鄰近各方面之關係》，是作者於民國十二年（一九二三）五月二十七日在省立一中的講演稿。作者從雲南與林錦各方面之民族關係、物質關係、文化關係、交通關係等方面，指出雲南對外發展的可行性和必要性。他希望雲南政府和民衆進一步從以上幾方面嚮外拓展：『雲南政府欲闢西南新天地，建偉大不朽之勛業，固應酌量緩急，分別舉辦（對外開放）。而雲南有志青年亦當共同負此責任，合群策群力，排萬種困難，補助政府以進行。』作者以學者身份參滇政，多歷年所，其講演内容多涉及雲南，兼具學術價值和現實意義。（朱端强）

惺庵尺牘偶存一卷

周鍾嶽撰　民國十年（一九二一）鈔本　雲南省圖書館藏書

周鍾嶽簡介見前《公務人員應有之修養》提要。作者在書前記云：『生平書疏往還，每年以千百計。無暇録稿，就僅存者都爲一册，而年來事迹亦略可睹矣。』署名時間爲民國十年（一九二一）十二月冬至後五日。本書收録作者自清光緒三十三年（一九〇七）至民國十年間，與相關人士和機構的往來書函五十一通，所涉包括葉爾愷、李根源、蔡鍔、趙藩、唐繼堯、顧品珍、陳榮昌、由雲龍等人，以及雲南教育總會、省議會兩個機構。全書間有塗改之處和『宜删節』字樣，目録頁之『目録』二字亦被改爲『第一卷目録』，因此該本應爲作者審改稿。

本書開篇爲清光緒三十三年《上雲南葉提學使書》，此函爲回復雲南提學使葉爾愷催促回滇辦學事，文中言在日本留學的經歷、體會，以及刻印師範講義且歷經困難運送回省等事情。其他如《覆學軍警各界代表書》，乃言英隆興公司外交事件，與各界代表商議如何抵制本省礦産落入他人之手。清宣統二年（一九一〇）《上葉學使書》，仍言英隆興公司外交事件。作者赴京請外務部向英使提出嚴重抗議之前辭職而未獲准，情急之下上此書言該事件的嚴重性。《復教育總會函》《致省議會函》等，字裏行間滿是關心雲南教育發展的話語。《上蔡都督》乃上書蔡鍔，辭去《雲南光復史》總纂職務一事。《致蔡松坡書》《復楊任道函》《致農商總長谷九峰函》《致司法總長張融西函》《致趙介庵先生書》《致四川羅督軍電》等，言辭間都是國事和雲南時局問題等。作者在雲南任職期間，積極振興教育和實業，禁鴉片，一心爲公，惠政頗多，這在書信中可略知大概。作者在目録頁末尾另補《致羅厚甫書》《致毛夢蘭書》《上李仲仙中丞書（代）》《上岑西林督部書（代）》四條目録，但實際内容却與此不盡一致。（梁明青）

惺庵尺牘

周鍾嶽撰　民國稿本　雲南省圖書館藏書

周鍾嶽簡介見前《公務人員應有之修養》提要。本書無序跋、目録。存十六卷，分别爲卷一下、卷二至卷五、卷六至卷九、卷廿四、卷廿五、卷三十、卷卅一、卷卅二、卷卅四、卷卅八，其中卷二又分上、下兩部分。收録民國五年（一九一六）八月至一九四九年四月間（中有部分

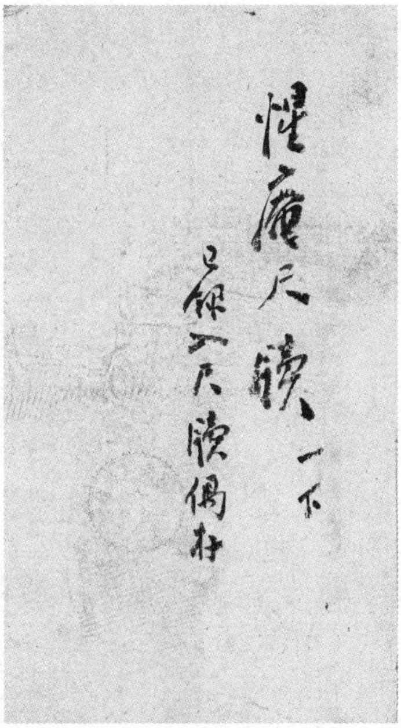

時段缺失）的書函、文牘等七百餘件，以作者與相關人員、機構的來往信函爲主，收信人包括李根源、唐繼堯、龍雲、盧漢、趙式銘、趙宗瀚、金松岑、戴季陶、蔣介石等人，以及雲南省務委員會、雲南省政府、富滇銀行、劍川旅省學會、雲南全省各界抗敵後援會、清史局等機構，也有不少寫給親朋的信札。本書中的部分書函已收入《惺庵尺牘偶存》，其中個别書函在内容上還有所補充，如卷二下的《致陳虚齋先生函》，增加了附件《先妣事略》。全書多有塗乙之處，應爲作者未定之稿。

本書各卷封面多署『惺庵尺牘』之書名，惟卷二上、卷六署『尺牘』，卷二下署『尺牘彙存』。卷五書名旁另注『記事録三』，其前半部分收録民國十二年（一九二三）十一月二十八日《近日各方情形關繫重大有急須設法處理者數事如下》、民國十三年（一九二四）五月十六日《鹽運使與稽核分所經協理會商鹽務督銷局情形》、民國十三年（一九二四）五月二十四日《會議黔省軍事紀略》、民國十四年（一九二五）十一月一日《雲南籌備制定省憲案》等多份資料，後半部分收録書函。卷七書名旁另注『會議録』，内除兩件信函外，主要收録民國八年（一九一九）十一月五日、十一月十日，民國九年（一九二〇）六月十七日、八月九日，民國十年（一九二一）一月二十六日的有關會議記録。卷一下、卷二封面有『已録入尺牘偶存』字樣，但其中的書函實未完全收入《惺庵尺牘偶存》。

作者是雲南近代歷史上的重要人物，參與和見證過諸多重大事件。本書内容豐富、翔實，所涉時間跨度大、人員多，對研究作者行迹和二十世紀上半葉雲南的政治、經濟、文化情况具有重要的價值和意義。（梁明青）

東齋詩文鈔三卷

孫光庭撰　民國十三年（一九二四）曲石精廬刻本　國家圖書館藏書

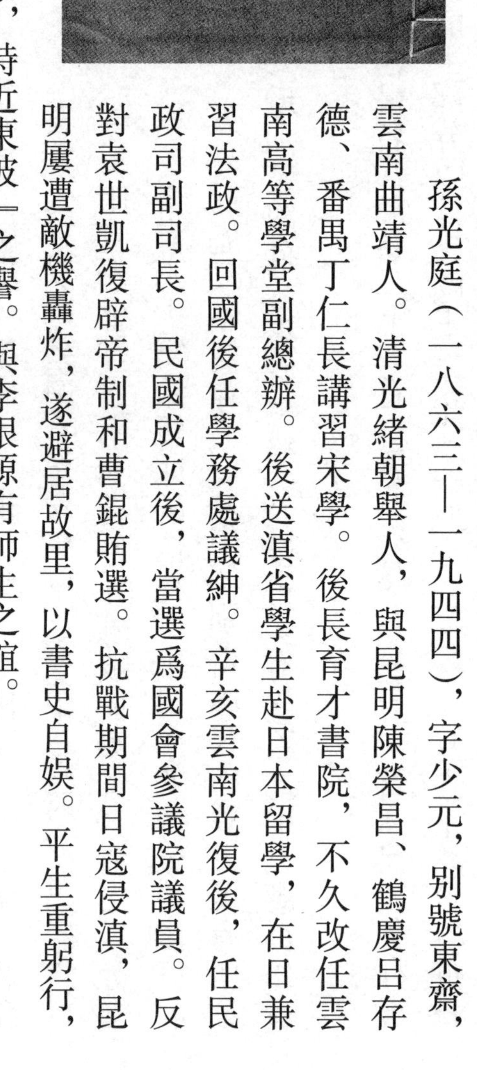

孫光庭（一八六二—一九四四），字少元，别號東齋，雲南曲靖人。清光緒朝舉人，與昆明陳榮昌、鶴慶吕存德、番禺丁仁長講習宋學。後長育才書院，不久改任雲南高等學堂副總辦。後送滇省學生赴日本留學，在日兼習法政。回國後任學務處議紳。辛亥雲南光復後，任民政司副司長。民國成立後，當選爲國會參議院議員。反對袁世凱復辟帝制和曹錕賄選。抗戰期間日寇侵滇，昆明屢遭敵機轟炸，遂避居故里，以書史自娱。平生重躬行，留存詩文不多，所作有『文通昌黎，詩近東坡』之譽。與李根源有師生之誼。

該書爲『曲石叢書』之一種。文鈔、詩鈔各訂爲一册。封面由章炳麟署簽，鈐『太炎』印章一方。文鈔扉頁秦樹聲署『東齋文鈔』，右欄上書『甲子秋九月』，左欄下蓋『樹聲』印章；書牌題『曲石精廬李氏吴門開雕』。詩鈔扉頁由趙藩題署『孫少元先生詩稿』，右欄上書『庚申三月』；書牌題『甲子曲石精廬刊於吴門』。各卷卷末署『受業騰衝李根源校刊』。甲子年爲民國十三年（一九二四）。該書屬詩文别集，收録作者序文、碑傳、題跋等各類文章共九十二篇，詩作近百首。文鈔前刊李根源、陳榮昌、章兆鴻、賀宗章之序言各一篇，後刊嚴天駿之跋文一篇。陳榮昌序説：『丙辰（一九一六）之歲，少元將北上，以一卷付予曰：「子爲我訂之。」予持歸讀之，文廿餘首耳。』李根源序稱：『丁巳（一九一七）……根源弃陝長而役軍旅於粤，與先生相聚，間以先生文付梓爲請，先生固不可。根源强爲印《東齋文鈔》一册傳於世。』知《東齋文鈔》曾梓行於督辦粤贛湘邊防軍務署，唯收文較此版本少甚多。作者不喜歡舞文弄墨，故全書體量不甚大，李根源説：『先生於詩，所作尤稀，作亦少自存稿。』該書所收詩文多記載滇人滇事，是研究晚清民國雲南歷史的重要文獻資料。（許新民）

泡影集十卷

陳度撰　民國十四年（一九二五）鉛印本　國家圖書館藏書

陳度簡介見前《過來人語》提要。該書卷首爲作者兩篇自序，之後爲袁嘉穀序文、張愚若題詞。作者自序中説：『人生百年一刹那耳，……千秋亦一刹那耳，……一刹那頃泡影何殊，……予之刻此本，作泡影觀。人得之即以覆瓿，不久銷滅，固泡影也。即幸而可傳之久、傳之遠，亦泡影也。知爲泡影，是名泡影。』因而該詩文集命名爲『泡影集』。

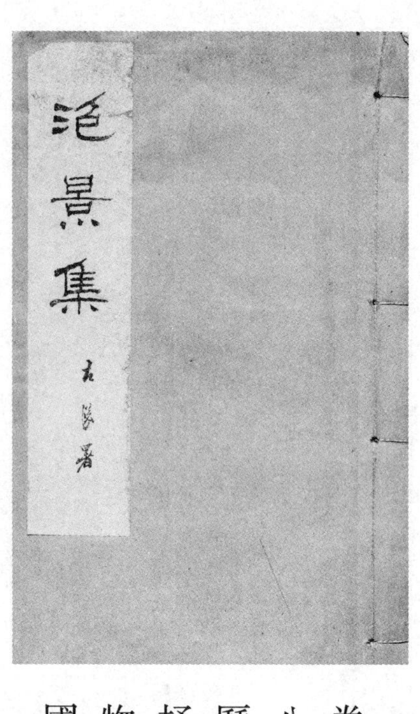

該書共十卷，其中卷一至卷六係詩，約二百二十首；卷七至卷八係文，收二十二篇；卷九至卷十係詞，收八十篇，均配有詞牌名。詩詞涉及歷史人物、風景名勝、歷史古迹、友情知交、書畫感題、游記感觸等多方面内容，抒發各種感情；雜文内容涉及歷史評論、學派流弊、人物傳記、壽序、書序、游記、墓表哀辭等。作者游歷全國各地和歐美國家，見聞感受均在詩文中有所反映。

該書中詩的代表作有《武塈》《題王質觀棋圖》《月下彈琴》《碧嶢漁舍》《渡牛欄江》《西山三清閣》《早春懷秦子蕃》《懷人詩十六首》《蘆溝橋》《華盛頓故里》《拿破侖墓》《六十生日書懷》《過黃鶴樓故址》《吴道子畫大士像石刻》《避疫嘆》《黄河入海處》《擬陳元孝懷古詩五首》等；詞的代表作有《金縷曲·題五華星聚圖》《滿江紅·龍泉觀唐梅》《一萼紅·過陳圓圓妝臺遺址》《浣溪沙·題畫》《離亭燕·蘇州登北寺塔》《書夜樂·除夕》《鵲橋仙·言愁》等；雜文的代表作有《陳平周勃優劣論》《永嘉學派流弊論》《藝果説》《琴禪精舍記》《游乃格拉大瀑布記》《陳蘭卿先生墓志銘》《明滇南五名臣遺集序》等。

作者詩文古樸典雅，意境深遠，袁嘉穀在序文中給予了高度評價：『古抑（逸）之詩，根柢杜陵，時有陶意。選詞新，造意深，不廢雕琢，歸於渾成。壯游瀛寰之後，參以新義，不復拘拘繩墨，而無一字不出心裁，無一字仍無來歷。信乎其詩雄也，……詞皆少年時作，以二李之纖新，行蘇辛之浩氣，較竹垞飲水，殆無多讓。』（田青）

疢存齋集十五卷

周宗麟撰　民國十九年（一九三〇）鉛印本　雲南省圖書館藏書

周宗麟，生於清咸豐十年（一八六〇），卒年不詳。字香石、石君，號瑞章，晚號疢存山人，白族，雲南大理人。清光緒年間舉人。歷任陸良州學正、大理師範和中學校長，辛亥大理起義的策動組織者。後任大理縣議會議長，籌辦學校，倡辦農業水利。

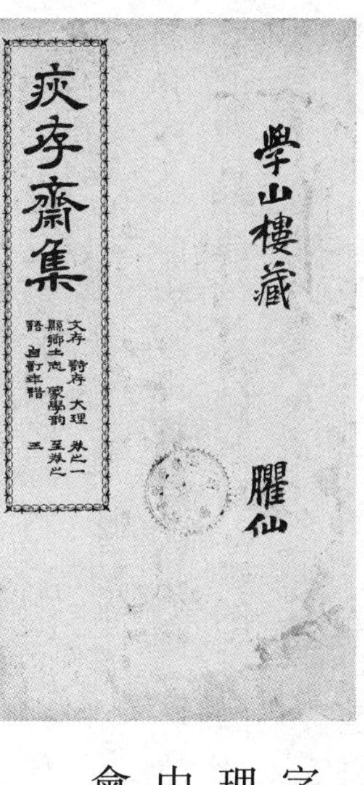

封面方樹梅題『學山樓藏』。卷首有作者六十五歲時小像，次爲李玉、陳文政及作者後人分撰的《疢存山人周石君傳》。卷一開篇有《疢存齋集自叙》，云『我之文詩隨筆，多載當時事實』，作者希望以此書表達匡時救世之志。

本書爲作者著述之合集，所收内容包括十五方面的内容。一是《文存》《文存續編》，收録呈文、文告、序跋、信函、雜文等近百篇，主要陳述對國家和雲南地方政治、經濟、社會、文化、民生、治安等各方面問題及的整頓發展意見。二是《詩存》，收録詩詞三十二首，涉及祝壽、匪患、苛政、人物追憶、辛亥革命、時事感懷等，作者自云：『予雖好詩，不甚解詩，且不敢多作詩。此寥寥數篇，不過直抒胸臆而已。』三是《大理縣鄉土志》，記述大理的疆域山川、地理氣候、城鄉建設、户籍交通、地方財政、社會風習、教育、武備、祠祀、人物、古迹、灾异等概況。四是《蒙學韵語》，分『天文』『地輿』『物類』和『人道』四篇，以四字韵語的形式，簡述天文、地理、生物、人種和人道的基本知識。五是《自訂年譜》，記事始於譜主清咸豐十年（一八六〇）八月十七日出生，至於民國十八年（一九二九）七十歲時，主要記載譜主家事、科試及參與地方自治活動的經歷，是研究作者行迹的重要史料。六是《隨筆》，收録作者對歷史、時事的評論約一百則，於此可見其思想之一斑。七是《孔門學説》，摘録《論語》《孟子》《大學》《中庸》等儒家經典中的有關内容，編爲『問學』『修省』『家庭』『履行』『交際』『境遇』『出處』『教育』『品藻』『禮樂』『政治』『軍旅』十二篇，以『爲家庭教育計』。八是《藥言》，收録中外爲國利民、爲人處世的名言警句數百條。九是《事物溯原》，分條簡介『八卦』『細胞病理』『飛艇』『地球繞日』『照像』『禁奴』『酒』等古今中外凡百事物的由來，涉及天文、地理、生物、物理、化學、醫學、經濟、日用等各方面。十是《物猶如此録》，記述世界各地花草動物之種種奇异現象和感人事例，并對其表現出來的忠義貞烈、孝親友愛、拯濟危難、報恩復仇、智慧通達等靈性加以點評。十一是《拉雜叢譚》，簡介天文、歷史、地理、人口人種、化學、農學、生理衛生、日常生活技巧等各種小知識約一百條，如日球運行、法國革命、水的合成、莊稼種植要素、生殖細胞、西國捲烟製法、西人尋泉妙法、製酒法、鐵刀除銹法等。十二是《奇聞録》，收録『老婦少夫』『水中取火』『最少俸給』『烏鴉傳説』等古今中外奇聞逸事一百餘則。十三是《聯語彙録》，收録各地名勝聯、書院聯、名人挽聯、壽聯、時事聯等，并加以評論。十四是《諧聯漫録》，收録諷世刺時聯若干。十五是《古今趣譚》，收入『鴉鵲無聲』『俗語集句』等反映世相百態的趣聞軼事一百餘則。（田青）

景邃堂題跋三卷

李根源撰　民國二十一年（一九三二）曲石精廬鉛印本　國家圖書館藏書

李根源簡介見前《重印雲南陸軍講武堂同人録》提要。本書爲讀書筆記、雜著。封面及扉頁由章太炎題寫書名。所謂『景邃』取景仰邃庵之意（楊一清，號邃庵）。據目録結尾所載，其寫作時間在清光緒二十五年（一八九九）至民國二十二年（一九三三）之間，共三百四十八則，其中涉及滇事者一百三十六則。又據書末跋所言，本書係由作者舊稿題跋一卷、雜録二卷合編而成。書中與雲南有關的題跋、雜録主要内容如下：

一、雲南歷代金石、古物、書畫、文獻題跋。其所題跋之重要歷史文物有：明楊慎之竹杖、明永曆帝之玉璽、明王驥之《誓江碑》（在大金沙江東岸）、沐天波題榜——璧光樓（在昆明小東門城樓）、太虛閣（在昆明南門外三元宮）等等。

二、作者撰寫之墓志碑文。如《英雄冢》記作者爲十九路軍抗日陣亡將士題碑曰：『中華民國二十年九月十八日，日本陷我遼東三省。明年一月二十八日，復犯我上海。我十九路軍第五軍與之浴血鏖戰。至三月一日，援兵不至，日寇潛渡瀏河，我軍受腹背敵。二日，全軍退昆山。是役也，戰死者萬餘人，舁葬蘇州善人橋馬岡山者七十八人，著姓氏於碑，題曰「英雄冢」。中華

民國二十二年四月吉日，騰衝李根源題書。』（碑陰姓名略）

三、評論當代雲南地方文獻及其他有關雲南文化之事。如《滇人書畫集目》條，記説民國十四年（一九二五），趙藩、陳榮昌、袁嘉穀等名流在雲南召開『滇中書畫展覽會』，就中選出精品『得二十集，用西法影印寄自滬上』，請作者與商務印書館張元濟等談好，『爲之印行，方開印中，倭人犯上海，商務印書館爲飛機炸毁，是集同付一炬』，祗存方樹梅、何秉智所編目録。又如《滇繹》條，稱袁嘉穀著《滇繹》四卷，『徵輯宏富，滇中故實賴以傳者多』。特別指出其中《爨世家》一文『尤爲精心結撰，《滇繫》《備徵志》無其文，必傳之作！』（朱端强）

曲石文録六卷

李根源撰　民國二十一年（一九三二）曲石精盧鉛印本　國家圖書館藏書

李根源簡介見前《重印雲南陸軍講武堂同人録》提要。該書由章太炎題書名，署『民國廿一年九月』，卷末署『胞弟李根澐率侄希綱、希靖、希泌校字』。全書按文章體例分類編排。卷一爲序跋，録《明滇南五名臣遺集序》《南園漫録序》《中華民國憲法史案後序》《十九路軍六十師教導隊同學録序》等二十九篇。卷二爲記叙文，録《九保沿革記》《農商部題名記》《雲南陸軍講武堂同人録》《騰衝龍光台集刻》等二十三篇。卷三爲傳文，録《普荷傳》《趙春樓先生傳》《故四川督軍蔡公松坡紀念塔銘》《雲南財政廳長昆明繆君嘉壽行狀》等三十二篇。卷四爲碑文，録《贈正都尉彭君堯階墓表》《騰衝金紹和墓表》《祭黄克强先生墓文》《祭滇軍陣亡將士文》《勛一位西林岑公誄》等五十篇。卷五至卷六爲書牘，包括書信、提案、電文、命令、布告等總計一百一十六通。（朱端强）

曲石文續録四卷

李根源撰　民國二十九年（一九四〇）曲石精廬鉛印本　國家圖書館藏書

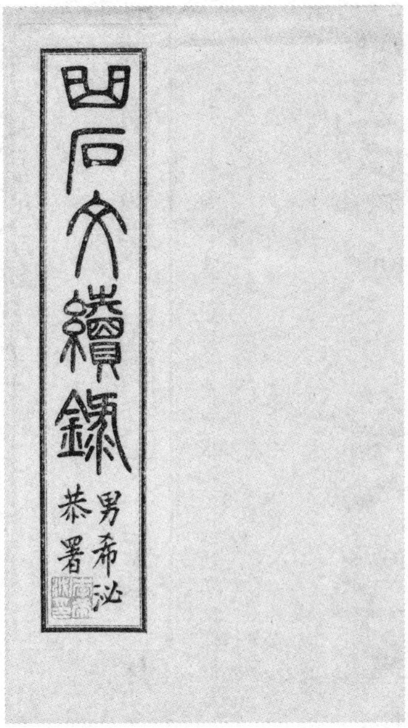

李根源簡介見前《重印雲南陸軍講武堂同人録》提要。封面題『男希泌恭署』；扉頁題『曲石文續録，民國廿九年冬，高黎貢山人』。全書體例仍爲分類編排。卷一爲序跋，録《雲南圖經志序》《滇文叢録序》《歷代滇游詩鈔序》《雪生還鄉吟序》等三十篇。卷二爲碑傳文，録《陸軍中將扶南鍾君傳》《大總統黎公安葬祭文》《立法院立法委員呂君天民墓志銘》《騰衝縣志幕客傳》等三十三篇。其中，《騰衝縣志幕客傳》爲合傳，録歷代宦滇名人如王昶、趙翼等二十一人傳文。卷三爲書牘，録《出亡日本致故鄉師友書》《上蔣委員長言滇緬路綫書》《與龍主席論時事書》《徵集永昌府詩文啓》等十五篇，其正文殘一不存。按目録，卷四爲演説集，録《雲南人的真精神》《我們怎樣繼承先烈先賢們的傳統精神》《國民教育和抗戰建國的關係》《金碧之神底話》《拼死》五文。

（朱端强）

定庵文存八卷

由雲龍撰　民國二十一年（一九三二）鉛印本　雲南省圖書館藏書

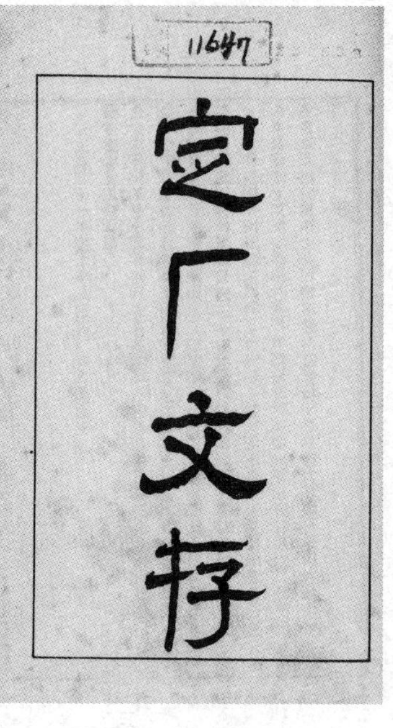

由雲龍簡介見前《定庵詩話》提要。『自序』作於民國二十一年（一九三二）冬。文稱：『少時所習不脱帖括窠臼；中年以後，執筆報章，捉刀戎幕，不能不蘄合乎時勢，知於文章之繩墨遠矣；晚年鑽研佛理，亦復略有述作。』全書按文體編排如下：

卷一爲史事（評）論，録《原俠》《漢武帝詔州郡察舉吏民有茂材异等可爲將相及使絶域者》等文。

卷二、卷三爲時事（評）論，其中《闢洞經會》批判當時流行的『洞經會』是一種迷信活動。它們以《大洞仙經》雜以『鄙俚之詞曲，無謂之古語』，每會以奏曲而斂財。《改良婚禮之演説》《論外國婚姻自由及余輩之主張》《論贅婿之非》等文，批駁落後婚俗，提倡自由婚姻。

卷四、卷五爲序跋，其中如《重訂圖書館書目序》言及作者首次整理、編訂雲南省圖書館書目之經過。《涵翠樓藏書志序》言及作者二十年來的藏書經歷。他收藏中外圖書三萬餘册，其書樓先在一丘田，後於小吉坡拓建，皆臨翠湖，故名之曰『涵翠』。《雲南第三届考取文官齒録序》《雲南模範小學堂畢業同學録序》《重刊植物名實圖考序》以及爲鹽豐、大姚、禄勸等縣的縣志所撰之序文等，皆涉及民國雲南文化教育事業。

卷六爲碑傳，其中《仲弟雲驤墓志銘》記胞弟元龍生平，并述及姚安由氏家族遷滇歷史。

卷七爲書牘、雜文，其中《致清史館趙館長函》，評價清初著名學者顔元、李塨、王原其人其學，建議將他們『配祀孔廟』。《致唐蓂賡督軍書》，涉及護國史事和唐、由關係，作者希望唐『以誠心待僚舊，以巨眼觀時局。……否則同舟皆敵，後患不堪設想矣！』《與鐵路公司論預備人才書》，稱當時雲南既已勘測滇東北昭通一帶鐵路，就應當儘早儘快培養鐵路管理人才，并建議將選拔之人才送到京滬、粤漢、滬寧等鐵路先進單位學習，今後『歸而用之於滇』。

卷八主要爲壽序，外加一篇《丁酉同年宴集圖序》。（朱端强）

定庵文續存二卷外集一卷

由雲龍撰　一九五〇年石印本　雲南大學圖書館藏書

由雲龍簡介見《定庵詩話》提要。本書無序跋。卷首自題詩四首，其四云：『隨筆隨時掌録存，不求人序不分門。嗜痂倘遇同心輩，剪燭開編仔細論。』正文包括《文續存》二卷，《文外集》一卷，録存各類散篇雜什之文，總九十一篇，均完成於中華人民共和國成立前，結集印行於中華人民共和國成立初期，但尚未悉心類編。《文續存》大體包括書序、墓文、祭文、碑記、電文、書信、公函、祝詞、傳記以及捉刀代筆之文等。《文外集》則幾乎全爲壽序應酬之文。作者經歷複雜，其文内容寬泛，故對於研究作者生平行迹和中華人民共和國成立前諸多社會歷史問題，多有參考價值。

例如，《文續存》卷一《申討僞組織通電》，初擬於民國二十八年（一九三九），電文申討汪精衛『利令智昏，叛黨賣國』之行爲，聲明雲南支持蔣介石領導的全民抗戰，『與汪僞不共戴天』。文末，作者特加按語説，當時『各省各界討汪之電風起雲涌，而雲南寂無一言。外間遂疑滇有异志，敵機迄未來炸，遂益疑滇甚至有暗中妥協之言』。於是，作者勸雲南當局，將此電儘快發出，但『未承采納』。時至廿九年（一九四〇），『乃托人另擬一電，……不生良好印象』。又如《上國史館但副館長論國史體例書》，作者對新修民國史之體例書法等提出諸多建議，如建議改舊史之《本紀》爲《政紀》；建議改《志》爲《書》，以便與地方志之名相區别；建議删去舊史之《輿服》《宫闈》等，增立《法制》《社會》《經濟》等新志；等等。

又如《文續存》卷二中，《故陸軍中將李君墓表》《雲南交通司長張君墓表》《永昌文徵序》《蔡邵陽年譜序》《知希堂詩鈔序》《醫學總論序》等，對於研究雲南近代歷史人物和地方文獻多有助益。全書還有《姚安史地概要序》《由母楊太夫人墓表》等有關由氏家族和姚安地方歷史之文，亦可爲相關研究者提供諸多可靠的資料。（朱端强）

子衡遺稿

柬用中撰　民國二十三年（一九三四）鈔本　雲南省圖書館藏書

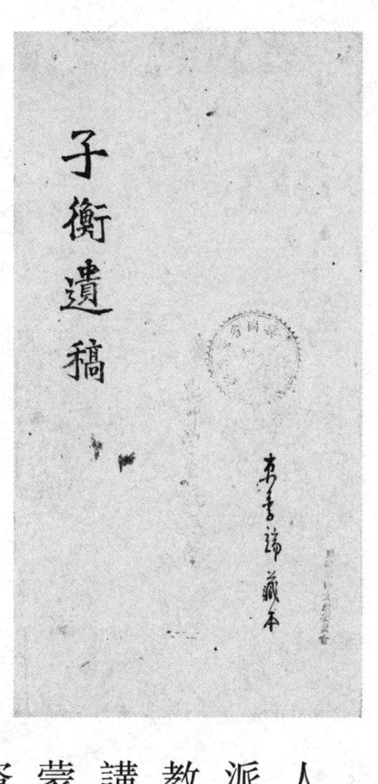

柬用中（一八五八—一九三三），字子衡，雲南巍山人。清光緒癸巳（一八九三）科舉人。一九〇四年被選派往日本宏文學院攻讀速成師範科，一九一二年回鄉任教并任勸學所所長。一九一七年開始赴楚雄、蒙自等地講學。一九二五年至一九二六年受蒙化縣縣長聘請，任蒙化中學校長。任職期間，傾心治教，常用微薄的收入資助困難學生，備受師生尊敬和愛戴。著有《孟子節要》《八岔養正》《訓蒙語》《地文人文必讀》《扶風初集》《子衡詩鈔》等。

本書扉頁由辰浦恨人題簽。書前馬銘卿的《柬子衡先生傳》簡要介紹了作者的生平事迹，稱贊作者『古文根抵兩漢，出入韓歐之間。詩學杜陵，時有陶意，其倚聲以二李之清新，行蘇辛之浩瀚。精數學，明晰易理，判斷若神。撫琴，琴能通仙理』。

全書分爲詩、文、對聯三類。詩類收詩一百六十六首，其中一部分抄録自作者的《會真樓仙集》，多是咏物和感懷詩，松梅竹菊、春夏秋冬、風花雪月盡入詩中，如『流水高山寄興狂，一冬踏雪爲花忙』一句乃咏梅，『不信滇池亦有龍，一朝起舞熄妖烽』寫滇池風物；一部分抄録自作者的《扶風天籟孝集》，多歌咏古今有關孝的人和事，如《戲彩娱親》贊老萊子『行年七十作嬰孩，孺慕情深一老萊。衣着斑斕新畫錦，身輕舞蹈滑階苔』。文類衹采録《范姓七旬雙慶壽序》一篇文章，贊美范氏好德仁的品質。對聯類收十八副對聯，如爲農業學校寫『百里瓜江皆沃土，一林桑樹竟豐年』；爲蒙化縣政府東轅門寫『瑞氣接文華，青山郭外開新景；廉泉點瓜浦，活水源頭洗俗塵』。爲巍山培鶴樓寫『黄鶴從何處飛來，聽長笛數聲，樓頭夢醒三更月；青霞於此間掩映，看名山如畫，林下春藏一洞天』。（梁明青）

雲南看雲集

沈從文著　民國三十二年（一九四三）國民圖書出版社鉛印本　國家圖書館藏書

沈從文（一九〇二—一九八八），湖南鳳凰人。著名作家、歷史文物研究者。少年投身行伍，浪迹湘川黔地區。一九二四年開始文學創作，出版《長河》《邊城》等小説，影響很大。一九三一年至一九三三年在青島大學任教。全面抗戰爆發後，到西南聯大任教，抗戰勝利後，到北京大學任教。一九四九年以後，在中國歷史博物館（今中國國家博物館）和中國社會科學院歷史研究所工作，著有《中國古代服飾研究》等。

此書爲作者文藝研究心得的彙集。全部文章分爲三組：第一組由《文藝政策檢討》《文學運動的重建》《小説與社會》構成；第二組『新廢郵存底』，共十六則；第三組『廢郵底存』，共十三則。後兩組多爲作者在西南聯大任教時發表在《大公報》副刊、《戰國策》半月刊等刊物上的短文或書信，内容關涉文學寫作、社會問題、讀書爲人等。凡書信皆隱去通信者姓名。

其中《雲南看雲》一文是關於盧錫麟攝影展覽的觀感。文稱盧錫麟從純自然和藝術的角度，攝下了雲南之雲的變幻和奇美，由此論及人的願景和民族國家應有的堅毅理想，鼓勵大家雖處在艱苦抗戰之時，但『要樹立莊嚴的理想和必勝的信念』。《給一個在芒市服務的小學教員》，是作者寫給文學青年季豪的一封信，記述戰時聯大生活。其中記有：『昆明市區雖一再被炸，城中房屋毁去很多。（但）讀書教書的熟人精神都還好。上次學校被炸時有幾個同事險被活埋，有些同學住處全毁掉，第二天還是照樣上課。』作者以此鼓勵季豪説：『你們過的日子一定相當艱難沉悶，雖艱難沉悶，可并不頽唐。這就正是中國新生的一閃光！』該書諸多文章後來收入作者之全集或選集，其内容對於研究作者文藝思想以及西南聯大和戰時雲南社會生活等，皆有參考價值。（朱端强）

在昆明的時候

沈從文等著　民國三十五年（一九四六）中外書店鉛印本　國家圖書館藏書

本書係『抗戰文藝叢書』之一，爲沈從文、巴金等名家隨筆選集。全書收録八篇文章。沈從文的《在昆明的時候》，是作者搬家到昆明北門街後的所觀所思，其筆下的各種人物語言樸

實，自然生動，形象明晰，個性十足，偶爾對話處幽默風趣。文末一句『「美」字筆畫并不多，可是似乎很不容易認識，「愛」字雖人人認識，可是真懂得他意義的人却很少』，足見作者情感細膩和善於思考。何其芳的《還鄉雜記》，雖是作者回憶自己小時候的生活，但眼界已擴展到整箇舊中國的農村，從『獨語』到對中國農村社會、習俗的觀察，是作者從自我走向社會的標志，這正是他後來走上革命道路的思想基礎。田漢的《孩子的從軍》，是作者根據兒子田海男一九四二年參加遠征軍赴印緬作戰行軍途中寫的幾篇散文和其間的通信而作的一篇文章，原名《孩子的『行路難』》，一九四三年發表在桂林出版的《文學創作》上。田海男在二〇一一年出版的《我的父親田漢》中，稱這篇文章是父親留給他最珍貴的紀念品。巴金的《旅行途中》，寫的是作者從重慶乘公路車、轎車（内江换乘）到成都路上所經停來鳳驛、内江、資陽的所歷所見所聞。繆崇群的《平居散記》，記作者在昆明鄉下抗擊蚊子的故事、在重慶看到大規模的群衆摸魚活動，以及在重慶打鼠的故事。熊佛西的《人物印象》，是作者寫一九四五年在桂林認識柳亞子并成爲好友的一些事。蘇雪林的《主婦生涯》，講述的是作者在全面抗戰時期隨武漢大學西遷四川樂山，在國計艱難、生計維艱的境況下的生活。駱賓基的《三月書簡》，是作者在一九三九年與大哥的書信往來，從信中可知他當時的鄉下生活和兩兄弟的深厚感情。

這八篇文章，描繪了全面抗戰時期西南大後方的民衆生活圖景，是那個時代社會的真實寫照。

（梁明青）

學山樓文集十卷

方樹梅著　民國三十四年（一九四五）鈔本　雲南大學圖書館藏書

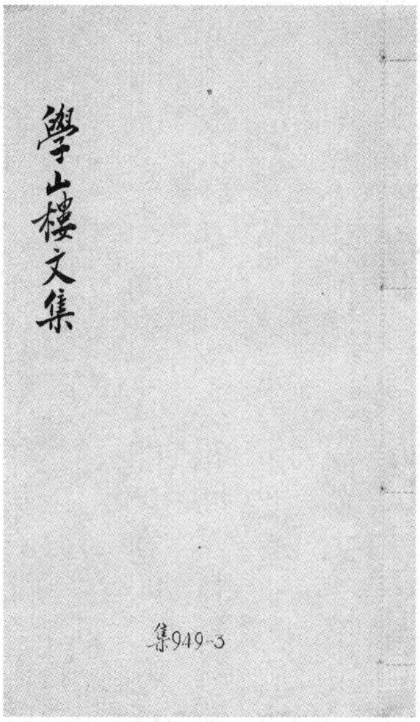

方樹梅（一八八一—一九六七），字臞仙，號師齋，又號雪禪、滇癖、梅居士、盤龍山人、紅豆老人，雲南晉寧人。文獻學家、藏書家。曾在雲南日報社、雲南通志館、《雲南叢書》處任編輯，又在昆華女中、雲南大學任教。所藏圖書後捐贈雲南省圖書館。一九五四年，受聘爲雲南省文史研究館館員。著有《錢南園先生年譜》《擔當年譜》《滇南書畫録》《滇賢生卒考》《滇南茶花小志》《晉寧詩文徵》《滇南碑傳集》《續滇南碑傳集》《明清滇人著述書目》《歷代滇游詩鈔》《學山樓叢書》等。

本書分五集，上、下兩部分，十卷（原底本僅卷一有明確標注，卷二至卷十序次爲《雲南叢書續編》目録頁補）。上部分有文集一、二，含卷一、二、三；下部分有文集三、四、五，含卷四、五、六、七、八、九、十。每集前有『學山樓文集』和『學山樓文集』某（一至五）兩封面，文集一、三後各多『學山樓文集』上或下一封面。

卷一書前有李根源乙未年（一九五五）題寫的書名。王燦一九四五年所撰序言，贊揚作者『壹意於鄉邦掌故，以大昌其著述』的精神。作者撰於甲辰（一九六四）清明的自序，闡明自己作文的原則是『壹皆余心中所欲爲，即徇人所作者，亦必斷之於其心』；『事事徹諸實際，言言出自本心，文雖不佳，一真而已矣』。

全書收録作者數十年來有關雲南的文稿一百六十篇。卷一主要爲史事考證、序跋類文章，間有《雜説》《自勉》等文章。卷二收序跋。卷三前半部分收序跋；後半部分多爲書札，間有給政府部門的呈文，均未署時間。卷四、卷五爲古今人物事略，其中包括四篇作者親屬事略。卷六主要是古今人物傳記；中夾鉛印《晋寧詩徵勘誤表》三頁；後有《書昆明錢氏族譜言行紀略後》（標注『擬删稿』字樣）、《漢益州郡滇池縣治故址碑跋》《何母蘇孺人墓志銘》三文。卷七爲古今人物傳記。卷八前爲人物傳記，後爲墓志、祭文。卷九爲記人記事類文章。卷十收碑記。末有一篇《晋寧丁卯九月遭難始末記》，講述一九二七年晋寧被軍閥攻破，遭大肆殺掠，民不聊生之慘狀。卷四至卷八多未署撰文時間。

本書序、題詞時間各异，各卷次編纂著録形式不完善，内容多寡不一，并有撰於二十世紀五六十年代的文稿多篇，可見是書乃作者文集的未定稿。《雲南叢書續編》版本項著録有『王燦鈔』，誤，今删。（梁明青）

師齋雜録隨筆

方樹梅輯　民國鈔稿本　雲南省圖書館藏書

南荔草堂雜鈔

方樹梅輯　民國鈔稿本　雲南省圖書館藏書

方樹梅簡介見前《學山樓文集》提要。兩稿體例大體一致，不過分題書名而已，皆爲方樹梅所輯關於雲南史地、文藝方面的原始資料，用朱絲欄『學山樓稿紙』『雲南叢書用紙』或其他白棉紙抄寫而成。雖字稍潦草，未經董理，但立目條陳，頗便檢讀。兩稿内容主要涉及以下兩個方面：

其一，有關雲南書畫金石的題跋。例如，《師齋雜録隨筆》開卷《師齋過眼録》條陳作者所見雲南書畫金石題跋，每條記其作者生平、書畫内容，評説其特點，可補史傳之闕。其中如《尹壯圖草書立軸》條，記滇南名宦尹壯圖詩書云：『紙本，長四尺，寬尺餘。書五絶二（首）。一（曰）：「秋晚行堤上，書聲在茅屋。月出不逢人，風來動修竹。」二（曰）：「片片歸林鳥，微微出寺鐘。柴門掩秋色，明月照高松。」』《陳履和行書小長聯》條，記曰：『「兩餐飯試比讀書，人誰代飽？百尺繩可能繫日，聖也惜陰。」上款：曉藍二弟屬書。時嘉慶丙寅既望。下署：海樓陳履和。』《姚安高雪君睡銅壺枕銘》條，記高奣映後裔世居昆明白塔街，藏其銅枕并《鷄足山志》等遺稿，其

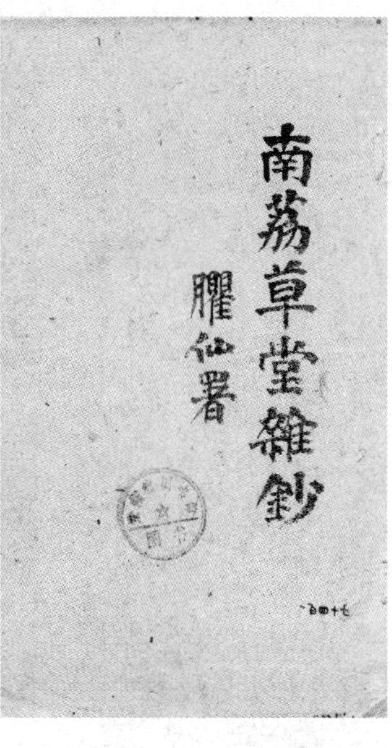

枕之銘文曰：『有酒不醉醉其太和，有飯不飽飽得潛窩。眉上不掛一絲絲煩惱，胸中無半點點塵疴。祇是一味黑甜，睡到天荒地老。』

其二，輯存雲南佚詩佚文。所録多明清時期雲南鄉賢詩作。例如，録明末清初金維新《言志》《貧感》等詩章。考金維新，昆明人，南明永曆八年，即清順治十一年（一六五四）舉人，授兵部武選司主事，後擢至吏部左侍郎兼都察院左都御史。永曆狩緬，從李定國護駕，死於雲南景綫。其組詩《貧感》反映南明雲南抗清鬥爭的艱苦和不屈，其一云：『寶刀光寂匣空懸，短袖參差舞莫前。菜色不生豪士面，文章吐焰壓金錢。』録晚清黃炳堃詩作、山水畫，其詩云：『秋色浩無邊，悠然懷故山。年年身是客，夜夜夢中還。村屋荒三徑，溪泉鳴一灣。西風帶行李，愁滿碧鷄關。』此外，還録清代周於禮、戴淳、黃琮、何桂清、古堅、黃元治、李坤、畢應辰、南天章等人的散佚詩文。這些詩文皆屬少見而難得的史料，可補雲南地方藝文之缺。（朱端强）

國難集三卷

李良撰　民國三十五年（一九四六）鉛印本　國家圖書館藏書

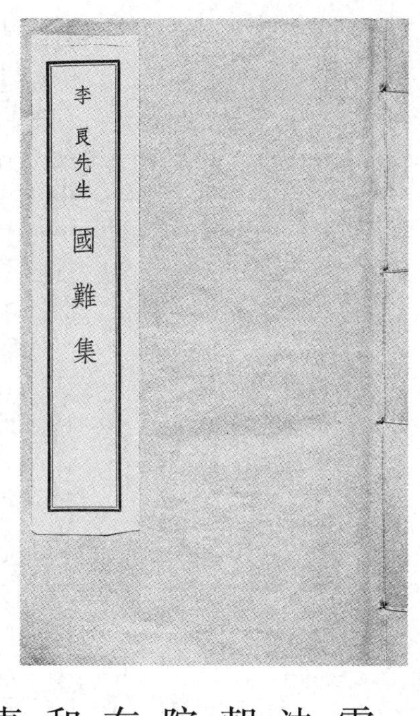

李良（一八九九—一九六三），字次升，自號黎山，雲南華寧人。一九二九年至一九三一年七月任北平地方法院推事，一九三一年任上海第二特區法院推事，兼任朝陽大學、中國大學、民國大學法學講師及上海法政學院法學教授。一九四六年任上海軍事法庭審判長，審判在中國犯下侵略罪行的一百餘名日本戰犯。中華人民共和國成立後，歷任上海法學院法律系主任、教務長，華東政法學院（今華東政法大學）圖書館主任，上海社會科學院教授，上海市第二届人民代表大會代表。

該書卷前有郭雲觀、陳懋咸所作序言及作者自序。自序云：『國難之中，人各有責。身之所經，目之所接，皆足道也，可不見之於文乎？是集所收，均作於國難中，因顔之曰《國難集》。』該書刊行目的在於『明艱危之陳迹，存天地之正氣，於世道人心，或不無小補乎！』郭雲觀序云：『次升居恒好學深思，閲事多，積理富。及遭坎坷憤鬱，輒發爲文章，正氣磅礴。』

全書分三卷。卷一爲『黎山文』，録文七篇。在《蒙難記》中，作者記述了自己一九四二年遭受日本憲兵拘禁的悲慘經歷。他『絶食七日，猶强自支』，被釋放時『面容憔悴』，歷劫後妻子相見『幾不之識』。當時僞高等法院院長徐某，屢次欲游説李良入僞高等法院供職，李良皆推辭不就。他因此『作《正氣》《却聘》二歌以明志』。

卷二爲『黎山詩』，收詩六十八首。《正氣歌》『仕非圖宦達，人當矜名節』，《難中紀事》『茫茫禹迹今何世，九死猶然未肯辭』，《海上初聞日寇降服歌》『十年重見太平日，端賴元戎股肱良』等詩句，均以萬鈞之勢，書寫其拳拳丹心。

卷三爲『黎山詞』，載詞作九闋，其中，《哀捷克》、《歐戰將發》、《歐戰爆發》、《哀希特勒》（兩首）、《哀墨索里尼》、《哀羅斯福》七首詞作，均使用『滿江紅』詞牌，評價國際時事；《送金鑄九上將歸滇封墓并宣布中央德意》《懋生西行未果以病中感作見質次韵和之》兩首爲酬唱之作，使用『金縷曲』詞牌，表達了作者對當下時局的擔憂與無奈。

是書生動叙述了作者自一九三一年任上海第二特區推事至一九四五年抗戰勝利期間與日僞鬥争的經歷，行文邏輯縝密，條分縷析，觀點明確，體現了他的磅礴正氣及憂國憂民的赤子之心。

（陳妍晶）

芷江詩文鈔五卷

張華瀾撰　民國三十六年（一九四七）鉛印本　雲南省圖書館藏書

張華瀾（一八七五—一九五六），字芷江，雲南石屏人。晚清秀才，入昆明經正書院讀書。清光緒二十三年（一八九七）中舉。光緒三十年（一九〇四）應會試落第。隨即選赴日本留學，

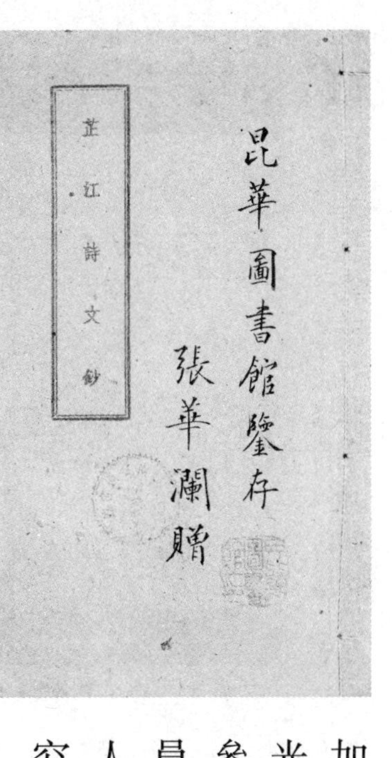

加入同盟會。回滇後任昆明農校、師範學校教師。雲南光復後，當選爲衆議院議員。參加護國起義，任蔡鍔軍參謀。此後至中華人民共和國成立前夕，先後任國會議員和監察院監察委員。一向以正直敢言著稱朝野。中華人民共和國成立後，爲民革雲南省委員、雲南省文史研究館首届館員等。

本書自序作於民國三十六年（一九四七），稱其詩作多咏其『行蹤所至』，卷一、卷二乃是。如《甲辰汴梁會試落第歸將游學日本過漢口登晴川閣》，『甲辰汴梁會試』指光緒三十年（一九〇四）中國最後一届科舉會試，由於北京貢院被毁，改在河南開封舉行。作者雖然落榜，却并未落志，詩句因有『下第劉蕡志豈灰，……乘風萬里正需才』的期許。《自漢口乘帆船至鎮遠絶句三十首》，記咏作者北上會試返滇所歷辰沅水道的情況；《夜泊神户》《登江之島》等記咏留日生活；《從護國第一軍入蜀》《挽滇軍陣亡將士》等涉及護國戰争。

文章主要收録作者在國會和監察院所上之提案，卷三、卷四乃是。作者自評其提案曰：『提案不少雖多數留中，或竟被否决，然古今不用之言，未必盡非，亦不敢妄自菲薄，甘認失言也！』確是全書最具膽識的精華所在。如民國元年（一九一二）所上《咨請大總統更正參議院參議員選舉法施行細則第十三條提議案》，提出『除非辭職參選，參議員不得爲現任官吏；衆議員不得爲現任司法官吏』。民國二年（一九一三）所上《彈劾國務員違法案》，稱孫中山主持制定的《中華民國臨時約法》是國家根本大法，『違背《約法》即顛覆國本，顛覆國本，即四萬萬人民之公敵！』

并據此指斥國務員有兩項違法行爲：一是『預算案不交議會議決』；二是『私借外債不經議會通過』。民國三十五年（一九四六）所上《彈劾霍揆彰案》，揭發雲南警備司令部總司令官霍揆彰目無法紀、藐視風憲機關、違法搜索一事。霍因害怕雲貴監察使署依法懲處軍政貪官污吏，乃藉口『有共黨情報』，派兵搜查該署，結果一無所獲。雖然霍本人已向監察院道歉，但作者依然提出將霍『移付懲戒，以彰法律之信用，保監院之尊嚴！』（朱端强）

刁斗集

高寒著　民國三十六年（一九四七）文通書局鉛印本　國家圖書館藏書

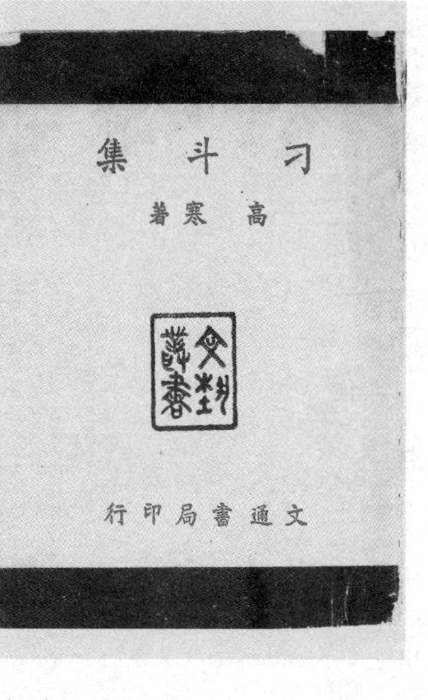

楚圖南（一八九九—一九九四），筆名介青、高素、高寒，雲南文山人。一九二三年北京高等師範學校畢業後回雲南任教。一九二六年加入中國共産黨。曾任暨南大學、雲南大學、上海法學院教授。全面抗戰時期，在昆明等地參加民主運動。曾任民盟中央委員，一九四九年出席中國人民政治協商會議。中華人民共和國成立後，任北京師範大學教授、中國人民對外文化協會會長、全國政協常委、民盟中央主席、全國人大常委會副委員長等職。著有《没有仇恨和虚僞的國度》《悲劇及其他》《刁斗集》《旅塵餘記》，并譯有《地理學發達史》《查拉斯圖拉如是説》《在俄羅斯誰能快樂而自由》《希臘的神話和傳説》等。

書末版權頁記爲貴陽初版，實爲再版。初版於一九四三年十一月由天野社發行，共收文三十八篇，分九輯。此貴陽版收録文章三十四篇，分七輯。兩個版本所收文章有同有异，相同者如《詩人與現實》《悼念屈原》等，共二十一篇。一九四八年，文通書局在上海再版印刷，篇目同貴陽版。

本書爲雜文集，係『文藝叢書』之一。除《史記與司馬遷》外，均爲作者回滇以後（一九三八年至一九四六年間）所作。這些文章多是作者在《大國民報》、《雲南日報》副刊《南風》、《昆明周報》、《詩與散文》等報刊上發表的，内容涉及文學批評、外國作家作品介紹、文藝創作理論、人物紀念等。

『刁斗』，古代軍人夜裏巡更時所擊之器。作者在《刁斗集題記》裏説，在抗戰大後方的黑夜裏，他願意『聽着刁斗的聲音』，『戒懼着長久歷史的社會的潛伏在後方的敵人』。這説明他是以戰士的身份，站在戰鬥的崗位上，清醒地注視着身邊的情况。

如《悲劇精神與悲觀主義》從尼采談到希臘神話、約翰先知、羅曼·羅蘭，認爲時下是人類歷史上空前的、最嚴重的悲劇時代，希望人們要有悲劇精神，克服悲觀主義，以此戰勝人類史上的厄運。《悼念屈原》批評『中國的陋儒』把屈原説成是『忠訓的家奴』，認爲屈原是一個『美的追求者，理想的慘敗者』，肯定了屈原獨立不苟的人格精神和爲追求美與理想九死不悔的堅强意志。《史記與司馬遷》説伯夷叔齊不食周粟，乃是抗拒屹立於前的權威，『以不能屈服的生，却可大膽的、自由的死，來實證了直到後世纔被發現了的「不自由毋寧死」的名言』，認爲司馬遷『看出了人類歷史所經過的惡運』，『低回地，呻吟着悼念自由』，指出要自由就必須反抗暴政。作者在《魯迅在學術上的新精神》中贊譽魯迅，在《紀念聶耳》中推崇聶耳，認爲他們都是爲自由、爲尊嚴而不屈奮鬥着的人。《寫給雲南漫畫工作的朋友們》主張『我們當如戰士一樣的堅凝、沉雄而辛苦，……咬定了人生，咬定了現實，這樣我們的作品，就不會是浮在紙上，而是雕刻在紙上，雕刻在人心底裏』。（梁明青）

施文晏集三十四卷

施有奎撰　鈔本　雲南省圖書館藏書

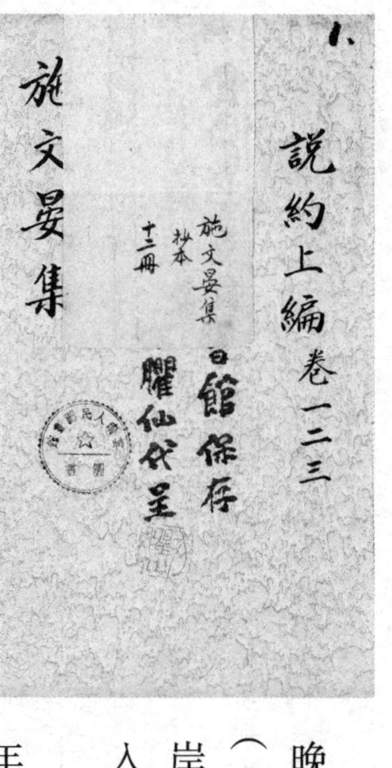

施有奎（一八五〇——一九二七），字聚五，號文晏，晚號昆華居士、昆湖野老，雲南昆明人。清光緒丙子（一八七六）解元，屢上春官不第，後退隱經商。其性傲岸，不諧於俗，時人目爲『紐松』。光緒八年（一八八二）入蓮湖吟社，朱庭珍等輯《蓮湖吟社稿》收其詩五首。

此書即《施氏叢書》，爲施有奎幼子施汝勤一九五二年八月間手抄本，方樹梅約同時在此本上又校閱一遍。全書含施有奎相關著述五種，分別是《說約》上、中、下三編十五卷四冊、《存古軒古文》九卷四冊、《存古軒詩鈔》八卷二冊、《文話》一卷一冊、《年譜》一卷一冊，凡三十四卷十二冊。

其中，《説約》共計一百四十篇。上編封面鈐『方臞仙』印。卷端爲民國十三年（一九二四）作者自序，點明是書編選緣由，分説各編宗旨。次爲龍湛霖、張星柳等十二人題詞。又次爲全書總目。下編卷十五末書『公元一九五二年八月十日即農曆壬辰年六月二十日男汝勤手抄恭校』，并鈐『施汝勤印』。其後有跋文兩篇，朱庭珍跋稱『其考證經義也，極精詳而不失於鑿；其研求理藴也，極深細而不蹈於虚，既不偏尊鄭賈，亦又曲徇程朱』；陳榮昌跋稱『先生之所著，備體用，析是非，文而不靡，質而不俚，方諸古作者殆無愧色』。另據陳跋可知，是書成於作者七十二歲之時。

《存古軒古文》卷端有民國七年（一九一八）作者自序，其後鈐『施有奎印』，并『聚五』印章一方。次爲各卷目録，由目録可見是書存書、序、傳、記、議論、跋、説、書後、祭文、哀詞、行狀、墓銘等多類文體。後即正文。卷末趙藩的《施文晏存古軒文集書後》，評施文『説理辨學，言情記事，無苟作，皆自抒所得，而義法不悖於古』。全書内容豐富，舉凡史論、政論、詩文評論、時人傳記、讀書體悟、地方風物、酬酢往來等無所不備。卷七中有《處士施文晏先生自撰墓志銘》一篇，爲作者生平及學行自述，是考察作者人生經歷及思想的重要資料。

《存古軒詩鈔》卷端有民國八年（一九一九）作者自序，其後鈐『施有奎印』，并『聚五』印章一方。次爲各卷目録。後即正文。全書共收古近體詩三百八十七首，題材多樣，擬古、寫景、感懷、書事、咏物、懷古、紀游、酬贈、題畫諸類皆備。内容之中滿溢對家鄉山水的珍愛，與友朋酬酢往來的温情，作者簡傲個性及素業理想的獨白，以及對時局事變的憂憤和中外關係的深思。

《文話》卷端有作者所撰《文話小引》，據此知是書成於民國八年丙辰（一九一九），并由其子施汝揆抄寫成卷。其後即正文，以隨筆方式條列作者文章學要論，内容全爲其平日作文心得。其中包含宏觀性的理論原則及撰述要訣，大都爲提綱挈領之論；也有對序、論、碑文、墓志等不同文章體式的區别比較，在對比中揭示出不同文體的寫法差异；還有對不同時代及不同作家文章風格的評論、技法的歸納，大都要言不煩；其他還有對氣、義、法、詞、筆等文論概念的理解，時有創見。

《年譜》封面頁有一九五二年八月十八日方樹梅識語。正文首列『世系』，乃作者女婿陳詒孫（陳榮昌次子）據作者新立族譜而節録（可參施有奎《存古軒古文》卷一《族譜序》），是書亦當爲陳詒孫所編。後即年譜，分紀年、時事、出處、著作四項，以表格形式編述。據年譜始知，作者於清道光二十九年十二月十三日（一八五〇年二月四日）生於昆明南關外之崇善街，民國十六年（一九二七）五月十七日卒於家，享年七十九歲。此外，年譜中還對作者部分詩文及著述繫年整理，爲後續施有奎詩文的編年提供了重要參考。（白忠俊）

東大陸主人言志録

唐繼堯撰　民國石印本　國家圖書館藏書

唐繼堯（一八八三—一九二七），字蓂賡，别號東大陸主人，雲南會澤人。中國近代著名政治家、軍事家、滇軍創始人與領導者之一。清末留學日本，畢業於日本陸軍士官學校。一九〇五年參加同盟會。返滇後，歷任雲南陸軍講武堂教官、監督、新軍管帶等。與蔡鍔等發動昆明重九

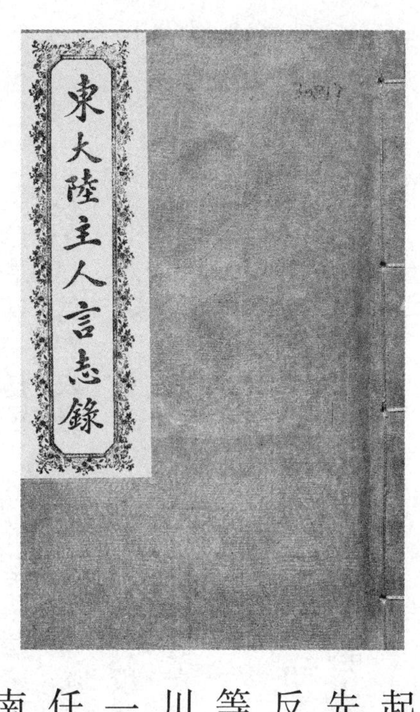

起義，任都督府參謀部次長等。一九一二年率軍北伐後，先後任貴州和雲南都督。一九一五年，率先通電全國，反對袁世凱復辟帝制，擁護共和，任護國軍務院撫軍長等。一九一七年護法運動中，任靖國聯軍總司令，出征川、黔、粤等省。一九二一年返滇，任雲南督軍兼省長。一九二三年，創辦東陸大學（今雲南大學）。一九二七年任省政務總裁。任内興辦教育、發展實業，積極促進雲南近代化事業發展。擅書畫，頗有作品行世。還著有《會澤筆記》《會澤日記》《唐會澤遺墨》等。

本書爲唐繼堯詩作彙集。其家屬於一九五一年九月捐出。大部分詩題有明確干支可考。據此初步檢對，其寫作時間大體爲清光緒三十四年（一九〇八）至民國十一年（一九二二）之間，符合作者生平行年；其書名也與周鍾嶽先生所撰《會澤唐公蓂賡墓表》記載相符。部分詩作如《過越南》等，其原稿亦可見諸《會澤遺墨》。詩作主要記咏作者所歷重大歷史事件，也間有狀物寫景、抒發思想情感之作。詩句多慷慨激昂，音節響亮。特抄録一二，以見其志：

辛亥春正偶成

男兒髮短苦心長，手破天荒未足狂。
有限河山防虎變，無邊風雨助龍驤。

義持鐵血新時局，劇演興衰幾帝王。
五夜捫心眠不得，披衣躍馬太華望。

壬子北伐行營

羅列諸峰放杏花，春光偏在野人家。
三軍豪氣冰應解，萬姓歡迎意轉嗟。
大地風雲嘶甲馬，胡天雷雨嘯龍蛇。
澄清事業尋常舉，一戰功成未忍誇。

戊午冬旋滇宣威偶成

父老香花夾道迎，門旗影裏溢歡聲。
七年粗信即戎教，百戰敢矜常勝名！
天日恩光無遠近，河山氣象自縱横。
去年風景重回首，楊柳依依送我行。

以上三詩依次作於清宣統三年（一九一一）、民國元年（一九一二）和民國七年（一九一八），反映作者在雲南重九起義前後和護國戰爭期間的思想感情。（朱端强）

唾玉堂文存

熊廷權著　民國鈔本　雲南省圖書館藏書

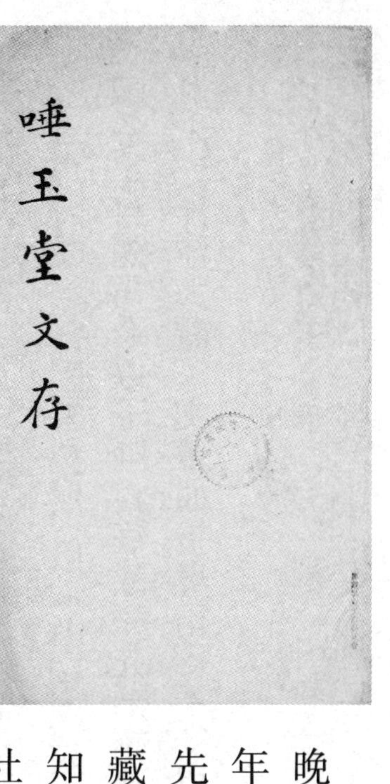

熊廷權（一八六六—一九四一），字種青，别號雪僧，晚號佚叟，雲南昆明人。經正書院高才生。清光緒十九年（一八九三）中舉，光緒二十四年（一八九八）中進士。先後在四川多處任知縣，一九〇五年至一九〇七年在西藏東部辦理糧務。一九一一年辛亥革命爆發，任麗江府知府，後任川邊財政廳廳長等職。晚年主講省會明倫學社。抗戰時期，爲避日軍飛機轟炸，在昆明西郊赤甲壁建默園居住。另著有《唾玉堂文集》《唾玉堂詩餘》等。

該書無序跋，收録熊廷權文章共計十八篇，未按照寫作時間順序排列，内容大致分爲三類。一爲作者讀史心得、履職見聞，收文六篇，以史論《擬留侯招淮陰侯從赤松子游書》開篇。該文模擬張良口吻，陳情利弊，勸誡韓信明哲保身，歸隱江湖，實則抒發自己對時局的感悟。次爲《愁城記》，借討論古杞城的建立歷史，記録自己即將舉家離開故鄉的惆悵：『蓋勞身苦思，歷十有三年矣，頃安寧樂生，致書召予，將有挈家之行，以眷戀故城不忍竟去，故志之。』繼而作於光緒乙巳（一九〇五）的《冰園記》記叙：『癸卯（一九〇三）之冬，來治高縣。縣署鹵偏，有地數弓，荒而不治已歷年所。退食之頃，課丁携鋤剔除瓦礫、雜蒔花竹。朝昏培壅，未逾年而蔥鬱成園矣。』其後有《味雪生傳》，記録在藏東辦理糧務時所見到的官員行迹；《岷歸十三友雅集圖序》記叙趙藩於甲子（一九二四）秋七月召集昔日在四川擔任官職後回歸昆明的十二人聚會之事；《書清季滇人仕蜀時事》作爲《岷歸十三友雅集圖序》的續篇，慨嘆『蓋蜀不亂則清不亡，而吾滇賢俊之在官者，方將志得道行，或進而與太和、劍川後先比美，且較爲優越也！豈難事哉！』不失爲清末民初川、藏、滇三地政界變革見證及官員衆生百態之側寫。

二爲家族列傳，收文六篇，以撰於民國四年（一九一五）的《熊氏四世貞孝節烈家傳》爲首。該文記録熊家四世八十餘年間男女二十餘人之生卒事迹，其中『得節烈貞孝者凡九人，雖曰門第之至榮，夫亦極人世之至哀也』。六篇之末，抄録有趙藩之題識：『刻而摯，肅而逸，條達而委折，真避俗冰雪之文。』袁嘉穀亦贊頌：『傳文工妙，論贊尤有逸致。』

三爲詩賦，收詩賦六篇，以《南詔碑賦》《滇池賦》描摹滇雲歷史久遠，風物廣博。結尾作《爲護國各軍自總司令以下陣亡病故諸先烈招魂詞》，從容大氣，一如王榮商對熊廷權文章的評論，『英思壯采，洋洋大觀，文筆曲折奥衍，不徒以淵博見長』。（陳妍晶）

醉經廬文存

施汝欽著　民國鈔本　雲南省圖書館藏書

施汝欽（一八七三—一九二四），字子雲，自號『昆池書隱』，雲南昆明人。自小喜讀書，少年考中『縣案首』，即秀才第一，被選入昆明經正書院學習。二十一歲中舉，三十歲中進士。分任貴州龍里縣知縣，剛滿一年，却因某『盗案忤上司』被罷。清宣統元年（一九〇九），返回故鄉。從此告別黑暗官場，閉門讀書著書，時年僅三十六歲。他從這時開始搜集史料，民國十三年（一九二四）左右撰成《滇雲耆舊傳》二十二卷，凡數十萬字。該書是最爲宏大的雲南古代人物傳記，其正文和小序多被後人收入民國《新纂雲南通志》。

據卷首其子施傳訓所記，此本應編纂《雲南叢書》之備選而抄送雲南省圖書館。陳榮昌爲施汝欽撰寫的《墓志銘》亦收入其中。正文主要收録作者所撰文史論文、序跋等。計有《賈生論》上下、《漢賊不兩立王業不偏安論》《阮籍論》《韓昌黎頌并序》《施氏宗譜序》《重刊中溪彙稿序》《志道録自序》《醉經廬詩草自序》等三十六篇，以及《滇雲耆舊傳自序》并該傳之『名儒』『孝友』『忠烈』『經學』『方技』等分傳小序共十六篇。

施氏生活於清末民初，從科場得意到官場早折，急流勇退，其思想變化和表現比較複雜。讀其史論，可見其既持中國古代正統歷史觀，但也不時閃現出某些反傳統的獨特看法。如《漢賊不兩立王業不偏安論》，稱三國時期衹有諸葛亮一人堪稱杰出人才，其餘『有才有能』之人雖多，衹不過是『賊才』『賊能』之人。因爲唯有諸葛亮以一人之力，堅持輔佐蜀漢繼承劉漢『正統』。作者辩稱不能以成敗論英雄，『昔高帝之興也，則有三杰佐之；光武之興也，則有十八將輔之。（諸葛）忠武以一人輔庸主，當强敵，其不能滅賊興漢者，天也，非人也！』又如《阮籍論》，稱阮籍『無英雄之才，而有英雄之識』，所以，他雖生逢亂世，却能『佯狂避禍』。有人説阮籍『居喪飲酒食肉；醉卧美婦之側；爲早夭之美女哀哭』，作者駁稱，阮籍居喪雖然飲酒食肉，但他『號泣吐血』，非常真誠；有人雖居喪不飲酒食肉，却并不悲傷哭泣，『謂之有禮，可乎？』而阮籍『愛美，非淺人所能測，非與一般好色淫亂者同類』。最後，作者也批評阮籍，説他大可遠離官場壞人，『修己守道』，不該與之同流共處，『敗禮戾俗』，導致後人詬病。（朱端强）

漱石齋詩文集

顧視高撰　民國鉛印本　雲南省圖書館藏書

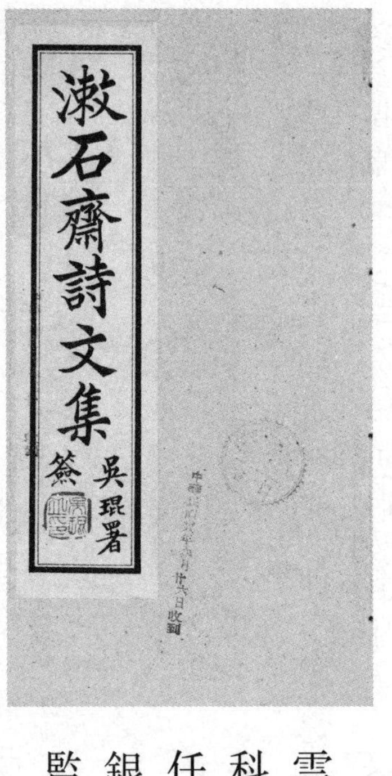

顧視高（一八七七—一九四三），字漁隱，號仰山，雲南昆明人。清末優貢、進士，又與袁嘉穀、李坤爲同科館選翰林，留學日本，學習政法專業。民國以來，歷任參議院議員、雲南法政學校校長、省公署秘書、富滇銀行行長以及東川礦業、耀龍電氣公司等企業之董事或監事。

此書由吴琨題寫書名，前詩後文，以文爲主。和雲南衆多生逢社會大變革時期的士人一樣，顧視高的詩文兼具傳統文化和現代思想，題材則多涉雲南地方事情。其詩文内容反映出作者既與由雲龍、吴琨、席聘臣等官紳士人互有詩文唱和，也與嚴子珍、董澄農等富商大賈多有交往。錢南園是作者最爲景仰的歷史人物，每稱自己是錢南園的『同里私淑弟子』，故其詩文多有篇章涉及。如組詩《題南園先生畫馬》之三贊揚錢南園『獨往獨來，山巔水涘。漠漠風沙，天閑萬里』的精神。《錢氏族譜叙略書後》，記一九三三年有人持錢灃手書《錢氏族譜叙略》殘卷，『丏重值於老友嚴君子珍』，嚴子珍請他鑒定真僞。他看後認爲『此墨寶不可交臂失之』，并進一步考證説，此文是當年錢南園家居守制時所作。

其更多的文章題材則與現實有關。如《大理嚴府君家傳》《嚴子鴻姻四兄淑儷董夫人墓表》記大理富商嚴氏、董氏之經商和慈善義舉。《續修昆明縣志序》强調『縣邑小志』是省志的基礎，省志是國史的依據。故縣志更難修，『徵輯不悉，其弊也遺；考據不真，其弊也誣』，將直接影響省志和國史的品質。《雲南私立求實學校十五周年紀念刊弁言》表彰蘇維三等創辦求實小學，『一困於經費，再厄於校址，艱難險阻幾不可爲』，但他們『懇懇勤勤，不以報酬較輕，怠厥素志』，堅持教書育人的方嚮，學校也由小學擴大爲中學，再由初中升級爲高中，『生徒濟濟，校務蒸蒸』，得到了民衆和官方的充分肯定。（朱端强）

雪泥鴻爪

馬驄撰　民國鉛印本　雲南省圖書館藏書

馬驄（一八八五—一九六一），字伯安，回族，雲南昆明人。一九〇五年畢業於雲南陸軍武備學堂，參加過辛亥雲南起義、護國運動、護法運動、抗日戰爭等。抗戰時期，曾任滇軍總參謀長、代理省長、雲南軍管區中將副司令等要職。中華人民共和國成立後，歷任西南軍政委員會委員、雲南省政協常委、雲南省民族事務委員會副主任等職，并受聘爲雲南省文史研究館館員。另著有《伯安吟草》。

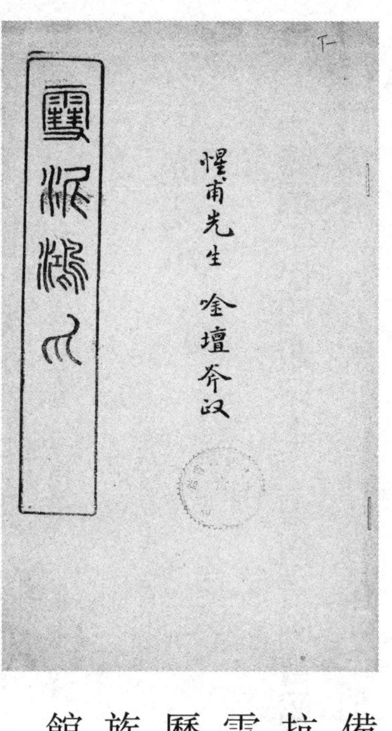

該書爲作者於民國六年（一九一七）護法靖國期間在軍務之餘所作，凡詩作三十一首。雲南省圖書館所藏此書係周鍾嶽先生於一九五一年捐贈，乃馬驄早年所贈之物，封面墨筆題『惺甫先生，吟壇斧政』。是書命名爲『雪泥鴻爪』，源自詩作中『征戍頻年不解兵，飛鴻滿地聽哀鳴』之句。卷端題『軍中雜咏』。無序跋。卷前作者自識云：『民國六年（一九一七），國難遽作，滇軍以靖國出師，分道入川，轉戰經年，川局略定。』述及詩作緣起，稱『時余率一旅之師駐防自貢井，公餘之暇，不揣固陋，操觚弄翰，有觸即書』。

作者的詩作風格或豪放，或抒情，古文底蘊深厚。開篇《感懷》之『萱堂久別領偏師，萬里巴山賦載馳』，『軍行西蜀原非遠，夢冷南塘喚奈何？（時，余新喪偶未久）粉剩脂殘消息斷，離人身世感蹉跎』，描述軍旅生活的艱辛，表達對親人的思念；『猛士如雲瞻馬首，春暉寸草愧烏私』，展現戎馬倥傯、局勢瞬變之際，軍人征戰殺伐的果敢；『太息中原烽正高，可憐群盜竟如毛。賈生流涕空籌策，屈子憂讒祇賦騷。羽翼既成傷尾大，干戈未定念民勞。澄清海宇知何日？淚濕樽前百寶刀』，慨嘆兵燹頻仍當中，地方百姓無端承受的苦難。《悼亡》之『欲并白頭空有約，誰教紅粉竟成灰。憶卿地下應知否，一日柔腸一寸催』，寄托了作者對新喪佳偶的沉痛哀思。卷末《時事感言》之『艱危時局賴人扶，責與興亡重匹夫』，則道出危局中運籌帷幄的艱難。

該書反映軍旅生活，描繪了戰亂帶給國民的苦難，既體現了作者作爲軍事統帥的擔當和果敢，也展現出其反對軍閥割據混戰的深切愛國憂民情懷。（陳妍晶）